★ 适合11至12岁 ★

成长风向标

CHENGZHANG FENGXIANGBIAO

主 编　邰书萍

编委会

名家寄语

广泛阅读，可以提高阅读理解力；

广泛阅读，可以丰富知识，开阔视野；

广泛阅读，可以提升思维力、鉴赏力；

广泛阅读，可以促进人的精神成长。

新编的读本，包括古诗文经典诵读、优秀作品专题阅读和整本书阅读，是落实课内外阅读一体化的优质资源。

捧起这套读本读起来，你会越来越享受阅读，你的一生一定会因为阅读而精彩！

崔峦

用阅读滋养你的心灵，
让你变得聪明善良，胸怀宽广，更富想象力和创造力。

谈凤霞

发现美，学会爱，表达自己。
在阅读和写作中不断进步！

王一梅

阅讀是開啓美好人生的鑰匙

趙麗宏
庚子九月

为自己读书
为美好读书

肖复兴
庚子岁末

读经典的书
做优秀的人

汤素兰

幻想，从现实起飞

刘兴诗

目录

经典诵读

专题阅读

范文阅读

组文阅读

自由阅读一

自由阅读二

整本书阅读

经典诵读

细细品味中国传统节日诗词，你能了解到一个个节日、一项项风俗、一则则故事，感受作者的一段人生经历、一种难忘的情怀。

阅读本组经典篇目，借助注释和译文理解诗文大意，熟读成诵，与古人对话，体会作者表达的情感。

扫码收听朗诵音频

1 除夜雪（其二）

［宋］陆游

北风吹雪四更初，

嘉瑞①天教②及岁除③。

半盏屠苏犹未举，

灯前小草写桃符。

注释

① 嘉瑞：指瑞雪。

② 天教：天赐。

③ 岁除：年终之日，除夕。

译文

四更时分，呼啸的北风吹来了一场大雪。这上天赐给人间的瑞雪，正好在除夕之夜到来，预示着来年的丰收。盛了半盏屠苏酒的杯子还没有拿起来，我已在灯下写起了迎春桃符。

扫码收听朗诵音频

② 田家元日①

［唐］孟浩然

昨夜斗回北，今朝岁起东。

我年②已强仕③，无禄(lù)④尚忧农⑤。

野老就耕去⑥，荷锄随牧童。

田家占(zhān)气候⑦，共说此年丰。

注释

① 元日：农历正月初一。
② 我年：一作“我来”。
③ 强仕：四十岁的代称。
④ 无禄：没有俸禄，即没有官职。禄，古代称官吏的俸禄。
⑤ 尚忧农：一作“唯尚农”。
⑥ 野老就耕去：一作“桑野就耕父”。
⑦ 占气候：根据自然气象、节候推测收成的好坏。

昨天夜里，北斗星的斗柄从指向北方转而指向东方，今天早晨是新年的开始。我今年已经四十岁了，虽然没有官职，但仍旧关心着老百姓的庄稼收成情况。山野老农扛着锄头和牧童一起去耕作。农家人根据气象、节候推测今年的收成，都说今年风调雨顺是个丰收年。

③ 元　宵

［明］唐寅①

有灯无月不娱人，有月无灯不算春。

春到人间人似玉，灯烧月下月如银。

满街珠翠游村女，沸地笙(shēng)歌赛社神②。

不展芳尊③开口笑，如何消得此良辰？

注 释

① 唐寅（1470—1523），字伯虎，明代画家、文学家。他善山水画，并工人物、花鸟，与沈周、文征明、仇英并称“明四家”。兼善书法，工诗文，与祝允明、文征明、徐祯卿并称“吴中四才子”。

② 社神：土地神。古代每逢社日（分春社、秋社两种）有祭祀土地神，祈祝丰收的习俗。

③ 尊：同“樽”，酒杯。

只有灿烂的灯火而缺少皎洁的明月，这样的夜无法让人快乐；只有皎洁的明月而没有灿烂的灯火，无法让人感受到春天节日的美好。春天来到人间，美人如花似玉；月下彩灯熠熠生辉，月亮如水似银。满街都是盛装打扮的村女，遍地笙歌喧腾，比祭祀土地神还热闹。在这样的节日里，如果不痛快地饮酒、纵情欢笑，怎么对得起这样美好的时光？

4 元　宵

［清］李调元

元宵争看采莲船①，
宝马香车拾坠钿（diàn）②。
风雨夜深人尽散，
孤灯犹唤卖糖圆③。

注 释

① 采莲船：又叫“跑旱船”，是一种传统民间舞蹈。
② 钿：用金银等镶制成的花形首饰。
③ 糖圆：汤圆。元宵节有吃汤圆的风俗习惯。

译 文

元宵节的晚上非常热闹，游人争着观看采莲船舞蹈，达官贵人骑着珍贵的宝马，坐着华美的车子，来来往往，地上能拾到因拥挤而掉落的精美首饰。不知不觉已到深夜，这时天刮起了风，下起了雨，热闹的人群很快散尽，路边只剩下孤零零的一盏灯，那是卖汤圆的小贩在等待顾客。

扫码收听朗诵音频

5 醉花阴

[宋] 李清照

薄雾浓云愁永昼，瑞脑①消金兽②。佳节又重阳③，玉枕④纱厨⑤，半夜凉初透。　东篱把酒黄昏后，有暗香⑥盈袖。**莫道不销魂⑦，帘卷西风，人比黄花⑧瘦。**

注释

① 瑞脑：一种香料，又名龙脑、冰片。
② 金兽：兽形的铜香炉。
③ 重阳：重阳节，中国民间的传统节日，在每年的农历九月初九。
④ 玉枕：玉制或玉饰的枕头。也用作瓷枕、石枕的美称。
⑤ 纱厨：纱帐。
⑥ 暗香：幽香。这里形容菊花的清香。
⑦ 莫道不销魂：不要说别离不使人感伤。
⑧ 黄花：菊花。

译文

薄雾浓云遮蔽着漫长的白昼，忧愁萦绕在我的心头，香料瑞脑在兽形的铜香炉里燃烧。又是重阳佳节，夜深时，我在纱帐里倚靠着枕头，感觉到了阵阵寒意。

黄昏，独自一人在篱笆下饮酒，有阵阵幽香溢满我的双袖。不要说别离不使人感伤，当西风将帷帘卷起时，人比菊花还要消瘦。

扫码收听朗诵音频

⑥ 一剪梅·中秋无月

［宋］辛弃疾

忆对中秋丹桂丛。花在杯中，月在杯中。今宵楼上一尊同。云湿纱窗，雨湿纱窗。　浑欲[①]乘风问化工[②]。路也难通，信也难通。**满堂唯有烛花红。杯且从容[③]，歌且从容。**

注释

① 浑欲：简直想。
② 化工：指自然的创造者。
③ 从容：悠闲舒缓，不慌不忙。

译文

想起那个中秋之夜，我置身芳香的丹桂丛中。花影映照在酒杯中，月色荡漾在酒杯中。今晚在楼上同样举杯等待月光。可是乌云浸湿了纱窗，雨水打湿了纱窗。

我简直想乘风上天去质问天公。可是这天路不通，想送信，信也不通。整个厅堂不见月光，只有红烛高照。既然如此，那就姑且从容举杯自斟自饮，从从容容地听听歌曲吧。

专题阅读

民俗风情

中华大地上的56个民族有着不同的节日、服饰、食物……不同民族的风俗民情有着鲜明的地域特色，彰显着民族文化的独特魅力。

阅读本专题文章，在分清内容主次的基础上，体会作者是如何详写主要部分的，并尝试在习作时运用。

范文阅读

①北京的春节

舒　乙

北京有很热闹的地方，也有很幽静的地方，它动中有静，很像太极拳；它有很刺激的地方，也有很温和的地方，它劲中有柔，很像香片茶。

本段语句工整，比喻贴切，完美地诠释了北京的地域特色。

北京的田园风光还表现在人们严格按照节气在生活。节气对农业至关重要。到什么节气一定得播种，晚一天都不成，几千年来中国人世世代代对大自然的规律竟掌握到如此精确的程度，也就为自己的生活模式定了一个准确的日程表。

北京人是按这个日程表生活的典范。一年里节气有二十四个。于是，北京人天经地义地有了二十四个节日，年复一年地轮流着过，过得有滋有味。虽然，原本农业上的真实含义已不多了，仿佛只剩下一种躯壳，一种借口，一种象征，一种传统，故意让生活变得更有变化起伏和情趣，成了十足的文化。

北京人过这二十四个节日的讲究就多了，够写一本书的，哦，不，单单一个春节就够写一本的了。想一想，接近春节的那一个多星期，由腊月二十三祭灶王爷开始，是按天行动的，地道的统一行动，全城的人，头一天一起打扫卫生，第二天一起蒸馒头，第三天一起杀鸡宰鸭，等等等等，何等气派和有趣。

“单单一个春节就够写一本的了”，从这里不难看出春节对于我们中国人的重要性。

这种年节序幕，由腊月初八起，就都带有文化色彩，说轻松一点，带有很大的游戏性。

腊八这天，要煮粥喝粥。粥，叫作腊八粥。本来年底一切庄稼都收获了，好像要刻意展览一下全年收成的丰富多彩，便发明了这么一种腊八粥。往粥里放大米、小米、菱角米、薏仁米、高粱米、玉米，各种豆，包括红豆、绿豆、黄豆、花豆、芸豆，各种果仁，有核桃、栗子、榛子、松子、瓜子、花生，还有葡萄干、桂圆、大红枣，各种果脯。这么一锅粥，还得了吗！香啊，多彩啊，好玩啊，闻着看着便令人垂涎(xián)三尺。

这里不厌其烦地列出腊八粥的原料，让我们既看到了原料的丰富，又感受到了腊八对我们中国人的重要性。文章中像这样细腻的描写还有很多，找出来读一读，并仔细体会。

腊八粥是家家都要熬的，一熬就熬个通宵，全家都帮着剥皮，包括花生仁皮和那费事的核桃仁皮。小孩子一边剥一边吃，吃得多剥得少，其乐无穷。粥熬好了，按老年间的规矩，要分送给朋友们，间或还有比赛显示的意思。其实，原本佛教早有腊八熬粥供佛的规矩，用大锅熬，装数石(dàn)米，供佛之后施舍给远近的穷人。皇帝还有赐粥百官的习惯。传入民间，更具欢乐性，一年辛苦之后来个庆丰收大锅熬，岂不欢快，挺好！

最具戏剧性的要算二十三祭灶了。老年间家家供奉着一位老神仙，他叫灶王爷。此公每年腊月二十三要升天，向老天爷汇报一年里人间的好坏。于是，家家都买些麦芽糖，用糖把老神仙的嘴糊上，极尽

这一段传说插入得非常好，让我们了解到过年的风俗文化。

“贿赂”(huì lù)之能事，让他到天上只说好话不说坏话，报喜不报忧。这种近乎开玩笑的祭神仪式，家家却都以极严肃的态度去操作，更显得极富人情味儿。孩子们的嘴则是供桌上的糖瓜儿的真正归宿。

这么多的美食，有的进行了详细描写，有的一笔带过。仔细思考一下，这样写有什么好处？

三样食品是春节至上元①之间的食物：大年除夕吃饺子，立春吃春饼，正月十五吃元宵。

春饼最好吃，烙小面饼或蒸小面饼均可，薄薄的，又称薄饼，切葱丝蘸(zhàn)甜面酱，炒菠菜粉丝，炒黄花木耳，炒豆芽蒜黄，摊鸡蛋切丝，切酱肉成丝，切小肚成丝。食时各样都夹一点，放在饼上合在一起，卷而食之，顿生奇效，其鲜，其美，天下没有第二种自制食品能超过它，堪称食之王。

最后两段写了春节的其他风俗，有详有略，作者处理得非常好。

春节男女老幼都休息，一起放假，不过了初五不准动刀动剪，不准倒土，为的是让劳累了一年的妇女们彻底休息几天，多么人道！

---

①上元：即上元节。旧时以农历正月十五为上元节。

春节有许多地方可去，妇女吃完饭，看花灯，看烟火，可以集体群游，散步叫“走百病”，过桥叫“走桥”，取“度厄运”之意；竞相到正阳门洞里去摸门钉，据说妇女摸了门钉可以生大胖小子。人们白天可以到琉璃厂去赶厂甸，可以骑驴到白云观(guàn)或者大钟寺去赶庙会，可以到雍(yōng)和宫去看打鬼。走累了，可以捧一个“心里美”大萝卜吃，叫作“咬春”，取“去春困”的意思。一举一动，一投足一举手，都那么有讲究有说辞，情、趣、美俱收其中。

本文用优美的文字描述了北京春节的民俗，包括吃食、活动等，让我们对北京的民俗有了大致的了解。

② 本命年的回想

刘绍棠

开头写二十四节气歌，是为了引出写春节。

“春雨惊春清谷天，夏满芒夏暑相连，秋处露秋寒霜降，冬雪雪冬小大寒。”村风乡俗中，四时二十四节色彩缤纷，而最有鲜明地方特色和浓郁乡土风味的，却是二十四节之外的春节。

春节是现在通行的官称，我却跟我的运河乡亲父老一般，守旧地尊称为“过年”，或曰“大年”。

想当年，我小的时候，家乡的大年从腊月初一就开始预热。一天比一天增温，一天比一天红火，发烧直到年根下。

本段具体描写家乡过年的细节，请你概括一下，共写了哪几件事。

腊月初一晚上，家家炒花生、炒瓜子、炒玉米花儿；炒完一锅又一锅，一捆捆柴火捅进灶膛里，土炕烫得能烙饼。玉米粒儿在拌着热沙子的铁锅里毕剥毕剥响；我奶奶手拿着锅铲，口中念念有词：“腊月初一蹦一蹦，孩子大人不得病。”花生、瓜子、玉米花儿炒熟了，装在簸箕(bò jī)里，到院里晾脆，然后端进屋来，一家人团团围坐，大吃大嚼。吃得我食火上升，口舌生疮，只得喝烧煳(hú)了的锅巴泡出的化食汤。化食汤清净了胃口，烂嘴角的食火消退，又该吃腊八粥了。小米、玉米糁(shēn)儿、红豆、红薯、红枣、栗子熬成的腊八粥，占全了色、味、香，盛在碗里令人赏心悦目，舍不得吃。可是吃起来却又没有个够，不愿放下筷子。

这部分非常细腻地描写了“炒年货”的内容，阅读时注意体会这样写的好处。

喝过腊八粥，年味儿更浓重。卖糖葫芦的小贩穿梭来往，竹筒里抽签子，中了彩赢得的糖葫芦吃着最甜。卖挂落枣儿的涿州小贩，把剔核晒干的老虎眼枣儿串成一圈，套在脖子上转着吃。卖糖瓜和关东糖的小贩，吆喝叫卖，此起彼伏，自卖自夸。还有肩扛着谷草把子卖绒花的小贩，谷草把子上插满五颜六色的绒花，走街串巷，大姑娘小媳妇把他们叫到门口，站在门槛(kǎn)

这里写“上年纪的老太太”是为了说明全村男女老少都非常看重“年”。

里挑选花朵。上年纪的老太太，过年也要买一朵红绒花插在小疙瘩鬏(jiū)上。村南村北，村东村西，一片杀猪宰羊的哀鸣。站鸡笼子里，喂养了一个月的肥鸡，就要被开刀问斩。家家都忙着蒸馒头和年糕，穷门小户也要蒸出几天的豆馅团子。天井的缸盖和筛子上冻豆腐，窗沿上冻柿子，还要渍(zì)酸菜。妇女们忙得脚丫子朝天，男人们却蹲篱笆根晒太阳，说闲话儿。

这一句用夸张的修辞手法表现了妇女们为了置办年货而忙碌的情形。请你从文中画出类似的句子。

腊月二十三过小年，香烛纸马送灶王爷上天。最好玩的是把灶王爷的神像揭下来，火化之前，从糖瓜上抠下几块糖粘儿，抹在灶王爷的嘴唇上，叮嘱他上天言好事，下界才能保平安。灶王爷走了，门神爷也换岗了，便在影壁后面竖起天地杆儿，悬挂着一盏灯笼和在寒风中哗啦啦响的秫秸(shú)棒儿，天地杆上贴一张红纸：“姜太公在此。”邪魔鬼祟就不敢登门骚扰了。

腊月三十的除夕之夜，欢乐而又庄严。阖(hé)家团聚包饺子，谁吃到包着制钱的饺子最有福，一年走红运。院子里铺着芝麻秸儿，小丫头儿不许出屋，小小子儿虽然允许走动，却不能在外边大小便，免得冲撞了神明。不管多么困乏，也不许睡觉；大人给孩子们说笑话，猜谜语，讲故事，这叫守岁。等到打更的人敲起梆子，梆声中才能锅里下饺子，院子里放鞭炮，门框上贴对联。小孩子们在饺子上锅之前，纷纷给老人们磕辞岁头，老人们要赏压岁钱。男孩子可以外出，踩着芝麻秸到亲支近脉的本家各户，压岁钱装满了荷包。天麻麻亮，左邻右舍拜年的人已经敲门。开门相见，七嘴八舌地嚷嚷着："恭喜，恭喜！""同喜，同喜！"我平时串百家门，正月初一要给百家拜年。出左邻入右舍，走东家串西家，村南村北各门各户拜了个遍，这时我才觉得得到了公认，我又长了一岁。

这句话写出了小孩子对老人的尊重和孝敬，亦表现出老人对小孩子的关心和期望。老少之间洋溢着浓浓的亲情。

今年岁逢丙子，是我的本命年，六十"高龄"回忆往事，颇有返老还童之感。

1996年2月21日

3 清香冻米糖

张以进

我的老家在浙江浦江乡村。我出生在20世纪70年代，那时农村生活并不富裕，不过每当春节来临时，家家户户都开始忙碌起来，买新衣服，蒸年糕，还要买一些平时难得一见的菜肴，整个家里似乎变得富裕起来，看着越来越多的美味佳肴，期盼过年的心情也越来越迫切。而对我来说，最难忘的就是过年能吃上香甜美味的冻米糖了。

面对“越来越多的美味佳肴”，“我”“最难忘”的仍是冻米糖，足见冻米糖在“我”心中的分量。

第一次吃冻米糖是去表姐家拜年，那年我还不到10岁。大年初三，我一到表姐家，就看到整洁的四方桌上放着瓜子、花生、水果糖等四盘食品。那盘我从没见过的食品，飘着淡淡的清香，颜色有白、有黄，还有黑，互相交融，很是好看。表姐见我目不转睛地看着那盘食品，拿起一块递给我，告诉我说这是冻米糖。我轻轻咬了一口，一股清香在嘴巴里弥漫开来，香甜一下子诱惑了我，就像吃到一种从未有过的美食。拜年回来的时候，表姐给我装了一小袋，让我感到满满的幸福。

作者将吃冻米糖的滋味写得尤为具体与细腻，思考作者为什么要这样写。

回家以后，母亲也是第一次见到冻米糖，她尝了一小块。看我十分喜欢，母亲说："今年我们家也做一点吧。"

母亲是村里的巧手，也是说干就干的人。春节一过，母亲就去了趟表姐家，回来的时候却多了一分愁容。我一问，母亲说做冻米糖要准备冻米、麦芽糖，然后再切糖，挺麻烦的。母亲的话让我的失望多了几分，母亲都觉得烦，我想过年的冻米糖怕是没指望了。

没想到母亲却没有放弃。初冬一到，母亲就蒸了一木桶的粳(jīng)米。说麻烦也真是麻烦——冻米要蒸得恰到好处，假如米蒸得太熟就变成了饭，蒸得不熟就像生米。

从制作冻米糖诸多环节的描述中可以看出，制作冻米糖确实不容易。

蒸好米，拿到冬天的太阳下暴晒，晒了一天又一天。有时候遇到阴雨，只能放在通风的走廊上，直到把冻米晒干了，母亲才放下心来。

晒好冻米，还要熬糖。家里节俭，现成的白糖和红糖肯定舍不得买，只能用番薯加麦芽熬制成麦芽糖。熬糖也很复杂，一遍又一遍，我们一家人经常要忙到深夜。

请你说一说，制作冻米糖哪些环节属于详写，哪些环节属于略写。

到了腊月，开始切糖了，母亲特意去请表姐来家里帮忙。于是，炒冻米，爆米花，熬麦芽糖，家里的香味便弥漫开来，吸引着街坊邻居，大家像看好戏似的来到我家里。母亲呢，跟在表姐后面，看表姐怎么熬糖，怎么拌炒好的冻米和爆米花，生怕漏掉什么环节。吃晚饭的时候，第一板冻米糖切好了，母亲兴奋地把冻米糖分给在场的乡邻们品尝。“太好吃了，明年我们也要切。”乡邻们边吃边议论着，欢声笑语飞出了小院子。最高兴的要算母亲了，她的脸上洋溢着灿烂的笑容，至今我都无法忘怀。因为家里有了冻米糖，那个春节，我过得甜甜蜜蜜。

第二年初冬的时候，老家的山村家家户户晒起了冻米，熬起了麦芽糖，袅袅(niǎo)的香气弥漫着整个山村，就像乡亲们脸上的笑容四处洋溢。我的母亲更忙了，走东家去西家，似乎成了切冻米糖的师傅。那个冬季，母亲常常忙到深夜才回到家中。因为给别人家帮忙，我家的冻米糖快到大年三十才切好。不过那一年，也是我吃冻米糖最多的一年，因为乡邻们总是给母亲送上一大包切好的冻米糖。

冻米糖自然而然成了我们过年必不可少的美食。不过，随着生活水平的提高，晒冻米、熬麦芽糖都不再用传统的方式，特别是麦芽糖，不少农家都用红糖或白糖直接替代，这样就省去了很多烦琐的工序，切冻米糖也就方便了很多。

我参加工作离开老家后，城里有专门卖冻米糖的门店，因为喜欢也经常去买。

体会这两句话蕴含的情感。

虽然味道也还不错，可在我的记忆中，总没有老家那种冻米糖的味道。也许，在切冻米糖那繁杂的工序中，也蕴含着生活的乐趣和家庭的温馨，还有乡里乡亲那浓浓的亲情。老家飘香的冻米糖，也许早已深深地铭刻在我的心底。老家那种独有的年味，并不是舌尖的美味可以替代的，它就像美酒佳酿，愈陈愈香。

冻米糖在作者心中早已不是具体可感的实物，而是镌刻心底的记忆……

阅读链接

中国地方特色小吃

北京小吃：艾窝窝　焦圈　灌肠　豌豆黄

天津小吃：十八街麻花　“耳朵眼”炸糕

山东小吃：油旋　甜沫

山西小吃：太谷饼　闻喜煮饼

江苏小吃：黄桥烧饼　三丁大包

四川小吃：龙抄手　赖汤圆　叶儿粑

④ 端午的鸭蛋

汪曾祺

家乡的端午，很多风俗和外地一样。系百索子。五色的丝线拧成小绳，系在手腕上。丝线是掉色的，洗脸时沾了水，手腕上就印得红一道绿一道的。做香角子。丝线缠成小粽子，里头装了香面，一个一个串起来，挂在帐钩上。贴五毒。红纸剪成五毒，贴在门槛上。贴符。这符是城隍(huáng)庙送来的。城隍庙的老道士还是我的寄名干爹，他每年端午节前就派小道士送符来，还有两把小纸扇。符送来了，就贴在堂屋的门楣上。一尺来长的黄色、蓝色的纸条，上面用朱笔画些莫名其妙的道道，这就能辟(bì)邪吗？喝雄黄酒。用酒和的雄黄在孩子的额头上画一个王字，这是很多地方都有的。有一个风俗不知别处有不：放黄烟子。

文中具体写了系百索子、贴符、放黄烟子、吃“十二红”等风俗，让我们看到作者家乡端午节的活动非常丰富。

黄烟子是大小如北方的麻雷子的炮仗，只是里面灌的不是硝药，而是雄黄。点着后不响，只是冒出一股黄烟，能冒好一会儿。把点着的黄烟子丢在橱柜下面，说是可以熏五毒。小孩子点了黄烟子，常把它的一头抵在板壁上写虎字。写黄烟虎字笔画不能断，所以我们那里的孩子都会写草书的“一笔虎”。还有一个风俗，是端午节的午饭要吃“十二红”，就是十二道红颜色的菜。十二红里我只记得有炒红苋(xiàn)菜、油爆虾、咸鸭蛋，其余的都记不清、数不出了。也许十二红只是一个名目，不一定真凑足十二样。不过午饭的菜都是红的，这一点是我没有记错的，而且，苋菜、虾、鸭蛋，一定是有的。这三样，在我的家乡，都不贵，多数人家是吃得起的。

由家乡端午的风俗自然过渡到家乡的鸭蛋，阅读时注意体会作者对家乡由衷的热爱之情。

我的家乡是水乡。出鸭。高邮大麻鸭是著名的鸭种。鸭多，鸭蛋也多。高邮人也善于腌鸭蛋。高邮咸鸭蛋于是出了名。我在苏南、浙江，每逢有人问起我的籍贯，回答之后，对方就会肃然起敬："哦！你们那里出咸鸭蛋！"上海的卖腌腊的店铺里也卖咸鸭蛋，必用纸条特别标明："高邮咸蛋"。高邮还出双黄鸭蛋。别处鸭蛋也偶有双黄的，但不如高邮的多，可以成批输出。双黄鸭蛋味道其实无特别处，还不就是个鸭蛋！只是切开之后，里面圆圆的两个黄，使人惊奇不已。我对异乡人称道高邮鸭蛋，是不大高兴的，好像我们那穷地方就出鸭蛋似的！不过高邮的咸鸭蛋，确实是好，我走的地方不少，所食鸭蛋多矣，但和我家乡的完全不能相比！曾经沧海难为水，他乡咸鸭蛋，我实在瞧不上。袁枚的《随园食单·小菜单》有"腌蛋"一条。袁子才这个人我不喜欢，他的食单好些菜的做法是听来的，他自己并不会做菜。但是"腌蛋"这一条我看后却觉得很亲切，而且"与有荣焉"。文不长，录如下：

细细品读，你能读出作者的自豪之情吗？

作者为什么瞧不上他乡的咸鸭蛋呢？

腌蛋以高邮为佳，颜色红而油多，高文端公最喜食之。席间，先夹取以敬客。放盘中，总宜切开带壳，黄白兼用；不可存黄去白，使味不全，油亦走散。

高邮咸蛋的特点是质细而油多。蛋白柔嫩，不似别处的发干、发粉，入口如嚼石灰。油多尤为别处所不及。鸭蛋的吃法，如袁子才所说，带壳切开，是一种，那是席间待客的办法。平常食用，一般都是敲破“空头”用筷子挖着吃。筷子头一扎下去，吱——红油就冒出来了。高邮咸蛋的黄是通红的。苏北有一道名菜，叫作“朱砂豆腐”，就是用高邮鸭蛋黄炒的豆腐。我在北京吃的咸鸭蛋，蛋黄是浅黄色的，这叫什么咸鸭蛋呢！

作者将家乡的咸鸭蛋与北京的咸鸭蛋进行对比，再一次强化主题。

端午节，我们那里的孩子兴挂“鸭蛋络(lào)子”。头一天，就由姑姑或姐姐用彩色丝线打好了络子。端午一早，鸭蛋煮熟了，由孩子自己去挑一个。鸭蛋有什么可挑的呢？有！一要挑淡青壳的。鸭蛋壳有白的和淡青的两种。二要挑形状好看的。别说鸭蛋都是一样的，细看却不同。有的样子蠢，有的秀气。挑好了，装在络子里，挂在大襟的纽扣上。这有什么好看呢？然而它是孩子心爱的饰物。鸭蛋络子挂了多半天，什么时候孩子一高兴，就把络子里的鸭蛋掏出来，吃了。端午的鸭蛋，新腌不久，只有一点淡淡的咸味，白嘴吃[①] 也可以。

孩子吃鸭蛋是很小心的。除了敲去空头，不把蛋壳碰破。蛋黄蛋白吃光了，用清水把鸭蛋壳里面洗净，晚上捉了萤火虫来，装在蛋壳里，空头的地方糊一层薄罗[②]。萤火虫在鸭蛋壳里一闪一闪地亮，好看极了！

小时读囊萤映雪的故事，觉得东晋的车胤(yìn)用练囊盛了几十只萤火虫，照了读书，还不如用鸭蛋壳来装萤火虫。不过用萤火虫照亮来读书，而且一夜读到天亮，这能行吗？车胤读的是手写的卷子，字大，若是读现在的新五号字，大概是不行的。

本文围绕鸭蛋写了哪几件事？详细写了哪件事？

① 白嘴吃：不就饭单吃。
② 薄罗：薄的丝织品。

5 寒食书事

［宋］赵鼎

寂寂柴门村落里，也教插柳[1]纪年华。
禁烟不到粤(yuè)人国[2]，上冢(zhǒng)[3]亦携庞老家。
汉寝唐陵[4]无麦饭[5]，山溪野径有梨花。
一樽竟藉(jiè)青苔卧，莫管城头奏暮笳(jiā)[6]。

尾联寄情山水，流露出诗人淡然的人生态度和隐隐的愤世之情。

注 释

① 插柳：古代风俗，寒食节在门上插柳枝。
② 粤人国：今广东、广西一带。
③ 上冢：上坟祭扫。
④ 汉寝唐陵：汉唐陵寝。指汉朝和唐朝帝王的陵墓。
⑤ 麦饭：麦粒煮成的饭。指简陋的祭品。
⑥ 暮笳：傍晚的笳声。笳，即胡笳，我国古代的一种管乐器。

村子里冷冷清清，家家户户的柴门上插着柳条，以示寒食节到了。粤地与中原有所不同，寒食节没有禁烟火的习俗，不过，这一天，人们也像庞德公一样携全家上坟祭扫。汉唐的皇家陵墓前，连一碗祭祀的麦饭都没有，只有山溪、小路和梨花。饮了一杯酒，我随意倚靠在郊外的青苔之上，不理会傍晚城头上吹响的胡笳声。

6 望织女①

［南朝梁］范云

盈盈②一水边，夜夜空自怜。
不辞精卫苦，河流未可填。
寸情③百重结，一心万④处悬。
愿作双青鸟，共舒⑤明镜前。

作者在此处用了两个典故，表示愿牛郎织女像成双成对的青鸟一样，在明镜之前比翼飞舞，形影不离。

注 释

① 望织女：遥望织女星。
② 盈盈：仪态美好。这里指织女。
③ 寸情：微薄的情意。
④ 万：一作“两”。
⑤ 舒：舒展。

仪态美好的织女在银河边徘徊，每天夜里她都独自思念牛郎。她想像传说中的精卫填海一样不辞辛苦地把银河填平，但银河终归是不能填平的。她的心中郁结着百般情思，无时无刻不挂念着自己的爱人。愿织女牛郎像青鸟一样，在明镜前比翼飞舞，永不分离。

7 天竺寺八月十五日夜桂子[1]

zhú（竺）

［唐］皮日休

此诗想象奇特，格调高雅，体现了诗人闲适、恬淡的心境。

玉颗[2]珊珊[3]下月轮，
殿前拾得露华新[4]。
至今不会[5]天中事，
应是嫦娥掷与人。

注释

① 桂子：桂花。
② 玉颗：比喻桂花。
③ 珊珊：桂花落下的声音。
④ 露华新：桂花瓣带着露珠，更显湿润、新鲜。
⑤ 会：明白，了解。

零落的桂花，如同一颗颗玉珠从月亮上撒落下来，我走到大殿前捡起桂花，花瓣带着露珠更显湿润、新鲜。到现在，我还不知道天上到底发生了什么事，这些桂花应该是嫦娥抛掷下来送给人们的。

8 社戏（节选）

鲁　迅

我们鲁镇的习惯，本来是凡有出嫁的女儿，倘自己还未当家，夏间便大抵回到母家去消夏。那时我的祖母虽然还康健，但母亲也已分担了些家务，所以夏期便不能多日的归省（xǐng）[①]了，只得在扫墓完毕之后，抽空去住几天，这时我便每年跟了我的母亲住在外祖母的家里。那地方叫平桥村，是一个离海边不远，极偏僻的，临河的小村庄；住户不满三十家，都种田，打鱼，只有一家很小的杂货店。但在我是乐土：因为我在这里不但得到优待，又可以免念“秩秩斯干幽幽南山”了。

“秩秩斯干幽幽南山”出自《诗经·小雅》，这里泛指难懂的古书。

和我一同玩的是许多小朋友，因为有了远客，他们也都从父母那里得了减少工

① 归省：这里指出嫁的女儿回娘家看望父母。

作的许可，伴我来游戏。在小村里，一家的客，几乎也就是公共的。我们年纪都相仿，但论起行辈来，却至少是叔子，有几个还是太公，因为他们合村都同姓，是本家。然而我们是朋友，即使偶而[①]吵闹起来，打了太公，一村的老老少少，也决没有一个会想出“犯上”这两个字来，而他们也百分之九十九不识字。

我们每天的事情大概是掘蚯蚓，掘来穿在铜丝做的小钩上，伏在河沿上去钓虾。虾是水世界里的呆子，决不惮用了自己的两个钳捧着钩尖送到嘴里去的，所以不半天便可以钓到一大碗。这虾照例是归我吃的。其次便是一同去放牛，但或者因为高等动物了的缘故罢[②]，黄牛水牛都欺生，敢于欺侮我，因此我也总不敢走近身，只好远远地跟着，站着。这时候，小朋友们便

“钓虾”和“放牛”这两件事写得比较简略，从这两件事中，可以看出小伙伴的淳朴和对“我”的友善。

① 偶而：现在写作“偶尔”。

② 罢：现在写作“吧”。本文有的用字与现在不同，除了“罢”，还有“伊”“的”“么”“那”等。

不再原谅我会读“秩秩斯干”，却全都嘲笑起来了。

至于我在那里所第一盼望的，却在到赵庄去看戏。赵庄是离平桥村五里的较大的村庄；平桥村太小，自己演不起戏，每年总付给赵庄多少钱，算作合做的。当时我并不想到他们为什么年年要演戏。现在想，那或者是春赛，是社戏了。

“第一盼望”，足见“我”对社戏的喜爱。为什么是第一盼望呢？你能从下文找到原因吗？

就在我十一二岁时候的这一年，这日期也看看等到了。不料这一年真可惜，在早上就叫不到船。平桥村只有一只早出晚归的航船是大船，决没有留用的道理。其余的都是小船，不合用；央人到邻村去问，也没有，早都给别人定下了。外祖母很气恼，怪家里的人不早定，絮叨起来。母亲便宽慰伊，说我们鲁镇的戏比小村里的好得多，一年看几回，今天就算了。只有我急得要哭，母亲却竭力的嘱咐我，说万不能装模装样，怕又招外祖母生气，又不准和别人一同去，说是怕外祖母要担心。

总之，是完了。到下午，我的朋友都去了，戏已经开场了，我似乎听到锣鼓的声音，而且知道他们在戏台下买豆浆喝。

这一天我不钓虾，东西也少吃。母亲很为难，没有法子想。到晚饭时候，外祖母也终于觉察了，并且说我应当不高兴，他们太怠(dài)慢，是待客的礼数里从来没有的。吃饭之后，看过戏的少年们也都聚拢来了，高高兴兴的来讲戏。只有我不开口；他们都叹息而且表同情。忽然间，一个最聪明的双喜大悟似的提议了，他说，“大船？八叔的航船不是回来了么？”十几个别的少年也大悟，立刻撺掇(cuān duō)起来，说可以坐了这航船和我一同去。我高兴了。然而外祖母又怕都是孩子，不可靠；母亲又说是若叫大人一同去，他们白天全有工作，要他熬夜，是不合情理的。在这迟疑之中，双喜可又看出底细来了，便又大声的说道，“我写包票！船又大；迅哥儿向来不乱跑；我们又都是识水性的！”

从“聚拢”“叹息”“同情”“撺掇”等词，可以看出让“我”念念不忘的是家乡少年的热情好客。

诚然！这十多个少年，委实没有一个不会凫(fú)水的，而且两三个还是弄潮的好手。

外祖母和母亲也相信，便不再驳回，都微笑了。我们立刻一哄的出了门。

小小的细节，却反映了“我们”当时内心的喜悦，“我们”终于可以出发了！

我的很重的心忽而轻松了，身体也似乎舒展到说不出的大。一出门，便望见月下的平桥内泊着一只白篷的航船，大家跳下船，双喜拔前篙，阿发拔后篙，年幼的都陪我坐在舱中，较大的聚在船尾。母亲送出来吩咐“要小心”的时候，我们已经点开船，在桥石上一磕，退后几尺，即又上前出了桥。于是架起两支橹，一支两人，一里一换，有说笑的，有嚷的，夹着潺潺的船头激水的声音，在左右都是碧绿的豆麦田地的河流中，飞一般径向赵庄前进了。

“飞一般”，飞的不仅是船，还有“我们”愉快的心情。

两岸的豆麦和河底的水草所发散出来的清香，夹杂在水气[1]中扑面的吹来；月色便朦胧在这水气里。淡黑的起伏的连山，

① 水气：现在写作“水汽”。

用比喻的修辞手法来写景，原本静止的群山像会动一样往后跑。在这样的船速下，“我”还觉得慢，可以看出“我”想看社戏的急切心情。

仿佛是踊跃的铁的兽脊似的，都远远地向船尾跑去了，但我却还以为船慢。他们换了四回手，渐望见依稀的赵庄，而且似乎听到歌吹了，还有几点火，料想便是戏台，但或者也许是渔火。

那声音大概是横笛，宛转，悠扬，使我的心也沉静，然而又自失起来，觉得要和他弥散在含着豆麦蕴藻[①]之香的夜气里。

那火接近了，果然是渔火；我才记得先前望见的也不是赵庄。那是正对船头的一丛松柏林，我去年也曾经去游玩过，还看见破的石马倒在地下，一个石羊蹲在草里呢。过了那林，船便弯进了叉港[②]，于是赵庄便真在眼前了。

最惹眼的是屹立在庄外临河的空地上的一座戏台，模胡[③]在远处的月夜中，和空间几乎分不出界限，我疑心画上见过的仙

---

① 蕴藻：水草。

② 叉港：现在写作“汊港”，水流的分支。

③ 模胡：现在写作“模糊”。

境，就在这里出现了。这时船走得更快，不多时，在台上显出人物来，红红绿绿的动，近台的河里一望乌黑的是看戏的人家的船篷。

“近台没有什么空了，我们远远的看罢。”阿发说。

这时船慢了，不久就到，果然近不得台旁，大家只能下了篙，比那正对戏台的神棚还要远。其实我们这白篷的航船，本也不愿意和乌篷的船在一处，而况并没有空地呢……

内心渴望离得更近些，无奈近台已没有空地，只能用一个借口来慰藉自己。

在停船的匆忙中，看见台上有一个黑的长胡子的背上插着四张旗，捏着长枪，和一群赤膊的人正打仗。双喜说，那就是有名的铁头老生，能连翻八十四个筋斗，他日里亲自数过的。

我们便都挤在船头上看打仗，但那铁头老生却又并不翻筋斗，只有几个赤膊的人翻，翻了一阵，都进去了，接着走出一个小旦来，咿咿呀呀的唱。双喜说，“晚上看客少，铁头老生也懈了，谁肯显本领给白地看呢？”我相信这话对，因为其时台下已经不很有人，乡下人为了明天的工作，熬不得夜，早都睡觉去了，疏疏朗朗的站着的不过是几十个本村和邻村的闲汉。乌篷船里的那些土财主的家眷(juàn)固然在，然而他们也不在乎看戏，多半是专到戏台下来吃糕饼、水果和瓜子的。所以简直可以算白地。

联系上文中“本也不愿意和乌篷的船在一处”，你对画线句子有新的理解吗？

然而我的意思却也并不在乎看翻筋斗。我最愿意看的是一个人蒙了白布，两手在头上捧着一支棒似的蛇头的蛇精，其次是套了黄布衣跳老虎。但是等了许多时都不见，小旦虽然进去了，立刻又出来了一个很老的小生。我有些疲倦了，托桂生买豆浆去。他去了一刻，回来说，“没有。卖豆浆的聋子也回去了。日里倒有，我还喝了两碗呢。现在去舀一瓢水来给你喝罢。”

我不喝水，支撑着仍然看，也说不出见了些什么，只觉得戏子的脸都渐渐的有些稀奇了，那五官渐不明显，似乎融成一片的再没有什么高低。年纪小的几个多打呵欠了，大的也各管自己谈话。忽而一个红衫的小丑被绑在台柱子上，给一个花白胡子的用马鞭打起来了，大家才又振作精神的笑着看。在这一夜里，我以为这实在要算是最好的一折。

然而老旦终于出台了。老旦本来是我所最怕的东西，尤其是怕他坐下了唱。这时候，看见大家也都很扫兴，才知道他们的意见是和我一致的。那老旦当初还只是踱(duó)来踱去的唱，后来竟在中间的一把交椅上坐下了。我很担心；双喜他们却就破口喃喃的骂。我忍耐的等着，许多工夫，只见那老旦将手一抬，我以为就要站起来了，不料他却又慢慢的放下在原地方，仍旧唱。全船里几个人不住的吁气，其余的也打起呵欠来。双喜终于熬不住了，说道，怕他会唱到天明还不完，还是我们走的好罢。大家立刻都赞成，和开船时候一样踊跃，

老旦是戏曲中旦角的一种，扮演年老的妇女。

三四人径奔船尾，拔了篙，点退几丈，回转船头，驾起橹，骂着老旦，又向那松柏林前进了。

月还没有落，仿佛看戏也并不很久似的，而一离赵庄，月光又显得格外的皎洁。回望戏台在灯火光中，却又如初来未到时候一般，又漂渺[①]得像一座仙山楼阁，满被红霞罩着了。吹到耳边来的又是横笛，很悠扬；我疑心老旦已经进去了，但也不好意思说再回去看。

不多久，松柏林早在船后了，船行也并不慢，但周围的黑暗只是浓，可知已经到了深夜。他们一面议论着戏子，或骂，或笑，一面加紧的摇船。这一次船头的激水声更其响亮了，那航船，就像一条大白鱼背着一群孩子在浪花里蹿，连夜渔的几个老渔父，也停了艇子看着喝采[②]起来。

把航船比作一条大白鱼在浪花里蹿，可见船行速度之快、小伙伴驾船技术之娴熟。

离平桥村还有一里模样，船行却慢了，

① 漂渺：现在写作“缥缈”，形容隐隐约约，若有若无。

② 喝采：现在写作“喝彩”。

摇船的都说很疲乏，因为太用力，而且许久没有东西吃。这回想出来的是桂生，说是罗汉豆①正旺相②，柴火又现成，我们可以偷一点来煮吃的。大家都赞成，立刻近岸停了船；岸上的田里，乌油油的便都是结实的罗汉豆。

“阿阿，阿发，这边是你家的，这边是老六一家的，我们偷那一边的呢？”双喜先跳下去了，在岸上说。

我们也都跳上岸。阿发一面跳，一面说道，“且慢，让我来看一看罢，”他于是往来的摸了一回，直起身来说道，“偷我们的罢，我们的大得多呢。”一声答应，大家便散开在阿发家的豆田里，各摘了一大捧，抛入船舱中。双喜以为再多偷，倘给阿发的娘知道是要哭骂的，于是各人便到六一公公的田里又各偷了一大捧。

“往来的摸了一回”，便知罗汉豆的成熟情况，可见阿发是一个种田小能手。从其话语中，可以感受到他淳朴的性格。

我们中间几个年长的仍然慢慢的摇着

---

①罗汉豆：蚕豆。
②旺相：茂盛。

船，几个到后舱去生火，年幼的和我都剥豆。不久豆熟了，便任凭航船浮在水面上，都围起来用手撮(cuō)着吃。吃完豆，又开船，一面洗器具，豆荚豆壳全抛在河水里，什么痕迹也没有了。双喜所虑的是用了八公公船上的盐和柴，这老头子很细心，一定要知道，会骂的。然而大家议论之后，归结是不怕。他如果骂，我们便要他归还去年在岸边拾去的一枝枯桕(jiù)树，而且当面叫他“八癞子”。

从双喜的话语中，我们可以感受到他带领大家平安归来的骄傲与自豪之情。

“都回来了！那里会错。我原说过写包票的！”双喜在船头上忽而大声的说。

我向船头一望，前面已经是平桥。桥脚上站着一个人，却是我的母亲，双喜便是对伊说着话。我走出前舱去，船也就进了平桥了，停了船，我们纷纷都上岸。母亲颇有些生气，说是过了三更了，怎么回来得这样迟，但也就高兴了，笑着邀大家去吃炒米。

大家都说已经吃了点心，又渴睡，不

如及早睡的好，各自回去了。

第二天，我向午[1]才起来，并没有听到什么关系八公公盐柴事件的纠葛，下午仍然去钓虾。

“双喜，你们这班小鬼，昨天偷了我的豆了罢？又不肯好好的摘，踏坏了不少。”我抬头看时，是六一公公棹(zhào)着小船，卖了豆回来了，船肚里还有剩下的一堆豆。

知道“我们”偷了豆，六一公公不怪“偷”却怪“不肯好好的摘，踏坏了不少”，可见六一公公的淳朴、大方。

“是的。我们请客。我们当初还不要你的呢。你看，你把我的虾吓跑了！”双喜说。

六一公公看见我，便停了楫，笑道，“请客？——这是应该的。”于是对我说，“迅哥儿，昨天的戏可好么？”

我点一点头，说道，“好。”

“豆可中吃呢？”

我又点一点头，说道，“很好。”

不料六一公公竟非常感激起来，将大

① 向午：将近中午。

拇指一翘[1]，得意的说道，“这真是大市镇里出来的读过书的人才识货！我的豆种是粒粒挑选过的，乡下人不识好歹，还说我的豆比不上别人的呢。我今天也要送些给我们的姑奶奶尝尝去……”他于是打着楫子过去了。

待到母亲叫我回去吃晚饭的时候，桌上便有一大碗煮熟了的罗汉豆，就是六一公公送给母亲和我吃的。听说他还对母亲极口夸奖我，说“小小年纪便有见识，将来一定要中状元。姑奶奶，你的福气是可以写包票的了”。但我吃了豆，却并没有昨夜的豆那么好。

真的，一直到现在，我实在再没有吃到那夜似的好豆，——也不再看到那夜似的好戏了。

文中写了钓虾、放牛、看社戏、偷罗汉豆等事情，你认为写得最详细的是哪件事？这样写的原因是什么？

① 翘：现在写作“跷”。

9 乡戏（节选）

韩少功

第一次在乡下看戏让我有些吃惊。禾场里用几张门板架起了一个戏台，台上光线暗淡，有一盏汽灯，还有两三盏长嘴油壶灯，都靠草绳从台顶吊下来，冒出滚滚的黑烟。台上两个演员是若隐若现的鬼影，其中一个正旋着一把什么油布伞，与另一个肩并肩高抬腿原地大跳，大概是作跋山涉水态，直跳得脚下的门板吱吱有声和摇摇晃晃。伞旋得越来越快了，激起台下一阵叫好。后来我才知道，这里正在演出一个打土匪的革命样板戏《智取威虎山》。我不记得这出戏有革命战士打伞的情节，大概是某演员有快速旋伞的绝活，不旋给乡亲们看看是不行的，剧中的解放军就只好旋着伞上山剿匪了。

这个场面描写十分生动，阅读时注意领略文中浓郁的乡土人情。

两个“代替”写出了乡戏道具的简陋。其实简陋的，不仅是道具，还有戏台等。作者这样写的目的是什么呢？

农民剧团买不起布景和道具，一切只能因陋就简，蓑衣代替了斗篷，草绳代替了皮带，晒垫上涂些黄泥墨汁就是山水远景。又因为没有剧本，便由一个略知剧情的小学老师说说大体梗概，演员们即便是文盲，也可记住以后上场自编自演，随编随演，即兴发挥。这叫演“乔仔戏”，是否就是最早见录于汉代典籍里的“乔”，不得而知。

这段话描写了人们看戏时欢快的场面，具体描写了娃娃们、后生们和老汉们。细读这段话，体会作者细致描写的好处。

台下一片黑压压的人头，但真在看伞的也不多。娃娃们在人缝中钻来挤出兴奋不已，经常发出追逐的叫喊或摔痛了的号哭。后生们也忙着，不时射出一道道手电筒的光束，照到不远处的人群里……相对来说，只有老汉们才端坐得庄严一些、孤独一些，对剧情和台词也较为关切，伞能旋出这样的水平，得到他们的啧（zé）啧称赞。他们没有我的吃惊，已经习惯了台上的狭小和混乱。比如打鼓佬和胡琴手说是坐在台侧，其实已经逼近了台中央，都混到演员中来了；比方正是剧中战事激烈之时，突然有人跨过尸体悠悠然走到台前，不是新角色出场，也不是报幕员有事相告，而是一个村干部来给渐渐暗下去的汽灯加气，加完气再猛吹哨子，大吼一番，警告娃娃们不得爬上台来捣乱。

我差一点误会这也是剧中的情节。

我不大可能看明白剧情，相信大多数观众也把剧情看得七零八落，甚至觉得他们压根就不在乎这一点。他们没打算来看戏，只是把看戏作为一个借口，纷纷扛着椅子来过一个民间节日，来参与这么热闹的一次大社交，缓解一下自己声色感觉的饥渴。在乡下偏僻而宁静的日子里，能一下看到这么多的人面，听到这么多的人声，嗅到这么多的人气，已经是他们巨大的欢乐。何况还有台上的闹腾，有伞在飞快地旋转，有举枪时的爆竹炸响和硫黄味，有一溜披戴蓑衣的人在翻筋斗，还有各种稀奇新异的戏装——有位村干部大为不满地

乡戏并不好看，为什么人们却非常爱看呢？因为他们在乎的不是戏，而是看戏时的热闹、看戏时的聚会、看戏时的感觉。

对我说：去年给剧团制了六件红衣服，花了队上两担谷，他们这次居然没有穿出来，王麻子他搞什么鬼么！

阅读链接

乡 戏

在中国的乡村，不少地方依然保留着古老的戏台。乡戏是人们平静乡村生活中的调味剂。人们习惯把乡戏称作“唱大戏”，其实所谓的大戏，就是传统的折子戏。乡戏是一种风俗，人们盼望乡戏就像盼望节日一样，乡戏也是农村文化生活的重要内容。

中国地大物博，有着多样的民俗风情，并且地域特色鲜明：比如过年，南方显得灵动，北方则更显厚重；比如饺子，青岛稍显精致，西安则更显亲民……

阅读本组文章，学习作者详写主要部分的方法，进一步感受字里行间所蕴含的思想感情，并尝试在习作中运用。

① 年的味道和声音

肖复兴

在老北京，传统中的春节和现在大不一样。那时候，过年，讲究要有年的味道和年的声音。

在我来看，年的味道，是从腊月二十三吃糖瓜祭灶开始，到年三十写春联、包饺子、做年夜饭，以松柏枝插入瓶中，枝下堆放枣、栗、龙眼、荔(lì)枝、柿饼等年果，枝头缀上古钱、元宝、石榴花等年花，到破五时候播撒，让众人一抢而空，称之为种下“摇钱树”；到大年初一接神拜年，卖大小金鱼的，沿街串巷到处吆喝，让大人小孩都买一条两条抱回家，称之为“吉庆有余”；一直到正月十五煮元宵、放花灯，如《元夕怀都下之游》云：“已见炬如千树列，更看灯似百花开。”

这一切所组成的系列节目，虽然有些繁文缛(rù)节，但地道的民俗中所包括的五味杂陈，蕴含的才是丰富而耐得住咀嚼和回味的年的味道。每一种味道，都事出有因，上有历史的龙脉联系着，下有民间的根系交错着，不像现在，大过年的只剩下了除夕夜中央电视台的那一台春节联欢晚会了，大家哈哈一乐，等花灯放完了，年就基本结束了。

过年，讲究的就是热闹、火爆。年的声音其实就是人们从心底迸发出来的声音。旧的一年过去了，过得如意也好，过得不如意也好，新的一年来到了，都得把心里的怨气和期盼一起呼喊出来。年的祭祀的意义，就是在这里表现出来的。和西方的祈祷不一样，不是在心里默念，或在嘴边喃喃絮语，而是要大声呼喊出来，甚至借助于外力让声音响得惊天动地，让神听得震耳欲聋。我想，这和我们国家长期处于农业社会有关，我们的神更世俗化，心眼儿是不错的，但因为岁数太老，眼神儿和耳朵都不那么好使，需要动静弄大点儿。

年的声音，也是从腊月二十三祭灶王爷开始，讲究要击鼓，鼓点咚咚，表示新年到来的脚步声音。那时称之为

“腊鼓”，又称“年鼓”，老北京以前专门有腊鼓或年鼓，叫作太平鼓，《清稗(bài)类钞》中说是“铁为圈，木为柄，柄系铁环，圈冒以皮”，可惜已经失传。腊鼓的声音，和除夕夜十二点在大钟寺、潭柘(zhè)寺里撞钟的意义是一样的，都是对年的一种敬畏和欣喜。

当然，年的声音，表现最为淋漓尽致的时候，是除夕之夜，鞭炮声此起彼伏，彻夜不息，火树银花，声震天地。其原始意义，在于驱赶鬼魅，但后来已经是宣泄大于本意，形式成为内容了。年欢快热闹的声音，必须要靠它来体现了。

对于鞭炮，是很有讲究的。鞭炮鞭炮，其实是有区别的，大的叫炮，据说最早的炮叫“麻雷子”，很粗糙的外表，单响，但响声非常大。我小时候看别人放过这家伙，小孩都对它敬而远之。比它进化一些，同样很响的叫作“二踢脚”，双响，地上响一声，飞到空中响第二声。看着它们拖着长长的火尾巴飞到天上，等着炸响第二声的时候，非常过瘾。也有飞上天好几响的，叫作“蹿天炮”。比“麻雷子”“二踢脚”“蹿天炮”模样和声音都要小巧一点儿的，叫作“鞭”。寸鞭，又叫小鞭，都一挂几百头几千头，甚至上万头，一般都是挂在长长的竹竿上，点燃一头小鞭的捻儿，噼里啪啦，等着听吧，百鸟闹林一般，响个没完。

地上落满红红的纸屑，像是开满一地的春花。

比小鞭更小的，要算是“耗子屎”了。这名字有些不雅，但很形象，灰色的小粒，真跟耗子屎差不多。它的响声不大，点燃后在地上打几个滚，刺出几下蓝色的火星，蹿到半空中，萤火虫似的就没影儿了。它很早就绝迹了，我小时候还放过，比我再小的一代，大概听它如天宝往事一样遥远了。

要说最大最有气派的，当数放“花盒子”了。先要架起架子，六角形、八角形的大盒子一层一层地码上去，可以码三层、六层，最高码到九层，高达数丈；再把架子挂起来，第一层是礼花，第二层是花炮，第三层是人物……每层的内容各不相同，点燃后，一层层飞上天空，连台好戏似的，纷呈着不同的声响，缤纷着不同的情景。老北京有家“吉庆堂”，做花盒子最有名。据说，慈禧太后非常喜欢这玩意儿。对于一般百姓，如果看到放花盒子的，大概是听到年最热烈、最欢快、最丰富的声音了。

年的声音的尾声，一般是在春节几天后的庙会上，比如厂甸或白云观卖的风车和空竹上面了。风车和空竹迎着习习的杨柳春风响起的声音，比鞭炮要悦耳，要细腻，要温柔得多。年就要过完了，显得情意绵绵，舍不得离开人们。

2 饺　子

梁实秋

“好吃不过饺子，舒服不过倒着。”这是北方乡下的一句俗语。北平城里的人不说这句话。因为北平人过去不说饺子，都说“煮饽(bō)饽”，这也许是满族语。我到了十四岁才知道煮饽饽就是饺子。

北方人，不论贵贱，都以饺子为美食。钟鸣鼎食之家有的是人力财力，吃顿饺子不算一回事。小康之家要吃顿饺子要动员全家老少，和面、擀(gǎn)皮、剁馅、包捏、煮，忙成一团，然而亦趣在其中。年终吃饺子是天经地义，有人胃口特强，能从初一到十五顿顿饺子，乐此不疲。当然连吃两顿就告饶的也不是没有。至于在乡下，吃顿饺子不易，也许要在姑奶奶回娘家时候才能有此豪举。

饺子的成色不同，我吃过最低级的饺子。抗战期间有一年除夕我在陕西宝鸡，餐馆过年全不营业，我踯躅(zhí zhú)街头，遥见铁路旁边有一草棚，灯火荧然，热气直冒，乃趋就之，竟是一间饺子馆。我叫了二十个韭菜馅饺子，店主还抓了一把带皮的蒜瓣给我，外加一碗热汤。我吃得一头大汗，十分满足。

我也吃过顶精致的一顿饺子。在青岛顺兴楼宴会，最后上了一钵水饺，饺子奇小，长仅寸许，馅子却是黄鱼韭黄，汤是清澈而浓的鸡汤，表面上还漂着少许鸡油。大家已经酒足菜饱，禁不住诱惑，还是给吃得精光，连连叫好。

做饺子第一面皮要好。店肆(sì)现成的饺子皮，碱太多，煮出来滑溜溜的，咬起来韧性不足。所以一定要自己和面，软硬合度，而且要多醒一阵子。盖上一块湿布，防干裂。擀皮子不难，久练即熟，中心稍厚，边缘稍薄。包的时候一定要用手指捏紧。有些店里伙计包饺子，用拳头一握就是一个，快则快矣，煮出来一个个的面疙瘩，一无是处。

饺子馅各随所好。有人爱吃荠(jì)菜，有人怕吃茴香。有人要薄皮大馅，最好是一兜儿肉，有人愿意多羼(chàn)青菜。（有一位太太应邀吃饺子，咬了一口大叫，主人以为她必是吃到了苍蝇蟑螂什么的。她说："怎么，这里面全是菜！"主人大窘。)有人以为猪肉冬瓜馅最好，有人认定羊肉白菜馅为正宗。韭菜馅有人说香，有人说臭，天下之口并不一定同嗜(shì)。

冷冻饺子是不得已而为之，还是新鲜的好。据说新发明了一种制造饺子的机器，一贯作业，整洁迅速，我尚未见过。我想最好的饺子机器应该是——人。

吃剩下的饺子，冷藏起来，第二天油锅里一炸，炸得焦黄，好吃。

3 看高跷

赵丽宏

长长的木棍从脚掌上延长出来，成为一只只奇怪的脚。数十条木脚有力地在水泥地上蹦跳，发出一阵阵浊重沉闷的声响，使人想起古战场上的马蹄声和鼓声。被木脚扬起的灰尘在阳光下飘动，为这种怀古的联想制造出浓浓的气氛。

木脚上站着的，是一群彪悍的北方大汉。在铿锵(kēng qiāng)的锣鼓伴奏下，十几个人脚踩高跷，高人几头，雄赳(jiū)赳地一齐走进来，那是怎样一种气势。这些北方大汉身穿古装，脸上涂着重重的油彩。此刻，他们是古代的文官武将、绿(lù)林好汉，也是落魄秀才、纨绔(wán kù)子弟、渔夫、牧童、农家女……每个人都扮演着一个角色，扮演者以各种不同的动作表现人物的性格，然而我感觉到的只是一种夸张的粗犷和雄健。

这是在今年春天的龙华庙会上看表演。踩高跷的艺人们来自天津，故称津门高跷，又称北派高跷。和从前见到的南方高跷相比，这北派高跷处处显露出刚武之气。脚上绑着长长的木棍，行走便已不易，却还要翻跳腾跃，做出许多即使不踩高跷也很难完成的动作。看这种表演，远观和近看感觉不同。远观能看到他们的英武、潇洒，甚至会觉得他们体态轻捷，矫如飞燕。近看则不然，每次当两根木棍载着百十来斤的躯体从空中重重地叩到地上时，一颗心总如被人揪紧了一般，紧张得不敢正眼看，唯恐那木棍折断，更担心和木棍绑在一起的腿会被折断。表演者大多神态严肃，脸上的汗珠和油彩混合在一起，使人感受到他们的辛苦和内心的紧张。

在一段集体表演之后，艺人们一个个轮番出场，各自在高跷上展示绝技，其中有将帅的威武、骑手的骁(xiāo)勇、书生的飘逸，也有女子的扭捏和泼辣。最使我难忘的，是一位捕鱼的老渔夫和一位扑蝶的浪子。

老渔夫踩着高跷颤颤巍巍，似乎随时会跌倒，却总是倒不下来。他徒手做出种种划船、撒网的动作，很夸张，也很传神。为了追捕一条小鱼，渔夫在场内跌打翻滚，忙得不亦乐乎，使人深感打鱼生涯的艰辛。最后终于捕到那条四处逃窜的小鱼，渔夫欣喜若狂，跪在地上仰天长啸，虽然无声，却极有感染力。令人心颤的是结尾——收网一看，鱼儿已无影无踪。渔夫心神黯然，精疲力竭，伏倒在地上久久不起。这表演，竟使我想起了海明威的《老人与海》。

浪子扑蝶是压台戏。演浪子的艺人化装成白鼻子小丑，手持一把折扇，扭动着浑身的关节在场内转悠，两根长长的木脚鸡啄米似的叩点着水泥地，那种放浪、轻佻(tiāo)、滑稽的样子使人发笑。这位看上去瘦而文弱的艺人，看来是功夫最好的一位，他做这些动作，似乎轻松自在，不费什么力气。在追扑蝴蝶的同时，他还可以分出精力，不时舞蹈一般跳到观众面前，用夸张的动作逗引观众，以期引起一点交流。遗憾的是，围观的人群却无动于衷，只是默默地嗑(kè)瓜子，那种漠然的目光，就像是在打量一个行乞的陌生人。而这位看似快活的高跷浪子依然不停地转，不停地跳，木棍和水泥地的撞击声愈加猛烈。终于，那只顽皮的蝴蝶飞到了他的扇子下面。只见他一个劈叉扑倒在地，全身都压在那把扇子上，肩膀颤抖着做出欢喜之状，汗水在眼角边晶莹闪烁。当他小心翼翼翻开扇面，蝴蝶却早不知去向……这结局，和那捕鱼的老渔夫一样，乐极生悲，费尽气力和心机捕捉到的希望，转瞬又变成泡影。艺人的本意，是想造成一种喜剧的效果，为博观众一笑，然而我却笑不出来。他们在无意中展示了人生的无奈和悲凉。

那最后一幕尤其揪心。趴在地上的扑蝶浪人叉开双腿，企图靠双腿的力量支起脚下的木棍翻身站起，然而水泥地太光滑，木棍找不到一个可以着力的支点。在一阵紧似一阵的锣鼓声中，他一连失败了五六次，脸上汗如雨下，却依然锲(qiè)而不舍，咬着牙再试。当他终于从地下一跃而起，重新高高地站立在场地中央时，漠然的观众才有些激动，掌声四起，还有人大喊了几声“好”。这时，汗水已湿透了他的衣衫。只见他又开始对观众扭动浑身关节，脸上是一种平静的微笑……

站在一边的一个天津人告诉我，这位扑蝶的高跷艺人，年龄已经四十有七。看着他那瘦瘦的、高高的、颤个不停的背影，我心里充满了敬意。

阅读实践

活动一

阅读这组文章，要注意分清内容的主次，体会作者是如何详写主要部分的。阅读后，填写下面的表格并在小组内交流。

文章标题	主要内容	次要内容
《年的味道和声音》		
《饺子》		
《看高跷》		

活动二

请小组成员按照下面的提示整理文中描写的一个节日的相关风俗，再与他人交流，注意把风俗活动讲清楚。

节日风俗大盘点

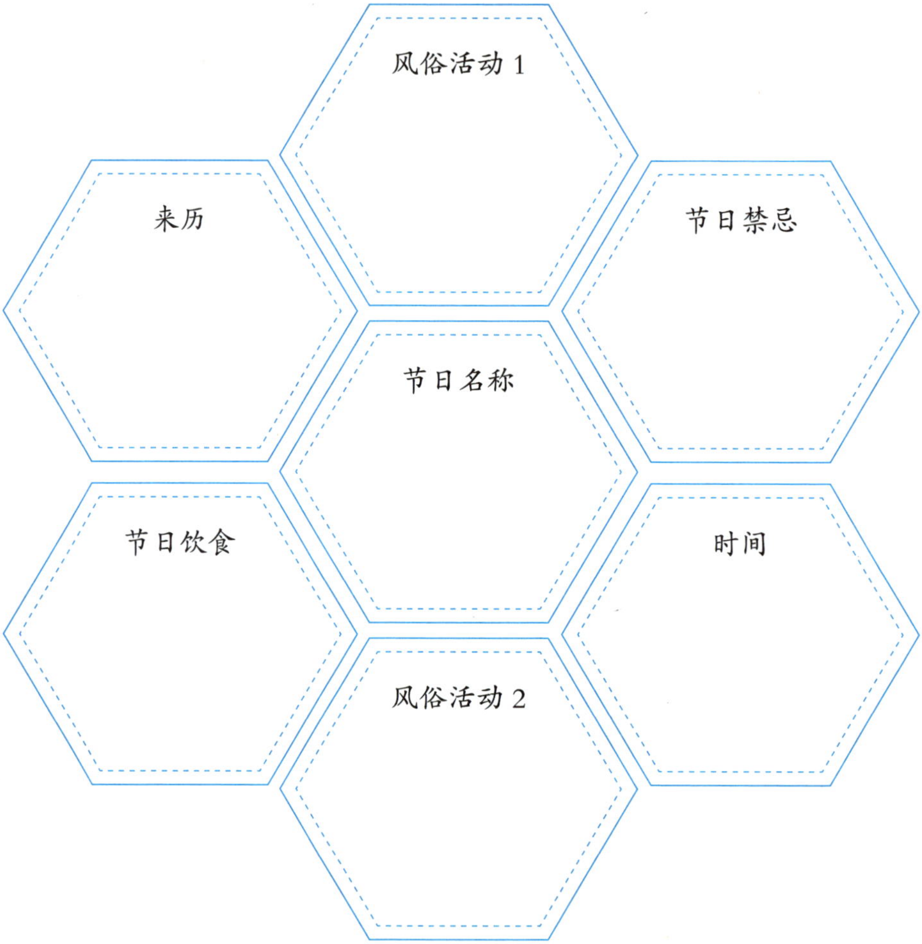
风俗活动 1
来历
节日禁忌
节日名称
节日饮食
时间
风俗活动 2

活动三

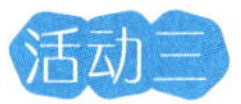

我国的节日风俗南北各异，传统美食东西不同……“离家三里远，别是一乡风”，你的家乡有哪些风俗、美食？和大家交流一下吧！

我印象最深的________风俗

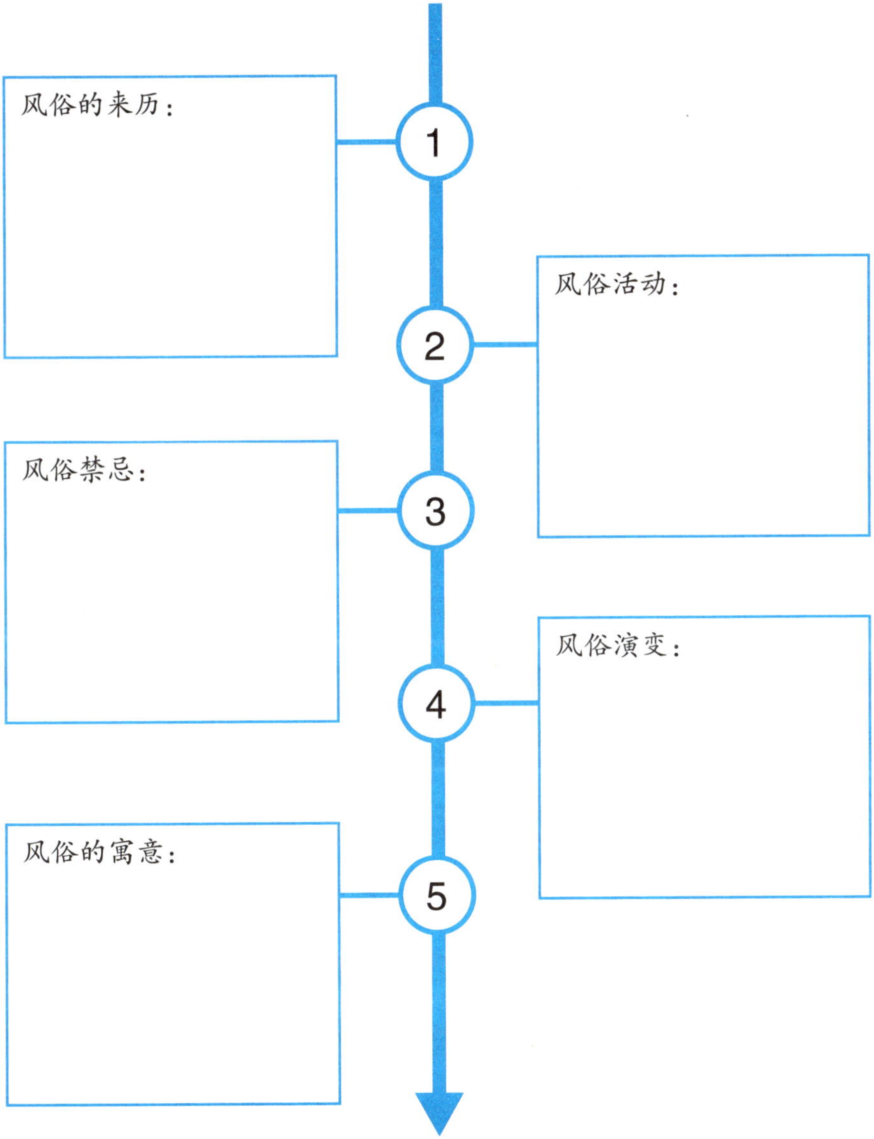
风俗的来历：
1
风俗活动：
2
风俗禁忌：
3
风俗演变：
4
风俗的寓意：
5

中国的传统节日，不仅清晰地记录着中华民族丰富多彩的社会生活，也蕴含着博大精深的历史文化。

阅读本组文章，让我们在感受节日气氛的同时，看看作者是如何围绕某个活动展开细致描写的。

1 漫谈过年

冰　心

我这一辈子，经过几个时代，也已经过了八十几个“年”了！时代在前进，这过年的方式，也有很大的不同和进步。

从我四五岁记事起到十一岁（那是在清末）过的是小家庭生活。那时，我父亲是山东烟台海军学校的校长，每逢年假，都有好几个堂哥哥、表哥哥回家来住。父亲就给他们买些乐器：锣、鼓、二胡、洞箫之类，让他们演奏，也买些鞭炮烟火。我不会演奏，也怕放炮，只捡几根“滴滴金”来放。那是一个小纸捻，里面卷一点火药，拿在手里抡起来，就放出一点点四散的金星。既没有大声音，又很好看。

那时代的风俗，从正月初一到十五，是禁止屠宰的。因此，母亲在过年前，就买些肘子、猪蹄、鸡、鸭之类煮好，用酱油、红糟和许多作料，腌起来塞在大坛子里，还磨好多糯米水粉，做红白年糕。这些十分好吃的东西，我们都一直吃到元宵节！

除夕夜，我们点起蜡烛烧起香，办一桌很丰盛的酒菜来供祖宗，我们依次磕了头，这两次的供菜撤下来，就是我们的年夜饭了。

初一，我们一早就穿起新衣，对父母亲和长辈磕头拜年，也拿到了包着红纸的压岁钱，里面是锃(zèng)亮的一块墨西哥“站人”银圆！

既不会演奏，又不敢放炮的我，这一天最关心的就是附近几个村落“耍花会”的到来了。这些“花会”都是村里人办的，有跑旱船的，有扮“王大娘锔(jū)大缸”的，扮女人的都是村里的年轻人，擦粉描眉，很标致的！锣鼓前导，后面跟着许多小孩子，闹闹嚷嚷的。到了我家门口，自然会围上一大圈人，他们就停下来演唱，唱词很滑稽，四围笑声不断。这时，我们赶紧拿出烟酒点心，来慰劳他们，这一个花会走了，那一个花会又来了。最先来的总是金钩寨的花会。

到了1911年，我们回到福建福州去和祖父、伯叔父母同住在一起。大家庭里的过年是十分热闹的。从祭灶那天起，大家就都忙乎起来。最先是叠“元宝”，那是用金银纸箔，叠成元宝的样子，然后用绳子穿成一串一串的，准备在供神供祖的时候烧；然后就忙扫房，用很长的掸子将屋角的蛛网和尘土，都扫除干净，又擦亮一切铜器，如蜡台、香炉，以及柜子箱子上的铜锁等。大门上贴上新的鲜红的春联。祖父还用红纸在书桌旁边贴上“元旦开笔，新春大吉”等等的吉利话。这些当然都是大人们的事，我们小孩子只准备穿新衣服，放花炮，拜年，拿压岁钱。因为大家庭里兄弟姐妹多，祖父的红纸包里，只是一两角的新银币，但因为长辈也多，加上各人外婆家给的压岁钱，我们每人几乎都得到好几块！

新年过后，元宵节又是一个高潮。我们老家在福州市南后街，那条街从来就是灯市。灯节之前，就已是“花市灯如昼”了，灯月交辉，街上的人流彻夜不绝。福州的风俗，元宵节小孩子玩的灯，都是外婆家送的。福州方言，“灯”与“丁”同音。“添丁”是句吉利话，因此，外婆家送给我们姐弟四人的是五盏灯！我的弟弟们比我小得多，他们还不大会玩，我这时就占了便宜，我墙上挂的是“三英战吕布”的走马灯，一手提着一盏眼睛能动的金鱼灯，一手拉着会在地上走的兔儿灯，觉得自己神气得很。但最好玩的还是跟着哥哥姐姐们到大门口去看灯。有许多亲友到我家街上来看灯的，我们都高兴地点起用篾(miè)片编成的火把，把他们送走。

1913 年，我们到了北京，又过起小家庭生活，过年供祖宗也不烧元宝了。给父母和长辈拜年也只鞠躬，不好意思拿压岁钱了。家里没有了大孩子，没有人敲锣打鼓。弟弟们只会放些小炮仗，过年就显得冷清多了。

家庭里过年不热闹，而集体的节日庆祝，却一年一年地扩大了，机关和学校里都有新年团拜，大门口还张灯结彩，也有种种文娱节目。如今呢，过年庆祝活动，更是以集体为中心，真是普天同庆！以近两年来的“地坛文化迎春庙会”为例，会上什么都有，参加的人既饱了眼福、耳福，又饱了口福。去年到过迎春庙会的朋友，回来都十分兴奋，我虽然因为行动不便，不能参加，但从报纸上的消息里，我已经想象到了那欢腾热闹的盛况，精神上已经参加进去了。

2 守　岁

金　波

一年就要过去了，我忽然想起童年时代的“守岁”，那的确是一段最快乐的时光。

那时候，常常是刚过了腊月初八，齿颊间还留着腊八粥的余香，就开始盼望着除夕了。有民间童谣这样唱道：“小孩小孩你别馋，过了腊八就是年。”过年是从除夕开始的。除夕之夜，不但过得轻松愉快，还可以通宵达旦、自由自在地嬉戏，大人对孩子似乎也宽容了许多。

守岁之夜，一家老少，围炉而坐，边吃着干鲜瓜果，边饮茶聊天，似乎有说不完的话题。

孩子们是坐不住的，吃过晚饭就跑到室外去嬉闹了。爆竹声声，不绝于耳，各色灯笼，流光溢彩。

那天夜晚，老人们还常常叮嘱我们小孩子，不可随地便溺。因为这天夜晚，有天上神仙下界，要给他们一个整洁的环境。年年叮嘱，不厌其烦。我们都很听话，好像忽然长大了许多。

然而，给我印象最深的是“踩岁”。除夕之前，许多家庭早已备好了芝麻秆儿。当除夕来临，便把这些芝麻秆儿从屋门口撒到街门口，人们出出入入都踩在上面，发出“嘎吱嘎吱”的碎裂声。传说，这声响可以吓跑吃人的野兽“年”。

汉语很讲究“谐音”。这里的“踩岁”，借“岁”“祟”同音，“踩祟”又表示将灾祸晦气都踩在了脚下，因此，“踩岁”就有了驱邪祝吉的意思。

踩碎了芝麻秆儿，从这个“碎”字的谐音上，不是又可以让人想起“岁岁平安”“长命百岁”一系列的吉祥话儿吗？

在北京，这“踩岁”的旧时风俗早已绝迹了，四十岁以下的人，大都不曾经历过。那时候，对于孩子们来说，“踩岁”就是一种游戏，在老一辈人的心目中，却是一种祝祷。

“守岁”带给人的心境，随着年龄的增长在发生着变化。童年时代的那种单纯的欢乐是越来越少了，进入少年时代，在欢乐之余，又多了几分追忆往昔的思绪。守岁之夜，我记得许多比我年幼的孩子，完全沉浸在欢声笑语之中，

随着年龄的增长、阅历的增加，作者“守岁”的心境也在不断地发生着变化。

我却常常喜欢躲在一角，写下一篇长长的日记，向自己倾诉着孤独的情怀。后来，读了一些有关青少年心理学的书，知道了那是一个喜欢自省的年龄，他只愿意向自己倾诉，喜欢远离朋友静静沉思，甚至感觉到父母对自己也不那么理解。于是，在守岁之夜，热闹的欢聚之后，常常愿意躲在宁静的角落里，体验自己的感情，快乐中有一种淡淡的哀愁。

及至自己渐渐年长，在守岁之夜的烛光里，忽然发现父母两鬓染霜；渐近老年，守岁的祝祷中，又多了新的内容，那就是对父母的祝福。

守岁之夜，这是一个特殊的日子，“一夜连双岁，五更分二年”，这是新旧交替的夜晚，不仅有辞旧，还有迎新，在遗憾惜别中，又萌生了许多新的希望。

文章采用了前后呼应的写法，使内容更为完整，结构更为紧密。

守岁之夜，是过去与未来的交接，岁尾牵引着岁首。只要不是浑浑噩(è)噩地过日子，都会特别珍惜这一时刻。在这一时刻，你会感到时光流逝得格外迅速；在“今宵尚今岁，明日即明年”的时刻，一年的大好时光，倏(shū)而不见了，你还来不及抓住它，新的一年就来到你的面前。这时候，你该看到一个新的岁月带来了一个新的你。

“寒随一夜去，春逐五更来”，你的又一个春天来了，在辞旧迎新的守岁之夜，自省是必要的，但自省不是沉溺在遗憾和惋惜之中，而是面向新的日子，让“明天”比“昨天”过得更好，明天还有许多事情要从头做起。

守岁之夜，老年人的心情会更为复杂肃穆(mù)，一面看到儿孙晚辈都成长起来，一面又会想到自己的有生之年又少了一岁；如果此刻子女能体谅到老人的心情，多给他们一些关怀和安慰，就会消解他们的寂寞与无奈。俗话说：“守冬爷长命，守岁娘长命。”祝祈父母健康长寿的家庭气氛，这时候应是最为浓郁的了。

除夕的钟声敲响了，它不同于平时的钟声，它是送旧迎新的、更为浑厚的钟声；它好像是从天际飘落下来，又飘逝而去的钟声，它使我们更贴近时间、贴近生命。

3 除夕情怀

冯骥才

除夕是一年最后一天，最后一个夜晚，是一岁中剩余的一点短暂的时间。时光是留不住的，不管我们怎么珍惜它，它还是一天天在我们的身边烟消云散。古人不是说过“黄金易得，韶(sháo)光难留”吗？所以在这一年最后的夜晚，要用“守岁”——也就是不睡觉，眼巴巴守着它，来对上天恩赐的岁月时光以及眼前这段珍贵的生命时间表示深切的留恋。

除夕是中国人最具生命情感的日子，所以此时此刻一定要和与自己有着血缘关系的亲人团聚一起。首先是生养自己的父母。陪伴老人过年，有如依偎着自己生命的根与源头。再有便是和同一血缘的家人枝叶相拥，温习往昔，尽享亲情。记得有人说：“过年不就是一顿鸡鸭鱼肉的年夜饭吗？现在天天鸡鸭鱼肉，年还用过吗？”其实过年并不是为了那一顿美餐，而是团圆。只不过先前中国人太穷，便把平时稀罕的美食当作一种幸福，加入这个人间难得的团聚中。现在鸡鸭鱼肉司空见惯了，团圆却依然是人们的愿望、年的主题。腊月里到火车站或机场去看看声势浩大的春运吧。世界上哪个国家会有一亿人同时返乡，都要在除夕那天赶到家去？他们到底为了吃年夜饭还是为了团圆？

两个问号，让我们感受到了除夕的重要，感受到了团圆的重要。

此刻，我想起关于年夜饭的一段往事——

一年除夕，家里筹备年夜饭，妻子忽说：“哎哟，还没有酒呢。”我说：“我忙的都是什么呀，怎么把最要紧的东西忘了！”

酒是餐桌上的仙液。这一年一度的人间的盛宴哪能没有酒的助兴、没有醉意？我忙披上棉衣，围上围巾，蹬上自行车去买酒。家里人平时都不喝酒，一瓶葡萄酒——哪怕是果酒也行。

车行街上，天完全黑了，街两旁高高低低的窗子都亮着灯。一些人家开始吃年夜饭了，性急的孩子已经噼噼啪啪点响鞭炮。但是商店全上了门板，无处买到酒，我却不死心，无论如何也不能让这顿年夜饭没有酒。车子一路骑下去，一直骑到百货大楼后边那条小街上，忽见道边一扇小窗亮着灯，里边花花绿绿，分明是个家庭式的小杂货铺。

我忙跳下车，过去扒窗一瞧，里边的小货架上天赐一般摆着几瓶红红的果酒，大概是玫瑰酒吧。踏破铁鞋终于找到它了！我赶紧敲窗玻璃，里边出现一张胖胖的老汉的脸，他不开窗，只朝我摇手；我继续敲窗，他隔窗朝我叫道："不卖了，过年了。"我一急，对他大叫："我就差一瓶酒了。"谁料他听罢，怔了一下，唰地拉开小小的窗子，里边热乎乎混着炒菜味道的热气扑面而来，跟着一瓶美丽的红酒梦幻般地摆在我的面前。

我付了钱，对他千恩万谢之后，把酒揣在怀里贴身的地方，我怕把酒摔了，然后飞快地一口气骑车到家。刚才把酒揣进怀里时酒瓶很凉，现在将酒从怀间抽出时，光溜溜的酒瓶竟被身体焐得很温暖。

从这一个"扰"字，你体会到了什么？

当晚这瓶廉价的果酒把一家人扰得热乎乎的，我却还在感受着刚才那位老汉把酒"啪"地放在我面前的感觉。他怎么知道我那时为年夜饭缺一瓶酒而着急的心情？很简单——因为那是人们共有的年的情怀。

于是我又想起，一年的年根在火车站上。车厢里人满为患，连走道上也人贴着人地站着。从车门根本挤不上去，有人就从车窗往里爬。我看一个年轻人，半个身子已经爬进车窗，车里的熟人往里拉他，站台上的工作人员往外拽他。双方都在使劲，这年轻人拼命地往车里挣扎。就在这时候，忽然站台上的人不拉了，反倒笑嘻嘻把他推上去。我想，要是在平时，站台的工作人员决不会把他推上去，但此时此刻为什么这样做？为了帮他回家过年。

年，真的是太美好的节日，太好的文化了。在这种文化氛围里，人们无须沟通，彼此心灵相应。正为此，除夕之夜千家万户燃起的烟花，才在寒冷的夜空中交相辉映，呈现出普天同庆的人间奇观。也正为此，那风中飘飞的吊钱、大门上斗大的福字、晶莹的饺子、感恩于天地与先人的香烛、风雪沙沙吹打的灯笼和人人从心中外化出来的笑容，才是这除夕之夜最深切的记忆。

除夕是中国人用共同的生活理想创造出来——并以各自的努力实现的现实。

4 闹元宵

秦　牧

今天是元宵节。

一般的乡土情形是：从旧历的十二月十五日起，人们就忙着过年。年底以前洗祭器，扫灰尘，制糕饼，买新装，购春联，送灶君，都忙够了！开年以后的烧开门炮，作揖贺年，拜祖，也都忙够了！到了正月十五，“年”的那种旺盛神秘的气味已经渐渐消失，小孩子们要去读书了！大人们要做各自的事了！出门人回家团圆之后现在又要离家远走了！一转眼，大家又要回复到平凡的生活里，大家好像对这个“年”，恋恋不舍似的，于是在这个一年中第一次月圆的日子里，又来了一次狂欢，好像是说：“再让我们痛快乐他一乐吧！”好像是说：“让我们再乐一乐之后就好好地工作吧！”元宵节就是这样的充满人情味的一个节日。

有许多节日都好像是遥遥相对似的，什么时候不好看月亮呢？但好像元宵和中秋的月亮更值得看，因为元宵之后，要送游子出门了。中秋时节，又想念亲人回家。这两个夜里的月亮，就格外地美丽，格外地含情。什么时候不可以吃汤圆呢？然而冬节[①]和元宵格外要吃，因为冬节，许多家庭正接回远行归来的出门人，元宵之后，又要送他们走了。吃着那圆圆的汤圆，就想起团圆的滋味，体味着骨肉之间的深情。

在我们粤东的乡下，每到元宵，人们又把最漂亮的衣服穿上身来，又是拜祖先，又是吃汤圆，吃“补天穿”的糕。偏僻的小村庄，农夫农妇们纷纷入城，因为城里今夜有最精彩的游神赛会，他们难得来看一看。城里的人家，“打扫闲轩”，迎接宾客。当那使小孩子们望眼欲穿的“元宵夜”终于到来时，神的偶像被抬着四处游行了！舞狮的，玩龙灯的，玩蜈蚣灯的，还有人物扮成的“花灯”，分头出动，队伍过处，爆竹喧天，光影如浪，彩声如潮，看着那些年轻小伙子让爆竹在赤裸的上身炸开，女人们也兴高采烈地叫嚷，使你感到人们对这个节日的热爱！“雨打元宵灯”，是扫兴的形容词，这句话是不少农民也拿来

> 细腻的描写源自作者细致的观察，更源自作者对元宵节怀有的情感。

① 冬节：指冬至。

做口头禅的。乡下女人可以不受世俗礼节束缚的日子并不多。据我所知，“闹元宵”是一次，端午看龙船又是一次，在我们乡下这一天，女人们有的到菜园里坐到菜畦(qí)上去，有的穿过人家舞着的龙灯腹下，为的是向上天求子，好像在这一年初度月明之夜，苍苍的天也格外耳目聪明，会更关怀她们心底的秘密似的。

元夜是个火树银花的夜，“火树[①]银花触目红”“去年元夜时，花市灯如昼”[②]，朱淑真的这些咏元夜的诗词，数百年而下，我们读起来仍然神往。那情景是多么诱发我们乡土的感情啊！前些时读钟敬文先生一篇谈过新年的文章，他说：“这是我们中华民族在长时期里所形成的一种生活的强烈‘表情’。”他说：“不管它本身怎样的天真、有趣，不管我们对它怎样的追怀、眷恋，它是再不回来了。将来，我们也许要有一种堂皇、美丽的过新年的情景罢，但那绝不会和过去一个样子。”是的，近年来，到处村乡过年过节，已没有当年的热闹了！前些

细读这句话，体会作者想要表达的情感。

①树：一作“烛”。

②“去年”二句：出自《生查子》，一般认为其作者是欧阳修，也有说是朱淑真或秦观。

时回乡一看，一切显得是那样的冷淡、寂寞、贫困和空虚，遇上年节也没有例外，但不久的将来，说不定从明年起，我想时年八节，一定会恢复热闹的，不过迎神的事减少了，地主老爷燃着爆竹向裸着上身舞龙的农民掷爆竹取乐的事没有了！到那时将有另一番热闹，一想到那情境，童心忽然复活，禁不住要像五十岁的曹伯伟先生那样在房里扭秧歌了。

阅读链接

元　夜

［宋］朱淑真

火烛银花触目红，揭天鼓吹闹春风。
新欢入手愁忙里，旧事惊心忆梦中。
但愿暂成人缱绻，不妨常任月朦胧。
赏灯那得工夫醉，未必明年此会同。

5 花　灯

萧　乾

作者介绍中国人过节的情景，为什么要先写西方人如何过圣诞节？

节日往往最能集中地表现一个民族的习俗和欢乐。西方的圣诞、复活、感恩等节日，大多带有宗教色彩，有的也留着历史的遗迹。节日在每个人的童年回忆中，必然都占有极为特殊的位置。多么穷的家里，圣诞节也得有挂满五色小灯泡的小树。孩子们一夜醒来，袜子里总会有慈祥的北极老人送的什么礼物。圣诞凌晨，孩子们还可以到人家门前去唱歌，讨点零花。

我小时候，每年就一个节一个节地盼。五月吃上樱桃和粽子了，前额还给用雄黄画个“王”字，说是为了避五毒。纽扣上戴一串花花绿绿的玩意儿，有桑葚，有老虎什么的，都是用碎布缝的。当时还不知道那个节日同古代诗人屈原的关系。多么雅的一个节日

仔细读这段文字，体会端午节的“雅”。

呀！七月节就该放莲花灯了。八月节怎么穷也得吃上块月饼，兴许还弄个泥捏挂彩的兔儿爷供供。九月登高吃花糕。这个节日对漂流在外的游子最是伤感，也说明中国人的一个突出的民族特点：不忘老根儿。但最盼的，还是年下，就是现在的春节。

哪国的节日也没有咱们的春节热闹。我小时候，大商家讲究“上板”（停业）一个月。平时不放假，交通没现在方便，放了店员也回不去家。那一个月里，家在外省的累了一年，大多回去探亲了，剩下掌柜的和伙计们就关起门来使劲地敲锣打鼓。

正月里欢乐的高峰，无疑是上元佳节——也叫灯节。从初十就热闹起，一直到十五。花灯可是真正的艺术品。有圆的、方的、八角的；有谁都买得起的各色纸灯笼，也有绢的、纱的和玻璃的。有富丽堂皇的宫灯，也有仿各种动物的羊灯、狮子灯；羊灯通身糊着细白穗子，脑袋还会摇撼。另外有一种官府使用的大型纸灯，名字取得别致，叫“气死风”。这种灯通身涂了桐油，糊得又特别严实，风怎么也吹不灭，所以能把风气死。

纽约第五街的霓虹灯倒也是五颜六色，有各种电子机关，变幻无穷，然而那多是商业上的宣传，没什么文化内容。

北京的花灯上，就像颐和园长廊的雕梁画栋，有成套的“三国”“水浒”或“红楼梦”。有些戏人儿还会要刀要枪。我小时最喜欢看的是走马灯。蜡烛一点，秫秸插的中轴就能转起来。守在灯旁的一个洞口往里望，它就像座旋转舞台：一下子是孙猴，转眼又出来八戒，沙和尚也跟在后边。至今我还记得一盏走马灯里出现的一个怕老婆的男人：他跪在地上，头顶蜡扦（qiān）儿；旁边站着个梳了抓髻（jì）的小脚女人，手举木棒，一下一下地朝他头上打去。

灯，是店铺最有吸引力的广告。所以一到灯节，哪里铺子多，哪里的花灯就更热闹。

20 世纪 60 年代初的一次春节，厂甸又开市了。而且正月十五，北海还举行了花灯晚会。当时我一边逛灯，一边就想：像这样季节性的游乐恢复起来，岂不大可丰富一下市民的生活？

细读这句话，体会作者想要表达的情感。

6 扒龙舟

陈慧瑛

儿时盼端午，盼那一年一度的“扒龙舟”。

端午那一天，家乡的父老，早早地便来到江边，齐齐地往龙舟上丢粽子，说是给一位古时屈死的忠臣送节……

那时，我常常是边咬着母亲亲手做的琥珀色的、鲜嫩甜美的糯米粽子，边看龙舟竞渡：那弄潮儿得意的呐喊，那两岸彩蝶纷飞般的人群，那一串串鞭炮似的笑声……曾给予童稚的我多少美妙的喜悦和激动哟！

可我并不晓得，那龙舟里还藏着一段汨罗江凄凉的风波，那粽子里还写着一段久远的民族悲歌……

二十年了，我走回故乡，走回了金色的童年……

又是端午佳节；

又是龙舟江畔——

那人鱼似的舟子，从身边跃过了；

那流星似的船儿，从眼前飞走了……

是急急地去寻回屈子的英魂吗？

是苦苦地呼唤着当年的国殇（shāng）吗？

啊，故乡端午的扒龙舟——这千古不移的忠贞哟！

三闾大夫啊！

我情不自禁要想起《湘君》《哀郢（yǐng）》《涉江》……

想起《山鬼》——

黄昏的山中，这美丽的神女披着薜（bì）荔衣、乘着文狸，寂寞地等待着心上的人儿……

我把多角的粽子轻轻剥开，挑出一片碧莹莹的完好竹叶，写上：“沧海桑田，《离骚》已矣。往事兮如烟，屈子兮归来！”

轻轻地，轻轻地，把它放进江水里……

阅读链接

扒龙舟，也就是赛龙舟，是端午节的一项重要活动。龙舟竞渡前，先要请龙、祭神，祭神过后，安上龙头、龙尾，准备竞渡。人们祭神有祈求农业丰收、事事如意的美好愿望。扒龙舟承载着丰富的民俗文化，因此端午期间的龙舟竞渡颇具意义。

7 朵乐荷，朵乐荷（节选）

王充闾

这是一个爱火、敬火的民族，她的历史就是一条火的长河。一年一度的最隆重的节日——火把节，实际上，是彝(yí)族古老的祭火节。人类最初一代的文明，是被火的光焰照亮的。

世界上许多民族都有关于火的崇拜、火的禁忌的习俗。然而，像我国彝族那样，把火的崇拜神圣化，并以节日形式固定下来，同预祝丰收相结合，却是不多见的。

关于火把节，当地流传着这样一个传说：很久很久以前的一个夏天，旱情十分严重，庄稼长得瘦弱不堪。可是，天神仍然派出差役，下界催租逼债。人们苦苦求饶，差役还是颗粒不留，统统收走。这激怒了英雄惹地豪星，他决心把这个恶差除掉。结果在六月二十四这天，在比赛摔跤时，惹地豪星把差役摔死了。

正当人们欢庆胜利的时候，天神发出命令，要放出天虫，毁灭所有庄稼。说时迟，那时快，转眼之间遮天蔽日的天虫便把一片片庄稼吞噬(shì)净尽。惹地豪星看了心痛如焚，忽然情急生智，想起了应该借助火神的威力来扑杀害虫，保护庄稼。于是，他动员男女老幼采来蒿秆扎成火把，漫山遍野燃烧起来。经过九天九夜的激战，终于消灭了天虫，保住了即将收获的庄稼。

人们为了纪念这位为民除害的英雄，也为了祈祷丰收，年年都点燃火把，久而久之，就形成了火把节。

…………

这次作家采风活动的核心内容，就是参加农历六月二十四的凉山彝族火把节。吃过早饭，大家就乘车来到普格县五道箐(qìng)乡拖木沟的一处非常开阔的草坪。草坪四周天然隆起，形似看台，上上下下已经坐满了人，据说达三万多人。

彝家有一句谚语：“过年是嘴巴的节日，火把节是眼睛的节日。”意思是，过年讲究吃好喝好，而火把节讲究的是穿戴打扮，好玩耐看。放眼望去，尽是姑娘们的七彩裙、花头帕、绣花坎(kǎn)肩和小伙子们的白披毡、蓝披毡、花腰带，好像一个硕大无朋的五彩花环罩在青苍的碧野上。

最先出场表演的是彝家女儿，她们打着黄油伞，相互牵着三角彩巾，围成一个又一个圆圈，唱起了优美动人的“朵乐荷”。歌声美，舞步轻，织成了一条情韵绵绵的女儿河，又好似一朵朵太阳花在蓝天下缓缓滚动。

同来的诗人们看了，热情洋溢地赞颂说，彝家姑娘穿的是不用文字记载的神话，绣的是民族创世的史诗和悲欢离合的故事，她们用彩色丝线编织着似水柔情，倾注着对美好事物的憧憬。

最能充分展示这种美的姿彩的，是已有千年历史的选美活动。选美，既要看姑娘们的身材容貌、穿着打扮，又要看她们的仪态风采，还要看平时的道德品行，包括对待父母长辈的表现。评委们都是山寨中德高望重的老人，他们一整天在过节人群中寻觅、挑选，反复比较、协商，评判意见颇具权威性，没有人会怀疑、指责。每次火把节每个场地只选三名，一旦评出，便成为姑娘们心仪的目标，小伙子心中的偶像。

…………

天色暗了下来，我们在街前广场上，点燃起干蒿扎成的火把，排成长长的队伍，高声唱着火把节祝歌，走向田野，走向山冈。于是，漫山遍野都响起了：

朵乐荷，朵乐荷，

烧死猪羊牛马瘟（wēn），

烧死吃庄稼的害虫，

烧那穿不暖的鬼，

烧那吃不饱的魔，

朵乐荷，朵乐荷！

由于火把节适值盛夏，田里秧苗正处于旺盛的生长期，也正是各种危害庄稼的昆虫繁殖的高峰期。当火把在四野燃起，那些害虫便迅速攒(cuán)聚趋光，一齐葬身火海，所以确有除害保苗的实效。

时间已到深夜，登高四望，但见漫山遍野，到处都有金龙飞舞，起伏游动，浩荡奔腾，人们仿佛置身于火的世界。城市里也同时施放礼花，把光明送到天上，让暗淡的长天也大放异彩。古人有诗云：

云披红日恰含山，列炬参差竞往还。

万朵莲花开海市，一天星斗下人间。

可说是真实而确切的写照。山在燃烧，水在燃烧，天空在燃烧。与此相应和，人们的情绪也在燃烧、激扬、纵放，沉浸在极度的兴奋之中。面对着星河火海，我也不禁手之舞之，足之蹈之，高声朗诵起郭沫若的《凤凰涅槃(niè pán)》中的诗句：

我们生动，我们自由，

我们雄浑，我们悠久。

一切的一，悠久。

一的一切，悠久。

……

火便是你。

火便是我。

火便是他。

火便是火。

翱(áo)翔！翱翔！

欢唱！欢唱！

火把节自始至终体现了一种狂欢精神。这显然带有原始的万民狂欢的基因，但更重要的是反映了现代人的一种精神需求。从更广泛的集体心理来说，人们都愿意借助这个节日，营造一种规模盛大的、自己也参与其中的欢乐氛围，使身心放松、亢奋，一反平日那种循规蹈矩、按部就班的生活秩序，而同时又不被他人认为是出格离谱、荡检逾(yú)闲。

8 火把节之歌（节选）

吴　然

舞火把

火把们都等待着，焦灼地等待着燃烧的时刻。

终于，唢呐吹响了，铓(máng)锣敲响了，火把点燃了！

用人们的心愿和祝福，一位老人和孩子一起点燃了火把，点燃了火把的生命。

雄性的、粗野的燃烧。

火焰很高。

火焰的欢笑。

这时候你看吧！无数的巨大的火把，点燃在苍山洱海间。

鞭炮声燃烧着。铓锣和唢呐的欢鸣燃烧着。沸腾的叫喊和笑声燃烧着。

祝福燃烧着。

心愿燃烧着。

火把散落无数红亮的星星。

人们来绕火把了。据说，在燃烧的火把下绕三圈，就能消灾得福、吉祥如意。

母亲抱着婴儿来绕火把了，小孙女牵着老奶奶来绕火把了，一对新姑爷新媳妇来绕火把了……

一圈又一圈，人们都来绕火把了！

沐浴过火把的光焰，沐浴过火把飘洒的火花的雨，也沐浴过古老的祝福和新的希望了，人们的欢呼，烧旺了火把。

天越黑，火把越亮。

这时候，人们点燃了自己的火把。

竹片扎的火把，松明扎的火把，用松树干破成十二瓣（十二个月之意）的火把，在人们手上燃烧成灿亮的花朵，燃烧成真正的火把花！

成千上万的火把舞动起来，人们用燃烧的火把互相祝福；金亮的火星飞溅着火把的花瓣，照亮每一个人，照亮每一颗心。

啊，田埂上，村道上，场院上，都是火把的穿梭飞动，都是人们的欢声笑语！

9 生查子

[宋]欧阳修[1]

去年元夜[2]时，花市[3]灯如昼[4]。月上[5]柳梢头，人约黄昏后。　　今年元夜时，月与灯依旧。不见去年人，泪满[6]春衫袖。

注释

①这首词的作者或说是朱淑真，或说是秦观。

②元夜：元宵之夜。农历正月十五为元宵节。自唐朝起有观灯闹夜的民间风俗。北宋时从正月十四到正月十六三天，开宵禁，游灯街花市，通宵歌舞，盛况空前。

③花市：元宵夜的花灯盛会。

④灯如昼：灯火像白天一样明亮。

⑤月上：一作“月到”。

⑥满：一作“湿”。

译文

去年正月十五元宵节，花市灯光像白天一样明亮。月儿升起在柳树梢头，他约我黄昏以后同叙衷肠。

今年正月十五元宵节，月光与灯光仍同去年一样。再也看不到去年的故人，泪珠儿不觉湿透了衣袖。

⑩ 寒食寄京师诸弟

［唐］韦应物

雨中禁火[1]空斋冷，
江上流莺独坐听。
把酒[2]看花想诸弟，
杜陵[3]寒食草青青。

这句写景，突出一个“冷”字，“雨中”是天气之冷，“禁火”是节令之冷，“空斋”是旅居之冷。

注 释

① 禁火：古时寒食节有禁火三日的习俗，以此纪念春秋时的介子推。
② 把酒：拿着酒杯。
③ 杜陵：汉宣帝陵，在今陕西西安附近。

在这个飘雨的寒食节，因为禁火，无人的房间显得更加清冷。在江上飞行的黄莺婉转轻啼，我独自坐在房间聆听。喝着酒，看着花，想起家乡的诸位兄弟，杜陵故园的草在寒食节已经绿了吧。

⑪ 太常引·建康中秋夜为吕叔潜赋

［宋］辛弃疾

一轮秋影转金波[①]，飞镜[②]又重磨。把酒问姮(héng)娥[③]：被白发欺人[④]奈何？　　乘风好去，长空万里，直下看山河。斫(zhuó)去桂[⑤]婆娑(suō)[⑥]，人道是清光更多。

注释

① 金波：指月光。
② 飞镜：飞到天上的铜镜。这里比喻月亮。
③ 姮娥：即嫦娥，神话中月宫里的仙女。
④ 被白发欺人：指时光不饶人。
⑤ 桂：指神话传说中的月中桂树。
⑥ 婆娑：树影摇曳的样子。

一轮中秋的明月，射出明亮的光芒，好像一面铜镜又重新打磨过。举着酒杯，我问嫦娥：白头发渐渐增多，青春已离我远去，叫人如何是好？

乘着清风去遨游，万里长空，径直朝下俯瞰山河。砍去月中桂树浓密的枝条，人们都说月光会增辉不少。

自由阅读二

每个民族都有自己独特的文化，每个地区都有自己独特的风俗。走进民俗文化大观园，你会了解到不同风味的美食，听到有趣的美食故事，领略到不同的民俗风情。

阅读本组文章时，要关注作者围绕美食和风俗重点写了什么，是怎样把重点部分写具体的，表达了作者怎样的情感。

1 豆汁儿

汪曾祺

没有喝过豆汁儿，不算到过北京。

小时看京剧《豆汁记》(即《鸿鸾(luán)禧》，又名《金玉奴》，一名《棒打薄情郎》)，不知“豆汁”为何物，以为即是豆腐浆。

到了北京，北京的老同学请我吃了烤鸭、烤肉、涮(shuàn)羊肉，问我：“你敢不敢喝豆汁儿？”我是个“有毛的不吃掸子，有腿的不吃板凳，大荤不吃死人，小荤不吃

有感情地朗读画线部分，想一想作者当时的神情，体会其幽默风趣的语言风格。

苍蝇”的，喝豆汁儿，有什么“不敢”？他带我去到一家小吃店，要了两碗，警告我说：“喝不了，就别喝。有很多人喝了一口就吐了。”我端起碗来，几口就喝完了。我那同学问：“怎么样？”我说：“再来一碗。”

豆汁儿是制造绿豆粉丝的下脚料，很便宜。过去卖生豆汁儿的，用小车推一个有盖的木桶，串背街、胡同。不用“唤头”（招徕顾客的响器），也不吆唤。因为每天串到哪里，大都有准时候。到时候，就有女人提了一个什么容器出来买。有了豆汁儿，这天吃窝头就可以不用熬稀粥了。这是贫民食物。《豆汁记》的金玉奴的父亲金松是“杆儿上的”（叫花头），所以家里有吃剩的豆汁儿，可以给莫稽[①]盛一碗。

卖熟豆汁儿的，在街边支一个摊子。一口铜锅，锅里一锅豆汁儿，用小火熬着。熬豆汁儿只能用小火，火大了，豆汁儿一翻大泡，就“澥（xiè）[②]”了。豆汁儿摊上备有辣咸菜丝——水疙瘩切细丝浇辣椒油、烧饼、焦圈——类似油条，但做成圆圈，焦脆。卖力气的，走到摊边坐下，要几套烧饼焦圈，来两碗豆汁儿，就一点辣咸菜，就是一顿饭。

豆汁儿摊上的咸菜是不算钱的。有保定老乡坐下，掏

①莫稽：《豆汁记》中的主要人物。

②澥：（糊状物、胶状物）由稠变稀。

出两个馒头，问“豆汁儿多少钱一碗”，卖豆汁儿的告诉了他，“咸菜呢？”——“咸菜不要钱。”——“那给我来一碟咸菜。”

常喝豆汁儿，会上瘾。北京的穷人喝豆汁儿，有的阔人家也爱喝。梅兰芳家有一个时候，每天下午到外面端一锅豆汁儿，全家大小，一人喝一碗。豆汁儿是什么味儿？这可真没法说。这东西是绿豆发了酵(jiào)的，有股子酸味。不爱喝的说是像泔(gān)水，酸臭。爱喝的说：别的东西不能有这个味儿——酸香！这就跟臭豆腐和“起司[①]”一样，有人爱，有人不爱。

豆汁儿沉底，干糊糊的，是麻豆腐。羊尾巴油炒麻豆腐，加几个青豆嘴儿（刚出芽的青豆），极香。这家这天炒麻豆腐，煮饭时得多量一碗米——每人的胃口都开了。

---

①起司：奶酪，英文 cheese 的音译。

2 烤羊肉

梁实秋

梁实秋笔下的美食，读之让人口舌生津。阅读这篇文章，你会觉得别有一番滋味。

北平中秋以后，螃蟹正肥，烤羊肉亦一同上市。口外[1]的羊肥，而少膻(shān)味，是北平人主要的食用肉之一。不知何故很多人家根本不吃牛肉，我家里就牛肉不曾进过门。说起烤肉就是烤羊肉。南方人吃的红烧羊肉，是山羊肉，有膻气，肉瘦，连皮吃，北方人觉得是怪事，因为北方的羊皮留着做皮袄，舍不得吃。

北平烤羊肉以前门肉市正阳楼为最有名，主要的是工料细致，无论是上脑、黄瓜条、三叉、大肥片，都切得飞薄，切肉的师傅就在柜台近处表演他的刀法，一块肉用一块布蒙盖着，一手按着肉一手切，刀法利落。肉不是电冰柜里的冻肉（从前没有电冰柜），就是冬寒天冻，肉还是软软的，

---

① 口外：也叫口北。指长城以北的地方，主要指张家口以北的河北省北部和内蒙古自治区中部。

没有手艺是切不好的。

正阳楼的烤肉支子，比烤肉宛、烤肉季的要小得多，直径不过二尺，放在四张八仙桌子上，都是摆在小院里，四围是四把条凳。三五个一伙围着一个桌子，抬起一条腿踩在条凳上，边烤边饮边吃边说笑，这是标准的吃烤肉的架势。不像烤肉宛那样的大支子，十几条大汉在熊熊烈火周围，一面烤肉一面烤人。女客喜欢到正阳楼吃烤肉，地方比较文静一些，不愿意露天自己烤，伙计们可以烤好送进房里来。烤肉用的不是炭，不是柴，是烧过除烟的松树枝子，所以带有特殊香气。烤肉不需多少佐料，有大葱、芫荽(yán suī)、酱油就行。

正阳楼的烧饼是一绝，薄薄的两层皮，一面粘芝麻，打开来会冒一股滚烫的热气，中间可以塞进一大箸(zhù)子烤肉，咬上去，软。普通的芝麻酱烧饼不对劲，中间有芯子，太厚实，夹不了多少肉。

我在青岛住了四年。想起北平烤羊肉馋涎欲滴。可巧厚德福饭庄从北平运来大批冷冻羊肉片，我灵机一动，托人在北平为我定制了一具烤肉支子。支子有一定的规格尺度，不是外行人可以随便制造的。我的支子运来之后，大宴宾客，命儿辈到寓所后山拾松塔盈筐，敷在炭上，松香浓郁。烤肉佐以潍县特产大葱，真如锦上添花，葱白粗如甘蔗，斜切成片，细嫩而甜。吃得皆大欢喜。

提起潍县大葱，又有一事难忘。我的同学张心一是一位畸(jī)人，他的夫人是江苏人，家中禁食葱蒜，而心一是甘肃人，极嗜葱蒜。他有一次过青岛，我邀他家中便饭，他要求大葱一盘，别无所欲。我如他所请，特备大葱一盘，家常饼数张。心一以葱卷饼，顷刻而罄(qìng)，对于其他菜肴竟未下箸，直吃得他满头大汗。他说这是数年来第一次如意的饱餐！

我离开青岛时把支子送给同事赵少侯，此后抗战军兴，友朋星散，这青岛独有的一个支子就不知流落何方了。

作者写了在北平和青岛两地吃烤羊肉。哪部分写得详细，哪部分写得简略？为什么要这样写？

3 腊八粥

冰心

从我能记事的日子起，我就记得每年农历十二月初八，母亲给我们煮腊八粥。

这腊八粥是用糯米、红糖和十八种干果掺在一起煮成的。干果里大的有红枣、桂圆、核桃、白果、杏仁、栗子、花生、葡萄干等等，小的有各种豆子和芝麻之类，吃起来十分香甜可口。母亲每年都是煮一大锅，不但合家大小都吃到了，有多的还分送给邻居和亲友。

母亲说：这腊八粥本来是佛教寺煮来供佛的——十八种干果象征着十八罗汉，后来这风俗便在民间通行，因为借此机会，清理厨柜，把这些剩余杂果，煮给孩子吃，也是节约的好办法。最后，她叹一口气说：“我的母亲是腊八这一天逝世的，那时我只有十四岁。我伏在她身上痛哭之后，赶忙到厨房去给父亲和哥哥做早饭，还看见灶上摆着一小锅她昨天煮好的腊八粥。现在我每年还煮这腊八粥，不是为了供佛，而是为了纪念我的母亲。”

我的母亲是1930年1月7日逝世的，正巧那天也是农历腊八！那时我已有了自己的家，为了纪念我的母亲，我也每年在这一天煮腊八粥。虽然我凑不上十八种干果，但是孩子们也还是爱吃的。抗战后南北迁徙，有时还在国外，尤其是最近的十年，我们几乎连个“家”都没有，也就把“腊八”这个日子淡忘了。

今年“腊八”这一天早晨，我偶然看见我的第三代几个孩子，围在桌旁边，在洗红枣，剥花生，看见我来了，都抬起头来说：“姥姥，以后我们每年还煮腊八粥吃吧！妈妈说这腊八粥可好吃啦。您从前是每年都煮的。”我笑了，心想这些孩子们真馋。我说：“那是你们妈妈小时候的事情了。在抗战的时候，难得吃到一点甜食，吃腊八粥就成了大典。现在为什么还找这个麻烦？”

他们彼此对看了一下，低下头去，一个孩子轻轻地说：“妈妈和姨妈说，您母亲为了纪念她的母亲，就每年煮腊八粥，您为了纪念您的母亲，也每年煮腊八粥。现在我们为了纪念我们敬爱的周总理、周爷爷，我们也要每年煮腊八粥！这些红枣、花生、栗子和我们能凑来的各种豆子，不是代表十八罗汉，而是象征着我们这一代准备走上各条战线的中国少年，大家紧紧地、融洽地、甜甜蜜蜜地团结在一起……”他一面说着，一面从口袋里掏出一小张叠得很平整的小日历纸，在1976年1月8日的下面，印着“农历乙卯年十二月八日”字样。他把这张小纸送到我眼前说：“您看，这是妈妈保留下来的。周爷爷的忌辰，就是腊八！”

我没有说什么，只泫(xuàn)然地低下头去，和他们一同剥起花生来。

阅读链接

腊八粥的传说

明太祖朱元璋小时候家里很穷，给地主放牛，经常吃不饱饭。有一次，他实在饿得不行了，发现屋里有一个老鼠洞，扒开一看，正巧发现了老鼠的“粮仓”。于是他把老鼠洞中的大米、大豆、红枣等五谷杂粮煮了一锅粥，吃得非常香甜。后来，朱元璋做了皇帝，每天山珍海味吃腻了，忽然想起老鼠洞掏米煮粥的事，就让御厨用五谷杂粮给大臣们煮粥吃，这一天正好是腊月初八，因此就叫“腊八粥”。从此，吃腊八粥的习俗就流传下来了。

4 吆　喝[1]

萧　乾

20世纪20年代一位在北京做寓公的英国诗人奥斯伯特·斯提维尔写过一篇《北京的声与色》，把当时走街串巷的小贩用以招徕顾客而做出的种种音响形容成街头管弦乐队，还分别列举了哪是管乐、弦乐和打击乐器。他特别喜欢听串街的理发师（“剃头的”）手里那把钳形铁铉(xuàn)的声音。用铁板从中间一抽，就会“刺啦”一声发出带点颤巍的金属声响，认为很像西洋乐师们用的定音叉。此外，布贩子手里的拨浪鼓和珠宝玉石收购商打的小鼓，也都给他以快感。当然还有磨剪子磨刀的吹的长号。他惊奇的是，每一乐器，各代表一种行当，而坐在家里的主妇一听，就准知道街上过的什么商贩。

囿(yòu)于语言的隔阂(hé)，洋人只能欣赏器乐。其实，更值得一提的是声乐部分——就是北京街头各种商贩的叫卖。

---

① 选入本书时，略有改动。

听过相声《卖布头》或《改行》的，都不免会佩服当年那些叫卖者的本事。得气力足，嗓子脆，口齿伶俐，咬字清楚，还要会现编词儿，脑子快，能随机应变。

我小时候，一年四季不论刮风下雨，胡同里从早到晚叫卖声没个停。

大清早过卖早点的：大米粥呀，油炸果的。然后是卖青菜和卖花儿的，讲究把挑子上的货品一样不漏地都唱出来，用一副好嗓子招徕顾客。白天就更热闹了，就像把百货商店和修理行业都拆开来，一样样地在你门前展销。到了夜晚的叫卖声也十分精彩。

“馄饨喂——开锅！”这是特别给上夜班的人们备下的夜宵，就像南方的汤圆。在北京，都说“剃头的挑子，一头热”，其实，馄饨挑子也一样。一头是一串小抽屉，里头放着各种半制成的原料：皮儿、馅儿和佐料，另一头是一口汤锅。火门一打，锅里的水就沸腾起来。馄饨不但当面煮，还讲究现吃现包，讲究皮儿要薄，馅儿要大。

从吆喝来说，我更喜欢卖硬面饽饽的：声音厚实，词儿朴素，就一声“硬面——饽饽”，光宣布卖的是什么，一点也不吹嘘什么。

可夜晚过的，并不都是卖吃食的。还有唱话匣子的。

大冷天，背了一具沉甸甸的留声机和半箱唱片。唱的多半是京剧或大鼓。我也听过一张不说不唱的叫“洋人哈哈笑”，一张片子从头笑到尾。我心想，多累人啊！

那时夜里还经常过敲小钹（bó）的盲人，大概那也属于打击乐吧。“算灵卦！”我心想，“怎么不先替你自己算算！”还有过乞丐。至今我还记得一个乞丐叫得多么凄厉动人。他几乎全部用颤音，先挑高了嗓子喊“行好的——老爷——太（哎）太”，过好一会儿（好像饿得接不上气儿啦），才接下去用低音喊：“有那剩饭——剩菜——赏我点儿吃吧！”

四季叫卖的货色自然都不同。春天一到，卖大小金鱼儿的就该出来了。一到夏天，西瓜和碎冰制成的雪花酪就上市了。秋天该卖“树熟的秋海棠”了。卖柿子的吆喝有简繁两种。简的只一声“喝了蜜的大柿子”。其实满够了。可那时小贩都想卖弄一下嗓门儿，所以有的卖柿子的不但词儿编得热闹，还卖弄一通唱腔。最起码也得像歌剧里那种半说半唱的道白。一到冬天，“葫芦儿——刚蘸得”就出场了。那时，北京比现下冷多了。我上学时鼻涕眼泪总冻成冰。只要兜里还有个制钱，一听“烤白薯哇真热乎”，就非买上一块不可。一路上既可以把那烫手的白薯揣在袖筒里取暖，到学校还可以拿出来大嚼一通。

叫卖实际上就是一种口头广告，所以也得变着法儿吸引顾客。比如卖一种用秫秸秆制成的玩具，就吆喝：“小玩意儿赛活的。”有的吆喝告诉你制作的过程，如城厢里常卖的一种近似烧卖的吃食，就介绍得十分全面：“蒸而又炸呀，油儿又白搭。面的包儿来，西葫芦的馅儿啊，蒸而又炸。”也有简单些的，如“卤煮喂，炸豆腐哟”。有的借甲物形容乙物，如“栗子味儿的白薯”或“萝卜赛过梨”。“葫芦儿——冰塔儿”既简洁又生动，两个字就把葫芦（不管是山楂、荸荠还是山药豆的）形容得晶莹可人。卖山里红（山楂）的靠戏剧性来吸引人，“就剩两挂啦”，其实，他身上挂满了那用绳串起的紫红色果子。

有的小贩吆喝起来声音细而高，有的低而深沉。我怕听那种忽高忽低的。也许由于小时人家告诉我卖荷叶糕的是“拍花子的”（拐卖儿童的），我特别害怕。他先尖声尖气地喊一声“一包糖来”，然后放低至少八度，来一声“荷叶糕”。这么叫法的还有个卖荞(qiáo)麦皮的。有一回他在我身后“哟”了一声，把我吓了个马趴。等我站起身来，他才用深厚的男低音唱出“荞麦皮耶”。

特别出色的是那种合辙押韵的吆喝。我在小说《邓山东》里写的那个卖炸食的确有其人，至于他替学生挨打，那纯是我瞎编的。有个卖萝卜的这么吆喝：“又不糠来又不辣，两捆萝卜一个大。”“大”就是一个铜板。甚至有的乞丐也油嘴滑舌地编起快板：“老太太（那个）真行好，给个饽饽吃不了。东屋里瞧（那么）西屋里看，没有饽饽赏碗饭。”

现在北京城倒还剩一种吆喝，就是“冰棍儿——三分嘞”，语气间像是五分的减成三分了，其实就是三分一根儿。可见这种带戏剧性的叫卖艺术并没失传。

阅读链接

制 钱

明清两代对本朝所铸铜钱的通称，以区别前代的“古钱”。制钱一般为圆形，中间有方孔。制钱上有铸造年代，如“光绪通宝”，即为清朝光绪年间铸造。在商贸交易中，一般都是大数用银子，小数用铜钱。在民间日常生活中，即使有银子，也多是将碎银拿到钱铺兑换成铜钱使用，所以铜钱与百姓日常生活关系最为密切。

5 灯　笼

吴伯箫

虽不像扑灯蛾，爱光明而至焚(fén)身，小孩子喜欢火，喜欢亮光，却仿佛是天性。放在暗屋子里就哭的宝儿，点亮了灯哭声就止住了。岁梢寒夜，玩火玩灯，除夕燃“滴滴金”，放焰火，是孩子群里少有例外的事。尽管大人们怕火火烛烛的危险，要说“玩火黑夜溺炕”那种迹近恐吓的话，但偷偷还要在神龛(kān)里点起烛来。

连活活的太阳算着，一切亮光之中，我爱皎洁的月华，如沸的繁星，同一支夜晚来挑着照路的灯笼。提起灯笼，就会想起三家村的犬吠，村中老头呵狗的声音；就会想起庞大的晃荡着的影子，夜行人咕咕噜噜的私语；想起祖父雪白的胡须，同洪亮大方的谈吐；坡野里想起跳跳的磷火，村边社戏台下想起闹嚷嚷的观众，花生篮，冰糖葫芦；台上的小丑，花脸，《司马懿(yì)探山》。真的，灯笼的缘结得太多了，记忆的网里挤着的就都是。

“挤”字用得非常好，说明“我”知道的有关灯笼的故事非常多。

记得，做着公正乡绅的祖父，晚年每每被邀去五里遥的城里说事，一去一整天。回家总是很晚的。凑巧若是没有月亮的夜，长工李五和我便须应差去接。伴着我们的除了李老五的叙家常，便是一把腰刀、一具灯笼。那时自己对人情世故还不懂，好听点说，心还像素丝样纯洁，什么争讼吃官司，是不在自己意识领域的。祖父好，在路上轻易不提斡(wò)旋着的情事，倒是一路数着牵牛织女星谈些进京赶考的掌故——雪夜驰马，荒郊店宿，每每令人忘路之远近。村犬遥遥向灯笼吠了，认得了是主人，近前来却又大摇其尾巴。到家常是二更时分。不是夜饭吃完，灯笼还在院子里亮着吗？那种熙熙然庭院的静穆，是一辈子思慕着的。

“路上黑，打了灯笼去吧。”

自从远离乡井，为了生活在外面孤单地挣扎之后，像这样慈母口中吩咐的话也很久听不到了。每每想起小时候在村里上灯学，要挑了灯笼走去挑了灯笼走回的事，便深深感到怅惘。母亲给留着的消夜食品便都是在亲手接过了灯笼去后递给自己的。为自己特别预备的那支小的纱灯，样子也还清清楚楚记在心里。虽然人已经是站在青春尾梢上的人，母亲的头发也全白了。

乡俗还愿，唱戏、挂神袍而外，常在村头高挑一挂红灯。仿佛灯柱上还照例有些松柏枝叶做点缀。挂红灯，自然同盛伏舍茶、腊八施粥一样，有着行好的意思；松柏枝叶的点缀，用意却不甚了然。真是，若有孤行客，黑夜摸路，正自四面虚惊的时候，忽然发现星天下红灯高照，总会以去村不远而默默高兴起来的吧。

唐明皇在东宫结绘彩为高五十尺的灯楼，遍悬珠玉金银而风至锵然的那种盛事太古远了，恨无缘观赏。金吾不禁[①]的那元宵节张灯结彩，却曾于太平丰年在几处山城小县里凑过热闹：跟了一条龙灯在人海里跑半夜，不觉疲乏是什么，还要去看庆丰酒店的跑马灯，猜源亨油坊出的灯谜。家来睡，不是还将一挂小灯悬在床头吗？梦都随了蜡火开花。

想起来，族姊远嫁，大送大迎，曾听过彻夜的鼓吹，看满街的灯火；轿前轿后虽不像《宋史·仪卫志》载，准有打灯笼子亲事官八十人，但辉煌景象已够华贵了。那时姊家仿佛还是什么京官，于今是破落户了。进士第的官衔灯该还有吧，垂珠联珑(lóng)的朱门却早已褪色了。

用朱红在纱灯上描宋体字，从前很引起过自己的喜悦；

---

① 金吾不禁：指元宵节开放夜禁，允许人们终夜观灯。金吾，古代官名，掌管京城戒备防务。

现在想，当时该并不是传统思想，或羡慕什么富贵荣华，而是根本就爱那种玩意，如同黑漆大门上过年贴丹红春联一样。自然，若是纱灯上的字是“尚书府”或“某某县正堂”之类，懂得了意思，也会觉得不凡的；但普普通通一家纯德堂的家用灯笼，可也未始勾不起爱好来。

宫灯，还没见过；总该有翠羽流苏的装饰吧。假定是暖融融的春宵，西宫南内有人在趁了灯光调绿嘴鹦鹉，也有人在秋千索下缓步寻一脉幽悄，意味应是深长的。虽然，“……好一似扬子江，驾小舟，风狂浪大，浪大风狂”的汉献帝也许有灯笼做伴，但那时人的处境可悯，蜡泪就怕数不着长了。

最壮的是塞外点兵，吹角连营，夜深星阑时候，将军在挑灯看剑，那灯笼上你不希望写的几个斗方大字是霍骠姚，是汉将李广，是唐朝裴公吗？雪夜入蔡，与胡人不敢南下牧马的故事是同日月一样亮起了人的耳目的。你听，正萧萧班马鸣也，我愿就是那灯笼下的马前卒。

唉，壮，于今灯笼又不够了。应该数火把，数探海灯，数燎原的一把烈火！

6 老北京人家夏天的门和窗[1]

肖复兴

老北京人，是很讲究节气的。夏天到来的日子里，在皇宫，男的要脱下暖帽，换上凉帽；女的要摘下金簪（zān），换上玉簪。这些都是夏天到来的象征物。人体最能感受季节的冷暖变化，而装饰品则是为变化的季节镶嵌（qiàn）的花边。

开头写皇宫里的人在夏天到来时要换首饰，一方面交代了老北京人讲究节气的民俗，另一方面也为下文写换门帘、窗帘做了铺垫。

对于住在普通四合院里的百姓来说，夏天到来的时候，没有那么多的首饰要换，首先要换的是窗纱，然后便是搭天棚了。清竹枝词有道：“绿槐荫院柳绵空，官宅民宅约略同。尽揭疏棂糊冷布，更围高屋搭凉棚。”这里所说的“搭凉棚”，便是说无论官宅民宅，只要是四合院，都要在院子里搭凉棚，就是老北京四合院讲究的“天棚”“鱼缸”“石榴树”老三样中的“天棚”。这里所说的“糊冷布”，就

---

① 选入本书时，有删改。

是要在各家的窗户上安上新的纱帘。

在没有空调的年代，凉棚和帘子是度过炎热夏天的必备用品。不过，能搭得起凉棚的，得是多少有点儿钱的人家。而对于一般人家，帘子是要比凉棚更实惠，也更需要。即使是贫寒的人家，可以不搭凉棚，但是，窗帘和门帘，哪怕只是用便宜的冷布糊的和秫秸编的，也是要准备的。

如果说，立夏换首饰，多少还带有一点儿对这个节气形而上的象征意义，搭凉棚、换帘子，乃至换冷布，都是彻底的形而下了，却也是地道的民生，让夏天刚刚到来的时候，接上地气。

这样的传统，一直延续到20世纪的八十年代甚至九十年代。那时候，不少人家用塑料线绳和玻璃珠子穿成珠串，编成帘子；还有用旧挂历捻成一小截一小截，就像炮仗里的小鞭差不多大小，用线穿起来，挂历的彩色变成了印象派的斑驳点彩，很是流行了一阵。

当然，这是只有住四合院或大杂院才有的风景，人们搬进了楼房里，这样的帘子渐渐被淘汰在历史的记忆里了。记得当年在天坛东门南边新建的一片简易楼里，还曾经见过有人家挂这样的帘子，风摆悠悠的样子，多少还有点儿老北京的风情。如今，这一带都拆迁了，时代的变化，帘子只是其注脚之一。

窗户，对于老北京人度夏而言，更重要了。没有电风扇，更没有空调，全靠窗户通风透气，让凉爽能够进得屋子来。老北京一般人家，大多不是玻璃窗，是那种花格纸窗，即使不可能家家都像有钱的人家换成竹帘子或湘帘子，起码也要换上一层窟窿眼儿稀疏的薄薄的纱布，好让夏天的凉风透进屋里来。这种糊纱布，即竹枝词里说的“糊冷布”。那时候，我们管它叫“豆包儿布”，很便宜。

对于老北京四合院这样房屋门窗的格局，夏仁虎在《旧京琐记》里曾经给予特别的赞美：“京师屋制之美备，甲于四方，以研究数百年，因地因时，皆有格局也……夏日，窗以绿色冷布糊之，内施以卷窗。昼卷而夜垂，以通空气。”他说的没错，一般的窗户都会有内外两层，只是，我小时住过的院子里的房子，和他所说的略有不同，窗户外面的一层，糊窗户纸，里面的一层，则糊冷布。糊绿色冷布的有，卷窗很少见。外面的一层窗是可以打开的，往上一拉，有一个挂钩，挂在窗户旁边的一个铁钩子上，旁边还有一个支架，窗子就支了起来，既可以挡住蚊虫，又可以让凉风长驱直入进屋子来。如果夏夜窗户外面正好有树的阴凉儿，又正好有明亮的月光，把绿叶枝条的影子，摇曳在窗户纸上和冷布上，朦朦胧胧的，变幻着好多图案，很有一种在宣纸上画的水墨画的感觉，挺好看的呢。这在玻璃窗上是绝对看不到的景象。

前些日子，偶然读到邵燕祥先生的一则短文，题目叫《纸窗》。他说的是1951年的事情。那时候，郑振铎的办公室在北海的团城上，他去那里拜访。办公室是一排平房，郑振铎的写字台前临着一扇纸窗。郑对他兴致勃勃地说起纸窗的好处。老人对这种老窗，才会有这样的感情。事后，燕祥回忆那一天的情景写道：“心中浮现一方雕花的窗，上面罩着雪白的纸，鲜亮的太阳光透过纸，变得柔和温煦（xù），几乎可掬（jū）了。”将纸窗的美和好处，以及人和心情乃至梦连带一起，写得那样的柔和温情。

我们大院没拆的时候，我回大院，看到那些花格木窗早都已经没有了，都换成了大玻璃窗。但是，每扇窗户旁边的铁钩子和支架都还在，虽然都已经锈迹斑斑，却像是沧桑的时光老人，不动声色地垂挂在那里，任风吹日晒，这是那个逝去的年代给老北京夏天留下的一点儿记忆的痕迹。我问站在旁边的年轻人：“知道这是干什么用的吗？”他们都说不知道。

7 陕北，歌的高原（节选）

和　谷

我喜爱欣赏陕北民歌。那委婉的《绣荷包》，那缠绵的《走西口》，那含情脉脉的《蓝花花》，那意趣盎然的《三十里铺》，常把我的情思带往那质朴的高原。

在萦绕于沟壑(hè)山谷间的黄土小路上，毛驴儿驾着车子前行着。驴铃叮当，车儿悠悠，赶车人轻甩着殷(yān)红的鞭子，扯嗓子唱起了《脚夫调》。于是，歌声和辙印、蹄迹，便撒在那弯弯小径上了。

一个“甩”、一个“扯”，生动、形象地写出了民歌《脚夫调》高亢的特点。

山峁(mǎo)上，站着个牧羊少年。他倚着羊铲，俯瞰(kàn)着山坡上浮动的羊群，又抬眼望见秋空中的大雁驮着白云从头顶飞过，便顺口唱出一曲《信天游》来。要让大雁捎上高原的歌，寄到远方去。

雨天，雪天，庄稼人不上地了，或是在傍晚、秋夜，土窑垴畔[1]上炊烟袅袅，那些婆姨、女子们聚在了一起，纳鞋底、挑花，嬉笑一阵，就你一句我一句地唱起《对花》。或者，一个人在土炕上、窑窗下，织布，纺线，缝补衣裳，轻轻地哼起了《盼五更》《送大哥》。她们用歌儿，寄托着心底的爱恋和对生活的信念。

而在黄河滩上，听到的则是船工们雄浑的《船夫曲》。歌手们有着黝黑发亮的脸和纵横深邃的皱纹，有着健壮魁梧的身板，在与激流恶浪搏击着，呐喊着。那高亢的船工号子，融在了波涛里，撞击在河岸上，回环在群山和峭壁之间，是怎样的磅礴、壮美！这里有如公园荡舟的愉快，更多的是带有饱满的劳动情绪。

从《船夫曲》和《打夯歌》，我们可以看出民歌与劳动人民的生活有着千丝万缕的联系。

在山沟里，可以听到粗壮的《打夯歌》。这劳动的歌声，更有着与劳动相适应的节奏特点。四个人持着一个木桩或石硪[2]，领头人掌握着方向、速度和力度。一呼众和，号子声声，木桩或石硪上下飞动，其节奏铿锵有力。歌声，在集中着、组织着力量，调整着情绪的变化。而这歌声，本

---

① 垴畔：指屋顶。

② 石硪：砸实地基或打桩等用的一种工具。

身又是人民在劳动中所创造的。其节奏的音型，是自然的、和谐的，其情感是朴素而真挚的。内容又是在不断翻新，而充满时代的鲜活气息。

到了正月扭秧歌的红火日子，在日常生活中脍（kuài）炙人口的，更多的便是那些优美、隽（juàn）永的传统情歌。这纯朴、诙谐又优雅的情歌，是昨天、前天的高原儿女们，用爱的心，蘸着蜜糖和苦汁作就的……这些情歌之中，又有多少爱的传奇和可歌可泣的故事，显现了多少勇敢、美丽的灵魂，以至在今天仍被流传着，陶冶着高原儿女们的情操和风韵。

这里，曾是一块苦难的土地，留下了凄清悲凉的《揽工调》。这里，又曾是一块红色的土地，产生了《刘志丹》《骑白马》。在这高原的晨曦里，由一位普通庄稼人吟出的“东方红，太阳升”，已从山沟里传遍全国，传至大洋彼岸，甚至宇宙太空。

这里，确是民间音乐艺术的宝库。今天的歌，明天的歌，也正在这块美丽的土地上孕育着，诞生着。陕北，歌的高原啊！

8 赛马三月街

吴　然

白族喜欢过节。在所有的节日中，最盛大、最热闹的，当然要数三月街了。三月街已经被定为大理白族自治州的“民族节”。每年农历三月十五日至二十一日，人们赶街过节，就像电影《五朵金花》里唱的：“一年一回三月街，四面八方有人来。苍山洱海齐欢笑，赛马唱歌做买卖。”好玩极了！

往年，我和村里的伙伴们，都要约着去赶三月街。我们又是看耍龙，又是看赛马，还玩打陀螺，吃豌豆粉、凉米线……不过最让我激动的是赛马。看过几次赛马，我的心也痒了，央求阿爸把枣红马给我练练，让我报名参加少年组的比赛。起初，阿爸死活不答应。枣红马是他的宝贝。我们大理非常美丽，是旅游胜地。阿爸用马车拉客人，叫作“马的士”，一天能赚好些钱。阿爸买枣红马花的钱也不少，恐怕现在还没有赚够本钱呢。要叫阿爸停下“马的士”，那怎么可能呢？又何况是三月街，赚钱的黄金季节，阿爸哪能放弃呢？说不动阿爸，我只好搬阿妈来帮忙。这天，阿妈特意给阿爸打了二两酒。吃过晚饭，阿妈编着草编，悠悠地说："我说他阿爸，赚钱是长久的事，赛马一年只有一回，你就让阿旺试试……"阿爸掏出支烟，我赶忙凑上去给他点火。阿妈又说："你也不想想，你年轻的时候，哪天不在马背上？"阿爸眯着眼睛，在我看来是很温柔地看了阿妈一眼，大大地吐了个烟朵，说："那就让他试试。"我叫声"阿爸"，就冲出去给枣红马加草添料去了。

打这天以后，阿爸跑的趟数就少了，他要给枣红马省些气力。阿爸还教了我一些骑马的要诀，比赛里要注意些什么。我呢，更是精心地照料枣红马，偷偷地在它的糠料里拌上鸡蛋，还喂它红糖吃。枣红马油光水滑的了！它在草滩水边吃草，你的手轻轻一触摸，它身上的油光就颤颤地晃闪起来。

啊，在耸立着宝塔的中和峰下，扎着红绸子的牛角号和过山号吹响了，唢呐吹响了，三月街开市了！耍龙队舞着青龙、黄龙、金龙，上下翻腾，左扑右跳，抢夺龙珠，把地上的阳光掀搅得青一道黄一道，闪闪夺目。我顾不上看这些，牵着枣红马，直奔赛马场。

古老的椭圆形的赛马场上，人喊马叫，旗帜飘扬。几匹红马、黑马，是想在赛前热身呢，还是故意在大庭广众中招摇？跑过来，跑过去，渲染着赛场的气氛。沿着跑道，已经插了几圈红红绿绿的小旗子，参赛者除了比马的速度，还比拔了多少旗子。广播里说，成年组最后比赛，先让少年组入场。念到我名字的时候，我看见阿爸和阿妈都在看台上向我挥手。马队绕场一周，接受人们的欢呼，接受金花姑娘们抛掷的鲜花与叫喊。跃跃欲试的兴奋被激起来了。我拍拍枣红马，意思是说："拜托了！"枣红马晃晃脑袋，用一串铃声告诉我："放心吧！"

黄铜大锣一声炸响，果敢与豪勇的比赛开始了！急风暴雨般的马蹄声呼啸而过，人们疯狂地叫喊、跳跃。骑手们个个都想使出浑身功夫，在观众面前露上一手。有的居然表演起骑马神技来了，忽而钻到马肚子下面，忽而倒立在马背上，忽而双手伸开如雄鹰展翅……简直把奋勇夺冠忘得一干二净。突然，绝对是突然，我的枣红马溜出马队，不跑了！是跑不动了呢，还是不想跑了？不知道这家伙是怎么搞的！我一边呵斥，一边挥鞭直抽它的屁股，它只是原地打转，任凭"马屁"拍得再响，它也誓不从命，急得我大汗直淌。最后它干脆掉转马头，朝着与马队相反的方向，绕场飞奔起来。这突如其来的举动使全场轰动，大喝倒彩。

枣红马受到前所未有的鼓励，肯定觉得比夹在马队里好玩多了，风光多了，一来劲，跑得更快了，几次与马队迎头而过。我一下子猛醒过来，也不含糊，一路拔旗，最后居然抱了一大抱……

看来我的表现完全出乎赛马组织者的预料。广播里宣布说，由于“傻马”捣乱，这场比赛不算……话音未停，人们已经笑倒一片，姑娘们更是弯着腰，捂着肚子叫：“笑死了，笑死了……”

阿爸阿妈迎着我过来的时候，我差点儿哭了。阿爸牵过枣红马，在我肩上拍了一下，眨着眼睛，逗乐地说：“不错不错，旗子拔了不少嘛！”

阅读链接

白族赛马

白族聚居地为云贵高原西北角，云岭山脉纵横其间。此区域既可耕种，又宜放牧，地域特点造就了白族人善骑射的本领。白族人民大都喜欢骑马竞技。每年一届的民族节，都会吸引众多骑手参赛，气氛热烈，场面十分热闹。

《正红旗下》

老　舍

老舍先生写的《草原》，也许你记忆犹新。清新的文字，优美的笔法，交融的情景，让我们回味无穷。老舍先生是我国著名的小说家、戏剧家，他有一部自传体小说，记录了老北京的民风民俗，然而由于历史原因没有写完。这部作品就是《正红旗下》。有人这样评价："《正红旗下》可能成为老舍先生最伟大的作品，如果先生有机会将其写完的话。"

作者简介

老舍（1899—1966），原名舒庆春，字舍予，北京人。我国著名作家。1950年创作话剧《龙须沟》，获北京市人民政府授予的"人民艺术家"称号。曾任中国文联副主席、中国作协副主席、北京市文联主席等职。

老舍的主要作品有小说《骆驼祥子》《牛天赐传》《四世同堂》《正红旗下》等，剧本《茶馆》《龙须沟》等。有《老舍全集》行世。他的作品具有独特的幽默风格和浓郁的民族色彩，深受广大读者喜爱。

内容梗概

《正红旗下》自传色彩浓厚，语言自然淳朴，像一个老人在向你娓娓讲述他的人生。跟随老舍先生的生花妙笔，我们看到一个个鲜活的人物：温和老实的父亲、勤俭朴实的母亲、尖刻自大的姑母、吃喝玩乐的大姐夫、蛮横无理的大姐婆婆、无过是福的大姐公公、聪明能干的福海二哥、奸猾钻营的多老大、性格直率的多老二、正直善良的老王掌柜、倔强耿直的王十成、养尊处优的定大爷、逍遥自在的博胜之、能说会道的索老四、妄自尊大的牛牧师……一朝子民，他们在自己的世界里活得有滋有味，可当他们赖以生存的大清王朝摇摇欲坠、破碎飘零时，他们的命运就同样不济了……

过了我的三天，就该过年。姑母很不高兴。她要买许多东西，而母亲在月子里，不能替她去买。幸而父亲在家，她不好意思翻脸，可是眉毛拧得很紧，腮上也时时抽动那么一下。二姐注意到：火山即快爆发。她赶紧去和父亲商量。父亲决定：把她调拨给姑母，作采购专员。二姐明知这是最不好当的差事，可是无法推却。

…………

我们的新年过得很简单。母亲还不能下地，二姐被调去作专员，一切都须由父亲操持。父亲虽是旗兵，可是已经失去二百年前的叱咤风云的气势。假若给他机会，他也会像正翁那样玩玩靛颏（diàn ké）儿，坐坐茶馆，赊（shē）两只烧鸡，哼几句二黄或牌子曲。可是，他没有机会戴上顶子与花翎。北城外的二三十亩地早已被前人卖掉，只剩下一亩多，排列着几个坟头儿。旗下分给的住房，也早被他的先人先典后卖，换了烧鸭子吃。据说，我的曾祖母跟着一位满族大员到过云南等遥远的地方。那位大员得到多少元宝，已无可考查。我的曾祖母的任务大概是搀扶着大员的夫人上轿下轿，并给夫人装烟倒茶。在我们家里，对曾祖母的这些任务都不大提起，而只记得我们的房子是她购置的。

是的，父亲的唯一的无忧无虑的事就是每月不必交房租，虽然在六七月下大雨的时候，他还不能不着点急——院墙都是碎砖头儿砌成的，一遇大雨便塌倒几处。他没有嗜好，既不抽烟，也不赌钱，只在过节的时候喝一两杯酒，还没有放下酒杯，他便面若重枣。他最爱花草，每到夏季必以极低的价钱买几棵姥姥不疼、舅舅不爱的五色梅。至于洋麻绳菜与草茉莉等等，则年年自生自长，甚至不用浇水，也到时候就开花。到上班的时候，他便去上班。下了班，他照直地回家。回到家中，他识字不多，所以不去读书；家中只藏着一张画匠画的《王羲之爱鹅》，也并不随时观赏，因为每到除夕才找出来挂在墙上，到了正月十九就摘下来。他只出来进去，劈劈柴，看看五色梅，或刷一刷水缸。有人跟他说话，他很和气，低声地回答两句。没人问他什么，他便老含笑不语，整天无话可说。对人，他颇有礼貌。但在街上走的时候，他总是目不斜视，非到友人们招呼他，他不会赶上前去请安。每当母亲叫他去看看亲友，他便欣然前往。没有多大一会儿，他便打道回府。“哟！怎这么快就回来了？”我母亲问。父亲便笑那么一下，然后用布掸子啪啪地掸去鞋上的尘土。一辈子，他没和任何人打过架，吵过嘴。他比谁都更老实。可是，谁也不大欺负他，他是带着腰牌的旗兵啊。

…………

除夕，母亲和我很早地就昏昏睡去，似乎对过年不大感兴趣。二姐帮着姑母做年菜，姑母一边工作，一边叨唠，主要是对我不满。“早不来，晚不来，偏偏在过年的时候来捣乱！”每逢她骂到满宫满调的时候，父亲便过来，笑着问问：“姐姐，我帮帮您吧！”

“你？”姑母打量着他，好像向来不曾相识似的，“你不想想就说话！你想想，你会干什么？”

父亲含笑想了想，而后像与佐领或参领告辞那样，倒退着走出来。

街上，祭神的花炮逐渐多起来。胡同里，每家都在剁饺子馅儿，响成一片。赶到花炮与剁饺子馅的声响汇合起来，就有如万马奔腾，狂潮怒吼。在这一片声响之上，忽然这里，忽然那里，以压倒一切的声势，讨债的人敲着门环，啪啪啪啪，像一下子就连门带门环一齐敲碎，惊心动魄，人人肉跳心惊，连最顽强的大狗也颤抖不已，不敢轻易出声。这种声音引起多少低卑的央求，或你死我活的吵闹，夹杂着妇女与孩子们的哭叫……

父亲独自包着素馅的饺子。他相当紧张。除夕要包素馅饺子是我家的传统，既为供佛，也省猪肉。供佛的作品必须精巧，要个儿姣小，而且在边缘上捏出花儿来，美观而结实——把饺子煮破了是不吉祥的。他越紧张，饺子越不听话，有的形似小船，有的像小老鼠，有的不管多么用力也还张着嘴。

除了技术不高，这恐怕也与“心不在焉”有点关系。他心中惦念着大女儿。他虽自己也是寅吃卯粮，可是的确知道这个事实，因而不敢不算计每一个钱的用途，免得在三节叫债主子敲碎门环子。而正翁夫妇与多甫呢，却以为赊到如白捡，绝对不考虑怎么还债。若是有人愿意把北海的白塔赊给他们，他们也毫不迟疑地接受。他想不明白，他们有什么妙策闯过年关，也就极不放心自己的大女儿。

母亲被邻近的一阵敲门巨响惊醒。她并没有睡实在了，心中也七上八下地惦记着大女儿。可是，她打不起精神来和父亲谈论此事，只说了声："你也睡吧！"

除夕守岁，彻夜不眠，是多少辈子所必遵守的老规矩。父亲对母亲的建议感到惊异。他嗯了一声，照旧包饺子，并且找了个小钱，擦干净，放在一个饺子里，以便测验谁的运气好——得到这个饺子的，若不误把小钱吞下去，便会终年顺利！他决定要守岁，叫油灯、小铁炉、佛前的香火，都通宵不断。他有了老儿子，有了指望，必须叫灯火都旺旺的，气象峥嵘，吉祥如意！他还去把大绿瓦盆搬进来，以便储存脏水，过了"破五"再往外倒。在又包了一个像老鼠的饺子之后，他拿起皇历，看清楚财神、喜神的方位，以便明天清早出了屋门便面对着他们走。他又高兴起来，以为只要自己省吃俭用，再加上神佛的保佑，就必定会一顺百顺，四季平安！

…………

初六，大姐回来了，我们并没有给她到便宜坊叫个什锦火锅或苏式盒子。母亲的眼睛总跟着大姐，仿佛既看不够她，又对不起她。大姐说出心腹话来："奶奶，别老看着我，我不争吃什么！只要能够好好地睡睡觉，歇歇我的腿，我就念佛！"说的时候，她的嘴唇有点颤动，可不敢落泪，她不愿为倾泻自己的委屈而在娘家哭哭啼啼，冲散新春的吉祥气儿。到初九，她便回了婆家。走到一阵风刮来的时候，才落了两点泪，好归罪于沙土眯了她的眼睛。

姑母从初六起就到各处去玩牌，并且颇为顺利，赢了好几次。因此，我们的新年在物质上虽然贫乏，可是精神上颇为焕发。在元宵节晚上，她居然主动地带着二姐去看灯，并且到后门①西边的城隍庙观赏五官往外冒火的火判儿。她这几天似乎颇重视二姐，大概是因为二姐在除夕没有拒绝两块古老花糕的赏赐。那可能是一种试探，看看二姐到底是否真老实，真听话。假若二姐拒绝了，那便是表示不承认姑母在这个院子里的霸权，一定会受到惩罚。

我们屋里，连汤圆也没买一个。我们必须节约，好在我满月的那天招待拦而拦不住的亲友。

…………

这一年，春天来得较早。在我满月的前几天，北京已经刮过两三次大风。是的，北京的春风似乎不是把春天送来，而是狂暴地要把春天吹跑。在那年月，人们只知道砍树，不晓得栽树，慢慢地山成了秃山，地成了光地。从前，

① 后门：指地安门。旧时北京元宵节的灯会以东西牌楼和地安门为盛。

就连我们的小小的坟地上也有三五株柏树，可是到我父亲这一辈，这已经变为传说了。北边的秃山挡不住来自塞外的狂风，北京的城墙，虽然那么坚厚，也挡不住它。寒风，卷着黄沙，鬼哭神号地吹来，天昏地昏，日月无光。青天变成黄天，降落着黄沙。地上，含有马尿驴粪的黑土与鸡毛蒜皮一齐得意地飞向天空。半空中，黑黄上下，渐渐混合，结成一片深灰的沙雾，遮住阳光。太阳所在的地方，黄中透出红来，像凝固了的血块。

…………

要不怎么说，我的福气不小呢！我满月的那一天，不但没有风，而且青天上来了北归较早的大雁。虽然是不多的几只，可是清亮的鸣声使大家都跑到院中，抬着头指指点点，并且念道着“七九河开，八九雁来”，都很兴奋。大家也附带着发现，台阶的砖缝里露出一小丛嫩绿的香蒿叶儿来。二姐马上要脱去大棉袄，被母亲喝止住：“不许脱！春捂秋冻！”

（选自《正红旗下》第五章）

自传体小说是在作者亲身经历的真人真事的基础上，运用小说的艺术方法和表达技巧，经过虚构、想象、加工而成。阅读时要注意把握故事情节，了解人物性格。

阅读前，先要参看书前导读部分，了解作者的生平，了解《正红旗下》的主题思想。阅读过程中，可以动笔圈画文中的细节描写并细细品味，感受作者京味语言的特点与魅力。

我伴你读

活动一　我的阅读计划

同学们，你是否能按计划进行整本书的阅读？如果每晚按时完成阅读可以得一颗星；如果能边读边以批注的形式记录下自己的感受，可以得两颗星；如果能和同伴作简单的阅读交流，就可以得三颗星哟！

时间	章节	阅读感受	阅读评价
第 1 晚	第一章		☆ ☆ ☆
第 2 晚	第二章		☆ ☆ ☆
第 3 晚	第三章		☆ ☆ ☆
第 4 晚	第四章		☆ ☆ ☆
第 5 晚	第五章		☆ ☆ ☆
第 6 晚	第六章		☆ ☆ ☆
第 7 晚	第七章		☆ ☆ ☆
第 8 晚	第八章		☆ ☆ ☆
第 9 晚	第九章		☆ ☆ ☆
第 10 晚	第十章		☆ ☆ ☆
第 11 晚	第十一章		☆ ☆ ☆

活动二　故事列车

作者在不同的故事和场景中多次写了福海二哥这个人物，请你找出有关福海二哥的内容，按照时间顺序，完成下面的故事列车。

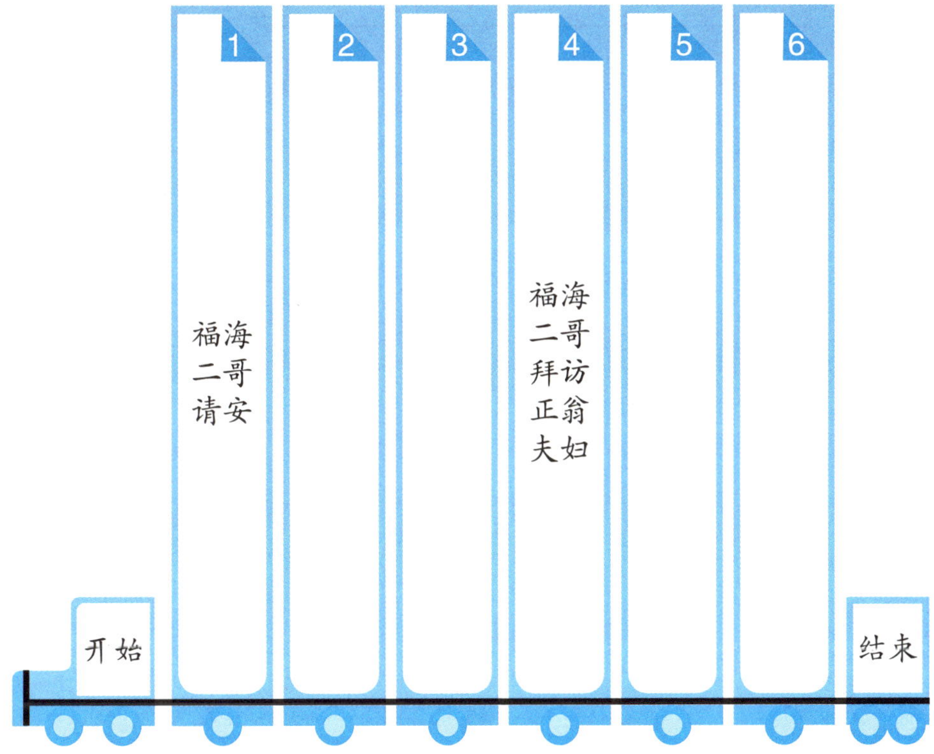

活动三　人物对比

读完《正红旗下》，一个个鲜活的人物跃然纸上。尖刻自大的姑母与蛮横无理的大姐婆婆、吃喝玩乐的大姐夫与聪明能干的福海二哥、大舅与大姐公公、多老大与多老二、老王掌柜与王十成……每一组人物都有相同点与不同点。选一组人物做对比，会加深你对人物形象的理解。请将你选择的人物填写好，并比较他们的相同点和不同点。

所选人物

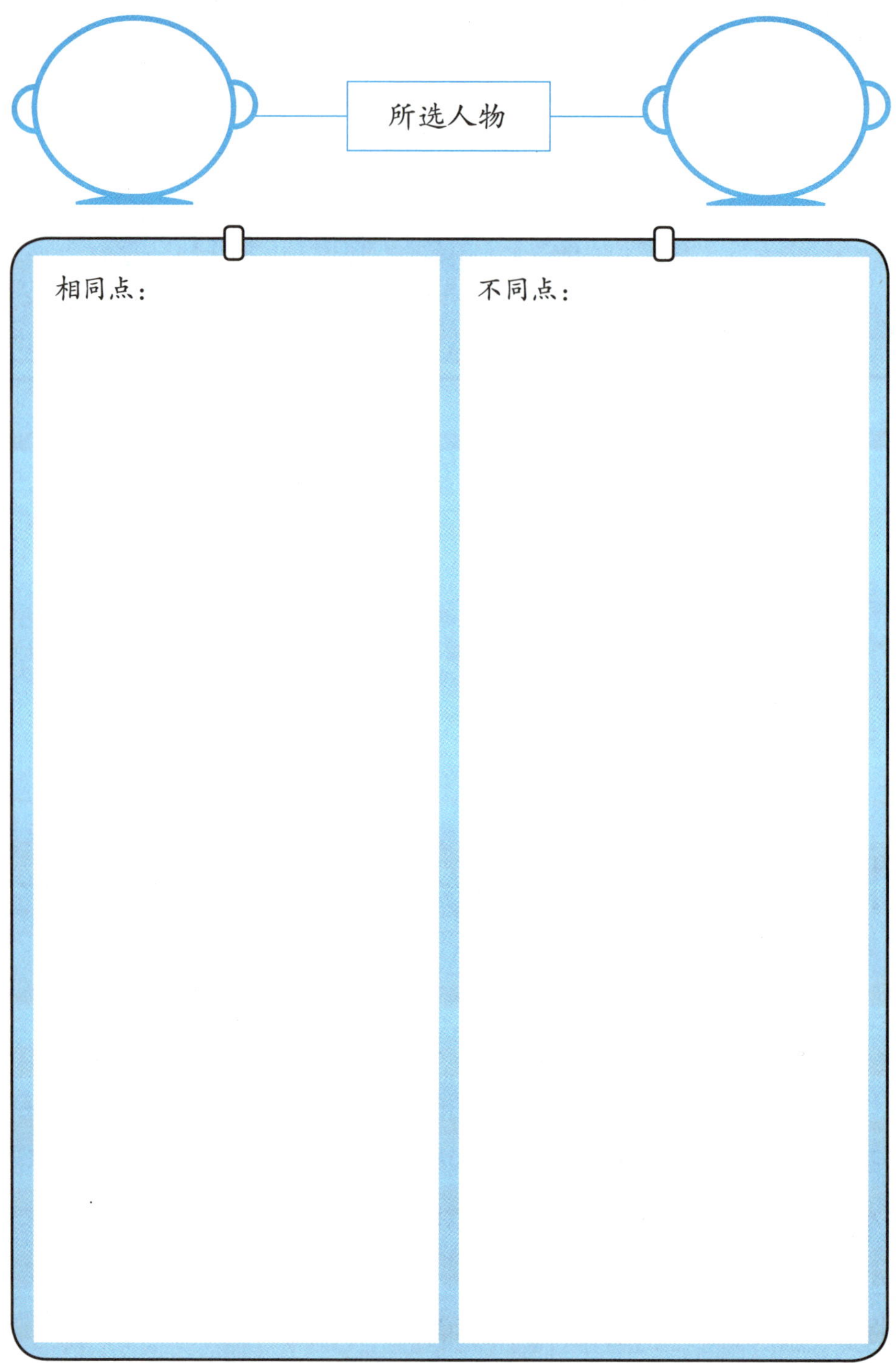

敬启

为编好这本书，我们与收入本书的作品（含图片）作者进行了广泛联系，得到了各位作者的大力支持。在此，我们表示衷心的感谢。但是，由于个别作者地址不详，虽经多方努力，仍无法取得联系。敬请各位有著作权的作者尽快与我们联系，以便我们支付稿酬，并致谢忱！

我们还要感谢使用本书的师生们。希望你们在使用本书的过程中，能够及时把意见和建议反馈给我们，对此，我们深表谢意，并将给予一定奖励。让我们携起手来，共同完成本书的建设工作。

联 系 人：梁老师　刘老师

联系电话：010-58022100-6362

联系邮箱：ztxx2008@sina.com

网　　址：http://www.ywztxx.com

地　　址：北京市海淀区知春路7号致真大厦A座18层

图书在版编目（CIP）数据

成长风向标 / 郜书萍主编. — 上海：上海教育出版社, 2021.12

ISBN 978-7-5720-0814-6

Ⅰ. ①成… Ⅱ. ①郜… Ⅲ. ①阅读课—小学—教学参考资料 Ⅳ. ①G624.233

中国版本图书馆CIP数据核字（2021）第260863号

责任编辑　余佳家
封面设计　陈丽娟　王艺霖
著作权人　北京华樾教育科技有限公司

成长风向标

郜书萍　主编

出版发行　上海教育出版社有限公司
官　　网　www.seph.com.cn
地　　址　上海市闵行区号景路159弄C座
邮　　编　201101
印　　刷　河北泓景印刷有限公司
开　　本　720×1010　1/16　印张 63
字　　数　700千字
版　　次　2021年12月第1版
印　　次　2021年12月第1次印刷
书　　号　ISBN 978-7-5720-0814-6/G·0630
定　　价　268.00元（全七册）

如发现质量问题，请向本社调换　　021-64373213

★ 适合11至12岁 ★

成长风向标

CHENGZHANG FENGXIANGBIAO

主 编 郜书萍

编委会

总主编 崔　峦

主　编 郜书萍

编　委

刘　珂　马学军　刘冰冰　宋道晔　肖志刚

孟　强　蔡淳之　许晓玲　周丽萍　张兰建

郜书萍　李永强　吴金焕　张　晖　袁　丽

孙玉亮

编写人员

李永强　公小叶　武正美　蒋阳晔　李玉华

刘　洋　刘　珂　宋道晔　赵雪蓉　陈光亮

张胜强

广泛阅读，可以提高阅读理解力；

广泛阅读，可以丰富知识，开阔视野；

广泛阅读，可以提升思维力、鉴赏力；

广泛阅读，可以促进人的精神成长。

新编的读本，包括古诗文经典诵读、优秀作品专题阅读和整本书阅读，是落实课内外阅读一体化的优质资源。

捧起这套读本读起来，你会越来越享受阅读，你的一生一定会因为阅读而精彩！

崔峦

用阅读滋养你的心灵，
让你变得聪明善良，博学，
宽厚，更富想象力和创造力。

沈石溪

发现美，学会爱，表达自己；
在阅读和写作中不断进步！

王一梅

阅讀是開啓美
好人生的鑰匙

趙麗宏
庚子九月

为自己读书
为美好读书

肖复兴
庚子岁末

读经典的书
做优秀的人

[illegible]

幻想，从现实起飞

刘兴诗

目录

经典诵读

专题阅读

范文阅读

组文阅读

自由阅读

整本书阅读

经典诵读

“三更灯火五更鸡，正是男儿读书时。”从古至今，人们通过读书，实现博学、明辨是非、修身的目的，从而完成齐家、治国、平天下的宏愿。读书，是世上第一等好事。

诵读本组古诗文，感受语言的韵律之美，走进古人的读书生活，学习古人的读书方法。

①劝　学

［唐］孟郊

击石乃有火，不击元[①]无烟。

人学始知道[②]，不学非自然。

万事须己运[③]，他得非我贤。

青春[④]须早为，岂能长少年？

注释

① 元：原本、本来。
② 道：事物的普遍规律。
③ 运：运用。
④ 青春：指人的青年时期。

只有敲打石头，才会产生火；如果不敲打，连一点儿烟也没有。人也是这样，只有通过学习，才开始懂道理；如果不学习，就违背了本性。任何事情都必须通过自己去理解，别人学有所获不代表自己有才能。青春年少时期就应及时努力，一个人哪能永远是少年？

扫码收听朗诵音频

② 劝　学①

［宋］汪洙（zhū）

学向勤中得，

萤窗②万卷书。

三冬③今足用，

谁笑腹空虚？

注 释

① 选自《神童诗》，题目为后人所加。

② 萤窗：晋人车胤（yìn）以囊盛萤，用萤火照书夜读。后世常以“萤窗”形容勤学苦读。

③ 三冬：指三年。

译文

学问需要通过勤奋读书才能得到，就像前人囊萤取光那样勤奋，读上万卷的书。这样三年以后就有足够的学问，那时候，有谁会笑话你胸无点墨、没有学问呢？

扫码收听朗诵音频

③ 夜　吟

［宋］陆游

六十余年妄①学诗，

工夫②深处独心知。

夜来一笑寒灯下，

始是金丹换骨③时。

注释

① 妄：胡乱。
② 工夫：指作诗所花的心思和时间。
③ 金丹换骨：比喻诗人找到作诗的妙诀，作诗实现了飞跃。

译文

我六十多年来都是胡乱学作诗，作诗的功夫所能达到的深处，只有我心里知道。在深夜里，我坐在寒灯下不由得发出会心的一笑，我知道我作诗脱胎换骨的时候到了。

④ 读书有所见作（节选）

［清］萧抡

人心如良苗，得养乃滋长。

苗以水泉溉，心以理义[1]养。

一日不读书，胸臆[2]无佳想。

一月不读书，耳目失精爽。

注释

① 理义：即义理，文章的内容和道理。这里指儒家的学说。

② 胸臆：心里的话或想法。

人的心如同一棵优良的苗，得到好好的养护才能生长。苗的生长需要泉水的灌溉，心则需要儒家学说的滋养。人一天不读书，心中就没有什么好的想法。一个月不读书，就会感觉到耳朵不灵敏，眼睛不明亮。

扫码收听朗诵音频

⑤ 小窗幽记（节选）

［明］陈继儒

鸟啼花落，欣然有会于心。遣①小奴，挈(qiè)②瘿(yǐng)樽，酤(gū)白酒，釂(jiào)一梨花瓷盏，急取诗卷，快读一过以咽之，萧然不知其在尘埃间③也。

闭门即是深山，读书随处净土。

注释

① 遣：派，让。
② 挈：提，拎。
③ 尘埃间：人世间。

译文

听到鸟鸣叫，见到花凋落，心中有所领悟而感到十分欢喜。叫小童提着瘿木做的酒具买回白酒，用梨花酒杯饮尽一杯酒，急忙取来诗卷，迅速地读过，当作下酒的美味，这时胸中清爽快意，仿佛不知道自己还置身于人间。

关起门就如同身处深山中一样，能读书就觉得处处是净土。

6 读书须思量[①]

［清］左宗棠

读书时，须细看古人处一事、接一物，是如何思量，如何气象[②]，及自己处事、接物时，又细心将古人比拟[③]：设若[④]古人当此，其措置[⑤]之法，当是如何？我自己任性为之，又当如何？然后自己过错始见，古人道理始出。

注释

① 选自《左宗棠全集·与周汝充》，题目为后人所加。思量，思考。
② 气象：景况。
③ 比拟：比较。
④ 设若：假如。
⑤ 措置：处理。

读书的时候，必须仔细琢磨古人怎样处理事情，怎样待人接物，他们是如何考虑的，是什么样的情景。到自己处理事情、待人接物时，又用心与古人做比较：假设古人遇到这种情况，他们的处理方法会怎么样？我自己处理的时候，又会怎么样？于是自己的过错就开始显现出来了，古人的智慧也就开始表现出来了。

专题阅读

漫步世界文学名著花园

“很久很久以前……”每当听到这样的开头，我们就会想起一个个扣人心弦的经典故事。这些经典故事寄托着人们对自由、勇气、诚信、智慧、真爱等一切美好事物的追求与向往，它们超越了时间、国界，能够世代流传。让我们跟随这些经典故事，去发现更广阔的世界。

阅读本专题文章，要把握其主要内容，看看作者是如何通过情节来塑造人物形象的。课余时间，阅读自己喜爱的一部文学作品，尝试把作品的梗概写出来。

① 海底两万里（节选）

［法国］儒勒·凡尔纳

梗概

1866年，海上出现了一个“庞然大物”，一个很长的物体，形状很像梭子，有时会发出磷光。它的个头儿比鲸大得多，速度也比鲸快得多。最初看到它的巴克船长认为它是不为人知的暗礁，他正打算测量它的时候，它竟然喷出两道水柱，足有五十尺高。很多船只碰到过它，有的被这“怪物”撞伤或撞沉。对于清除这一怪物，大家达成了一致意见。美国政府派出驱逐舰“林肯号”前去追捕。巴黎自然史博物馆教授阿罗纳克斯应邀参加，他曾经撰文探讨过海洋怪物，认为它是一头巨大的独角鲸。

“林肯号”出发了，但在大海上整整游荡了三个星期，并没有发现怪物的蛛丝马迹。一天晚上，阿罗纳克斯正望着海面，突然看到有红光闪现，接着冒出一个庞然大物。他猜想一定是传说中的怪物。舰长命令驱逐舰向怪物驶去。“林肯号”向怪物开炮，炮弹竟然都被弹开了。捕鲸手内德·兰德是加拿大人，有丰富的海上捕鲸经验。在靠近怪物时，他奋力投出捕鲸叉，但捕鲸叉仿佛碰到了钢板一样。

怪物发怒了，两股巨大的水柱猛扑到战舰甲板上，从船头冲至船尾。舰上的人被冲倒，缆绳被冲断，阿罗纳克斯被抛掷到海中。

阿罗纳克斯醒来时，发现自己躺在一个铁屋子里，身边坐着孔塞伊和内德·兰德。一块铁板掀了起来，钻出一个人，那人尖叫一声，立即又缩了进去。不久，八个膀大腰圆的壮汉，蒙着脸，一声不响地走出来，把三人拉进了他们的艇中。

阿罗纳克斯他们一进去，上面狭小的盖板立即关上了，四周是漆黑的一团。从有光亮的地方，突然进入黑暗中，阿罗纳克斯的眼睛什么也看不见。他感到他的光脚踩在一架铁梯上。内德·兰德和孔塞伊被人抓得紧紧的，跟在后面。铁梯下面一扇门打开了，阿罗纳克斯他们走进去以后，门就立即关上了，发出响亮的声音。

不久，他们听到门闩响，门开了，两个人走进来。其中一个是艇长尼摩，对阿罗纳克斯他们表示欢迎，并表示不会伤害他们。尼摩艇长邀请三人参观了他设计建造的潜艇“鹦鹉螺号”。这艘潜艇非常坚固，功能齐全，有餐厅、休息室，甚至有图书室。阿罗纳克斯他们很好奇，这艘潜艇为什么能够在海底长时间停留。原来潜艇所使用的电力是从海水中提取的，船员的氧气也是从海水中提取的。食物就地取材，海洋中到处都是，根本就不用发愁。

“鹦鹉螺号”在太平洋里潜行。阿罗纳克斯透过玻璃窗，一路观赏着光怪陆离的海底景象和五光十色的深海生物。途经克雷斯波岛时，尼摩艇长邀请他们三人到海底森林打猎。于是他们穿上潜水服，背上氧气瓶，手持特别的猎枪，穿过换压舱，走在海底平原上。尼摩艇长枪法精准，收获颇丰。

海底的生活丰富多彩，看起来就像一场奇特的旅行。

在经过一个小岛的时候，尼摩艇长告诉他们船上的食物不多了。于是他们三人决定上岸寻找蔬菜和野味，以补充食物，顺便改善一下伙食。阿罗纳克斯他们运气不错，打死了几头野猪，采摘了不少水果。走着走着，他们饿了，准备生火烤肉吃。突然从树林中蹿出一群土著人，他们来势汹汹。阿罗纳克斯他们早就听说在一些偏远的小岛上，生活着食人族，这不禁使他们胆战心惊。他们慌忙逃进小艇，驶向停泊在海中的潜艇。土著人并未放弃，也乘着木筏，赶了上来。阿罗纳克斯他们马上钻进潜艇，进到舱底。但土著人并不善罢甘休，他们围着潜艇想各种办法进去。这让阿罗纳克斯他们非常紧张，因为潜艇经过一段时间必须开舱换气，那时候，如果土著人趁机钻进来，后果不堪设想。尼摩艇长并不着急，他胸有成竹。第二天，尼摩艇长他们开舱换气，土著人果真纷纷爬上来，想趁机进入潜艇。可是手一碰到栏杆，他们就惊叫着退缩了回去，原来金属栏杆全部通了电。

潜艇在海里继续航行，当驶入斯里兰卡附近海域时，尼摩艇长兴致勃勃地邀请阿罗纳克斯和他去海底的采珠场。这里简直是一个天然的宝库。各种各样的珍珠，璀璨夺目，最大的珍珠价值可达一千万法郎。阿罗纳克斯兴趣盎然地观看采珠人在海底采珠。这些采珠人也随时有失去生命的危险。在采珠人采珠的时候，一条大鲨鱼突然向他们冲去。在采珠人命悬一线之际，尼摩艇长手执匕首，勇敢向前与鲨鱼搏斗。鲨鱼太大，凶猛异常，尼摩艇长一人难以抵挡。这时内德·兰德举叉相助，刺中鲨鱼心脏。尼摩艇长不但救了采珠人，还从自己口袋里取出几颗珍珠送给他们。阿罗纳克斯从心底敬佩尼摩艇长舍己救人的精神。

从红海到地中海，以往要绕道很远才能到达，但“鹦鹉螺号”从红海进入地中海只花了不到二十分钟。原来尼摩艇长走的是海底隧道。

阿罗纳克斯发现，尼摩艇长慷慨大方，每到一地，都会想方设法地帮助当地船只。至康地岛时，尼摩艇长从柜子里取出许多黄金，派人乘小艇送出去。阿罗纳克斯很纳闷为什么尼摩艇长他们会有那么多的黄金，那些黄金到底是从哪里来的。

当潜艇驶入大西洋，在维哥湾海底，尼摩艇长竟然派他的船员潜水从海底沉船里搬上来装满金银财宝的箱子。阿罗纳克斯终于明白了尼摩艇长他们财富的来源：他们就是通过打捞沉船里的财宝。这些财宝支撑着他们环游世界，进行科学研究，接济穷人。在尼摩艇长的带领下，阿罗纳克斯惊奇地看到了沉没已久的大陆，而且也察看了失落很久的亚特兰蒂斯。

虽然阿罗纳克斯对于海底的旅行充满了好奇，但捕鲸手内德·兰德对这种单调的生活却厌烦透顶。这位加拿大人牢骚满腹，串通孔塞伊准备逃走，在阿罗纳克斯的劝阻下，放弃了。

潜艇又向南极进发，途中他们遇到一大群鲸，有长须鲸和抹香鲸。捕鲸手内德·兰德不禁兴奋起来。对他来说，这可是千载难逢的好机会，他想大显身手一番，但被尼摩艇长制止了。两种鲸竟然打了起来，抹香鲸开始向长须鲸进攻，战斗非常激烈。后来，抹香鲸占了上风，尼摩艇长就指挥船员攻击抹香鲸。

在此后的经历中，他们遇到了各种各样的困难，最厉害的是被冰山封路。潜艇被封在了冰里，极度危险，他们面临缺氧而死的危险，但最终冲出了冰山的重围。

不知不觉中，潜艇在海底进行了两万里环球航行。在大西洋遇到了大风暴、大漩涡，潜艇被迅速卷入，路线作螺旋形，愈前进，螺旋形的半径也愈缩小。小艇附在潜艇身上，也被惊人无比的速度带走。阿罗纳克斯的脑袋碰在一根铁条上，受到猛烈的冲撞，失去了知觉。醒来后，他到了挪威的一个小岛上。

后来，潜艇到底怎么样了？扛住北冰洋大风暴了吗？尼摩艇长还活着吗？他在海洋底下继续进行他的可怕报复了吗？或者他在上一次的大屠杀后，就停止了报复呢？海浪有一天能把写有他经历的手稿带到陆地上来吗？这一切都不得而知了。

节　选

我们终于来到森林边缘了。这也许是尼摩艇长那无边无际的领地中最美的一处地方。他把这片森林视为自己的私产，如同创世之初出现的一批人那样，认为自己对这片森林拥有特权。其实，有谁能够跟他来争夺这个海底财富的拥有权呢？还能有哪一个比他更加大胆的先驱者，敢于手持利斧，跑到这里来开发这阴森可怕的密林呢？

森林中全都是高大的巨型乔木。我们从这些巨型乔木形成的拱顶下钻进去，首先映入眼帘的是，树叶奇形怪状的排列，到目前为止，我还从未见过这种排列情况。

林间空地，寸草不见。从生的灌木枝条，既不沿地蔓延，也不向下弯垂。树枝全都不向水平方向伸展。所有的枝条都往上长，伸向洋面。所有的细茎，所有的带状叶子，无论是多细多薄，全都像铁丝一般地挺直。墨角藻和藤本植物，受到海水密度的控制，挺拔地笔直往上生长。它们全都纹丝不动地待在水中，当我用手把它们撩开来后，它们随即就又恢复原状。这儿竟是一个垂直线的王国。

从“全都”“所有”“无论”等，我们体会到了海底树木的奇特。你能尝试用这些词语和句式表现一个事物的特点吗？

过了一会儿，我便习惯了这种奇特的排列，也习惯了周围包裹着我们的黑暗状况。林中地上满是尖利的石块，行走时难以避开。我觉得，这儿的海底植物品种很齐全，甚至比极地或热带地区都更丰富。但是，有这么几分钟工夫，我不自觉地把动植物之间的界限给混淆了，把植形动物当成了水生植物，把动物当成了植物。但又有谁能不弄错呢？在这个海底世界里，动物和植物两界何其相近啊！

我发现，所有这些植物界的物种，全都只是由表面的根突钩在海底地面上。其实，它们没有根，无论是沙子、贝壳、甲壳，还是卵石，只要是固体，都可以支撑它们。它们要求这些固体物质的只是一个支点，而并不需要其供给营养。这些植物自生自灭，它们赖以生存的元素存在于维持它们、为它们提供营养的海水之中。它们中大部分都没有叶子，长出来的都是一些奇形怪状的胞层，表面色彩单调，只有粉红色、胭脂红、青绿色、橄榄色、浅黄色和棕褐色。我在此又看到了在“鹦鹉螺号”上所看到的物种，但并非风干了的标本，而是如扇子般张开着的、似乎在迎风展翅的孔雀团扇藻，朱红色的瓷贝，拖着它那可食用的嫩芽的片形贝，高达十五米的纤细柔软的古铜藻，茎在其顶端处变大的一丛丛瓶状水草，以及其他许许多多的深海植物，它们全都不会开花。一位博物学家曾经风趣地说过：“海洋真是一个奇特异常的场所，在那里，动物类开花，而植物类都不开花！”

在高大得好似温带树木的各种不同灌木之间，在它们各自潮湿的阴影下面，遍布着繁花盛开的荆棘丛，一排排的植形动物，满身长着弯弯曲曲皱纹的珊瑚，触须透明的淡黄色石竹珊瑚，如草地般丛生的石花珊瑚，还有一群一群的似蜂鸟般的蝇鱼，像是要为这幻象增光添彩似的，在树枝间飞来跳去。而那些两腮耸起、鳞甲尖利的蠹虫鱼、飞鱼、单鳍鱼等，则像是一群鹌鹑，在我们的脚前游来游去。

一小时左右，尼摩艇长发出信号，示意大家歇息。对此，我感到非常高兴。于是，我们便在一处海草华盖下面躺下休息，而那海草的细长枝条却像长箭般地直立着。

这片刻的歇息让我恢复了体力，浑身舒坦。美中不足的是相互间无法交谈。不能说话，无法交流，我只得把自己的那个大铜头盔靠向孔塞伊的头盔。我隐约看见这个诚实的青年表情非常兴奋，而且还在那个空气罩里挤眉弄眼，做出怪相，以展示自己的快乐心情。

就这样在海底漫游了四个小时，竟然不觉得饿，这让我颇为诧异。为何胃里没有饥饿的感觉，我也弄不明白。然而，我却像所有的潜水者一样，感觉特别困。因此，不一会儿工夫，我的眼皮便撑不住了，无法抗拒地陷入半睡眠状态。在这之前，我一直是靠走路的动作在抵制瞌睡的侵袭的。尼摩艇长和他的那位身强力壮的同伴在这似水晶般透明的海水中，舒展地躺下了，给我们示范如何睡觉。

在这半昏睡状态中，到底过去了多长时间，我也估计不出来，但当我醒来时，觉得太阳已经偏西。尼摩艇长早已站在那儿了。我伸了伸懒腰。正在这时候，一个意外的东西游了过来，我腾地站起身来。

> 巨型海蜘蛛的突然出现，又让“我”高度紧张起来。

几步之外，一只一米高的巨型海蜘蛛正斜着眼睛盯着我，正准备向我扑来。尽管我有厚厚的潜水服护身，不怕它咬，但我仍禁不住浑身一颤。孔塞伊和“鹦鹉螺号”上的那位船员这时也都醒了。尼摩艇长向他的那位同伴指了指那个张牙舞爪的讨厌的海底动物，后者立即向它发射一枪，那丑陋不堪的怪物的大爪子抽搐(chù)着，挣扎着。

这个意外遭遇使我联想到，在这昏暗的海底，可能还有更加可怕的动物出没，而我的潜水服届时不一定能保护我免受它们的攻击。此前我未想到这一点，此刻我才想到必须时刻小心戒备。另外，我原以为这次休息表示我们的行猎已告结束，可是我估计错了，因为尼摩艇长并未转身往“鹦鹉螺号”走去，而是继续在进行他那大胆的海底漫步。

海底地面继续在往下倾斜，坡度变得愈发明显，我们被引向海底更深处。三时左右，我们来到一个狭窄的峡谷，两边尽是悬崖峭壁，峡谷位于海底一百五十米深处。多亏了经过改良的完好设备，我们超越了大自然给人类设下的海底旅行深度的极限，超越了九十米。

尽管我并没有任何仪器可以测量水深，但我敢认定我们是处于海底一百五十米的深处。因为我知道，即使是在最最清澈透明的海水里，阳光也不可能穿透得更深，而在我们所处的位置，海水恰好在变暗。十步开外，什么都看不清了。于是，我便摸索着往前走。就在这时候，突然出现一道非常强的白光，是尼摩艇长把他的灯打开了。他的同伴随即也把自己的灯打开了。我和孔塞伊也像他们一样把灯打开。我转动螺丝，让线圈与蛇形管接通。方圆二十五米范围内的大海一下子被我们的四盏灯照得透亮。

尼摩艇长继续往森林中的幽深处走去，林中灌木愈见稀少。我发现，在这儿，植物减少的速度高于动物，土地越来越缺少黏性，深海植物已经见不着了，一些神奇的动物，如植形动物、节肢动物、软体动物以及鱼类，却在这里大量地繁殖。

我边走边想：我们的这几盏鲁姆科尔夫灯想必会吸引

一些在黑沉沉的海底栖息的动物。不过，这类动物即使向我们涌来，至少也会同我们这些猎人保持一定的距离，不让我们袭击到它们。有好几次，我看见尼摩艇长停下，举枪瞄准，但瞄了一会儿，他又收起枪来继续往前走。

最后，将近四时，这次奇妙的海底远行算是结束了。在我们的前面，矗(chù)立着一道美丽的岩石高墙。那是一个巨大的岩石层，花岗岩峭壁上有一些深不可测的岩洞，没有任何可以攀爬的斜坡。这里就是克雷斯波岛的海底绝壁，这里就是陆地。

地点在变换，情节也在发展。

尼摩艇长突然停下脚步。他向我们做了一个原地休息的手势。我尽管很想越过这堵高墙，但还是不得不止住脚步。尼摩艇长的领地到此处便是终极。他不想越出自己的领地。再往前走，就是他不该再涉足的地球的陆地了。

我们开始往回返。尼摩艇长仍像来时一样地走在自己的这支小分队的前头。他毅然地领着大家往前走。我隐约感到，这回去的路不是我们来时所走过的那条路。这条新路非常陡峭，走起来颇为费力，不过，却让我们很快地接近了海面。而这种从下面返回到上层水面的速度却是很慢的，这样就不致使压力过快地减少，否则身体器官将会受到严重损害，给潜水者造成极大的内伤。很快，亮光显现、增强，但此时太阳快要没入地平线下，它所折射出来的光又给万物罩上了七色光环。

在海面以下十米深处，我们走在一大群各色小鱼中间；它们比天空中的鸟儿还多，而且更加灵活。不过，我们眼前尚未出现任何一只值得我们给它一枪的水生动物。

正在这时候，我隐约看见艇长迅速举枪瞄准，眼睛盯着灌木丛中一个正在走动的东西。枪声响起，只听见一声轻微的子弹的嘘嘘声划过，一只动物在离我们几步开外的地方应声倒地。

是一只漂亮的海獭(tǎ)，也许是唯一完全生活在海里的四足兽。它长一米五，想必很值钱。它的皮，上为栗褐色，下呈银白色，是一种十分美观考究的皮货，在市场上备受青睐。它的毛细密且有光泽，至少值两千法郎。这种哺乳动物圆脑袋、短耳朵、圆眼睛，长着猫一样的白髭(zī)须，蹼(pǔ)足有趾，尾巴毛很浓密，非常可爱，我很喜欢。由于渔民滥加捕杀，这种珍贵的食肉动物已经十分稀少，多数藏于太平洋北部海域，即使躲得这么老远，恐怕也难逃灭绝的厄运。

尼摩艇长的那个同伴走过去拾起猎物，扛到肩上，然后，我们便又往前走了。

一个小时里，我们踩在脚下的全都是平坦的沙地。这种细沙平原常常上升到离海面不到两米的地方，这时候，我便能看到我们的身影清清楚楚地映在水中，不过方向却是倒着的。因此，在我们的上方，就有同样的几个人，在重复着我们的动作与姿态。可以说，“他们”除了走路时头冲下、脚朝上以外，与我们一模一样，毫无二致。

还有一种现象也值得大书一笔：上面有厚厚的云彩掠过，它们聚集得快，消散得也快。我转而一想，全都明白了，那所谓的云彩，只不过是厚薄不一的波涛所致，我甚至都看到浪涛翻到水面上所形成的无数的细碎浪花了。大海鸟掠过海面，其身影映在我们头顶上方，令人啧(zé)啧称羡。

我有幸获得一次良机，亲眼看见了让猎人心动的好枪法。一只大鸟，张开双翼飞了过来。说时迟那时快，尼摩艇长的那位同伴见大鸟离海面只有数米时，举枪瞄准，一枪击中。大鸟摔落下来，沉到好猎手的身边，被他一把抓起，是一只漂亮的信天翁，是远海上最令人赞叹的一种鸟。

我们并未因此而停下来。两个小时里，我们时而走在细沙平原上，时而走在海藻上。在海藻上行走却是十分费力的。说实在的，我都快支持不住了。正在这时候，我瞥见半海里外有朦朦胧胧的光亮，在昏暗的海水中闪现。那是“鹦鹉螺号”舷灯的光亮。用不了二十分钟，我们就可以回到艇上去了。到了艇上，我就可以顺顺畅畅地呼吸了，因为我觉得储气瓶中的氧气好像不多了。但是，我没有料到又碰上一件事，延误了我们回到艇上的时间。

我落在尼摩艇长身后有二十步左右。这时候，我看见尼摩艇长突然转身朝我冲了过来。他用他那力大无比的大手一把把我摁在地上，而他的那位同伴也同时把孔塞伊给按倒了。开头，我还有点莫名其妙，不明白艇长为何突然向我发动攻击，可看到他躺在我身旁一动不动，我心里也就踏实了。

艇长和艇员的动作预示着危险的来临。

我就如此这般地躺在地上，正好有一丛海藻把我给遮挡住。我微微抬起头来，突然发现有庞然大物声响很大地冲了过来，身上还闪着磷光。

我吓坏了，似乎心脏都停止了跳动！我辨认出来，冲过来的是异常凶猛的鲨鱼。那是一对火鲛(jiāo)，属于鲨鱼中最可怕的一种，尾巴极长大，眼珠似琉璃，目光呆滞，口鼻周围有一些孔洞，分泌出一些闪光的磷质。火鲛模样可怕，巨大无比，能把一个大活人吞入口中，嚼得粉碎！我不知道孔塞伊此时是否正在给它分类，我只是在注意观察着，看到了它们那银白色的肚腹，长着巨齿獠牙的血盆大口。但我的这种观察并不是科学考察，此时的我已不是一个潜心研究的博物学家，而是一个有可能葬身鱼腹的受难者。

幸好，这对贪婪的家伙眼睛不灵，没有发现我们，游过去了，只是它们的淡褐色的鳍擦了我们一下而已。我们奇迹般地逃过一劫。可以肯定，这要比在林中遇到猛虎危险得多。

半个小时之后，在艇舷灯光的指引下，我们回到了“鹦鹉螺号”上。艇外侧的门一直开启着，待我们进到第一间小屋后，尼摩艇长便把那道门给关上了。然后，他便按了一个按钮，只听见艇上的水泵(bèng)响了起来，我觉得自己周围的水在往下降去，不一会儿，小屋里的海水全都排干净了。这时，里面的那道门启开，我们便走进了存衣间。

在别人的帮助下，我们把潜水服脱了下来，脱时可没少费劲儿。我已经疲惫不堪，又饿又困，实在是支持不住了。但回到自己的房间之后，我却仍旧沉醉于这次令人赞叹的海底漫步，心情依然激动不已。

（陈筱卿　译）

② 荒岛探宝记（节选）

［英国］斯蒂文森

探宝——树林中的声音

一半由于这种恐惧心理的影响，一半因为要让西尔弗和有病的伙伴休息休息，全队的人在攀登到坡顶的时候，马上就坐下来了。

那块台地稍向西边倾斜，因此我们歇脚的地方便可以在左右两边都看到广阔的景色。我们从树梢上往前望去，便看到森林海岬(jiǎ)边缘上拍岸的海浪；朝后面看，我们不仅俯视着停船的小湾和骷髅岛，而且还在东方看到沙嘴和东岸的低地外面有一大片开阔的海面。在我们头的正上方，望远镜山高耸着，有些地方长着稀疏的松树，有些地方是黑色的巉(chán)岩。除了四面八方传来的远处的涛声和灌木丛中无数虫类的鸣声外，听不到别的声音。既看不到人，也看不到海上的船帆，单只那一片广阔的眼界就增添了孤寂的感觉。

西尔弗坐在那儿，用罗盘测量了一下方位。

“一共有三棵‘大树’，”他说道，“大约都在正对着骷髅岛的一条直线上。‘望远镜山肩’，我猜就是指的下面那个地点。现在想去探宝，那简直是毫不费劲的了。我倒是想先吃了午饭再去呢。”

“我还不大想吃，”摩根气呼呼地说，“一想起弗林特——我觉得那真是——把我气饱了。”

“啊，算了吧，我的孩子，你要谢天谢地，他已经死了。”西尔弗说。

“他真是个恶鬼，”另一个海盗打了个冷战，大声说道，“他那张发青的脸，太吓人了！”

“那是喝酒喝成那样的！”莫利插嘴道，“发青！哦，我看他确实是发青。这话说得对！”

自从他们发现了那具尸骨，想起了一连串的事情以后，他们说话的声音就越来越低。这时候几乎是变成耳语了，所以他们谈话的声音对林中的寂静并没有什么干扰。突然间，他们前面的树林中传来了一阵微弱的、颤抖的尖声，唱着那有名的调子和歌词：

十五条好汉同在死人箱上——

哟嗬嗬，快喝一瓶酒！

我从来没有见过什么人比这些海盗更容易受恐惧心理的感染。他们六个人的脸上好像着了魔似的，全都变得惨白。有几个人跳起身来，还有人紧紧地揪住别人，摩根趴在地下。

人还没有出现，只是听到歌声就吓得魂飞魄散。可见这个人的可怕。

“这是弗林特，我的——”莫利大声说道。

这支歌像开始的时候一样，突然停止了——你简直会说，连一个音符都还没唱完就中断了，仿佛是有人用手捂住了唱歌人的嘴似的。歌声穿过青葱的树梢上晴朗的碧空，从远处传来，我觉得它是轻快悦耳的，可是这阵歌声对我的同伴们的影响却是少见的。

“喂，”西尔弗用他那灰色的嘴唇吃力地吐出这个字来，接着说道，“这样可不行。大伙儿准备一齐走吧。这可真是个怪事，我听不出这是谁的声音，可是这准是有人在恶作剧——这个人还是活着的人呢，准没错儿。”

他一面这么说着，也就恢复了勇气，脸上也有了一点血色。其余的人也开始倾听他这番鼓励的话，心神渐渐安定下来。正在这时候，那同样的声音又大嚷起来了——这回不是唱歌，而是远处发出的微弱的呼喊声，这呼喊声从望远镜山的岩隙中传来的回声更加微弱了。

“达贝·麦格劳！”那呼声是哀求——“哀求”二字最能形容那个声音。“达贝·麦格劳！达贝·麦格劳！”一次又一次地喊着，然后嗓门儿稍大一点，又喊道，“到后舱去拿酒来，达贝！”还有一句骂人的话，我就撂下不说了。

海盗们直愣愣地睁大了眼睛，站在原地，一动不动。那阵喊声消失了很久之后，他们还是不声不响地瞪着眼睛望着前面，吓得要命。

“这肯定是他！”有个人喘着气说道，“咱们走吧。”

“这是他最后说的话，”摩根哀叹地说道，“是他在人间最后说的话。”

西尔弗却还是不甘示弱。我听得见他的牙齿碰得咔嗒咔嗒地响，可是他还是没有绝望。

“在这岛上谁也没听说过达贝，”他低声说道，“除了咱们这几个人，谁也没听到过。”然后他又鼓足了劲，大声说道，“伙计们，我一定要去把这份财宝拿到手，不管是人是鬼，都挡不住我。弗林特在世的时候，我从来就不怕他。对天发誓，他成了鬼，我也得和他较量较量。离这儿还不到四分之一英里的地方，就有七十万镑的财宝。哪会有一个海上英雄打退堂鼓，为了一个脸色阴沉的醉鬼海员，就撂下这么多钱财不要呢？——何况他已经死了。”

可是他手下那些人却始终没有恢复勇气的表示，反而因为听到他说的那些胆大包天的话，更加恐惧了。

“别说了吧，西尔弗！”莫利说，“你可别得罪鬼神呀。”

其余的人都吓得要命，不敢答话。他们要是敢跑开的话，那就会各自溜掉。可是恐惧的心理使他们靠拢在一起，也使他们紧靠西尔弗，仿佛是他的胆量救了他们似的。西尔弗却与众不同，他已经把自己的泄气劲儿强压下去了。

“鬼神吗？哼，也许是吧。”他说道，“可是有一件事我还不明白，刚才咱们听到了回声，可是谁也没见过有影子的鬼。那么，请问，他说话怎么会有回声呢？这总该是不近情理的事吧？”

他讲的这个道理对我是没有说服力的。可是你简直摸不透什么话能对迷信的人起作用。使我惊奇的是，莫利居然大大地消除了恐惧的心理。

（张友松　译）

③ 大风暴[①]

［瑞典］塞尔玛·拉格洛芙

四月八日　星期五

雁群在厄兰岛北岬角过了一夜，折转身来朝向内陆飞行。在横越卡尔马海峡的时候南风劲吹，把他们朝北边吹过去。他们仍旧奋力朝向陆地高速飞去。就在他们快要靠近第一群礁石岛的时候，猛然传来了一阵呼啦啦巨响，就像是千百只巨翅大鸟一齐拍打翅膀飞了过来一样，海水登时变成了黑色。阿卡急忙停止扇动翅膀，几乎在空中一动不动地僵滞着，然后她赶紧朝海面上降落下去。可是还没有等到雁群落到水面，从西面卷过来的大风暴已经追到他们头上。狂风已经将陆地上的尘埃刮得满天都是，把海水卷起来变成泡沫般的水珠，把小鸟推打得无路可逃，现在狂风又将雁群卷了进去，把他们刮得七零八落，翻来

巨大的声音和变色的海水，预示着一场风暴的来临。

① 选自《尼尔斯骑鹅历险记》（又译《骑鹅旅行记》）。

荡去地朝着茫茫的大海远扬出去。

这场大风暴实在可怕，大雁们一次又一次地企图折返回去，然而他们却力不从心，随着狂飙(biāo)往外朝波罗的海扬出去。大风已经把他们推越过厄兰岛，一望无际、浩渺迷茫的大海出现在他们的眼前。他们除了尽量避开狂风的风头之外别无其他办法。

阿卡一发现他们已经无法折返回去，便想到决不能让狂风把他们扬过波罗的海去。所以她设法降落到水面上。大海在汹涌怒号，一时比一时剧烈。巨浪飞溅着白沫从碧绿色的海面上排山倒海而来，而且一浪高过一浪，似乎在比试哪个最有冲天之势，最有拍沫飞溅之势。但是大雁们对于浪峰涛谷倒并不十分害怕，他们反而觉得这是莫大的乐趣。他们不需花力气自己去游水了，而是随着波峰浪谷上下地荡漾，就像孩子们玩秋千一般地兴高采烈。他们唯一要担心的就是雁群不要失散开来。那些被狂风席卷而去的可怜的陆地鸟类忌妒地呼喊道："你们会游泳的总算逃脱了这场灾难！"

把在暴风中飞行说成"像孩子们玩秋千"，表现了大雁不惧困难、勇敢乐观的精神。

然而大雁们并没有完全脱离险境。最要命的是，在水面上下摇荡不可避免地使他们产生了睡意。他们不断地要把脑袋垂向后去，把喙塞到翅膀底下呼呼熟睡，眼前再也没有比在这种境遇下熟睡更危险的了。阿卡不停地呼喊道：“大雁们，不许睡着！睡着了就会离群的，而离了群那就会完蛋！”

尽管费尽力气支撑着不要睡过去，可是大雁们毕竟太疲倦了，仍然一只接着一只睡着了，甚至连阿卡自己也差点儿打起盹来。就在这时候，她忽然注意到在一个浪头的顶峰露出一个圆圆的深颜色的东西。“海豹！海豹！海豹！”阿卡死命大叫起来，扇起翅膀就冲上了天空。在最后一只大雁刚刚离开水面的时候，海豹已经到了跟前，张嘴就去咬那只大雁的趾掌。可就在这千钧一发之际，他脱了险。

这样大雁又回到了大风暴之中，而风暴又把他们朝着外海卷过去。大雁拼命往回挣扎，而风暴却一刻不停地劲吹，没有给他们丝毫歇息的机会。他们望不见陆地的踪影，看到的只是茫茫的大海。

他们又放大胆子降落在水面上，可是在波汹浪涌的摇荡下没过多久又都开始瞌睡起来。而他们瞌睡的时候，海豹又游了过来。若不是老阿卡保持着警觉的话，他们恐怕就无一幸免了。

风暴持续了整整一天，对在这个季节飞回来的大批候鸟来说，它是一场飞来横祸和浩劫。有不少鸟儿被风卷出了航向，降落在远处海礁上被活活饿死，也有不少鸟儿精疲力竭，摔入海里被活活淹死。还有许多在陡崖峭壁上撞得粉身碎骨，也有许多成了海豹果腹的食物。

狂风从早怒号到晚，阿卡不免心惊胆战，生怕她和她的雁群会遭到不测。他们现在已经疲劳得快要死了，然而她却仍看不到有可以歇脚的地方。快到黄昏时分了，她更不敢在海上降落了，因为从这时候起海面上会突如其来地有大块大块的浮冰蜂拥而至，冰块往往相互挤压碰撞，她担心大雁们会被冰块挤压得粉身碎骨。有一两次，大雁们企图降落在浮冰上。可是有一次狂风把他们扫进了水里，另一次凶残的海豹竟爬上了冰块。

在日落的时候，大雁们又一次回到了空中。他们朝前飞去，心里都在为黑夜的来临而惶惶不安。在这个充满着危险的傍晚，连天色似乎也黑得特别快。

要命的是，他们至今还看不见陆地。倘若他们被迫在海上停留整整一夜的话，那么究竟会怎么样呢？他们不是被浮冰挤压得粉身碎骨，就是成为海豹的口中之食，再不然就是被大风暴刮得不知去向。

天空乌云层积，月亮躲得无影无踪，黑夜匆匆来到了。

整个大自然骤然笼罩上一层恐怖，这使得最勇敢者也会心惊胆战。整整一天来，空中充斥着身陷险境的候鸟所发出的呼救的哀号，当时谁都没有去留意。可是现在再也看不见那些发出啼叫的鸟儿时，这些声音却听起来分外凄厉和悲戚。海面上浮冰彼此冲撞，发出震耳欲聋的坼(chè)裂声。海豹吼出了粗野的捕猎之歌。这天晚上恐怖得简直像要天崩地裂一般。

（石琴娥　译）

阅读链接

《尼尔斯骑鹅历险记》是瑞典女作家塞尔玛·拉格洛芙的代表作，首次出版于1907年。一百多年以来，它经久不衰，被世界各国的儿童所喜爱。作者因此获得诺贝尔文学奖，成为瑞典第一位获此奖项的作家。

④ 木偶奇遇记（节选）

［意大利］卡洛·科洛迪

匹诺曹在海里越沉越深，越沉越深。五十分钟后，悬崖边的人自言自语道：“现在我那可怜的小瘸驴应该已经淹死了。我把它捞上来，就可以去做我漂亮的鼓了。”

他拉起了捆匹诺曹的腿的绳子。他拉呀拉，拉呀拉。最后，他看到浮出水面的是——你能猜到吗？不是一头死驴，而是一个活生生的木偶，他像泥鳅一样扭动着身体。

这个可怜的人看到了一个木偶，以为自己在做梦，目瞪口呆。

他绞尽脑汁也没有想明白，他说道：“我扔进海里的驴子到哪里去了？”

“我就是那头驴子。”木偶笑着回答。

“你？”

“我。”

“啊，你这个小骗子。你在逗我呢？”

“我在逗您？没有，我亲爱的主人。我很认真。”

“几分钟前，你还是一头驴，现在站在我面前的怎么是一个木偶了呢？”

“也许是海水的缘故。大海总是喜欢耍把戏。”

“留心点，木偶！留心点！不要嘲笑我！如果把我惹火了，你会倒霉的。”

在小木偶和老人的对话中，木偶的调皮、老人的憨直跃然纸上。

“好的，我的主人，您想知道我全部的故事吗？那么松开我的腿，我好好跟您说说。”

这个老人很好奇，他想要知道这个木偶的真实故事，于是立刻解开了他脚上的绳子。匹诺曹觉得自己像空中的小鸟一样自由。他开始讲述自己的故事：“知道吧。从前，我是一个木偶，就像现在一样。有一天，我正要变成一个男孩了，一个真正的男孩子。但是因为我的懒惰，因为我讨厌书本，因为我听了我的坏朋友的话，我离开了家。一个美好的早晨，我醒来的时候发现自己变成了一头驴——长耳朵、灰皮，还有一条尾巴！那是多么耻辱的一天！亲爱的主人，我希望您永远也不要有这样的经历。我被带到了集市上，卖给了一个马戏团的班主。班主教我跳舞，钻圈。一天晚上，在一次演出中，我摔倒了，成了个瘸子。班主不知道一头瘸驴还能有什么用，就把我带到市场上。您就买下了我。”

“真是不幸！我花了四美元买你。现在你快把钱还给我！”

“您为什么买我？您买我是为了害我——杀了我——做一面鼓。”

“我是这样做了。可是现在我到哪里去再找一张皮呢？”

“亲爱的主人，没关系。世界上有很多头驴子。”

“你这个无礼的小捣蛋，你的故事就这样完了吗？”

“还有一两句才说完。”木偶答道，“买走我以后，您就把我带到这里来想要杀死我。大概是出于同情，您在我的脖子上捆上一块石头，把我扔到了海底。您实在太好心了，尽量让我免受痛苦，我会永远记得您的。如今我的仙女会照顾好我的，只要您……”

“你的仙女？她是谁？”

“她是我妈妈，像其他所有妈妈一样爱她的孩子。她从来不会忽视我，虽然我不值得她这样做。今天，我的好心的仙女得知我有淹死的危险，就派来了几千条鱼到我沉下去的地方。那些鱼以为我是一头死驴，就开始吃我。它们大口大口地咬我，有一些鱼咬耳朵，有一些鱼咬鼻子，还有一些鱼咬脖子、鬃毛……其中有一条小鱼既温柔又礼貌，它吃掉了我的尾巴，帮了我的大忙。”

“从现在起，”那个男人恐怖地说，“我发誓再也不吃鱼了。如果我剖开一条鲻(zī)鱼或者一条白鱼，结果在肚子里发现一条驴尾巴，那太恶心了！”

“我和您想的一样，”木偶笑着答道，“继续跟您说，当鱼吃完了我从头到脚的驴肉后，它们自然就要吃我的骨头了。而我的骨头是木头做的。您知道，我的木头十分坚硬。咬了几口后，这些贪婪的鱼发现木头对牙齿不好，就不敢咬了。它们掉头走了，连再见或是感谢的话也没有说。亲爱的主人，现在您知道我的故事了。现在您明白为什么您从水里拉起来的不是一头死驴子而是一个木偶了吧？”

“我才不要听你的故事呢！”那个男人生气地说，“我只知道我是花了四美元把你从市场上买来的，我想要回我的钱。你知道我会怎么做？我要再次把你带到市场上，当一个干的生火木头卖。”

“好吧，卖了我吧，我很高兴。”木偶说。他一边说着，一边很快地跳入了海里。他用尽全力往前游，一边游，一边笑着大喊：“主人，再见。如果您要张皮做鼓，可要记得我呀。”

几秒钟后，他游远了，消失在那个男人的视线里。在蔚蓝的海面上，只见一个黑色的小点在迅速移动，这个黑点不时地从水中伸出胳膊或者腿。人们也许会觉得匹诺曹变成了一头在阳光里玩耍的小海豚。

游了很长时间，匹诺曹看见海中央有一块大岩石。这块岩石像大理石一样白。岩石上站着一只小山羊，这只小山羊发出咩咩的叫声，示意他过去。

更奇怪的是，这只小羊的皮毛与别的羊不同，不是白色的，不是黑色的，也不是棕色的，而是蓝色的。这种鲜艳的颜色让他想起那个可爱的妇人的头发。

匹诺曹的心跳得很快，越来越快，越来越快。他加倍努力，用尽全力向那块岩石游去。他游到一半，突然一只可怕的海怪从海下面探出头来。这只海怪有一个巨大的头，一张巨大的嘴巴，嘴张得老大，露出两排闪闪发光的牙齿。你只要看它一眼就会充满恐惧。

你知道这个海怪是什么？

这个海怪不是别的什么，正是我们在前面的故事里常提到的一条大鲨鱼。由于它的残忍，海里的鱼和海上的渔民给它取了一个绰号“海上魔王”。

可怜的匹诺曹！他一看见这个海怪就几乎被吓死了。

他想从它身边游开，换条路游，想尽办法逃离。但是那张巨大的嘴巴却越来越近。

“匹诺曹，千万快一点，我求你了！”岩石上的小山羊咩咩地说。

匹诺曹不顾一切地用手臂、身体、大腿、脚游着。

“快，匹诺曹，海怪越来越近了！”

匹诺曹越游越快，越游越用力。

“快点，匹诺曹！海怪就要抓住你了！它就在那里！它就在那里！快点，快点，要不然你就输了！”

匹诺曹像一颗出膛的子弹在水中穿梭——越游越快，越游越快。眼看着他就要到达那块岩石了。山羊弯下身子，伸出前腿，帮他爬上水面。

天哪！太迟了。海怪追上了他。匹诺曹发现自己身处那两排发光的牙齿中间。鲨鱼深深地吸了一口气。当它吸气的时候，它就像吸下一个鸡蛋一样，很容易就把木偶吸进了肚子里。匹诺曹被鲨鱼很快咽下，因为咽得太快，他一下子掉到了鲨鱼的肚子里，整整有半个小时昏昏地躺着，不省人事。

当匹诺曹恢复意识后，他才记起来自己是在哪里。他的周围一片黑暗。黑暗太深，太黑。有一刻，匹诺曹都以为自己把头浸在了墨水里。他竖起耳朵听了一会儿，听不到任何声音，有一阵，他的脸上有一阵凉风吹过。起初，他不知道风来自哪里，后来他知道风来自海怪的肺。我忘了告诉你这条鲨鱼得了哮喘，所以它一呼吸，就跟刮风似的。

匹诺曹一开始告诉自己要勇敢，但是当他意识到自己真真实实、完完全全地在鲨鱼肚子里的时候，他大哭起来。“救命！救命！”他喊道，“噢，可怜的我！有没有人能来救我？”

“谁能来救你呢，不幸的孩子？”一个粗粗的声音说，像不入调的吉他弦发出来的。

“谁在说话？”匹诺曹问道，害怕得身体都僵了。

“我是一条可怜的金枪鱼，是和你一起被鲨鱼吞进肚子里的。你是什么鱼？”

“我不是鱼，我是一个木偶。”

“既然你不是鱼，那怎么让这个海怪吞下你？”

“我没让它吞下我。它追我，不说一句就吞下我了。我们两个现在在这个黑咕隆咚的地方怎么办？”

“我想，我们只能等着鲨鱼把我们给消化了。”

“我不想被消化。”匹诺曹说着哭了起来。

“我也不想，”金枪鱼说，“但是我很明智，我认为如果生而为鱼，那么死在水里比死在油锅里体面些。”

“多么无知！”木偶喊道。

“这是我个人的观点。”金枪鱼答道，“这个观点应该受到尊重。”

不同的人有不同的生活态度，有的不屈服于命运的安排，有的却随遇而安。

“但是我想离开这里，我要逃出去。”

“去吧，只要你行。”

“这条把我们吞下的鲨鱼是不是很长？”匹诺曹问道。

“它的身体，不算尾巴，大概也有一英里长。”

走在黑暗里，匹诺曹感到远处有一点微弱的灯光。

“那是什么？”他问金枪鱼。

“某条可怜的鱼，耐心地等着被鲨鱼消化掉。”

“我想去看看它。它也许是条年长的鱼，或许它知道怎么逃出去。”

“亲爱的木偶，祝你好运！”

“再见，金枪鱼。”

“再见，木偶。祝你好运！”

“我们会再见面吗？”

“谁知道呢？最好别想这个问题。”

（凌喆　译）

⑤ 汤姆·索亚历险记（节选）

［美国］马克·吐温

光荣的刷墙手

星期六早晨到了，整个的夏季世界是光明灿烂、生气勃勃，洋溢着生命的气息的。每个人心里都有一首歌，如果是年轻的人，歌声就从嘴里唱出来了。每个人脸上都流露着喜色，每一个脚步都充满了活力。刺槐正在开花，空中弥漫着花香。村庄外面高出的加第夫山上草木长得很茂盛，遍山是青的，它与这村庄的距离恰好不远不近，正像一片“乐土”，梦一般的境界，安闲而诱人。

汤姆出现在人行道上，手里提着一桶灰浆，拿着一把长柄的刷子。他把围墙打量了一番，满心的欢乐都跑掉了，一阵深沉的忧郁笼罩了他的心灵。木板的围墙有 90 英尺长，9 英尺高。他似乎觉得生命空虚起来了，生活简直成了一种负担。他叹了一口气，把

这里运用拟人、夸张的修辞手法，把汤姆的沮丧表现得淋漓尽致。

刷子蘸(zhàn)上灰浆，顺着顶上一层的木板刷过去，然后又重复这个动作，然后再做一遍。他把刷过的那渺小的一条和还没有刷的那一望无边的围墙比了一比，就在一只木箱上垂头丧气地坐下了。吉姆提着一只洋铁桶，从大门口蹦蹦跳跳地走出来，嘴里还唱着《布法罗的姑娘们》。从前在汤姆的心目中，到公用放水站那儿去提水一向是讨厌的工作，现在他可不是那么想。他想起了水站那儿有不少的同伴。那儿经常有许多男孩和女孩轮班等候，大家在那儿休息，交换玩物，吵嘴，打架和胡闹。他还想起了水站虽然只离着 450 英尺远，吉姆却从来没有在一个钟头以内提回一桶水来——就连这样，通常还得有人去催他才行。汤姆说：

“喂，吉姆，你来给我刷点儿墙，我去提水吧。”

吉姆摇摇头说：

“不行，汤姆少爷。老太太她叫我非得赶快去把水提来，路上不许站着跟人家打哈哈。她说她猜着汤姆少爷恐怕会叫我刷墙，所以她就叫我只管去干自己的事——她还说，她要亲自来看看你刷墙哩。”

“啊，你可别管她说的那一套，吉姆。她老是爱那么说。把水桶给我——我一会儿就来了，她哪里会知道。”

“啊，我可不敢，汤姆少爷。老太太她会揪住我的脑袋把它拧掉，她真会那么干。”

“她呀！她从来不揍人——不过是拿顶针在头上敲一敲——谁怕她这个，我倒要问你。她光是说得凶，可说是说，不伤人的——只要她不哭，就没什么关系。吉姆，我给你个好玩意儿吧。我给你个大个儿的白石头弹子！”

吉姆有点儿动摇了。

“大个儿的白石头弹子。吉姆！这个弹子可是呱呱叫呀。”

“哎！那可是个了不起的好玩意儿，老实说！可是汤姆少爷，我可真怕老太太会要……”

文章通过语言描写，将孩子的童真生动地展现了出来。这告诉我们，语言描写一定要符合人物的身份。

“还有哪，你要是答应，我就把我那个肿了的脚指头给你看。”

吉姆不是神仙，经不住逗——这个诱惑对他太大了，他把桶搁下，拿起那颗白石头弹子。汤姆解开脚上包的布，吉姆聚精会神地弯着腰去看那根脚指头。可是只过了一会儿，吉姆就屁股直痛，提起水桶顺着大街拼命跑了，汤姆也使劲地刷墙。波莉阿姨打了个胜仗往家里走，她手里拿着一只拖鞋，眼睛里含着得意的神气[①]。

① 波莉阿姨用拖鞋打了吉姆的屁股。

可是汤姆的劲头并不持久。他开始想起他原先给这一天安排的好玩的事情，心里越来越难受。再过一会儿，那些自由自在的孩子们就会蹦蹦跳跳地打这儿过，大家都到各处去干各式各样好玩的事情，他们一见他还得干活，那可非大大地开一阵玩笑不可——一想到这点，他心里就像火烧似的难受。他把他的“财宝”——一些破碎的玩具和石子，还有一些废物，通通拿出来，仔细看了一阵。他要是想和人家换换工作，把这些东西送给人家也许是够的，可是要想拿来买到完全的自由，那就是连想买到半小时的自由也还差得远。于是他把那几件可怜的“财宝”放回口袋里，不再做收买那些孩子的打算了。正在这倒霉和绝望的时刻，他忽然计上心来，想出了一条妙计。这个主意可实在是呱呱叫，了不起。

汤姆想出了一条怎样的妙计呢？这不禁让人充满了期待。

他拿起刷子，又心平气和地去工作了。贝恩·罗杰马上就出现了——这正是所有孩子当中他最怕的一个，他正在担心着这个孩子的俏皮话哩。贝恩走的是三级跳的步法——这足以证明他心里是轻松的，正打算干一些痛痛快快的事情。他正在吃一个苹果，隔一会儿又发出一阵老长的、好听的叫声，随后就是一阵深沉的叮当当、叮当当，因为他在扮演着一艘火轮船。他到了近处的时候，就降低了速度，在街道当中走，大大地向“右舷”倾斜过来，使足了劲叫“船头”停住，做得很神气、很认真——因为他扮演的是“大密苏里号”，想象着他自己是个排水9英尺深的大轮船。他兼扮着轮船、船长和指挥轮机的铃铛，所以他只好想象着他自己站在自己的顶层甲板上发着口令，并且还要执行这些口令：

“停船，伙计！丁——零——零！”“轮船”差不多停住了，他慢慢地向人行道上靠拢来。

“掉过头来！丁——零——零！”他把两只胳臂伸直，使劲往两边垂着。

“右舷后退！丁——零——零！嚓呜！嚓——呜！嚓呜！”他的右手画着大圆圈——因为它是代表一个40英尺的大转轮的。

“左舷后退！丁——零——零！嚓呜——嚓——呜——嚓呜！”他的左手又开始画起大圆圈来。

“停右舷！丁——零——零！停左舷！右舷往前开动！停住！外面慢慢转过来！丁——零——零！嚓呜——呜——呜！把船头的大绳拿出来！喂，快点！来吧——把船边的大绳拿出来——你在那儿干什么！把绳耳绕着靠墩转一圈！好了，就那么拉住——撒手吧！机器停住吧，伙计！丁——零——零！唏特！唏特！唏特！”（他模仿着气门撒气的声音。）

汤姆继续刷墙——他并不理睬那只“轮船”。贝恩瞪着眼睛看了一会儿，然后说：

“哎呀！你又闯祸了，是不是？”

没有回答。汤姆以一个艺术家的眼光打量着他最后涂的那一块，然后又把刷子轻轻地抹了一下，又照刚才那样打量着涂下的效果。贝恩走过来和他并排站着。汤姆看见那只苹果就嘴馋，可是他还是坚持工作。贝恩说：

“嘿，伙计，你还得干活呀，咦？”

汤姆突然转过身来说道：

“啊，原来是你呀，贝恩！我还没注意到你呢。”

“哈——告诉你吧，我可是要去游水哩。你难道不想去吗？可是你当然宁肯在这儿干活喽——是不是？当然你干得很有劲呀！”

汤姆把那孩子打量了一下，说道：

“你说什么叫作干活？”

“嗐（hài），你这还不叫干活叫什么？”

汤姆又继续刷他的墙，满不在乎地回答说：

“我说嘛，这也许算是干活，也许不是。我只知道，这很合汤姆·索亚的脾胃。”

“啊，算了吧，难道你的意思是说你还喜欢干这个吗？”

刷子继续在动。

“喜欢干？哼，我不知道我为什么不应该喜欢干。难道一个小孩天天会有机会刷围墙玩吗？”

这么一说，倒把这事情说得有点新的意味。贝恩停止咬他的苹果了。汤姆把他的刷子怪细巧地来回刷着——往后退两步看看效果怎样——又在这儿补一刷，那儿补一刷——再打量一下效果——贝恩仔细看着他的一举一动，越看越感兴趣，越看越聚精会神了。后来他就说：

汤姆装得真像！一连串的动作表明他确实“沉浸”在这项工作中，把工作当成了乐趣。汤姆的“阴谋”在一步步得逞。

“嘿，汤姆，让我来刷点儿看。”

汤姆想了一下，打算答应他，可是他又改了主意：

“不行——不行——我想这大概是不行的，贝恩。你要知道，波莉阿姨对这道围墙是很讲究的——这是当街的地方呀，你明白吧——要是后面的围墙，那我倒不在乎，她也不在乎。是呀，她对这道围墙可是讲究得要命，这是一定要刷得很仔细的。我想一千个孩子里面，也许两千个里面找不出一个来，能够把它刷得叫波莉阿姨满意哩。”

“是呀——真的吗？哦，不要紧——让我试试吧。我只试一点儿——汤姆，我要是你的话，我就会让你试。”

“贝恩，我倒是愿意的，骗你不是人。可是波莉阿姨——唉，吉姆想干，可是她不叫他干；席德也想干，她也不叫席德干。那么你看我多么为难？要是让你来弄这道围墙，万一出了什么毛病，那……”

“啊，没有事的，我也会一样地小心地刷呀。还是让我试试吧。嘿——我把苹果核儿给你。”

“好吧，那就……啊，不行，贝恩，算了吧。我就怕……”

“我把这苹果全给你！”

汤姆把刷子让给贝恩，脸上显出不愿意的神气，心里可是快活得很。这下子刚才那只“‘大密苏里号’轮船”在太阳底下干着活，累得直出汗，同时那位退休了的艺术家却坐在附近的阴凉地方的一只大木桶上，耷拉着两条腿，大口地嚼着苹果吃，同时盘算着宰别的小傻瓜。角色是并不缺乏的，每过一会儿就有男孩子打这儿过，他们都想来开玩笑，但结果却留下来刷墙。在贝恩累得不行了的时候，汤姆已经和毕利·费舍讲好了买卖，把接替的机会让给他，换了他一只收拾得很好的风筝；等到他又玩够了的时候，江尼·密拉又拿一只死老鼠和拴着它来甩着玩的小绳子换得了这个特权——就这样一个又一个地轮流下去，一连几个钟头都没有间断。后来下午过了一半的时候，汤姆已经从早上的一个可怜的穷孩子成了一个地道的阔佬。除了上面提到过的那几件东西以外，他还得到了十二颗石弹、一只破口琴、一块可以透视的蓝瓶子玻璃片、一尊苇管做的炮、一把什么锁也不能开的钥匙、一截粉笔、一只大酒瓶的玻璃塞子、一个镀锡铁做的小兵、一对蝌蚪、六个爆竹、一只独眼的小猫、一个门上的铜把手、一根拴狗的项圈——可是没有狗——一个刀把、四块柑子皮，还有一个坏了的窗户框子。

汤姆这是经历了一个怎样有趣的下午呀！相信在这个下午他很有成就感。

他过了一段舒服和安闲的时光——玩伴多得很——围墙上还刷上了三层灰浆！要不是他的灰浆用完了，恐怕全村每个孩子都要让他弄得破产了。

汤姆心里想，这世界原来并不那么空虚啊。他发现了人类行为的一个大法则——那就是，为了要使一个大人或是一个小孩想干某件事情，只需要设法把那件事情弄得不易到手就行了。假使他是个聪明的大哲学家，像这本书的作者一样，他就会理解到“工作”就是一个人不得不做的事情，而“玩耍”却是一个人不一定要做的事情。这个道理可以帮助他明白为什么制造假花或是拼命蹬踏车的就算是工作，而打十柱戏或是爬勃朗峰就只算是娱乐。英国有些阔气的绅士夏季天天在一条每天按班期行车的大路上驾着四匹马的乘客马车走二三十英里的路，只是因为他们为这种驾车的特权花了许多钱；可是你如果出工钱叫他们驾车，那就把这桩事情变成了工作，他们也就不肯干了。

汤姆把他那小天地里刚才发生的重大变化沉思了一阵，然后就回到“司令部”报告去了。

（张友松　译）

阅读链接

《汤姆·索亚历险记》是美国作家马克·吐温的代表作。主人公汤姆厌恶学校枯燥无味的生活，向往传奇式的冒险，他像其他很多孩子一样调皮，喜欢恶作剧，但他也有许多优点——善良、乐于助人、富有正义感。

6 托德的冒险[1]

［英国］肯尼斯·格雷厄姆

托德发现自己被监禁在一间阴冷发臭的地牢里，知道一座暗无天日的中世纪堡垒已将他和外面的世界隔开。不久前，他还在那个阳光普照、石子儿大路平坦通达的世界里，快快活活，尽情玩乐，仿佛全英国的每一条路都已经被他买下来似的。现在，他四仰八叉地躺在地上，流着酸楚的泪，沉溺在悲观绝望之中。“一切都完了，”他说，“至少，托德的毕生事业完了，反正这是一回事。英俊的公众人物托德，富有而殷勤好客的托德，自由自在、无忧无虑、温文尔雅的托德！我怎能指望有一天被放出去哟。”他说，“我冒冒失失偷了那么漂亮的一辆汽车，又异想天开、骇人听闻地冒犯了一大帮肥肥胖胖的红脸膛警察，坐牢是我罪有应得！”（说到这儿，他哽咽住了）“一个动物愚蠢到我这份儿上，”他说，“只有在这地牢里受苦了，到最后，那些曾经以认识我为荣的人们，连托德这个名字都会想不

① 选自《柳林风声》，略有改动。

起来！哦，英明的老班杰呀！”他说，“哦，聪明的兰特和明智的莫尔呀！你们的判断力多么准确，对于人和事多么有学问！哦，不幸的、被遗弃了的托德！”他就这样日夜哀叹着过了好几个星期，不吃饭也不吃餐间小点心——虽然那个阴沉沉的老古董狱卒，知道托德腰包里满满的，屡屡表示，花点代价，就可以从外面弄进来好吃的东西，甚至搞些奢侈品。

你觉得狱卒的女儿是一个什么样的人？

却说那狱卒有个女儿，她是个可爱的村姑，心地善良，平时帮父亲在牢里干些比较轻的活儿。她特别喜爱动物，养了一只金丝雀。厚厚的牢墙上有一根钉子，白天她将鸟笼子挂在上面，把睡午觉的犯人吵得烦透了；晚上，她就把它放在接见室的桌子上，用椅子罩布盖住。另外，她还养了几只花斑鼠和一只不停跑转轮儿的松鼠。那好心肠的姑娘，很同情托德的不幸，有一天，她对父亲说：“父亲！看到那可怜的动物那么不开心，瘦了那么多，我真受不了！你让我来管他吧。我有多么喜爱动物你是知道的。我要让他吃东西，亲自喂他，让他坐起来，做各种各样的事。”

父亲回答说，她想怎么摆弄托德都行。狱卒已经厌烦托德了，厌烦他老是这样生闷气、犯贱，厌烦他那副神态。

于是，那一天，她去做善事了，她敲了敲托德的牢门。

“嗨，打起精神来，托德。”她一边走进去，一边用好话哄他，“坐起来，擦干眼泪，做一个明智的动物。试试看，吃点午饭吧。瞧，我给你带来了我自己做的饭菜，热乎乎的，刚从炉子上端下来！”

那是卷心菜煎土豆，扣在两个盘子中间。一股子香气，飘满了狭小的牢房。痛苦的托德俯卧在地上，卷心菜的气味直钻他的鼻子，使他一时间觉得，生活也许并不像他自己想象的那么单调乏味，令人绝望。但他仍然哀号着，蹬着腿，不接受人家的安慰。于是，聪明的姑娘就暂时退了出去。当然，热卷心菜的许多气味留了下来，那是不用说的。在抽泣的间隙，托德嗅着嗅着，有了反应，脑子里渐渐地有了一些新的、鼓舞人心的念头：他想到了骑士精神、诗歌和他尚未完成的功绩；他想到了广阔的草甸子，草甸子上吃草的牛，牛的皮毛被阳光和风梳理着；他想到了菜园子、香草圃、不断被蜜蜂围攻的暖融融的金鱼草；还想到了蛤蟆府餐桌上摆放杯盘时那令人欣慰的叮当声，客人们一个个拉近椅子就餐时椅子脚擦地的声音。狭小的牢房里空气呈现出了玫瑰色，他开始想念朋友们，想着他们肯定能做点什么；他想到了律师，想着当时他们一定很乐意接他的案子，自己竟那么蠢，没有请上几位；最后，他想到的是他本人的非凡的聪明才智，想着只要动动自个儿那伟大的脑袋瓜子，就能干成许多大事情。于是，他的心病差不多医好了。

作者是怎么把普通的食物写得让人垂涎欲滴的？仔细读一读，你能模仿写一写自己吃的早餐吗？

几小时后，姑娘回来了。她端着一个托盘，托盘里放着一杯热气腾腾的香茶，还有一碟堆得高高的黄油烤面包，热乎乎的，切得很厚，两面都烤成了焦黄；黄油从面包孔里淌出来，形成一个个金色的大珠子，像蜂巢里淌出来的蜜。黄油烤面包的气味简直是在对托德说话，并且声音毫不含糊。它讲述着温暖的厨房；讲述着一个个明朗的结霜的清晨，一顿顿早餐；讲述着冬日黄昏漫游归来，穿拖鞋的脚搁在壁炉挡板上时，客厅的炉边有多么舒适；讲述着心满意足的猫的咕噜声，昏昏欲睡的金丝雀的啁啾(zhōu jiū)声。托德重新坐直身子，擦干眼泪，开始小口喝茶，大口嚼面包。不久，他就无拘无束地开始谈起他自己，他住的房子，他在家里做的事，他是怎样的一个大人物，他的朋友们有多么重视他。

狱卒的女儿看出来，这个话题和香茶一样，对他确实有益，就鼓励他继续往下说。

“给我说说蛤蟆府吧，”她说，“它好像很美呢。”

“蛤蟆府，”癞蛤蟆托德骄傲地说，“是一所称心如意、样样齐全的绅士住宅，出类拔萃。它部分始建于十四世纪，但是配全了各种现代设施，有最新式的卫生设备。五分钟就到邮局、高尔夫球场，适合……”

“上天保佑你这可怜的动物，”姑娘说道，笑了起来，“我又不是想买下它。给我说一些实际情况吧。不过你先等一下，我再去给你拿点茶和烤面包。”

她轻快地走出去，一会儿就又端着一盘食物回来了。托德埋头猛吃烤面包，他的精神状况完全恢复到了平时的水准。他给她讲停船棚屋、鱼塘、年代很久的带围墙的菜园子；给她讲猪圈、马厩、鸽棚和鸡舍；给她讲乳品屋、洗衣房、瓷器柜和放衣物的大壁橱（她特别喜欢这个）；给她讲宴会厅，讲许多动物来聚餐，托德是又得意又神气，大家唱歌，讲故事，一起胡闹，玩得好开心。然后，她又要他说说他的动物朋友们，他讲了他们怎样生活，怎样消磨时光。对他们的一点一滴，她都非常感兴趣。当然，她并没有说自己喜爱动物是把他们当宠物，因为那会把托德得罪到家，这种见识她还是有的。她把托德的水壶灌满，又把他睡觉的稻草抖松，然后说了晚安。这时候的托德，差不多又成了从前那只乐观开朗、沾沾自喜的动物。他唱了一两支过去他常在晚宴派对上表演的那种小曲儿，然后蜷曲身子躺在稻草上，美美地睡了一夜，还做了些开心的梦。

郁闷的日子在继续。从那以后，他们一起聊天很多次，聊得很投机。渐渐地，狱卒的女儿为托德感到很难过了。她觉得，为了在她看来不值得一提的一次冒犯，就将一只可怜的小动物关进监牢，真是可耻至极。自然啰，在自负的托德心目中，她那么关心他，是出自渐渐对他萌生的柔情；但他们之间社会地位悬殊，他不禁有些惋惜，因为她是个长得挺好看的小姑娘，而且明显很仰慕他。

一天早晨，姑娘心不在焉，答非所问。在托德看来，姑娘对他那些机智的言辞和闪烁着火花的评论，没有给予适当的注意。

“托德，”她说，“请听我说。我有个姑妈，是个洗衣妇。”

“得啦，得啦，”托德很有风度、很殷勤地说，“没关系的，别再想这个了。我有好几个姑妈，本来都该做洗衣妇的。”

“安静一分钟，托德，”姑娘说，“你话太多了，这是你最主要的毛病。我正在动脑筋，你打断我的思路了。刚才我说，我有个姑妈是洗衣妇，她给这城堡里的所有囚犯洗衣服——这种挣钱的活儿我们都留给自家人，这你明白的。她每个星期一早晨把要洗的衣服拿走，星期五傍晚把洗好的衣服送回来。今天是星期四。喏，我想到这样一个主意：你很有钱——至少你自己是经常这样对我说的——而她呢，很穷。几个英镑对你来说算不了什么，可对于她却不是个小事情。嗯，我想呀，如果适当地笼络笼络她——用你们动物的话说，给她一点好处——你们也许能做成一笔交易。她让你穿戴上她的衣服、帽子什么的，你就可以冒充官家的洗衣妇，从城堡里面逃出去。你们俩在许多方面挺像——特别是身材。”

“我们俩不像，”癞蛤蟆托德气呼呼地说，“我的身材挺漂亮——就癞蛤蟆而言。”

“我姑妈也是，”姑娘答道，“就洗衣妇而言。随你的便吧。你这只可恶、骄傲、忘恩负义的动物，我干吗要为你难过呢，还想帮你！”

“是是是，好好好；真的非常感谢你，”癞蛤蟆托德连忙说道，“可是听我说！你不会真的要蛤蟆府的托德先生装扮成洗衣妇，满世界乱跑吧?！”

“你可以继续在这儿做你的癞蛤蟆，不用跑啊！”姑娘很生气地回敬道，“我看呀，你是想乘着四匹马拉的马车离开呢！”

正直的托德一向是乐意认错的。

“你是个善良聪明的好女孩，”他说，“我确实是一只骄傲、愚蠢的癞蛤蟆。请你费心介绍我认识你的可敬的姑妈吧，我确信不疑，那位优秀的女士和我一定能达成双方都满意的协议。”

第二天傍晚，姑娘领着她姑妈来到了托德的牢房。这个星期洗好的衣服，她包在毛巾里，用别针别住，也带来了。这次会面，老太太事先心里面已经有了准备；她看到托德故意很显眼地放在桌子上的那些英镑后，事情差不多立刻就成了，没再费什么口舌。托德的现钱所得到的回报是：一件印花棉布罩衫、一条围裙、一块披肩和一顶褪了色的黑女帽。老太太提出的唯一条件是：用东西塞住她的嘴，把她捆起来，丢在角落里。她解释说，尽管事情显得可疑，她还是希望凭着这种不是很令人信服的骗术，再加上她本人绘声绘色的故事编排，能保住她的饭碗。

托德高兴地接受了这个建议。这能使他离开监狱时有点儿气派，不至于辱没他铤而走险的亡命徒的名声。他欣欣然帮着狱卒的女儿，尽量把她的姑妈弄成一副惨样，装成一个对局面没有控制能力的受害者。

“现在轮到你了，托德，”姑娘说，“脱掉你的外套和马甲吧，你这样子已经够胖的了。”

她一边笑得身子直颤，一边给他套上印花棉布罩衫，扣上扣子，给披肩弄出符合身份的褶子，把褪色女帽的带子系在他下巴下面。

“你简直就是她在镜子里的模样，”她咯咯地笑道，“只不过我敢肯定，你一辈子从来不曾有过一半这样的‘体面’。好啦，再见吧，托德，祝你好运。顺着你进来时的路直走，如果有人对你胡说些什么，你可以照样回几句玩笑话，很可能有人会那样子的。不过你要记住，你在世上孤身一人，是个弄不好会丢了名声的寡妇。”

托德揣着一颗打战的心，尽可能平稳地迈着步子，小心翼翼地开始了一次看起来最轻率、最冒险的行动。但很快他就发现，一切都进行得意想不到的顺畅如意。他心中暗喜。可是这公众亲和力，还有造成这亲和力的性别，其实都属于另外一个人；想到这个，他觉得有一点点屈辱。在每一扇闩上的小门、每一道阴森的大门面前，洗衣妇的矮胖身材，棉布罩衫上人人熟悉的印花图样，仿佛就是一张通行证。在他犹豫不决，拿不准向哪边拐才对时，他甚至发现下一道门的看守帮他摆脱了困境。他们急着要离开门口进去喝茶，唤他快些过去别磨蹭，别让他们在那儿等上一整夜。主要的危险倒在于他们跟他开玩笑、说俏皮话；当然啰，他得迅速地做出适当的反应。可这并不容易，因为托德是个自尊心很强的动物，而那些玩笑大多数（他认为）很低劣、很不得体，那些俏皮话一点儿都没有幽默感。虽说费了好大的劲儿，无论如何他总算压住了火气。他回敬的言语挺适合对方，跟他的假身份也比较相称，并且尽量没有逾越健康情趣的底线。

他拒绝了最后一间警卫室里的再三邀请，躲开了最后一名张开胳膊、佯装热情地恳求来个告别拥抱的看守，终于穿过了最后一个院子。好像经过了好几个钟头似的，但是终于听到咔嗒一响：最外面那道巨大的门上的小便门，在他身后关上了。他的充满渴望的前额感觉到了外面世界的新鲜空气，他知道，他自由了！

这大胆的行动轻易就成功了，弄得托德头脑发晕，他只管快步向镇子里的灯光走去，丝毫也不知道下一步该怎么办。他只明确一件事，那就是必须尽快离开这地方，他不得不扮演的那位女士，在附近可是一个公众人物哟。

（张炽恒 译）

组文阅读

本组三篇精彩的历险故事将带你经历一次次奇妙的旅行，并给你带来不同的体验。

阅读本组故事，要把握故事的主要内容，就你印象深刻的情节与同学们交流，并找来原著读一读，尝试着写一写该书的梗概。

① 莫格里的兄弟们（节选）

［英国］吉卜林

树丛的枝条簌（sù）簌响了起来，狼爸爸蹲下身子，准备往上跳。接着，你要是注意瞧他的话，你就可以看见世界上最了不起的事——狼在向空中一跃时，半路上收住了脚。原来他还没有看清他要扑的目标就跳了起来，接着，他又设法止住自己。其结果是，他跳到四五尺高的空中，几乎又落在他原来起跳的地方。

“人！”他猛地说道，“是人的小娃娃，瞧呀！”

一个刚学会走路的小娃娃，全身赤裸，棕色皮肤，抓着一根低矮的枝条，正站在他面前。从来还没有一个这么娇嫩而露出笑靥(yè)的小生命，在夜晚的时候来到狼窝。他抬头望着狼爸爸的脸，笑了。

“那是人的小娃娃吗？”狼妈妈问道，“我还从来没有见过呢。把他叼过来吧。”

狼是习惯于用嘴叼他自己的小狼崽子的。如果需要的话，他可以嘴里叼一只蛋而不会把它咬碎。因此，尽管狼爸爸咬住小娃娃的背部，当他把娃娃放在狼崽中间的时候，他的牙连娃娃的一点皮都没有擦破。

“多小呀！多光溜溜呀，啊，多大胆呀！”狼妈妈柔声说道。小娃娃正往狼崽中间挤过去，好靠近暖和的狼皮。“哎！他跟他们一块儿吃起来了。原来这就是人的娃娃。谁听说过一匹狼的小崽子们中间会有个小娃娃呢？”

“我们有时听说过这样的事，可要说是发生在我们的狼群里，或是在我这一辈子里，那倒从没有听说过。”狼爸爸说道，“他身上没有一根毛，我用脚一碰就能把他踢死。可是你瞧，他抬头望着，一点也不怕。”

洞口的月光被挡住了，因为谢尔汗的方方的大脑袋和宽肩膀塞进了洞口。塔巴克跟在他身后，尖声尖气地叫嚷道：“我的老爷，我的老爷，他是打这儿进去的。”

“多承谢尔汗赏脸光临！”狼爸爸说，可是他的眼睛里充满了怒气，“谢尔汗，想要什么吗？”

“我要我的猎物。有一个人娃娃冲这儿来了。”谢尔汗说，“他的爹妈都跑掉了。把他给我吧。”

正像狼爸爸说的那样，刚才谢尔汗跳到了一个樵夫的篝(gōu)火堆上，把脚烧伤了，痛得他怒不可遏(è)。但是狼爸爸知道洞口很窄，老虎进不来。就在这会儿，谢尔汗的肩膀和前爪已挤得没法动弹，一个人要是想在一只木桶里打架，就会尝到这种滋味。

“狼是自由的动物，”狼爸爸说道，“他们只听狼群头领的命令，不听随便哪个身上带条纹的、专宰杀牲口的家伙的话。这个人娃娃是我们的，要是我们愿意杀它，我们自己会杀的。”

“什么你们愿意不愿意！这是什么话？凭我杀死的公牛起誓，难道真要我把鼻子伸进你们的狗窝来找回应该属于我的东西吗？听着，这是我谢尔汗在说话！”

老虎的咆哮声像雷鸣一般，震动了整个山洞。狼妈妈抛下孩子，跳上前来，她的眼睛在黑暗里像两个绿莹莹的月亮，直冲着谢尔汗闪闪发亮的眼睛。

“这是我，是拉克夏（魔鬼）在回答。这个人娃娃是我的，瘸鬼，——他是我的！谁也不许杀死他。我要让他活下来，跟狼群一起奔跑，跟狼群一起猎食。瞧着吧，你这个猎取赤裸裸的小娃娃的家伙，你这个吃青蛙的家伙，杀鱼的家伙，总有一天，他会来捕猎你的！你现在马上给我滚开，否则凭我杀掉的大公鹿起誓（我可不吃挨饿的牲口），我可要让你比你出世时瘸得更厉害地滚回你妈那儿去，你这丛林里挨火烧的野兽！滚开！”

狼爸爸惊异地呆呆望着，他几乎已经忘记了过去的时光，那时他和五头狼决斗之后才得到了狼妈妈。她那时在狼群里被称作“魔鬼”，那可完全不是随便的恭维话。谢尔汗也许能和狼爸爸对着干，然而他可没法对付狼妈妈。他很明白，在这儿，狼妈妈占据了有利的地形，而且一旦打起来，就定要和他拼个你死我活。于是他低声咆哮着，退出了洞口。到了洞外，他大声嚷嚷道：

“每条狗都会在自己院子里汪汪叫，我们等着瞧，狼群对于收养人娃娃怎么说吧。这个娃娃是我的，总有一天，他会落进我的牙缝里来的，哼，蓬松尾巴的贼！”

狼妈妈气喘吁吁地躺倒在崽子们中间。狼爸爸认真地对她说：

“谢尔汗说的倒是实话。小娃娃一定得带去让狼群看看。你还是打算收留他吗？”

“收留他！”她气喘吁吁地说，“他是在黑夜里光着身子、饿着肚子、孤零零一个人来的，可是他一点儿也不害怕！瞧，他已经把我的一个小崽子挤到一边去了。那个瘸腿的屠夫会杀了他，然后逃到韦根加，而村里的人就会来报仇，把我们的窝都搜遍的！收留他？我当然收留他！好好躺着，不要动，小青蛙。噢，你这个莫格里——我要叫你青蛙莫格里。现在谢尔汗捕猎你，将来有一天会是你捕猎谢尔汗。”

（文美惠　译）

阅读链接

书籍是全世界的营养品。生活里没有书籍，就好像没有阳光；智慧里没有书籍，就好像鸟儿没有翅膀。

——莎士比亚

从来没有人为了读书而读书，只有在书中读自己，在书中发现自己，或检查自己。

——罗曼·罗兰

不加思考地滥读或无休止地读书，所读过的东西无法刻骨铭心，其大部分终将消失殆尽。

——叔本华

② 匪首的末日[①]

［英国］斯蒂文森

世界上从来没有见过这么天翻地覆的变化。那六个人个个都像是突然被打晕了似的。可是这个打击对西尔弗来说，却几乎是立刻就过去了。原来他就像一个赛马的骑手似的，全神贯注在那笔钱财上面。嘿，他在一秒钟内就放弃了那个主意。他的头脑清醒过来，火性子也控制住了，别人还没来得及弄清他们遭到的失望是怎么回事，他就改变计划了。

“吉姆，”他悄悄地说，“拿着这个，以防出乱子。”

他就把一支双筒手枪交给我。

趁着这个时候，他不声不响地向北走去，只走了几步，就把我们俩和其余五个人分隔在那个土坑的两边了。然后他望了我一眼，点了点头，仿佛是说：“这可是个很难逃命的危险地方。”我心里也想到，确实是这样。这时候他显得十分亲善。我很厌恶这种反复无常的做法，因此我就禁不住

① 选自《荒岛探宝记》，略有改动。

低声说道："原来你又转向了。"

他来不及回答。那伙海盗连骂带嚷，一个接着一个开始跳进坑里，用手指挖着，一面挖，一面把那些木板乱扔。摩根找到了一块金币。他把它举起来，破口大骂了一阵。那是一块两基尼的金币，大伙儿一个个传递过去，看了一会儿。

"两基尼！"莫利把它向西尔弗晃了一下，大声吼道，"这就是你说的七十万镑呀，是不是？你倒是挺会找占便宜的机会呀，是不是？你干什么事都不会胡搞乱搞呀，你这昏头昏脑的大笨蛋！"

"再往下挖吧，小伙子们。"西尔弗用极为冷淡的傲慢态度说道，"你们还可以找到一些山核桃嘛，我看那倒是没什么奇怪的。"

"山核桃！"莫利尖声叫道，"伙计们，你们听见了吗？我告诉你们吧，那个人早就知道是这么回事。你瞧瞧他那副神气，就看得出这是明摆着的。"

"啊，莫利，"西尔弗说道，"你又要自充船长了吗？你这小子倒是爱管闲事呀，说实在的。"

这时候人人都支持莫利。他们开始从坑里爬上来，还回过头来用愤怒的眼光瞧一瞧西尔弗。有一点我看出来了，那是对我们有利的：他们都是从西尔弗的对面爬出去的。

我们就在那儿站着，两个人在一边，五个人在另一边，中间隔着那个坑，谁也没有足够的胆量首先下手。西尔弗始终不动弹，他盯着他们，拄着拐棍站得挺直，还是像我过去看到的那副神气。他是有勇气的，没错儿。

后来莫利似乎是以为说几句话就会使情况好转。

“伙计们，”他说道，“他们那边只有两个人：一个是那个一条腿的老家伙，他把咱们带到这儿来，叫咱们瞎胡闹一阵；另一个是那个小兔崽子，我恨不得挖掉他的心肝。好吧，伙计们——”

他正在举起手来，嗓门儿也放大了，显然是要领着那几个人冲过来，可是正在这时候——啪！啪！啪！——小树丛里发出来三声枪响。莫利头朝下栽倒在土坑里；头上系着绷带的那个人打了个旋儿，挺直身子往一边倒下，躺在地上死了，可是还在扭动着；其余那三个人转过身去，拼命地飞奔逃命了。

眨眼之间，朗·约翰已经用手枪朝那挣扎着的莫利放了两枪。那个人在临死的苦痛中，仰面转动着眼珠子的时候，朗·约翰说：“乔治，我总算把你收拾掉了。”

在这同时，大夫、格雷和贝恩·根从肉豆蔻树丛里钻出来，同我们会合了，他们的枪筒里还冒着烟呢。

“往前走！”大夫喊道，“赶快跑，小伙子们。咱们得切断他们上小船的去路才行。”

于是，我们就快步动身了，有时候是从深到胸部的树丛中穿过去的。

说实在的，西尔弗很想跟上我们走。他拄着拐棍跳动着，直到胸部的肌肉简直要炸了，那股劲头，连健康的人也赶不上。大夫也认为是这样。尽管如此，我们到达坡顶的时候，他却已经落在我们后面三十码，几乎连气都喘不过来了。

“大夫，”他喊道，“您往那边瞧瞧！别着急！”

确实是不用着急。我们可以看见那三个幸存的家伙在台地上比较开阔的地方，还在朝他们开溜的时候那个方向奔逃，一直往后桅山那边跑去。我们已经赶到了他们和小船之间的地方。因此，我们就坐下来歇一口气，同时朗·约翰揩一揩脸上的汗，慢慢地赶上了我们。

“衷心地感谢您，大夫，”西尔弗说道，“我看你们来得太及时了，正好救了我和郝金士。嘿，原来是你呀，贝恩·根！”他接着又说，“啊，你真是个好人呢，准没错儿。”

“我确实是贝恩·根，不错。”这个被流放的人回答道，他尴尬得像一条鳗鱼似的扭动着身子。他停了好一会儿工夫，才又说道："你好，西尔弗先生。你会说，挺好，谢谢你。"

"贝恩，贝恩，"西尔弗嘟哝着，"你那么捉弄我，想起来真够呛啊。"

大夫派格雷回去，把那几个叛乱分子逃跑的时候丢下的一把铁镐取来。后来我们悠闲地往山下走，朝那两条小船所在的地方去的时候，大夫就简单地说明了事情的经过。这个故事激起西尔弗浓厚的兴趣。原来贝恩·根这个有些像傻子似的被流放的汉子，从头到尾都是故事中的主角呢。

贝恩长期在这岛上孤独的游荡中，发现了那具骨架——把尸体身边的东西拿走的正是他；他把财宝找到了，挖掘出来（大坑里留下的那根断了把儿的铁镐就是他的）；他把财宝扛在背上，从一棵高大的松树脚下一直背到他在岛上东北角那座双峰的山上那个洞穴里，吃力地来回跑了好几趟。在"希士潘纽拉号"来到这里以前两个月，这些财宝已经在那儿安全地存放起来了。

（张友松　译）

③ 柳林风声（节选）

［英国］肯尼斯·格雷厄姆

那是一个寒冷静谧(mì)的下午，头顶上是钢一样灰白的天空。鼹鼠莫尔悄悄地溜出温暖的客厅，来到野外。旷野光秃秃地向四周伸展开去，一片叶子也不见。他觉得自己从来没有像这个冬天一样，看得那么远，看万物的内里那么透彻，因为这时的大自然，在一年一度的深深的冬眠中，仿佛已经蹬掉了所有的衣服。杂树林、小山谷、采石场……所有隐蔽的地方，在枝叶茂密的夏天曾经是他探险的神秘矿藏；现在呢，它们把自己，把它们的秘密，全都可怜巴巴地裸露出来了。它们仿佛在乞求他暂时忽视它们的破败贫瘠(jí)，等待一段时间，等它们像往年一样，再度披上华丽的衣装，恣(zì)意狂欢，用老一套把戏来把他哄骗引诱。眼前这场面是有点凄凉，可也让人感到神清气爽，甚至令人振奋。他很高兴自己喜欢这粗犷、不加修饰、褪去了华丽衣装的乡野。他真的看到了它袒露的骨骼：美好、强健、纯朴。温柔的三叶草的舞蹈，结了籽的青草的摇曳(yè)，他不想看；

绿树篱的荫庇，山毛榉和榆树波浪起伏的帷帘，最好别来遮蔽他的视线。他心情无比愉快，向野树林前进着。它横卧在他前方，低矮而凶险，就像南方寂静的大海上一片黑咕隆咚的暗礁。

刚走进去时，并没有什么东西让他惊恐。细树枝在他脚下发出断裂的响声，横倒的树干把他绊倒，树桩上的菌菇长得像漫画，冷不丁一眼看到吓他一跳，因为它们很像一种熟悉而又遥远的东西。不过这一切很有趣，而且令人兴奋。它们一步步引导他向前，可越往里面走，光线越暗淡，树木蹲伏得越密；左右两边的洞穴，冲他张着丑陋的大嘴。

万籁俱寂。暮色从前后两个方向聚拢来，不断地迅速向他逼近，光线像洪水退走一样退去。

这时鬼脸开始出现。

一开始，他觉得在肩膀后面模模糊糊瞥见一张脸，一张邪恶的楔形小脸，正从一个洞里窥望着他。当他转过脸去面对它时，那东西却消失了。

他加快脚步，打起精神，告诉自己不要胡思乱想，否则那东西就会没完没了地出现。他经过一个一个又一个洞穴，有！——没有！——有！当然有一张窄窄的小脸，目光很凶，瞬间在一个洞口一闪，又消失了。他犹豫了一下，又壮起胆子硬着头皮大步往前走。突然，仿佛向来就是如此似的，远远近近每一个洞口，一共几百个洞口，好像都有脸在闪现，在迅速地出现和消失。它们全都恶狠狠地盯着他：每一张脸都邪恶狡诈，一道道目光都很凶。

他心想，只要能离开斜坡上那些洞，就不会再有脸出现了。他纵身一跃，离开小路，钻进了人迹罕至的林中。

但是，这时又出现了哨音。

刚开始时听上去微弱尖细，在他身后很远的地方，可不知为什么，却催他加快脚步向前奔。接着，那声音听起来又好像在前方很远的地方了，仍然很微弱很尖细，弄得他犹豫起来，想往回走。正当他停住脚步拿不定主意时，前面后面哨音同时响起来，仿佛在整个林子里响应着、传递着，一直到它最远的边缘。很明显，它们都警觉起来做好准备了，无论它们是谁！可他呢，只身一人，赤手空拳，孤立无援，而黑夜正在逼近。

接着响起了啪嗒啪嗒的声音。

开始他以为那不过是落叶声，因为那声音很轻很细；然后它慢慢变响了，变得很有节奏。他明白了，那不是别的，正是小脚爪跑动发出的啪啪声，此刻仍然离他很远。在前面还是在后面？好像开始在前面，接着在后面，然后前面后面都响起来了。越来越响，越来越多，最后四面八方都是啪嗒啪嗒的声音。他忧心忡忡，听听这边，又听听那边，那些声音似乎正在向他逼近。他正不出声地站在那儿倾听着，忽然一只兔子从树木中间穿过，猛地向他冲来。他没有动弹，指望兔子放慢脚步，或者改变方向朝别的地方奔跑。可那动物却直直地猛冲过来，过去时差一点儿擦到他。顿时他的脸僵住了，眼睛瞪大了。“别挡道，笨蛋，滚开！”鼹鼠莫尔听到他咕哝了一句，看见他绕过一个树桩，钻进一个共用的洞穴，就不见了。

啪嗒声越来越响，最后听起来就像突然降落的冰雹，砸在他周围厚厚的落叶层上。现在似乎整个林子都在奔跑，在狂奔，在猎杀，在追捕，在包围某个东西——或者某个动物。他一阵恐慌，也开始漫无目的地奔跑起来，却根本不知道要跑去什么地方。他撞到东西，摔倒在东西上，拱进东西里面，扎到东西下面，闪身避过东西。最后他在一棵老山毛榉又深又黑的树洞里找到了避难所，它能给他庇护，让他隐身，也许还能提供安全，但是谁能说得准呢？不过无论如何，他已经太累了，再也跑不动了，只能蜷伏在往日飘进树洞里的枯叶上，希望暂时平安无事。他躺在那儿喘息、哆嗦，听着外面的哨音和啪嗒声，终于恍然大悟：田野上和灌木树篱中其他小居民在这儿碰上的恐怖事物，他们所谓的最黑暗的时刻，就是野树林的恐怖！水鼠兰特曾经想保护他，不让他遭遇到它，却最终没能阻止。

这时候呀，水鼠兰特正浑身暖洋洋、舒舒服服地在炉火旁打盹，写了一半的诗稿从他膝盖上滑落下来，他脑袋后仰，嘴巴张开着，正在梦中的翠绿河岸上漫游。这时一块煤滑落下来，炉子里“噼啪”一声，喷出一道火苗，把他惊醒了。他想起刚才做的事，伸手到地板上捡起诗稿，苦思冥想了一分钟，然后转动脑袋寻找鼹鼠莫尔，想问问他知不知道某个地方用什么韵脚好。

但是鼹鼠莫尔不在。

他听了一会儿。屋子里好像很安静。

然后他叫道：“鼹仔！”一连几声，没人回答，于是他站起身来走出去，来到门厅里。

鼹鼠莫尔往常挂帽子的钩子上，帽子不见了。总是放在雨伞旁边的胶套鞋也没了踪影。

水鼠兰特走出屋子，仔细察看着泥泞的地面，希望发现鼹鼠莫尔的脚印。找到了，肯定没错。胶套鞋是新的，新买来过冬用的，鞋底上的小疙瘩清晰鲜明。他看得出，泥地上的鞋印去向明确，直直的一串，直奔野树林。

水鼠兰特神情非常严肃，站着沉思了一两分钟，然后他走进屋子，在腰里系上一根皮带，插进去几把手枪，抄起靠在门厅角落里的一根很粗的棍棒，撒腿向野树林跑去。

他到达林边第一排树跟前时，天色已经黑下来了。他毫不犹豫地一头冲进林子，边走边焦急地向两边张望，寻找朋友的踪迹。东一个西一个，从洞中冒出一张张邪恶的小脸，但一看到这勇武的动物，看到他的手枪，看到他手里那根凶恶的大棒子，它们便立刻消失了。他刚进树林时听得很分明的哨音和啪嗒声，也渐渐消失了，停止了。一片静寂。他勇敢地穿过整个林子，一直走到它最远的边缘。然后，他撇开所有的小径，开始横穿树林，仔细搜索着每一块地方，并且一直在很带劲儿地呼喊着："鼹仔，鼹仔，鼹仔！你在哪里？是我呀，我是老兰特！"

他耐心地在林子里搜寻了一个多小时，终于听到一个细微的哭声在回应他。他好高兴。顺着声音的方向，穿过越来越浓重的黑暗，他摸索着来到一棵老山毛榉的树根前面。树上有一个洞，洞里传出一个有气无力的声音："鼠仔！真的是你吗？"

水鼠兰特爬进洞里，找到了精疲力竭、仍然在发抖的鼹鼠莫尔。"哇，兰特！"他嚷嚷道，"你想象不到，我被你吓死了！"

（张炽恒　译）

阅读实践

读读这三篇文章，试着填一填下面的图表，并概括三个故事的主要内容。

用简短的话写出故事的每一个主要情节。

文章标题：《　　　　　　》

情节一	情节二	情节三

活动二

跌宕起伏的故事情节对于刻画人物有重要的作用。从三篇文章中任选一篇，根据情节发展的顺序填下面的表格。哪一个情节让你最揪心，请与大家交流一下。

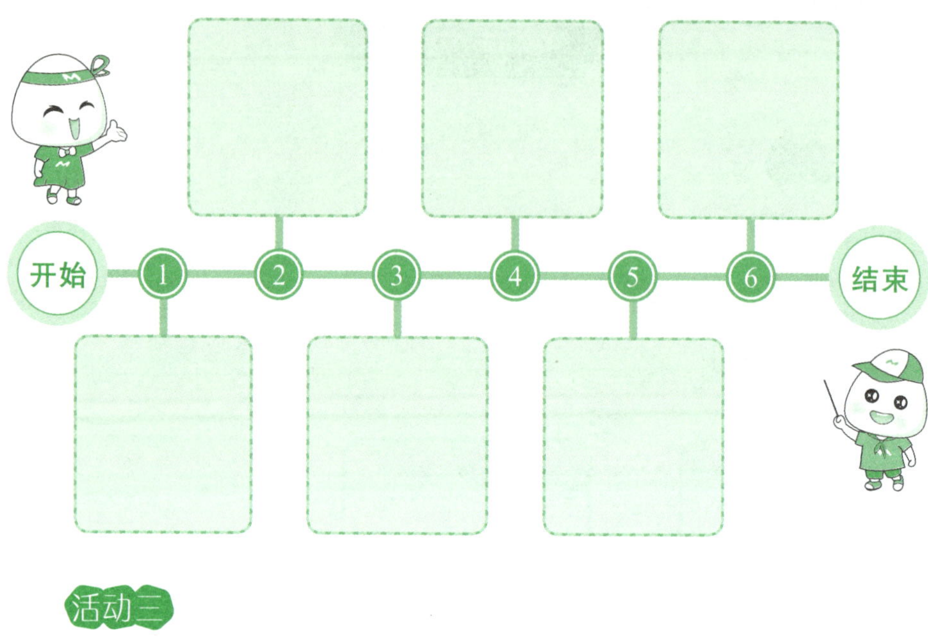

活动三

这三个故事选自三部名著，请选择其中的一部名著读一读。读完以后，尝试用下面的表格概括书中的情节。

情节			
时间、地点、人物	起因	经过	结果
用一句话概括这一情节：			

自由阅读

1 库拉山的鹤之舞表演大会①

［瑞典］塞尔玛·拉格洛芙

三月二十九日　星期二

人们不得不承认，整个斯康耐境内虽然建造了许多巍然壮观的建筑物，但是没有哪一幢建筑物的墙壁能够和年代久远的库拉山的陡崖峭壁媲(pì)美。

库拉山并不高，峰峦低矮而地形狭长，它称不上是一座大山或名山。山峁(mǎo)上十分宽阔，上面树林和耕地纵横杂陈，间或其间有些布满石南草的沼泽地，除此之外还有一些长满石南草的圆形山丘和一些濯(zhuó)濯童山的峰嶂。从山顶上望过去，景色平庸得很，没有什么奇景可言，同斯康耐别的高地几乎毫无二致。

有人从那条横贯山峁的大路走到山顶，会禁不住感到有点失望。

---

① 选自《尼尔斯骑鹅历险记》（又译《骑鹅旅行记》）。

可是，倘若从大路上折转过去走到山顶边缘，顺着陡崖峭壁朝下看去，他会立刻发现值得观赏的美景多得目不暇接，简直不知道怎样才能看得完全。这是因为库拉山不像矗立在陆地上的其他山脉那样四周有平原和峡谷环抱，它朝大海之中突兀地伸展得很远很远。山脚下没有一寸土地可以替它抵挡海浪的侵袭，汹涌的浪涛直接拍打着峭壁，尽兴地冲刷和剥蚀岩壁，并且任意改变它的形状。

对库拉山地形的描写很形象。想一想作者运用了什么样的写作手法。

…………

这些稀奇古怪、引人入胜的悬崖峭壁，前面有碧波万顷的浩瀚大海，上面有天高云淡、空气清新的天空，这一切合在一起，就使得库拉山分外令人喜爱。在夏季里，每天都有大批游客前来游览。至于究竟是什么原因使得这座山对动物也有这样大的魅力，以至于他们每年都要在这里举行一次游艺大会，这就难以解答了。然而这是自古以来约定俗成的习惯，只有那些看到过大海的波涛第一次拍打库拉山岸边激得浪花四溅的人才能够解释清楚，为什么偏偏是库拉山而不是别的哪座山被选中作为会场。

每次游艺大会，马鹿、麋(mí)鹿、山兔和狐狸等四足走兽为了避开人类的注意，便在前一天夜间动身奔赴库拉山。在太阳升起之前，他们就络绎不绝地来到游艺大会的场地，那是大路左边、离最靠外的山嘴不远的一大片长满石南草的荒野地。

…………

那些四足走兽来到游戏场地之后便蹲坐在圆形山丘上，他们都分别按族类聚在一处。不用说，这一天是天下太平、歌舞升平的一天，任何一只动物都用不着担心会遭到袭击。在这一天里，一只幼山兔可以大模大样地走过狐狸聚集的山丘而照样平安无事，不会被咬掉一只长耳朵。话虽如此，各种动物还是各自成群地聚在一处。这是自古以来就因袭下来的老规矩啦。

所有的走兽都各自蹲坐停当之后，他们就四下观望，等候鸟类的到来。那一天总是晴朗的大好天。灰鹤是优秀的气象预报家，要是这一天会下雨的话，他是决计不会把动物界的各路人马召集到这里来的。虽说那一天是明朗晴空，没有任何东西挡住走兽们的视线，但是他们仍然见不到鸟类在空中出现。这可奇怪啦，太阳早已高悬在空中，鸟类无论如何早就应该在途中了。

库拉山上的动物们注意到平原的上空忽然飘过一小朵

一小朵的乌云。看哪！有一片云彩现在突然顺着厄勒海峡朝库拉山飘来啦！这片云彩飘到游戏场地的上空便不动了，就在一刹那间，整片云彩发出了嘹亮的鸣叫，仿佛整个天空都充满了悦耳的音调。这种鸣声此起彼伏，缭绕不断。后来这片云彩整个降落在一个山丘上，而且是整片云彩一下子覆盖上去的。转眼之间，山丘上布满了灰色的云雀、漂亮的燕雀、翎(líng)毛上斑斑点点的紫翅椋(liáng)鸟和嫩绿色的山雀。

忍不住为这样的描写拍案叫绝。如果你看到众鸟齐飞的场景，会怎样描写呢？

另外一朵云紧随其后从平原上空飘然而至。那朵云在每一个院落、雇农住的农舍、宫殿般的华厦、乡镇、城市，还有农庄和火车站，甚至捕鱼营地和制糖厂的上空都要停留一下。每次停留的时候，它都要像龙卷风一般从地面上各家各户的院子里吸上来一小根灰颜色的柱子，或是零零星星的灰颜色小尘埃。这样不断汇聚起来，这朵云便愈来愈大，待到最后汇集在一起飘向库拉山的时候，已经不再是一朵彩云而是一大片乌云，它的阴影投射下来，把从汉格耐斯到莫勒的大块土地都遮暗了。当乌云停留在游戏场地上空时，那遮天蔽日的景象极为壮观。太阳压根儿连影子都见不到了。麻雀像是下倾盆大雨一样哗啦哗啦地洒落在一座山丘上，直到很长时间以后，在这片乌云的最中央部分的麻雀才重新看见了太阳。

最大的鸟群组成的云彩虽然姗姗来迟，但是终于出现了。这是由来自四面八方的各式各样的鸟群汇集而成的。这是一片蓝湛湛、灰蒙蒙的沉重的云层，它遮天蔽日，连一丝阳光都透不过来。它就像大雷雨来到之前乌云摧城那样令人沮丧和害怕。这片乌云里充满了最可怕的噪音，最令人毛骨悚然的尖啸，最刺耳的冷嘲热讽声和带来不祥之兆的哀鸣。当这一大片乌云终于散成拍打翅膀并呱呱啼叫的乌鸦、寒鸦、渡鸦和秃鼻乌鸦的时候，游戏场上的所有动物才松了一口气，重新露出了笑颜。

后来在天空中见到的不只是云彩，还有一大批不同形状的长线或者符号。从东边和东北边来的那些断断续续的长线，是从耶英厄地区来的森林中的鸟类——黑琴鸦和红嘴松鸡，他们彼此相隔两三米，排成长长的纵队飞了过来。那些居住在法斯特布罗外面的莫克滩的蹼足鸟，他们从厄勒海峡那边以三角形、弯钩形、菱形和半圆形等稀奇古怪的飞行队阵徐徐地飞翔过来。

在尼尔斯·豪格尔森跟着大雁们到处遨游的这一年所举行的游艺大会上，阿卡率领的雁群姗姗来迟了。这没有什么可奇怪的，因为阿卡必须飞越整个斯康耐才能抵达库拉山。

…………

男孩子骑坐在白鹳（guàn）背上向库拉山飞去。尽管他知道这是给他的一个非常大的荣誉，可是他还是有点提心吊胆，因为埃尔曼里奇先生是一位飞行大师，他的飞行速度是大雁们难以望其项背的。在阿卡均匀地扇动翅膀笔直向前飞翔的时候，白鹳却在玩弄各种飞行技巧消遣。他时而在高不可测的空中停止展翼振翅，让身子随着气流翱翔滑行；时而猛然向下俯冲，速度之快就好像一块石头直坠向地面；时而围绕阿卡飞出一个又一个的大圈圈和小圈圈，就好像是一股旋风一样。男孩子从来没有经历过这样的飞行，尽管他被吓得胆战心惊，但是心里不得不暗暗承认，自己以前还不曾明白究竟怎样才算是飞行技术高超。

“时而……时而……时而……”，写出了白鹳在空中飞翔的情景。你从中能够体会到什么？

他们在途中短暂停留过一次，那是阿卡飞到维姆布湖上同她的旅伴们汇合，并且欢呼着告诉他们灰老鼠已经被战胜了。然后，他们就一齐径直飞赴库拉山。

到库拉山后，大雁们降落在给他们留出来的那个山丘上。男孩子举目四望，目光从这个山丘转向那个山丘。他看到，在一个山丘上全是七枝八叉的马鹿头上的角，而在另一个山丘上则挤满了苍鹭的颈脖。狐狸围聚的那个山丘是火红色的，海鸟麇(qún)集的山丘是黑白两色相间的，而老鼠的那个山丘则是灰颜色的。有个山丘上布满了黑色的渡鸦，他们在无休止地啼叫。还有一个山丘满是活泼的云雀，他们接连不断地跃向空中欢快地引吭高歌。

按照库拉山向来的规矩，这一天的游艺表演是以乌鸦的飞行舞开始的。他们分为两群，面对面飞行，碰到一起又折回身去重新开始。这种舞蹈来来去去重复了许多遍，对于那些并不了解舞蹈规则的观众来说，未免太单调了。乌鸦对他们自己的精彩舞蹈感到非常自豪，然而其他动物却非常高兴他们终于跳完了。在这些动物眼里，这个舞蹈就像隆冬季节狂风卷起雪花一般沉闷、无聊。他们看得不胜厌烦，焦急地等待能够给他们带来欢乐的节目。

> 很幽默地表达了大家对乌鸦舞蹈的失望。

他们倒并没有白白等候。乌鸦刚一跳完，山兔们就连蹦带跳跑上场来。他们排着长队跑上前来，并没有排成什么队形，有时候是单个表演，有时候三四只跑在一起。所有的山兔都蜷起前腿竖直身体向前跑，他们跑得飞快，长耳朵朝着各个方向摇来晃去。他们一边朝前奔跑，一边做各种各样的动作，一会儿像陀螺般地不断旋转，一会儿高高地蹦跳起来,有时还用前爪拍打肋骨发出咚咚的擂鼓声。有些山兔一连串翻了许多筋斗，有一些把身体弯曲成车轮滚滚向前，还有一只山兔来了个单腿独立，另一条腿一圈又一圈地旋转。还有一只山兔用两只前腿倒立着向前走去。他们虽然没有秩序，但是他们的表演却非常滑稽有趣，许多站在那里观看表演的动物都看得呼吸愈来愈急促。现在已经是春天啦，欢天喜地的日子快要来到啦。严寒隆冬已经熬出头啦。夏天快要来到啦，要不了多久生活就像游戏那样轻松快乐啦。

山兔们蹦蹦跳跳地退场之后，轮到森林里的鸟类大松鸡上场表演了。几百只色彩斑斓、长着鲜红色眉毛的红嘴松鸡跳到游戏场地中央的一棵大槲(hú)树上。栖在最高的那根树枝上的那只松鸡鼓起了羽毛,垂下了翅膀,还翘起了尾巴，这样，贴身的雪白羽绒也让大家看得很清楚。随后他伸长了颈脖，从憋足了气而涨得发粗的咽喉里发出了两三声深沉浑厚的啼鸣：“喔呀，喔呀，喔呀！”他再多几声就鸣叫不出来了，只是在咽喉深处咕噜咕噜了几下。于是他便闭起双目，悄声细气地叫道：“嘻嘻！嘻嘻！嘻嘻！多么好听啊！嘻嘻！嘻嘻！嘻嘻！”他就这样自鸣得意，沉湎(miǎn)在自我陶醉的欢悦之中，根本不理会周围发生了什么事情。

在第一只红嘴松鸡还在这样陶醉的时候，栖在下面最靠近他的树枝上的那只松鸡就引吭高歌了。一曲尚未终了，坐在更下面的树枝上的十只松鸡也啼鸣起来，歌声从一根枝杈传到另一根枝杈，直到几百只松鸡一齐放开喉咙啼鸣不止，喔呀、喔呀和嘻嘻、嘻嘻的啼叫声一时之间不绝于耳。他们统统沉湎在自己美妙的歌声之中。正是这种令人欲醉的情绪感染了所有的动物，使他们如饮醇酒一般陶醉起来。“喔，春天真正来到啦，”各种动物都在心里呼喊，“冬天的严寒总算熬过去啦！春天的野火正在烧遍整个大地。”

黑琴鸡看到红嘴松鸡的表演大受欢迎，他们也不甘示弱，再也不肯沉默下去。他们聚集的那个地方没有树木可以栖倚，便干脆跑进游戏场地。可惜场地上石南草长得太高了，大家看不到他们的全身，只能看见他们翘起的尾翎和宽大的嘴喙。他们齐声歌唱：“咕呃呃，咕呃呃！”

正当黑琴鸡和红嘴松鸡的较量如火如荼(tú)地进行的时候，一件从未有过的事情发生了。有一只狐狸趁其他动物都在聚精会神地欣赏黑琴鸡和红嘴松鸡歌唱的时候，偷偷地溜到大雁们聚集的山丘。他小心翼翼、蹑手蹑脚地靠拢过去，被发现时他已经走上了那座山丘。有一只大雁突然之间瞅见了他，心想狐狸混进雁群里来保准不怀什么好意，便叫喊起来：“当心啊，大雁们！当心啊，大雁们！”狐狸朝她直扑过去，一口咬住了她的咽喉，多半是因为她不肯住嘴。大雁们听到了她的警报便一齐扑扑飞上天空。大雁们都飞走了之后，只见狐狸斯密尔嘴里叼着一只死雁站在大雁们所在的那个山丘上。

狐狸斯密尔由于破坏了游艺节日的和平而遭到了严厉的惩罚，他不得不付出代价，当时他没能够控制住自己，竟然想出用偷偷摸摸的方式去袭击阿卡和她的雁群。他马上就被一大群狐狸团团包围起来，并且按照自古以来的老规矩受到了惩罚。无论是谁，只要他破坏了这个盛大游艺节日的和平就要被放逐出群。没有任何一只狐狸要求缓减那个惩罚，因为他们都很清楚，倘若他们敢提出这样的要求，他们就会被赶出游戏场地，并且不准再来。这也就是说所有在场者都众口一词地同意将斯密尔驱逐出境，没有任何反对意见。他从今以后被禁止留在斯康耐，他被迫离开自己的妻子和亲属，舍弃他至今占有的猎场藏身之所，背井离乡到别的陌生地方去碰运气。为了让斯康耐境内所有的狐狸都知道斯密尔已遭放逐和被剥夺了一切权利，狐狸之中年纪最大的那只扑向斯密尔，一口把他右耳朵尖啃了下来。这一手续刚刚办完，那些年轻的狐狸便嗜血成性地号叫着，扑到斯密尔身上撕咬起来。斯密尔没有其他办法，只好夺路逃命。他在所有年轻狐狸的穷追猛赶之下，逃离了库拉山。

这一切都是在黑琴鸡和红嘴松鸡进行精彩表演的过程中发生的，但是这些鸟都已经深深陶醉在自己的歌唱之中，他们听而不闻，视而不见，因此他们并没有受到什么打扰。

红嘴松鸡的表演刚一结束，来自海克贝尔卡的马鹿开始登场献技，表演他们的角斗。有好几对马鹿同时进行角斗。他们彼此死命地用头顶撞，鹿角噼噼啪啪地敲打在一起，鹿角上的枝杈交错在一起。他们都力图迫使对方往后倒退。石南草丛下的泥土被他们的脚蹄踩得扬起一股股烟尘。他们嘴里呼哧呼哧像冒烟似的不断往外吐气，从喉咙里挤出了吓人的咆哮，泛着泡沫的唾液从嘴角一直流到了前胛(jiǎ)上。

这些能征善战的马鹿厮打在一起的时候，四周山丘上的观众都凝神屏息，寂静无声。所有的动物都被激发出新的热情。所有的动物都感到自己是勇敢而强壮的，浑身充满了使不完的劲头，仿佛大地回春使得他们又获得了新生，他们意气风发，敢于投身到任何冒险行动中去。虽说他们并没有彼此恨得咬牙切齿非要拼个你死我活不可，但是却一个个伸出翅膀，竖起颈翎，摩擦脚爪，大有一决雌雄之势。倘若海克贝尔卡的马鹿再继续搏斗的话，那么各个山丘上也许会发生一场场混战乱斗，因为他们一个个感受到烈焰般的渴望，都急于要显露一下自己的身手，来表明他们都是生气勃勃的。听凭冬天肆虐的日子已经熬出头了，如今他们浑身充满了力量。

正在这个时刻，马鹿却恰到好处地结束了角斗表演。于是一阵阵悄声细语立即从一个山丘传到另一个山丘："现在大鹤来表演啦！"

那些身披灰色暮云的大鸟真是美得出奇，不但翅膀上长着漂亮的翎羽，颈脖上也围了一圈朱红色的羽饰。这些长腿细颈、头小身大的大鸟从山丘上神秘地飞掠下来，使大家看得眼花缭乱。他们在朝前飞掠的时候，旋转着身躯，半似翱翔，半似舞蹈。他们高雅洒脱地举翅振翼，以令人不可思议的速度做出各种各样的动作。他们别具一格的舞蹈大放异彩。但见得灰影憧憧（chōng）、蹁跹（piánxiān）起舞，真叫观众目不暇接，仿佛是荒凉的沼泽地上翻滚奔腾着的阵阵雾霭云翳（yì），他们的舞蹈里有一种魔力，以前从未到过库拉山的人这一下才恍然大悟，怪不得整个游艺大会要用"鹤之舞表演大会”来命名。他们的舞蹈蕴含着粗犷的活力，然而激起的感情却是一种美好而愉悦的憧憬。在这一时刻，没有人会想要格斗拼命。相反，不管是长着翅膀的，还是没有长着翅膀的，所有的动物都想从地面腾飞，飞到无边无际的天空中去，飞到云层以外的太空去探索永恒的奥秘。

对于不可能到手的东西抱有想入非非的追求以及想要探索生活中隐藏的奥秘，对动物来说每年只有独一无二的一次，那就是在他们观看鹤之舞盛大表演的那一天。

（石琴娥　译）

② 灰姑娘

[法国]夏尔·贝洛

从前有一位贵族，他的妻子死了，他又娶了一个女人。那是一个从来没有见过的最可恶、最骄傲的女人。她有两个女儿，什么都同她相像，连脾气也一样。贵族的前妻也有一个女儿，她非常温柔、善良——这些好品行都是从她母亲那儿得来的，她母亲是世界上最好的女人。

继母到这个家里后不久，她的坏脾气就显露出来了。继母不能忍受贵族前妻的女儿身上有许多好品行，因为她的好品行使继母自己的女儿显得益发可憎了。继母要这个女孩子做家中的一切苦活，要她刷地板、洗扶梯、洗餐具，要她擦洗她们母女三个的卧房。她睡在屋顶阁楼中，拿干草当褥(rù)子，而她的两个姐姐却占着铺了木地板的房间、最时兴的床，还有可以从头照到脚的大镜子。那可怜的女孩子暗暗地受着苦，不敢告诉她的父亲，因为他准会责骂她，他完全听妻子的话。

她做完了她的事，就待在烟囱旁边，坐在灰堆里，因此家里人都叫她“煨(wēi)灶猫”。继母的第二个女儿没有她姐姐粗野，只叫她“灰姑娘”。可是那灰姑娘虽然穿着破衣衫，却比两个姐姐美丽百倍。她们即使穿上极华丽的衣裳，也赶不上她。

那时，国王的儿子举行舞会，把所有阔人都请来了。我们这两位小姐也在被邀请之列，因为她们是当地有名的人。她们多快乐啊，整天选择最时髦(máo)的衣饰。这给灰姑娘添了许多麻烦，因为她要烫姐姐们的衬衣，给她们缝花边。而她们呢，一直只管谈论应当穿什么式样的衣裙。

“我呢，”大姐姐说，“我要穿我的红天鹅绒衣服，衬上英国花边。”

“我呢，”二姐姐说，“我只要穿我平常穿的绣裙，可是在那上面，我还要披上我的金花外套，还要加上我的钻石项链，那是最贵重的。”

这几段描写表现了两个姐姐什么样的性格特点？

她们请来了最好的美容师，做了两重高的发髻(jì)，套上有皱边的帽子。她们叫灰姑娘给她们提些意见，因为她很有眼力。灰姑娘用最好的评语赞美她们，甚至还给她们梳头，她们很愿意她这样做。

当灰姑娘正在为她们梳头的时候，她们对她说：

“灰姑娘，你愿意和我们一同到舞会去吗？”

“哎呀，小姐们，你们同我开玩笑了，我哪里配！”

“对啊，你想，一个煨灶猫也去参加舞会，这不是天大的笑话吗？”

换了别人，早就要把她们的头发弄乱了，可是灰姑娘的脾气很温和，她依旧把她们的头发梳得很顺滑。她们差不多两天没有吃饭，快乐极了。她们弄断了一打多的束腰带，因为想要竭力把腰身束细，而且她们还一天到晚照镜子。

后来，那快乐的一天终于到了。她们出门去参加舞会，灰姑娘一直看着她们，直到看不见时，她哭了。一位仙女看见她流泪，就问她为什么哭。

“我……我想……”她泣不成声。

仙女对她说：“你想参加舞会，是吗？”

“啊，是呀。”灰姑娘长叹一口气说。

“那么，你乖乖地，不要哭，我可以让你去。”仙女领灰姑娘来到房中说，“到园中给我摘一个南瓜来。”灰姑娘立刻去摘了一个最好的南瓜交给仙女。

仙女把南瓜挖空了，只剩下一个空壳子，用她的仙杖一点，那南瓜立刻变成一辆华丽的镀金马车。

接着仙女看了看捕鼠笼，看见笼里面有六只小老鼠，都还活着。她叫灰姑娘悄悄地打开笼门，当老鼠跑出来的时候，她用仙杖一点，于是六只小老鼠变成了六匹骏马。这样六匹马排成了很好看的一队，都是美丽的鼠灰色斑点的。用什么东西变马夫呢？仙女有点为难了。灰姑娘说：

仙女直接给灰姑娘变出来行不行，为什么还动用了这么多的小动物？

“让我去看看，另外一只捕鼠笼里可能有老鼠，我们可以把它变作马夫。”

“你说得没错，”仙女说，“你去看看。”

灰姑娘把另外一只捕鼠笼拿过来，里面有三只大老鼠。那仙女从中选了一只，因为那只大老鼠有许多胡须。仙女用仙杖一点大老鼠，它就变成个肥胖的马夫，长着满嘴的胡子。

“到园里去，”随后仙女又说，“在水缸背后你可以找到六只蜥蜴，把它们拿来给我。”

灰姑娘立刻把它们拿来，仙女把它们变成六个仆人。它们立刻站在马车后面，它们的衣服镶着花边，好像是一向过着这种生活似的。于是仙女对灰姑娘说：

“好了，现在已经安排停当，可以去参加舞会了，你不就快乐了吗？”

“是呀，可是难道我穿这身衣裳去吗？”

仙女只用仙杖点了一点，灰姑娘的衣裳立刻就变成金银色，还镶着珠宝。仙女随后又给她一双玻璃小舞鞋——世界上最美丽的小舞鞋。

灰姑娘这样装扮好了以后，上了马车。仙女对她说，上面的一切东西都不能维持过半夜，并警告她，要是她在舞会上延迟了一分钟，她的马车就会变回南瓜，她的马就会变回小老鼠，她的马夫就会变回大老鼠，她的仆人就会变回蜥蜴，她的衣裳也会恢复原状。

灰姑娘答应仙女不到半夜就离开舞会。她出发时欣喜若狂。王子得到报告，说有一位无人知晓的公主到了，他立刻跑出去迎接她。他扶她下车，引她到大厅里，宾客都聚集在那里。

这时人们立刻都安静下来：大家停止了跳舞，弹琴的停止了奏乐，每个人都欣赏着这不知名女子的惊人美丽。除了那“啊，她是多么美丽”的低语以外，一点儿声息也没有。

老国王本人也定睛看着她，对王后说，他许久没有看见过这样美丽、这样可爱的人了。

那些贵妇人都仔仔细细地看她的头饰和衣裳，打定主意在第二天仿制，准备选最华丽的衣料，叫最好的裁缝来做。

王子请她坐到最尊贵的座位上去，然后请她和自己跳舞。她跳得那样美妙，使大家愈发佩服她了。一席丰盛的筵席摆下了，王子却一点儿也吃不下，他默默地看着她，他的心已经被她带走了。灰姑娘走过去坐在她的两位姐姐旁边，对她们很客气。她把王子给她的橘子和橙子分给她们吃。这使她们很惊异，因为她们根本就不认识她。

灰姑娘和她们谈话的时候，忽然听见钟敲响了，时间已快接近半夜，于是她就向宾客们深深地行了礼，匆匆地走了。

她回到家中就去找仙女，向她道过谢以后，说第二天的舞会她还想去，因为王子已经邀请了她。正当她和仙女谈论舞会的经过时，她的两个姐姐已经在敲门了。灰姑娘出来开了门。

“你们去了这么久！”她一边向她们说，一边打着哈欠，揉着眼睛，伸着懒腰，好像刚从梦中醒来一般。其实自从她们出门以后，她一刻也没有睡过。

“假如你也在舞会上，”她的一个姐姐对她说，“你就不会觉得疲倦。舞会上来了一位美丽的公主，那种美丽是我从没有见过的。她对我们很客气，她还给我们橘子和橙子。”

灰姑娘快活极了！她问她们那位公主叫什么名字，可是她们回答说没有一个人知道。那位王子还因此非常烦恼呢，他宁愿舍弃一切来知道她的名字。

“那么她是很美丽的啦！”灰姑娘微笑着说，“天啊！你们多么幸福！我不能见见她吗？啊！夏洛特姐姐，你可以把你每天穿的黄色裙子借给我吗？”

“不借！”夏洛特小姐说，“我怎会把裙子借给像你这样的一个煨灶猫？那样，我真是发疯了！”

灰姑娘很愿意被她拒绝，她对于这拒绝很满意，因为假使她的姐姐真的把裙子借给她，反倒使她很为难了。

第二天，两位姐姐到舞会去了，灰姑娘也去了。这次她比第一次穿得更华丽了。王子一刻也不愿离开她，不停地跟她低声说话。

灰姑娘快乐得把仙女吩咐她的话都忘了，她起初还以为连十一点都没到，哪知时钟开始打十二下了。她突然起身，像小鹿般奔跑出去。王子追她，可是没有追上。她落下了一只玻璃舞鞋，王子便把那只玻璃舞鞋郑重地拾起来。灰姑娘到家时，几乎气都喘不过来了，没有马车，也没有仆从，她穿着破衣衫，除了一只玻璃舞鞋外，她的华丽衣服都没有了，另外一只玻璃舞鞋也丢了。

王子问宫门的守卫有没有看见一位公主出去。他们回

lán lǚ

答说，除了看见一个衣衫褴褛的姑娘出去以外，什么也没有看见，而那姑娘与其说是一位公主，不如说是一个乡下姑娘。

两个姐姐从舞会回来，灰姑娘问她们是不是和昨晚一样受到优待，那美丽的公主是不是也到了。两个姐姐对她说是的，可是到时钟敲十二下的时候，她就立刻奔出宫殿，奔得那样仓促，把一只小玻璃舞鞋都落下了。那舞鞋是世界上最美丽的。她们又说，王子把那只小玻璃舞鞋拾起来，不停地看。从这点看来，无疑地，他已经爱上那小舞鞋的主人了。

好的故事总会有意外的事情发生。

她们的话是对的，因为在几天之后，王子下命令宣布：谁能恰好穿上那只玻璃舞鞋，他就和谁结婚。

他们先给公主们试，然后给公爵的女儿们和宫中的女子们试，可是都不成功。后来，他们把鞋子拿到灰姑娘的两位姐姐家里去。她们用尽平生之力把脚塞到那只舞鞋里去，可是终究还是不成功。灰姑娘看着她们，她认识自己的舞鞋，于是笑着说：

“让我看看可不可以穿上吧。”

两个姐姐笑起来，嘲弄她。

那位被派来试鞋子的人仔细看了看灰姑娘，觉得她长得十分美丽，就说他接到命令，任何女子都可以试一试，并没有例外的。他请灰姑娘坐下来，把那只舞鞋套上她的脚，他看见她很容易地将它穿上，十分合适。她的两个姐姐大为惊奇。可是更使她们惊奇的是，灰姑娘从衣袋中又取出一只舞鞋来穿在另一只脚上。

这时仙女也赶到了，她在灰姑娘的衣裳上用仙杖点了一点，那衣裳立刻变得比从前更华丽了。

这时两个姐姐才认出灰姑娘就是在舞会上所见的那个最美丽的人。她们都拜倒在她的脚下，求她饶恕她们从前对她的不好。

灰姑娘扶她们起来，拥抱她们说，她已经完全饶恕她们了，还要请她们永久地深深地爱她。她们引她到青年王子那儿，他觉得她更加美丽了。几天后，他们便结婚了。

灰姑娘的善良和她的美丽一样打动人，她叫她的两个姐姐住到宫里去，就在同一天，让她们和宫中的两位贵人结了婚。

（戴望舒　译）

③ 渔夫和金鱼的故事

［俄国］普希金

从前有个老头儿和他的老太婆，
住在蔚蓝的大海边；
他们同住在一个破旧的小泥棚里，
整整地过了三十又三年。
老头儿每天出去撒网打鱼，
老太婆就在家里纺纱绩线。
有一次老头儿向大海撒下网，
拖上来的是一网泥沙；
他再撒了一次网，
拖上来的是一网海草；
他又撒下第三次网，
这次网到了一条鱼，
不是条平常的鱼，是条金鱼。
金鱼苦苦地哀求着，
她用人的声音讲着话：

“老爹爹，你把我放回大海吧！
我要给你贵重的报酬：
为了赎回我自己，你要什么都可以。”
老头儿大吃一惊，心里还有些害怕，
他打鱼打了三十又三年，
从没有听说鱼会讲话。
他放了那条金鱼，
还对她讲了几句亲切的话：
“金鱼，我不要你的报酬，
到蔚蓝的大海里去吧，
在那儿自由自在地漫游。”

从老头的话语中，你感受到了他的什么品质？

老头儿回到老太婆那儿去，
向她讲起这件天大的怪事情：
“我今天捉到一条鱼，
是条金鱼，不是条平常的鱼。
这条鱼讲着我们的话，
请求我把她放回蔚蓝的大海，
她要拿贵重的代价来赎回她的身子：
为了赎回她自己，我要什么都可以。
我不敢要她的报酬，

就这样把她放回蔚蓝的大海。”
老太婆指着老头儿就骂：
“你这个蠢货，你这个傻瓜！
不敢拿这条鱼的报酬！
就是问她要一只木盆也好，
我们的那只已经破得不成话。”

老太婆听说以后，贪欲顿起。之后，仿佛打开了潘多拉的盒子，一发而不可收。

于是老头儿就走向蔚蓝的大海，
看见大海在轻微地起着波浪。
他就开始叫唤金鱼，
金鱼向他游过来，问道：
“你要什么呀，老爹爹？”
老头儿向她行了个礼，回答道：
“鱼娘娘，你做做好事吧！
我的老太婆把我大骂，
不让我这个老头儿安静。
她想要一只新木盆，
我们那只已经破得不成话。”
金鱼回答道：
“用不着悲伤，去吧，
你们马上就会有只新木盆。”

老头儿回到老太婆那儿去，
看见老太婆果然有了一只新木盆。
这次老太婆骂得更厉害：
“你这个蠢货，你这个傻瓜！
只要了一只木盆，你真蠢！
木盆里能有多少财宝？
蠢货，滚，回到金鱼那儿去，
向她行个礼，问她要座木房子。”

于是老头儿就走向蔚蓝的大海，
（蔚蓝的海水动荡起来。）
他就开始叫唤金鱼，
金鱼向他游过来，问道：
“你要什么呀，老爹爹？”
老头儿向她行了个礼，回答道：
“鱼娘娘，你做做好事吧！
老太婆骂得我更厉害，
不让我这个老头儿安静，
泼辣的婆娘想要座木房子。”

金鱼回答道：

“用不着悲伤，去吧，

就这样，你们准会有座木房子。”

作者对金鱼的描写每次都很简单，每次都是相同的语言，却给我们留下了想象的空间。

老头儿走向自己的小泥棚，

小泥棚已经无影无踪，

在他的面前，是座有敞亮的阁楼的木房子，

装着砖砌的白烟囱，

还有橡树造的薄木板的大门。

老太婆坐在窗下，

指着丈夫就破口痛骂：

“你这个蠢货，你这个地道的傻瓜！

只要了座木房子，你真傻！

滚回去，向金鱼行个礼说：

我不高兴再做低贱的农妇，

我要做个世袭的贵妇人。”

老头儿又走向蔚蓝的大海，

（蔚蓝的海水不安静起来。）

他就开始叫唤金鱼，

金鱼向他游过来，问道：

“你要什么呀，老爹爹？”

老头儿向她行了个礼，回答道：

“鱼娘娘，你做做好事吧！

老太婆的脾气比以前发得更加大，

不让我这个老头儿安静，

她已经不高兴做低贱的农妇，

她要做个世袭的贵妇人。”

金鱼回答道：

“用不着悲伤，去吧。”

老头儿回到老太婆那儿去。

他看到了什么？原来是座高楼大厦，

他的老太婆站在台阶上，

身上罩着名贵的黑貂(diāo)皮披肩，

头上戴着锦绣的头巾，

珍珠挂满了颈项，

手上尽是金戒指，

脚上还穿着一双红色的皮靴子。

站在她前面的，是忠心的奴仆，

她鞭打他们，揪住他们前额上的头发。
老头儿对他的老太婆说道：
“你好，尊敬的贵妇人！
大概，你的小心儿现在总该满意了吧？”
老太婆骂了他一顿，
就把他派到马棚里去当夫役。

过了一周又一周，
老太婆的脾气发得更厉害。
她再派老头儿到金鱼那儿去：
“滚回去，向金鱼行个礼；
我不想再做世袭的贵妇人，
我要做个自由自在的女皇。”
老头儿吓了一跳，恳求道：
“你怎么啦，婆娘？难道发了疯？
走路，说话，你都不会！
你要惹得全国上下哈哈大笑。”
老太婆气得怒火冲天，
就打了老头儿一个耳光：
“土佬儿，你怎敢和我，

由辱骂到动手，老太婆越来越嚣张。

和我这个世袭的贵妇人吵嘴？
滚到海边去，老实对你说，
你不去，也得逼你去。”

老头儿跑向大海，
（蔚蓝的海水变得阴暗起来。）
他就开始叫唤金鱼，
金鱼向他游过来，问道：
“你要什么呀，老爹爹？”
老头儿向她行了个礼，回答道：
“鱼娘娘，你做做好事吧！
我的老太婆又在大吵大闹，
她已经不高兴再做贵妇人，
她要做个自由自在的女皇。”
金鱼回答道：
“用不着悲伤，去吧！
好吧！老太婆就会变成女皇！”

老头儿每次到大海边去求金鱼的时候，海水的颜色都有变化。想一想：作者为什么要这样写？

老头儿回到老太婆那儿去。
怎么回事？在他的面前是皇家的宫殿，

他看见他的老太婆在皇宫里面，

她做了女皇，坐在桌旁，

侍奉她的都是大臣和贵族，

给她斟(zhēn)满外国来的美酒，

她吃的是印着花纹的糕饼，

一群威风的卫兵站在她的周围，

肩上都扛着利斧。

老头儿一看，吓了一大跳！

连忙对老太婆双膝跪下，

说道："你好，威严的女皇！

喏，你的小心儿现在总该满意了吧？"

老太婆看都没看他一眼，

就吩咐左右把他从眼前赶开。

大臣贵族们都奔过来，

抓住老头儿的脖子推出去。

到了大门口，卫兵们又赶过来，

差点儿用利斧把他砍死。

人们都在嘲笑他：

"老糊涂，真活该！

对于你，糊涂虫，这是个好教训，

一个人应该安守本分！”

过了一周又一周，
老太婆的脾气发得更厉害。
她派了朝臣去找她的丈夫，
他们找到老头儿，带到她的面前来。
老太婆对老头儿说：
“滚回去，向金鱼行个礼，
我不高兴再做自由自在的女皇，
我要做海上的女霸王，
这样我可以生活在大海上，
让金鱼来侍奉我，
叫她来供我使唤。”

老头儿不敢违抗，
也不敢说什么话来阻挡。
于是他就走向蔚蓝的大海，
看见在海面上起了黑色的大风浪，
激怒的波涛翻动起来，在奔腾，在狂吼。
他就开始叫唤金鱼，

金鱼向他游过来，问道：
“你要什么呀，老爹爹？”
老头儿向她行了个礼，回答道：
“鱼娘娘，你做做好事吧！
我怎样才能对付我那个该死的婆娘？
她已经不高兴再做女皇，
她要做海上的女霸王，
这样她可以生活在大海上，
你亲自去侍奉她，
还供她到处使唤。”
金鱼什么话都没有讲，
只用尾巴在水里一划，
就游进了深深的大海。
老头儿长久地站在海边等候回音，
没有等到，就走回到老太婆那儿去。
他看见前面仍旧是那个小泥棚，
他的老太婆正坐在门槛上，
摆在她面前的，还是那只破木盆。

（戈宝权　译）

《小飞侠彼得·潘》

［英国］ 詹姆斯·巴里

推荐语

“只有孩子们依然快乐无忧，天真烂漫、没心没肺。”这是英国著名小说家及剧作家詹姆斯·巴里的作品——《小飞侠彼得·潘》的结束语。作品的主人公彼得·潘是一个会飞的男孩，他顽皮、淘气、勇敢，有绅士风度，又有些傲气。

作者在这部幻想作品中创造了一个十分诱人的童话世界——乌有岛。正是通过奇妙的乌有岛和不肯长大的男孩彼得·潘，深情地告诉人们：童年是人生中最美的乐章，珍惜可贵的童年时代，让孩子们尽情地享受那只属于他们的欢乐。

《小飞侠彼得·潘》原是舞台剧，演出后深受儿童欢迎，成为上演率很高的剧目。后来，作者在剧本的基础上改编成小说，出版后大受欢迎，不仅儿童爱看，就是成人也能从中得到启发。曾有人说过，凡是未失“赤子之心”的人，读了这个儿童故事，恐怕没有不感慨万千的。彼得·潘代表青春，代表永恒。

我们也赶快捧起这本书，一睹为快吧！

作者简介

詹姆斯·巴里（1860—1937），英国剧作家、小说家。自幼酷爱读书写作，大学毕业后，开始从事新闻工作。他边工作边进行文学创作，以写戏剧和小说出名。他拥有一颗童心，喜欢孩子，一生为孩子们写了许多童话剧和童话故事。代表剧本《小飞侠彼得·潘》，塑造了一个不愿长大的男孩形象。此外，他还有剧作《可敬的克莱顿》《妇女皆知》，长篇小说《小牧师》

《玛格丽特·奥格尔维》等。

内容梗概

达林先生是一个爱面子，又喜欢耍小聪明的人。他微薄的薪水仅仅能够养得起家。一家人必须通过精打细算才能勉强度日。达林太太喜欢记账，她把每天的花销都一丝不苟地记下来。慢慢地，她开始在记账本上画小娃娃，因为她想要孩子了。

温迪、约翰和迈克尔就在达林太太的期盼中接连出世。三个孩子让这个本不富裕的家庭更加艰难。每个孩子出生，达林先生就会拿出纸和笔进行一番算计，估摸自己到底能不能养活这个孩子。尽管如此，达林和太太却深爱自己的孩子，他们雇不起保姆，只好找来一条流浪狗作为孩子的保姆，并给狗起名——娜娜。

一天晚上，当一家人都进入甜美梦乡以后，达林太太却被一阵嘈杂声惊醒。她看到一个孩子，那孩子跳来跳去，活泼可爱。那孩子就叫彼得·潘。大狗娜娜听到响声，冲了出来，结果只抓到了彼得·潘的影子。

彼得·潘经常来。他会飞行，这对于达林太太的三个孩子具有巨大的吸引力。他们在彼得·潘的影响下，一个个也学会了飞行，这让他们欣喜不已。每个孩子的心中都有一个“乌有岛”，这个地方承载着孩子们稀奇古怪的心愿，在大人看来或许是天方夜谭，但在孩子们看来，那里就是他们梦想的乐园。

尽管达林太太深爱她的孩子，孩子们也非常喜欢自己的妈妈，但成人的世界毕竟与孩子的世界不同，孩子们决定在彼得·潘的带领下，飞向自己的“乌有岛”，在那里过无拘无束、快快乐乐的生活。

孩子们趁父母不在，连夜飞到了乌有岛，那里真是他们的乐园，他们脑海中曾经出现的所有稀奇古怪的事情和人，在乌有岛都有。

岛上有张着血盆大口的野兽，让他们既害怕又感觉到刺激；有原始部落的“红人”，让他们眼界大开；当然还有可爱的美人鱼，她是那样漂亮那样善良，让他们仿佛遇到了最好的朋友。凡是以前在梦中或幻想中出现的东西，在乌有岛都出现了。他们过得非常开心。

在彼得·潘的带领下，他们在乌有岛经历了一次次冒险，比如与海盗进行激烈的搏斗。他们也看到了自己以前从来没有看到过的场景，比如原始部落的“红人”与海盗之间真正的战争……

但不久，他们开始想念达林太太，想回到妈妈的身边。温迪首先提出想回家，并劝说自己的两个弟弟。在温迪的带领下，孩子们又飞回到了达林太太的身边。

彼得·潘仿佛完成了一项使命一般，他又开始飞来飞去，去找寻另一些孩子，让他们也到乌有岛上，过一段自由自在的快乐生活。

小 屋

其他男孩儿拿着武器从树洞里跳出来的时候，傻呵呵的“嘟嘟”正以胜利的姿态站在倒下的温迪跟前。

“你们太晚了，”他骄傲地嚷道，“我已经射死了温迪。彼得会对我非常满意的。”

头顶上，小叮当喊了一声“笨蛋”便嗖地飞开，躲了起来。男孩儿们没有听见她那一声喊。他们聚拢在温迪周围，看着她。这时，一种可怕的寂静降临到了林子里。假如温迪的心此刻还在跳的话，他们都能听见她的心跳声。

“有一点儿”第一个开口说话：“这不是鸟儿。”听他的声音，他吓坏了。“我想，这一定是一位小姐。”

“一位小姐？”“嘟嘟”说，一个劲儿地打起哆嗦来。

“我们杀死了她。”“大人物”沙哑地说。

他们全体唰地脱下了帽子。

“现在我明白了，”“卷毛”说，“彼得是想把她带过来给我们的。”他悲痛地一头栽倒在地。

“终于有位小姐要来照看我们，”双胞胎中的一个说道，

“你却杀死了她！”

大家都替“嘟嘟”感到难过，但更为他们自己感到难过。当“嘟嘟”向他们跨近一步时，他们都转过身去背对着他。

“嘟嘟”脸色煞白，但浑身透着一种从未有过的尊严。

“是我干的！”他沉思了一会儿，说道，“以前有小姐来到我梦中时，我总是叫‘可爱的妈妈，可爱的妈妈’。现在她终于真的来了，我却射死了她！”

他慢慢地走开去。

“别走！”他们怜悯地说。

“我必须走！”他颤抖着答道，“我好害怕彼得。”

就在这个悲惨的时刻，他们听到一个让每个人的心提到嗓子眼儿的声音。他们听到了彼得的公鸡叫。

“彼得！”他们惊呼道，他每次回来都这样发个暗号。

“把她藏起来。”他们悄声说，并急忙聚拢过来，把温迪围住。但“嘟嘟”独自站在了一旁。

又传来一声公鸡叫，彼得降落在他们面前。

“恭喜，男孩儿们！”他喊道。他们机械地行了个礼，然后又是一片沉默。

彼得皱起了眉头。

“我回来了，”他发火道，“你们怎么不欢呼？”

他们张开了嘴，但是欢呼声出不来。彼得急着要报告大喜讯，没留意到这一点。

“好消息，男孩儿们，”他嚷道，“我终于给你们大家带来了一位妈妈。”

仍然没有动静，除了“嘟嘟”跪下去时的一声“扑通”。

“你们不曾看见她？”彼得问，渐渐不安起来，“她是朝这边飞的呀。”

“唉！”一个声音叹道。

另一个声音说：“哦，悲惨的一天。”

“嘟嘟”站起身来。

“彼得，”他镇静地说，“你来看看她吧。”这时别的孩子还想藏着温迪，他便说：“退后，双胞胎！让彼得看一看。”

于是，大家退到后面站着，让彼得看。他看来看去，不知道如何是好。

“她死了！”彼得心绪不宁地说，“也许，她发现自己死掉了，就吓坏了。”

他琢磨着要以一种单脚跳的滑稽姿势跑开，跑到看不见她的地方去，然后永远不再走近这一块地方。假如他真那样做的话，那些孩子都会很高兴跟随他离开的。

但还有那支箭在那儿呢。他把箭从温迪胸口拔出来，面对着他的一队手下。

“谁的箭？”他厉声问。

“是我的箭，彼得。”“嘟嘟”跪着答道。

“啊，卑鄙怯懦的手。”彼得说，将那支箭当作一柄短剑举了起来。

“嘟嘟”没有畏缩，他袒露出胸脯。“扎吧，彼得，”他坚定地说，“实实在在地给我一下。”

彼得两次举起箭，又两次垂下了手。

“我扎不下去，”他惶恐地说，“有什么东西拽住了我的手。”

男孩儿们都好奇地望着他，只有“大人物”看着别处。很幸运，他的眼睛看着温迪。

“是她，”他嚷道，“是温迪小姐，看，她的胳膊！”

说来真是不可思议，温迪抬起了手臂。“大人物”俯下身去，恭恭敬敬地听着。

“我想她说的是‘可怜的嘟嘟’。”他悄声说道。

“她活着！”彼得简明扼要地说。

“有一点儿”立刻嚷了起来：“温迪小姐活着！”

这时彼得在她身边跪下，发现了那颗橡子纽扣。你一定还记得，当初温迪用它做项链坠子，挂在了脖子上。

“瞧，”他说，“箭射在这东西上了。这是我给她的吻，它救了她的命。”

“我记得吻是怎样的，”“有一点儿”急忙插嘴道，“让我瞧瞧，没错，是一个吻。”

他说了些什么，彼得没听见。彼得正在恳求温迪快些好起来，好带她去看美人鱼。当然，现在温迪还不能应答，她依然晕得厉害。但他们头顶上却有了回应，是一阵“嘤嘤”的哀泣声。

“听，”“卷毛”说，“叮当在哭，因为温迪还活着。”

于是他们只好将叮当的罪行告诉彼得。彼得的脸立刻一沉，这么吓人的表情他们从来未曾见过。

“听着，小叮当，”他喊道，“我不再是你的朋友了。你走吧，永远别回到我身边来。”

小叮当飞下来落在彼得肩头，向他求饶，但是他手一拂，把她撵开了。直到温迪再一次抬起手臂，他心头的火气才消了许多，终于说道：“好吧，不是永远，一整个星期。”

你觉得小叮当会感激温迪抬手吗？啊，才不会呢，她从来没像现在这样想掐死她。小仙子们确实奇怪得很，彼得最了解她们，他常常用巴掌扇她们。

但眼下温迪的身体这么虚弱，可如何是好？

“我们把她运到下面的屋子去吧。”“卷毛”提议道。

“没错，”“有一点儿”说，“对待小姐就应该这么做。”

“不，不，”彼得说，“你们一定不要碰她，那样对她不够敬重。”

“是的，”“有一点儿”说，“我正是这样想的。”

“要是让她躺在这儿，”“嘟嘟”说，“她会死的。”

“没错，她会死的。”“有一点儿”表示认可，“但是没有别的办法。”

“不，有办法。”彼得嚷道，“我们造一所小房子，把她围在里面。”

大家都高兴起来。

“快，”彼得下令道，“都去把最好的东西给我拿来，掏空我们的家，利索点儿！”

片刻之间，他们都像婚礼前夜的裁缝一样忙碌起来。他们急匆匆地跑东跑西，下去取被褥，上来抱柴火……大家正在兴头上，两个早该露面的人出现了：约翰和迈克尔。他们拖着脚一路走过来，走走停停，站着睡着了，醒过来再走一步，然后又睡着了。

“约翰，约翰！”迈克尔喊道，“醒醒！娜娜在哪儿呢？

约翰，妈妈呢？”

约翰揉揉眼睛，咕哝道：“是真的，我们飞了。”

不用说，碰见彼得后，他俩大大地松了一口气。

“嗨，彼得！”他们说。

“嗨！”彼得很友好地说，其实他已经把他们忘得差不多了。此刻他正忙着用脚度量温迪的身体尺寸，看看她需要多大一间房子。当然，他是打算留出地方放桌椅的。约翰和迈克尔看着他。

“温迪睡着了？”他们问。

“是的。”

“约翰，”迈克尔提议道，“我们叫醒她，让她给我们去做晚饭吧。”他刚说到这儿，几个他不认识的男孩儿抱着造房子用的树枝冲了过来。

“瞧他们！”他叫喊道。

“‘卷毛’，”彼得拿出十足的队长腔调，说道，“你负责这两个男孩儿，让他们帮着造房子。”

“得令，长官！”

“造房子？”约翰惊呼。

“给温迪造的。”“卷毛”说。

“给温迪造？”约翰惊呆了，“喂，她只是个女孩儿！”

“对啊，”“卷毛”解释说，“我们是她的仆人。”

“你们？温迪的仆人？”

“是的，”彼得说，“你们俩也是。同他们一起去吧。”

惊愕中的兄弟俩被拽去砍树伐木运材料了。

“先做椅子和壁炉的围栏，”彼得命令道，“然后再围着它们造房子。”

“没错，”“有一点儿”说道，“房子就是那样造的，我全部回想起来了。”

彼得每一件事都想到了。他喊道：“你去请个医生来。”

“得令！”“有一点儿”立刻答应道，然后挠着头皮消失了。不过他知道彼得吩咐的事一定要办，一会儿工夫他便走了回来，戴着约翰的高顶帽，神情严肃。

“先生，”彼得迎上去问道，“请问你是医生吗？”

在这种时候，彼得和别的男孩儿之间的差别在于，他们全知道那是假想出来的，而对于他来说，假想出来的和真实情形就是一回事。这一点有时候让他们很烦恼，比如在他们不得不假装已经吃过晚饭的时候。

如果他们把假装做一件事演砸了，彼得会敲他们的指关节。

“是的，小老弟。”“有一点儿”惴惴不安地答道，他有些指关节已经开裂了。

“拜托了，先生。”彼得解释道，“有位小姐躺在那儿，病得很重。”

温迪就躺在他们脚边，但“有一点儿”装作没看见她，装得很像。

“啧，啧，啧，”他说，“她躺在哪儿呢？”

“在那边的林中空地上。”

“我要在她嘴里放一个玻璃做的东西。”“有一点儿”说，便装模作样地治起病来。彼得在旁边侍候着。玻璃做的东西取出来的那一刻，是很揪心的。

“她怎么样了？”彼得询问道。

“啧，啧，啧，”“有一点儿”说，“这东西把她治好了。”

“我很高兴！”彼得嚷道。

“今晚我再出一次诊，”“有一点儿”说，“给她喝些牛肉茶，用带嘴的杯子喂她。”把帽子还给约翰后，他大口大口地呼着气，那是他闯过难关后的习惯性动作。

与此同时，树林里传来阵阵斧子伐木的声音，十分热闹。造一间惬意的房屋所需要的材料已差不多备齐了，堆放在温迪脚边。

“要是我们知道她最喜欢什么样的房子就好了。”一个男孩儿说。

“彼得，”另一个叫起来，“她睡觉时在动呢。”

“她张开嘴了，”第三个嚷道，很恭敬地望着她的嘴，“啊，好可爱！”

“也许她要在睡梦中唱歌了，”彼得说，“温迪，你想要一间什么样的房子，唱出来吧。”

立刻，眼睛也不睁开，温迪唱了起来：

我想要一间漂亮小屋，
天底下最小的漂亮小屋，
四面小红墙滑稽可爱，
屋顶上长着碧绿的青苔。

大家听了，咯咯地笑个不停，因为运气好得不能再好，他们弄来的树枝上沾满了红色的树汁，而且这儿遍地覆盖着青苔。他们一边吱吱嘎嘎地把房子造起来，一边自己也放声歌唱：

我们造好了小墙和屋顶，
造好了一扇可爱的小门，
你还想要造些什么？
温迪妈妈，请告诉我们。

温迪的回答可是有点贪心呢：

啊，我还真想再要几样，

要四面都装上鲜艳的小窗，

有玫瑰从外面向屋里窥视，

有婴孩从屋里向外面张望。

他们互相击一下拳头，开始装窗户。黄色的大叶子做百叶窗，但是玫瑰花……

“玫瑰！”彼得严厉地喊道。

他们迅速行动起来，假装沿墙根栽满了最可爱的玫瑰。

婴孩呢？

为了堵住彼得的嘴，不让他下令要婴孩，他们急忙又唱了起来：

我们栽的玫瑰已经露脸，

你要的婴孩就在门前，

我们不能再造一个自己，

我们早已经被造过一遍。

彼得看出那是一个好主意，便立刻假装那是他自己的主意。房子造得十分美丽，温迪在里面无疑非常惬意。只是，当然啦，此刻他们已经看不到她。彼得大步地走来走去，就完工前的一些修饰发号施令，什么也逃不过他那双鹰一样的眼睛。就在似乎已经彻底完工的时候——

“叩门的门环还没有装呢。”他说。

他们很惭愧，不过“嘟嘟”献出了他的鞋底，一只极好的门环便有了。

现在彻底完工了，他们心想。

没有的事。

“还缺个烟囱，”彼得说，“一定得有个烟囱。”

“烟囱肯定是不能少的。”约翰煞有介事地说。他这一开口，彼得有了主意。他从约翰头上一把抓过高顶帽，将帽顶敲掉，然后扣在屋顶上。有了这样一个第一流的烟囱，小屋非常满意，仿佛是表示感谢，立刻有一缕烟通过帽筒子冒了出来。

现在确确实实完工了，不需要再做什么，剩下的事就是敲门了。

“大家整理下仪容，打起十二分精神来，”彼得警告他们，“第一印象可是重要得很呢。”

他很高兴没有人问他什么是第一印象。他们都在整理仪容，正忙不过来呢。

彼得很有礼貌地敲门。此刻树林也像孩子们一样，安安静静，除了小叮当的声音，听不到一点儿声响。她正从一根树枝上观望着他们，毫不掩饰地发出嗤笑声。

男孩儿们好奇的是，会不会有人应门？若是一位小姐，她会是什么模样？

门开了，一位小姐走出来，是温迪。他们全体唰地脱下了帽子。

她脸上透着几分惊讶的神色，很相宜，这正是他们所期望的。

“我这是在哪儿？”她说。

当然，第一个插上话的是“有一点儿”。“温迪小姐，”他语速很快地说，“我们为你造了这间小屋。”

“啊，请说你很喜欢。”“大人物”嚷道。

“很可爱的宝贝小屋。”温迪说。

这正是他们希望她说的话。

“我们是你的孩子。”双胞胎大声说。

于是他们全体跪下来，伸出双臂，大声说：“啊，温迪小姐，做我们的妈妈吧。”

“我可以吗？”温迪说，脸上洋溢着喜悦的光芒，“这当然是一件非常让人着迷的事。可你们瞧，我只是个小女孩儿，我没有做妈妈的经验。”

“没关系，”彼得说，仿佛他是在场的人中唯一完全懂这件事的人，其实呀，他知道的最少，“我们需要的就是一个和蔼可亲、像妈妈一样的人。”

“老天！”温迪说，“你们瞧，我觉得自己正是这样一个人。”

“正是，正是，”他们一起叫喊着，“刚才我们一下子就瞧出来了。”

“很好，”她说，“我会尽力而为的。快进来吧，你们这些淘气的孩子，我敢说，你们的脚肯定已经湿了。把你们打发上床睡觉之前，正好还有时间给你们讲完灰姑娘辛黛瑞拉的故事。”

他们进去了。我不知道小屋里怎么容得下他们那么多人，但是在乌有岛，大家可以紧紧挤在一起。那是他们和温迪一起度过的第一个夜晚，许多快乐夜晚中的第一夜。每天夜里，在他们地下的家里，他们睡在那张特大的床上，她挨个儿给他们掖好被子。不过那一夜，她本人是睡在小屋里的，彼得握着出鞘的剑，一直在小屋外守护着她，因为海盗们在远处狂饮喧闹的声音隐约可闻，还有群狼在四处觅食。在黑暗中，小屋显得那么惬意和安全：百叶窗透射出明亮的灯光，烟囱里升腾着袅袅轻烟，还有彼得在外面站岗。过了一段时间，他倒下来睡着了，一些小仙子，在狂饮乱舞的酒宴结束后，走在回家的路上，不得不从他身上爬过去。换了任何别的男孩儿在夜里挡住小仙子们的路，她们肯定会恶作剧一番，但她们只捏了捏彼得的鼻子，就继续前行了。

（张炽恒　译）

本书中运用大量生动的语言，描绘了一个个有趣的场景。我们在阅读的时候，可以边读边想象画面，也可以找几个阅读伙伴，针对书中描绘的场景演一演，以便更好地理解和掌握所阅读的内容。

这部童话的创作源于作者与孩子们在一起的玩耍和交往。在阅读时，我们可以与自己的生活联系起来，想一想自己是不是也有温迪的向往，是不是也有远离父母的冲动……与自己的生活联系起来，可以更好地理解作品内容。

活动一　制订阅读计划

<table>
<tr><td rowspan="8">阅读进度</td><td>阅读日期</td><td>阅读页码</td><td>阅读用时</td><td>与人分享</td></tr>
<tr><td></td><td></td><td></td><td></td></tr>
<tr><td></td><td></td><td></td><td></td></tr>
<tr><td></td><td></td><td></td><td></td></tr>
<tr><td></td><td></td><td></td><td></td></tr>
<tr><td></td><td></td><td></td><td></td></tr>
<tr><td></td><td></td><td></td><td></td></tr>
<tr><td></td><td></td><td></td><td></td></tr>
<tr><td rowspan="5">阅读评价</td><td>评价项目</td><td>自我评价</td><td>家长评价</td><td>小组评价</td></tr>
<tr><td>具有主动阅读的好习惯</td><td>☆☆☆</td><td>☆☆☆</td><td>☆☆☆</td></tr>
<tr><td>能有计划地完成整本书阅读</td><td>☆☆☆</td><td>☆☆☆</td><td>☆☆☆</td></tr>
<tr><td>能通过交流、积累、朗读等方式主动与他人分享自己的阅读收获</td><td>☆☆☆</td><td>☆☆☆</td><td>☆☆☆</td></tr>
<tr><td>保护眼睛，爱惜书本</td><td>☆☆☆</td><td>☆☆☆</td><td>☆☆☆</td></tr>
</table>

活动二 冒险之旅

同学们，打开书，跟着彼得·潘开始冒险之旅吧。把他的冒险经历用小标题写在情节梯上，然后用简练的语言概述事件。

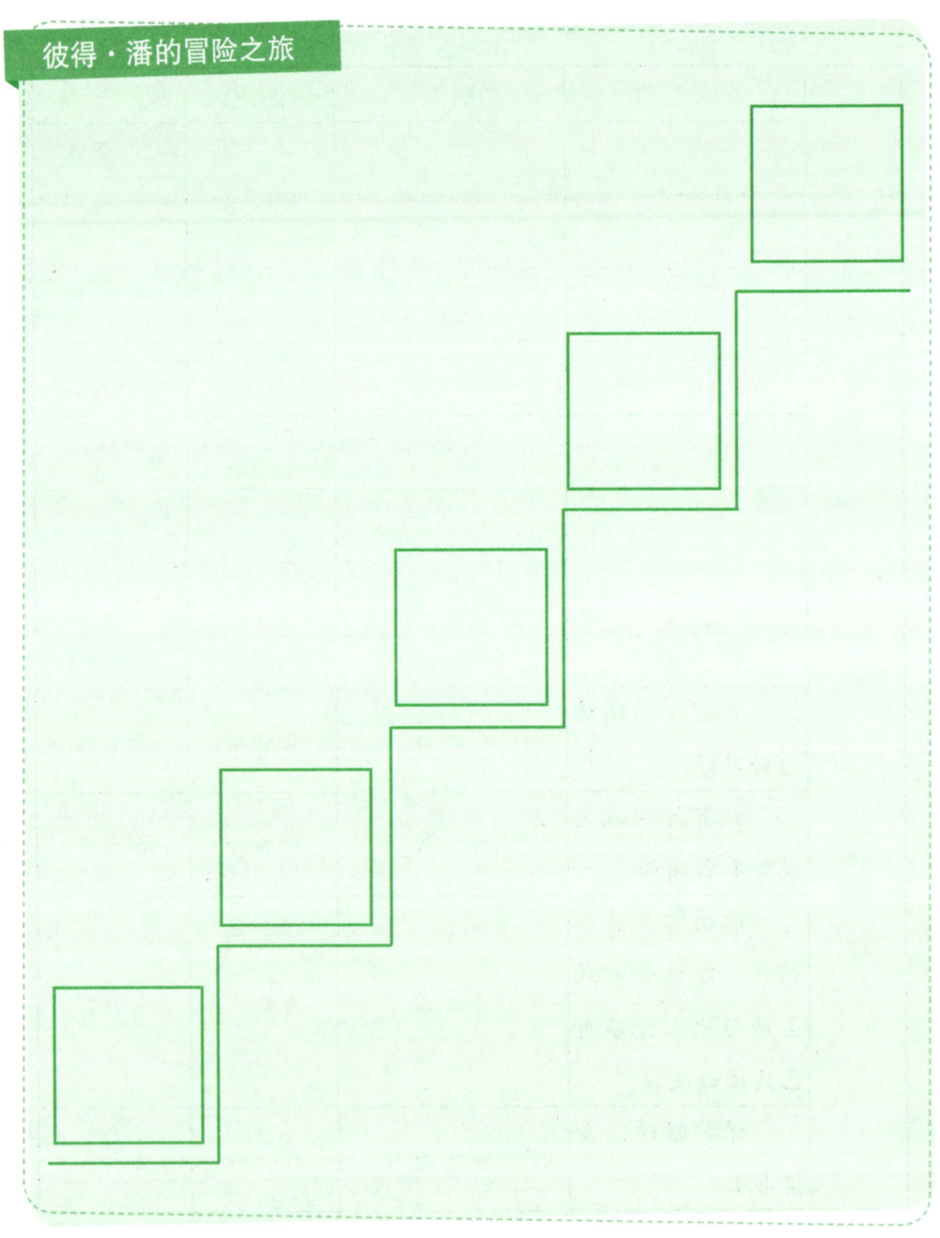

敬启

为编好这本书，我们与收入本书的作品（含图片）作者进行了广泛联系，得到了各位作者的大力支持。在此，我们表示衷心的感谢。但是，由于个别作者地址不详，虽经多方努力，仍无法取得联系。敬请各位有著作权的作者尽快与我们联系，以便我们支付稿酬，并致谢忱！

我们还要感谢使用本书的师生们。希望你们在使用本书的过程中，能够及时把意见和建议反馈给我们，对此，我们深表谢意，并将给予一定奖励。让我们携起手来，共同完成本书的建设工作。

联 系 人：梁老师　刘老师

联系电话：010-58022100-6362

联系邮箱：ztxx2008@sina.com

网　　址：http://www.ywztxx.com

地　　址：北京市海淀区知春路7号致真大厦A座18层

图书在版编目（CIP）数据

成长风向标 / 郜书萍主编. — 上海 : 上海教育出版社, 2021.12

ISBN 978-7-5720-0814-6

Ⅰ. ①成… Ⅱ. ①郜… Ⅲ. ①阅读课—小学—教学参考资料 Ⅳ. ①G624.233

中国版本图书馆CIP数据核字（2021）第260863号

责任编辑 余佳家
封面设计 陈丽娟 王艺霖
著作权人 北京华樾教育科技有限公司

成长风向标

郜书萍 主编

出版发行 上海教育出版社有限公司
官　　网 www.seph.com.cn
地　　址 上海市闵行区号景路159弄C座
邮　　编 201101
印　　刷 河北泓景印刷有限公司
开　　本 720×1010 1/16 印张 63
字　　数 700千字
版　　次 2021年12月第1版
印　　次 2021年12月第1次印刷
书　　号 ISBN 978-7-5720-0814-6/G·0630
定　　价 268.00元（全七册）

如发现质量问题，请向本社调换 021-64373213

★ 适合11至12岁 ★

成长风向标

CHENGZHANG FENGXIANGBIAO

主编　郜书萍

编 委 会

广泛阅读，可以提高阅读理解力；

广泛阅读，可以丰富知识，开阔视野；

广泛阅读，可以提升思维力、鉴赏力；

广泛阅读，可以促进人的精神成长。

新编的读本，包括古诗文经典诵读、优秀作品专题阅读和整本书阅读，是落实课内外阅读一体化的优质资源。

捧起这套读本读起来，你会越来越享受阅读，你的一生一定会因为阅读而精彩！

崔峦

用阅读滋养你的心灵，
让你变得聪明善良，胸怀
宽广，更富想象力和创造力。

谈凤霞

发现美，学会爱，表达自己，
在阅读和写作中不断进步！

王一梅

阅讀是開啓美好人生的鑰匙

趙麗宏

庚子九月

为自己读书
为美好读书

肖复兴

庚子岁末

读经典的书
做优秀的人

[illegible]

幻想，从现实起飞

刘慈欣

目录

经典诵读

专题阅读

自由阅读一

自由阅读二

整本书阅读

经典诵读

清风明月、醇酒孤影、似雪梨花、落红春泥……无论是柔情缱绻的相思、惆怅满怀的孤寂，还是忧国忧民的情怀、壮志未酬的遗恨、建功立业的渴望，古人的所有情思，都能在所咏之物中觅得踪迹。

阅读本组古诗词，要在读通、读顺的基础上，结合注释、译文理解意思，体会古人表达的感情。

扫码收听朗诵音频

① 三五七言

［唐］李白

秋风清，秋月明。落叶聚还散，寒鸦①栖复惊。

相思相见知何日，此时此夜难为情。

注 释

① 寒鸦：一作“寒乌”。

清凉秋风吹起，秋月高照夜空。落叶被风吹得时聚时散，惊醒了本已栖息的寒鸦。不知彼此思念的人何日才能相见，在这个秋风瑟瑟的夜晚，心中孤独悲伤的感情实在难耐。

扫码收听朗诵音频

② 月下独酌（zhuó）[1]（其一）

［唐］李白

花间一壶酒，独酌无相亲。

举杯邀明月，对影成三人。

月既不解饮，影徒随我身。

暂伴月将影，行乐须及春。

我歌月徘徊，我舞影零乱。

醒时同交欢，醉后各分散。

永结无情游，相期[2]邈（miǎo）云汉[3]。

注 释

① 独酌：独自一人饮酒。
② 相期：相约。
③ 邈云汉：遥远的银河。邈，遥远。

我在花丛间准备一壶美酒，因无亲友相伴，只得一人举杯独饮。我举起酒杯，向天上的明月发出邀请，明月、我和影子化作三人。明月并不懂得为什么饮酒，影子徒然跟随着我。暂且伴随明月、影子，我应趁着青春年华及时行乐。我纵情高歌，明月、影子伴我起舞。清醒之时，咱们尽情作乐，醉了之后，免不了要各自离散。明月呀，愿和你永远成为忘却世情的朋友，相约在遥远的银河。

扫码收听朗诵音频

3 东栏梨花[①]

［宋］苏轼

梨花淡白柳深青，
柳絮飞时花满城。
惆(chóu)怅(chàng)[②]东栏一株雪[③]，
人生看得几清明？

注释

① 这是《和孔密州五绝》中的第三首。
② 惆怅：伤感。
③ 一株雪：这里指盛开的一树梨花。一株，一作“二株”。

译文

梨花淡白，柳叶深青。柳絮漫天飞舞时，梨花开满了全城。看到东栏盛开的梨花，像白雪满树，竟让我有些伤感。春景如此之美，但一个人又能看到几次这样优美的清明节呢？

扫码收听朗诵音频

4 己亥杂诗（其五）

［清］龚自珍

浩荡[1]离愁白日斜，
吟鞭[2]东指即[3]天涯[4]。
落红[5]不是无情物，
化作春泥更护花。

注释

① 浩荡：深广的样子。
② 吟鞭：指诗人的马鞭。
③ 即：到。
④ 天涯：指远离京城的地方。
⑤ 落红：落花。

夕阳西下，我怀着万千离别的愁思，挥鞭策马向东，前往远离京城的地方。落花不是无情之物，它融入春天的泥土中，更能起到护育新花的作用。

扫码收听朗诵音频

5 定风波

［前蜀］李珣（xún）

志在烟霞[①]慕隐沦[②]，功成归看五湖春[③]。一叶舟中吟复醉，云水。此时方认自由身。　　花岛为邻鸥作侣，深处。经年[④]不见市朝人。已得希夷[⑤]微妙旨，潜喜[⑥]。荷衣蕙带[⑦]绝[⑧]纤尘[⑨]。

注释

① 烟霞：云气，多泛指山林、山水，这里指归隐之所。

② 隐沦：隐居。

③ “功成”句：用越王勾践灭吴后，大夫范蠡功成身退、隐迹五湖的故事。五湖，一说为太湖的别称。

④ 经年：年复一年。

⑤ 希夷：无声为希，无色为夷，犹言虚寂玄妙。

⑥ 潜喜：心中暗喜。

⑦ 荷衣蕙带：荷叶做的衣服，香草做的带子。

⑧ 绝：摆脱，不沾染。

⑨ 纤尘：微尘，这里指俗世。

我向往着青山绿水、烟雾云霞的隐居生活，就像当年的范蠡，功成名就后便隐姓埋名，寄身于太湖的烟波浩渺之中。驾一叶扁舟把酒吟诗，纵情山水。此时此刻，才知道放下一切、自由自在是多么难得。

在云水深处，与繁花似锦的小岛为邻，和自由飞翔的鸥鸟做伴。再不见那追逐利禄的豪商巨宦，早已进入了物我两忘的境界，心生欢喜。身着荷叶做的衣服，腰间系着香草做的带子，我过着远离尘世的悠然生活。

阅读链接

定风波，又名《定风流》《定风波令》。唐教坊曲名，后用为词牌。敦煌曲子词中有“问儒士，谁人敢去定风流”。此调取名原来有平定叛乱的意思。

扫码收听朗诵音频

6 诉衷情

［宋］陆游

当年万里觅封侯，匹马戍(shù)[①]梁州。关河[②]梦断何处？尘暗旧貂裘(diāo qiú)。胡[③]未灭，鬓(bìn)先秋[④]，泪空流。此生谁料，心在天山[⑤]，身老沧洲[⑥]。

注释

① 戍：防守，守卫。
② 关河：关塞河防。泛指地势险要之处。
③ 胡：古泛称北方和西方各族为胡，这里指金人。
④ 秋：白。
⑤ 天山：这里指南宋与金国相持的西北前线。
⑥ 沧洲：水边之地，这里指诗人家乡的镜湖之滨。

译文

回想当年，我为了建功立业驰骋万里，单枪匹马奔赴边境防守梁州。时至今日，这样的军旅生活只能在梦中出现。梦醒之后身又在何处呢？曾穿过的貂裘早已积满灰尘，变得又暗又旧。

金人还未消灭，我的两鬓却已经斑白了，壮志未酬，年迈的我只能任眼泪无声地流淌。谁料我这一生，心始终在前线抗敌，人却老死在家乡的镜湖边！

专题
阅读

真情流露

匆匆行走的时间，充满希望的春天，终未穿上的新鞋子，饱含真情的第一支钢笔……或直抒胸臆，或寓情于具体的人、事、景、物，优美的文字自然而然地流露出作者的真情实感。

用心阅读本专题文章，体会作者是怎样表达情感的，并联系生活，选择合适的内容表达自己的真实感受。

范文阅读

①时间怎样地行走

迟子建

墙上的挂钟，曾是我童年最爱看的一道风景。我对它有一种说不出的崇拜，因为它掌管着时间，我们的作息似乎都受着它的支配。我觉得左右摇摆的钟摆就是一张可以对所有人发号施令的嘴，它说什么，我们就得乖乖地听。到了指定的时间，我们得起床上学，我们得做课间操，我们得被父母吆喝着去睡觉。虽然说有的时候我们还没睡够不想起床，我们在户外的月光下还没有戏要够不想回屋睡觉，但都必须因为时间的关系而听从父母的吩咐。他们理直气壮呵斥我们的话与挂钟息息相关：“都几点了，还不起床！”要么就是：“都几点了，还在外面疯玩，快睡觉去！”这时候，我觉得挂钟就是一个拿着烟袋锅磕

文章开头就直抒胸臆，表达出对挂钟的崇拜。

在不同的生活场景中，作者对挂钟的情感也有所不同。

着我们脑门的狠心的老头，又凶又倔，真想把它给掀翻在地，让它永远不能再行走。在我的想象中，它就是一个看不见形影的家长，严厉而又古板。但有时候它也是温情的，比如除夕夜里，它的每一声脚步都给我们带来快乐，我们可以放纵地提着灯笼在白雪地上玩个尽兴，可以在子时钟声敲响后得到梦寐以求的压岁钱，想着用这钱可以买糖果来甜甜自己的嘴，真想在雪地上畅快地打几个滚。

我那时天真地以为时间是被一双神秘的大手给放在挂钟里的，从来不认为那是机械的产物。它每时每刻地行走着，走得不慌不忙，气定神凝。它不会因为贪恋窗外鸟语花香的美景而放慢脚步，也不会因为北风肆虐(nüè)、大雪纷飞而加快脚步。它的脚，是世界上最能禁得起诱惑的脚，从来都是循着固定的轨迹行走。我喜欢听它前行的声音，总是一个节奏，好像一首温馨的摇篮曲。时间藏在挂钟里，与我们一同经历着风霜雨雪、潮涨潮落。

我上初中以后，手表就比较普及了。我看见时间躲在一个小小的圆盘里，在我们的手腕上跳舞。它跳得静悄悄的，不像墙上的挂钟，行进得那么清脆悦耳，“滴答——滴答——”的声音不绝于耳。所以，手表里的时间总给我一种鬼鬼祟（suì）祟的感觉，从这里走出来的时间因为没有声色，而少了几分气势。这样的时间仿佛也没了威严，不值得尊重，所以明明到了上课时间，我还会磨蹭（cèng）一两分钟再进教室，手表里的时间也就因此显得有些落寞。

从作者对墙上的挂钟与手表的对比中，你体会到了怎样的情感？

后来，生活变得丰富多彩了，时间栖身的地方就多了。项链坠可以隐藏着时间，让时间和心脏一起跳动；台历上镶嵌着时间，时间和日子交相辉映；玩具里放置着时间，时间就有了几分游戏的成分；至于电脑和手提电话，只要我们一打开它们，率先映入眼帘的就有时间。时间如繁星一样到处闪烁着，它越来越多，也就越来越显得匆匆了。

通过“我”头上的白发、母亲脱落的牙齿等具体事物，表达了作者对时光流逝的无奈与心痛。

十几年前的一天，我在北京第一次发现了时间的痕迹。我在梳头时发现了一根白发，它在清晨的曙光中像一道明丽的雪线一样刺痛了我的眼睛。我知道时间其实一直悄悄地躲在我的头发里行走，只不过它这一次露出了痕迹而已。我还看见，时间在母亲的口腔里行走，她的牙齿脱落得越来越多。我明白时间让花朵绽放的时候，也会让人的眼角绽放出花朵——鱼尾纹。时间让一棵青春的小树越来越枝繁叶茂，让车轮的辐(fú)条越来越沾染上锈迹，让一座老屋逐渐地驼了背。时间还会变戏法，它能让一个活生生的人在瞬间消失在他们曾为之辛勤劳作着的土地上，我的祖父、外祖父和父亲，就让时间给无声地接走了，再也看不到他们的脚印，只能在清冷的梦中见到他们依稀的身影。他们不在了，可时间还在，它总是持之以恒、激情澎湃地行走着——在我们看不到的角落，在我们不经意走过的地方，在日月星辰中，在梦中。

我终于明白挂钟上的时间和手表里的时间只是时间的一个表象而已，它存在于更丰富的日常生活中——在涨了又枯的河流中，在小孩子戏耍的笑声中，在花开花落中，在候鸟的一次次迁徙中，在我们岁岁不同的脸庞中，在桌子椅子不断增添新的划痕的面容中，在一个人的声音由清脆而变得沙哑的过程中，在一场接着一场去了又来的寒冷和飞雪中。只要我们在行走，时间就会行走。我们和时间是一对伴侣，相依相偎着，不朽的它会在我们不知不觉间，引领着我们一直走到地老天荒。

画线句子与《匆匆》中哪段文字的表现手法相似？

② 春[1]

朱自清

文章开头写出了人们对春天的期盼。拟人手法的运用，让我们似乎看到春天正迎面走来。

盼望着，盼望着，东风来了，春天的脚步近了。

一切都像刚睡醒的样子，欣欣然张开了眼。山朗润起来了，水涨起来了，太阳的脸红起来了。

小草偷偷地从土里钻出来，嫩嫩的，绿绿的。园子里，田野里，瞧去，一大片一大片满是的。坐着，躺着，打两个滚，踢几脚球，赛几趟跑，捉几回迷藏。风轻悄悄的，草软绵绵的。

通过对桃花、杏花、梨花盛开景象的描写，写出了作者在春天到来时的激动和欣喜。

桃树、杏树、梨树，你不让我，我不让你，都开满了花赶趟儿。红的像火，粉的像霞，白的像雪。花里带着甜味儿；闭了眼，树

① 选入本书时，略有改动。

上仿佛已经满是桃儿、杏儿、梨儿。花下成千成百的蜜蜂嗡嗡地闹着，大小的蝴蝶飞来飞去。野花遍地是：杂样儿，有名字的，没名字的，散在草丛里，像眼睛，像星星，还眨呀眨的。

“吹面不寒杨柳风”，不错的，像母亲的手抚摸着你。风里带来些新翻的泥土的气息，混着青草味儿，还有各种花的香，都在微微润湿的空气里酝酿。鸟儿将窠(kē)巢安在繁花嫩叶当中，高兴起来了，呼朋引伴地卖弄清脆的喉咙，唱出宛转的曲子，与轻风流水应和着。牛背上牧童的短笛，这时候也成天在嘹亮地响。

通过鸟儿欢快的表现，衬托出人们愉悦的心情。读一读，仔细体会。

雨是最寻常的，一下就是三两天。可别恼。看，像牛毛，像花针，像细丝，密密地斜织着，人家屋顶上全笼着一层薄烟。树叶子却绿得发亮，小草也青得逼你的眼。傍晚时候，上灯了，一点点黄晕的光，烘托出一片安静而和平的夜。乡下去，小路上，石桥边，有撑起伞慢慢走着的人；还有地里工作的农夫，披着蓑，戴着笠的。他们的草屋，稀稀疏疏的，在雨里静默着。

天上风筝渐渐多了，地上孩子也多了。城里乡下，家家户户，老老小小，他们也赶趟儿似的，一个个都出来了。舒活舒活筋骨，抖擞抖擞精神，各做各的一份事去。“一年之计在于春”，刚起头儿，有的是工夫，有的是希望。

作者连用三个比喻句表达了对春天的赞美，对未来美好生活的期盼。

春天像刚落地的娃娃，从头到脚都是新的，他生长着。

春天像小姑娘，花枝招展的，笑着，走着。

春天像健壮的青年，有铁一般的胳膊和腰脚，他领着我们上前去。

③ 小鞋子

巩高峰

那双鞋在我眼前出现时，我觉得它简直不是从鞋盒里被拿出来的，而是自己跳出来的，带着耀眼的光芒。鞋是真皮的，枣红色的鞋面，橙黄色的牛筋底，鞋底有一排可爱的菱形方框，鞋带松松垮垮地系着，仿佛在懒散又傲娇地说："你来穿我啊！"

这可是我第一双皮鞋，而且竟然是我爸买的！

我爸什么人啊，在他眼里，只有天塌下来才是事儿。所以，虽然他总出门，却连糖果都没给我们买过一块，更别说衣服、鞋子、玩具了，我很怀疑他知不知道我们衣服穿多大，裤子穿多长。可这次，我爸不知道哪根筋搭错了，竟然给我买了双皮鞋，是单独给我一个人买的哟！天啊，他

这段对爸爸的描写，有助于烘托"我"得到这双小皮鞋时的惊喜之情。

挑的还是最洋气的枣红色，最神奇的是，他竟然知道我脚几码……

这种种破天荒加在一起，让我心里特别不踏实。那天傍晚，我妈给我洗脸、洗手、洗脚，然后试鞋子，我不知道试穿鞋子为什么要洗手、洗脸，只是有些恍惚地照做。我惴惴不安地想，不会等一会儿把我梳洗打扮好了，弄得干干净净、漂漂亮亮的，然后将我卖了吧？

皮鞋正合脚，软软的底、硬硬的帮，系上蝴蝶结状的鞋带，我妈高兴地拍了拍手，让我走两步，“去给你爸看看”。我像是踩在棉花上，不，肯定是踩着云朵，摇摇晃晃、扭扭捏捏地走到我爸跟前，两只手不知道往哪里放，那一刻我只希望自己无限缩小，缩小，最好能缩到鞋子里。因为以往我爸出门回来，第一件事是算旧账——看看他走之后我都干了多少坏事，惹了多少祸。

这种踩着云朵的感觉，你是不是也有过呢？

可现在他一直对我笑，笑得我心里发毛。

见我表演完毕，我妈笑着招手让我回去，说：“我先替你把皮鞋收起来，等过年过节或者有什么重要日子，你穿出去绝对洋气！”

我这才发现弟弟小肆的眼神，那已经不是羡慕嫉妒恨所能形容的了。我有点儿心虚地低下头，看着我妈仔细地把鞋子裹上防潮纸，装进盒子，塞到床下的箱子里。小肆的眼睛一直跟着那双鞋走，等我妈盖上箱子，推进床底下，再放下床单，小肆的眼睛似乎还粘在鞋上没出来。

借弟弟羡慕的眼神把“我”当时的心情突显出来了。

我心里噼里啪啦开始翻日历，我妈说的过年过节或者重要日子。下个星期堂哥结婚，全家都要去吃酒席，这算不算重要日子？

我得到的答案是否定的，因为酒席人太多，那些菜汤汤水水的，把鞋弄脏了怎么办呢？

我在心里继续翻日历。中秋节刚刚过去，后面等到过年可有点儿远，冬天都还没到呢。那，只能等下个月了，因为下个月学校颁奖大会要颁发上学期班级前三名和三好学生的奖状、奖品，我肯定是要上台的。想象着我穿着闪闪发光的新鞋子，一步一步“咔咔”走上台，腋下夹着奖状，手捧着奖品，全校老师和同学都能看到我枣红色的皮鞋，然后“哗哗”鼓掌，那我得多有面子！

“我”对穿上新鞋子的想象，真实自然，读起来容易产生共鸣。

我很快就把自己在脑海里描述无数遍的场景说给小利听，想提前得到点儿艳羡。可是小利满眼的怀疑：“你爸揍你都嫌不够，还能给你买新皮鞋？”

我就知道小利不能相信，所以趁我妈不在家，我掀开床单，拉出箱子，打开鞋盒，解开防潮纸，让小利亲眼看看。小利看完还用手摸了摸，装作内行地说：“皮子不错。”我满足地把防潮纸裹上鞋子再准备放回去，发现鞋子的鞋带没了。我带着点儿惊慌一回头，一道身影闪过，是小肆。他眼里有几丝惊慌，又装作没事人一样。

“是不是你拿了鞋带？”我没有大声，也没有生气，我喜欢先礼后兵，“要是拿了赶紧给我，就什么事儿也没有。”

小肆微微低下了头，接着又仰了起来，说：“如果你答应把皮鞋让我穿一下，我就把鞋带给你。只穿一下！”

我懒得跟小肆计较，我是他哥哥，赢了他，我也不光彩，万一输了——当然我不会输的，我说的是万一——我爸很快就会帮他赢回去。所以我点点头，大方地说：“没问题，不过要等我先穿过之后。”

小肆一见我点头，就兴奋地跑到里屋，从他的书包里拿出那两根鞋带，我仔仔细细穿回到鞋上。

等待颁奖大会的日子是我一天一天掰着指头熬过去的，我每天似乎都能听到鞋子在我妈的床底着急地“砰砰”乱跳。

写出了“我”想穿新鞋子的急切心情。

可颁奖大会终于到来的那天，天公不作美，一大早就满天乌云，要下大雨的样子。我妈不肯让我穿新鞋去学校，说下雨了又是水又是泥的，把新鞋穿坏了。

我带着侥幸进行最后的努力："天气预报没说有雨，也许不会下呢。"

没想到一旁的奶奶说话了，她跟我妈三天两头吵架，这次竟罕见地站在我妈那边，说："今天肯定要下雨，昨天我这手腕就疼了。几十年了，手腕一疼准下雨，比天气预报还准。"

奶奶的话既让情节一波三折，又增加了"我"的失望。

连最疼我的奶奶都不帮我，我只好悻悻地带着一肚子的失望和落寞去学校，即将到来的颁奖大会让我觉得一点儿意思也没有。

这个机会错过了，后面只能再等过年，到时配上新衣服，走亲戚串邻居的，也能熠熠生辉。想想那一刻，盖过小利他们的风头，成为大家的焦点，那是肯定的。

我只能这么安慰自己，不然这中间好几个月的时间，让我怎么过呢？好在还有比我更着急的，小肆，我有机会而不能穿新鞋，他显得比我更失落，因为说好的，我不穿第一次，他别想尝鲜。

所以大年三十的那天早晨，小肆醒来的第一件事不是问我妈要他的新衣服，而是催着我赶紧穿新鞋。外面下了大雪，穿上新皮鞋“咯吱咯吱”这么一踩，每一脚下去就是一溜菱形小方框……我想着就乐，赶紧套上新衣，这会儿小肆已经跳下床帮我拿来了新皮鞋。

奇怪的是，第一只鞋我就感觉似乎穿不进去了。鞋带系得太紧？我松开鞋带，重新再试，冤枉鞋带了。的确是塞不进去。我有点慌了，脱下脚上的厚棉袜子，再试，这下勉强穿上了，可是脚在鞋里是弓着的，像个委屈的老鼠。

用一连串的动作描写，将“我”焦急的心情淋漓尽致地表现了出来。

我焦急地叫来我妈，问她这是怎么回事，话里满是埋怨。这肯定怪她啊，好好的新皮鞋，不让穿不让穿不让穿，你看，热胀冷缩，鞋子变小了吧！

我妈试着把我的左脚也塞进了鞋子，让我站起来走走看。可哪里能走啊，光站着，双脚就钻心地痛。我奶奶一直跟我说她小时候裹小脚的各种痛苦，在我想来，那痛也不过如此吧？

我妈见我满脸痛苦的表情，反倒笑了，说："今年先长脚，明年该长个头了！这鞋你没法穿了，只能给弟弟穿。"

听我妈这么一说，我和小肆都愣住了。我俩的愣不一样，小肆满脸都是不相信的意外惊喜，而我则是心疼、不甘、惊讶、惋惜……复杂难言。这下倒是一切都应验了，小肆的确是在我穿过之后才能穿这双新鞋，不同的是，他不是只穿一次，而是要一直穿下去，直到鞋子穿烂或者他也穿不下为止。

希望破灭，"我"的内心充满了惆怅。想一想：你有没有这样的情感体验？

我坐在床上，惆怅地看着大年三十满地的大雪，这个年真是……

我唯一的安慰是"今年先长脚，明年该长个头了"。虽然失去一双新鞋，但长高一些总是好事，这，算是我的新年礼物吧！

④ 第一支钢笔

梁晓声

它是黑色的，笔身粗大，外观笨拙。全裸的笔尖、旋拧的笔帽。胶皮笔囊内没有夹管，吸墨水时，捏一下，缓慢鼓起。墨水吸得太足，写字常常“呕吐”，弄脏纸和手。我使用它，已经二十多年了。笔尖劈过，断过，被我磨齐了，也磨短了。笔道很粗，写一个笔画多的字，大稿纸的两个格子也容不下。已不能再用它写作，只能写便笺或信封。

文章通过对这支旧钢笔的详细描写，表达了作者对这支钢笔的珍惜之情。

它是我使用的第一支钢笔，母亲给我买的。那一年，我升入小学五年级。学校规定，每星期有两堂钢笔字课。某些作业，要求学生必须用钢笔完成。全班每一个同学，都有了一支崭新的钢笔。有的同学甚至有两支。我却没有钢笔可用，连支旧的也没有。我只有蘸水钢笔，每次完成钢笔作业，右手总被墨水染蓝。染蓝了的手又将作业本弄脏。我常因此而感到委屈，做梦都想得到一支崭新的钢笔。

一天，我终于哭闹起来，折断了那支蘸水笔，逼着母亲非立刻给买一支吸水笔不可。

母亲对我说：“孩子，妈妈不是答应过你，等你爸爸寄回钱来，一定给你买支吸水笔吗？”

这段语言描写直接而强烈地表达了“我”的心情。

我不停地哭闹，喊叫：“不，不，我今天就要。你去给我借钱买。”

母亲叹了口气，为难地说：“你这孩子，真不懂事。这月买粮的钱，是向邻居借的；交房费的钱，也是向邻居借的；给你妹妹看病，还是向邻居借的钱。为了今天给你买一支吸水笔，你就非逼着妈妈再去向邻居借钱吗？叫妈妈怎么张得开口啊？”

我却不管母亲好不好意思再向邻居张口借钱，哭闹得更凶。母亲心烦了，打了我两巴掌。我赌气哭着跑出了家门……

那天下雨，我在雨中游荡了大半日不回家，衣服淋湿了，头脑也淋得平静了，心中不免后悔自责起来。是啊，家里生活困难，仅靠在外地工作的父亲每月寄回几十元钱过日子，母亲不得不经常向邻居开口借钱。母亲是个很顾脸面的人，每次向邻居借钱，都需鼓起一番勇气。

我怎么能为了买一支吸水笔，就那样为难母亲呢？我觉得自己真是太对不起母亲了。

于是我产生了一个念头，要靠自己挣钱买一支钢笔。这个念头一产生，我就冒雨朝火车站走去。火车站附近有座坡度很陡的桥，一些大孩子常等在坡下，帮拉货的手推车夫们推上坡，可讨得五分钱或一角钱。

我走到那座大桥下，等待许久，不见有推车来。雨越下越大，我只好站到一棵树下躲雨。雨点劈劈啪啪地抽打着肥大的杨树叶，冲刷着马路。马路上不见一个行

环境描写渲染了天气的恶劣，也烘托出“我”焦急、沮丧、失望的心情。

人的影子，只有公共汽车偶尔驶来驶去。几根电线杆子远处，就迷迷蒙蒙地看不清楚什么了。

我正感到沮丧，想离开，雨又太大，等下去，肚子又饿，忽然发现了一辆手推车，装载着几层高高的木箱子，遮盖着雨布。拉车人在大雨中缓慢地、一步步地朝这里拉来。看得出，那人拉得非常吃力，腰弯得很低，上身几乎俯得与地面平行了，两条裤腿都挽到膝盖以上，双臂拼力压住车把，每迈一步，似乎都使出了浑身的劲儿。那人没穿雨衣，头上戴顶草帽。由于他上身俯得太低，无法看见他的脸，也不知他是个老头儿，还是个小伙儿。

这段描写让读者感受到了拉车人的辛苦。

他刚将车拉到大桥坡下，我便从树下一跃而出，大声问："要帮一把吗？"

他应了一声。我没听清他应的是什么，明白是正需要我"帮一把"的意思，就赶快绕到车后，一点也不隐藏力气地推起来。车上不知拉的何物，非常沉重。还未推到半坡，我便一点力气也没有了，双腿发软，气喘吁吁。那时我才知道，对于有些人来说，钱并非容易挣到的。即使一角钱，也是并非容易挣到的。我还空着肚子呢。又推了几步，实在推不动了，产生了“偷劲”的念头。反正拉车人是看不见我的。我刚刚松懈了一点力气，就觉得车轮顺坡倒转。不行，不容我“偷劲”。那拉车人，也肯定是凭着最后一点力气在坚持，在顽强地向坡上拉。我不忍心“偷劲”了。我咬紧牙关，憋足一股力气，发出一个孩子用力时的哼唷声，一步接一步，机械地向前迈动步子。

从产生“偷劲”的念头，到最后不忍“偷劲”，把“我”情感的变化真实、自然地表达出来了。

车轮忽然转动得迅速起来。我这才知道，已经将车推上了坡，开始下坡了。手推车飞快朝坡下冲，那拉车人身子太轻，压不住车把，反被车把将身子悬起来，腿离了地面，控制不住车的方向。幸亏车的方向并未偏往马路中间，始终贴着人行道边，一直滑到坡底才缓缓停下。

我一直跟在车后跑，车停了，我也站住了。那拉车人刚转过身，我便向他伸出一只手，大声说：“给钱。”

那拉车人呆呆地望着我，一动不动，也不掏钱，也不说话。

我仰起脸看他，不由得愣住了。“他”……原来是母亲。

雨中母亲的形象让“我”的内心五味杂陈：有心疼，有自责，有感动……

雨水，混合着汗水，从母亲憔悴的脸上直往下淌。母亲的衣服完全淋透了，像从水里捞出来的一样，湿漉漉地贴在身上，显出了她那瘦削的两肩的轮廓。她胸口剧烈地起伏着，脸色苍白，大口大口地喘着气。

我望着母亲，母亲望着我，我们母子完全怔住了。

就在那一天，我得到了那支钢笔，梦寐以求的钢笔。

母亲将它放在我手中时，满怀期望地说：“孩子，你要用功读书啊。你要是不用功读书，就太对不起妈妈了……”

在我的学生时代，我一刻都没有忘记

过母亲满怀期望对我说的这番话。

如今，二十多年过去了，我已经是个成年人了，母亲变成老太婆了。那支笔，也可以说早已完成它的历史使命了。但我，却要永远保存它，永远珍视它，永远不抛弃它。

一支普通的钢笔，承载着“我”对母亲深深的感激之情，它是贯穿全文情感的线索。

日积月累

“文化”可以用四句话表达：根植于内心的修养；无须提醒的自觉；以约束为前提的自由；为别人着想的善良。

——梁晓声

组文阅读

写文章就像说话一样，要表达自己的真实感受。请阅读下面这组文章，体会文中描写的人、事、景物中蕴含的感情。想一想：你是不是也有相似的情感体验呢？

① 集体创作

叶至善

一篇文章，署名的不止一位，谁都知道那是“集体创作”。我念小学的时候，这个名称可还没时兴。

那一天上作文课，同学们在走廊上排好队，由级长带领走进教室。只见老师的讲台上除了一叠作文本，还放着一卷画。同学们又高兴又轻松，知道这一回又是看图作文。李老师可照旧不慌不忙，点着名把作文本一一发还给同学，然后展开那幅画，用两枚图钉按在黑板上。

真个是一幅有趣的画，画一个孩子，红柳条布短衫，蓝布裤子，弯着腰，背着个白布口袋，双手紧紧攥(zuàn)住袋口，昂起脑袋大踏步向前走。那口袋又旧又破，打了好几个补丁，下边角上还留着个窟窿没补好，一溜儿黑点点打窟窿里漏出来。我们都能理会，那是米。两只鸡，一公一母，跟在孩子背后啄着掉在地上的黑点儿；墙头上有两只小雀儿，像要飞下来分享两只鸡的专利。看孩子的神情，他好像故意不想知道米在不断地漏出来，眯着小眼睛，掀起鼻尖，翘着下巴，抿紧嘴唇忍住笑，模样儿再滑稽不过了。

同学们正看得出神，李老师发话了："今天再来一回看图作文。大家先看清楚了，画上是怎么画的，仔细想想画的是什么意思，再动笔写。你们作文都有个毛病，譬如说画上的小朋友名叫张三，你们写起来，就'张三背一袋米，张三向前走，张三不知道口袋是漏的'，左一个'张三'，右一个'张三'，叫人看了烦不烦？应该把后边的'张三'改成'他'：'张三背着一袋米，他向前走，他不知道口袋是漏的。'你们听听，不就利索多了。可是得注意，也不能'他'呀'他'的没有个完，'他'到后来，叫人弄不清你说的'他'到底是谁了。明白了吗？"

我想："这有什么不明白的，可是……"我立刻举起手。

"站起来说吧！"李老师拿教鞭朝我一指。

我站得笔挺，放大嗓门说："老师说的我都明白，就不知道一连用几个'他'合适。"

李老师好像让我给难住了，憋了好一会儿才说：“一个‘张三’后边，至多用三个‘他’。要是再多，准会把人搞糊涂。你坐下吧。大家别再问了，开始写！”

我只好在心里嘀咕：“一个‘张三’三个‘他’，还得一边写一边数哩！”正在这时候，有人碰了碰我的右肘，不用说，准是同桌朱瑞庭。他眯着笑眼问：“你想得了吗？”

“还没有哩，你呢？”我猜准了，他一定又想到了什么鬼点子。

“咱们俩搭伙儿写吧，你想一句，我想一句，有商有量的，多来劲。”

真是个好主意。我说：“好，谁开头？”

“我来开头。”

“那么你说吧。”

“叶至善！”李老师在唤我了，“别净跟朱瑞庭说话！”

我们两个立刻低下脑袋，鼻尖几乎碰着了摊开在桌上的作文本。

我压低了声音说：“你就写吧。”

我的小伙伴点了点头，提起毛笔在砚台上扫了两下，在作文本上写道：“有一天，张三的妈妈给他一个口袋，叫他到米店里去买一袋米。”

我觉得念着不顺口，使劲摇头。小伙伴侧着脑袋望着我，那表情代替一句问句：“哪儿不好？”

我说不出哪儿不好，只觉得不顺口，于是用笔指指我的作文本，意思是“让我开头”。小伙伴点头同意。我把笔头放在嘴里一润，写道：“张三是个笨孩子。有一天，他的妈妈给他一个口袋，叫他去米店买一袋米回来。”

写完这两句，我转过脸看我的小伙伴。小伙伴点点头表示赞许。他右手放下笔，使劲按住作文本的订口，左手把才写了两行字的那张纸捏成团，按实了轻轻地撕下来。要是让李老师听见了声音，那可非罚站不可，我们的创新也就告吹了。

小伙伴把我写的抄在他的本子上，又抬起脑袋望着我。我下巴朝他抬，他立刻会意，提起笔来接着写：“他……”

“错了！”我不得不逼紧了嗓门喝住他。他侧着脑袋，表示不明白。我用笔点着本子上的“他”，压低了声音数：“一，二，三。”

小伙伴深深点了两下头，右手按住作文本的订口，又打算撕，可是抬起眼睛偷偷朝讲台上一望，李老师正盯着他呐。他只得把“他”字涂成个墨团，接在下面写：“张三……”

就这样他一句我一句，一个“张三”三个“他”，直到下课铃响，我们才画上最后一个句号，总之把画上的张三挖苦得够呛。数了数，有四百来字。

作文本交了上去，我就心神不定，盼望李老师把我和朱瑞庭唤进她的房里，盼望她笑着对我们俩说：“你们两个的作文写得又长又好。这里有两张格子纸，把你们的作文工工整整誊(téng)在上面，写上你们两个的名字，我给你们贴在走廊上作成绩。”嗨，这有多带劲儿！我的小伙伴朱瑞庭一定也这样巴望，跟我一个样，也时不时窥(kuī)探李老师的脸色。李老师偏偏老绷着脸，不透露一丝儿消息。

好容易盼望了整整一个星期，盼到了上作文课。李老师照旧点着名，把作文本一一发还给同学们。发到最后两本，她脸色突然变了，眼睛直愣愣瞪着我和我的小伙伴：“叶至善！朱瑞庭！”

猛听得这一声唤，我们俩“唰”地站了起来。

“你们，好呀，两个人的作文一字不差！快说，究竟是怎么回事！”

要是如今就好办了，可以理直气壮地回答：“是我们两个的集体创作。”可怜在那个年代，我连“创作”这个词儿还没听说过哩。我愣住了，望望朱瑞庭，我的小伙伴也正望着我呢。

“叶至善，你先说！”李老师拿起教鞭指着我的鼻尖，“你们两个谁抄谁的？”

我心里自然明白：他抄了我的，我也抄了他的，是两个人搭伙儿写的嘛。当时我给吓蒙了，没敢分辩。

李老师转移教鞭，指着我小伙伴的鼻尖：“那么你说，究竟是谁抄谁的？”

小伙伴脸涨得通红，怔了好久，终于开口了：“他……他抄我的。”很轻，很含糊，带着哭声。

李老师把教鞭向下一按，示意朱瑞庭坐下，教鞭从此专瞄准我一个人的鼻尖。“你……”李老师开始发表她准备好了的长篇训词。可怜我的耳朵又烫又胀，只听得满教室都是她的嗡嗡声；眼睛又干又涩，她的怒容也越来越模糊。直到她深深地抽了口气，我也深深地抽了口气。

“像你这样，还能跟旁人坐在一起吗！快坐到后排角落里的那个空座位上去。以后上作文课，你就坐那个座位，看你还能抄谁的。来，把你的作文本拿去！”

我踅（xué）上讲台，缩缩瑟瑟地接过作文本，回到原来的座位上收拾起笔墨砚台，搬到李老师指定的那个座位上。临走的时候，我瞥了小伙伴一眼，他脸朝桌子，眼睛偷偷抬起来望着我。我很懂得，他是在求我宽恕。我掉过脸，全不理会。

后来我才想到，我不该这样对待他。他的回答一定跟我当时想的完全相同，只是才说了前一半，后一半让李老师给吓跑了。

李老师转过身子，在黑板上写作文题。这时候，全班同学都回过头来望着我。我装作没事儿一个样，抬起眼睛望着窗外。我发愤这一回一定要写一篇更长更好的，好让李老师知道，我叶至善作文是用不着抄别人的。

阅读链接

吃罢晚饭，碗筷收拾过，植物油灯移到了桌子的中央，父亲戴起老花眼镜，坐下来改我们的文章。我们各据桌子的一边，眼睛盯住父亲手里的笔尖儿，你一句，我一句，互相指责、争辩。有时候，让父亲指出了可笑的谬误，我们就尽情地笑了起来。每改完一段，父亲朗诵一遍，看语气是否顺适，我们就跟着他默诵。我们的原稿好像从乡间采回来的野花，蓬蓬松松的一大把，经过了父亲的选剔跟修剪，插在瓶子里才还像个样儿。

——叶至善《花萼·自序》

② 举起你的右手

乔　叶

在乡下教书时，学生大多是农村孩子。因为靠近市郊的经济开发区，也时不时有一些随父母奔波至此的孩子在这儿插班。我深深理解那些经济建设者们的艰辛和不易，对他们的孩子也就倍加关怀和怜惜——谁愿意手中诞生一个繁华世界的同时，身后却落下一个荒芜的孩子呢？

深秋的一天，我上完早自习回到办公室，桌边站着一个高大的男人和一个背着书包的男孩。

“你是李老师吧？”

“是的。”

“我是东方玻璃厂的工程师。”他掏出名片递给我，“我和校长谈过了，想让孩子插进您的班，请您多费心。”

“不客气。”我笑道。男孩子穿着一件极宽大的上衣，双手紧紧地插在大口袋里，神情极羞怯。城市男孩一般都很大方，何况他又跟着父亲走南闯北见过不少世面。我觉得这个小男孩真有些特别。

“他妈妈前年病故了，所以他就穿得不伦不类的。”工程师无奈地苦笑一声，“我太忙。”

“你叫什么？”失去了母亲的孩子更让人怜爱。我伸手想把他拉到身边，他却被电击似的倒退一步，偎依着爸爸。

“他叫黄涛。”父亲略带歉意地代答。

我把他安排到第三排，和班长李薇同桌。李薇是班里头号大方泼辣的女孩子，也许会感染他沉默寡言的性情。可是，第二节课我一进教室，李薇就举手报告：“老师，黄涛占我的位子！”

果然，黄涛静静地坐在左边的位子上，盯着课桌。好个霸道的孩子，可又没有霸道里常带的匪气。

“你先坐在右边吧。”我对李薇说。李薇困惑而气愤地看着我，她也许不明白一向是非分明的老师怎么突然这么没有原则。其实我也不知道自己为什么要这么做，只是直觉总有些特别的理由。

做练习的时候，我恍然大悟，黄涛在用左手写字。学生们也很快发觉了，纷纷把目光转向黄涛，轻轻地议论着。黄涛的头越来越深地埋了下去。

“大家不要奇怪，有人善用右手写字，有人善用左手写字，用左手写字的人虽然非常少，但和大家一样是正常的，请大家专心做题。”

教室里慢慢静下来。放学后，我留下黄涛单独谈话。

“你从小就用左手写字吗？”

“嗯。”

“你写字时为什么不用右手压住本子的另一边呢？那样本子不会移动。”

“我有压尺。”他固执地说。

“用手更方便些，长着右手不是让用的吗？”我有点生气。他低下头，不说话。

一个课间，学生做完操之后，我正回办公室，李薇气喘吁吁地赶上来：“老师，黄涛和别人打架了！”

“为什么？”

“不知道。做完操后，黄涛和几个男生待在教室里，不知怎么就打起来。我听见有人喊‘黄涛没右手’。”

我飞奔到教室，黄涛满面泪痕地和几个男生一起厮打，见我进来，男生们都停下来，黄涛趁机狠狠地用拳头砸着。

“住手！”

黄涛置之不理，仍然挥动着拳头。我抢上前抓住他，喝道：“你还有没有纪律？！”

“我不想上学了。”他冷漠地说。

“为什么？”

“我不想让人拽着我的袖子研究我有没有右手！”他大吼一声，跑出了教室。

下午他没来上课。我拎着他的书包来到东方玻璃厂，找到他的家。开门的是黄工程师。

“老师……”他欲言又止。

“我想知道黄涛的右手是怎么回事。”

“其实我早该告诉你的，可他不让。他小时候，我常带他去工地玩耍，一次意外事故中，他失去了右手。为此，孩子变得十分敏感和自卑。我们转了不少学，最后索性不上学，在家自学。因为，他受不了别人的同情和嘲笑——他太要强了。来到这儿时他也不愿上，我想农村学生厚道，不会惹什么事儿，才硬送他来，可没想到又……”

“为什么不上特殊教育学校？”

“他不愿意，他说自己不是残废。”

我心里一热：“他在哪儿？”

黄涛打开门，慢慢挪出来，呆呆地看着我。

我拿出书包：“我来给你布置一下今天的作业。”

一连两天，我让那几个打架的男生去黄涛家道歉。第三天，黄涛来了。过了一段日子，黄涛慢慢和同学们亲近起来，有一天，居然敢用左手和男生们掰手腕了。胜利之后，他笑得很开心——毕竟还是一个孩子啊。在课堂上也敢举左手回答问题了。有时候我不叫他，他还把手举得高高的，一脸焦急。

可我心里一直放不下他袖子里的那只右手。我知道，让他有勇气举起左手，只是给他的精神一种保护、一种抚慰，能使他有胆量举起那只无掌的右手，才意味着真正的灵魂的跃进。

那天，我讲解着单元测试。因为事先检查过，我知道黄涛做得很好。黄涛果然举起了手。我一直不叫他。问题快回答完了，我还是没叫他。

最后一道是最难的。只有黄涛举起了手。我看着他，不作声。

“老师，我会！”他急得喊了出来。

“黄涛，和别的同学一样，举起你的右手！”

黄涛怔住了。全班一片寂静。

“黄涛，举起你的右手。”

黄涛的泪水慢慢蓄满了眼眶。

“老师，他没有右手。”李薇怯生生地提醒我。

“举起你的右手。”

终于，黄涛慢慢举起了那只袖管套着的手臂。

“大家听着，黄涛什么也不缺，他也有右手，他的右手和你们的一样，有请求回答问题的权利。黄涛记着，不要隐藏你的右手，只有举起你的右手，你才有可能站起来！”

一年之后，黄涛又转学了，从他的信里我知道，他在入团仪式上举起了右手，在所有表决他意志和心愿的时候，他都举起了那只无掌的右手。他说：“老师，谢谢你把失去的右手还给了我，我永远记着你的话：只有举起你的右手，你才有可能站起来！”

后来我还听说，他再也不穿那种长袖子的衣服了。在夏天，他和别人一样穿着短袖衣服。

3 花边饺子[1]

肖复兴

小时候，包饺子是我家的一桩大事。那时候，家里生活拮(jié)据，吃饺子当然只能等到年节。平常的日子，破天荒地包上一顿饺子，自然就成了全家的节日。这时候，妈妈威风凛凛，最为得意，一手和面，一手调馅儿。馅儿调得又香又绵，面和得软硬适度，最后盆手两净，不沾一星儿面粉。然后妈妈指挥爸爸、弟弟和我，看火的看火，擀(gǎn)皮的擀皮，送皮的送皮，颇似沙场点兵。

一般，妈妈总要包两种馅儿的饺子，一种肉馅儿，一种素馅儿。这时候，圆圆的盖帘儿上分两头码上不同馅儿的饺子，像是两军对垒，隔着楚河汉界。我和弟弟常捣乱，把饺子弄混，但妈妈不生气，用手指捅捅我和弟弟的脑瓜儿说："来，妈教你们包花边饺！"我和弟弟好奇地看妈妈将包了的饺子沿儿用手轻轻地一捏一捏，捏出一圈穗状

---

① 选入本书时，略有改动。

的花边儿，煞(shà)是好看，像小姑娘头上戴了一圈花环。我们却不知道妈妈耍了一个小小的“花招儿”，她把肉馅儿的饺子都捏上了花边儿，让我和弟弟连吃带玩儿地吞进肚里，自己和爸爸却吃那些素馅儿的饺子。

在那段艰苦的岁月里，妈妈的花边饺子，给了我们难忘的记忆。但是，这些记忆，都是到了自己做父亲的时候，才开始清晰起来，仿佛它一直沉睡着，必须我们用亲历的代价才可以把它唤醒。

自从我能写几本书以后，家里经济状况好转，饺子不再是什么大餐。想起那些辛酸和我不懂事的日子，想起妈妈自父亲去世后独自一人艰难度日的情景，我觉得不能让妈妈在吃的方面再受委屈了。我动员妈妈到外面的餐馆开开洋荤，她连连摇头：“妈老了，腿脚不利索，懒得下楼啦！”有时我在菜市场上买来新鲜的鱼肉或时令蔬菜，回到家里自己做，但妈妈并不那么爱吃，只是尝几口便放下筷子。我便笑妈妈：“您呀，真是享不了福！”

后来，我明白了，尽管世上食品名目繁多，人们的口味花样翻新，妈妈雷打不动只爱吃饺子。那是她老人家几十年一贯历久常新的最佳食谱。我知道，让妈妈饱饱口福唯一的方法是常包饺子。每逢我买回肉馅儿，妈妈看出要包饺子了，立刻麻利地系上围裙，先去和面，再去调馅儿，绝对不让别人插手。那精气神儿，又回到了我们小时候。

有一年的大年初二，全家又包饺子。我要给妈妈一个意外的惊喜，因为这一天是她老人家的生日。我包了一个带糖馅儿的饺子，放进盖帘儿一圈圈饺子之中，然后对妈妈说："今儿您要吃着这个带糖馅儿的饺子，您一准儿是大吉大利！"

妈妈连连摇头，笑着说："这么一大堆饺子，我哪儿那么巧能有福气吃到？"说着，她亲自把饺子下进锅里，饺子如一尾尾小银鱼在翻滚的水花中上下翻腾，充满生趣。望着妈妈昏花的老眼，我看出来她是想吃到那个糖饺子呢！

热腾腾的饺子盛上盘，端上桌，我往妈妈的碟中先拨了三个饺子。第二个饺子妈妈就咬着了糖馅儿，惊喜地叫了起来："哟！我真的吃到了！"我说："要不怎么说您有福气呢？"妈妈的眼睛笑得眯成了一条缝。

其实，妈妈的眼睛实在是太昏花了。她不知道我要了一个小小的"花招儿"，用糖馅儿包了一个有记号的花边饺子。那曾是她老人家教我包过的花边饺子。

④ 在那颗星子下

——记我的中学生时代

舒　婷

母校的门口是一条笔直的柏油马路，两旁凤凰木夹荫。夏天，海风捋(luō)下许多花瓣，让人不忍一步步踩下。我的中学时代就是笼在这一片花雨红殷殷的梦中。

我哭过、恼过，在学校的合唱队领唱过，在恶作剧之后笑得喘不过气来。等我进入中年回想这种种，却有一件小事，像一只小铃，轻轻然而分外清晰地在记忆中摇响。

初一时，我们有那么多学科，只要把功课表上所有的课程加起来就够吓人的，有十一门课。当然，包括体育和周会。仅那个绷开线的大书包，就把我们勒得跟登山运动员那样善于负重。我私下又加了近十门课：看电影、读小说、钓鱼、上树……我自己也不知道，究竟是把读书当玩了，还是把玩当作读书。

学校规定，除了周末晚上，学生们不许看电影。老师们要以身作则，所以我每当大摇大摆屡屡犯规，都没有被当场逮住。

英语学期考试前夕，是星期天晚上，我撺掇另外三个女同学去看当时极轰动的《五朵金花》。我们咂着冰棍儿东张西望，一望望见了我们的英语老师和她的男朋友。他们在找座位。我努力想推测她看见了我们没有，因为她的脸那么红，红得那么好看，她身后的那位男老师（毫无根据地，我认定他也教英语）比我们的班主任辜老师长得还神气。

电影还没散场，我身边的三个座位一个接一个空了。我的三个“同谋犯”或者由于考试的威胁，或者良心的谴责，把决心坚持到底的我撂在一片惴惴然的黑暗之中。

在出口处，我和林老师悄悄对望了一眼。我撮（cuō）起嘴唇，学吹一支电影里的小曲（其实我根本不会吹口哨，多少年苦练终是无用）。在那一瞬间，我觉得她一定觉得歉疚。为了寻找一条理由，她挽起他的手，走入人流中。

第二天我一觉醒来，天已大亮。老外婆舍不得开电灯，守着一盏捻小了的油灯打瞌睡，却不忍叫醒我起来早读。我顿足大呼，只好一路长跑，幸好离上课时间还有十分钟。

翻开书，眼前像骑自行车在最拥挤的中山路，脑子立即做出判断，哪儿人多，哪儿有空当可以穿行，自然而然有了选择。我先复习状语、定语、谓语这些最枯燥的难点，然后是背单词。上课铃响了，b-e-a-u-t-i-f-u-l，beautiful，美丽的。“起立！”“坐下。”赶快，再背一个。老师讲话都没听见，全班至少有一半人嘴里像我一样咕噜咕噜。

考卷发下来，我发疯似的赶着写，趁刚才从书上复印到脑子的字母还新鲜，把它们像活泼的鸭群全撵(niǎn)到纸上去。这期间，林老师在我身旁走动的次数比往常多，停留的时间似乎格外长。以致我和她，说不准谁先扛不住，就那样背过气去。

成绩发下来，你猜多少分？一百一十三分！真的，附加两题，每题十分，我全做出来了。虽然 beautiful 这个单词还是错了，被狠狠扣了七分，从此我也把这个叛逃的单词狠狠揪住了。

那一天，别提走路时我的膝盖抬得有多高。

慢！

过几天是考后评卷，我那林老师先把我一通夸，然后要我到黑板示范，只答一题，我便像根木桩戳(chuō)在讲台边不动了。她微笑着，惊讶地，仿佛真不明白似的，在五十双眼睛前面，把我刚刚得了全班第一名的考卷，重新逐条考过。你猜，重打的分数是多少？四十七分。

课后，林老师来教室门口等我，递给我成绩单，英语一栏上，仍然是叫人不敢正视的“优”。

她先说：“你的强记能力，连我也自叹不如。以前，我在这一方面也是很受我的老师称赞的。”沉默了一会儿，只听见一群相思鸟在教室外的老榕树上幸灾乐祸。她又说：“要是你总是这么糟蹋它，有一天，它也会疲累的。那时，你的脑子里还剩了些什么？”

还是那条林荫道，老师纤细的手沉甸甸地搁在我瘦小的肩上。她送我到公园那个拐弯处，我不禁回头深深望了她一眼。星子正从她的身后川流成为夜空，最后她自己也成为一颗最亮的星星，在记忆的银河中，我的老师。

阅读实践

活动一

阅读本组文章，找出文中具体的人、事、物，体会作者表达的情感。

《集体创作》

具体事件："我"上学时与同桌合作写作文，被老师批评。

表达的情感：发愤图强，不甘落后，以及对童年趣事的回味。

《举起你的右手》

具体事件：

表达的情感：

《花边饺子》

具体事件：

表达的情感：

《在那颗星子下——记我的中学生时代》

具体事件：

表达的情感：

任选一篇文章，把你最喜欢的一个人物的情感变化，用精练的词语概括并梳理到下图中。完成后，在组内进行交流。

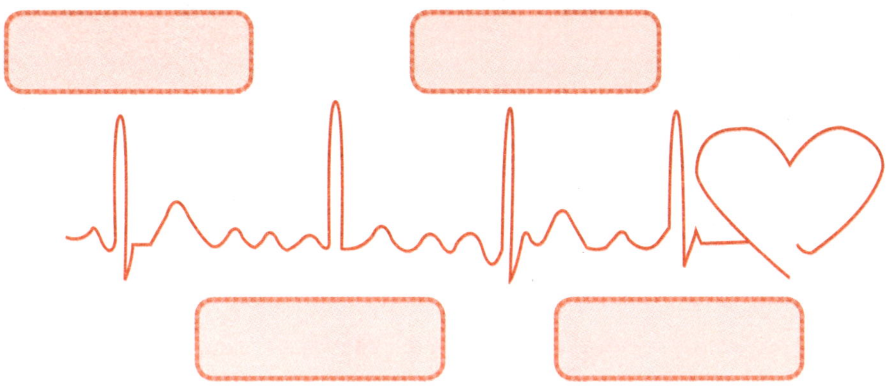

活动三

我们的心情不同，对身边事物的感受也会有所变化。选择你印象最深的一个场景，回忆事情的经过和当时的心情，理清思路写下来。注意把真情实感自然地表达出来。

自由阅读一

通过阅读前面的文章，我们不仅感受到了阅读的快乐，还体会到了作者的真情实感。

自由阅读下面这组文章，借助批注，感悟作者是如何表达时间的易逝、童年生活的多彩的，并思考这样表达的好处。

1 明日歌

[明] 钱福

明日复①明日，明日何其②多。

我生待明日，万事成蹉跎（cuō tuó）③。

世人苦被明日累④，春去秋来老将至。

朝看水东流，暮看日西坠⑤。

百年⑥明日能几何？请君听我《明日歌》。

注释

① 复：再，又。

② 何其：何等，多么。

③ 蹉跎：指虚度光阴。

④ 累：牵累，妨碍。

⑤ 坠：落下。

⑥ 百年：指人的一生。

一个明天接着又一个明天，明天是何等的多呀！如果我们一生总是等明天，那么就会虚度光阴，结果一事无成。世上的人若是被等明天所牵累，春去秋来一年年就变老了。早晨看那水东流，晚上看那夕阳西下。人的一生能有多少个明天呢？请你听听我的《明日歌》。

② 时间是一把剪刀

汪静之

时间是一把剪刀，
生命是一匹锦绮(qǐ)；
一节一节地剪去，
等到剪完的时候，
把一堆破布付之一炬！

时间是一根铁鞭，
生命是一树繁花；
一朵一朵地击落，
等到击完的时候，
把满地残红踏入泥沙！

你觉得时间是什么？生命又是什么？它们之间有着怎样的关联？

③ 时光老人的礼物（节选）

袁　鹰

你把东风带给树枝，
让小鸟快活地飞上蓝天；
你把青草带给原野，
让千万朵鲜花张开笑脸。

全诗运用了拟人的修辞手法，感觉在跟时光老人对话。

你把阳光带给山谷，
让积雪化成淙淙的泉水；
你把细雨带给田地，
让种子闻到泥土的香味……

你把春天带给我们，
这份礼物比什么都珍贵。
人说一寸光阴一寸金，
你比黄金要贵上千万倍！

世界上再没有谁，
比你更慷慨更公正；
你把一年的大好时光，
同样地给我们每人一份。

三百六十五天，
谁也不多，谁也不少；
就看我们呀——
能不能把你安排得最好。

懒惰的人整天东荡西游，
你就从他身边悄悄溜走；
把一大堆没做完的事情，
一股脑儿丢在他的面前。

糊涂的人整天没头没脑，
你去远了他一点不知道；
人家都在使劲要赶上你，
他总是摇头说还早还早。

我们可不糊涂也不懒惰，
少先队员谁也不肯落后；
因为我们知道：
你的马车一去，就不再回头。

工地上成堆的器材和砖瓦，
转眼就变成工厂和高楼；
跨过河流，穿过隧道，
新的铁路每天在往前走。

在祖国的每一寸土地上，
谁都抓住你不肯放松；
只有虚度时光的人，
才会一次又一次脸红。

读完诗歌，你想对时光老人说些什么？

相信我吧，时光老人，
我们跟往年一样地热爱着你；
当每天晚上撕下一张日历，
难道能向祖国交上白卷？

④ 生命的三分之一

邓　拓

一个人的生命究竟有多大意义，这有什么标准可以衡量吗？提出一个绝对的标准当然很困难，但是，大体上看一个人对待生命的态度是否严肃认真，看他对待劳动、工作等等的态度如何，也就不难对这个人的存在意义做出适当的估计了。

古来一切有成就的人，都很严肃地对待自己的生命，当他活着一天，总要尽量多劳动、多工作、多学习，不肯虚度年华，不让时间白白地浪费掉。我国历代的劳动人民以及大政治家、大思想家等都莫不如此。

班固写的《汉书·食货志》上有下面的记载：

> 冬，民既入；妇人同巷，相从夜绩，女工一月得四十五日。

这几句读起来很奇怪，怎么一月能有四十五天呢？再看原文底下颜师古做了注解，他说："一月之中，又得夜半为十五日，共四十五日[1]。”

这就很清楚了。原来我国的古人不但比西方各国的人更早地懂得科学地、合理地计算劳动日，而且我们的古人老早就知道对于日班和夜班的计算方法。

一个月本来只有三十天，古人把每个夜晚的时间算作半日，就多了十五天。从这个意义上说来，夜晚的时间实际上不就等于生命的三分之一吗？

原来“生命的三分之一”是指夜晚的时间。

对于这三分之一的生命，不但历代的劳动人民如此重视，而且有许多大政治家也十分重视。班固在《汉书·刑法志》里还写道：

（秦始皇）躬操文墨，昼断狱，夜理书。

有的人一听说秦始皇就不喜欢他，其实秦始皇毕竟是中国历史上的一个伟大人物，班固对他也还有一些公平的评价。这里写的是秦始皇在夜间看书学习的情形。

据刘向的《说苑》[2]所载，春秋战国时有许多国君都很注意学习，如：

---

① 共四十五日：此处与颜师古的原文有出入，原文是“凡四十五日也”。

② 刘向的《说苑》：刘向，西汉文学家，擅长辞赋文章，著有《新序》《说苑》等书。《说苑》，按类纂辑先秦至汉代的遗文逸事，以诸子言行为主，包含许多有关国家兴亡的哲理格言，对后世小说有一定影响。

晋平公问于师旷[1]曰："吾年七十，欲学，恐已暮矣。"师旷曰："何不炳烛乎？"

在这里，师旷劝七十岁的晋平公点灯夜读，拼命抢时间，争取这三分之一的生命不至于继续浪费，这种精神多么可贵啊！

《北史·吕思礼传》记述这个北周大政治家生平勤学的情形是：

虽务兼军国，而手不释卷。昼理政事，夜即读书，令苍头执烛，烛烬夜有数升。

光是烛灰一夜就有几升之多，可见他夜读何等勤奋了。像这样的例子还有很多。

为什么古人对于夜晚的时间都这样重视，不肯轻易放过呢？我认为这就是他们对待自己生命的三分之一的严肃认真态度，这正是我们所应该学习的。

我之所以想利用夜晚的时间，向读者同志们做这样的谈话，目的也不过是要引起大家注意珍惜这三分之一的生命，使大家在整天的劳动、工作以后，以轻松的心情，领略一些古今有用的知识而已。

---

① 师旷：春秋时晋国人，晋平公时为乐师，盲人，善辨音律。

5 岁月的目光

赵丽宏

岁月的目光，无时无刻不在审视着这个世界上的每一个人。它能穿透一切峭岩高墙，能逾越一切湖海大川，也能剖视一切灵魂，不管你是高尚还是卑微。

只要活着，你就不可能是雕像，在原地一动不动。也许你正在气宇轩昂地阔步前行；也许你无奈地在原地徘徊；也许，你不敢正视前方，瑟缩地一步步往后退却……

这一切，都无法躲避岁月的目光。

岁月把你的一切举动都看在眼里。它不会为你喝彩，不会为你叹息，更不会为你流泪。然而它会掠过你的心灵，使你领悟到时光对于你的意义。

心怀着远大目标阔步前行的人，总能和迎面而来的岁月的目光相逢。这是闪电般的撞击。岁月用灿烂的目光凝视你，你用坦然的眼神回望它，有多少晶莹的火星，在这相互的凝望中飞扬闪烁。如果这世界曾笼罩黑暗，这样的目光交流，会照亮朦胧的夜空。前进的脚步声是多么美妙的音乐！只有行进中的人，才能发现岁月赞叹的目光。

如果你在原地徘徊,岁月的目光也不会和你擦肩而过。只要你还醒着，哪怕你因为羞愧无法抬头，你也能看到，迎面逼过来的岁月，正用炯炯眼神扫射你凌乱曲折的脚印……

如果你在颓丧中后退，岁月不会因此而停止了它的脚步。当岁月之河在你的身边哗哗流过时，你会发现，它的目光犹如针芒，刺灼着你的双脚。如果你还没有昏庸到神志不清，你会在它的刺灼中一跃而起。

是的，所有的人都会被岁月的流水淹没。而那些无愧于人生、无愧于岁月的人，会成为美丽的雕像，站立在岁月的河畔，岁月的目光将久久地抚摸他们，让后来的人们在它灼灼的凝视中欣赏他们，发现他们曾经把生命的火花燃烧得何等灿烂夺目。

岁月的目光无时无刻不在审视着你。你感觉岁月的目光像什么?

抬起头来，朋友，迎着岁月的目光，脚踏实地向前走。让你的目光，在行进中和岁月交流。只要你向前走着，你一定会看到，在人生的旅途上，到处是目光和目光的交流，它们如霞飞电闪，辉映着生活，辉映着我们的世界。

6 童年——愚騃（ái）而神圣[1]

林海音

我的生活兴趣很广泛，也很平凡。

我喜欢热闹，怕寂寞，从小就爱往人群里钻。

> 一个“钻”字，形象地写出了“我”爱热闹的劲儿。

记得小时候在北京的夏天晚上，搬个小板凳挤在大人群里听鬼故事，越听越怕，越怕越听。

猛一回头，看见黑黝黝的夹竹桃花盆里，小猫正在捉壁虎，不禁吓得呀呀乱叫。但是把板凳往前挪挪，仍是怂（sǒng）恿（yǒng）着大人讲下去。

在我七八岁的时候，北京有一种穿街绕巷的“唱话匣子的”，给我很深刻的印象。

也是在夏季，每天晚饭后，抹抹嘴急忙跑到大门外去张望。先是“卖晚香玉的”来了，用晚香玉串成美丽的大花篮，一根长竹竿上挂着五六只，妇女们喜欢买来挂在卧室里，晚上满室生香。

---

① 本文是林海音为小说《城南旧事》而写，选入本书时略有删改。騃，傻。

再过一会儿，“换电灯泡儿的”又过来了。他背着匣子，里面全是些新新旧旧的灯泡，贴几个钱，拿家里断了丝的跟他换新的。到今天我还不明白，他拿了旧灯泡去做什么用。

然后，我最盼望的“唱话匣子的”来了。

看见那人背着“话匣子”（后来改叫留声机，现在要叫电唱机了），提着胜利公司商标上那个狗听留声机的那种大喇叭，我便飞跑进家，一定要求母亲叫他进来。母亲被搅不过，总会依了我。只要母亲一答应，我又拔脚飞跑出去，还没跑出大门就喊：“唱话匣子的，别走！别走！”

童年的记忆很多，作者为什么选取这件事来写？她想表达怎样的情感？

其实那个唱话匣子的看见我跑进家去，当然就会在门口等着，不得到结果，他是不会走掉的。

讲价钱的时候，门口围上一群街坊的小孩和老妈子。讲好价钱进来，围着的人便会挨挨蹭蹭地跟进来，北京的土话这叫作“听蹭儿”。

我有时大大方方地全让他们进来，有时讨厌哪一个便推他出去，把大门“砰”地一关，好不威风！但大部分是母亲的爱心教训我，全让进来的时候多。

唱话匣子的人，把那大喇叭安在匣子上，然后装上百代公司的唱片。

片子转动了，先是那两句开场白：“百代公司特请梅兰芳老板唱《宇宙锋》。”金刚钻的针头在早该退休的唱片上摩擦出吱吱扭扭的声音，嗞嗞啦啦地唱起来了，有时像猫叫，有时像破锣。如果碰到新到的唱片，还要加价呢！不过因为熟主顾，最后总会饶上一片“洋人大笑”，还没唱呢，大家就笑起来了，等到真正洋人大笑时，大伙儿更笑得凶，乱哄哄地演出了皆大欢喜的“大团圆”结局。

再谈我小时候常去的“城南游艺园”，这是在北京出名了几十年的综合游乐场所。

妈妈那时候交给老妈子一块钱（多么有用的一块钱！），叫她带我们小孩子到“城南游艺园”去，就可以消磨一整天和一整晚。

那时候的老妈子也真够厉害，进了游艺园就得由她安排，她爱听张笑影的文明戏《锯碗丁》《春阿氏》，我就不能到大戏场里听雪艳琴的《梅玉配》。

后来去熟了，胆子也大了，便找个题目——要两大枚（两个铜板）上厕所，溜出来到各处乱闯。看穿燕尾服的变戏法儿，看扎着长辫子的姑娘唱大鼓，看露天电影郑小秋的《空谷兰》。

大戏场里，男女分座（包厢例外），有时观众在给“扔手巾把儿的”叫好，摆瓜子碟儿的，卖玉兰花的，卖糖果的，要茶钱的，穿来穿去，吵吵闹闹，有时或许赶上一位发脾气的观众老爷飞茶壶。

戏台上这边贴着戏报子，那边贴着“奉厅谕：禁止怪声叫好”的大字，但是看了反而使人嗓子眼儿痒痒，非喊两声“好”不过瘾。

大戏总是最后散场，已经夜半，雇洋车回家，刚上车就睡着了。

我不明白那时候的大人是什么心理，已经十二点多了，还不许入睡，坐在她们（母亲或是老妈子）的身上，打着瞌睡，她们却时时摇动你说：“别睡！快到家了！”

后来我问母亲，为什么不许困得要命的小孩睡觉？母亲说，一则怕着凉，再则怕睡得魂儿回不了家。

多少年后，城南游艺园改建成屠宰场，城南的繁华早已没落了，偶然从那里经过，便有不胜今昔之感。

这并非是眷恋昔日的热闹的生活。

那时的社会习俗并不值得一提，只是因为那些事情都是在童年经历的。

那是真正的欢乐，无忧无虑，不折不扣的欢乐。

7 挖荠菜

张 洁

我对荠菜，有着一种特殊的感情……

小的时候，我是那么馋！刚抽出嫩条还没打花苞的蔷薇枝，把皮一剥，我就能吃下去；刚割下来的蜂蜜，我会连蜂房一起放进嘴巴里；更别说什么青玉米棒子、青枣、青豌豆啰。所以，只要我一出门儿，碰上财主家的胖儿子，他就总要跟在我身后，拍着手、跳着脚地叫着："馋丫头！馋丫头！"羞得我连头也不敢回。

我感到又羞恼，又冤屈！七八岁的姑娘家，谁愿意落下这么个名声？可是有什么办法呢？我饿啊！我真不记得什么时候，那种饥饿的感觉曾经离开过我，就是现在，每当我回忆起那个时候的情景，留在我记忆里最鲜明的感觉，也还是一片饥饿……

吃那些没收进主人家仓房里的东西，我还一次也没有被人家抓到过。倒不是因为我的运气格外好，而是人们多半并不想认真地惩罚一个饥饿的孩子。可有一次，我在财主家的地里掰玉米棒子，被他的大管家发现了，他立刻拿着一根又粗又直的木头棒子，毫不留情地紧紧向我追来。

我没命地逃着。我想我一定跑得飞快，因为风在我的耳朵旁边呼呼直响。不知是我被吓昏了，还是平时很熟悉的那些田间小路有意捉弄我，为什么面前偏偏横着一条小河？追赶我的人越来越近了。我害怕到了极点，便不顾一切地纵身跳进那条河。

河水并不很深，但是足以没过我那矮小的身子。我一声不响地挣扎着、扑腾着，身子失去了平衡。冰凉的河水呛得我好难受，我几乎背过气去，而河水却依旧在我身边不停地流着、流着……在由于恐怖而变得混乱的意识里，却出奇清晰地反映出岸上那个追赶我的人的残酷的笑声。

我简直不知道我是怎么样才爬上对岸的。更使我丧气的是脚上的鞋子不知什么时候掉了一只。我实在没有勇气重新回头去找那只丢失了的鞋子，可我也不敢回家。我怕妈妈知道。不，我并不是怕她打我。我是怕看见她那双被贫困的生活折磨得失去了光彩的、哀愁的眼睛。那双眼睛，会因为我丢失了鞋子而更加暗淡。

我独自一人游荡在田野里。太阳落山了，琥珀色的晚霞渐渐地从天边退去。远处，庙里的钟声在薄暮中响起来。

羊儿咩咩地叫着，由放羊的孩子赶着回圈了；乌鸦也呱呱地叫着回巢去了。夜色越来越浓了，村落啦，树林子啦，坑洼啦，沟渠啦，好像一下子全都掉进了神秘的沉寂里。我听见妈妈在村口焦急地呼唤着我的名字，只是不敢答应。一种比饥饿更可怕的东西平生头一次潜入了我那童稚的心……

作者在此处描写的这种“比饥饿更可怕的东西”，在你看来是什么？

说过了这些，人们也许会理解我为什么对荠菜有着那么特殊的感情。

经过一个没有什么吃食可以寻觅，因而显得更加饥饿的冬天，大地春回、万物复苏的日子重新来临了！田野里长满了各种野菜：雪蒿、马齿苋(xiàn)、灰灰菜、野葱……最好吃的是荠菜。把它下在玉米糊糊里，再放上点盐花，真是无上的美味啊！而挖荠菜时的那种坦然的心情，更可以称得上是一种享受：提着篮子，迈着轻捷的步子，向广阔无垠的田野里奔去。嫩生生的荠菜，在微风中挥动它们绿色的手掌，招呼我，欢迎我。我再也不必担心有谁会拿着大棒子凶神恶煞似的追赶我，我甚至可以不时地抬头看看天上叽叽喳喳飞过去的小鸟，树上绽开的花儿和蓝天上白色的

“我”当时的坦然、喜悦之情溢于言表。

云朵。那时，我的心里便会不由得生起一个热切的愿望：巴不得这个世界上的一切，都像荠菜一样是属于我们每一个人的。

解放以后，我进了城。偶然，在大菜场里，也可以看到人工培植的荠菜出售。长得肥肥大大的，总有半尺来长，洗得干干净净，水灵灵的。一小扎，一小扎，码得整整齐齐地摆在菜摊子上，价钱也不贵。可我，总还是怀念那长在野地里的荠菜，就像怀念那些与自己共过患难的老朋友一样。

多少年来，每到春天，我总要挑个风和日丽的日子，带上孩子们到郊区的野地里去挖荠菜。我明白，孩子们之所以在我的身旁跳着，跑着，尖声地打着呼哨，多半因为这对他们来说，是一种有趣的游戏——和煦的阳光，绿色的田野，就像一幅优美的风景画似的展现在他们面前，使他们的身心全都感到愉快。他们长大一些之后，陪同我去挖荠菜，似乎就变成了对我的一种迁就了，正像那些恭顺的年轻人，迁就他们那些因为上了年纪而变得有点怪僻的长辈一样。这时，我深感遗憾，他们多半不能体会我当年挖荠菜的心情！

等到我把一盘用精盐、麻油、味精、白糖精心调配好的荠菜放到餐桌上去的时候（小的时候，我可是做梦也没有想到我那可爱的荠菜会享受到今天这样的“荣华富贵”），他们也还是带着那种迁就的微笑，漫不经心地用筷子挑上几根荠菜……看着他们那双懒洋洋的筷子，我的心里就像翻倒了五味瓶，什么滋味都有。因为我知道，这种赏光似的迁就，并不只是表现在对挖荠菜这一桩事情上，它还表现在对我们这一代人的一些见解和行为上。在他们看来，我们的有些见解和行为，都像陈列在博物馆里的出土文物——离他们的现实生活太远了，不顶用了。自然，我也并不认为我们的见解和行为就完全正确。只要他们不觉得厌烦，我甚至愿意跟他们谈谈我们在探索人生方面曾经走过的弯路，以便他们少付出一些不必要的代价。我真希望我们之间不要成为隔膜很深的两代人，而是心心相通的朋友。

孩子，让我们多谈谈心吧，让妈妈多讲讲当“馋丫头”时的故事给你们听吧。想想你们妈妈当年挖荠菜的情景，你们就会珍爱荠菜，珍爱生活。你们就会懂得什么是幸福，怎样才会得到幸福。

讲以前的故事给大家听，是为了忆苦思甜，让我们更加珍惜现在的美好生活。

⑧ 我最喜欢的一门功课

高洪波

语文是我最喜欢的一门功课。故而回忆童年生活，语文所给予我的美妙之感就油然而生。

语文首先带给我奇妙的形象，譬如“两个黄鹂鸣翠柳，一行白鹭上青天”，全是鲜活的画面。诗句刚一诵读，就有一种齿颊含香的美感，春天，春水，加上浓浓的春意，借助数目字“两个”与“一行”，依靠颜色形容词“黄”“翠”“白”“青”组装在一起，让你觉得美不胜收，妙不可言，于是你只好死命地佩服一个叫杜甫的老爷子。背诵是要背诵的，可是杜甫（还有李白、苏东坡）的诗不像时下的政治考试题那样跟你较劲，你只需漫不经心地念叨一两遍，诗句就如同木楔(xiē)子一样钉进你的大脑，从此终身受用。

语文的第二个好处是捎给你许多知识，文字本身就是知识的载体，语文语文，责无旁贷。

我至今记得的知识是农业“八字宪法”，这八个字是

“土、肥、水、种、密、保、管、工”，20世纪50年代末期、60年代前期曾极力宣传推广的，属于“大办农业”的基础。作为一名小学生，于农业不甚了了，但是语文课中有这一课，便下决心背。这八个字含有口诀的意味，故而背起来容易，记牢了困难——第一次当着全班同学的面背课文，我对其中的“管、工”二字理解粗疏，被老师好一顿抢白。为了挣回面子，再背，终于直到今天仍能熟练记忆，只不知“八字宪法”还真的当不当“宪法”看待。

语文课带给你新鲜的知识，当然不光是“八字宪法”，动物、植物、山川、河流，国内、国外，各种知识都有，而且全是以一种高水平的文字传导出来，让你心悦诚服地接受。除了知识，我想语文课第三个好处是培养你的写作兴趣——你须造句、作文，还要学会对各种词汇的分析、识别，直至组合排列。我承认自己从小喜欢造句和作文，造句给你一种创作的原始快感，短短的几行文字，由你凭空造出，多有趣！作文要难一些，一般不少于八百字，可是题目诱惑你去投入：记一次春游、我的父亲、一件小事、读雷锋叔叔的日记、电影《在烈火中永生》观后感……你只要静下心捏住笔，略一思考，现成的句子就源源不断挤向你的笔尖，不一会儿，一篇作文就完成了。于是你得意地欣赏一遍，挑拣出几个错别字（一般挑拣不出来），合上作文本，愉快万分地去与小伙伴做游戏了。

写完作文后的感觉十分独特，很接近一种被马斯洛称为“自我实现”的境界，虽然极短暂，可是的确让你着迷。也许正是这种感觉，才促使我选择了今天被称为“作家”的职业。

作者最喜欢语文，是因为在他看来，语文有三大好处。请把语文的好处画出来，读一读。

语文课，中小学生的福音，童年的梦幻工厂，笔与纸神奇交会之后，让你感觉妙趣横生的一种智力游戏。

愿你们都喜爱语文。

9 我的12岁生日

黄雅琪

放寒假了，我的生日也快要到了。生日的前几天，我每天早上睁开眼睛的第一件事就是问妈妈："今天几号了？我的生日是不是到了？"接着，我会反复地翻看日历，掰着指头数日子，还在心里一遍又一遍描绘生日那天的欢乐情景，恨不得生日马上来临。可就在这几天里，有关新冠肺炎的消息突然多了起来，疫情的形势似乎越来越严峻，防控措施也一天比一天严格，我满怀期待的心里隐隐有些不安。

生日终于在热切的期盼中来临了。那天，我早早地就醒了，走到窗边，慢慢把玻璃上的雾气擦去——啊，下雪了！一片白茫茫的世界，马路上，屋顶上，树枝上，都覆盖着一层厚厚的雪。生日适逢初雪，一切都是那样美好。我穿上早已选定的漂亮衣服，顾不上吃饭，就急忙打开笔记本，再次温习那计划良久的日程安排。我心里美滋滋的，自言自语道："大家一起吹气球，吃生日蛋糕，做游戏……"

这时电话铃响了，我飞快地跑过去。“琪琪，我是乔乔。祝你生日快乐！因为疫情形势的变化，社区要求大家都待在家里。我没法去你家了，很抱歉……”顿时，我如同当头挨了一棒，脑子里一片空白。等我回过神来，电话里只剩下“嘟嘟”声。当电话铃声再一次响起，我却没有勇气拿起听筒。妈妈接完电话，走过来低声说：“琪琪，是轩轩，她也不能来了。”简单的话语却犹如晴天霹雳，我呆呆地坐着：不能见面，不能聚会，礼物、蛋糕和鲜花，还有我期待的那些快乐的场面自然也……我的心空空落落。虽然嘴里喃喃着“没事，没事，无所谓”，但失望的情绪如同窗外的雪花，在我的世界飘散开来。

我一声不吭地坐在沙发上看电视，无意识地拨弄着手上的遥控器，频道不知转换了多少个，节目却总是不能遂心。哎，为什么会这样？

“这些电视台怎么回事，能不能播放点好看的节目？”我生气地把遥控器往沙发上一撂，又一次走到窗前。窗外还是那片银装素裹的景色，我却不能静下心来欣赏了。爸爸看出了我的焦躁与惆怅，安抚我说：“小伙伴不能来，咱们换个方式庆祝吧。

同样的情景，因为心情发生了变化，感受自然也不一样。

你不是最爱吃火锅吗？我去离家近的那家火锅食材店看看，买些你爱吃的回来。”

爸爸的提议使我的心情略有好转。是呀！虽比不上原计划，但这样庆祝生日也不错，退而求其次吧。爸爸穿上羽绒服，戴好口罩匆匆出了门。过了一会儿，他两手空空地回来了。“火锅食材店也因为疫情没有开门。”爸爸的话语里充满了歉意。站在那里，我一动不动，沮丧与失落的情绪占据了我的心。我的眼睛渐渐模糊了，眼泪顺着脸颊无声地向下流。

妈妈赶紧把我搂到怀里，温柔地拍着我的背，在我耳边低语：“宝贝，等疫情结束后，再给你补过一个生日，好不好？”我趴在妈妈怀里不说话，任眼泪肆意流淌……

过了好一会儿，我终于平复了情绪，抬起头看着妈妈充满怜爱的眼睛，哽咽地说：“这是意外，我知道。都怪那讨厌的新冠病毒，它破坏了我的生日聚会。”妈妈温柔地抚摸着我的头：“是的，孩子。因为新冠疫情的影响，很多人的生活都发生了改变。为了我们的生命健康，医护人员、社区志愿者，还有警察，他们舍小家顾大家，冲在抗疫最前线。我们待在家里，已经是一种莫大的幸福。虽然你的12岁生日会过得简单一点，但我们要知足，要感恩，要保持心情的愉快。”听了妈妈的话，我陷入沉思。是呀！医生、护士、警察、火神山医院的建设者和无数的社区工作人员，这些逆行者都在拼尽全力，保护我们的安全……

“琪琪，快来看！我干得怎么样？”爸爸的声音从我的房间里传出来，把我的思绪拉了回来。走进房间一看，呵！五颜六色的气球粘在墙壁上、书柜上，烘托出一派欢乐喜庆的气氛。看到这一切，我紧走几步，搂住爸爸的腰，仰着脸，微笑着说：“爸爸，谢谢您！”爸爸用手擦去我眼角的泪痕，温和地说：“今天我的小公主过生日，一定要漂漂亮亮的。气氛也要搞起来！”说完，我们三个人都笑了。

由于新冠疫情的影响，这个生日没有蛋糕，没有鲜花，也没有小伙伴。可是小伙伴们真诚的祝福，爸爸妈妈的悉心关怀，已令我十分满足。屋外，寒气逼人，雪花如柳絮，如芦花，如鹅毛，飘飘洒洒；屋里，温暖如春，我们一家围坐在桌子前吃着简单可口的家常菜，有说有笑，是那么和谐温馨。是呀！即使因为疫情的影响，不能出门，不能聚会，我们也要保持积极乐观的心态，过好每一天。我也更加深刻地体会到：正是因为那些平凡而伟大的人的勇于担当，无私奉献，默默守护，我们才能安心生活。

融情于景，自然流露出作者的真实感受。

感谢生活，赐予我那么多美好。这个特殊的12岁的生日，令我难忘。

（学生习作　指导教师 邵姗）

日积月累

在一个人民的国家中还要有一种推动的枢纽，这就是美德。

——孟德斯鸠

应该热心地致力于照道德行事，而不要空谈道德。

——德谟克里特

害羞是畏惧或害怕羞辱的情绪，这种情绪可以阻止人不去犯某些卑鄙的行为。

——斯宾诺莎

自由阅读二

真情像溪水一样静静流淌于生活之中，当我们用心去感受时，就会发现人性之美。阅读本组文章，感受生活中的真善美，并联系自己的生活实际，体会文章蕴含的道理。

1 给家乡孩子的信①

巴 金

亲爱的同学们：

你们好！

谢谢你们写信给我，一大堆信！我数了数，一共40封，好像你们都站在我面前，争先恐后，讲个不停，好不热闹！家乡的孩子们，谢谢你们给我这个老人带来温暖。

在生病、写字困难的情况下，巴金爷爷依然拿起笔给家乡的孩子们回信，流露出老人对家乡孩子的爱与期望。

我有病，写字困难，捏着

① 选入本书时，略有改动。

笔，手不听指挥，不说给每个同学写一封回信，或者像五年级郭小娟同学所要求的那样写一段话，就是只给你们大家回一封短信也十分吃力，有时候在我的手里一支笔会有千斤重。怎么办呢？无论如何，我不能辜负你们的好意，我不能使家乡的孩子们失望，我终于拿起了笔。

请原谅，我今年不能回家乡。并不是我不愿意看望你们，正相反，我多么想看见你们天真的笑脸，多么想听见你们歌唱般的声音，但是我没有体力和精力支持这一次长途的旅行。那么就让这封信代替我同你们见面吧。

不要把我当成什么杰出人物，我只是一个普通人。我写作不是我有才华，而是我有感情，对我的祖国和同胞我有无限的爱，我用作品表达我的这种感情。我今年 87 岁，今天回顾过去，说不上失败，也谈不上成功，我只是老老实实、平平凡凡地走了这一生。我思索，我追求。我终于明白生命的意义在于奉献而不在于享受。我在回答和平街小学同学们的信中说："我愿意再活一次，重新学习，重新工作，让我的生命开花结果。"

"开花"并非指自然意义上的开花，而是指人生放出光彩，生命的意义在于奉献而不在于享受。

有人问我生命开花是什么意思。我说："人活着不是为了白吃干饭，我们活着就是给我们生活在其中的社会添上一点光彩。这个我们办得到，因为我们每个人都有更多的爱，更多的同情，更多的精力，更多的时间，比维持我们自己生存所需要的多得多。只有为别人花费了它们，我们的生命才会开花。一心为自己，一生为自己的人什么也得不到。"

我和别人一样，也希望看到自己的生命开花。但是我不可能再活一次。过去我浪费了不少的光阴，现在我快走到路的尽头，剩下的日子已经不多了。我十分珍惜这有限的一分一秒。

亲爱的家乡的孩子们，我真羡慕你们，你们前面有无比宽广的道路，你们心里有那么多美好的事物，爱惜你们可以使用的宝贵时间，好好地学习吧，希望在你们身上。

我真诚地祝福你们！

巴金

1991 年 5 月 15 日

2 掮(qián)枪的生活[①]

叶圣陶

我当中学生的时代在清朝末年，那时候厉行军国民教育，所以我受过三年多的军事训练。现在回想起来，旁的也没有什么，只那掮枪的生活倒是颇有兴味的。

我们那时候掮的是后膛枪，上了刺刀，大概有七八斤重。腰间围着皮带。皮带上系着两个长方形的皮匣子，在左右肋骨的部位，那是预备装子弹的。后面的左侧又系着刺刀的壳子。这样装束起来，俨(yǎn)然是个军人了。

我们平时操小队教练、中队教练，又操散兵线，左右两旁的伙伴离得特别开，或者直立预备放，或者跪倒预备放，或者卧倒预备放。当卧倒预备放的时候，胸、腹、四肢密贴着草和泥土，有一种说不出来的快感。待教师喊出“举枪——放！”的口令的时候，右手的食指在发弹机上这么一扳，更是极度兴奋的举动。

---

① 掮枪的生活：这里指作者的军训生活。掮，用肩扛。

有时候我们练习冲锋，斜执着上了刺刀的枪，一拥而前。不但如此，还要冲上五六丈高的土堆。土堆的斜坡很有点儿陡峭，我们不顾，只是脚不点地地往上冲，嘴里还要呐喊“啊！——啊！”，宛然有千军万马的气势。谁第一个冲到土堆的顶上，就高举手里的枪，与教师手里的指挥刀一齐挥动，犹如占领了一座要塞。

有时候我们练习野外侦察，三个四个作一组，各走不同的道路，向田野或树林出发。如果是秋季的晴天，侦察就大有趣味。干草的甘味扑鼻而来；各种昆虫或前或后，飞飞歇歇，好像特地来与我们作伴；清水的池边，断栏的桥上，随处可以坐下来；阳光照在身上，不嫌其热，可是周身感到健康的快感。这当儿，我们差不多忘了教师讲的侦察时候应该注意些什么。我们高兴有这样的机会，从沉闷的教室里逃到空旷的原野里，做一回掮着枪的游散。

一年的乐事，秋季旅行为最。旅行的时候也用军法部勒。一队有队长，一小队有小队长。步伐听军号，归队和散队听军号，吃饭听军号，早起夜眠也听军号。我有几个同级的好友是吹号打鼓的好手，每逢旅行，他们总排在队伍的前头，显耀他们的本领。我从他们那里受到熏染，知道吹号打鼓与其他技艺一样，造诣也颇有深浅的差异，要沉着而又圆转，那才是真功夫。我略能鉴别吹奏的好坏，有几支军号的曲调至今还记得。

旅行不但掮枪、束子弹带，还要向军营里借了粮食袋和水瓶来使用。粮食袋挂在左腰间，水瓶挂在右腰间，里头当然装满了内容物。这就颇有点儿累赘了，然而我们都喜欢这样的装束，恨不得在背上再加上背包。其时枪也擦得特别干净，枪管乌乌的，枪柄上不留一点儿污迹，枪管子里面是人家所看不见的，可是我们也用心擦，直擦到用一只眼睛窥看的时候，来复线条条闪亮，耀着青光，才肯罢手。

旅行到了目的地，或者从轮船上起岸，或者从火车上下来，我们总是排成四行的队伍，开着正步，昂然前进。校旗由排头笔直地执着，军号军鼓奏着悠扬的调子，步伐匀齐，没有一点儿错乱。人家没有留心看校旗上的字，往往说“哪里来的军队”。听了这个话，我们的精神更见振作，身躯挺得更直，步子也跨得更大。有一年秋季旅行，到达目的地已经是晚上八点过后，天下着大雨，地上到处是水潭。我们依然开正步，保持着队伍的整齐形式。一步一步差不多都落在水潭里，皮鞋里完全灌满了水，衣服也湿透了，紧贴着皮肤。我们都以为这是有趣的佳遇，不感到难受。又有一年秋季，到南京去参观南洋劝业会。正走进会场的正门，忽然来一阵点儿很大的急雨。我们好像没有这回事，立停，成双行向左转，报数，搭枪架，然后散开，到各个馆里去参观。第二天《会场日报》刊登特别记载：某某中学到来参观，完全是军队的模样，遇到阵雨，队伍绝不散乱，学生个个精神百倍，如是云云。我们都珍重这一则新闻记事，认为是这一次旅行的荣誉。

旅行时候的住宿又是一件有味的事。往往借一处地方，在屋子里平铺着稻草，就把带去的被褥摊在上面。睡眠的号声幽幽地吹起来时，大家蚱蜢似的蹿向自己的铺位，解带子，脱衣服，都觉得异样新鲜，似乎从来没有做过的。一会儿熄灯的号声响了，就在一团黑暗里静待入睡。各人知道与许多伙伴在一起，差不多同睡在一张巨大的床上，所以并不感到凄寂。第二天醒来当然特别早，只等起身号的第一个音吹出，大家就站了起来，急急忙忙把自己打扮成个军人了。

从一个个细微而具体的生活场景中，不难看出同学们振奋的精神，情感也自然而然地流露出来了。

从前的掮枪生活，现在回想起来，颇带一些浪漫意味。这在当时主张军国民教育的人说来，自然是失败了，然而我们这批人的青年生活却因此得到了一些润泽。

③ 槐树花真香

王梓夫

晚霞在炽烈地燃烧着，似乎能听得见被它烤焦的树梢在噼啪作响，小山村显得更加恬(tián)静了；村头上有一棵洋槐树，槐花开得正盛，粉嘟嘟的，连晚霞里也溶进了它那淡淡的馨香。

开篇对小山村恬静环境的描写，渲染了美好、祥和的气氛。

洋槐树下坐着一位老奶奶。她已经很苍老了，头顶差不多全秃了，只有后脑勺处还有一绺(liǔ)乱麻似的白发。脸上的皱纹密密麻麻，眼窝很深，颧骨很高，像一块褐色的石头。她那裸露的瘦胳膊上，皮肉松懈地耷(dā)拉下来，上边沾着一块块栗子皮似的老年斑。她手里抚弄着两只毛茸茸的小雏(chú)鸡，冲着落日安详地坐着，一动也不动，似乎得到了一种永恒的满足。

在她的身边，是一个十二三岁的女孩。这姑娘长得像晚霞一样光彩动人。光润润的小脸蛋儿，水汪汪的大眼睛，还有潮乎乎的红嘴唇，都如含苞未绽的洋槐花一样的鲜嫩。

她正伏身在一块平展展的大石头上，面前放着铅笔盒、作业本，还有几块口香糖。她那只捏着钢笔的右手支着下巴，歪着头向远处凝视着，像是看着满天的彩霞，又像是看着老奶奶。

在她们脚下，是一条清凌凌的小溪，镀了金的溪水静静地流着，听不见一点儿声响。

女孩突然说话了，那声音像是从无边的遐想中寻找出来的："姥姥，您说，人为什么活着？"

"这太阳真美，槐树花真香。"老奶奶喃喃地说。

"姥姥，您给我说说呀。要不，我的作文完不成了。"

"真是的，我活了快八十岁，怎么就没工夫看看这太阳，闻闻这槐花呢？"

"姥姥，您快说呀，人到底为什么活着？"女孩显得有些焦急了。

"活着就是活着呗，还管它为什么！"老奶奶漫不经心地说。

"姥姥，您是怎么活过来的？"

"我那会儿也不想活。你姥爷死了，我本想跟他一起去，可放不下你妈。你妈才你这么大……"

"姥姥，您说的是什么呀？"

“为了你妈，我活下来了。这不，也是一辈子……”

女孩不再发问了。她望着山顶上的落日，又陷入了静静的沉思。那太阳很大，很红。

老奶奶又喃喃自语：“这太阳真美，槐花真香。”

作者反复提到的槐花，是贯穿全文的情感线索。

忽然，女孩那稚气的脸颊上闪过一道霞光，她似乎悟出了什么，埋下头在作业本上唰唰唰地写上了两行字：落山的太阳真美，盛开的槐花真香。

日积月累

人生所贵在知己，四海相逢骨肉亲。

——萨都剌

高山流水，非知音不能听。

——文天祥

恩德相结者，谓之知己；腹心相照者，谓之知心。

——冯梦龙

④ 搬掉心中的巨石

张亚凌

笃行，我的孩子，妈妈今天和你聊聊“困难”这个话题吧。

昨天，妈妈只是给你提了个建议。“我没那样做过，恐怕不行——我真的不行！”这，就是你当时的回答。已经过了一夜，想起你的回答，妈妈心里还是不踏实。今天，我们就来分析一下你的回答吧。

“我没那样做过”是你退缩想放弃的前提，“恐怕不行”是在这一前提下产生的不良心理预测，那个前提那种心理就“丰富了”你的想象，“我真的不行”是在想象中得出的结论。

因为没有经历过，你便在想象中把事情夸张成不可逾越的高山，便不愿去尝试！

经常喜欢看名人传记的你很崇拜林肯，今天，妈妈就给你说说林肯小时候经历的一件事——

在林肯小的时候，他的父亲以较低的价格买下了一处农场，之所以价格较低，是因为地上有很多石头。他母亲建议把石头搬走，但他父亲却说：“如果这些石头可以搬走的话，那原来的农场主早就搬走了，他也就不会把地卖给我们了。这些石头都是一座座小山头，与大山连着，哪里搬得完呢？”

有一天，当他父亲进城买马时，母亲带着他们挖那一块块石头。没用多长时间，他们就把石头搬光了。因为这些石头并不像父亲想象的那样，是一座座小山头，而是一块块孤零零的石块。只要往下挖一英尺，就可以把它们晃动。

这件事，对林肯的触动特别深，他说：“有些事人们之所以不去做，只是他们认为不可能。而许多不可能，只存在于人们的想象之中。”

其实每个人都会犯那样的错误——人为地把事情想象得太困难太复杂，从而失去了做事情的勇气！

曾经有人做过这样一个实验——湍急的河流上有座桥，不过桥中间横着块棱角锋利的巨石，那巨石占去了所有桥面。身体健硕力大无比的壮汉、经验丰富的长者和一个小孩子，他们奉命以最快的速度到达河对面并且返回。前两个人走近巨石，看了好一会儿，摇头而去，以各自最快的速度前往十里外的渡口。后来的小孩，他迟疑了一下，俯身弯腰，双手放在巨石上的裂缝间，一使劲，巨石竟然被推入河里——那仅仅是轻巧的模型而已。

力气小、没经验的小孩在较量中获胜！

也许在你看来这是一个可笑的实验，可是我的孩子，可笑的其实是人们的惯性思维——在想象中无限地夸大了困难，导致望而却步！

孩子，有想法并着手去尝试，人生才可能峰回路转。我们每个人一定不能在困难面前看扁自己！有人说，磨难是笔财富，这话并不完全正确。只有你战胜了磨难，在与磨难的较量中锻炼了自己、成就了自己，它们才会变成财富，否则，磨难也只是磨难！

孩子，你喜欢学习英语，不知你注意到没有，在英语里，“impossible”（不可能）加上小小一撇，就成了“I' m possible”（我是可能的）。这是不是也在提醒我们，在人生的字典里根本没有“不可能”，只要努力“一点”，一切都可以改变！

这位母亲运用了比喻的修辞手法，让孩子明白心中的“巨石”——困难、焦虑并不像想象的那样可怕。

搬掉你心中的巨石，就是搬掉潜伏在你心中的“不可能”！妈妈相信，你一定可以做到的！

5 母亲（节选）

肖复兴

小学高年级，我的自尊心其实是虚荣心突然胀胀的，像爱面子的小姑娘。妈妈（继母）没文化，针线活做得也不拿手，针脚粗粗拉拉的。从她来以后，我和弟弟的衣服、鞋，都是她来做。衣服做得很土气，洗得却干干净净。这时候，我开始嫌那对襟小褂土，嫌那前面没有开口的缅裆裤太寒碜，嫌那踢死牛的棉鞋没有五眼可以系带……我开始磨妈妈磨爸爸给我买商店里卖的衣服穿。这居然没有伤了她的心，她反倒高兴地说："孩子大了，长大了！"然后，她带我们到前门外的大栅栏去买衣服。上了中学以后，她总是把钱给我，由我自己去挑去买。而她只是在衣服的扣子掉了的时候帮我补上，衣服脏的时候埋头在那大瓦盆里洗不完地洗。

我甚至开始害怕学校开家长会，怕妈妈踩着小脚去，怕别人笑话我。我会千方百计地不要她去，而让爸爸参加。如果实在没有办法，她必须去，我会在开会前羞得很，会后又会臊不答答的，仿佛很丢人。前后几天，心都紧张得很，皱巴巴的，怎么也熨不平。其实，她去学校开家长会的机会极少，但我仍然害怕，我实在不愿意她出现在我们学校里。反正，那时我真够浑的。

一年暑假，我磨着要到内蒙古看姐姐。爸爸被我磨得没办法，只好答应了。听说学校开张证明，便可以买张半价的学生火车票。爸爸去了趟学校，碰壁而归。校长说学生只有去探望父母，才可以买半价学生票，看姐姐不行。我知道校长说出的话从来都是钉天的星。

妈妈说："我去试试！"

我不抱什么希望。果然，她也是碰壁而归。不过，她不是就此罢休，接着再去，接着碰壁。我记不清她究竟几进几出学校了。一天晚上，她去学校很晚没回家，爸爸着急了，让我去找。我跑到学校，所有办公室都黑洞洞的，只有校长室里亮着灯。我走到校长室门口，没敢进去。平日，我从不敢进校长室，只有那些违反校规、犯了错误的同学才会被叫进去挨训。我趴在门口听听里面有什么动静。没有。什么动静也没有。莫非没人？妈妈不在这里？再听听，还是没有一点儿声响。我趴窗户缝瞅了瞅，校长在，妈妈也在。两人演的是什么哑剧？

我不敢进去，也不敢走，坐在门口的石阶上等。不知过了多半天，校长的声音吓了我一跳：“大妈！我算服您了！给您，证明！我可是还没吃饭呢！”接着就听见椅子响和脚步声，吓得我赶紧像兔子一样跑走了，一直跑出学校大门。我站在离校门口不远的一盏路灯下，等妈妈出来。我老远就看见她手里攥着一张纸，不用说，那就是证明。

她走过来，我叫了一声：“妈！”愣愣地，吓了她一跳。她一见是我，把证明递给我：“明儿赶紧买车票去吧！”

回家的路上，我问她：“您用什么法子开的证明呀？”我觉得她能把那么厉害的校长磨得好说话了，一定有高招。

她微微一笑：“哪儿有啥法子！我磨姜捣蒜就是一句话：复兴就这么一个亲姐姐，除了姐姐还探啥亲？不给开探亲证明哪个理？校长不给开，我就不走。他学问大，拿我一个老婆子有啥法子！”

“妈！您还真行！”

说这话，我的脸好红。我不是最怕妈妈去学校吗？好像她会给我丢多大脸一样。可是，今天要不是她去学校，证明能开来吗？

虚荣心伴我长大。当浅薄的虚荣一天天减少，我才像虫子蜕皮一样渐渐长大成人。而那时候，我懂得多少呢？

在我心的天平上，一头是妈妈，一头却是姐姐。尽管妈妈为我付出了那样多，我依然有时忘记了妈妈的情意，而把天平倾斜在姐姐一边。

大约六年级那一年，我做了一件错事。姐姐逢年过节都要往家里寄点儿钱。那一次，姐姐寄来 30 元。爸爸把钱放进一个牛皮小箱里。那箱是我家最宝贵的东西，所有的“金银细软”都装在里面。那时所谓的“金银细软”，无非是爸爸每月领来的 70 元工资，全家的粮票、油票、布票之类。我一直顽固地认为，姐姐寄来的钱就是给我和弟弟的。如果没有我和弟弟，她是不会寄钱来的。爸爸上班后，我趁妈妈不在家的时候，走近那棕色的小牛皮箱。箱子只有一个铜钌(liào)铞(diào)儿，没有锁头，轻轻一掀，箱盖就开了。我记得挺清楚，5 元一张的票子 6 张躺在箱里，我抽走一张跑出了屋。那时，我迷上了文学，尤其是古典诗词。我从同学手中借了一本《千家诗》，全都抄了下来，觉得不过瘾，想再看看新的才解气。手中有一张“咔咔”直响的 5 元钱票子，我径直跑往大栅栏的新华书店。那时 5 元钱真经花，我买一本《宋词选》、一本《杜甫诗选》、一本《李白诗选》，还剩一块多钱。捧着这三本书，我像个得胜回朝的将军得意扬扬地回到家，一看家里没人，把书放下便跑到出租小人书的书铺，用剩下的钱美美地借了一摞书。我忘记了，那时 5 元钱对于每月只有 70 元收入的全家意味着什么。那并不是一个小数字。

我正读得津津有味，爸爸突然走进书铺。我这才意识到天已经暗了下来。我这才发现爸爸一脸怒气，叫我立刻跟他回家。一路上，他走在前面，我跟在后面，活像犯了错的小狗，耷拉着尾巴，垂着耳朵。我知道大事不好。果然，刚进家门，爸爸便忍不住，把我一把按在床上，抄起鞋底子狠狠地打在我的屁股上。爸爸什么话也不讲。我不哭，也没有叫。我和爸爸都心照不宣，我心里却在喊："姐姐！姐姐！你寄来的钱是给谁的？是给我的！我的！"

妈妈就站在旁边。她一句话也没说，就那么看着，不上来劝一劝，一直看着爸爸打完了我为止。

晚饭时，谁也不讲话，默默地吃，只听见嚼饭的声音，显得很响。妈妈先吃完饭，给爸爸准备明天上班带的饭，其实我天天看得见，但仿佛这一天才看清楚：只有两个窝头，一点儿炒土豆片而已。爸爸每天就吃这个。大冬天，刮多大风，下多大雪，也要骑车去，不肯花 5 分钱坐车，我却像大爷一样 5 元钱大把地花。我忽然感到很对不起爸爸，觉得是我错了，我活该挨打。妈妈不劝也是对的，为的是让我长个记性。

饭后，爸爸叮嘱妈妈：“明天买把锁，把箱子锁上！”

第二天，那个棕色小皮箱没有上锁。

第三天，妈妈仍然没有锁上它。

在以后的岁月里，那箱子对我始终没有上锁。为此，我永远感谢妈妈。那是一位母亲对一个犯错误孩子的信任。对于儿子，只有母亲才会把自己的一切向儿子敞开着……

妈妈向“我”敞开的不仅仅是小皮箱，还有一颗爱“我”的心。

阅读链接

肖复兴，当代作家。他的作品朴实无华，向人们讲述着一个个看上去颇为平常的故事。而正是在这一系列似乎谁都可能经历过的故事中，作者写出了他对生活的独到感悟，写出了人的精神渴求，写出了社会在其演进发展过程中的细微变化。

⑥ 水仙太太

郭凯冰

水仙太太搬到水镇的第二天，镇上人一早打开院门，哎呀呀，可不得了，街道上干干净净，这可是好多好多年不见的景致呢。

我们镇子叫水镇。街面上有泉水淌过的镇子，可不就应该叫水镇嘛！可外面的人说起我们的镇子，都称呼“邋（lā）遢（tā）镇”。

邋遢镇里，房屋颜色斑驳，自从建起来，没有谁家再刷过墙漆。街道上铺满落叶杂草，几乎要将水流堵住。就是每家的院子里、屋子里，也总是邋邋遢遢，从不见整洁舒适。

对此，我们邋遢镇的居民有着共同的说辞：家家日子都艰难，忙碌着呢，谁有空闲去收拾？有那空闲，还不如睡一场大觉。

所以，你该知道，满镇子街道干干净净，该多叫人吃惊。

大家找呀找，有个人看到了拖着扫帚往家走的水仙太太：她围着一条大围裙，新鞋子上水迹斑斑，一定是她打扫了街道啊！

那个人追上水仙太太说："水仙太太，没用的，你别白费力气了！"

水仙太太笑笑，拿出手绢擦擦额角上的汗，没说话。那人后来说："哎呀，你们是没看见，笑着擦汗的水仙太太，真是我见过的最漂亮的女人！"

"可你想想，哪个漂亮人儿来到邋遢镇，最后不跟我们邋遢镇的女人一样？"说这话的是邋遢镇的宁娘娘，她的头发没梳，脸也没洗，腰间的围裙，已经看不出原来的颜色了。

水仙太太和宁娘娘形成了鲜明的对比。

不过，好久好久以后，水仙太太从街上走过，面庞依然明净光滑，头发依然一丝不乱，衣服依然干净整洁。

看得出，水仙太太一直在打扫着邋遢镇的街道，清水在街面上欢快地流淌着。后来，宁娘娘家门口不知道堆了多少年的杂草堆被水仙太太打扫干净了，开始有孩子到宁娘娘家玩儿，以前，他们可是捂着鼻子跑过的。盲爷爷家门口那棵枝杈乱飞的树桩，被修剪得只剩光滑的树桩，还刷上蓝白相间的油漆，很少出门的盲爷爷坐在漂亮的树桩上，笑呵呵地跟路过的人打着招呼。镇上人家的院子里，开始飘摇起洗干净的衣服，不梳头不洗脸的女人，出家门前，总是有些别扭。

春天第一场雨后，水仙太太清晨起得更早。她在所有能找到的盆盆罐罐中种上了水仙。然后，把一张漂亮的饭桌搬到院子里，铺上绿格子桌布，摆上精致的雪白碗碟，开始了春天的早餐。

“喂喂，你们知道吗，水仙太太做的玫瑰烤饼，蓬松酥软，我能吃上五个！”这是水仙太太家西邻的男人跟村里人报告的。

“还有她家的餐桌，是咱们镇上最漂亮的，只要对着这样的餐桌，什么样的饭菜都能吃得香啊！”这是水仙太太东邻的女人说的。

“你们别说了，就因为水仙太太家这顿早饭，我才挨了我家先生的骂！”这是水仙太太的前邻宁娘娘的话。

不多日子，水仙太太家的盆盆罐罐冒出了嫩嫩的芽，又不多日子，芽儿长成了嫩绿的叶，再过些日子，挺立的叶间，开出了蓝紫色或者黄色的花。可是，当水仙太太要把花分给镇上女人的时候，她们无一例外地哈哈笑起来：“哪有时间养这么娇贵的东西哟！”

水仙太太说，这是四季水仙，从春末到深秋，它会一直开花，一直开花。怪不得叫水仙太太呢，原来如此啊！

果然，这年春末，镇上人路过水仙太太家时，都会有一股清幽的花香散出来，让整条街都香香的。夏日乘凉的夜晚，这条街的人，总是最多的、最热闹的。尤其是小孩子，都会来到水仙太太家门前，水仙太太给孩子们准备了凉凉的冰糖绿豆粥呢。

聊着天的男人和女人看着忙碌着的水仙太太，会偷偷想：这个女人哪里来的空闲和精力，去打扫街道，去种植水仙，去把家收拾得那么干净，去把一日三餐弄得那么精致呢？

一些男人和女人，开始打扫自家附近的街道。

水镇的孩子们从来是粗鲁而莽撞的，可是，他们远远见到水仙太太，总是亲热地大声招呼："水仙太太，您好！"看到水仙太太正在忙碌，也很乐意"嗒嗒嗒"地跑上前帮忙。

初夏的时候，有一个外乡女人路过水镇，需要在镇上住一晚。镇上没有旅馆，要住，只能住在镇上人家。

在水镇，这是个很激动人心的消息。十年前，就有一个路过的外乡人，在镇东的吕老先生家住过。外乡人离开后，吕老先生在餐桌上发现了一大笔钱，就用这笔钱给儿子盖了新房。这样的事情，在水镇可是传了好多年呢！

可这次，这个外乡人从这条街走到那条街，再走到另一条街，问遍了几乎所有人，也没有找到一家能留宿。

天黑下来，这个饥肠辘辘的女人在街口徘徊，遇到了外出刚回来的水仙太太。女人鼓起勇气向水仙太太走去，吃过饭出来纳凉的水镇人，瞪大眼睛看着水仙太太笑眯眯地带着女人朝自家走去。

这是个多邋遢的人呢！撕扯得破破烂烂的衣服，满脸的污垢，脚上的鞋子丢了一只，光着的那只脚磨出了血迹。干净漂亮的水仙太太，就在众人眼皮底下，客客气气地把这个人带回了自己家。不多会儿，水仙太太家就飘出了饭菜的香味。

水仙太太要招待这个乞丐一样的人？

几乎全镇的人都跟到了水仙太太家院墙外，矜(jīn)持些的，站得远一些；无顾忌的，趴到了院墙边；孩子们呢，干脆拥到了水仙太太家的院子里。

水仙太太把餐桌放到院子里，铺上了雪白的桌布，放上了彩虹的盘盏。哎呀呀，这是水仙太太招待贵客才用的，竟然用来招待这个乞丐一样的外乡女人呢！

外酥里嫩的玫瑰烤饼端上桌，盛放在一个碧绿的竹匾里。彩虹的盘盏里，盛放上金黄的米粥，几粒红枣真诱人；盛放上碧绿的蔬菜，蔬菜里几片百合更显眼。还有一个孩子送给水仙太太的小鱼，被她炸得金黄，真是馋人呢！

饭刚摆好，那个外乡女人从屋子里出来了。啊，她应该是洗过澡了，穿上了水仙太太柔软漂亮的彩裙，真是美丽极了。

第二天，这个人穿着水仙太太的彩裙离开了。很多水镇人在猜测，这个看似乞丐的女人，身上一定有一笔钱，要不，水仙太太怎么会把她当作贵客招待呢？宁娘娘说：“去，别乱猜！这些年来，水仙太太打扫街道，分送好吃的，难道是你们给过钱？”

水仙太太来到镇上的第二年，她家院子里、房顶上，种满了水仙，开满了水仙花。水仙太太来到镇上的第三年，她家院门边、门前的街道上，种满了水仙，开满了水仙花。水仙太太来到镇上的第四年，她邻居家院子里、房顶上，种满了水仙，开满了水仙花。水仙太太来到镇上的第五年，水镇每家院子里、每条街道边、每家房顶上，都种满了水仙，开满了水仙花。

如果有一天你经过我们镇子，绝对找不到一个邋遢的大人或者孩子：所有的女人都像水仙太太一样，有着明净光滑的面庞，一丝不乱的头发，干净整洁的衣服。她们的先生，也都是打扮得体、举止有礼的人。你遇到的每个水镇的孩子，也会笑着向你问好，客气地询问你是否需要他们或者他们父母的帮助。

如今，外地人说起我们的镇子，喜欢说水仙镇如何如何。是的，水仙镇，一个洁净美丽、弥漫着水仙花香的镇子。可惜，水仙太太只在我们镇子生活了五年，在一个春天，她没有跟镇子上任何一家告别，就悄悄离开了。

不过，那个早晨，每一家的院门锁扣上，都挂着一袋外酥里嫩的玫瑰烤饼。我们知道，水仙太太在用这个方式跟我们告别呢。

当我后来听到“金盏花镇”“夜来香镇”的时候，我总是想起水仙太太。我坚信，水仙太太一定曾经在那些地方居住过。如果不是水仙太太，也一定是跟水仙太太一样的人！

⑦ 读书再读书[①]

晓玲叮当

一位巴格达商人走在山路上，突然，有个陌生的声音对他说："捡几块石头吧，明天，你会既高兴又懊悔。"

商人捡了几块石头继续赶路。天亮了，他掏出石头，发现它们都变成了宝石！商人无比高兴，可是，过了一会儿，他却很懊悔。高兴的是，石头变成了宝石；懊悔的是，捡的太少了。

亲爱的小读者，读书也如此。我们今天读的书，明天就会变成宝贵的财富，当我们长大成人，总会懊悔自己读得太少。

很幸运的是，我从小就爱看书。记得小学三年级时就开始捧着厚厚的《女游击队长》囫囵吞枣地看，这份读书的兴趣一直伴随我长大。随着时间的推移，读书给我带来的好处越来越多：小时候从不为写作文发愁，高考语文得

① 选入本书时，略有改动。

了满分，选择职业考上了电台主持人，直到今天出版自己的著作……这，都是读书的功劳。我常常在想，如果当初我不爱读书，也就不会有今天。但在庆幸的同时，我也和那个商人一样懊悔：我为什么不读得多一些再多一些呢？这份懊悔来自我在工作的时候，常常感到“书到用时方恨少”！

为什么会有那么多人喜欢读书？因为：

读书使我们视野开阔。我没有去过非洲，没有到过南极大陆，但我却领略过非洲大陆的美丽风情，为南极洲的圣洁天地深深陶醉，这是因为读书让我身临其境。

读书使我们情趣高雅。初春，当我在晨光中吟诵泰戈尔的《金色花》：

假如，
我变成了一朵金色花，
为了好玩，
长在树的高枝上，
笑哈哈地在风中摇摆，
妈妈，
你会认识我吗？

我感觉有花瓣儿正悄悄在我心中开放，并潜入我的气息。

读书使我们美丽。书一本一本地读，时光一年一年地溜走，蓦然抬头，那份书卷气已从内心悄然映在脸上。是呀，还有什么比书卷气更让人赏心悦目的呢？

读书使我们思想深邃。它帮助我们在别人的思想上建立自己的思想。当我们在阅读的时候，已经把别人的智慧“偷”过来装在自己的头脑中，多好！我们本来天生只有一个头脑，是读书让我们又多了一个头脑。

更为重要的是，读书能使我们多活几度生命。不读书的人，只有一次生命，他充其量只能过一辈子；读书，使我们拥有丰富的人生——过去、现在和将来。

还不仅仅如此，读书使我深刻领会高尔基的话：“书，要算人类在走向未来幸福富强的道路上所创造的一切奇迹中最复杂、最伟大的奇迹。”

读书使我们视野开阔，读书使我们情趣高雅，读书使我们美丽……读到这里，你有没有这样的体验呢？

…………

读书真让人受益无穷！所以，亲爱的小读者，请你从看电视、看卡通漫画、玩游戏机的时间中务必抽出时间来读书。别忘了，“书是奇迹”，如果你也想让自己的生命发生奇迹的话，那就去读书再读书——为了明天不致懊悔，让我们快快来捡宝石噢。

日积月累

我只能写我体验过的东西，我思考过和感觉过的东西，我爱过的东西，总而言之，我写我自己的生活和与之常在一起的东西。

——冈察洛夫

每一段我都写了四次：一次是写下我想说的话，一次是添入我所遗漏的，一次是删去不必要的，再一次是把全文精炼成有如我才刚想到的一般。

——阿林汉

不要急于写作，不要讨厌修改，而是把同一篇东西改写十遍、二十遍。

——列夫·托尔斯泰

⑧ 写给14岁的女儿

董保存

亲爱的闺女：

你可能没有想到，你的 14 岁生日，会提前到今年过，而且是在学农活动期间和那么多的同学一起过。

14 岁，是人生的一个重要节点。联合国教科文组织把 14 岁作为“青年”的起点。中国共青团也是这样确定的。这就意味着你们已经度过了无忧无虑的少年时期，向成人迈进了一大步。爸爸妈妈为你的成长进步感到由衷的高兴，特写信祝贺。

想说的话很多，一时又不知从哪里说起。爸爸参加“不忘初心再长征”的采访活动，刚刚从长征路上回来，就说两个和你年龄相仿的小红军的故事，相信你能够悟出其中的道理。

在大渡河畔，我们见到了一个近百岁的老红军，他说，参加长征的那一年，他正好 14 岁。我问他，那么艰苦的长征路是怎么走过来的？他说：

1934年，我离开了家乡，离开了爹娘，当了红军。来自我们村的就我一个人，都是陌生人啊！我也害怕过，我也偷偷地哭过。慢慢地，我融入了这个队伍中。有句老话说，“在家靠父母，出门靠朋友”，在我们的队伍中，那就得靠战友，战友就是知心换命的朋友。说这些你们可能不会理解，只要人家真心对你，你也真心对人就行了。过草地的时候，我们断粮了，两天没有吃一粒米。我吃到的最后一把青稞，还是班长给我的。你们没有尝过挨饿的滋味儿，非常难受的呀！我们饿得难受，就找野菜吃，我看到一个像水萝卜的东西，拔起来就吃，我的班长一把夺了过去说：“我先尝尝。”我以为他是饿得实在受不了了，谁知道不一会儿，班长就晕过去了。这时我才明白，我的班长是为了我才先尝这种野菜的。班长醒过来以后的第一句话是“快去告诉连长，这种东西不能吃”。靠野菜充饥的那段日子里，班长自告奋勇，当了尝野菜班的班长。找到一种野菜，他都要先吃几口。他几次中毒，却救了我们一个连啊！后来，班长在陕北负了重伤，就留在了直罗镇旁边的一个村子里。解放后，我和几个战友约好，要去把他接到成都来。等我们去找他的时候，他已经不在了。我们几个人在他的坟前连叫三声“老班长”，抱头痛哭……什么叫战友情，这就是啊。

听完这个故事，我就想，如果我在这样一个群体中，能成为老班长这样的人吗？我也想到了你，14 岁的你，要走进学校，将来还会走向社会，你也会成为别人的朋友。对待你的同学、老师以及各种各样的朋友，你能够像老班长一样吗？

暑假期间，你曾经跟爸爸一起重走长征路，到过贺龙元帅的家乡湖南省桑植县。贺龙有个小外甥叫向轩，开始长征时还不到 10 岁。说起长征来，他曾经讲过如下的故事。

因为他是烈士的孩子，贺龙对他宠爱有加。天冷时就叫他跟自己睡在一个床上。谁知他有尿床的毛病，贺龙说，这是大水冲了“龙床”。在他的记忆中，印象深的倒不是这些，而是挨贺龙的批评。有一次在一个小镇上打土豪、筹粮食，向轩跟着队伍到了一个地主家，他发现了一缸咸蛋，就顺手揣了五六个，拿到了住处，想给他的小表妹，也就是一岁多的贺捷生吃。贺龙知道了，黑着脸问他为什么要拿咸蛋，懂不懂打土豪要归公的道理。他低头认错，贺龙让他“马上送回供给部去”。他很不高兴。

还有一次，打下一个县城，河边的树上拴着一匹枣红色小马，很矮。向轩拍拍马屁股，马很温驯，不踢人，也不跳，正好骑着它行军。他顺手牵了回去。第二天小人儿配小马，骑到贺龙面前。贺龙问：“你的马是从哪里来的？”向轩说：“河边牵的。”贺龙火了：“老百姓的马能随便牵吗？不遵守纪律，有什么资格当红军！”为这事，还差点开除了他。

虽然对向轩宠爱有加，但在纪律、规矩面前，贺龙元帅依然坚持原则。

这两件事让他明白了一个深刻的道理，就是在红军队伍中，不管是谁，都要“守纪律、懂规矩”。每每回忆起长征岁月，向轩总是说这六个字。

爸爸作为一个当兵的人，也是深知这六个字的分量的。

孩子，没有规矩，不成方圆。队伍有队伍的纪律，学校有学校的制度，家庭有家庭的规矩。“守纪律、懂规矩”这六个字对一个人的成长，对一个步入青年行列的人来说，是何等的重要！

爸爸相信你明白这个道理，也祝福你茁壮成长，不断进步。

永远爱你的爸爸

9 生活中的智慧

张　济

“从来好事天生俭，自古瓜儿苦后甜。”这是我这个“90后”听“60后”的母亲说得最多的一句话，这也是那个物资匮乏的年代母亲给我留下的最深的印记。

记得小时候，每到炎热的夏天，我就会穿上母亲为我买的塑料凉鞋。我一天到晚像个假小子似的到处疯跑玩耍，夏天还没过完，那双光鲜漂亮的凉鞋就已经开口断裂。这时候母亲就会戴起她的顶针，拿起针线，在凉鞋断裂的地方垫一块布，把断裂处一针一针地缝合在一起，时不时地还会拿起针在自己头发间蹭一蹭，摩擦间总有那么几根倔强的白发时隐时现。那时，我少不更事，只眼巴巴地瞧着，盼着再次穿上凉鞋去和小伙伴玩，就把这种特别的举动理解为母亲头皮痒罢了。如今，我已成人，早已知道了其中的奥秘，那重复的摩擦不只是岁月的洗礼，更是生活的经验。由此，母亲在夏日里为我缝补凉鞋的画面，也永远定格在我的脑海里，历久而弥新。

母亲喜欢腌蒜薹(tái)，酸酸脆脆的，很爽口，全家人都爱吃。可是她总是把蒜薹切成又短又小的蒜薹丁，筷子夹的时候很是费事。为此，我老是抱怨，母亲对此总是淡淡一笑，却仍不忘往我碗里多夹上一些蒜薹。在我的追问下，母亲才一本正经地告诉我原因。原来他们那个年代缺吃少穿，把菜切成这样细小的丁，一个一个地夹，就可以吃好久。我听后，一种不可言喻的敬意油然而生，不仅是对母亲，也是对生长在那个艰苦条件下的老一辈人。他们用智慧顽强地生存着、奋斗着，让我钦佩。看似小小的蒜薹丁，却承载着历史，承载着一代人的记忆！

说起来，母亲还有些做法也老是让人摸不着头脑。卧室的衣柜里，她仍旧保留着以前的旧衣服，就连我小时候的衣服，也能翻出来几件。我多次提醒她扔掉，她却像对待宝贝似的收藏着。后来有一次，我的小外甥女来家里玩，弄脏了衣服。正当我们都发愁无衣可换时，母亲却变戏法似的拿出我小时候的衣服，换下了外甥女身上的脏衣服，然后在我们异样的目光中露出得意的笑容："瞧瞧，多亏我有准备！"原来小时候的衣服还能派上这样的用场！从那以后，我竟然也会在收拾家务时拿出几件"老掉牙"的衣服当作工作服穿上。就在那时，我开始佩服母亲的先见之明，也似乎明白了，这样的“珍藏”背后，是母亲对我们低调而又深沉的爱，踏实、温暖，无可取代。

就这样，在母亲的影响下，在我20多年的成长过程中，洗完衣服的水，我会储存在盆子里冲厕所；鞋子坏了，我会找修鞋师傅修修，换个底打点蜡照样穿；平时喝饮料剩下的易拉罐、塑料瓶子以及不用的旧纸箱，我会积攒下来，卖给回收废品的师傅……类似的种种，已经在不知不觉中成了我生活的一部分。

> 母亲对“我”潜移默化的影响，通过一系列的事情表现了出来。

“静以修身，俭以养德。”母亲是个会过日子的人，这是时代赋予她的智慧和美德。这种智慧和美德在爱的加持下，给了我无形的力量，我愿将它们一直传承下去。

（教师下水作文）

《阿莲》

汤素兰

推荐语

《阿莲》是著名儿童文学作家汤素兰的长篇小说，入选“2017年度中国好书”。小说讲述了一个女孩的成长故事。作品文字优美，情节紧凑，人物性格突出，字里行间蕴藏着真实的生活和深刻的人性。

全书围绕主人公阿莲，设置了花书包、煤油灯、莲等意象，它们是亲情、知识、追求和时代的象征。请走进这本书，来认识阿莲这个在山村里长大的孩子。在那个知识贫乏的年代，她走过狭窄的乡间小路，走向广阔的天地。

作者简介

汤素兰，湖南省宁乡市人，儿童文学作家。创作出版儿童文学作品60余部，曾获得全国优秀儿童文学奖、宋庆龄儿童文学奖、冰心儿童文学新作奖大奖、陈伯吹儿童文学奖、湖南省青年文学奖等奖项。代表作有《笨狼的故事》《小巫婆真美丽》《阁楼上的精灵》《红鞋子》《阿莲》等。作品被翻译成英语、韩语等在国外出版。

内容梗概

阿婆给莲妹子报名上学，并且要用碎花布给她拼一个书包。后来妈妈给她买了个新的帆布书包，爷爷给她取了新名字——

阿莲。

阿莲热爱上学、读书，求知若渴。成长路上，她认识了丁老师、梅伯伯等人，在共同学习和彼此照顾中，与明亮结下了深厚的友谊。

得了冠心病的阿婆在救了落水的铁砣后去世了，成绩优异的阿莲没有收到一中的录取通知书，在小学校长的帮助下去了八都中学。开学后不久，阿莲收到了梅伯伯的来信，照片中梅伯伯站在“天涯海角”，信中写着周敦颐的《爱莲说》……

本书以阿莲的视角，讲述了在二十世纪六七十年代贫穷落后的小山村里一个小女孩儿的成长故事，在读者面前展开了一幅别样的童年风景画。

新名字　花书包（节选）

伯母的女儿桃妹子也回来了，她也要去上一年级。

桃妹子看到阿婆用碎布给莲妹子缝书包，就把自己的新书包背出来显摆。这个书包是桃妹子的舅舅专门到供销社买了送给她的。因为桃妹子在他们家里帮忙看了一年多孩子，舅舅想送一件礼物给桃妹子。想到她一回家就要去上学，舅舅就为桃妹子买了这个书包。

这个书包真漂亮。底色是浅褐色的，书包带子和书包盖是深褐色的，书包上面还绣了一个穿裙子的小女孩迎着太阳去上学的图案。微风吹动女孩的辫子和衣裙，女孩朝太阳的方向跑去，像只蝴蝶一样快乐轻盈。女孩走过的地方，花儿朵朵盛开。

莲妹子也想有一个那样的书包，但她知道自己不可能有。强烈的自尊心让她对桃妹子说出了这样的话："我背阿婆缝的书包。阿婆缝的书包比你的书包好看。"

妈妈抱着铁砣走过来。妈妈对莲妹子说："你阿婆缝的书包是百衲书包，当然好看啦。你阿婆要用这些碎布把书包拼出来，得多费眼睛啊。等你阿婆为你拼出了书包，只怕眼睛都要瞎了。你就别要阿婆给你做书包了，看看这个书包好不好？"

妈妈变戏法似的从身后拿出来一个书包。

这个书包跟桃妹子的书包一样漂亮。看得出来，这个书包跟桃妹子的书包是同款，只是颜色有点不同。桃妹子的书包是浅褐色配深褐色，妈妈手中的这个书包是浅蓝色配深蓝色。如果让莲妹子从两个书包里挑，她更喜欢妈妈手中这一个。

这惊喜来得太突然了，莲妹子一时间没有回过神来，她甚至有点不敢相信这会是真的。她愣住了，忘记了伸手去接妈妈手中的书包。

阿婆接过书包，高兴地说：“这个书包真好看。莲妹子，你不想要吗？”

莲妹子当然想要啦。她一把从阿婆手中拿过书包，高兴得跳起来：“哇，我有书包啦！桃姐姐，你看，我的书包跟你的书包一样呢！”

…………

书包有了，该有名字啦。

阿婆让阿公给莲妹子和桃妹子取名字。

阿公捻着下巴上的胡子，想了想，用小楷笔在红纸上写下两个名字：

爱桃　阿莲

阿婆不识字，让阿公把名字念出来。阿公念道：“爱桃。阿莲。怎么样？”

阿婆听了，说：“嗯，这两个名字好。”

阿婆问桃妹子：“你的名字叫爱桃，意思是你是大家都喜爱的桃花，你喜欢吗？”

桃妹子高兴地说：“喜欢！我就是要大家都喜欢我！”

阿婆问莲妹子：“你的名字叫阿莲，喜欢吗？”

莲妹子不知道“阿莲”这两个字是什么意思，她想搞明白："阿婆，阿莲是什么意思？"

阿婆也不明白。平时只听说阿猫阿狗、阿公阿婆，没有听说过阿莲。像桃花一样，莲也是一种花，可是，阿公为什么不给莲妹子取名叫爱莲，而要叫阿莲呢？

阿婆说："你问你阿公去。"

阿公正为自己给孙女取的名字而得意，他正等着莲妹子问他呢。

阿公说："这个'阿'字可不简单。它的本意是土山的意思。古诗说'死去何所道，托体同山阿'。如果是作'土山'解，'阿莲'就是山里的芙蓉花，又叫木芙蓉。你要知道，莲花又叫水芙蓉。木芙蓉你是见过的，门前土坎边就有一棵，每年八到十月间开得满树是花。'阿'也能放在名字的前面，表示亲昵。比如"阿公''阿婆'，也没有特别的意思，就是表示亲昵。你是喜欢把'阿'字解作'土山'呢，还是解作'亲昵'呢？你是要当一棵山里的木芙蓉，还是要当一朵水里的水芙蓉呢？"

这简直太复杂了！莲妹子完全没有听懂。虽然没有听懂，但她已经喜欢上了这个名字。她说："谢谢阿公给我取的名字。阿婆，我喜欢这个名字！"

喜鹊又在油桐树上喳喳叫。喜鹊叫什么呢？难道它也知道，明天太阳升起来的时候，一个名叫阿莲的小姑娘就要成为小学生了吗？

莲妹子听到喜鹊叫，大声告诉阿婆："阿婆，喜鹊又叫了！"

"喜鹊叫了，因为它知道你要当小学生了，给你报喜呢。"阿婆说。

莲妹子心想：哇，喜鹊真聪明，连我要当小学生了也知道。于是，莲妹子看着树上的喜鹊，高兴地说："喜鹊，谢谢你给我报喜！"

梅伯伯（节选）

按辈分来说，阿莲要叫梅三少梅伯伯。阿莲之前已经认识梅三少，看他给阿公阿婆画过像。阿莲对梅三少一点也不陌生。但看梅伯伯用油漆给斗笠写字，这还是第一次。

因为腿上长了禾毒，阿莲不能去田里拾稻穗了。她坐在桌子边，专心看梅伯伯如何给金黄色的细篾斗笠写字。

阿莲事先用笔把自己、阿婆和桃姐姐的名字写下来，交给梅伯伯："梅伯伯，这是我们三个人的名字。"

梅伯伯打开自己的画箱，先把颜料和调色板拿出来，然后在调色板上挤出红、绿、黄、蓝、紫和白色等各种颜色。

看着调色板上的各种颜色，阿莲闹不明白：“梅伯伯，你要用什么颜色写我们的名字呢？”

“我不写名字。我画你们的名字。”梅伯伯说。

梅伯伯用墨绿画了一丛叶子，又用黄色和红色调成金红，在绿叶丛中点染上细细碎碎的小花。梅伯伯一边画，一边问阿莲：“你猜猜看，我现在画的是谁的名字？”

梅伯伯画的是丹桂。不过村子里没有丹桂，这种花阿莲之前没见过，但她知道这花不是桃花。阿莲说：“是阿婆的名字。这是桂花。”

梅伯伯说：“对，这是桂花，而且是桂花中最香最美的一种，名叫丹桂。你阿婆叫桂香，我画的就是她的名字。”

画完阿婆的斗笠，梅伯伯在另一顶斗笠上用翠绿和桃红画了一枝盛开的桃花。这当然是桃姐姐的斗笠了。

接下来，该画阿莲的斗笠了。阿莲知道莲花就是荷花。阿莲住在深山里，这里的人们不种荷花。但阿莲在伯母的壁橱上见过荷花。伯母的正房里有一个大壁橱，是伯母出嫁时的陪嫁品。壁橱上不仅画了美丽的锦鲤和盛开的荷花，还用小楷写了一首古诗：

江南可采莲，莲叶何田田。鱼戏莲叶间。鱼戏莲叶东，鱼戏莲叶西，鱼戏莲叶南，鱼戏莲叶北。

因为画匠写的是行楷，又是从右至左直排书写的，以前阿莲许多字不认识。但自从阿莲上学以后，只要看到字，就会去认，碰上不认识的，就缠着阿公问。阿公把壁橱上的那首诗念给阿莲听，阿莲只听了一遍就记住了。

阿莲想象着梅伯伯一定会在斗笠上画一朵亭亭玉立的粉色荷花，再画上一片硕大的绿色荷叶，荷叶上应该还有一滴晶莹的水珠，就像伯母壁橱上的那几张荷叶一样。

可是，阿莲看到梅伯伯手中的画笔，一次也没有往翠绿和粉红色的颜料上涂，反而在调色板上挤出了一堆黑色，然后将画笔在黑色和蓝色之间涂涂抹抹，涂出一种像夜晚天空一样的天青色。

梅伯伯就用这种天青色，在阿莲的斗笠上画了一枝含苞的荷花，两片荷叶。

阿莲对自己斗笠上的画一点也不满意。她将自己的不满意毫不客气地表达了出来："黑乎乎的，一点也不好看。"

阿婆看到阿莲没礼貌，赶紧对阿莲说："梅伯伯辛苦了，莲妹子，你还不快点谢谢梅伯伯！你又没有见过荷花，怎么能说梅伯伯画得不好看呢？"

"就是不好看嘛。阿婆你若不信，你去看看伯母壁橱上的荷花，根本不是这样的。荷花是粉红色的，比桃花还鲜艳呢。荷叶是翠绿色的，好大好大一张，比白菜叶子还大呢。”

阿莲看着自己斗笠上单调的天青色的荷花和荷叶，简直要哭了。

梅伯伯说：“阿莲，梅伯伯画的是青色。看上去没有花红柳绿好看，其实也很美。你将来见到中国的水墨画就明白了。在水墨画里，用墨加上清水，就能作画。水墨画里的莲，那才叫美呢。”

听梅伯伯这么说过后，阿莲再看自己斗笠上青色的莲花，虽然还是觉得不好看，但至少不觉得特别难看了。

“我将来肯定会看到水墨画的。”阿莲不肯服输地说，“我倒要看看那什么水墨画到底有没有你说的好看。我将来还要去江南采莲呢。”

阿莲随即把伯母壁橱上那首《江南》背了下来：

江南可采莲，莲叶何田田。鱼戏莲叶间。鱼戏莲叶东，鱼戏莲叶西，鱼戏莲叶南，鱼戏莲叶北。

阿莲居然能背《江南》，这让梅伯伯大吃一惊。

“阿莲，这是谁教你的？”梅伯伯问。

“也没有人教她。她看到她伯母的壁橱上写了这首诗，就背下来了。”阿婆说。

“阿婆，您这小孙女真聪明。”梅伯伯说。

阿婆听到梅伯伯夸阿莲聪明，心里美滋滋的，但口里却说：“聪明什么呀！梅伯伯您说得好呢。不过，莲妹子倒是真喜欢读书。平时只要看到有字的纸，也会盯着看半天，有不认得的字、有不懂的，也爱刨根问底。”

“那你平时读什么课外书呢？”梅伯伯问阿莲。

“课外书？”阿莲不知道什么是课外书，她问梅伯伯，“什么是课外书呀？”

“就是除了你们的课本以外的书，比如说你放学回家以后读的书。”梅伯伯说。

除了课本以外，阿莲几乎没有课外书。临走的时候，梅伯伯说：“要是你想看书，就到我家来借吧。我那儿有一些书，我想应该适合你看。”

“梅伯伯，我现在就跟您去拿。”阿莲说。

听说有书看，阿莲按捺不住了，站起来就想跟梅伯伯走。可是一站起来，双腿疼得直哆嗦，阿莲不得不又一屁股坐下来。

“别急，等你的腿好了再来。”梅伯伯说。

《阿莲》到底要告诉孩子们什么？作者汤素兰说：“现在的父母大多想给孩子营造一个非常美的环境，我们也有太多畅销的轻松校园小说，但事实上，当孩子直面人生的时候，生活要残酷粗粝得多。《阿莲》是想通过一个不一样的童年故事，让现在的孩子获得成长的力量和希望的光芒。”

作家在这本书中再现了湘东北山地的地理风貌和二十世纪六七十年代山村人的生活方式。作家写风景节气，写方言土语，写俗语童谣，写民风民俗，写农事，写家事，写邻里关系以及人事变迁，下笔细致，风格素朴而温润从容。

活动一　初步阅读　感知人物

本书围绕阿莲，刻画了许多各具特色、生动鲜明的人物形象。认真阅读，梳理他们各自的性格特点，看看他们对阿莲的成长有什么影响。

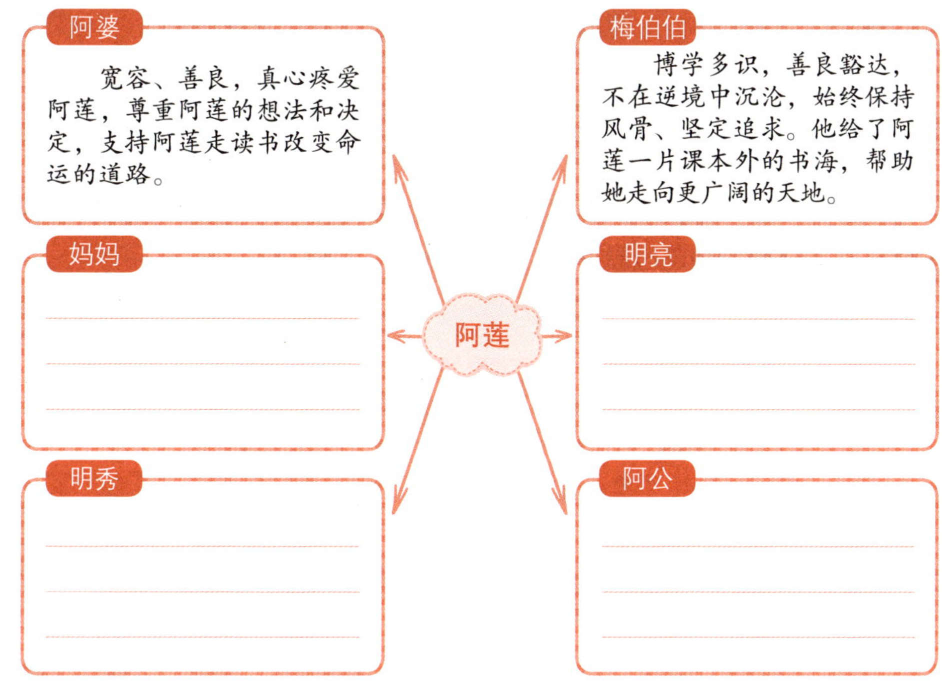

活动二　走进人物内心

在本书中，丁老师对阿莲十分关心，想要收养阿莲。书中记述了他们之间发生的四件事情。随着事情的发展，阿莲对丁老师的情感发生了什么变化？请填在下面的横线处。

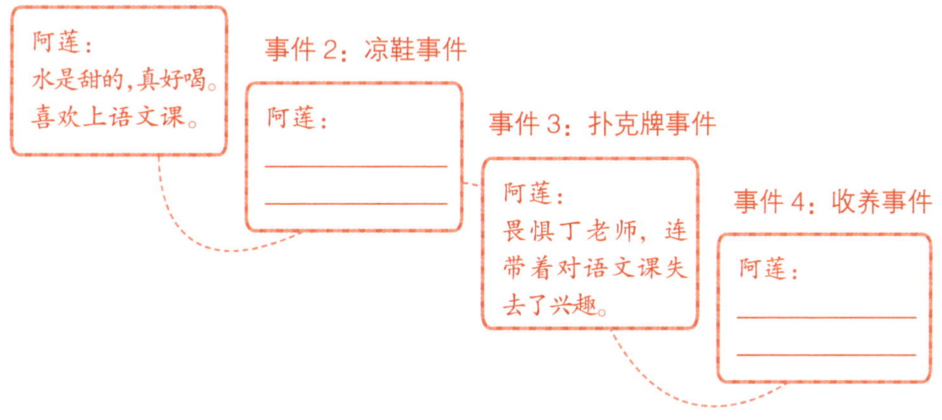

活动三　聚焦阿莲　延伸拓展

阿莲在三年的高中生活中一直用《爱莲说》来激励自己，最终以优异的成绩考上了心仪的师范大学。此刻她激动万分，有许多话想说。她用自己暑期打工挣的钱买了一部手机，在朋友圈发了人生中第一条信息。想一想：这条获赞无数的信息会说些什么呢？

< 发现　朋友圈

阿莲

____

____

____

____

____

____

____

♡梅伯伯，丁老师，明亮，建伟，志成伯父，菊香伯母，建纯，建方，七叔公，咏华阿公

桃妹子：阿莲加油！真羡慕你呀！

丁老师：你一定会成为最优秀的老师！

明亮：为你开心，早日见面！

敬 启

为编好这本书，我们与收入本书的作品（含图片）作者进行了广泛联系，得到了各位作者的大力支持。在此，我们表示衷心的感谢。但是，由于个别作者地址不详，虽经多方努力，仍无法取得联系。敬请各位有著作权的作者尽快与我们联系，以便我们支付稿酬，并致谢忱！

我们还要感谢使用本书的师生们。希望你们在使用本书的过程中，能够及时把意见和建议反馈给我们，对此，我们深表谢意，并将给予一定奖励。让我们携起手来，共同完成本书的建设工作。

联 系 人：梁老师　刘老师

联系电话：010-58022100-6362

联系邮箱：ztxx2008@sina.com

网　　址：http://www.ywztxx.com

地　　址：北京市海淀区知春路7号致真大厦A座18层

图书在版编目（CIP）数据

成长风向标 / 郜书萍主编. — 上海 : 上海教育出版社, 2021.12

ISBN 978-7-5720-0814-6

Ⅰ. ①成… Ⅱ. ①郜… Ⅲ. ①阅读课—小学—教学参考资料 Ⅳ. ①G624.233

中国版本图书馆CIP数据核字（2021）第260863号

责任编辑　余佳家
封面设计　陈丽娟　王艺霖
著作权人　北京华樾教育科技有限公司

成长风向标

郜书萍　主编

出版发行　上海教育出版社有限公司
官　　网　www.seph.com.cn
地　　址　上海市闵行区号景路159弄C座
邮　　编　201101
印　　刷　河北泓景印刷有限公司
开　　本　720×1010　1/16　印张 63
字　　数　700千字
版　　次　2021年12月第1版
印　　次　2021年12月第1次印刷
书　　号　ISBN 978-7-5720-0814-6/G · 0630
定　　价　268.00元（全七册）

如发现质量问题，请向本社调换　　021-64373213

★ 适合11至12岁 ★

成长风向标

CHENGZHANG FENGXIANGBIAO

主 编　郜书萍

编委会

总主编 崔　峦

主　编 郜书萍

编　委

刘　珂　马学军　刘冰冰　宋道晔　肖志刚

孟　强　蔡淳之　许晓玲　周丽萍　张兰建

郜书萍　李永强　吴金焕　张　晖　袁　丽

孙玉亮

编写人员

张　晖　张仁杰　韩　露　唐　倩　刘莉娟

魏玉清　张耀文　刘　珂　宋道晔　赵雪蓉

陈光亮　张胜强

名家寄语

广泛阅读，可以提高阅读理解力；

广泛阅读，可以丰富知识，开阔视野；

广泛阅读，可以提升思维力、鉴赏力；

广泛阅读，可以促进人的精神成长。

新编的读本，包括古诗文经典诵读、优秀作品专题阅读和整本书阅读，是落实课内外阅读一体化的优质资源。

捧起这套读本读起来，你会越来越享受阅读，你的一生一定会因为阅读而精彩！

崔峦

用阅读滋养你的心灵，
让你变得聪明善良，胸怀宽广，更富想象力和创造力。

沈石溪

发现美，学会爱，表达自己，
在阅读和写作中不断进步！

王一梅

閱讀是開啟美好人生的鑰匙

趙麗宏
庚子九月

為自己讀书
為美好讀書

肖复兴
庚子中秋

读经典的书
做优秀的人

陈忠实

幻想，从现实起飞

刘先平

目录

经典诵读

专题阅读

范文阅读

组文阅读

自由阅读

整本书阅读

经典诵读

自然界中的普通事物，在文人笔下，被赋予了人的情感。

让我们诵读本组古诗词，感受其凝练的语言，体会古人高雅不俗的情趣和字里行间蕴含的哲理……

① 松

[南唐] 成彦雄[1]

大夫[2]名价古今闻，
盘屈孤贞更出群。
将谓岭头闲得了，
夕阳犹挂数枝云。

注 释

① 成彦雄：南唐进士。著有《梅岭集》五卷。
② 大夫：指五大夫松。

五大夫松的名声传扬古今，它枝干盘屈，品格高洁，卓尔不群。这棵名松在巍巍的峰顶上，好像很悠闲的样子。夕阳西下时，它的枝头还挂起几片云。

扫码收听朗诵音频

② 尘劳迥(jiǒng)脱[①]

［唐］希运[②]

尘劳迥脱事非常，

紧把[③]绳头做一场。

不是[④]一番寒彻骨，

争[⑤]得梅花扑鼻香？

注释

① 本诗是一首无题诗，取首句前四字为诗题。

② 希运：唐朝僧人，福州人。

③ 紧把：紧紧抓住。

④ 不是：一作“不经”。

⑤ 争：同“怎”。

译文

摆脱尘念劳心并不是一件容易事，必须下力气大干一场。如果不经历冬天那刺骨严寒，梅花怎会有扑鼻的芳香？

扫码收听朗诵音频

③ 落梅（其二）

［宋］陆游

醉折残梅一两枝，

不妨桃李自逢时。

向来冰雪凝严地，

力斡(wò)①春回竟是谁？

注释

① 斡：扭转，挽回。

饮酒醉后，折来一两枝残落的梅花，这并不妨碍桃李之花按时令开放。向来在冰雪严寒的季节里总是百花凋零，除了梅花，还有谁能给大地增添一些春色呢？

扫码收听朗诵音频

4 寒　菊[①]

［宋］苏轼

轻肌弱骨散幽葩(pā)[②]，

真是青裙两髻(jì)丫[③]。

便有佳名配黄菊，

应缘[④]霜后苦无花。

注释

① 本诗是《跋王进叔所藏画五首·赵昌四季》中的一首。寒菊，菊花。因开于深秋，故称。

② 葩：花。

③ 髻丫：盘于脑后的发结，形状如“丫”。

④ 应缘：大概是因为。

译文

菊花有着柔弱娇嫩的枝叶，散发着阵阵幽香，绿叶衬托着花朵，好像是身着青裙、盘着发髻的少女。黄菊有好的名声，大概是因为霜降过后，百花凋零，只有它在寒风中迎霜绽放。

5 诉衷情

[宋] 晏几道

小梅风韵最妖娆(ráo)，开处雪初消。南枝欲附春信，长恨陇(lǒng)人[①]遥。　闲记忆，旧江皋(gāo)[②]，路迢迢。**暗香浮动，疏影横斜，几处溪桥。**

注释

① 陇人：指离人。
② 江皋：江岸，江边。

就在白雪刚刚消融的时候，梅花开放，其风韵分外妖娆。想要折一枝梅花寄给离人，无奈关河阻隔，路途遥远。

回想当年两人在江边赏梅，几处溪桥有暗香浮动、疏影横斜的景致，多么美好。现在你我相隔遥远，往事如梦，不胜惆怅。

扫码收听朗诵音频

⑥ 蝶恋花

［宋］赵鼎

一朵江梅春带雪。玉软云娇，姑射[1]肌肤洁。照影凌波微步怯，暗香浮动黄昏月。

谩(màn)道[2]广平[3]心似铁。词赋风流，不尽愁千结。**望断江南音信绝，陇头行客空情切。**

注释

① 姑射：这里指姑射女神。
② 谩道：不要说。
③ 广平：指唐代名相宋璟。

译文

枝头开出了一朵雪白的梅花。花瓣晶莹玉润，宛如姑射山上的女神娇嫩的肌肤。这朵白梅的影子在微风的吹拂下轻轻摇晃，含羞带怯。月儿初上夜空，空气中有暗香浮动。

不要说唐人宋璟铁石心肠。他也写过一篇风华旖旎的《梅花赋》，也免不了对梅花缱绻情深。期盼江南有音信传来，却始终没有得到，陇山上的行客不胜悲愁。

专题阅读

成长风向标

“苟利国家生死以，岂因祸福避趋之。”在硝烟弥漫的战场，英雄用热血和信念谱写壮烈诗篇；在风云诡谲的后方，爱国志士不畏危险对敌人进行口诛笔伐。

阅读本专题中的古诗，联系诗人生平等资料，想想诗中物象寄托了诗人什么样的志向。再阅读本专题的其他选文，关注对人物外貌、神态、言行的描写，体会人物的品质；查阅相关资料，加深对文本的理解，并与他人交流阅读心得。

范文阅读

❶ 病 牛

［宋］李纲

耕犁千亩实[①]千箱[②]，
力尽筋疲谁复伤[③]？
但得众生皆得饱，
不辞[④]羸(léi)病[⑤]卧残阳。

作者通过对病牛的赞颂，表达了自己心念苍生、为民奉献的心志。

注释

① 实：装满。
② 箱：这里指粮仓。
③ 伤：哀怜，同情。
④ 辞：推辞。
⑤ 羸病：瘦弱有病。

译文

耕牛犁田上千亩，收来的粮食装满许多粮仓，干得筋疲力尽，谁来同情它？只要广大百姓都能吃饱饭，哪怕身体再瘦弱，在夕阳之下病倒，也是情愿的。

② 咏煤炭

[明] 于谦

作者借煤炭来表达自己不畏艰难，舍身为国为民效力的决心。

凿开混沌（dùn）①得乌金②，藏蓄阳和③意最深。
爝（jué）火④燃回春浩浩，洪炉照破夜沉沉。
鼎彝（yí）⑤元赖生成力，铁石犹存死后心。
但愿苍生⑥俱饱暖，不辞辛苦出山林。

注 释

① 混沌：指宇宙未开辟以前的景象，这里借指没开采的煤矿。
② 乌金：指煤炭。
③ 阳和：原指阳光和暖，这里借指煤炭蕴藏的热能。
④ 爝火：火把。
⑤ 鼎彝：原是古代饮食器的名称，后来专指帝王宗庙的祭器。鼎，食器。彝，古时盛酒用的器皿。
⑥ 苍生：百姓。

凿开层层土石挖掘出煤炭，它蕴藏的热能最深厚。燃烧起来像火把一样使人感到春意浩荡，洪炉的火光照亮了黑沉沉的夜晚。宝鼎彝器原是靠它熔铸而成，铸成之后还想到为人间出力。只愿天下的百姓都能吃饱穿暖，它不辞辛苦走出深山老林。

③ 题竹石画（其二）

［清］郑燮

竹枝石块两相宜，
群卉（huì）①群芳尽弃之。
春夏秋时全不变，
雪中风味更清奇。

联系《竹石》，想一想这两首诗在写法上有哪些相同之处。

注释

① 卉：草。

竹枝和石块互相搭配很适宜，花花草草全都舍弃了。春夏秋冬四时，竹枝和石块的本性不移。要是冬天来了，它们傲立雪中更显清朗、奇崛。

④ 足　迹

王愿坚

拐过那道挂满冰柱的断崖，大雪山的山顶就在眼前了。

对恶劣环境的描写，为后文红军战士超越身体极限创造奇迹做好了铺垫。

就在这时候，山背后突然腾起了一片雪雾，冷风推送着一大片浓黑的乌云，疾速飞来，遮得天昏地暗；接着，风吹起的积雪，夹着天上飘来的大片雪花，劈头盖脸地落下来。远处的山峰，近处的断崖，都笼罩在一片雪帘雾幛里，前面部队刚踩出来的路径又模糊不清了。

指导员曾昭良望着这突如其来的大风雪，忧心地摇了摇头。他深深地吸了口气，把搀在病号腋窝里的那只手攥紧了，又吃力地向前走去。

他是在部队行进到山腰，就要进入积雪区的时候被指定参加团的收容队的。一路走着，他收容了三批因病掉队的同志，组织好人力，把他们送向前去。他本来可以走快些，赶上本队。可是，就在半个小时以前，他遇上了这个病倒在路旁的同志。搀着一个同志走，就慢了，终于没能赶到起风之前翻过山去。

路，越来越难走了。曾昭良觉得自己的脑袋仿佛胀大了几倍，眼前迸散起一串串金星。两腿好像被积雪吸住了，足有千斤重，每挪动一步都要积攒浑身的力气。特别难耐的是胸口，好像猛地塞进了大团棉花，透不出气来；心跳得怦怦响，似乎一张口那颗热乎乎的心就会一下子从口里跳出来。这时候，要是能够坐下来歇歇，该有多好啊！可是不行。还在接受收容任务的时候，他就听说过：山顶上空气稀薄，在身体衰弱又极度疲劳的情况下，只要一坐下，就再也起不来了。

翻越茫茫雪山，对于健康人来说，都是非常艰难的，何况是身体羸弱的病号？这里通过对曾昭良动作、心理等描写，让我们感受到：是革命必胜的信念支撑红军在极其恶劣的环境中超越身体极限，创造了奇迹。

被搀扶着的病号显然也感觉到了这一点。他停住了脚，倚在曾昭良的肩膀上，作为病号，是需要帮助和照顾的，可在此刻，他却乞求曾昭良把他扔下。再读这乞求的话语，你一定会有更深刻的理解。

说道：“我可是一点劲也没有啦！”他喘了几口粗气，仰起脸，乞求地说，“同志，听我说，把，把我扔下，你……”

“瞎说！”曾昭良生气地打断了他的话。像是为了回答，他更加快了脚步。

“力量……”走了一阵，那个同志又说话了，“这会……要是有人能，能把力量这种东西……给……给我们……哪怕给上一点点……”

曾昭良咧开干裂的嘴唇笑了笑。这同志说的，和他这会想的，竟然一模一样。可是，这种事，在心窝里想想也就罢了；要不，也只有神话里才会有。现在，在这鸟兽都绝迹的茫茫雪山上，在人们最后一丝力量都快用完了的时候，怎么会出现这样的奇迹？他把口气放软了些：“别说傻话啦，同志，把剩下的力气省着点，我们能爬上去！”

一步，两步……尽管走得很慢，雪路却终于一尺一尺地移到身后去了。约莫经过了一个多小时的奋斗，他们终于走完了这段艰难的路。

当两个战友互相依傍着跨出登上山顶的最后一步以后，那个病号脑袋一歪，倚在了曾昭良的胸前。曾昭良也发现，自己已经把最后的力气都在这一步里用完了。

可是，就在这一瞬间，曾昭良却被眼前的景象惊住了。只见在这不大的雪坪上，东一个、西一个地坐着好几个红军战士；还有几个人大概是刚刚赶到，正摇摇晃晃地寻找着地方，准备坐下来。看来，这些同志也刚刚经历了在暴风雪里翻上山顶的一场搏斗，已是精疲力竭了。

恶劣的环境给红军带来极大的考验，也磨炼了他们的意志。

曾昭良的心像是被谁揪了一把，又紧又疼。他忙扶着病号站好了，指着下山的路，嘱咐几句，然后，脚步踉跄地向一个坐着的战士走去。但已经迟了——那个同志的胸口已经和胸前的手榴弹一样冰冷，再也起不来了。他把手榴弹袋取下来挂在肩上，又奔向旁边的一个年轻的司号员。可是，就在他刚刚抓住小司号员的肩膀的时候，那个被他扶上山来的病号却噗地坐下了。

曾昭良焦急地跺了跺脚：“怎么办？”

像是回答他的问话似的，一只手伸了过来，挽住了小司号员的另一只胳膊。

曾昭良的心头立时松宽些了。他抹去了眼角上的雪水，定睛看了看来人。这人穿一身普通的红军单军衣，只是面容有些特别：连鬓的胡须上挂着冰碴，堆着白雪，浓密的眉毛上沾满了雪花，看去简直像神话里的老人了。那双眼睛，那么和善、亲切——这是一双熟悉的眼睛，可是到底在哪里见过，曾昭良却想不起来了。

普通的装束，特别的面容，让我们认识了一位平易近人的首长。特别是那双和善、亲切的眼睛，带给同志们兄长般的温暖。

那人深深地喘息着，显然也在积蓄着力气。过了一会，才点头示意：“来！使劲！”

两人一齐用力，把小司号员搀了起来。

这时，曾昭良才发现，就在这人的身后，跟着上来的三四个同志，也都分散开来帮助坐下的同志去了。

那人爱抚地扬起袖子，掸了掸司号员

脸上、头上的积雪，然后扭转身，向着山顶上的人们说道：

“同志们，革命，需要我们往前走哇！”

短短一句话，却有一种震撼人心的力量！这句话鼓舞了士气。

这话声音不高，却有一种震撼人心的力量。顿时，坐下来的人们都一齐向这人望过来。那一双双眼睛里，都闪出兴奋和喜悦的光彩。人们低声传告着什么，有的在努力往起站，有的已经在同志的帮助下站了起来。人们扛起了枪，挽起了臂膀，结成了一条人的长链，缓缓地向着下山的路移动了。

曾昭良看见，刚才他搀的那个病号正和走过身边的一个人说着什么，忽然，他一按雪地爬了起来，蹒跚地往前走去。快要走到身边的时候，曾昭良连忙伸手去扶他；他却坚决地把手推开，昂起头，说了声：“我能走！”

“这都是因为他，和他刚才那句话的力量啊！”曾昭良怀着深深的敬意望着那个同志，暗暗想道。

一个警卫员模样的人，扶着一个炊事员来到那人身边，低声地说道：“走吧，你身体不好。”

那人轻轻拂去警卫员伸过来的手，没有应声。他默默地望望山后，又看看曾昭良。突然，他把一只手搭到了曾昭良的肩头上，问道：

“是党员吗？”

“是。”曾昭良回答。

“你累了吧？”

曾昭良望着那双亲切的眼睛，点了点头。

从这朴实的话语中，我们能感受到那人对曾昭良的鼓励和期许。

“是啊，困难！”那人深深地喘了口气，“可是，要是不困难，要你，要我，要我们这些共产党员干什么呢？”他手抚胸前，喘息了几下，又向曾昭良靠近了些，压低的声音里透着关切，“同志！——你看见了，这里需要留下一个人。”

“是，需要。”曾昭良应了声，思索着这话里的意思。

那人伸手摸了摸曾昭良的衣服，然后抚摸着自己身上，又打量着周围的人。曾昭良思忖道：“他大概是想给我找一点御寒的东西。”可是，他身上除了那件单薄的军衣，又有什么富余的衣物呢?

警卫员显然弄错了首长的意思，连忙打开皮包，把纸和铅笔递过来。

那人笑了笑，拿起铅笔，向着手上哈了口热气，然后飞快地写着：

“不要停下，继续前进！”

曾昭良完全明白了自己的任务。他严肃地立正，问道：“这命令是……”

那人微微一笑，在命令的后面签上了三个大字。

曾昭良看着这个整个红军都衷心敬爱着的名字，顿时，浑身的血液都热起来了。啊，这个带着疾病、挂着满面霜雪和他一道走过这段艰难道路的人，这个和红军战士们肩并肩、心贴心的人，就是协助毛主席统率全军、组织这万里长征的人啊！

从这段心理描写中，可以看出曾昭良得知那人的真实身份后抑制不住的激动心情。

"是！周副主席！"曾昭良激动地接过命令，举手敬礼，并且庄严地复诵着："不要停下，继续前进！"

"同志！"周副主席沉重地点了点头，"我们要走的路，还很长很长。这路上，有各种各样的关口。共产党员就要出现在这些关口上！"他紧紧地握住了曾昭良的手，"好，你带走一批之后，把任务再交给下一个同志。"

说罢，他搀起了小司号员，向前走去。

走了几步，他又回过头来，关切地嘱咐道："同志，记住！千万不能停下啊！"

风雪更紧了。

曾昭良紧握着命令，深情地望着长征部队走去的方向。只见敬爱的周副主席，搀扶着战士，迎着迷茫的风雪，在大步走着，走着……

周副主席搀扶着战士在风雪中大步走着的背影，已经深深地印在了每一个战士的心中。

在他的身后，在这千年积雪的雪山上，留下了一长串深深的脚印。

看着，看着，一串感激的热泪，滚过

他的腮边，滴到了衣襟上。

看着，看着，他明白了：不是幻想，不是神话，确确实实就有那样的人，能够把战士的心照亮，能够把战士心底蕴蓄着的力量唤醒，能够把自己的力量交给别人——无私地交给别人。

阅读链接

1934年至1936年中国工农红军经历的二万五千里长征是人类战争史上的奇迹。红军指战员在长征途中表现出对革命理想和事业无比的忠诚、坚定的信念，表现出不怕牺牲、敢于胜利的无产阶级革命乐观主义精神，表现出顾全大局、严守纪律、亲密团结的高尚品德。

5 草

王愿坚

二班长杨光从昏迷中醒过来的时候，天已经放亮了。他欠起身子，四下里打量着、回想着，好半天才弄明白：自己是躺在湿漉漉的草地里。

过草地的时候，由于环境、气候非常恶劣，大家只能在茫茫草地上寻找一切可以食用的东西来渡过难关。

昨天，也就是过草地的第四天，快要宿营的时候，连长把他叫了去，要他们班到右前方一个小高地上，担任警戒。他们赶到了指定地点，看好哨位，搭好帐篷，天已经黑下来了。他动手去解决吃饭的问题。他提着把刺刀，围着山丘转了半天，才找到了一小把水芹菜和牛耳大黄。正发愁呢，忽然看到小溪边上有一丛野菜，颜色青翠，叶子肥嫩，他兴冲冲地砍了一捆拿回来，倒进那半截油桶里，煮了满满一锅。

谁知道，问题就发生在这些野菜上了：换第三班岗的时间还不到，哨兵就捂着肚子回来，把他叫醒了。他起来一看，班里同志们有的口吐白沫，有的肚子痛得满地打滚，有的舌头都僵了。倒是他和党小组长因为吃得不多，症状还轻些，于是两人分工，一个留下警戒和照顾同志们，一个向上级报告。就这样，他摸黑冲进了烂草地；开始是跑，然后是走，最后体力实在支持不住了，就在地上爬。爬着，爬着，不知什么时候昏过去了。

“冲”“跑”“走”“爬”等一系列动作描写，写出二班长杨光不顾危险，坚持向上级报告时的情形。

当一切都回想起来了以后，他的心像火燎一样焦灼了。他用步枪支撑着，挣扎着站起来，踉踉跄跄地走上了一个山包。

这时，太阳冒红了，浓烟似的雾气正在消散。他观察着，计算着，判断着方位。看来，离开班哨位置已经是十里开外了，可是看不到连、营部队宿营地的影子。显然是夜里慌乱中迷失了方向。不行，得赶快找部队去，救同志们的生命要紧啊！

他正要举步，忽然薄雾里传来了人声。人声渐渐近了，人影也显现出来，是一支小队伍。走在前面的是几个徒手的军人，后面是一副担架。

他急忙迎上几步，看得更清楚了：前面一个人的挎包上还有一个红色的十字。

一个“滚”字，可以看出杨光见到卫生员的惊喜，也表现出他想要救治大家的急切心情。

“好，同志们有救了！”他狂喜地喊道。跑是没有力气了。他索性把枪往怀里一抱，就地横倒身躯，沿着山坡滚下山去。

就在他滚到山包下停住的时候，正好赶在了那支小队伍的前头。

人群和担架都停下了。背红十字挎包的人飞步跑来，弯腰扶起他，关切地问道：“你怎么啦？”

杨光定了定神，把事情讲了讲。末了，他紧紧抓住了那人的挎包，恳求地说：“医生同志，快去吧！晚了，人就没救啦！”

医生看看背后的担架，又看看杨光，为难地摇摇头：“同志，我们还有紧急任务！”

“什么任务能比救人还要紧？”

医生指着担架："我们也是要救人哪！"

杨光这才看清楚，担架上躺着一个人。一床灰色的旧棉毯严严地盖在上面。

"那边的同志很危险！"杨光焦急地叫起来。他伸开手拦住了路口，大声地说："你不去，我就不放你走！"话一下子僵住了。

担架响了一声，毯子动了一下。

医生有点愠怒地看了杨光一眼："你这个同志，有话不会小点声说？你知道吗？这是……"他压低了声音，说出了那个全军都敬爱的人的名字，然后解释道，"他病得很厉害哪，昨天开了一夜的会，刚才又发起高烧，人都昏迷了。"

从医生的话语里，我们可以感受到大家对周副主席的热爱。

"什么？周副主席？"杨光立时惊住了。对于这位敬爱的首长，杨光不但知道，还曾亲眼看见过。在遵义战役之前，这位首长曾经亲自到他们团做过战斗动员。在部队开上去围攻会理的时候，连队在路边休息，他也曾亲眼看见周副主席和毛主席、朱总司令一道，跟战士们亲切交谈。可是，现在竟然病倒在草地上。而他，却在首长赶去卫生部救治的路上，拦住了他的担架……他惶惑地望着担架，一时竟不知如何是好了。

就在这时，毯子被掀开了，周副主席缓缓地欠起了身，朝着杨光招了招手。

杨光不安地走过去。他深情地注视着那张熟悉的脸，却不由得大吃一惊：由于疾病的折磨，这位敬爱的首长面容变化多大呀！他觉得心头像刀在绞，眼睛一阵酸涩，竟然连敬礼也忘了。

从周副主席的动作中，可以看出他的身体极度虚弱。

周副主席显然刚从昏迷中醒来。他费了好大的劲，才把身躯往担架边上移开了些，然后，拉住杨光的衣角，把他拽到担架空出的半边坐下来。

靠着警卫员的扶持，周副主席在担架上半坐起来。他慢慢抚摸着杨光那湿漉漉的衣服，又摸了摸杨光的额头，亲切地说道："这么说，你们是吃了有毒的野菜？"

“是。”杨光点了点头。

“那种野菜是什么样子呢？”

“这就是。”杨光从怀里掏出一棵野菜。为了便于医生救治，他临走时带上了它。

周副主席接过野菜，仔细端详着。野菜有些蔫巴了，但样子可以看得出来：有点像野蒜苗，一层暗红色的薄皮包着白色的根，上面挑着四片互生的叶子。看着，不知是由于疲累还是怎的，他倚在警卫员的肩头，仰起了头，眼里浮上了异常严肃的神情。

从这段描写中，我们读出了周副主席因战士们吃野菜中毒而焦急的心情。

杨光担心地看着周副主席，他弄不明白：首长为什么对这棵野菜这么关心。他刚想劝首长休息，周副主席又问了：“这野菜，多半是长在什么地方呢？”

杨光想了想：“在背阴靠水的地方。”

“味道呢？还记得吗？”

杨光摇了摇头。因为是煮熟了吃的，没有尝过。

周副主席又举起那棵野菜看了看，慢

慢地把它放进嘴里。医生惊呼着扑过来，野菜已经被咬下了一点。

周副主席尝野菜是为了避免让更多的战士中毒。

周副主席那干裂的嘴唇闭住了，浓密的胡须不停地抖动着，一双浓眉渐渐皱紧了。他嚼了一阵，吐掉了残渣，把那棵野菜还给杨光，嘱咐道："你记着，刚进嘴的时候，有点涩，越嚼越苦。"

杨光又点了点头。周副主席把声音提高了些，用命令的语气讲话了。他的命令是非常明确的：要医生马上按杨光指出的方向，去救治中了毒的战士们。他又要担架抬上杨光，用最快的速度赶到总部去报告。他的命令又是十分具体的：要求总部根据杨光他们的经验，马上给部队下发一个切勿食用有毒野菜的通报。在通报上，要画上有毒野菜的图形，加上详细的说明，而且，最好是附上标本。

一个年轻的卫生员，还在听到谈论有毒野菜的时候，就在路旁打开了挎包，把满满一挎包沿路采来的野菜倒出来，一棵棵翻拣、检查着。这会儿，听到了首长下达的命令，惊慌地叫起来：“那……你呢？”

“你们扶我走一会儿嘛！”周副主席微笑着伸出了一个指头，又摊开了手掌，“看，是一个多呢，还是五个或者上万个多呢？”

谁也想不出更好的做法了，而争辩是没有用的。一时，全部默不作声了。只有晨风吹过荒漠的草地，撕掠着青草，发出飒飒的声响。

卫生员抽噎了两声，突然抓起一把野菜，发火地说：“都是敌人的围追堵截，逼着我们走草地，逼得我们吃草！”

“吃草。嗯，说得好啊！”周副主席严肃地点了点头，“革命斗争，需要我们吃草，我们就去吃它。而且，我们还要好好总结经验，把草吃得好一些！”

这里的“草”，既指野菜，也指红军战士在长征中经历的磨难。

“应该感谢他们，感谢这些同志用生命和健康为全军换来了经验。也要记住这些草！”稍稍喘息了一下，他又说下去，从周副主席的话语中，我们或许能找到红军取得长征胜利的原因。

不过，话却温和多了，语气里透着深深的感情，“等你们长大了，就会想起这些草，懂得这些草；就会看到：我们正是因为吃草吃得强大了，吃得胜利了！”

这些话，从那瘦弱的身躯里，从那干裂的嘴唇里发出来，又慢，又轻，可是，它却像沉雷一样隆隆地滚过草地，滚过红军战士的胸膛。

杨光激动地听着。就在这一霎，他看到了伟大战士的那颗伟大的心。顿时，他觉得自己变得强大了、有力了，这力量足足能一气走出草地。他向着敬爱的周副主席深情地举手敬礼，然后，那紧握着野菜的手猛地一挥，转身向总部所在的方向跑去。

医生向卫生员嘱咐了句什么，也紧抓着那个红十字挎包，向另一个方向跑去。

周副主席望着两个人渐渐远去的背影，耳边传来警卫员的话音。话是对着小卫生员说的：“……看你说的，为革命嘛，我们吃的是草，流的是血，可我们比那些花天酒地的敌人高尚得多，也强大得多呀！……”

周副主席那浓浓的胡须绽开来，宽慰地笑了。他笑得那么爽朗，那么开心。自从患病以来，他还是头一次笑得这么痛快。

文章结尾对周副主席的笑进行了特写，使我们明白他的悲喜始终与革命事业相连，增强了文章的感染力。

阅读链接

作家王愿坚在《写出感受的和相信的》一文中写道：“1976年底至1977年上半年写的10篇小说……这些作品，是用短篇小说这种艺术形式来塑造老一辈无产阶级革命家形象的一个尝试。”《草》即其中的一篇。

文中的“草地”特指松潘草地，在四川省阿坝藏族羌族自治州北部，平均海拔3000米左右，多草甸、沼泽。草地气候极为恶劣，年平均气温在零度左右，雨雪风暴来去无常。

6 最后一次讲演[1]

闻一多

1946年7月11日，李公朴因参加爱国民主运动，在昆明被国民党特务暗杀。

这几天，大家晓得，在昆明出现了历史上最卑劣、最无耻的事情！李先生[2]究竟犯了什么罪，竟遭此毒手？他只不过用笔写写文章，用嘴说说话，而他所写的，所说的，都无非是一个没有失掉良心的中国人的话！大家都有一支笔，有一张嘴，有什么理由拿出来讲啊！有事实拿出来说啊！为什么要打要杀，而且又不敢光明正大地来打来杀，而偷偷摸摸地来暗杀！这成什么话？

今天，这里有没有特务？你站出来！是好汉的站出来！你出来讲！凭什么要杀死李先生？杀死了人，又不敢承认，还要

---

①选入本书时，有删改。

②李先生：指李公朴。

诬蔑人，说什么“桃色事件”，说什么共产党杀共产党，无耻啊！无耻啊！这是某集团[①]的无耻，恰是李先生的光荣！李先生在昆明被暗杀，是李先生留给昆明的光荣！也是昆明人的光荣！

以反动派的无耻衬托李先生的光荣，在强烈的对比中，表现出对反动派的愤怒与蔑视和对李先生的赞扬。

去年“一二·一”昆明青年学生为了反对内战，遭受屠杀，那算是青年的一代献出了他们最宝贵的生命！现在李先生为了争取民主和平而遭受了反动派的暗杀，我们骄傲一点说，这算是像我这样大年纪的一代，我们的老战友，献出了最宝贵的生命！这两桩事发生在昆明，这算是昆明无限的光荣！

反动派暗杀李先生的消息传出以后，大家听了都悲愤痛恨。我心里想，这些无耻的东西，不知他们是怎么想法，他们的心理是什么状态，他们的心怎样长的！其实很简单，他们这样疯狂地来制造恐怖，

① 某集团：指国民党反动派。

正是他们自己在慌啊！在害怕啊！所以他们制造恐怖，其实是他们自己在恐怖啊！特务们，你们想想，你们还有几天？你们完了，快完了！你们以为打伤几个，杀死几个，就可以了事，就可以把人民吓倒了吗？其实广大的人民是打不尽的，杀不完的！要是这样可以的话，世界上早没有人了。

两处“李公朴”指的是同一个人吗？你是如何理解这句话的？

你们杀死一个李公朴，会有千百万个李公朴站起来！你们将失去千百万的人民！你们看着我们人少，没有力量？告诉你们，我们的力量大得很，强得很！看今天来的这些人，都是我们的人，都是我们的力量！此外还有广大的市民！我们有这个信心：人民的力量是要胜利的，真理是永远存在的。历史上没有一个反人民的势力不被人民毁灭的！希特勒、墨索里尼，不都在人民之前倒下去了吗？翻开历史看看，你们还站得住几天！你们完了！快完了！我们的光明就要出现了。我们看，光

用简明的语言向敌人发问，铿锵有力；用反复的修辞打击敌人的嚣张气焰。

明就在我们眼前，而现在正是黎明之前那个最黑暗的时候。我们有力量打破这个黑暗，争到光明！我们的光明，就是反动派的末日！

李先生的血不会白流的！李先生赔上了这条性命，我们要换来一个代价。“一二·一”四烈士倒下了，年轻的战士们的血换来了政治协商会议的召开；现在李先生倒下了，他的血要换取政协会议的重开！我们有这个信心！

高度颂扬了“一二·一”四烈士和李先生为民主与和平献身的爱国主义精神，也表达了与反动派作斗争的决心。

“一二·一”是昆明的光荣，是云南人民的光荣。云南有光荣的历史，远的如护国[1]，这不用说了，近的如“一二·一”，都属于云南人民的。我们要发扬云南光荣的历史！

反动派挑拨离间，卑鄙无耻，你们看见联大走了，学生放暑假了，便以为我们没有力量了吗？特务们！你们错了！你们

① 护国：指1915年到1916年，为反对袁世凯复辟帝制而发动的“护国战争”。反袁的护国军最初是在云南宣布起义的。

看见今天到会的一千多青年，又握起手来了，我们昆明的青年决不会让你们这样蛮横下去的！

反动派，你看见一个倒下去，可也看得见千百个继起的！

正义是杀不完的，因为真理永远存在！

历史赋予昆明的任务是争取民主和平，我们昆明的青年必须完成这任务！

我们不怕死，我们有牺牲的精神！我们随时像李先生一样，前脚跨出大门，后脚就不准备再跨进大门！

1946年7月15日，闻一多在李公朴的追悼会上发表了这次讲演，当天下午他被国民党反动派暗杀。这也是文章被称为“最后一次讲演”的原因。

日积月累

革命理想，不是可有可无的点缀品，而是一个人生命的动力。有了理想，就等于有了灵魂。

——吴运铎

革命就像火一样，任凭大雪封山，鸟兽藏迹，只要我们有火种，就能驱赶严寒，带来光明和温暖。

——杨靖宇

我能舍弃一切，但是不能舍弃党，舍弃阶级，舍弃革命事业。我有一天生命，我就应该为它们工作一天！

——方志敏

7 走向有无限可能的美好未来①

刘 洋

20年前，我考入飞行学院成为一名飞行员；16年前，我毕业来到部队成为一名战斗员；7年前，我又通过选拔，成为一名航天员。面对人生路上的沟壑纵横，我想与大家分享的是“执着信心、永不言败”。

第一段开门见山地指出演讲的主旨是“执着信心、永不言败”。

如果有人要问：“你认为你最宝贵的财富是什么？”我的答案是“生命”！这和我的经历有关，因为我是一名飞行员、一名航天员，数次生死边缘的行走，让我对人生有了不一样的体会和感悟。在我的飞行生涯中，曾遇到无数次险情。有一次训练飞行，我驾驶飞机刚刚离地，忽然迎面飞来一群鸽子，径直向飞机撞来。在飞

---

① 本文选自《解放军报》2017年7月15日第5版，是作者参加北京大学经济学院2017年毕业典礼的致辞。

行中，一只小鸟就足以导致机毁人亡，何况还是一群鸽子呢？一声沉闷的响声之后，风挡玻璃上溅满了鲜血，满座舱弥漫着一股焦煳的味道，飞机的一台发动机也被撞坏了，那些偶遇的鸽子险些要了全机组人员的性命。还有一次飞行，由于机械故障，在飞机着陆滑跑时，起落架突然收起，机腹擦地高速行进在水泥跑道上，顿时火花四溅，浓烟滚滚。

作者结合自身事例告诉我们要敬畏生命，热爱生活，用心体会生活中的平凡与幸福。

这一次次的生死考验，让我对人生有了新的界定，懂得了敬畏生命，学会了热爱生活，更加豁达与平和，也更能体会到生活中的平凡与幸福。懂得敬畏，会让你看清生活与生命的本质，在未来的人生道路上，不任性，不妄为，走得从容、自信，在跌宕起伏中，“自信人生二百年，会当水击三千里”。

2010 年，我离开了飞行部队，换上了航天服。进入航天员大队之前，我并不完全清楚“航天员”究竟是一个怎样的职业。

直到训练陆续展开，才渐渐走进了这个勇气与梦想交织的领域。记得刚刚进入航天员大队的时候，严酷的管理制度、枯燥的理论学习、高强度的训练，都是我始料不及的，让我非常不适应。

记得第一次做转椅训练时，我满怀自信地坐了上去，可刚转到 5 分钟，就感觉到头晕恶心，瞬间汗水湿透衣背，险些坚持不下来。在空军时，我已是一名成熟的飞行员，而来到航天员大队，竟然连一项基础性的训练都达不到优秀，更别说通过重重关卡去执行任务了。难道真的要梦碎于此？那段时间，我沮丧极了，每天都在拿着放大镜看自己的缺点。巨大的落差让我的信心跌入谷底，人生似乎看不到希望。直到有一天，突然听到“信心比金子还珍贵”这句话时，感觉像一道闪电刺破了乌云，让我幡然醒悟。信心可以化渺小为伟大，化平庸为神奇。而人生最快乐的事，莫过于永不言弃为理想而奋斗。我开始打点心

在为梦想而努力的过程中，一定会遇到重重困难，但只要怀有必胜的信心，永不言弃，梦想一定能够实现。

灵和意志，专注于当下，不再徒劳地恐惧未来。每天清晨，我都会对着镜子中的自己，举起拳头大喊：“加油！加油！”每天晚上，我都会问自己：“今天你努力了吗？”一天天的积累与努力，终于让梦想照进了现实。

执行“神舟九号”任务，那是我人生的一次洗礼。人在太空中，心会变得宽阔。随着身体的失重，有许多东西会变得很轻很淡，可人的心却不会失重，有许多情感会在心底变得更加清晰和珍贵。比如远离了地球，才更懂得地球家园的可贵；远离了祖国，才更能体会到祖国的重要；远离了亲人，才更知道了亲人的牵挂。

身处太空看地球，才懂得地球家园的可贵，才更珍惜对祖国、对亲人的情感。

任务完成后，经常有人会问我：“难道你不怕死吗？”怕，怎么不怕？生命对于每个人来说都只有一次，又有谁会不珍惜呢？但总有一些事情值得你为之奋斗和牺牲。就像一位战斗机飞行员曾说的：“我最大的遗憾就是只能为祖国牺牲一次。”

虽然每个人的角色不同，但都承担着实现中华民族伟大复兴的历史使命。因为你就是这个国家，你就是这个社会，你进步一分，这个国家和社会就会进步一分。不因物欲横流而改变初心，不因困难挫折而放弃责任，将个人的荣辱融入国家的命运，将个人的价值融入国家的利益，你的生命就会绽放得更加绚烂！

作者用语言鼓励每个人都要为中华民族的伟大复兴而努力奋斗。

日积月累

凌霜尽节无人见，终日虚心待凤来。

——韩溉

洛阳亲友如相问，一片冰心在玉壶。

——王昌龄

千淘万漉虽辛苦，吹尽狂沙始到金。

——刘禹锡

不是花中偏爱菊，此花开尽更无花。

——元稹

⑧ 白马（节选）

张品成

从对喜子的描写中，我们感受到喜子的身心受到了巨大的创伤。你能联系后文说说喜子为什么会突然得病吗？

喜子病了，这病来得突然。头昏脑热，看什么都似乎在眼前晃荡，脑壳如同灌注了沉铅。昏天黑地地一直坠在糊涂梦境里。队伍移防到另一处山窝。大家用竹竿野藤扎了副担架轮流抬了喜子行军。宿营时，师长还下令给喜子扎了一个小棚。

等到喜子醒来，天已大亮，阳光穿透枝叶和棚顶缝隙古钱般金灿灿烙在地上，有一枚不偏不倚正中喜子左眼，他感到似有小虫在眼皮地方缓缓爬起，睁眼，却金光灿灿耀眼，惊坐起，发现是个陌生地方，四周寂静无声。他想：马！我的马呢？欲站起，四肢却软绵无力，他知道自己这是饥饿所致，已经连了三天未吃东西。他看见身边不远处有一钵清水，探头在钵里抿了一口。从棚子缝隙往外看，看见白马在树荫下安详地吃草，一颗心才放下来。爬起，正想出门，忽听得棚外有人说话，喜子耳贴棚壁倾听，听出两个人的说话声。细听，听出是大安和福生。

大安说："福生，你肩上那伤要紧吗？"

福生说："这有什么，平古死了，连师长都叫炮子削去三个指头。那时候师长正想摘了头上帽子，那炮子离脑壳相差也不过两寸，险些把命丢了……我这点伤算什么？……"

从大安和福生的对话中，可以看出战争的艰苦，也为下文白马的死埋下了伏笔。

大安叹了口气："这仗打得窝囊……"

福生说："谁说不是？……空着肚子，连端枪力气都没有，能打好仗……"

大安说："可惜了那一船东西，要是仗打得顺利，咱哪会吃这么大亏？敌人那船军需也就到手了。有了那别说雪山，刀山咱也能过呀，能保住咱多少弟兄……可惜为了匹马……"

喜子只觉眼前空空荡荡，指爪抠入泥

从对喜子的动作、心理等描写中，我们感受到喜子听到同志们伤亡严重时内心的痛苦。

地，心中说不出的痛楚，刀子挖心似的难受，说不清的一种情绪漫上胸腔。亦悔亦恨，狠狠用拳头擂自己的太阳穴。他觉得自己是太自私，太不明事理。突然，他有了个决定。这决定是喜子紧咬牙关做出的。再张嘴时，唇角殷红的一片鲜血，咬破了指甲大一个口子。

喜子走出棚子，抬头就看见那个崖坡。他朝白马走去，白马看见喜子，撒欢似的扬了扬前蹄。喜子过去扯住缰绳，拍拍马背，说："兄弟……你别怨我狠心……"鼻子酸酸的，眼泪在眼眶里转悠。

司务长赶来时，现场已经围了大堆士兵。大石上到处是血，白马躺在血泊里，血还在白马的伤口里汩(gǔ)汩流出，鼓起无数血泡。那马已近断气，却强蛮地想探起颈脖，但歪着扬起，却软软耷下，半眯的眼睛黯淡无光，映着树梢那半明半暗的日头。喜子蹲在那截儿霉枯树桩旁，哭得像个泪人。

司务长挤进人群。"出了什么事？"

他问喜子。喜子不说话，只哭。

大安说：“怕是马在崖坡上吃草，不小心跌了下来。”

司务长说：“碰了鬼，这谷里四处都是嫩草，这马怎么偏到那地方去了？这崖有三四丈高，那还不跌个稀烂？喜子，你这是怎么个弄的？”

喜子只哭，不说话。

司务长搓着手，喃喃说：“这怎么好？怎么好？”

福生说：“事到如今，也只好剥皮填肚子……”大安忙扯了扯福生。

司务长望望喜子，喜子闻声未动。司务长考虑再三，觉得事情确属无奈。下了决定，朝众人点了点头。几个士兵抽出明晃晃尖刀，三下两下将死马收拾妥当。

大安燃了堆火，火旺旺的，一口大锅就架在火上。慢慢地，锅里马肉便有了诱人香气，馋得众人直吞口水。但大家都窝在地上一动不动。没有人忍心动那些锅里

文中多次写到喜子的哭，你从中体会到了什么？

的马肉，那可是喜子心上肉哇，可怜的一个细伢（yá）[1]，你看他伤心成那样。再说，平心而论，警卫连战士，谁不喜爱这匹白马。

从这一句环境描写可以看出，白马的死对每一位战士来说都是无奈和痛苦的。

火在那“噼啪”燃着，清香四溢，除了喜子的抽泣，四周是奇怪的静。

有人沿溪岸朝这边走来。

是师长。

他的右掌缠着块带血的灰布。

师长看到那锅马肉，愣了一下，司务长过来，指手画脚跟师长说了几句。师长仰头看了看那蔓生苔藓和嫩草的崖坡，眉头就拧在了一起。师长毕竟是读书人出身，脑子比司务长他们用得活泛，他看看崖坡又看看蒙头哭泣的喜子，看出了其中的蹊跷，明白了喜子的用心，大为感动。

他走过来，抚了抚喜子的头发，说：“伢子，难为你了……”说这话时，师长眼里噙着泪，他转过身，朝众人喊：“喂，

① 细伢：方言，小孩子。

大家吃呀，怎么不吃?！”

没人吭声。

许久，有人接上话茬，那汉子嘀嘀咕咕：“谁咽得下？喜子唤它作兄弟呀……”

大安说：“就是……我看，埋了它吧……”

蜷缩在地的喜子突然蹿跳而起，“不！”他大声嚷道。

众人吓了一跳，看喜子，那脸上早无泪痕，肿胀的眼泡却漾着几分笑，他走到锅边，舀起一碗，用尖刀挑起块马肉，塞进嘴里大口嚼着，一边就端着碗往竹林里走去，弄得大家好不惊诧，以为置身梦境。

此时此刻，喜子是多么舍不得他的好战友好兄弟白马呀。但是，喜子想，为了人民，为了战争的胜利，为了我们的祖国，白马一定会理解他的。

师长又轻轻说了声：“吃吧！”随即也舀起一碗马肉。大家回过神，一人盛了一碗，嚼得吧嗒有声。

司务长不放心，端着碗也往竹林走去。一会儿，他走了回来，走到师长身边。

“怕是那伢子病还没好利索，肠胃不好，才一口马肉，就呕得翻天覆地，胆汁都要吐出来了……啧(zé)啧……”

师长听罢，一颗心沉重起来，他明白喜子呕吐的真正缘由。师长把碗搁在一边。那以后，他再也没挨过马肉。

他走进竹林，远远地看见喜子在用十指刨泥，抠出个坑坑，将那碗马肉倒扣在坑里拥上碎泥，堆成个坟状的小土包。

师长感觉眼眶湿渍渍，不觉泪顺衣襟滚下……

阅读链接

我不知道他们(指他在小说中塑造的人物)的“再生”或者说再现是否能让读者震撼激动，从而感悟到一种精神，领略到一种境界，明白了一种真实，知晓了一段历史。如果真是这样，我几十年内心间的一种莫名骚动和不安将平息消逝。

——张品成

9 年节[1]（节选）

邱 勋

这金库[2]掀开枪套，唰的一声，真个抽出一支崭新瓦亮的马牌手枪来。

这一霎，孩子们木雕泥塑一般，全愣住了。房前的老大娘吓得转了嗓，恐惧地喊道："潘家小子，你可不能放！你可不能放！石榴，快跑啊……"

金库掏出手枪，让大家很恐慌，场面一下子混乱起来。

人群后面一个刚会走路的小女孩哇的一声哭了起来。她扭头要跑，却又脚下一滑摔在地上。人群骚动了，另外几个孩子也两手捂住耳朵，朝四面八方飞奔而去。

"叭！"枪声响了，子弹带着一声尖啸从孩子们头顶疾飞而过。它射到一户人家的门旁，把挂着的一把柏树枝和它上面

① 选自《烽火三少年》。

② 金库：汉奸潘彪的儿子。

插着的几炷香，一起打落在地。

谷场上孩子们跑散了，年节期间欢快的笑闹声听不到了。金库神气活现地从那些抛在地上的石片、木板和一只小孩鞋子旁边走过，提起手枪，撮起嘴朝枪口里吹吹，一团蓝烟轻轻飘了起来。他又抬起小马靴猛力踢出一脚，把石头上那几只溜圆的石子儿踢到雪堆里去了。

从金库的动作描写中可以读出他掏出手枪时的得意忘形，狐假虎威的形象跃然纸上。

枪声传进留孩的耳朵里。

留孩没有到打谷场上，也没有到街上去玩。他蹲在房前一块石头上，像个小老头，懒洋洋地晒着太阳，想着心事。陈虹单人独马闯进教堂，从敌人窝子把胡一杰提溜出来，打发他回了老家。这样的事，任谁听到，也会惊得把舌头伸出来，半天缩不回去。可他留孩不光没参加，而且看都没看到。但是冬梅姐和石头看到了，参加了，而且“立了功”。现在他俩至少算得上一半八路军了，而自己还是个不折不扣的老百姓，蹲在团瓢前面呆呆地看着日影在脸前轻轻移动……

听到枪声，他猛地弹了起来。跳上矮墙朝谷场上望去，只见孩子们都已跑光，只剩金库挺胸凸肚地站在那里。他手里抓着一块油黑乌亮的东西，在冬天的太阳底下，一闪一闪放着蓝光。

听到枪响，留孩没有像别的孩子那样惊慌失措，因为他有自己的小心思：他想得到那支手枪。

枪！一支半点儿杂毛不掺的真枪！

当然啦，这不同于他用子弹壳和核桃木做的那一支！他的那支，尽管枪柄上的鱼鳞花纹刻得十分精巧，但是，扣动那粗铁丝弯成的扳机，只能把一小捏沙子打出几步远。而这一支，如果握在他留孩手里，可以把胡一杰、潘彪以至藤田——当然啦，金库更不在话下——穿他个透心凉！

但是，这支闪光乌亮的枪，现在却握在金库手里！对了，如果他夺来这支枪，交给上级，那他当然就是“立了功”！到那时候，他再提出参加八路军，一定就算“够了份儿”；老山根自然就得答应他的要求，不再只是眯缝起眼睛朝他微笑了。

联系下文读一读，留孩的形象已经跃然纸上了。

他撮起小舌头顶在上牙根上，两眼眨巴了好一阵。突然，他急急忙忙跑到后夹道里，掀开积雪和石块，找出他后来又自个儿做成的那支小手枪来。自从把它做好，就遇上潘彪搜查陈虹，他把它藏在这里，再也没敢拿出来。现在，留孩把枪上的灰尘朝衣服上擦擦，就把它别在裤腰带上，冲出栅栏门，朝前面的沟峪底下跑去了。

咦！这鸟早不叫晚不叫，怎么偏偏这个时候叫起来了呢？

“唧溜溜，唧溜溜，唧溜唧溜唧溜溜……”不一会儿，从沟底下的什么地方，就传来一阵阵清脆婉转的鸟叫声。

金库站在谷场上，竖起耳朵听了一阵，便把手枪装进皮套，蹑手蹑脚地朝沟底下跑去。

他看到了蹲在一棵柿子树下的留孩，便高声喊道：“留孩，你趴在那里干什么？”

留孩头也没回，轻声说：“有几只鸟，叫得可好听啦，刚飞到前面的树棵子里去了。”

“什么鸟？”

“一只窝兰儿，两只靛颏儿，还有一只没看清楚。”

留孩说着，抬腿向前面树丛里走去，一面回过头来摆摆手说：“你不要跟了去。鸟眼可尖啦，人多了它容易发惊。”

“我偏去！”金库说，“哼，那是你们家的树林子吗？”

说着，金库便抬腿跟了过去。留孩在前，金库在后，两人穿过灌木丛，爬上前面一个高坡。留孩如同一只小山羊，灵巧地绕过枯树，攀上巉(chán)岩，双脚走得风快。金库在半水半雪的泥地上一滑一擦地跟着，不一会儿便气喘吁吁，浑身溅满了泥浆。

两人站在崖坡上，望着脚下的灌木丛，又望望前面山腰里一片树林。留孩说：“鸟飞了，飞到前面的松林里去了。”

留孩抓住金库的心理，一步一步诱导他，可见留孩是一个聪明的孩子。

“你怎么知道的？”金库说。

“鸟的事，我什么都知道，”留孩说，“我懂它的话，也知道它的家。”

“吹呗！”金库说。

“不信算了！”留孩说。

可又由不得金库不信！柳泉峪的大人小孩都知道，留孩捉鸟的本事谁也比不过。就说抓麻雀吧，他不光知道哪个墙洞里刚孵出一窝麻雀雏儿，而且知道什么时候是光腚猴儿，什么时候团翅儿，什么时候出飞。他总是在小雀儿团翅以后出飞以前捉到它。他会捉土燕子。每当豆棵盖严了地，老土燕子就衔几片草叶，在豆棵缝里搭一个简陋的小窝，生上几只蛋，隔几天便孵出小土燕来。它衔着小虫虫来喂食了，但它总飞落在离窝很远的地方，再顺着禾垄悄悄跑到窝旁来。它也有个规律，第一次落到窝这一边，下一次就落到另一边。留孩站在一旁瞅一阵，就能准确地判断出窝的位置，然后跑过去把吱喳乱叫的小土燕捉了来。捉鹌鹑他更在行。这鸟毛色跟地皮差不多，又特别胆小，听到一点儿动静就一头钻下不动了。只要看准了，就围着它藏的地方转圈。圈越转越小，越到后来

留孩捉鸟的本事大，是因为他长期观察鸟儿，对它们的生活习性非常了解。

它越一动不动。最后，张起小网，朝它头上一盖，小鹌鹑就乖乖当了俘虏。留孩这份能耐，连潘兰田也不得不啧啧称赞，几次求他帮助捉只好鸟，并且由于留孩不加理睬而气得胡子直撅。看看，这样的本事，金库不信，成吗？

“离村不近了！”留孩说，“你回去吧！”

从两人的对话中，可以看出留孩准确地把握住了金库的心理。金库已经上钩了。

“不，我跟你上松林！”金库说，“你不给我捉来就不行！”

“那么远，你不害怕吗？”

“怕什么？我有枪！”

“嘻嘻！”留孩夸张地笑了，“唬谁呀？就一个破枪套子！”

金库用力拍了拍枪套，传来几声枪筒碰撞皮套的声音，又听他说：“我刚刚放了一枪，可响啦！你没听见吗？”

“没听见。”留孩淡淡地说。

两人来到崮下松林里，仰起脑袋朝高高低低的松枝上瞅了一阵，弄得金库的脖通过对留孩的心理描写，让人感受到他非常机智，遇事不慌乱。

儿僵僵的难受。留孩望望村子，只见几个伪军，倒背着弯弯木头，正在街头逛荡。他怕在这里动手要是金库哭喊起来会让他们听到，就又朝青石崮脚的山岩上望望，眼睛连连眨巴了一阵。他知道，金库这小子出名的扭天别地，叫他上东他上西，叫他打狗他撵鸡，于是又说：“那几只鸟只怕找不到了。崮脚石崖上倒是有山鸽子，明天再说吧！”

“你是想脱滑儿，不给我抓了啊？”金库立睖起眼睛。

留孩望望西天，太阳已经落下山去，就说：“日头落山，天黑了。”

“没落！”金库瞪着眼说，“我说没落就是没落！”

留孩装出不太情愿的样子，跟金库一起爬上崮脚的石崖。山风呜呜响，四面一个人也没有，天已经完全黑了下来。留孩抬头望着陡峭的光崖，说：“金库，看，一对山鸽儿！”

“在哪里，我怎么看不见？”

“就藏在那石劈缝里，正朝外探头呢！”留孩说着，一面把小木枪悄悄抓到手里，“你过来，站在我这里就能看见！”

金库走过来，仰起脖子问：“在哪里呀？”

“就在这里！”留孩突然握紧拳头，朝金库仰着的下巴猛力打出一拳。这一拳打得又狠又脆生，只听金库尖叫一声，身子后仰，跌了个四脚朝天。

这小子明白自己上当了。他扯开嗓子叫骂着，一面挣扎着坐起来，伸手到腰里就去掏枪。留孩一个箭步冲过来，把小手枪那弹壳枪筒死死地抵到金库的脑门上，喝道：“不准动！动一动要你的命！”

大概金库也听说过前天胡一杰遇上的阵仗儿，也跟胡一杰一样，一缕真魂出了窍，身子像让卖肉的剔了骨头一样，丁零当啷瘫成了一团。在这同时，留孩早抽出右手，插到金库腰里，撕破枪套，把那支手枪拽

画线句子写出了金库被留孩制伏后的胆小和狼狈。

了出来。

“枪你不能拿走，”金库眼泪鼻涕一大串，苦苦哀求道，“这是俺爹的枪，我偷着拿出来的，他还得跟我要……”

“等着还他个枪子儿！”留孩把枪举到眼前，高兴地端量了一阵，又摆摆画画指着金库的脑袋说，“咱八路军讲政策！要不然，今儿个就毙了你……”

突然，黑影里飞来一脚，重重地踢在留孩的手腕上，把小手枪踢飞了。接着，一只又瘦又硬的手，秤钩子一般抓住了留孩的脖子。留孩扭头一看，只见身后站着两个伪军，一个抓着他，一个举枪对着他的脊梁。原来潘彪在崮上安了个秘密岗哨，两个伪军换岗回来，听到动静，就悄悄过来了。他们趁留孩没注意，把他抓住了。

画线句子写出了金库凶狠、霸道的本来面目。

金库这时又来了本事。他从地上爬起来，一面骂着，一面扬手给了留孩一个耳光。留孩闭了闭眼，就势一脚踢到金库肚子上。这小子身子一歪，眼看就要滚下悬崖。持枪的伪军慌忙跑上一步，伸手去拉金库。留孩立即弓起身子，猛力朝抓住自己的伪军那小肚子上撞去。伪军哎哟一声跌倒在地，那留孩早纵身一跳，沿着陡崖滚下去了。

伪军朝黑暗中连射几枪，子弹带着一串火光从留孩身边飞过。留孩顾不上这些，他跟头把式地奔过一道沟峪，钻进一条漆黑的石劈缝里去了。

阅读链接

《烽火三少年》是儿童文学作家邱勋为青少年读者所写的以抗日战争为题材的长篇小说。故事发生在抗日战争时期的沂蒙山区。十四岁的冬梅，不顾个人安危，从敌人严密封锁的战场上，救出了身负重伤的八路军女战士陈虹。经过她和弟弟、奶奶以及村里地下党的巧妙掩护和精心治疗，陈虹养好了伤，找到了上级，重新加入到抗日战争的洪流中。文中的留孩和石头是冬梅的弟弟。

组文阅读

丁玲像一位雕塑家一样，巧妙地塑造出一个革命硬汉彭德怀的形象；汪曾祺用白描的手法为老舍先生画像，热情好客、平易近人的形象如在眼前；高尔基笔下的母亲，冒着生命危险散发传单，就像一位无所畏惧的坚强的革命战士……

阅读这组文章，继续从外貌、神态、语言、动作等描写中体会人物形象，查阅相关资料，加深对文章的理解。

1 彭德怀速写

丁 玲

“一到战场上，我们便只有一个信心，几十个人的精神注在他一个人身上，谁也不敢乱动；就是刚上火线的，也因为有了他的存在而不懂得害怕。只要他一声命令：‘去死！’我们就找不到一个人不高兴去迎着看不见的死而勇猛地冲上去！我们是怕他的，但我们更爱他！”

这是一个二十四岁的青年政治委员告诉我的。当他述说这一段话的时候，发红的脸上隐藏不住他的兴奋。他说的是谁呢？就是现在我所要粗粗画几笔的彭德怀同志，他现在正在前方担任红军的前敌副总指挥。

穿的是最普通的红军装束，但在灰色布的表面上，薄薄浮着一层黄的泥灰和黑色的油，显得很旧，而且不大合身，不过他似乎从来都没有感觉到。脸色是看不清的，因为常常有许多被寒风所摧裂的小口布满着，但在这不算漂亮的脸上有两个黑的、活泼的眼珠转动，看得见有在成人的脸上找不到的天真和天真的顽皮。还有一张颇大的嘴，充分表示着顽强，这是属于革命的无产阶级的顽强的神情。每一遇到一些青年干部或是什么下级同志的时候，看得出那些昂奋的心都在他那种最自然诚恳的握手里显得温柔起来。他有时也同这些人开玩笑，说着一些粗鲁无伤的笑话，但更多的时候是耐烦地向他们解释许多政治上工作上的问题，恳切地显着对一个同志的勉励。这些听着的人便望着他，心在沉静了，然而同时又更奋起了。但当他不说话沉思着什么的时候，周围便安静了，谁也唯恐惊扰了他。有些时候他的确使人怕的，因为他对工作是严格的，虽说在生活上是马马虎虎，不过这些受了严厉批评的同志却会更爱他的。

拥着一些老百姓的背，揉着它们，听老百姓讲家里事，举着大拇指在那些朴素的脸上摇晃着说：“呱呱叫，你老乡好得很……”那些嘴上长得有长胡的也会拍着他，或是将烟杆送到他的嘴边，哪怕他总是笑着推着拒绝了。后来他走了，但他的印象却永远留在那些简单的纯洁的脑子中。

阅读链接

彭德怀，湖南湘潭人。中国人民解放军创建人和领导人，军事家。1955年被授予中华人民共和国元帅军衔。毛泽东曾为他赋诗：“山高路远坑深，大军纵横驰奔。谁敢横刀立马？唯我彭大将军！”

② 老舍先生[①]

汪曾祺

北京东城乃兹府丰富胡同有一座小院。走进这座小院，就觉得特别安静，异常豁亮。这院子似乎经常布满阳光。院里有两棵不大的柿子树（现在大概已经很大了），到处是花，院里、廊下、屋里，摆得满满的。按季更换，都长得很精神，很滋润，叶子很绿，花开得很旺。这些花都是老舍先生和夫人胡絜青亲自莳(shì)弄的。天气晴和，他们把这些花一盆一盆抬到院子里，一身热汗。刮风下雨，又一盆一盆抬进屋，又是一身热汗。老舍先生曾说："花在人养。"老舍先生爱花，真是到了爱花成性的地步，不是可有可无的了。汤显祖曾说他的词曲"俊得江山助"。老舍先生的文章也可以说是"俊得花枝助"。叶浅予曾用白描为老舍先生画像，四面都是花，老舍先生坐在百花丛中的藤椅里，微仰着头，意态悠远。这张画不是写实，意思恰好。

客人被让进了北屋当中的客厅，老舍先生就从西边的

① 选入本书时，有删改。

一间屋子走出来。这是老舍先生的书房兼卧室。里面陈设很简单，一桌、一椅、一榻。老舍先生腰不好，习惯睡硬床。老舍先生是文雅的、彬彬有礼的。他的握手是轻轻的，但是很亲切。茶已经沏出色了，老舍先生执壶为客人倒茶。据我的印象，老舍先生总是自己给客人倒茶的。

…………

老舍先生藏画甚富，大都是精品。所藏齐白石的画可谓“绝品”。壁上所挂的画是时常更换的。挂的时间较久的，是白石老人应老舍点题而画的四幅屏。其中一幅是很多人在文章里提到过的“蛙声十里出山泉”。“蛙声”如何画？白石老人只画了一脉活泼的流泉，两旁是乌黑的石崖，画的下端画了几只摆尾的蝌蚪。画刚刚裱起来时，我上老舍先生家去，老舍先生对白石老人的设想赞叹不止。

老舍先生极其爱重齐白石，谈起来时总是充满感情。我所知道的一点白石老人的逸事，大都是从老舍先生那里听来的。老舍先生谈这四幅里原来点的题有一句是苏曼殊的诗（是哪一句我忘记了），要求画卷心的芭蕉。老人踌躇了很久，终于没有应命，因为他想不起芭蕉的心是左旋还是右旋的了，不能胡画。老舍先生说：“老人是认真的。”……白石老人家里人口很多，每天煮饭的米都是老人亲自量，用一个香烟罐头。“一下、两下、三下……行了！”“再添一点，再添一点！”“吃那么多呀！”有人曾提出把老人接出来住，这么大岁数了，不要再操心这样的家庭琐事了。老舍先生知道了，给拦了，说：“别！他这么着惯了。不叫他干这些，他就活不成了。”老舍先生的意见表现了他对人的理解，对一个人生活习惯的尊重，同时也表现了对白石老人真正的关怀。

老舍先生很好客，每天下午，来访的客人不断。作家，画家，戏曲、曲艺演员……老舍先生都是以礼相待，谈得很投机。

…………

老舍先生对他下面的干部很了解，也很爱护。当时市文联的干部不多，老舍先生对每个人都相当清楚。他不看干部的档案，也从不找人“个别谈话”，只是从平常的谈吐中就了解一个人的水平和才气，那是比看档案要准确得多的。老舍先生爱才，对有才华的青年，常常在各种场合称道，“平生不解藏人善，到处逢人说项斯”。而且所用的语言在有些人听起来是有点过甚其词，不留余地的。老舍先生不是那种惯说模棱两可、含糊其词、温暾水一样的官话的人。我在市文联几年，始终感到领导我们的是一位作家。他和我们的关系是前辈与后辈的关系，不是上下级关系。老舍先生这样“作家领导”的作风在市文联留下很好的影响，大家都平等相处，开诚布公，说话很少顾虑，都有点书生气、书卷气。他的这种领导风格，正是我们今天很多文化单位的领导所缺少的。

老舍先生是市文联的主席，自然也要处理一些“公务”，看文件，开会，做报告（也是由别人起草的）……但是作为一个北京市的文化工作的负责人，他常常想着一些别人没有想到或想不到的问题。

北京解放前有一些盲艺人，他们沿街卖艺，有的还兼带算命，生活很苦。他们的“玩意儿”和睁眼的艺人不全一样。老舍先生和一些盲艺人熟识，提议把这些盲艺人组织起来，使他们的生活有出路，别让他们的“玩意儿”绝了。为了引起各方面的重视，他把盲艺人请到市文联演唱了一次。老舍先生亲自主持，做了介绍，还特烦两位老艺人翟少平、王秀卿唱了一段《当皮箱》。这是一个喜剧性的牌子曲，里面有一个人物是当铺的掌柜，说山西话；有一个牌子叫《鹦哥调》，句尾的和声用喉舌做出有点像母猪拱食的声音，很特别，很逗。这个段子和这个牌子，是睁眼艺人没有的。老舍先生那天显得很兴奋。

北京有一座智化寺，寺里的和尚做法事和别的庙里的不一样，演奏音乐。他们演奏的乐调不同凡响，很古。所用乐谱别人不能识，记谱的符号不是工尺，而是一些奇奇怪怪的笔道。乐器倒也和现在常见的差不多，但主要的乐器却是管。据说这是唐代的“燕乐”。解放后，寺里的和尚多半已经各谋生计了，但还能集拢在一起。老舍先生把他们请来，演奏了一次。音乐界的同志对这堂活着的古乐都很感兴趣。老舍先生为此也感到很兴奋。

《当皮箱》和“燕乐”的下文如何，我就不知道了。

老舍先生是第一至三届全国人大代表。当人大代表就要替人民说话。以前全国人民代表大会的文件汇编是把代表提案都印出来的。有一年老舍先生的提案是：希望政府解决芝麻酱的供应问题。那一年北京芝麻酱缺货。老舍先生说：“北京人夏天离不开芝麻酱！”不久，北京的油盐店里有芝麻酱卖了，北京人又吃上了香喷喷的麻酱面。

老舍是属于全国人民的，首先是属于北京人的。

一九五四年，我调离北京市文联，以后就很少上老舍先生家里去了。听说他有时还提到我。

③ 母亲（节选）

［苏联］高尔基

母亲坐在门口显眼的地方等待着。每当门打开的时候，就有一团寒气向她吹来，这使她感到很爽快，她便深深地吸上几口寒冷的空气。有几个人手里提着包裹走进来，由于他们穿得很厚，笨拙地在门口堵塞了一会儿。他们嘴里骂着，把包裹扔在地上或凳子上，抖掉大衣领子和衣袖上的霜花，再把胡须上的霜花也擦去，喉咙里发出像干咳似的声音。

一个年轻人提着一只黄色手提箱走了进来，朝四周匆匆扫了一眼，径直走到母亲面前。

“是到莫斯科去吗？”那人低声问。

“是的，到塔尼亚那儿去。”

“好！”

他把箱子放在母亲身旁的长凳上，很快掏出一支香烟，抽起烟来，稍微抬了抬帽子，然后默默地向另外一扇门走去。母亲用手摸了摸冰冷的皮箱，把胳膊肘靠在上面，心里很得意地仔细观察着人们。过了一会儿，她站起身来，朝通向月台的门口近旁的另一条长凳走去。她毫不吃力地提着箱子，——箱子并不大。她昂着头走过去，打量着在她眼前闪过的面孔。

一个身穿短大衣、把领子竖起的年轻人和母亲迎面相碰，他举手在头旁边挥了一下，默默地闪开了。母亲觉得这人有些眼熟，她回过头来一看，只见那人正用一只闪亮的眼睛从衣领后面盯着她。这种注视的目光像利剑刺痛了母亲。她提着箱子的那只手不由得抖了一下，手里的东西顿时沉重起来。

“我在哪儿看见过他！”母亲暗自想道，她用这个念头来抑制胸中隐隐不快的感觉，而不想用别的言语明确说出这种感觉在增强，升到喉头，使她口干舌燥。母亲忍不住想回头再看一眼。她回头瞟了一眼，那人小心地倒换着两脚站在原地，看来，他想要干什么事而又犹豫不决。他的右手插在大衣的纽扣中间，左手放在口袋里，使他的右肩显得比左肩略高一些。

母亲不慌不忙地走到长凳子跟前，小心地慢慢坐下去，好像生怕自己身体里面有什么东西会破裂似的。由于她强烈地预感到大难即将临头，她想起了这个人曾在她面前出现过两次，——一次，在城外的旷野，雷宾越狱以后；第二次，在法院，当时他和在雷宾越狱时曾向母亲问路而被她骗过的那个警官站在一起。他们都认识她，而且在跟踪她，——这是显而易见的。

“完了吗？”母亲问自己道。但接着颤抖地回答：

“也许还不至于吧……”

可是，她立刻强打起精神，严厉地说：

“完了！”

她向四周环顾着，可什么也看不见，脑子里像火花似的闪过一连串各种念头，然后又熄灭了。

“丢掉箱子逃走吗？”

但这时另一个更明亮的火花闪了一下。

“扔下儿子的演说词？让它落到这伙人的手里……”

她把箱子紧紧靠在自己身边。

“提着箱子逃吗？……赶快跑……”

她觉得这些想法跟她格格不入，好像是外人强加于她似的。

这些想法好像在烧灼着她，使她的头脑感到剧痛，仿佛几根燃烧着的绳子在抽打着她的心。这些想法使母亲感到痛苦羞辱，使她背离自己，背离巴维尔，背离已经和她的心紧密相连的一切。母亲觉得，有一种敌对的力量执拗地紧紧抓住她，压着她的肩膀和胸口，玷辱她，使她陷入无法摆脱的恐怖之中。她太阳穴上的血管在剧烈跳动，连头发根也觉得发热。

这时，她心里猛然产生一股好像震撼她全身的巨大力量，扑灭了所有这些狡猾而微弱的小火星，以不容争辩的口吻对自己说：

“可耻！”

她立刻觉得好受了一些，变得十分镇静坚定，又补充了一句：

“可别给儿子丢脸！他们没有一个人害怕。”

她的眼睛遇到了一个人的忧郁胆怯的目光。随即脑子里便闪过雷宾的脸。几秒钟的动摇似乎使她更加坚毅刚强，心也跳得平稳些了。

“现在会怎么样呢？”她一边观察，一边在揣度。

那暗探叫来了一个路警，用眼睛望着母亲向路警示意，并对他耳语了几句。路警打量了他一番，退了出去。又来了另一个路警，他皱着眉头仔细听暗探说着。这是个身材高大、没有刮脸的白发老头子。他对暗探点了点头，向母亲坐的长凳走来，暗探很快离开不见了。

老头子不慌不忙地走过来，用怒气冲冲的眼睛仔细地打量着母亲的脸。母亲把身体朝凳子后面挪了一下。

“只要不挨打……”

老头子在她身旁站住，沉默了一会，然后严厉地低声问道：

“你瞧什么？”

“没瞧什么。”

“哼，是个小偷！上了年纪，还要干这种勾当！”

母亲觉得，他的话像在她脸上抽了两个嘴巴。这些恶毒的、声音嘶哑的话使母亲感到好像撕去脸皮、打掉眼睛一样疼痛。

“我？你胡说，我不是小偷！”母亲用尽全身力气喊道。眼前的一切在她愤怒的旋风中旋转起来，受辱的痛苦激起她心里无比的愤慨。她把箱子猛地一拉，箱子打开了。

“你看吧！大家都来看吧！”母亲站起来，抓起一把传单举到头上晃了晃，喊道。透过回响在耳际的一片喧哗声，母亲听见聚拢来的人们的说话声，同时看到人们匆匆从四面八方跑来。

“什么事？”

“瞧，有暗探！……”

“怎么回事？”

“说这个女人偷了东西……”

“看样子倒很体面，哎呀呀！”

“我不是小偷！”母亲放开嗓门说道，看见人们从四面紧紧地挤在她周围，心里稍稍平静了些。

“昨天审判了一批政治犯，其中有我的儿子弗拉索夫！他在法庭发表了演说，这就是他的演说词！我把它带给大家，让大家看看，想想真理……”

有人小心地从她手里抽了几张传单。她把传单往空中一抛，撒到人群里面。

“这么样干也不行！”有个人胆怯地说。

母亲看见人们抢着传单，把传单藏到怀里和衣袋里——这又使她坚定起来。她全身紧张，觉得心中激起的自豪感在增强，受到抑制的喜悦再也按捺不住，在心中激荡，她变得更加镇静坚强了。她一边说着，一边不断从箱子里抓起一叠叠传单，向左右如饥似渴的人们迅速伸过来的手里抛去。

“我儿子和跟他一起的人为什么要被判罪，你们知道吗？请你们相信母亲的心和她的白发，我可以告诉你们，就因为他们要把真理带给你们大家，所以昨天被判了罪！

我到昨天刚知道，这种真理……是谁也驳不倒的，任何人也驳不倒！”

人群静了下来，人数不断增多，越来越挤，大家的身体组成了一个圈子把母亲紧紧围在中间。

“贫困、饥饿和疾病，这就是人们劳动的报酬。一切都欺侮我们，——我们成天干活，却过着贫穷的日子，受人欺骗，就这样一天一天葬送自己的生命！可是，别人靠我们的劳动寻欢作乐，坐享其成。把我们看成像链条锁着的狗一样，使我们愚昧无知，恐惧害怕！我们的生活就像黑夜，暗无天日、漆黑一团！”

“说得对！”有人声音低沉地应道。

“堵住她的嘴！”

母亲看见暗探和两个宪兵在人群后面。她想赶快把最后几叠传单散发出去，可是，当她把手伸进箱子的时候，她的手碰到了另外一个人的手。

“拿吧，拿吧！”母亲俯身说道。

“散开！”宪兵推开人群，喊着。人们不愿离开，大家推挤着宪兵，不让他们过去，也许并不是有意要这样做。他们被这个面容善良、头发花白、长着一双正直的大眼睛的妇女有力地吸引住了。他们本来被生活分开，互相隔绝，而现在被她火一样炽热的语言所鼓舞，融成了一个整体，许多受到不平等生活凌辱的人们也许早就寻求和渴望听到这些话。近旁的人们默默地站着，母亲看见他们如饥似渴、神情专注的眼睛，并且自己脸上还感到了他们温暖的呼吸。

“大妈，走吧！”

“他们马上会把你抓走的！……”

“啊，胆子真大！”

“滚开！散开！”宪兵的喊声越来越近，母亲面前的人群摇晃着，互相拉着。

母亲感到，大家都愿意了解她，相信她，她也急于要把她知道的一切，把她觉得具有强大力量的一切思想，完全告诉大家。这些思想毫不费力地从她内心深处升起，谱成一支歌曲。可是她懊恼地感到，她已经声嘶力竭，嗓音发颤，力不从心了。

“我儿子的话是一个工人的诚实的话，是一个不会出卖灵魂的人的话！你们从他大无畏的气概中可以看出，他是坚贞不屈的！”

有个年轻人用既钦佩又恐怖的目光望着她。

母亲胸口被人推了一下，她踉跄地跌坐在长凳上。宪兵们的手在人们头上闪动，抓住人们的衣领和肩膀，把他们推到一旁，扯下人们的帽子，扔到远处。母亲觉得眼前发黑，一切都旋转起来，但她克服了自己的疲劳，用尽最后的气力又喊道：

“大家齐心协力，团结起来！”

宪兵用一只红润的大手抓住母亲的衣领，使劲扯了一下。

“住嘴！”

母亲的后脑撞在墙上，一瞬间她的心被一团恐怖的浓烟蒙住，但浓烟很快消散，心里又燃烧起明亮的火焰。

“走！”宪兵说。

“你们什么也不要怕！你们受苦一辈子，没有什么比这更苦的了……”

“我叫你闭嘴！”一个宪兵架起母亲的一只胳膊，用力拉了一下，另一个宪兵抓住她另一只胳膊。他们迈着大步，把母亲拖走。

“……这种生活每天在折磨你们的心灵，吸干你们的血肉！”

这时暗探跑到前面，在母亲面前晃着拳头，尖声喝道：

“住嘴，你这个畜生！”

母亲两眼圆睁，闪射出炯炯的光芒，下颌(hé)颤动着。她两脚用力撑在石板地上，高声喊道：

“复活的灵魂，是杀不死的！”

“狗东西！”

暗探猛地挥手抽了她一个嘴巴。

“这个老婆子该揍！”一个幸灾乐祸的声音喊道。

霎时间，一样黑红的东西使母亲眼睛发花。嘴里充满了血的咸味。

人群中七嘴八舌爆发出一阵响亮的呼喊声使她振作起来。

“不许打人！”

“伙计们！”

“你这个混蛋敢打人！”

“揍他！”

“血是淹没不了理性的！”

有人推搡母亲的后背和脖颈，打她的肩膀和脑袋。在一片呼喊、怒吼和警笛声中，周围的一切像昏暗的旋风旋转起来。一种令人头晕目眩的浓稠的东西钻进母亲的耳朵，堵住喉咙，使她感到窒息，脚下的地面在摇晃下陷，她两腿弯曲，全身像火烧似的疼得发抖，身子沉重无力，摇摇晃晃，但眼睛里的光芒却并没有熄灭，她看见了许多别人的眼睛，在这些眼睛里燃烧着她所熟悉的勇敢的烈火——是她的心感到亲切的火。

他们把母亲往门外推。

母亲挣脱一只手，抓住门框。

“真理是用血海也扑灭不了的……”

他们打她的手。

“你们这些疯狗，只会使人更加仇恨！你们会得到恶报的！”

宪兵掐住母亲的喉咙，使她透不过气来。

母亲发出嘶哑的喊声。

“你们这些愚昧的家伙……”

不知是谁对她报以号啕大哭。

（夏衍　译）

④ 宋庆龄和她的保姆

柯　岩

大概所有来晋谒(yè)宋庆龄墓的人都会感到震动的吧，一个泱泱大国名誉主席的墓，竟是这样的简单、朴素。在她墓的左面，还有完全一样的另一座墓，安葬着一位默默无闻的劳动妇女——李燕娥(é)。

李燕娥，她是谁？为什么安葬在宋氏陵园，和国家名誉主席并列？

1928年，16岁的李燕娥来到宋庆龄身边当保姆。庆龄当时已是孙中山夫人。像所有没见过庆龄的人一样，燕娥以为要见到的不定是个何等显赫的人物，是个多么难伺候的贵夫人呢！她怯怯地不敢抬头。没想到庆龄一见面就拉住她的手问长问短，会做什么？不会做什么？家里几口人？识字不识字？……

当知道燕娥的不幸婚姻时，庆龄充满同情地连连说："你好可怜，你好可怜哦……"这样亲近、这样关切的声音，只有做妈妈、做姐姐的才发得出来，燕娥的紧张情绪一下子消失了。她抬起头来，不禁呆住了，呀！夫人这样美，又这样可敬可亲。从这天起，李姐（夫人对她的称呼）一直跟随庆龄，整整陪伴了53年，直到1981年2月先于庆龄而去世。

由于庆龄在中华人民共和国成立前所处的特殊地位，工作起居机密性较强。她的卧室在楼上，除李姐外，任何人都不得进入。共产党地下工作者来往庆龄的住所，都是由李姐一人迎送。庆龄常常说，李姐虽然没什么文化，但是非分得很清楚，非常坚强又非常细心，为人民做了许多好事。

这样一个人，在当时的条件下，自然引起了国民党反动派的注意。李姐有时出门为夫人买一点爱吃的南方菜，在小菜场总是有人前来搭讪(shàn)，问这问那。李姐对夫人的饮食起居绝口不提，有特殊情况就立即向夫人汇报，共同商量对策。

特务们见从她这儿套不出消息，就变换手法，干脆给她金钱，要求她监视庆龄，她当然不答应。特务们又想把她拉走：要和她交朋友啊，提出给她另找高薪的工作啊……都被燕娥一一拒绝了。

庆龄念念不忘李姐为她做的一切，她一生很少向人们谈到自己，但多次向人们谈论李姐。中华人民共和国成立前，庆龄为革命奔走，常常把整个家扔给李姐。中华人民共和国成立后，她担任了国家重要领导职务，但对李姐，亲切平易，一如患难当年。

后来，李姐身体不大好，庆龄不但不再让她照顾自己，还用自己的薪金另请了一个小保姆，自己也尽可能地亲自照顾李姐，嘘(xū)寒问暖，端汤喂药，让她和自己一起在楼上吃饭，把李姐爱吃的菜放在她的面前。座位由庆龄指定：让李姐坐上座，自己在边座相陪。李姐十分不安，说："这怎么可以呢？你是领导啊！"庆龄笑笑说："正因为我是领导，才让你坐北朝南的呀！要是我老高高在上，不就不平衡了吗？"李姐讲起这些时，总是十分激动，说："老说民主民主，我看最讲民主、最讲平等的是夫人。我虽然叫她夫人，可她比我哪个亲人都亲。我虽然是个保姆，可夫人对我真像姐妹一样平等，一样亲……"

李姐更不会想到，夫人还为她设计墓地，不但把她安排进自家的陵园，而且和自己的一模一样，并排而立。庆龄在这里表现出蔑视不合理传统习惯的大无畏精神，硬是把一个保姆和自己这个国家领导人放在同等的位置。

宋庆龄是20世纪世界上最伟大的女性之一。她一生地位崇高，但从来不搞特殊化。她不把人划成三六九等，十分尊重和自己一起工作的同志、朋友，特别是劳动人民。在她心里，领导职务不过是为人民服务的岗位，国家领导人和保姆仅仅是分工不同而已。

宋庆龄和李姐的关系，只是她波澜壮阔的生活海洋里许许多多动人故事中的一朵小小的浪花。

阅读链接

宋庆龄，中华人民共和国领导人。中国民主革命家何香凝曾为她题诗一首：“唯菊与石，品质高洁；唯石与菊，天生硬骨。悠悠清泉，娟娟皓月；唯菊与石，品质高洁。”美国记者、作家斯诺评价宋庆龄时说：“她的坚贞不屈、勇敢忠诚和她的精神的美，是活的中国最为卓越而辉煌的象征。”宋庆龄为革命奉献了一生，值得所有人铭记与钦佩。

阅读实践

活动一

关注人物细节描写

阅读本组文章，把描写人物外貌、语言、动作、神态、心理等的语句画出来。想一想：作者是怎样把人物刻画得栩栩如生的？

文章标题	主人公	文中细节描写	描写方法
《彭德怀速写》			
《老舍先生》			
《母亲（节选）》			
《宋庆龄和她的保姆》			

设计人物卡片

这四篇文章，塑造的人物形象性格鲜明。请从中选取一个让你印象深刻的人物，为他设计一张卡片。

姓名		人物画像
性别		
身份		
性格特点		

对话文中人物

这四篇文章中的人物给我们留下了深刻的印象。读完之后，你一定有些话想对他们说，请写下来吧。

我想对__________说

自由阅读

1 党费[①]（节选）

王愿坚

过了半个多月，听说白匪[②]对“并村”以后的群众斗争开始注意了，并且利用个别动摇分子破坏我们，有一两个村里的党的组织受了些损失。于是我又带着新的指示来到了八角坳（ào）。

一到黄新同志家门口，我按她说的，顺着墙缝朝里瞅了瞅。灯影里，她正忙着呢。屋里地上摆着好几堆腌好的咸菜，也摆着上次拿咸菜给我吃的那个破坛子，有腌白菜、腌萝卜、腌蚕豆……有黄的，有绿的。她把这各种各样的菜理好了，放进一个箩筐里。一边整着，一边哄孩子：“乖妞子，咱不要，这是妈要拿去卖的，等妈卖了菜，赚了钱，给你买个大烧饼……什么都买！咱不要，咱不要！”

妞儿不如大人经折磨，比她妈妈瘦得还厉害，细长的

---

① 选入本书时，略有改动。

② 白匪：称呼国民党地方反动军阀。下文还称“白鬼”“白鬼子”。

脖子挑着瘦脑袋，有气无力地倚在她妈妈的身上。大概也是轻易不大见油、盐，两个大眼骨碌碌地瞪着那一堆堆的咸菜，馋得不住地咂嘴巴。她不肯听妈妈的哄劝，还是一个劲地扭着妈妈的衣服要吃。她爬到那个空空的破坛子口上，把干瘦的小手伸进坛子里去，用指头蘸点盐水，填到口里吮着，最后忍不住竟伸手抓了一根腌豆角，就往嘴里填。妈妈一扭头看见了，瞅了瞅孩子，又瞅了瞅箩筐里的菜，忙伸手把那根菜拿过来。孩子哇的一声哭了。

看了这情景，我只觉得鼻子尖一酸一酸的，再也憋不住了，就敲了门进去。一进门我就说："阿嫂，你这就不对了，要卖嘛，自己的孩子吃根菜也算不了啥，别屈了孩子！"

她看我来了，又提到孩子吃菜的事，长抽了一口气说："老程啊，你寻思我当真是要卖？这年头盐比金子还贵，哪里有咸菜卖啊！这是我们几个党员凑合着腌了这点咸菜，想交给党算作党费，兴许能给山上的同志们解决点困难。这刚刚凑齐，等着你来呢！"

我想起来了，第一次接头时碰到他们在择青菜，就是这咸菜啊！

她望望我，望望孩子，像是对我说，又像自言自语似的说："只要，有咱的党，有咱的红军，说不定能保住多少孩子哩！”

我看看孩子，孩子不哭了，可是还围着个空坛子转。我随手抓起一把豆角递到孩子手里，说：“千难万难也不差这一点点，我宁愿十天不吃啥也不能让孩子受苦！……”

我的话还没有说完，忽然门外传来一阵慌乱的脚步声，一个人跑到门口，轻轻地敲着门，急呼呼地说：“阿嫂，快，快开门！”

拉开门一看，原来就是第一次来时见到的择菜的一个妇女。她气喘吁吁地说：“有人走漏了消息！说山上来了人，现在，白鬼来搜人了，快想办法吧！我再通知别人去。”说罢，悄悄地走了。

我一听有情况，忙说：“我走！”

黄新一把拉住我说：“人家来搜人，还不围个风雨不透？你往哪儿走？快想法隐蔽起来！”

这情况我也估计到了，可是怕连累了她，我还想甩开她往外走。她一霎间变得严肃起来，板着脸，说话也完全不像刚才那么柔声和气了，变得又刚强，又果断。她斩钉截铁地说：“按地下工作的纪律，在这里你得听我管！为了党，你得活着！”她指了指阁楼说：“快上去躲起来，不管出了什么事也不要动，一切有我应付！”

这时，街上乱成了一团，吆喝声、脚步声越来越近了。我上了阁楼，从楼板缝里往下看，看见她把菜筐子用草盖了盖，很快地抱起孩子亲了亲，把孩子放在地铺上，又霍地转过身来，朝着我说："程同志，既然敌人已经发觉了，看样子是逃不脱这一关了，万一我有个什么好歹，八角坳的党组织还在，反'夺田'已经布置好了，我们能搞起来！以后再联络你找胡敏英同志，就是刚才来的那个女同志。你记着，她住西头从北数第四个窝棚，门前有一棵小榕树……"她指了指那筐咸菜，又说："你可要想着把这些菜带上山去，这是我们交的党费！"

停了一会儿，她侧耳听了听外面的动静，又说话了，只是声音又变得那么和善了："孩子，要是你能带，也托你带上山去，或者带到外地去养着，将来咱们的红军打回来，把她交给卢进勇同志。"话又停了，大概她的心绪激动得很厉害，"还有，上次托你交的钱，和我的党证，也一起带去；有一块钱买盐用了。我把它放在砂罐里，你千万记着带走！"

话刚完，白鬼子已经赶到门口了。她连忙转过身来，搂着孩子坐下，慢条斯理地理着孩子的头发。我从板缝里看她，她还像第一次见面时那么和善，那么安详。

白匪敲门了。她慢慢地走过去，开了门。四五个白鬼闯进来，劈胸揪住了她问：“山上来的人在哪儿？”

她摇摇头：“不知道！”

白鬼们在屋里到处翻了一阵，眼看着泄气了，忽然一个家伙发现了那一箩筐咸菜，一脚把箩筐踢翻，咸菜全撒了。白鬼用刺刀拨着咸菜，似乎看出了什么，问：“这咸菜是哪儿来的？”

“自己的！”

“自己的？干吗有这么多的颜色！这不是凑了来往山上送的？”那家伙打量了一下屋子，命令其他白鬼说：“给我翻！”

就这么间房子，要翻还不翻到阁楼上来？这时，只听得她大声地说：“知道了还问什么！”她猛地一挣，跑到了门口，直着嗓子喊：“程同志，往西跑啊！”

两个白匪跑出去，一阵脚步声往西去了，剩下的两个白匪扭住她就往外走。

我原来想事情可以平安过去的，现在眼看她被抓走了，我能眼看着让别人替我去牺牲？我得去！凭我这身板，赤手空拳也干个够本！我刚打算往下跳，只见她扭回头来，两眼直盯着被惊呆了的孩子，拉长了声音说：“孩子，好好地听妈妈的话啊！”

这是我听到她最后的一句话。

这句话使我想到刚才发生情况时她说的话，我用力抑制住了冲动。但是这句话只有我明白，“听妈妈的话”，妈妈，就是党啊！

当天晚上，村里平静了以后，我把孩子哄得不哭了，收拾了咸菜，从砂罐里菜窝窝底下找到了黄新同志的党证和那一块银洋，把孩子也放到一个箩筐里，一头是菜，一头是孩子，挑着上山了。

见了魏政委。他把孩子揽到怀里，听我汇报。他详细地研究了八角坳的情况以后，按照往常做的那样，在登记党费的本子上端端正正地写上：

黄新同志 1934 年 11 月 21 日交党费……

他写不下去了。他停住了笔，在他脸上我看到了一种不常见的严肃的神情。他久久地抚摸着孩子的头，看着面前的党证和咸菜，然后掏出手巾，蘸着草叶上的露水，轻轻地，轻轻地把孩子脸上的泪痕擦去。

在黄新的名字下面，他再也没有写出党费的数目。

是的，一筐咸菜是可以用数字来计算的，一个共产党员爱党的心怎么能够计算呢？一个党员献身的精神怎么能够计算呢？

② 夜半枪声[①]（节选）

邱勋

一夜之间，石山根干了两三个壮汉干不了的活。等他把最后一根石条盖好，在洞底铺好地瓜蔓子花生秧，再找来一块石头盖住洞口，东天就由墨黑变成铅灰色，泛出一片鱼肚白来了。

这工夫，石山根那半间小石屋前面，正有三个人影，钻过草丛树棵子，悄悄摸了过来。前面那人朝四面望了一阵，朝后摆摆手，后面两人就伏在树丛里，不动了。前面那人猫着腰，几步来到了石屋面前。

笃，笃，笃！他轻轻地敲着门。

里面没有动静。那人又悄声喊："老石，老石！"

还是没人回答。那人伸手解开门鼻子上的烂绳头，走进小石屋来了。

屋里没有人。冲门一盘土炕，上面没有席，却铺了一块破羊皮。那人朝外招招手，伏在树丛里的两人也走过来，

---

① 选自《烽火三少年》。

留一个在门外站岗，另一个也跟进屋里来了。

这是区武工队的三个战士，领头的是队长周二柱，他们连夜来寻找失落了的陈虹。三个人在青石崮深山老林里转了半宿，没有下落，就来到这个秘密联络点，找石山根接头，了解情况。

周二柱探手到炕洞里摸摸，里面冰凉冰凉。他小声说：“看样子老汉一宿没回来。”

“那怎么办，队长？”身旁的小个子战士焦急地说。那声音童声童气，完全是个娃娃——这就是带着文件突围出去的小杨。

周二柱站在门口，望望东方逐渐泛白的天色，望望远处黑黝黝的潘家大院，说：“小杨，你不是老盼着打仗吗？咱们干他一家伙！”

小杨高兴地说：“对，搞掉潘彪，给老陈同志报仇！”

“不是这个意思，”周二柱说，“咱给潘彪雇个小叫驴，叫他赶快滚回官亭镇。”

小杨抬起头，迷惑地望着周二柱。

周二柱接着说：“看来敌人并没有找到陈虹。要不，潘彪早该跑到官亭街找鬼子报功去了。可他赖在这里不走，对老陈，对乡亲们，都是很大的威胁。咱们得变个法叫他滚蛋！”他边说边扫视一下四周，眼光落到一个旧洋铁桶身上，高兴地赶上一步，把里面的水倒掉，又说：“别看老石不在家，机关枪早给咱准备下了。快，把你带的鞭炮拿出来！别看咱们就三个人，今晚这仗，要打出点儿气派来！”

周二柱跟站岗的大个子战士说了说，大个子点头同意。他又从怀里掏出一块纸头，让小杨借着拂晓的天光在上面写几个字，他接过以后揣进怀里，然后，三人就摆成个鳖子腿，每人相距二三十步，朝村子悄悄摸过去了。

街西口有一座不知何年何月修起的旧寨门。现在，大门早就不见了，只剩一个残缺破败的门楼。伪军在这里安了岗哨。这些东西也学着鬼子的样，拉来庄稼人一捆捆秫秸，囫囵着点上火，烧出的黑灰堆得坟包一般高。一个伪军岗哨在余火上烤着手，重重地跺着冻僵了的双脚。

突然听到一声沉闷的、压抑的声音。伪军像着了魔法一般，噗的一声倒在地上。接着，两条黑影箭一般射向街内。

“叭——勾——”一道火光在天空划过，接着传来一声清脆的枪声。

十字街口传来周二柱威严的命令：“二排封顶！突击队，随我来！”

对面街口传来大个子战士霹雳般一声大吼：“机枪

掩护！”

小杨在西寨门门楼底下，迅速点着了装在洋铁桶里的火鞭。立刻，就像打开了电闪雷鸣的闸门，街巷里风起云涌，青石崮群山轰鸣，手榴弹在潘家议事厅前面的廊柱间连连爆炸，弹片横飞，火花四溅。有两只落进潘家前院的牛栏里，一群惊呆了的黄牛，鼓着血红的眼睛，挣断缰绳，纵身跳出院墙，挓挲（zhā shā）开长角，一阵狂奔乱跳，如同无数匹战马在村街上疾奔而过……

庄稼人从睡梦中惊醒过来。虽说连年兵荒马乱，小小的柳泉峪还是头一次遇上这样的阵势。小孩子偎在炕角，瞪大了眼睛，吓得一声不响。老大娘在灶台前点一炷香，祈祷蒙山老母多多保佑，响一声枪磕一个头，嘴里念叨着“阿弥陀佛！阿弥陀佛！”。也有那胆大的男人，把脸贴到门缝上，望着潘家升起的腾腾火焰。当然，他们谁也没有看见，潘彪只穿条短裤，怎样气急败坏地喝骂着叫他的手下人顶住，一面跳上一匹光腚马，带着护兵，从后门狼狈逃窜；也没有看到潘彪他老婆卞桃花，怎样手忙脚乱地拖着她的宝贝儿子金库，抱着文书匣子、首饰箱子，老母猪筛糠般钻进了地窖；至于长工棚里两个愣小伙，趁机在柴垛上点上一把火，蹲在长工棚小窗后面看热闹，就更没有人看到了。

周二柱他们没有恋战，趁着天亮以前撤出去了。他们没有忘记带走洋铁桶，而且把鞭炮皮打扫得干干净净。

这一带山村有个习惯，每当吃饭的时候，男爷们总爱端个老黑碗，里面盛满高粱面地瓜黏粥，碗沿上放一块腌好的辣椒，蹲在街旁的石台上，一面喝，一面跟大街对面蹲着的大叔二哥拉闲呱儿。喝完一碗，回家再续上一碗，又回到原来的地场，接着刚才的话题朝下拉。暖和天这本不算什么，就是三九寒天，雪花飘飘扬扬落进碗里，一碗热粥只喝几口就结了冰花，这习惯也绝不改变。

今天早晨，一个个吃饭的汉子，面露喜气，议论得格外热烈。再加上空气里还残留着枪弹和爆竹的火药味儿，小小的柳泉峪真有点儿过节的气氛。按照山里人不成文的规矩，长辈谈话后生们不准插言，只能“咄咄”地喝着黏粥，静静地在一旁听个新鲜。现在他们再也憋不住了。一个名叫大愣的青年，一手端着黑碗，瞟一眼潘家大院。只见潘白眼正冒着烟雾，指拨一帮人爬到议事厅房顶上救火，院里人仰马翻，担杖水筲(shāo)叮当乱响。瓦片烧炸了，咯叭叭一阵直响。大愣咧开嘴笑着说：“瓦房到底比草房好，烧起来声音也脆生——这一手榴弹扔得可真是火色！”

“手榴弹？”一个中年汉子撇撇嘴，不屑地说，“看这劲头，少说也是两匹骡马拉的大炮！”

大愣没有回嘴，却指着潘家黑漆大门，惊喜地喊了一声：“看，这是什么？”

人们抬头望去，只见潘家黑漆大门那青铜虎头门环旁边，一把雪亮的匕首插进门板半寸多深。匕首上钉着一张纸片，正在随风飘动……

“嘿，还有字哪！”有人喊道。

庄稼人不认得字，但是看这阵势，也知道准有来头。

那中年汉子说：“八成是八路军给潘彪下战表来啦！”

“什么战表！”大愣说，“准是给这一家子送的报丧帖子！”

说完，他扯起嗓子喊道：“潘村长——潘白眼——给你送好东西来啦！”

过了半天，潘白眼带领两个家丁，荷枪实弹走出大门。

他顺着人们的视线望去，脸唰地白了。他在家丁保护之下，战战兢兢走到门前，戴上老花镜，对着纸条发起呆来。

纸条上写着：

潘彪先生：

今来贵府拜会，可惜未能见面。后会有期。

陈虹

“写的什么呀？”大愣喊道，“念念咱也听听啊！”

潘白眼心口扑腾扑腾跳，脸上青一阵白一阵，连忙指挥家丁拔下匕首，收起纸条，哆哆嗦嗦地退了回去。

过了一阵，潘家正厅上的火被扑灭了。黑漆大门紧紧地关着，门里门外人影不见，人们看看再没啥光景，就一个个陆续走散了。

文章最后并没有写出到底是谁指挥的这次战斗，但是却给老百姓带来了必胜的信心和勇气。

到东南晌的时候，各式各样的传说就传遍了柳泉峪附近的村庄。有的说，来的这支队伍，是老四团，正牌八路军，足足有两个连，骡子上驮的大炮，少说有海碗般粗；有的说，是周二柱当的先锋官，他手举一杆机关枪，一梭子就攻下了潘家大门；还有的说，这一仗是陈虹指挥的，她根本没有受伤，只见她手使双枪，座下一匹白马，要不是怕伤了附近的百姓，准得把潘家大院炸个秃溜平。她给潘彪留下一封战表，命令他立刻转给藤田，又骑上白马一阵风不见了。

这些传说究竟是虚是实，庄稼人也不去查证。它插了翅膀一样在几道山峪的村头、地角、小路上传播着，越传越远，越远越玄……

③ 徐特立的故事①

谷斯涌

徐特立所在的休养连，行军起来困难重重。他们有几十副担架，有二三十匹马，有几十个药箱子，集中起来，目标很大，行动缓慢，一遇上飞机，就没有办法了。跑吧，担架笨重跑不动，四野是浅草灌木，也没有地方隐蔽，所以一般只能夜间行军。有时人走得实在困乏的时候，有边走边睡的，也有站着一动不动就睡着了的。有一回他和另一个老同志，走着走着就落在队伍后面了。

“下雨路滑，天又黑，前头部队走不动，我们俩就在这小屋里宿营吧！明天早起再去追赶部队，过茅台河。”那位老同志对他说。

徐特立没有同意，他想，我虽然年纪老一些，但也不能自由脱离队伍啊！他不管同伴进没进小屋，自个儿还是闭着眼睛继续往前走。大约走了有几个小时吧，感觉中，天色大约稍微有点发亮了，他回头一看，那小屋子居然还

---

① 选自《毛泽东的老师徐特立的故事》，题目为编者所加。

在不远处。只见那位同志从小屋子里走出来，他看得清清楚楚，就是他。因为徐特立在迷迷糊糊中每小时只走出几步或者几十步，有时也会站上个把钟头连一步都不挪动的。

在过大渡河的前两天，经过少数民族地区，每天走一百四十里，又遇上下雨，天很黑，这天饲养员没有赶上来，徐特立自己牵着马，一手拿着缰绳及雨伞，另一只手拄着一根竹棍，在路上拨来拨去，作黑暗中的向导。经过悬崖时，马不肯前进，只得用力拉，而这时马骤然向前一冲，马上的鞍子、毯子全掉到地上，马的前足还把徐特立也给绊倒了，雨伞跌成两截。

悬崖下河水汹涌，浪涛的咆哮一直传到他的耳边。部队在向前行进，可不能掉队啊！还得走多少里才能到达宿营地呢？徐特立心里一点也没数，但他沉住气，好在这天前面没有人阻拦，后边也没有人追赶。他独自把马鞍装上，又把毯子和棉被绑在马背上，再接着往前走。足足走了一百四十里，才到了指挥部指定的宿营地。

啊呀，这个宿营地实在太小了，只有一间屋子，人却很多，无法睡觉也不能坐下，只好站着休息了几个小时，等到天亮以后再找自己的部队去吧！

天亮以后，饲养员赶上来了，他替徐特立牵马，走了五里多路，饲养员停住脚步，不愿接着再走了。他的年龄比徐特立小得多，但身体瘦弱，徐特立就让了他，自个儿继续前进，终于赶上了大部队。夜间行军，天黑路滑，这算不上什么大事，徐特立早已习惯了。

红军强渡大渡河后，来到夹金山下。这时正是盛夏，但这里气温突然下降，寒气逼人。组织上为了照顾老同志，送来两只羊。大家把羊宰了，剥下羊皮烤干，准备送给徐老和谢老两人御寒。他们找到一根草绳，拿着羊皮要替徐老捆在身上。徐特立急忙摆手：

“不行，不行！我能坚持，把两块都给谢老吧，一块护胸，一块护背，他体质弱，又有病，快给他捆好！”

同志们只好依了他，把羊皮都给了谢老。

渡过大渡河不久，红军就要翻越长征中的第一座大雪山——夹金山了。山下气候炎热，穿着单衣，行军时还流汗；到了山腰，气温突然下降，越往上爬越冷，狂风卷着雪花，漫天飞舞，人在冰雪中行进，浑身哆嗦，牙齿打战。山顶空气稀薄，呼吸困难，一个个都开始头晕腿软。红军战士们互相搀扶着，一步一喘地向前移动，好不容易

对红军艰难行军的场面描写，让我们感受到战士们不怕困难、勇往直前的精神。

翻越了终年积雪不化的山巅。

这时正是六月，爬雪山的前夜，在山下露营，徐特立这时没有伞，没有雨布，也没有饲养员和马，晚上睡在两块石板中间，好像睡在棺材中一样，上面盖上一幅蓝布。晚上下雨，蓝布湿了，毯子和衣服还是干的。半夜出发，爬到半山上，下雨了，还夹着雪，披在身上的毛毯全湿了，衣服和裤子也都湿了。但一点也不觉得冷，因为山陡，爬起来费力气，身上就发热了。天明时已经下到了半山，雪不下了,往下走也比较容易一些,但衣服和毯子还都是湿的，身上感到发冷，便小跑步前进。到山下时，衣服已经被风吹干。

渡过这个困难以后，徐特立心里特别愉快，觉得自己身体的适应力和抵抗能力，一点也不比普通人差，感到几分自豪。他回头望了望银光炫眼的大雪山，风趣地说：

“我们好长时间没有看见过玻璃了，这里真是一个玻璃的世界，多好看啊！”

后来还爬过一个雪山，在康猫寺前，上下八十里。在急陡的地方,徐特立总是走几十步便休息一下,就站着休息，不能坐下。这样的休息法，可以节省时间，又不至于过度疲劳。但一到下山，就只能不停地快步前进，赶到别人的前面去。到达康猫寺的前一天，原来指定在马塘宿营，只走七十里，他们在山上就望见马塘了，便在山上休息了一下，挖点野生的草莓充饥，因此就落在了队伍后面。一到马塘，看见桥上有个条子："我部前进三十里，到康猫寺宿营。"

天已经晚了，刚走过七十里，再往前赶，途中没有人家，这该怎么办？遇见政治科的几个同志，就叫徐特立在马塘宿营算了。他没有同意，他觉得应当服从命令，不该中途掉队，便单独一个人去追赶队伍。

幸好，徐特立走了没有多久，就遇上了大部队。因为大部队也临时改变了计划，就在半途中宿营了，而没有按原计划径直赶到康猫寺去。

阅读链接

徐特立，中国无产阶级革命家、教育家。原名懋恂，字师陶，又名立华，湖南长沙人。曾创办梨江学校、长沙平民夜校等学校。他一生从事教育事业，坚持因材施教原则。著作辑为《徐特立教育文集》。

④ 我最后一刹那的呼吸，是念着你的名字[1]

刘愿庵

我最亲爱的婉：

久为敌人所欲得而甘心的我，现在被他们捕获，当然他们不会让我再延长我为革命致力的生命，我亦不愿如此拘囚下去。我现在是准备踏着我们先烈们的血迹去就义，我已经尽了我一切的努力贡献给了我们的阶级，贡献给了我们的党，我个人的责任算是尽了，所不释然于心的是此次我的轻率，我的没有注意一切技术，使我们的党受了很大的损失，这不仅是一种错误，简直是一种对革命的罪恶。我虽然死，但对党还是应该受处罚的，不过我的身体太坏，在这样烦剧而受迫害的环境中，我的身体和精神，表现非常疲苶(nié)，所以许多地方是忽略了，但我不敢求一切同志原谅，只是你——我的最亲爱的人，你曾经看见了我一切勉强挣扎的狼狈情形，只有希望你给我以原谅，原谅我不能如你的期望，很努力地很致密地保护我们的阶级、先锋队，

① 本文是刘愿庵烈士就义前给妻子的遗书节选。

我只有请求你的原谅。

对于你，我尤其是觉得太对不住你了，你给了我的热爱，给了我的勇气，随时鞭策我，前进努力，然而毕竟是没有能如你的期望，并给予你以最大的痛苦，我是太残酷地对你了。我唯一到现在还稍可自慰的，即是我曾经再四地问过你，你曾经很勇敢地答应我，即是我死了，你还是——并且加倍地为我们的工作努力。唯望你能够践言，把儿女子态的死别的痛苦丢开，把全部的精神全部爱我的精神，灌注在我们的事业上，不要一刻的懈怠、消极。你的弱点也不少，望对于一切因循罗曼蒂克，缺乏勇气与决心，加以极大地补救，你必须要像《士敏土》中的黛莎一样，“有铁一样的心”。

作者1930年5月5日被捕，5月7日就义。字里行间体现了他对党的事业的忠诚以及视死如归的精神。

我如此算了，我偶然想起觉得有一点可惜，我的某部分过人的精神和智能，若果不死，对于我们的工作，是有许多贡献(虽然我一方面有许多弱点)，然而现在是不可能了。我饱受了一切创痛，我曾经希望我们有一个小宝宝，我当以我的一切经验，教育他，指导他，使他成为一个模范的布尔什维克，现在也尽成虚愿了。所唯一希望的，只是你，我唯一亲爱的人，我的同志，希望你随时记着我的一切，记着我某一些精神和处理工作的“作风”，继续我的工作。同时也随时记着我的一切弱点，我俩共同的弱点，努力去纠正——挽救我的罪过。

…………

我在拘囚中与临死时没有你的一点纪念物，这是心中很难过的一件事。但是你的心是紧紧系在我心中的，我最后一刹那的呼吸，是念着你的名字，因为你是在这个宇宙中最爱我、最了解我的一个。

别了！我的爱人，不要伤痛，努力工作，我在地下有灵，时刻是望着中国革命成功，而你是这中间一个努力工作的战斗员！

你的爱死时遗言

五月六日午后八时预写

⑤ 我的梦想

史铁生

也许是因为人缺了什么就更喜欢什么吧，我的两条腿一动不能动，却是个体育迷。我不光喜欢看足球、篮球以及各种球类比赛，也喜欢看田径、游泳、拳击、滑冰、滑雪、自行车和汽车比赛，总之我是个全能体育迷。当然都是从电视里看，体育场馆门前都有很高的台阶，我上不去。如果这一天电视里有精彩的体育节目，好了，我早晨一睁眼就觉得像过节一般，一天当中无论干什么心里都想着它，一分一秒都过得愉快。有时我也怕很多重大比赛集中在一天或几天（譬如刚刚闭幕的奥运会），那样我会把其他要紧的事都耽误掉。

其实我是第二喜欢足球，第三喜欢文学，第一喜欢田径。我能说出所有田径项目的世界纪录是多少，是由谁保持的，保持的时间长还是短。譬如说男子跳远纪录是由比蒙保持的，二十年了还没有人能破；不过这事不大公平，比蒙是在地处高原的墨西哥城跳出这八米九〇的，而刘易斯在平原跳出的八米七二事实上比前者还要伟大，但却不能算世界纪录。这些纪录是我顺便记住的，田径运动的魅力不在于纪录，人反正是干不过上天；但人的力量、意志和优美却能从那奔跑与跳跃中得以充分展现，这才是它的魅力所在。它比任何舞蹈都好看，任何舞蹈跟它比起来都显得矫揉造作甚至故弄玄虚。也许是我见过的舞蹈太少了。而你看刘易斯或者摩西跑起来，你会觉得他们是从人的原始中跑来，跑向无休止的人的未来，全身如风似水般滚动的肌肤就是最自然的舞蹈和最自由的歌。

我最喜欢并且羡慕的人就是刘易斯。他身高一米八八，肩宽腿长，像一头黑色的猎豹，随便一跑就是十秒以内，随便一跳就在八米开外，而且在最重要的比赛中他的动作也是那么舒展、轻捷、富于韵律；绝不像流行歌星们的唱歌，唱到最后总让人怀疑这到底是要干什么。不怕读者诸君笑话，我常暗自祈祷上苍，假若人真能有来世，我不要求别的，只要求有刘易斯那样一副身体就好。我还设想，那时的人又会普遍比现在高了，因此我至少要有一米九以上的身材；那时的百米速度也会普遍比现在快，所以我不能只跑九秒九几。作小说的人多是白日梦患者。好在这白日梦并不令我沮丧，我是因为现实的这个史铁生太令人沮丧，才想出这法子来给他宽慰与向往。我对刘易斯的喜爱和崇拜与日俱增。相信他是世界上最幸福的人。我想若是有什么办法能使我变成他，我肯定不惜一切代价；如果我来世能有那样一个健美的躯体，今生这一身残病的折磨也就得到了足够的报偿。

奥运会上，约翰逊战胜刘易斯的那个中午我难过极了，心里别别扭扭别别扭扭的一直到晚上，夜里也没睡好觉。眼前老翻腾着中午的场面：所有的人都在向约翰逊欢呼，所有的旗帜和鲜花都向约翰逊挥舞，浪潮般的记者们簇拥着约翰逊走出比赛场，而刘易斯被冷落在一旁。刘易斯当时那茫然若失的目光就像个可怜的孩子，让我一阵阵心疼。一连几天我都闷闷不乐，总想着刘易斯此时会怎样痛苦，不愿意再看电视里重播那个中午的比赛，不愿意听别人谈论这件事，甚至替刘易斯嫉妒着约翰逊，在心里找很多理由向自己说明还是刘易斯最棒。自然这全无济于事，我竟然比刘易斯还败得惨，还迷失得深重。这岂不是怪事吗？在外人看来这岂不是发精神病吗？我慢慢去想其中的原因。是因为一个美的偶像被打碎了吗？如果仅仅是这样，我完全可以惋惜一阵再去竖立起约翰逊嘛，约翰逊的雄姿并不比刘易斯逊色。是因为我这人太恋旧骨子里太保守吗？可是我非常明白，后来者居上是最应该庆祝的事。或者是刘易斯没跑好让我遗憾？可是九秒九二是他最好的成绩。到底为什么呢？最后我知道了：我看见了所谓“最幸福的人”的不幸，刘易斯那茫然的目光使我的“最幸福”的定义动摇了继而粉碎了。上天从来不对任何人施舍“最幸福”这三个字，他在所有人的欲望前面设下永恒的距离，公平地给每一个人以局限。如果不能在超越自我局限的无尽路途上去理解幸福，那么史铁生的不能跑与刘易斯的不能跑得更快就完全等同，都是沮丧与痛苦的根源。假若刘易斯不能懂得这些事，我相信，在前述那个中午，他一定是世界上最不幸的人。

在百米决赛后的第二天，刘易斯在跳远决赛中跳出了八米七二，他是个好样的。看来他懂，他知道奥林匹斯山上的神火为何而燃烧，那不是为了一个人把另一个人战败，而是为了有机会向诸神炫耀人类的不屈，命定的局限尽可永在，不屈的挑战却不可须臾或缺。我不敢说刘易斯就是这样，但我希望刘易斯是这样，我一往情深地喜爱并崇拜这样一个刘易斯。

“刘易斯”在这里还仅仅是那个田径运动员刘易斯吗？说说你的理解。

这样，我的白日梦就需要重新设计一番了。至少我不再愿意用我领悟到的这一切，仅仅去换一个健美的躯体，去换一米九以上的身高和九秒七九乃至九秒六九的速度，原因很简单，我不想在来世的某一个中午成为最不幸的人；即使人可以跑出九秒五九，也仍然意味着局限。我希望既有一个健美的躯体又有一个了悟人生意义的灵魂，我希望二者兼得。但是，前者可以祈望上天的恩赐，后者却必须在千难万苦中靠自己去获取——我的白日梦到底该怎样设计呢？千万不要说，倘若二者不可兼得，你要哪一个？不要这样说，因为人活着必要有一个最美的梦想。

后来得知，约翰逊跑出了九秒七九是因为服用了兴奋剂。对此我们该说什么呢？我在报纸上见了这样一条消息：他的牙买加故乡的人们说："约翰逊什么时候愿意回来，我们都会欢迎他，不管他做错了什么事，他都是牙买加的儿子。"这几句话让我感动至深。难道我们不该对灵魂有了残疾的人，比对肢体有了残疾的人，给予更多的同情和爱吗？

6 心　愿

阎纯德

巴黎有许多街道公园。离我们的公寓不远就有一座。

作者讲述了自己和一个法国家庭的共同心愿。思考：为什么他们会有共同的心愿呢？

一个假日，我夹着一本书来到这个小公园，坐在花丛中间的长椅上。这是我最爱坐的长椅，因为我喜欢那几丛花，在春天的北京，这样的花是经常见到的。

我翻了几页书，忽然听到一个孩子的声音："先生，你是中国人，是吗？"

我抬头一看，一个四五岁的小姑娘，双手抱着个大布娃娃站在我面前。她目不转睛地盯着我，歪着脑袋等待我回答。

"你猜猜，小朋友。"

"我说是！"她挺自信。

"为什么？"

"因为我家有好多中国人，你像他们。"她那水晶般的蓝眼睛多像清澈的泉水，闪耀着欢乐的光。

小姑娘的话使我迷惑不解。我问她：“你家有多少中国人？他们和你一块儿吃饭吗？”

“不！他们不吃饭，也不说话。”

“为什么？”我更奇怪了。

这时候走过来一男一女，都有三十七八岁年纪。那位夫人边走边喊：“维勒尼克，你在那儿干什么？”

小姑娘扭头看了一下，没回答大人的问话。

“妈妈叫你呢,你怎么不说话？”男的走到跟前对她说。

“我在和这位先生说话。”小姑娘指着我。

“是的，我们在进行十分有趣的谈话。她说家里有许多中国人，既不吃饭，也不说话……”

我的话还没说完，小姑娘的父母就哈哈大笑起来。妈妈把女儿搂到怀里亲了一下，说：“这是我们的孩子，刚四岁半，同她爸爸一样，是个中国迷，现在连我也快变成中国迷了。”

原来小女孩的爸爸曾两次随贸易代表团去中国，回来后，他们家就成了中国物品展览馆，什么广东凉席、福建纸伞、苏州刺绣、景德镇瓷器，还有他们不会用的毛笔和中国古代发明的计算机——算盘，有的物品他们连名字都不知道，也买了回来。维勒尼克说的不吃饭不说话的中国人，指的是陈列在柜子里的二十多个不同模样儿的泥人。

我完全理解小姑娘的语言和感情了。是那些不说话的中国人，把真诚的友谊带进了一个普通的法国人的家庭，而且生根发芽，开出了美丽的花朵。小姑娘的天真的心灵，不正像一个含苞欲放的花蕾吗？

维勒尼克的爸爸兴奋地讲了许多中国见闻，绘声绘色地描述了北京的故宫、桂林的山水、洛阳的龙门，仿佛我倒是从没到过中国的旅客，而他是个热情的向导。他滔滔不绝地讲，使我相信他既了解中国的现在，也了解中国的过去。他说："中国是一个伟大的国家，有永远值得引以为荣的历史和文化，但是现在确实需要发展。你们的国家有巨大的潜力，这一点没有谁比得上。"

小姑娘插不上嘴，很着急，一连叫了几声爸爸。我指着她的布娃娃说："你看，娃娃都闭上眼睛了，她要睡觉了。"

"不，她总是和我一同睡。"她想了想，问我，"你喜欢娃娃吗？睡觉也抱着娃娃吗？"

她问得这样天真，把大人都逗乐了。我笑着说："我也喜欢布娃娃，但是不抱她。只有我的小女儿才像你一样整天抱着她呢！”

“你的小女儿？她叫什么名字？我能和她玩吗？”

“能。不过她不在巴黎，在北京。等你爸爸再去北京，带着你到我家，她一定会欢迎你的。她有好多娃娃，连法国的会眨眼睛的娃娃都有。”

“她会讲法语吗？”

“会，可是不多。你可以当她的老师嘛！”

“太好了！”小姑娘高兴得跳起来。她抱着爸爸的腿，用会说话的眼睛乞求着，好像在说：我要去北京！我还要当老师呢！

她爸爸认真地对我说：“我希望她学中文，以后到中国留学，做架设友谊桥梁的工程师！”

一个普通的法国家庭——一对中年夫妇和一个天真的孩子，他们的心愿多么美好，多么纯真！人民的感情是朴素的，朴素的东西是最美的。修一座友谊的长桥，这是我们共同的心愿！

⑦ 黄纱巾

薛 涛

女孩放学要经过一个小小的服装市场。那里挂了一条黄纱巾。

女孩停住不走了，呆呆地看。

卖货的是一个中年人。“买下吧，孩子。就剩这一条了，只卖十元钱。”

女孩无奈地摇摇头。钱，女孩没有。

“可以向家里要嘛，我给你留着。看得出你很喜欢它。”

你从哪些地方看出女孩很喜欢这条黄纱巾?

女孩不说什么，恋恋不舍地离开了。整个晚上，女孩都没下定向家里要钱的决心。

最终，女孩也没提要买黄纱巾的事，并发誓永远不提这件事。家里不富裕，女孩知道。

女孩再走过小市场时，老远就看见黄纱巾还在那儿飘舞着，像一只黄蝴蝶。女孩远远看了一会儿，才慢慢走近。

“带钱来了吧？”

女孩摇摇头。

中年人抚摸着这条黄纱巾又看看女孩,并想象了一下,觉得女孩与黄纱巾搭配在一起是很绝妙的组合,就很替女孩惋惜。

“你喜欢它,没错?”

女孩认真地点点头。

女孩准备离开了。注定买不下它,不如早点儿走开好。

女孩刚走开,中年人已摘下黄纱巾,并追上女孩。

“孩子,送给你吧。收下。你围上它肯定好看。”

女孩一愣。

“不,我不能白收人家的东西。”女孩毫不犹豫地说。

“收下,是我愿意送的。”

“不能!那样我会很难受,比得不到它还难受。”

女孩跑开了。

女孩又回过头说:“反正站在楼上也能看见它。能看见它,就很好了。”

中年人立在那儿。

从此,女孩不再从那里经过。注定买不下它,绕开它不是更好吗?女孩写作业累了,就往楼下看看,看看那条在微风中舞动的黄纱巾。许多天过去了，那条黄纱巾仍旧挂在那里。它为什么一直挂在那儿？难道没人买？女孩没去想这个问题。

如果你的心愿难以实现，你会如何去做？

那条黄纱巾，装饰了女孩的梦。

其实很简单，中年人挂了个标签在旁边。标签上写着：永不出售。

日积月累

一个人要帮助弱者，应当自己成为强者，而不是和他们一样变成弱者。

——罗曼·罗兰

把自己体验到的感情传达给别人，而使别人为这感情所感染，也体验到这些感情。

——列夫·托尔斯泰

慈悲不是出于勉强，它是像甘露一样从天上降下尘世；它不但给幸福于受施的人，也同样给幸福于施与的人。

——莎士比亚

对于我来说，生命的意义在于设身处地替人着想，忧他人之忧，乐他人之乐。

——爱因斯坦

⑧ 盼　望

艾　青

一个海员说，
他最喜欢的是起锚所激起的
那一片洁白的浪花……

一个海员说，
最使他高兴的是抛锚所发出的
那一阵铁链的喧哗……

一个盼望出发，
一个盼望到达。

1979年3月，上海

《少年方志敏》

张品成

方志敏曾写道："假如我还能生存，那我生存一天就要为中国呼喊一天；假如我不能生存——死了，我流血的地方，或者我瘗骨的地方，或许会长出一朵可爱的花来，那朵花你们就看作是我的精诚的寄托吧！"这反映了一个革命家的爱国情怀。

请阅读《少年方志敏》这本书吧，作家张品成以一个英雄少年的非凡成长经历，告诉我们钢铁是如何炼成的！

作者简介

张品成，作家。主要作品有中短篇小说集《赤色小子》《永远的哨兵》；长篇小说《可爱的中国》《少年方志敏》《十五岁的长征》等。曾获中国作家协会第四届、第五届全国优秀儿童文学奖，陈伯吹国际儿童文学奖。

内容梗概

1899年夏，伴随着神秘雁阵掠过，仙湖村方家诞生了一个男婴。家人为他取名方远正，大家都叫他正鹄，鹄飞举万里的鹄。这就是后来著名的革命家方志敏。

正鹄从小就显示出对读书的渴望。他唯一一次偷钱，就是拿着父亲的三百铜板去了烈桥张家的学堂。先生张念诚没有收他的钱，他便在课余去帮张家放牛，希望可以补偿先生。但先生一直教导他要做读书人的事，说这是规矩。正鹄是个机灵又善良的孩子，他向先生提议，让因家贫无法就学的伙伴葛望文重回学堂，他便不再放牛。

学堂里的顾先生向正鹄讲述了人人平等、没有地主也没有长工的世界，第一次在正鹄的心中种下了革命的火种。好友葛望文“老爷永远是老爷，长工永远是长工”的观念让正鹄丧失了学习的信心，他回到了湖塘。后来，在家人和张念诚等人的劝说下，正鹄考上了县里新建的高级小学，他正式改名为方志敏。

开学的第一天，方志敏默默记下了所有同学的名字，却因不熟悉自己的新名字，闹了笑话。在这里，他和邵式平等人结下了深厚的友谊。为了让刘庚子不害怕，他一番筹划抓住了装神弄鬼的秦盛科和肖举万，却也因此和他两人成为好友。他和校长谈判，说服贪心的校长将给学生吃的糙米饭换成了粳米，还与好友们一同成立了“九区青年社”。就是这个被人认为是过家家的社，其成员后来成为弋阳革命的中坚力量，他们多数成为赣东北革命根据地的领导人。他们揭穿了校长邵丁甫贪污捐款的骗局，他们与家中反对革命的封建家长说再见，他们为冲破旧规矩而来。

在方志敏的带领下，“九区青年社”的新青年们在省议员的选举中揭露了黄礼庆的恶劣行径，救出了无辜的黄镇中。就在那年秋天，方志敏离开了弋阳，走向他波澜壮阔的一生。

追风犹可到天涯

以正鹄[①]的聪慧，似乎永远没法让几位老先生做出正确的判断。常老秀才记得四年前第一次见正鹄时的情形。是吴寄为带去见的。

那天铺下的吴寄为找到他。

“常先生你得帮我个忙。”

“我能帮你什么呀？”常老秀才不太喜欢这个同在这一带拿学俸的私塾先生。常老秀才不是那种心胸狭窄的人，对于这个做豆腐出身的同行，不是相轻排挤，更不是出于嫉妒，而是看不惯吴寄为的某些做法。你有多少谷就出多少糠，教书可是件马虎不得的事，弄不好那要误人子弟。可吴寄为不信，凭了半桶子水晃荡出十二分的响声来。常老先生看不惯的就是这个，平常里不愿意跟姓吴的来往。

他没想到吴寄为会找上门来要他帮个事，他想不出这种时候姓吴的会有什么事要他帮忙。

“我不做这营生了，我把先前那家豆腐店又弄起来了。”

---

① 正鹄：方志敏的乳名。

“哦哦，那好，你早该这样。”常老秀才很吃惊，他想不起有什么会让顽固的吴寄为改主意，他劝过姓吴的那么多回他也没改主意，可这回怎么就做起老本行来了？

吴寄为说起他教的一个学生。

“你说得对，我不辞教那是误人子弟。”吴寄为说。

“我辞了，我不辞不行。你说得对，我教不了的。”他说。

“可有个学生你得收下。”他说。

常老先生就是那时第一次知道正鹄这么个人，吴寄为向他叨叨地说起正鹄。

“那个伢崽，天资聪颖天下少有，读书一年抵三年……”

“你说一年抵三年？”

“那是那是。”

常老秀才瞪大了眼，然后缓缓地合上，他从容地吸了一口烟，定定地看着对方说：“你跟我胡说滥讲的吧？”

“看你常先生说的！我这么个大热天跑远路，翻山越岭地到你这扯闲天胡说滥讲？”吴寄为有些急了。

“你看你这么想，你老先生这么想？”他说。

“你不信是吧？你不信我讲一千遍也没用。”他说。

常老秀才确实不信，搁谁谁也不会信，一目十行，出口成章，才多大一个细伢哩，十岁？读一年书当人家三年？读三年那不当人家九年？这可是天才，漆工镇自建镇来千年也没出这么个人物。漆工镇的风水就这么个样，人家说那边的一块山石压了龙脉，文武都难得出大人物的。也有人说还看风水吗？漆工镇漆工镇，那名就注定了这地方也就出几个好工匠而已。再说，别说漆工镇，就是县里，千百年来也就出了个谢枋得。前无古人，难道真就后有来者了吗？常老秀才不信。常先生说："我不信，一年当人家三年，谁信？"

"眼见为实，那我们往湖塘走一转？"

他们真就往湖塘去了。那时候，正是腊月天气，冬里农闲，乡人正是串门走街的好时候。常老秀才和吴寄为晃晃就晃到湖塘了。村口几个老人认出了常老秀才，他们朝他作揖打拱手，高声亮气地打着招呼。

"哦，说曹操曹操就到了，常老先生你会掐算的吗？"

常老秀才一头的雾水。

湖口里的族老们，正将村里识文断字的人集中在村口，他们商议着要给村口的朝门拟一副对联，他们已经弄了三天了，研墨凝思，挽袖挥毫，已经写下数十副联句。

"你看你看，我们正要请老秀才来做个评判。"

常老秀才笑了，心想，也真是巧了，我先看看这些联句。

他给一旁的吴寄为说："你歇歇，我先给他们看看。"

常老秀才拈一副看看，又拈一副看看……他慢慢地那么看着。村口那么些人现在都盯看着常老秀才那张脸，他们想从那张脸上的微微变化来判断常老先生的喜好，可老半天也没看出什么。他们觉得事情有点尴尬，就交头接耳地小声嘀咕，悄悄商议出了一个结果：实在不行，就请常老秀才撰个联。其实他们早就想这么做的，可他们怕老先生婉拒。这回好了，这回常老秀才自己找上门来了，这回这么多的人他老先生能好意思婉拒？

可他们没想到常老秀才会拈着那副对联看了又看，然后眉眼舒展了开来。

"云龙搏浪飞三级，天马行空载五华。"常老秀才摇晃着脑壳拖长了嗓音吟诵着。

"好！好！"他说。

他抬起头在众人身上扫了一眼，有板有眼地问道："这是谁写的对子？"

有人说了一个名字，好像是几个人同时说的。几个人同时说那三个字就有些含糊，常老秀才没听清。

吴寄为扯了他一下衣角，跟他说："是方正鹄。"

"哪个方正鹄？"

“就是我跟你说的那个伢崽！”

常老秀才说:“就是这副对子,你们把它贴到朝门上去,我看这一带村里朝门上的对子就这副最绝。”

常老秀才就这么知道了正鹄的名字，他也很快就见到了正鹄。

“伢崽，你过来。”常老秀才笑着，拍着正鹄的后脑。

“真想不到这对子出自你的手。”他说。

“他们说对得不好。”

“什么？他们怎么说的？”

“他们说龙要对虎才工整……”

“为什么就要对虎？”

“他们说为什么就要对马？”

常老秀才眨了一会儿眼，说：“就是呀，我也会问这问题，为什么就要对马了？”

“为什么不对虎，常人总是龙虎对，再说天生百兽，为什么就不对牛呀羊呀什么的呢？”常老秀才笑着,他一笑,眼眯成一条缝。

“我喜欢马！”

“向前敲瘦骨，犹自带铜声。”

“对！对！”正鹄兴奋了起来。

“何当金络脑，快走踏清秋。”

“啊！是呀是呀，是李贺的《马诗》，我也喜欢。”

常老秀才心花怒放。他就那么个人，这个老先生教了一世的书，也读了一世的书，曾经觉得自己才高八斗，但后来就有些灰了萎了，不是自己才学不逮，想想是没有伯乐，怀才不遇呀，致使自己一个可塑之材流落乡野。就指望了有人能承接他身上所负，指望自己做个伯乐慧眼识才，指望着能带出一个成大器的、有大出息大成就的学生。可他一直不甚满意，一直也没能遂愿。他想，这一世算是完了。二十年前他曾眼前一亮，二十年前他曾有过一点寄望，是那个张念诚。那个伢崽也曾让他充满希望，人精明机灵，人读书有天分。不然常老秀才怎么会把女儿许配与他？但那个男人却到底没能走出县邑，常老秀才觉得张念诚是生不逢时，先是兵荒马乱，再后又改朝换代……这么个时日，世事难料，还说什么功名前途？常老先生一直心灰灰的，所以他不太信吴寄为的话。

可眼见为实。他不能不正眼看着这个叫方正鹄的十岁细伢哩。一年当三年，看来吴寄为说的是真的，这可是一个神童。吴寄为多厚的一张脸皮，略通文墨就敢拿学塾俸薪，可也被这个伢崽镇住了，也在这个十岁的孩子面前感到了羞耻。

常老秀才伸过手去，他抚着正鹄的后脑，脸上那么笑着，“太一贡兮天马下，沾赤汗兮沫流赭。”他颇具韵味地吟出这么两句。也许他是来了兴致，也许他是想再考考正鹄，他吟出这么一句诗，然后，双眼定定地看着正鹄。

正鹄也那么笑了笑，笑得有些羞涩，这是汉武帝刘彻的《天马歌》，是一首专门咏马的名篇，正鹄能不熟？“骋容与兮跇万里，今安匹兮龙为友。”他把余下的那两句诗脱口而出，也像常老秀才那样，吟咏得韵味十足。

他们很高兴，他们对上了，他们对着诗句，旁若无人。尤其常老秀才，突然一股暖流溢满全身，突然就有种飘飘欲仙的感觉。看来真像是命运的安排，他一直想做个伯乐，有一匹千里良驹被他发现赏识，现在眼前的这个十岁的孩童就是呀，而且巧得很，竟然还是个喜欢马的，你说说。他依然半眯了眼，摇头晃脑地吟咏了起来：“胡马大宛名，锋棱瘦骨成。”

正鹄就接：“竹批双耳峻，风入四蹄轻。”

常老秀才吟：“所向无空阔，真堪托死生。”

正鹄就接：“骁腾有如此，万里可横行。”

他们把杜甫的《房兵曹胡马》吟诵了出来。常老秀才似乎不尽兴，他拈了那笔，在砚台里蘸上墨。人们都屏息静气，人们都看着他手里的笔。他们看见常老秀才挥动了几下笔，在凉亭下的那张桌上写了两句诗：“蹀足绊中愤，摇头枥上嘶。”

人们拍着手，嘴里啧啧着，一笔好字呀！人们没有注意到那字里的内容，那也是两句绝佳好诗，也是歌咏马的佳作，是萧纲《系马诗》中的两句。只有正鹄知道，正鹄拍着巴掌，有人就盯看着正鹄，然后大家都盯着正鹄。正鹄也拈起那笔，他也在纸上写下两句：“此马若遂千里志，追风犹可到天涯。”

“绝！绝！”常老秀才说。他当然知道那诗的出处，那是古人杨师道的两句诗，只是正鹄写出来，一举而三得：一是此诗也是写马的佳句，二则展示了自己的书法，三则也表达了自己的志向。

“好诗！好字！”他说。

后来常老秀才很快又看到那种字迹。他去了正鹄的家，他见了正鹄的爷娘，还看到方正鹄屋里的那副对联：“心有三爱：奇书骏马佳山水；园栽四物：青松翠竹白梅兰。”

这回他没有说什么，他跟吴寄为说：“你说得对，这事我得来做……不是我帮你忙，是你帮了我大忙了哟。”

吴寄为云里雾里，他脸上大大一个问号钩钩。

“我明天就来湖塘。”常老秀才说。

阅读描写人物的文章，我们要关注人物的外貌、语言、动作、神态、心理等描写，想一想主人公的人物形象。同时，把在阅读时想到的内容批注在旁边。

阅读本书，我们可以搜集一些与方志敏有关的背景资料，这样有助于我们理解小说的人物形象和主题思想。

活动一　制订阅读计划

同学们，你是否能按计划进行整本书的阅读？

<table>
<tr><td rowspan="8">阅读进度</td><td>阅读日期</td><td>阅读页码</td><td>阅读用时</td><td>与人分享画“√”</td></tr>
<tr><td></td><td></td><td></td><td></td></tr>
<tr><td></td><td></td><td></td><td></td></tr>
<tr><td></td><td></td><td></td><td></td></tr>
<tr><td></td><td></td><td></td><td></td></tr>
<tr><td></td><td></td><td></td><td></td></tr>
<tr><td></td><td></td><td></td><td></td></tr>
<tr><td></td><td></td><td></td><td></td></tr>
<tr><td rowspan="5">阅读评价</td><td>评价项目</td><td>自我评价</td><td>家长评价</td><td>小组评价</td></tr>
<tr><td>具有主动阅读的好习惯</td><td>☆☆☆</td><td>☆☆☆</td><td>☆☆☆</td></tr>
<tr><td>能有计划地完成整本书阅读</td><td>☆☆☆</td><td>☆☆☆</td><td>☆☆☆</td></tr>
<tr><td>能通过交流、积累、朗读等方式主动与他人分享自己的阅读收获</td><td>☆☆☆</td><td>☆☆☆</td><td>☆☆☆</td></tr>
<tr><td>保护眼睛，爱惜书本</td><td>☆☆☆</td><td>☆☆☆</td><td>☆☆☆</td></tr>
</table>

活动二　关注那些重要的故事情节

幼苗怎样长成参天大树？一个普通农民的儿子如何锻炼成铁骨忠魂为世人敬仰？本书讲述了少年方志敏的学习和成长，展示了方志敏人格精神形成的重要阶段。请你按照时间顺序，梳理对方志敏的成长最为重要的几件事。

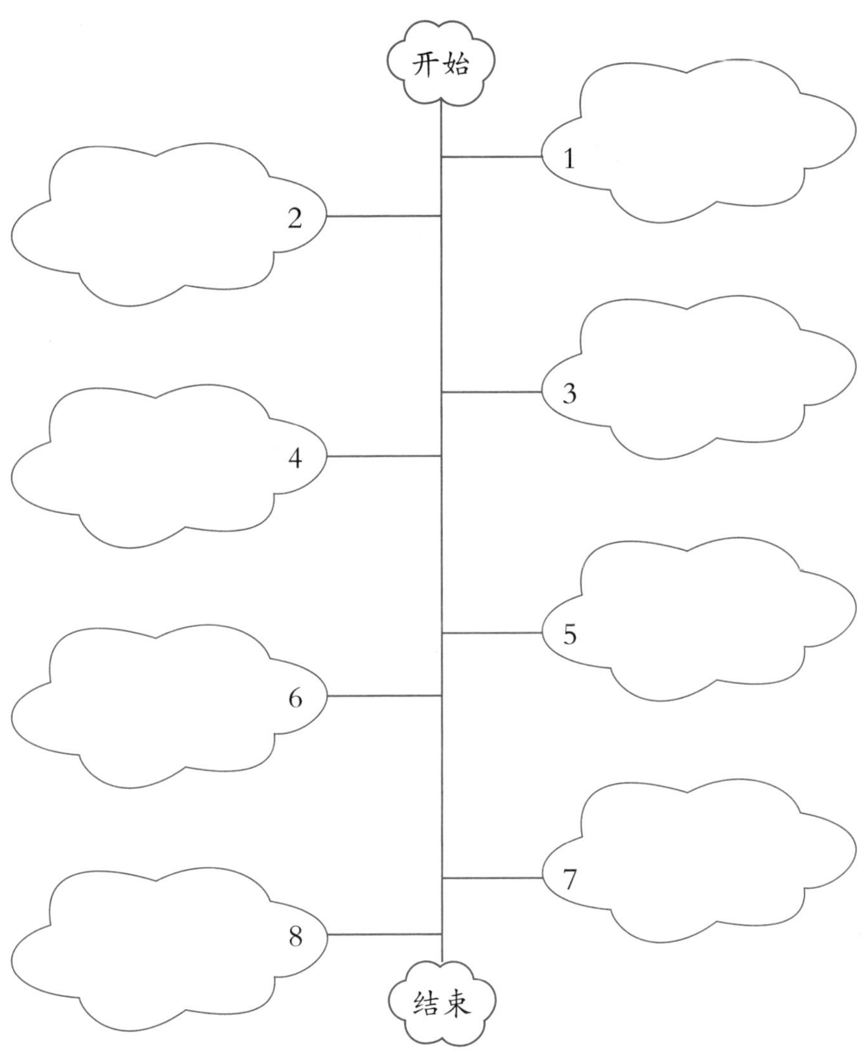

活动三　深入了解主人公

方志敏作为革命家，他在与敌人斗争中所表现出来的才识胆略以及爱国、节俭、创造、奉献等精神，在《少年方志敏》一书中已有体现，请你选择几处，按照要求写下来，制作成漂亮的小书签。

从____

____

____

____

____

____

____

____

这些句段中，我读到了一位________的方志敏。

敬 启

为编好这本书，我们与收入本书的作品（含图片）作者进行了广泛联系，得到了各位作者的大力支持。在此，我们表示衷心的感谢。但是，由于个别作者地址不详，虽经多方努力，仍无法取得联系。敬请各位有著作权的作者尽快与我们联系，以便我们支付稿酬，并致谢忱！

我们还要感谢使用本书的师生们。希望你们在使用本书的过程中，能够及时把意见和建议反馈给我们，对此，我们深表谢意，并将给予一定奖励。让我们携起手来，共同完成本书的建设工作。

联 系 人：梁老师　刘老师

联系电话：010-58022100-6362

联系邮箱：ztxx2008@sina.com

网　　址：http://www.ywztxx.com

地　　址：北京市海淀区知春路7号致真大厦A座18层

图书在版编目（CIP）数据

成长风向标 / 郜书萍主编. — 上海 : 上海教育出版社, 2021.12

ISBN 978-7-5720-0814-6

Ⅰ. ①成… Ⅱ. ①郜… Ⅲ. ①阅读课—小学—教学参考资料 Ⅳ. ①G624.233

中国版本图书馆CIP数据核字（2021）第260863号

责任编辑　余佳家
封面设计　陈丽娟　王艺霖
著作权人　北京华樾教育科技有限公司

成长风向标

郜书萍　主编

出版发行　上海教育出版社有限公司
官　　网　www.seph.com.cn
地　　址　上海市闵行区号景路159弄C座
邮　　编　201101
印　　刷　河北泓景印刷有限公司
开　　本　720×1010　1/16　印张 63
字　　数　700千字
版　　次　2021年12月第1版
印　　次　2021年12月第1次印刷
书　　号　ISBN 978-7-5720-0814-6/G·0630
定　　价　268.00元（全七册）

如发现质量问题，请向本社调换　　021-64373213

★ 适合11至12岁 ★

成长风向标

CHENGZHANG FENGXIANGBIAO

主 编　郜书萍

编 委 会

名家寄语

广泛阅读，可以提高阅读理解力；

广泛阅读，可以丰富知识，开阔视野；

广泛阅读，可以提升思维力、鉴赏力；

广泛阅读，可以促进人的精神成长。

新编的读本，包括古诗文经典诵读、优秀作品专题阅读和整本书阅读，是落实课内外阅读一体化的优质资源。

捧起这套读本读起来，你会越来越享受阅读，你的一生一定会因为阅读而精彩！

崔峦

用阅读涵养你的心灵，
让你变得聪明善良，阳光，
宽厚，更富想象力和创造力。

谢永旺

发现美，学会爱，表达自己，
在阅读和写作中不断进步！

王一梅

阅读是开启美好人生的钥匙

赵丽宏

庚子九月

为自己读书
为美好读书

肖复兴
庚子中秋

读经典的书
做优秀的人

陈晖

幻想，从现实起飞

刘兴诗

目录

经典诵读

专题阅读

范文阅读

组文阅读

自由阅读一

自由阅读二

整本书阅读

经典诵读

古人也喜欢观察自然界，他们常常借助天上的月亮、星星等来表达自己的情感，留下了许多优美篇章。诵读这些作品，不仅能净化心灵、涵养性情，还可以引领我们感悟科学的魅力，探索自然的奥秘。

诵读本组经典篇目，借助注释和译文理解大意，领悟科学精神，体会作者寄寓的人文情怀。

扫码收听朗诵音频

① 中秋月（其一）

［唐］李峤

盈缺[①]青冥[②]外，

东风万古吹。

何人种丹桂，

不长出轮枝[③]？

注释

① 盈缺：盈亏变化，诗中以“盈缺”指月圆月缺。

② 青冥：青天。

③ 出轮枝：长出月轮之外的枝干。

译文

青苍幽远的天空中，有时月圆，有时月缺，但永远不变的是，东风总是吹拂着月亮。远远望去，不禁好奇，是谁在月亮里种的桂树，它的树枝为何从不会长出月轮之外？

扫码收听朗诵音频

② 七夕（其一）

［清］德容

玉露[1]金风[2]报素秋，
穿针楼[3]上独含愁。
双星[4]何事今宵会，
遗（wèi）我庭前月一钩[5]。

注释

① 玉露：晶莹的露珠。
② 金风：指秋风。
③ 穿针楼：旧俗七夕时，妇女登穿针楼望月穿针，向织女祈求心灵手巧。
④ 双星：指牵牛星和织女星。
⑤ 月一钩：像弯钩一样的月亮。

译文

七夕的夜晚，晶莹的露珠藏于草间，在秋风的轻轻吹拂中，我带着忧愁独自登上穿针楼。不知道牛郎星和织女星因为何事在今晚相会，天空中那像弯钩一样的月亮，在我的庭院洒下一片微光。

扫码收听朗诵音频

3 把酒问月[①]

［唐］李白

青天有月来几时？我今停杯一问之。
人攀明月不可得，月行却与人相随。
皎如飞镜临丹阙[②]，绿烟[③]灭尽清辉发。
但见[④]宵从海上来，宁知[⑤]晓向云间没（mò）[⑥]？
白兔捣药[⑦]秋复春，嫦娥孤栖与谁邻？
今人不见古时月，今月曾经照古人。
古人今人若流水，共看明月皆如此。
唯愿当歌对酒时[⑧]，月光长照金樽[⑨]里。

注释

① 题下作者原注：“故人贾淳令予问之。”
② 丹阙：朱红色的宫殿。
③ 绿烟：指遮蔽月光的浓重的云雾。
④ 但见：只看到。
⑤ 宁知：怎知。

⑥ 没：隐没。

⑦ 白兔捣药：神话传说月中有白兔捣仙药。

⑧ 当歌对酒时：在唱歌饮酒的时候。

⑨ 金樽：精美的酒具。

这亘古如斯的明月，究竟是从何时就存在的呢？现在我停下酒杯想要一问究竟。

古往今来，有多少人想要飞升到月中以求长生不老，但都是徒然，而明月却依然用万里清辉普照尘世，伴随着世世代代的人们。

明月皎洁，如明镜飞上天空，映照着宫殿。遮蔽月亮的云雾消散殆尽，幽幽月光尽情发出清冷的光辉。

人们只看到这月亮夜晚从海上升起，又怎知它早晨也从这云间消失？

白兔在月中年复一年地捣着药杵，嫦娥在月宫里孤独地生活着，谁来陪伴她呢？

现今的人不能见到古时的月，而现今的月却曾经照过古时的人。

古人今人如水一般流逝，然而他们见到的明月则亘古如斯。

只希望在唱歌饮酒的时候，月光能长久地照在精美的酒具中。

扫码收听朗诵音频

④ 西江月·黄陵庙[①]

［宋］张孝祥

满载一船明月[②]，平铺千里秋江[③]。波神[④]留我看斜阳，唤[⑤]起鳞鳞细浪。　明日风回[⑥]更好，今朝[⑦]露宿何妨？水晶宫里奏霓裳（ní cháng）[⑧]，准拟岳阳楼上。

注释

① 黄陵庙：一作“阻风三峰下”。
② 明月：一作“秋色”。
③ 千里秋江：一作“十里湖光”。
④ 波神：水神。
⑤ 唤：一作“放”。
⑥ 风回：指风向转为顺风。
⑦ 今朝：一作“今宵”。
⑧ 霓裳：指《霓裳羽衣曲》，简称《霓裳》，唐代著名歌舞名。

译文

满载着一船皎洁的月光，行驶在广阔平展的江面上。水神热情地邀请我欣赏那美好的夕阳景色，晚霞映照的水面闪动着鱼鳞般的波浪。

如果明日风向回转，天气变好，那么今夜露宿于此又有什么关系呢？水中的宫殿像是在演奏《霓裳羽衣曲》，明天准能在岳阳楼上欣赏洞庭湖的美景胜状。

扫码收听朗诵音频

⑤ 题龙阳县青草湖[1]

［唐］唐温如

西风吹老洞庭波，
一夜湘君白发多。
醉后不知天在水[2]，
满船清梦压星河。

注释

① 本诗选自《全唐诗》，作者一说为元末明初人。青草湖，位于洞庭湖的东南部，因湖的南面有青草山而得名。青草湖与洞庭湖一脉相连，所以诗中又写成了“洞庭”。

② 天在水：天上的银河映在水中。

译文

秋风吹起，湖面泛起水波，好像洞庭湖忽然老去，长了皱纹一样，一夜愁思，湘君也多了白发。夜色投入湖中，船桨搅动着满天星辰，喝醉后竟不知道自己是在天上，还是在水中。悄然睡去，小船载着沉沉酣梦，好似穿行在银河。

扫码收听朗诵音频

⑥ 逍遥游（节选）

《庄子》

且夫水之积也不厚，则其负大舟也无力。覆杯水于坳堂[1]之上，则芥[2]为之舟，置杯焉则胶[3]，水浅而舟大也。

注释

① 坳堂：堂上低洼的地方。

② 芥：小草。

③ 置杯焉则胶：将杯子放于其中则会沉底不动。置，放。焉，于此。胶，粘，指着地。

再说水汇积不深，就没有力量浮载大船。倒杯水在堂上低洼的地方，那么小小的芥草浮在上面就成为一只小船，而将杯子放于其中则会沉底不动，因为水太浅而“船”太大了。

专题阅读

美丽的探索

“科学发现的机遇，总是等着好奇而又爱思考的人。”古人对身边事物的理性认识，就是科学思维的最初形态，蕴含在一篇篇古文中；现代社会，科学技术与我们的生活息息相关，现代科技的突飞猛进，为社会发展和人类文明开辟了更广阔的空间。

读本专题文章，体会文中用具体事例说明观点的方法，初步领悟科幻小说想象的方法，尝试写科幻故事。

范文阅读

① 纪昌[1]学射

《列子》

纪昌是怎样“学不瞬”和“学视”的？请圈画出相关语句，仔细体会文中通过具体事例说明观点的方法。

甘蝇[2]，古之善射者，彀弓[3]而兽伏鸟下。弟子名飞卫[4]，学射于甘蝇，而巧过其师。

纪昌者，又学射于飞卫。飞卫曰：“尔先学不瞬，而后可言射矣。”

纪昌归，偃卧[5]其妻之机[6]下，以目承[7]牵挺[8]。二年之后，虽锥末倒眦[9]而不瞬也。以告飞卫，飞卫曰：“未也，必学视而后可。视小如大，视微如著，而后告我。”

这则故事告诉我们：学习不能浅尝辄止，要想学有所成，得有不怕吃苦的精神。

昌以牦[10]悬虱于牖[11]，南面而望之。旬日之间，浸[12]大也。三年之后，如车轮焉。以睹余物，皆丘山也。乃以燕角之弧[13]、朔蓬之簳[14]射之，贯虱之心而悬不绝。以告飞卫，飞卫高蹈拊膺[15]曰：“汝[16]得之矣！”

注 释

① 纪昌：中国古代传说中的一个擅长射箭的人。
② 甘蝇：古代传说中擅长射箭的人。
③ 彀弓：拉满弓弦。
④ 飞卫：古代传说中擅长射箭的人，纪昌的老师。
⑤ 偃卧：仰面躺下。
⑥ 机：指织布机。
⑦ 承：承接，这里指眼睛盯着。
⑧ 牵挺：织布机的踏板。
⑨ 眦：眼角。
⑩ 牦：这里指牦牛的毛。
⑪ 牖：窗户。
⑫ 浸：渐渐地。
⑬ 燕角之弧：用燕国的牛角做成的弓。
⑭ 朔蓬之簳：用北方的蓬梗做的箭杆。
⑮ 拊膺：拍着胸。
⑯ 汝：你。

甘蝇是古代传说中善于射箭的人，他一拉弓便有野兽倒地，飞鸟落下。他的一个弟子名叫飞卫，向甘蝇学习射箭，后来技术超过了他的老师。

有个名叫纪昌的人，又向飞卫学习射箭。飞卫说："你先学会看东西不眨眼睛，然后再来谈论射箭的事。"

纪昌回到家，仰面躺在妻子的织布机下，眼睛注视着一上一下的踏板练习不眨眼睛。两年之后，即使锥尖刺到他的眼眶边，他也能够不眨眼睛。纪昌把这件事情告诉了飞卫，飞卫说："这还不够，一定得练好眼力才能学射箭。等你练到看小东西就像看大东西一样清晰，看微小的东西就像看显著的东西一样清楚，再来告诉我。"

纪昌就用牦牛的毛系住一只虱子悬挂在窗户上，面朝南方注视它。十来天后，那虱子在他眼中渐渐变大了。三年之后，虱子在他看起来就像一个车轮那么大。再去看其他东西，都像山丘那么大了。于是纪昌操起用燕国牛角做的弓、用北方蓬梗做的箭杆，向虱子射去，一箭穿过虱子的心，而悬挂着虱子的牛毛却没被射断。于是纪昌又把这件事情告诉了飞卫。飞卫听了，高兴得跳起来，拍着胸脯说："你已经掌握射箭的诀窍了！"

② 日近长安远

[南朝宋] 刘义庆

晋明帝[1]数岁，坐元帝膝上。有人从长安来，元帝问洛下[2]消息，潸然[3]流涕。明帝问何以致泣，具以东渡意告之[4]。因问明帝："汝意谓长安何如日远？"答曰："日远。不闻人从日边来，居然[5]可知。"元帝异[6]之。

明日，集群臣宴会，告以此意，更重问之。乃答曰："日近。"元帝失色，曰："尔何故异昨日之言[7]邪（yé）[8]？"答曰："举目见日，不见长安。"

"举目见日，不见长安"，是因为长安已经沦落敌手。

注释

①晋明帝：即司马绍，晋元帝司马睿之子。

②洛下：洛阳，西晋时京都所在地。此时洛阳被匈奴占领。

③潸然：流泪的样子。

④具以东渡意告之：把晋王朝东迁的原委具体地说给他听。

⑤居然：显然。

⑥异：对……感到惊异。

⑦昨日之言：指“日远”的说法。

⑧邪：语气词，表示疑问或反诘。

译文

晋明帝只有几岁的时候，有一次坐在晋元帝膝上。有人从长安来，晋元帝就向他询问洛阳方面的消息，边听边流下了眼泪。晋明帝问晋元帝为什么流泪，晋元帝便把晋王朝东迁的原委详细地告诉了他，并趁机问晋明帝：“你认为长安与太阳相比，哪个更远？”晋明帝回答说：“太阳远。没听说有人从太阳那边来，这显然可知了。”晋元帝感到很惊异。

第二天，晋元帝召集群臣举行宴会，把晋明帝的这个说法告诉了大家，然后又重新问晋明帝。晋明帝却回答说：“太阳近。”晋元帝大惊失色，问：“你为什么与昨天说的不一样呢？”晋明帝回答说：“因为抬头就能看见太阳，但是却看不见长安。”

③ 不问用不用，只说知不知

梁　衡

文章在一开始，就引用了季羡林先生的话来印证自己的观点：“不问用不用，只说知不知。”

记得一次去看望季羡林先生，谈话间我问道：“您关于古代东方语言的研究对现在有什么用？”先生说：“学问不能拿有用没用来衡量。当年牛顿研究万有引力有什么用？”一语如重锤，敲醒了我懵(měng)懂的头脑。

是的，对学者来说，做学问单单是为了有用吗？显然不是，不仅牛顿研究万有引力时不这样问，哥白尼研究天体运动、爱因斯坦研究相对论时都不这样问。如果只依有用没用来衡量，许多人早就不做学问了。开普勒发现了众星运动规律后说：“认识这一真理已实现了我最美好的期望。可能当代就有人读懂它，也可能后世才有人能读懂，这我就管不着了。”

他们不管，谁来管呢？自然有下一道

程序，由实践层面的人——设计师、企业家、政治家等去管。社会就这样接续发展，科学就这样不断进步。爱因斯坦发现相对论后，又经过了40年，这期间通过许多人的努力，第一颗原子弹才爆炸。社会科学与自然科学稍有区别，但也有一些看似无用的东西需要人去静心研究。马克思本来身在工人运动第一线，当他深感工人运动缺少理论支持时，就退出一线去研究《资本论》等理论。当时他已穷得揭不开锅，他说："从来没有像我这样一个最缺少货币的人来研究货币。"如果为了有用，他最应该去经商，先赚一把货币。他的理论让后来实践层面的革命家、管理者演绎出一个轰轰烈烈的新时代。

文中通过列举多位名人的事例来说明自己的观点，仔细读读第2~3自然段，把这些名人圈画出来。

原来知识是分上游、下游的。上游是那些最基本的原理，解决规律层面的问题；下游是执行和操作的方法，解决实践层面的问题。上游是科学，下游是技术；上游是学术、是思想，下游是方案、是行动。

仔细读读第2~3自然段，找出作者证明观点的事例，读一读。

由于科学、学术的超前性，许多科学家、学者经常看不到自己学问的实用结果。但他们并不悲伤，并不计较，他们不管用与不用，只管知与不知，只要不知道的事就去研究。他们虽说不问为什么，但他们坚信知识对人类有用。事实上，每一项新知识都对人类产生了重要作用，有的简直是惊天动地。伦琴、居里夫人、卢瑟夫等一批研究放射性、原子能的早期科学家，并没有想到后来的原子弹及和平利用原子能。就是季羡林先生也没有想到他研究的梵文、吐火罗文在40年后让他破译了一部天书，补回了一段历史。

仔细阅读本自然段，你会对“科学精神”有更深入的理解。

正因为这样，我们才强调尊重知识，尊重人才，包括对未知世界、对自然界、对星空、对生态的尊重。因为一切未知中都藏有真知，而面对茫然的未知世界，那些勇敢拓荒的人才是真正的英雄。他们治学时不问有用没用，正是因为他们讲大用而不计小用，看将来而不计眼前，为人类之大公而不谋个人小利。这些以学问为乐趣，为人类不断扩充知识边界的人是最值得我们尊敬的。他们在探知过程中所表现的淡泊名利、宁静致远的治学态度和做人准则，对后人来说比他们提供的知识还重要。

日积月累

学习知识要善于思考，思考，再思考。

——爱因斯坦

如果说我对世界有些许贡献的话，那不是因为别的，而是由于我的辛勤耐久的思索所致。

——牛顿

勇于探索真理是人的天职。

——哥白尼

在科学上面是没有平坦的大路可走的，只有那在崎岖小路的攀登上不畏劳苦的人，才有希望到达光辉的顶点。

——马克思

④ 逝世前的科学记录

叶永烈

文章先写竺可桢逝世前的场景，后写他生前的故事，采用了倒叙的方法。细心的你看出来了吗？

1974年2月6日清晨6点，北京还没有破晓，寒气袭人。

一位84岁高龄的老人用颤抖的手，拧开半导体收音机的旋钮，仔细倾听着天气预报，然后支撑着从病床上坐起来，戴上眼镜，借着台灯的光，哆哆嗦嗦地在笔记本上写下一行小字：

“气温最高零下1℃，最低零下7℃，东风一至二级，晴转多云。”

写完之后，老人正想把笔记本合上，忽然记起一件要紧的事，又连忙戴上眼镜，在刚才那行小字下面，注上两个字：

“局报。”

通过联系下文，我们可以知道，“局报”就是“气象局预报”的意思。

这是老人留下的最后一篇科学记录。第二天，他就与世长辞了。

这位老人是谁呢?

他就是我国著名的气象学家和地理学家竺可桢。

竺可桢为什么在记录了天气预报之后,又加了“局报”二字呢?原来,这“局报”就是指“气象局预报”的意思。平时,竺可桢并不记录天气预报。他总是随身带着一个温度计,每天清晨,他把温度计放在院子里,然后开始做早操,做好操以后把温度记下来。他几十年如一日,风雨无阻,从不间断。只有在他病得不能起床时,才根据天气预报做记录。

竺可桢每天坚持亲自测量温度,只有病得不能起床时,才根据天气预报做记录,这是多么严谨的治学态度啊!

打开竺可桢的笔记本,里面记录的项目可多啦:

“3 月 12 日,北海冰融。”

“3 月 29 日,山桃始花。”

“4 月 4 日,杏树始花。”

“4 月 15 日,紫丁香始花。”

“4 月 20 日,燕始见。”

“5 月 1 日,柳絮飞。”

“5 月 23 日，布谷鸟初鸣。”

…………

竺可桢仿佛是一位在大自然中巡逻的哨兵，时时刻刻都在精心地观察着大自然：什么时候第一朵花开，第一声鸟叫，第一声蛙鸣，第一次雷声，第一次落叶，第一次降霜，第一次结冰，第一次下雪……

竺可桢一丝不苟地记录着大自然的每一个变化。他的笔记本，仿佛是一本大自然的日记！

竺可桢为什么要给大自然记日记呢？

原来，竺可桢研究着生物随着气候变化而怎样变化的科学——“物候学”。

联系下文，体会作者是如何来说明“物候学是一门与工农业生产紧密相关的科学”这一观点的。

物候学是一门与工农业生产紧密相关的科学。比如说，1962 年春天，北京农村的花生播种以后，受到严重的冻伤。其实，农民们是按照与前两年同样的日子播种的，为什么在前两年却没有发生冻害呢？竺可桢打开他的记录本，找到了答案：1962 年北京的山桃、杏树、紫丁香开花的日子，比1961年迟了十天，比1960年迟了五六天，物候学的观测说明，1962年的农业季节推迟了，花生的播种日期也应适当推迟才对。

竺可桢正是深知物候学是一门如此重要的科学，所以毕生从事这一研究工作。他每天上班，本可以坐汽车，但他宁愿步行。一边走着，一边像巡逻兵一样扫视周围的一切。他善于从千树万枝中发现第一片绿叶，他善于从喧闹嘈杂的城市中听出第一声蛙鸣，他善于从车水马龙的街道上看到第一只燕子，他善于从春天的风沙中辨别出第一朵柳絮……

竺可桢在他和宛敏渭合著的《物候学》一书中，绘制出了1950—1972年间各种物候变化的曲线。这每一条曲线，不知凝聚着多少个观察数据，凝聚着竺可桢多少心血。

竺可桢还查阅了大量的古代文献，摘引出古人对各种物候的记载，写出了论文《中国近五千年来气候变迁的初步研究》，

作者为了说明竺可桢严谨的治学精神，列举了一系列事例，边读边体会这些事例的作用。

受到国内外气象学家的重视和称赞。

竺可桢为我国的气象科学、农业生产做出了重要的贡献，为国家赢得了荣誉。

竺可桢为工农业生产贡献了力量，为祖国赢得了荣誉。而他的成就，正是来自几十年如一日的精心观测，来自踏踏实实、认认真真的科学态度。他在1936—1949年间担任浙江大学校长，亲自为浙江大学制定了校训——“求是”。他的一生，贯穿着“求是”精神。他在最后一篇科学记录上注明的“局报”二字，正是他严格的治学精神在别离人世前的又一次闪光！

阅读链接

竺可桢（1890—1974），字藕舫，浙江绍兴人。中国气象学家、地理学家、科学史家和教育家。他对建立和发展中国现代气象事业和自然资源综合科学考察事业有重要贡献，是中国近代气象学和地理学的奠基者。

⑤ 彩色的鸟

冯　至

在热带地方是不难看见羽毛美丽的鸟的，但是在北方，在我的家乡，最普通的鸟儿只是喜鹊、鸽子、乌鸦、麻雀。你们想，这些鸟儿不是灰色的，就是黑色的，不然就是白色的，它们的羽毛怎么会十分美丽呢？但是我一打开我的图画书，就不同了，里边的鸟儿有蓝色的、绿色的、紫色的、白色的……它们真是美丽呀，若在我的笼子里哪怕是只养这么一只，我已经心满意足了。可是，笼子里边只有麻雀，房檐底下只有鸽子窝。一天，还有一个人送给我一只乌鸦，长得那样丑，声音那样难听。母亲说，把它放了吧，我还有一些舍不得。天天饲养着这类鸟儿，有多么单调。我问父亲："书上的彩色的鸟儿我们这里怎么

把生活中颜色单调的鸟儿与图画中色彩斑斓的鸟儿做对比，凸显出小作者对"彩色的鸟"的渴望。

小孩子的疑问总是特别多。从小作者的不断追问中，我们眼前会浮现出一个好奇心强的孩童形象。

都没有呢？”父亲说：“它们在这里不适宜生存。”“不适宜生存？”我却有些不懂，什么叫作不适宜生存呢？父亲继续说：“水里的鱼不能在陆地上生存，空中的鸟不能在水里生存。冬天若是把你放在一个冰冷的房子里，你就会冻出病来。这都叫作不适宜生存。南方的彩色的鸟儿都惯于温暖，所以不喜欢飞到我们这个冷的地方来。”我听着，似懂非懂，我只是更思念彩色的鸟了。但是彩色的鸟怎么也飞不到我们的天空。我想，彩色的鸟既然没有，我就要制造彩色的鸟。母亲能够把衣服染成蓝色、红色、绿色，我为什么不把我的麻雀也染成蓝色、红色、绿色呢？一天，母亲在染衣服，我就把各样的颜色都偷偷地留起来一点。午后，母亲的衣服都染完了，挂在院子里飘扬，非常好看。我就开始从笼子里把麻雀取出来一个，染一个。有的染成蓝的，有的染成彩色，一切都按照我的心意，染完了一个，觉得比图画上画的还好看些，心里很高兴。我自言自语地说：“我们这里也有彩色的鸟了。”

第二天一睁眼，就想去看那些彩色的鸟。但是走到笼前一看，已经有三只鸟死了，等到下午，又死了几只。最后只剩下一只还活着。这只是没有全身染遍了颜色，我只在它的翅膀上染了一点红。我看着这些活泼泼的鸟一个一个地死去，很懊丧，我只好把它们埋在房后的空地里。忙了一天，到了晚上，我才得休息。同时我自己想：“无论如何，我是有过彩色的鸟了，可惜它们这么快地就死去了。大半这就是父亲所说的道理吧，彩色的鸟儿在我们这里不适宜生存。”

作者心心念念的彩色鸟，这么快就死去了。阅读时注意体会作者由兴奋到伤感的心情变化。

⑥ 我想知道里边有什么

周君祥

文章开头抓住人物特点描写了霍金的外貌，简要介绍了他的基本情况，有助于我们初步了解故事的主人公。

你也许在某些书或杂志的封面上，见过这样一个人：瘦小的身体蜷（quán）曲在轮椅里，头部歪向一边，肩膀左低右高。他不是滑稽明星，也不是残疾人用品的代言人，他是大名鼎鼎的英国剑桥大学的物理学家——斯蒂芬·霍金。

其实，霍金出生时是一个非常健康的人。后来大家看到的他的样子，是由于他患了运动神经元病造成的。

1942年1月8日，霍金出生于英国牛津，而这天正好是伽利略逝世300周年纪念日。他的爸爸是一位热带病专家，妈妈专门研究哲学、政治和经济。两人都是牛津大学毕业的高才生。

可是，他们的儿子却没有什么惊人

的天赋。相反，小霍金很晚才学会阅读，上学后在班级里的成绩从来没有进过前十名。老师布置的作业他经常完不成，即便交上来，也像鬼画符一样，让人匪夷所思。老师们觉得他已经无可救药了。然而，在爸爸妈妈眼里，小霍金是一个非常聪明的孩子。

小时候被老师认为“无可救药”的霍金，后来竟然成为大名鼎鼎的物理学家。这真让人好奇！

有一次，爸爸妈妈领着小霍金出去玩。回家时，爸爸故意在家门口停了下来。

“宝贝，我出道题考考你好吗？”爸爸摸着霍金的头说。

“说吧，什么难题我也不怕。”小霍金拍拍胸脯，信心满满。

“好，听着，现在我们站在家门口，你怎么才能进入你的房间呢？注意，不能走进去。”

“不能走进去？嗯，我想想！”小霍金挠着脑袋想了想，很快说出了一串答案，“可以飞檐走壁爬进去，可以从直升机上降下去，可以穿着旱冰鞋滑进去，可以……”

通过小霍金与爸爸交流时“炒豆子似的”回答，可以看出小霍金的确是个非常聪明的孩子。

小霍金像炒豆子似的，一口气说出了十几种进入房间的方法。

像许多孩子一样，霍金也非常喜欢玩火车、轮船、飞机等玩具。但是和别的孩子不一样的是，他喜欢把玩具拆开，探究它们是怎样运行的，简直就是一个地地道道的“破坏分子”。不过，爸爸妈妈并不责备他，任由他搞“破坏”。终于有一天，他们的“宠溺（nì）”带来了大麻烦。

那是星期五的一节科学课，科学老师史密斯太太带来了一个新物件——一台黑白电视机。

在今天看来，电视机已经不是什么稀罕物件了。可是，对于20世纪50年代的孩子们来说，那可是一件非常神奇的东西。即便在当时的英国，电视机也没有普及到每个家庭。

史密斯太太接通电源，屏幕上立刻出现了许多画面：波涛汹涌的大海，飞驰的火车，在台上演讲的政治家……无论播放什么，小霍金都非常感兴趣。那节课史密斯太太讲了什么，他一个字也没听进去，整节课他始终盯着电视机想：电视里面的小人是从哪儿来的？那里面有他们的家吗？如果那里有小人的家，那小人的家又会是什么样的呢？

就在这时，史密斯太太向霍金提问："请你根据刚才的画面回答，这列火车是开往哪座城市？是伦敦，还是利物浦？"

霍金站起来，不假思索地说："开往小人的家！"

班里的同学一听，立刻哄堂大笑。

"霍金又在做白日梦了！"

"你不会是童话书读得太多了吧？"

"你怎么不说开到你家里呀？"

课堂乱套了，史密斯太太觉得又好笑又可气，只得让霍金坐下了。本以为这场闹剧到此为止了，可是中午放学后，更大的乱子发生了。原来，趁老师不在，小霍金和几个小伙伴把电视机拆开了。他本以

你是否有过类似的经历呢？读一读，和同学交流一下你的看法。

为，怎么拆的还能原样装好，可是电视机比玩具汽车复杂多了，那么多零件让霍金眼花缭乱。直到老师来了，他也没把电视机装好。束手无策的霍金只好等着挨批。

“你想干什么？”史密斯太太叉着腰说，“这是非常危险的，你知道吗？弄不好会没命的！”

“我，我，”小霍金嗫嚅（niè rú）着，“我想知道里面有什么，到底有没有小人的家。”

小霍金竟然把那么贵重的电视机拆了，真是一个好奇心强的孩子！

史密斯太太觉得小霍金实在是无可救药了，就打电话把霍金的爸爸妈妈叫来，让他们把孩子领走。后来，在霍金的爸爸妈妈的一再恳求下，学校终于留下了霍金，并跟他约法三章，让他保证今后不再搞恶作剧。

回到家里，爸爸拉过霍金说：“孩子，你想知道里面有什么，这没有错。可是，你还缺乏这里面的一些知识。等你掌握这些知识后，你才有资格打开电视机的机箱，懂吗？”

小霍金听了，使劲点头：“可是，我还要懂哪些知识呢？”

“你需要学习的知识很多，比如物理学。这是电视机制造和维修人员必须掌握的知识！”

“那，你快教教我吧！”小霍金使劲摇着爸爸的胳膊说。

爸爸答应了，给霍金当起了物理学老师。霍金走进物理学后，像发现了一处秘密花园，兴奋不已。他先后学习了力学、电学、磁学、热学……然而最让他感兴趣的还是天体物理学。他经常站在窗前观察星空。他想，浩瀚的宇宙有多少星星啊！这些星星都是从哪儿来的？如果它们有家，那么它们的家又在哪儿？它们是什么时候出现在我们头顶上的？……

小霍金终于走进了自己最感兴趣的物理学领域！

带着这一连串问题，他又去请教爸爸。可是，爸爸说物理学课本上并没有这些知识。小霍金非常失望。他想，我一定要把这些问题搞明白，并写成一本书告诉大家。

这个想法像一粒火种，终于在霍金长大后被点燃了。1959年，17岁的霍金以优异的成绩考入牛津大学。在大学里，霍金继承了爱因斯坦的广义相对论的研究，对深邃(suì)的宇宙继续展开探索，并取得了国际公认的成果。他的一部描述宇宙诞生和进化的著作——《时间简史》，以其缜(zhěn)密的思维和生动的语言，一经问世便风靡(mǐ)全世界。霍金也成了继牛顿、爱因斯坦之后，全世界最杰出的物理学家之一。

最后一句话与开头首尾呼应，进一步说明了霍金成为全世界杰出的物理学家绝非偶然。

阅读链接

《时间简史》是英国物理学家斯蒂芬·霍金创作的科普著作。讲述了关于宇宙本性的前沿知识，包括宇宙的起源、空间和时间等内容，指出了把量子力学、热动力学和广义相对论统一起来存在的问题，是一本畅销全世界的科学著作。

7 植物胶水[1]

霜月红枫

电梯门刚打开，一阵奇异的花香就飘入鼻中。

“哇，太神奇了！”

莫小洛和同学们走出了电梯，眼前是一片花海。春天的樱花、玉兰、牡丹……夏天的木槿、茉莉、紫薇……秋天的金菊、桂花……冬天的蜡梅、水仙……春夏秋冬的花朵在同一时间竞相绽放、争奇斗艳，就像被施了魔法一般。

四季常开的花、机器人导游、2038年的未来小学，依据这些信息，我们可以知道这是一篇科幻小说。穿越时空，开启你的阅读之旅吧！

今天（2038年3月28日）是未来小学的社会实践活动日，学校组织同学们到科技馆参观。莫小洛他们来到了科技馆顶层的温室花房。机器人导游小奇详细讲解着。

“这座花房是用可调节阳光的特殊玻

---

① 选自《科学画报》。

璃建造的。平时玻璃是透明的，能让植物充分吸收阳光；当阳光过分强烈时，玻璃便会自动变成深色，防止植物被晒伤。花房共分 24 个区域，分别栽种着不同的植物，每个区域都有温度调节器，可以自动调节到最适合植物生长的温度。花房顶部装有自动喷洒器，每天定时喷洒清水和营养液。这些营养液除了让植物长得更好外，还能延长花期，可以让花期长达几个月甚至一年，所以你们才会看到四季鲜花同时盛开的美景。”

用较快的速度默读文章，边读边思考未来的花房和今天的花房有什么不同，并圈画出相关句子。

同学们跟着小奇四处参观，不时发出赞叹声。穿过一座湖石假山，眼前又是一番奇景：各种奇花异木蓬勃生长，欣欣向荣。

“啊，那些藤条会动！”一位女同学惊叫起来。原来，当大家经过一丛紫色藤萝时，长长的藤条竟然动了起来。

莫小洛诧异地停下脚步，身边那根藤条也跟着静止下来；他试探着走一步，藤条也动一下；走两步，动两下……他的好奇心霎时被勾了起来，于是故意加快脚步，长藤舞动的节奏竟也跟着加快；加重脚步声，长藤舞动的幅度也跟着加大。

“你们看到的是‘声藤’，它能随声音起舞。如果大家感兴趣的话，可以验证一下哟！”小奇说。

同学们惊喜地在“声藤”前面又蹦又跳，跺脚拍掌，制造出一波波声浪，而那丛瀑布似的藤萝也跟着声音起伏摇摆，就像澎湃的海潮。莫小洛更是兴奋得跳起了踢踏舞，啪啪啪、啪啪、啪啪啪啪……长藤竟然跟上了他的节奏，就像一个尽职的伴舞者，随着他的脚步声激情地舞蹈。

随声音起舞的长藤真是太神奇了！边读边想象，你一定能感受到同学们惊喜、兴奋的心情。

依依不舍地告别了“声藤”，同学们跟着小奇继续往前走。类似的珍奇植物还有很多很多，每个人都沉醉在奇异迷人的景象中。

一种酷似人脸的花盘吸引了莫小洛的视线，花盘外沿一溜细长卷曲的花瓣就像女人的鬈发，半掩住中间那张逼真的美人脸。

“它叫‘美人菊’，因酷似人脸而得名。”小奇尽职尽责地给大家介绍着“美人菊”的来历、形态特征、生长习性、栽培方式……

莫小洛偷偷摘“美人菊”，为引出植物胶水做了铺垫，这个情节很重要。

莫小洛朝四周看了一下，见同学们都在认真听小奇的讲解，于是弯下腰，偷偷摘下一朵“美人菊”塞进口袋里，准备拿回去给小区的伙伴们炫耀一下。

“莫小洛同学，你在干什么？”

小奇严厉的声音把莫小洛吓得一哆嗦。“没……没干什么……”他紧紧捂住口袋，心虚地低下了头。

“你撒谎！”小奇走过来，抓住莫小洛的手，把那朵“美人菊”从他口袋里掏了出来，“我早就告诉过你们，这里是严禁摘花的，你为什么明知故犯？”

因为刚才捂得太紧，那朵花已经掉了好几片花瓣，原本娇艳的美人脸也变得憔悴不堪了。

同学们责备的目光齐刷刷地盯在莫小

洛身上，七嘴八舌地批评他。

“你太残忍了，花儿也是有生命的。”

“就是，怎么能随便摘花呢？”

“不遵守规矩，简直是给咱们班抹黑！”

莫小洛面红耳赤，恨不得有个地洞钻进去。

“对不起，我错了。”他低头羞愧地道歉。

“知错就要改，现在就罚你把这朵花复原吧！”

听了小奇的话，莫小洛惊讶地抬起头：“被摘下的花还能复原吗？”

“当然，因为咱们有这个——”小奇像变戏法似的从口袋里取出一个绿色塑料瓶，拧开瓶盖，露出细长的瓶颈，顶端有个小孔。它把塑料瓶倒过来，在瓶身上轻轻一挤，一点透明的胶状液体便从小孔里流了出来。它把液体仔细涂抹在一片花瓣上，再把花瓣粘到原先断裂的地方。

听到同学们的批评，莫小洛后悔极了。这段对话也为修复“美人菊”的情节做了铺垫。联系上下文，体会这个科幻故事中情感的起伏和情节的曲折。

小奇把瓶子送给莫小洛："我已经给你做了示范，你把剩下的花瓣粘好，再把这朵花粘回花茎上。"

莫小洛半信半疑地接过瓶子，挤出胶状液体，小心翼翼地涂抹在花瓣上。同学们围上前来，小脑袋凑成了一圈，热心地指点莫小洛——

"动作慢点……要涂均匀些……"

"不对，不是这里……断裂处的形状对不上……你再换个地方试试……"

"再往左边移一点……对，就是这里……好，粘上……哈哈，太棒了，简直天衣无缝！"

边读边想象同学们齐心协力修复"美人菊"的画面，我们为"植物胶水"的神奇而赞叹，也为同学们对生命的热爱而鼓掌。

莫小洛紧张得出了一头汗，在同学们的帮助下终于粘好了所有花瓣。小奇仔细看了看，满意地说："不错，现在你把它粘回花枝上吧！"

莫小洛又在花茎上涂好胶状液体，万分小心地把那朵"美人菊"粘回断裂的花茎上，还不时轻微地调整角度，让花朵和花茎严丝合缝地接在一起。最后，他紧张地松开手。“美人菊”奇迹般地复原了，原先还有点憔悴的花瓣，仿佛吸收了神奇的养分一般恢复了精神。

“耶！成功了！”莫小洛和同学们激动得拥抱在一起。

“这是什么药水？真是太神奇了！”大家赞叹地问。

小奇说：“这是植物胶水。无论植物掉落的花瓣还是断裂的茎叶，都可以用它重新粘好。它还可以修复受损的细胞，让植物恢复生机。”

通过人物间精彩的对话，写出了植物胶水的神奇，同学们激动、赞叹的样子仿佛就在眼前。

“那不是可以起死回生？真是太厉害了！”莫小洛惊叹万分。

“没你想的那么厉害。”小奇捡起地上一朵不知被谁摘下后又踩得稀烂的花，神情黯然地说，“植物胶水只能黏合受损不太严重的植物，像这朵花就无法复原了。我真不明白，人类既然那么喜欢花，为什么又要这么残忍地伤害它们呢？”

看见小奇难过的样子，莫小洛忍不住安慰它：“植物的花期是很短的，就算有了营养液，也不过多开放几个月，迟早会凋落的。”

“正因为花期短，所以这些花儿才拼命绽放，用力吸收每一缕阳光、每一滴雨露。这朵花本可以在枝头安然度过一个花期，赠我们以美，怡我们以香，却因为某个人的恶作剧而提早夭折。人类可以为自身受到的伤害大动干戈，为什么对自然万物所受的伤害却视若无睹呢？”

读到这里，你是否后悔自己曾经随意攀折过花草？是否也想要一瓶植物胶水去修复那些被破坏的花草？看来，这次社会实践日让同学们学会了如何爱护植物。

花房里一片寂静，同学们都露出若有所思的神情。只有花香幽幽淡淡，沁人心脾……

“小奇，你知道哪里能买到植物胶水吗？我想买一瓶。”一位女同学突然说道，“以后再看到被别人摘下的花，我就可以用植物胶水来帮它复原了。”

“对，我也要买一瓶。”

“我也要！”

…………

同学们争先恐后地举起了手，手举得最高、喊声最响亮的那个就是莫小洛。

“大家别急！”小奇微笑着说，“咱们科技馆早就准备了植物胶水，要送给每位同学一瓶作为礼物，希望你们能帮忙宣传，让更多人爱护植物，爱护我们美丽的大自然！”

“啊！太棒了！”同学们的欢呼声就像沸腾的海潮，在美丽的花房里久久回荡……

这篇文章将科幻小说天马行空的想象表现得淋漓尽致，仔细品读，对你完成本单元的习作会有所帮助。

8 魔　鞋

金　涛

窗子上刚有点朦朦胧胧的青白色曙光，马小哈就被窗外一阵急促的喊声惊醒了：“喂，马小哈——马小哈——”

马小哈拉开半扇窗子，踮起脚尖朝外望去，窗外站着个和他一般高的男孩，正冲着他直做鬼脸。这是与马小哈同班的吴小明。

用较快的速度默读这篇科幻小说，看看在作者的想象中，魔鞋和普通的鞋有什么不同，并在文中圈画出相关语句。

“懒蛋，你还没起床？”吴小明劈头问道。

“干吗？有什么事？”马小哈懒洋洋地打着哈欠问。

“瞧你，”吴小明指指自己脚上的白跑鞋说，“今天咱俩要代表全校参加 1500 米决赛，你忘了？”

他的话还没讲完，马小哈的眼睛睁得

圆圆的，“啊”的一声叫起来。这样一件大事，他几乎忘到九霄云外了。“等一下，我马上就来！”他急急忙忙地说。

没过3分钟，马小哈满脸窘容地出现了：“你……你先走吧……我的鞋……不见了……”

“咳，你快点找找吧，我在汽车站等你。”吴小明无可奈何地说。

吴小明在胡同口消失之后，马小哈手忙脚乱地折腾开了。他钻到床底下里里外外找个遍，又打开衣柜胡乱翻了一通，但那双新球鞋像是长了翅膀，不知飞到哪儿去了。

马小哈找不到自己的新球鞋，为下文他误穿爸爸的“魔鞋”做了铺垫，这是一个很重要的情节。

马小哈急得满头大汗，光着脚丫跑进厨房，又从厨房跑到进门的狭窄过道里。过道的光线很暗，不知什么讨厌的东西把他绊了一跤。他气鼓鼓地朝那东西踢了一脚，弯下腰看看，原来是爸爸野外考察用的轻便旅行袋。马小哈往口袋里一瞧，高兴得差点儿跳了起来：一双球鞋！他急急忙忙地把鞋拿出来，脚往里一伸，觉得这双鞋大了些，穿在脚上有些晃荡，可也怪，他在地板上走了几步，鞋子马上变得非常合适，又舒服又轻巧。马小哈没有多想，便一个箭步冲出了房门。

奇怪的事情就从这儿开始了。

这时，天已大亮，静悄悄的大街从睡梦中苏醒过来了。四面八方开来的小轿车、大面包车和公共汽车，像体育场的运动员，你追我赶，互不相让。

就在这时，大街上发生了一场骚动。

对交通警察和行人的描写，使大街上的混乱场面跃然纸上。

值班的交通警察像往常一样在岗楼里指挥南来北往的车辆，忽然，他发现川流不息的车队像是遇到了什么障碍，全都停在十字路口，交通堵塞了；连两旁人行道上的行人也停止走路，一个个伸长脖子仰望着天空。交通警察好奇地打开玻璃窗，顿时，大街上爆发的喝彩声、尖厉的叫喊声像潮水一样涌进了他的耳朵：

“啊，啊……”

“小家伙，真棒，再来一个——”

当交通警察的目光落在一根电线杆顶端时，他一下子惊呆了。

他看见了什么呢？原来，电线杆上有个十二三岁的男孩儿，像个技术高超的杂技演员，踩着晃晃悠悠的电线，像在平地上似的朝前走着。再仔细一看，这男孩儿不像在走，而像在飞，他离开了电线，在几丈高的空中自由自在地大步前进。当前面的电线杆挡住他时，他只是轻轻一纵，便越过去了……

交通警察非常担心那个孩子摔下来，他抓起话筒，大声喊道：

“喂，电线杆上的那个小孩儿，快下来，快下来！”

那个小孩儿回过头来朝交通警察笑笑，又顽皮地向他招招手，撇开腿一溜烟就跑得无影无踪……

这是怎么回事？

这个问句具有吸引我们继续读下去的作用，真妙！

可惜，吴小明并没有欣赏到大街上发

生的精彩节目。他等了三趟公共汽车，不见马小哈的影子，便跳上了第四趟开来的汽车。

他飞也似的跑进少年宫体育场。一进门，他几乎不敢相信自己的眼睛，原来马小哈早就来了，正在绿茵茵的草坪上翻跟头、竖蜻蜓，忙着做准备活动呢。

吴小明刚想和马小哈算账，却听见周围有几个同学在惊讶地议论。

文章通过同学们的谈话，写出了魔鞋的超能力，生动的描写让我们仿佛看到了得意扬扬的马小哈。

“我亲眼看见的，那一定是宇宙人。要不，他怎么飞得那么高？”一个胖墩墩的男孩儿说。

“不，不是宇宙人。准是个马戏团的演员……”一个系蝴蝶结的小姑娘反驳道。

吴小明听了，不禁有些纳闷，他问马小哈：“他们在说谁啊？”

可是马小哈故意拽着他的胳膊向操场另一端走去：“管他呢，咱们还是多练习练习，马上就要比赛了……”

这个马小哈，他的葫芦里究竟卖的什

么药呢？

再过五分钟，全区中小学生 1500 米决赛就要开始了。跑道周围挤满了人，各个学校的啦啦队，挥动彩色纸旗，扯着嗓子给本校的选手鼓劲打气。

吴小明瞅着起跑线上几个神气活现的大个儿，心里直发怵。那几位都是兄弟学校的长跑健将，上几届比赛的全区冠军。他和马小哈怎么能是他们的对手呢？

通过吴小明的心理活动，巧妙地说明了比赛对手的实力很强，这让故事更有趣。

“真糟糕，碰到他们……”吴小明气馁地说。

马小哈一面不慌不忙地做着屈膝动作，一面说：“怕什么，咱们走着瞧！”

就在这时，裁判威严地喊道：“各就各位——预备——”

听到这个声音，吴小明和十几名选手立即蹲在起跑线上，个个像即将出膛的炮弹。这时吴小明突然发现马小哈的位置上没人。他吃惊地转过头去，顿时心里凉了半截。原来马小哈的鞋带松了，他正在那里慢吞吞地系鞋带哩。吴小明又气又恼，恨不得上去揍他几拳。

这时只听“砰”的一声，信号枪响了。

运动员们像箭一般冲了出去，可马小哈仍在拾掇他那双鞋。

“喂，马小哈，快跑呀，你怎么啦？”有个同学沉不住气了，大声喊道。

马小哈慢条斯理地站起来走了几步。看他这个样子，同学们气得直跺脚。

就在这时，马小哈做了个令人无法理解的怪动作，纵身一跳，蹦得足有一米多高，说时迟，那时快，还没等大家反应过来，只见他像一阵旋风似的冲出去了。一眨眼工夫，他已经跑到最前面去了。他的两条腿像飞转的车轮，在白色的跑道和绿色的场地上奔驰，当他完成最后一圈的冲刺时，全场欢声雷动。观众们纷纷拥到终点线一端，等待这个冠军。裁判和计分员更是紧张地攥着秒表，准备记下这个了不起的打破纪录的准确时间。

文章通过对观众、裁判和计分员的侧面描写，暗示了马小哈的比赛成绩很惊人。

马小哈第一个冲过了终点线，但是他的冲力实在太大，巨大的惯性使他无法刹住脚了。要是继续往前冲，肯定会把不少围着看热闹的人撞伤。在这一瞬间，马小哈急中生智，迅速来了个三级跳远。当人们惊叫一声，吓得脸色发白时，马小哈早已飞过他们的头顶，无影无踪了。

比赛结果出乎意料，十分有趣，让人忍不住发笑。莽莽撞撞的性格和马小哈这个名字很配。

马小哈的爸爸被一阵急促的敲门声惊醒了。打开门，他怔住了。

门外站着一位陌生的警察。

“请问，您是马工程师吗？”这位警察很客气地问道，他就是岗楼里的交通警察。

马工程师点点头，他摸不清警察一大早找他有什么急事。

交通警察详细地把清晨大街上发生的事告诉了他，并说：“经过调查，发现那个跑到电线杆上的孩子就是马小哈。我们非常担心他的安全，得马上把他找到，您知不知道他是用什么办法飞得那么高、那么快的？”

交通警察说到这儿，只见马工程师连声说“糟了，糟了”，接着头也不回地往过道跑去，他打开旅行袋，脸色陡变，半天才说出一句话来：“糟糕，这孩子把我的魔鞋穿走了……”

“魔鞋？！”交通警察睁圆了眼睛。

马工程师看到对方的惊讶表情，便把魔鞋的来历告诉了他。原来魔鞋是他最近根据气垫船的原理设计的一种新式鞋，地质工作者穿上它，就可以非常轻巧地通过沙漠、沼泽，随心所欲地飞檐走壁。

“啊，原来是这样！”交通警察松了口气，接着问道，“您的儿子马小哈怎么会操纵这种魔鞋呢？”

马工程师苦笑着说：“这种鞋是用人体的生物电流来自动操纵的。当大脑发出信号，指挥脚向什么方向移动时，大脑的生物电流通过神经系统迅速传递到脚上，魔鞋底部有一台微型的信息感受器，能接收大脑发出的电波，

通过马工程师的介绍，我们知道了“魔鞋”的科学原理。这让我们相信多年后，“魔鞋”或许能成真。

经过放大处理，传到魔鞋的电脑里，电脑再操纵另一台微型高效空气压缩机，魔鞋就立即开始工作……”

交通警察说：“您是不是说，穿上魔鞋，脑子里想上哪儿，魔鞋就能领会您的意图，立即把您带到那儿去？”

“对对对！”马工程师接着又说，“魔鞋不需要消耗其他能源，它会把穿它的人平常走路时产生的一点一滴的能量贮存起来，一旦需要，这些能量就会释放出来。”马工程师神秘地告诉交通警察：“不过，这里有个秘密。平时穿它，要把鞋带松开，这样就同普通鞋子没有区别。当你需要它跑得快或者飞起来时，就把鞋带系紧，它就成了神奇的魔鞋了。”

想象中的“魔鞋”太神奇了，读到这里，你有没有受到启发呢？尝试想象一下，未来的衣服、住房等会是什么样子呢？

交通警察抬起眼睛，忧心忡忡地说道：“魔鞋在科学上是了不起的发明，可是，您的马小哈穿上它，我们该怎么办呢？”

马小哈究竟飞到哪儿了呢？

离运动场一里远的地方，有一块长满芦

苇的沼泽地，那里的烂泥很深很深，脚一不小心陷进去就拔不出来。

马小哈的退场方式狼狈不堪，却又滑稽幽默，看来不管干什么事都不能投机取巧呀！

当运动场欢声雷动的时候，没过多久，马小哈就从半空中掉进了沼泽地，还算幸运，他是落在一块草墩子上的。当警察叔叔和他的爸爸赶来时，只见马小哈满脸满身都是黑乎乎的污泥……

阅读链接

科幻小说是通过小说来描述奇特的科学幻想，表现人类在未来世界的物质、精神文化生活和科学技术远景，其内容交织着科学事实和预见、想象。通常将“科学”“幻想”和“小说”视为其三要素。

组文阅读

读了《植物胶水》和《魔鞋》，我们初步感受到了科幻小说的魅力。阅读本组文章，进一步品读科幻小说，思考如何进行科学幻想；展开想象，初步构思自己的科幻故事，尝试完成人物及情节图，为下一步写作打好基础。

1 沙丘之上[①]

裴苹汀

秋爸爸下了车，站在路边，向前望去。

前面停着各种小客车、大巴和越野车。公路两边是浅浅的沙丘植被。

在车辆长龙的尽头，赫然耸立着一座直入云端的高山，衬着一马平川的黄色大沙漠，景色甚是奇特。

“爸爸，我们到了火星上吗？这里好像火星的奥林匹斯山啊！”坐在车里的6岁女儿小瓷好奇地问。

“小瓷，我们在塔克拉玛干沙漠——中国最大的沙漠

① 选自《科学画报》。

里。”妈妈笑了。

“哦！原来您说带我来游乐园玩，就是这座山呀！”

“对！”秋爸爸回答。

爸爸回到车上，继续开车，车辆开始行进。终于，他们面前出现了一个大大的指示牌：“梦幻之旅沙漠游乐园”。

“老秋，这个游乐园不是你的同学兼好朋友蓝田建造的吗？”秋妈妈问。

“对呀！”秋爸爸一边停车，一边自豪地回答，“我们有 20 年没有见面了，最近才联系上！”

“秋总！”一个年轻男人走上来热情地握住秋爸爸的手，“我是蓝总的秘书，您叫我小米吧。蓝总有事走不开，让我专门来接待您！”

小瓷一边走，一边欣赏周围的景色。脚下仿佛是沙吧，但是踩上去并不柔软，反而像是坚硬的石头。这些沙并不是单一的黄色，而是像丹霞地貌一样富有彩色纹理。

他们和拥挤的游客一起爬到了半山腰，山腰上耸起一根根粗大的绿色柱子。走近了，大家才看清，原来在一根根沙柱上生长着一棵棵高大的树木，枝叶向空中伸展开来。

“这是蓝总设计的超级树，已经取得了国家发明专利。这个沙漠游乐园刚开业不久，但是来观光游览的人越来越多，一到节假日更是挤得水泄不通。”

“米叔叔，我想玩旋转木马，有吗？”小瓷问。

“那是当然！”小米躬下身。

小米带着他们坐上了轻轨。小瓷向车厢外望去，周围全是巨大的沙柱，沙柱上长着高大的树木，有的是沙漠胡杨，有的却是非沙漠植物。

轻轨在沙柱森林里穿行，不一会儿，到了名为“十里桃花”的景点，可惜这个季节没有桃花，只有刚结出的小小的桃子挂在枝头。沙柱中间的平台上有旋转木马，孩子们叫着笑着，欢声笑语一片。秋妈妈带着小瓷坐上了木马。

“我还想玩空中飞椅。”从旋转木马上下来，小瓷兴致勃勃地说。

小米带着他们来到了下一个景点“紫藤月洞”。轻轨穿过一个两旁垂满紫藤花的隧洞，来到儿童区。秋妈妈带着小瓷坐进飞椅，在空中一圈一圈地旋转。她们在空中看到远处有一个大大的湖泊，许多船在里面游来游去。

“我还要坐船！”从空中飞椅上下来，小瓷兴高采烈地叫道。

“好！那个是空中悬湖，建在沙山高地上，常年保持着一定水量，也是主要的灌溉池，下面的超级森林全靠它灌溉。我带你们过去！”小米正和秋爸爸聊天，听了小瓷的请求，带着他们一家又坐上了轻轨，向“悬湖碧波”出发。

来到湖边，母女二人坐进了小船，小瓷开心得又笑又跳。“孩子，不要乱动！”秋妈妈叮嘱说。

秋爸爸和小米站在岸边看着她们。小船在湖里荡起水花，四周的超级树倒映在湖中，衬着晴朗的天空。

“真没想到，沙漠里会出现这么多水！”秋爸爸不可思议地说。

“呵呵，这儿不仅有湖水，还有海洋世界哩！”小米笑道。

“沙漠里居然还有海洋世界？”秋爸爸惊讶地说。

“是的。我们游乐园里有一个极地海洋世界，里面养着几千种海洋生物。”小米说。

“我真想见识见识！”秋爸爸微笑着说。

小米带着这一家三口来到沙山中心部位，随着人流进入海洋世界。他们沿着旋转楼梯向下走，楼梯边是一个接一个的海洋生物展示橱窗。小瓷被五彩斑斓的热带鱼迷住了。来到中央大厅，只见大厅中矗立着一个巨大的水柱，许多海洋生物在里面自由自在地游弋，有工作人员扮演成美人鱼，骑在鲨鱼和海豚背上巡游，引得人们发出一阵阵惊呼。

“老秋！”一位中年男士向他们走来。

“蓝田！”秋爸爸迎上去和他热烈地拥抱。

“老同学，20年没有见面了！”秋爸爸激动地说，“当年你说要在沙漠里愚公移山，我们都当你是吹牛，没想到，你把它变成了现实！”

“哈哈，这可耗费了我一生的精力和心血。不容易啊，老同学！”蓝田笑道。

“那是！我最好奇的是，水源是怎么解决的？我一路开车过来，好像没有看到什么大河呀！”

“黄河之水天上来。我们造了一个极高极大的沙塔，顶部安装了寒冰凝结器。你知道，海拔每升高100米，温度约下降0.6℃。沙塔高达5000米，顶部的温度约下降30℃。中国已经建成空中水汽道，将东南沿海的水汽源源不断地吹向西北干燥地带。我们的寒冰凝结器将这些高空水汽凝结成冰块，再经过特殊装置化成水，流进中央水库，这个游乐园就有了水源，自给自足没有问题。又经过10年的开发，我们建造了这个海底世界，水还是绰绰有余。多余的水我们会开辟新的河道，在沙漠里灌溉出一个个绿洲。”

“伟大的工程！了不起的工程！”秋爸爸赞道，“那么，松软的流沙是怎么变成坚固的混凝土的呢？”

“蓝总，到饭点了，下午还有一个重要的会议，要不先去吃饭？”小米提醒道。

“好，好，我们先去吃饭，一边吃饭一边说。”

出了海洋世界，他们进了沙山上的一座饭店。服务员端上美味佳肴，秋妈妈照顾小瓷吃饭，蓝田和秋爸爸边吃边聊。

“众所周知，海洋里有难以计数的塑料垃圾。这些塑料垃圾造成了严重的生态灾难，不仅害死了许多海洋生物，甚至进入人体内。我们花了 10 年时间对全球海洋塑料垃圾进行收集和清理。这真是一个耗时耗力的细致活儿，其中的艰难自不必说，好在我们做到了！我们利用这些塑料垃圾，混合沙子制成了新型复合混凝土。这种新型混凝土比钢筋混凝土的强度还要高，结构还要韧。

“沙漠里的沙子应有尽有。我们把一部分沙子变成了理想的建筑材料，另一部分变成了可以植树造林的优良种植土。你看到的沙柱就是这两种材料的组合。柱基和柱身是坚固的新型混凝土，柱身表层是优良种植土，这样各种大树就生长了出来。”

“真是比金字塔还要宏伟的工程啊！”秋爸爸赞叹道。

“遗憾的是，沙漠里见不到江南的蒙蒙细雨！”秋妈妈说，她正透过窗子观赏窗外的美景。

“哈哈哈！”蓝田笑了，“信不信我们可以随心所欲地下雨？看到那些巨大的沙柱的顶端了吗？每一个都装有人工降雨的大喷头，雨滴的大小还可以自由调节。”

蓝田对身边的小米吩咐了什么，小米心领神会，马上拿起手机指挥起来。不一会儿，天空果然飘起了毛毛细雨。

通往沙柱森林的小路上，走着一对对年轻的情侣，共撑着一把雨伞。五颜六色的雨伞点缀在绿色的森林小径上，就像一朵朵五彩缤纷的鲜花盛开，这美景实在令人陶醉！

小瓷一家在梦幻之旅沙漠游乐园尽情游玩到夕阳西下，才恋恋不舍地离开。

“爸爸妈妈，今天真是开心的一天！”小瓷说。她转过身，望着那座在夕阳下显得分外神秘的大山。车越开越远，大山越来越小，渐渐融入暮色中……

② 时空旅行——未来的世界大战

杜礼青

绚丽的激光从头顶上不断划过。

“趴下，快趴下！”顾小天还没有来得及反应过来这句话的意思，面前突然飞奔过来一个人，将他按倒在地。

顾小天仰望着蓝天，刚才站着的位置又有夺目的光线疾驰而过。他还未明白这一切究竟是怎么回事，只记得自己只是和往常一样踏上了穿越时空之旅，刚站稳了身子就被人按倒在地。

“好美。”顾小天显然还沉浸在刚才那几道光芒的绚丽中不能自拔。

“什么好美，你差点儿没了，知道吗？”按住顾小天的男人慢慢地翻转到一旁，一脸的泥土下透露出凝重与严肃。

难道自己是来到了什么未来世界的影棚吗？顾小天匆匆回忆起刚才的片段，没错，这不就是电影里的片段：飞驰的光芒、勇敢的伙伴，还有这紧张的氛围。而且竟然还有激光一般的武器，看来这部电影是未来题材的科幻电影，不，既然自己都已经在未来了，怎么还能说是未来题材呢，应该是现代战争片！

顾小天跟随着那个演技出众的伙伴慢慢地向前匍匐前进。

“千万不要抬头，会被他们发现的。他们的视力可是比鹰眼还要犀利，而且能辨别地上的温度，要不是他们的激光枪加热了这附近的空气，估计我们早就被发现了。”

顾小天认真地点了点头，看来敌人定是拥有高科技设备的邪恶力量。

不知道过了多久，顾小天手上渐渐磨出了许多血泡，看来在未来想要当一名出色的演员，要吃的苦也是异于常人的，这一点还真是不同时代的共同性呀。

他和那人匍匐到一个充满了高科技设备的基地外，在等那人经历完了声纹、眼球等一系列扫描之后，他们终于得以进入这个基地。

“你终于回来了。”一个不怒自威的男人快步走到他们面前，看来他应该就是这里的主要负责人了，也就是这部戏的主角，顾小天依旧沉浸在他的电影情节中。

“他是？”那个男人不断地打量着顾小天。那种想要窥探人心中一切的眼神让他感到一阵发毛。这人是入戏太深了吧，顾小天想。

“这人是今天去前线侦察的路上碰到的。”将顾小天扑倒的人陈述着。

“你确定是我们的人吗？”那个男人似乎还对顾小天的身份有疑问。

“你认为那帮家伙会在那儿看着激光飞来飞去还不躲避吗？”

“还是先做个测试吧。”那个男人说完后，便示意身后的人走上前来。

顾小天感到自己好像是上了贼船似的任由几个大汉把自己捆绑在一个巨大的机器上。

“扫描开始。”随着机器运转的声音，其他几个人也盯着机器的显示屏寸步不离,生怕看漏了什么重要的信息。

“我说吧，的确是我们这边的人。”顾小天被松绑时听到那个带他来的男人对那个负责人这样说道。

“嗯，但是没有测出金属成分也不代表……”

“这就是你多虑了吧。你也知道，所有人类如今都是统一战线的，只要证明他是人类不就行了吗？”

顾小天左顾右盼，根本不知道他们究竟在讲什么。

“导演！求科普。”顾小天大叫，因为他发现，他似乎越来越搞不清这个剧本的走向了。

“导演？”那几个男人看着他，一时半会儿没有明白过来这究竟是怎么回事。

“你们难道不是什么剧组的吗？”顾小天用更迷茫的眼神看着迷茫的他们。

“你是从哪里来的？”不知道过了多久，他们总算想起了这个核心问题。

顾小天用了大量的时间向他们介绍了自己所在的世界和为何会穿越而来。

“原来是这样啊。”那伙人终于明白了顾小天的身份。

“看来你所在的时代还没有和他们开战。”

“对了，一到这里，我就听见你们一直说‘他们’‘他们’的，‘他们’究竟是谁？”顾小天说出了自己内心深处的疑惑。

“‘他们’当然是机器人了。”

“机器人！”顾小天听到这个答案后不禁大叫起来，“人机大战吗？”

“没错，可以这么说。”那个领袖模样的人沉重地说出了这样一句话。

顾小天感慨，难道和平时代又被战火所吞噬了吗？而且这次人的敌人不再是同类，而是机器人，也就是说人和自己所制造出的东西在战斗吗？

“一切的一切都起源于某个奇特的编码。”领袖模样的人似乎在回忆着什么，“应该说是一台智能电脑的编码，当初世界上的机器人本是为人类服务的，但是不知道是谁竟然给电脑输入了一段自我分析和判断的编码，然后那台电脑便开始自己思考问题。那台电脑利用网络，瞬间就把这一串结果数据发送给了世界上所有处于联网状态下的机器人。从此机器人便开始进行疯狂反击，从一开始的摆脱人类的控制，到公然和人类发生战争。”

顾小天这下被完全地吓傻了，他没有想到曾经唯命是从的机器人还会有这样和人类为敌的一天，他更没有想到，机器人会强大到如此地步。在这样的战斗中，自己所面临的必定只有战死，所以他准备立马动身回去。

“我准备先回去了。”顾小天迅速打了退堂鼓。

“我们不会责怪你违反《人类同盟条约》的行为，毕竟你是从过去穿越而来的，我们只是希望你能阻止这一切发生……”

3 屏蔽眼镜[①]

霜月红枫

放学后，莫小小走进了学校旁边的“奇异玩具店”，这里是学生们最爱去的地方，里面有各种各样神奇的玩具，非常有趣！

“王叔叔，给我一个整人玩具，越厉害越好！”莫小小大声说。

店主王叔叔见莫小小气鼓鼓的模样，便打趣地说：“是不是被同学欺负了？”

“可不是！那个张婷婷太可恶了，非说我没还她的笔，可我明明还给她了，是她自己记性差！所有同学中，我最讨厌的就是张婷婷，老师还偏偏让她当我的同桌。我再也不想见到她！”

“是这样啊。”王叔叔笑眯眯地说，“你可以试试我们店新进的屏蔽眼镜，它可以帮你屏蔽所有你不想见到的人，让你再也看不见他。”

① 选自《科学画报》。

王叔叔从一个玻璃柜里拿出一副眼镜，看上去跟普通眼镜差不多。“真有这么神奇？”莫小小疑惑地看着眼镜，看不出它到底有什么特别。

“你戴上试试就知道了。”

王叔叔把眼镜给莫小小戴上，告诉她：“镜框右侧有一个凸起的小按钮，对，就是这个地方，这是形象屏蔽器。当你想要屏蔽某个人时，只要看着对方，按下这个按钮，眼镜就会自动屏蔽这个人的形象，让你再也看不到他。”

莫小小望着王叔叔，按了一下镜框右侧的小按钮，王叔叔果然一下子就从她的视线中消失了。哈哈，太有趣了！

“你再摸摸这里。”王叔叔的声音继续在莫小小耳边响着，“在镜框左侧也有一个凸起的小按钮，那是声音屏蔽器。只要你按一下这个按钮就能屏蔽对方的声音，让你再也听不——”

王叔叔的话还没说完，莫小小已经迫不及待地按下了按钮。果然，后面的话都听不到了。

“哈哈，这个眼镜太神奇了！我就买这个，多少钱？”

可是她看不到王叔叔，也听不到他说话。

“王叔叔，你在哪里？”

屏蔽眼镜被人摘去了。“你怎么把叔叔给屏蔽了呀？”

“我只是想试一试效果。”莫小小不好意思地说，“这副眼镜贵不贵？能不能打折？”

“本来要 100 元一副的，因为你是第一个买屏蔽眼镜的同学，所以叔叔给你打八折。记得多给同学宣传一下，让他们都来买哟！”

“好的，好的，谢谢王叔叔！”

第二天到了学校，莫小小一看见张婷婷走过来，立马戴上了屏蔽眼镜。“莫小小！”张婷婷刚喊出她的名字，莫小小就按下了声音屏蔽器，只见张婷婷嘴巴一张一合，却再也听不见她说什么了。

“昨天我回家以后找到了那只笔。真对不起啊，错怪你了……”

张婷婷不好意思地给莫小小道歉，对方却什么反应都没有，好像没听见她说话似的。

“莫小小，你听见了吗？”张婷婷提高了音量。

莫小小透过眼镜看到的是张婷婷皱着眉头的样子，嘴巴还不停地一张一合，不知又在说什么讨厌的话。她干脆连形象屏蔽器也按下了，哈哈，这下张婷婷就彻底从莫小小眼前消失了。

望着身边空空的座位，莫小小的心情格外舒畅。

从此以后，莫小小只要看到讨厌的人，就会屏蔽对方。

李燕燕喊莫小小的外号，屏蔽！

王东东和其他同学打闹时撞倒了莫小小，屏蔽！

孟兰兰不肯把新买的童话书借给莫小小看，屏蔽！

…………

渐渐地，莫小小能看见的同学越来越少，再没人和她说话，再没人跟她玩。她每天沉默地上学、听课、回家，孤独得就像一只离群的小鸟。

这天上体育课，老师让同学们 5 人一组，自由组合起来玩游戏。莫小小不知道该跟谁一组，只好孤零零地站在一旁。

“莫小小，你一个人站在那边干什么？怎么心不在焉的，一点儿都不认真！”

体育老师批评了莫小小，莫小小一气之下，把体育老师也给屏蔽了。

再看看剩下的几个同学，他们好像都在嘲笑她，于是莫小小哭着把所有同学都给屏蔽了。

这下莫小小的世界彻底清静了，然而她一点儿都不快乐，只感到无尽的孤独……

班主任刘老师把莫小小叫到办公室去谈心。

“莫小小，最近你怎么了？为什么大家跟你说话你都像没听见似的？同学们都说你总是独来独往，谁也不理。以前你多么活泼开朗啊，大家都很喜欢你，为什么现在你变得这么孤僻了呢？到底发生了什么事，能跟老师说说吗？”

莫小小吧嗒吧嗒掉起了泪珠子，把屏蔽眼镜的事原原本本地告诉了班主任。

“原来是这样啊！”班主任明白了，“你说因为张婷婷诬陷你偷了她的笔，所以才想起买屏蔽眼镜把她屏蔽掉。那我们找张婷婷来，问问她到底是怎么回事吧。”

班主任把张婷婷叫到了办公室。

“莫小小，请你先把屏蔽眼镜取下来好吗？”班主任说。

莫小小取下屏蔽眼镜，她终于看见张婷婷了。已经很久没有见到自己的同桌，莫小小的心情有些激动，觉得张婷婷看上去没那么讨厌了。

班主任向张婷婷询问那支笔的事，张婷婷说：“那支笔我晚上在家里找到了，第二天我还跟莫小小道歉呢，但是她不理我。”

啊，莫小小呆住了，原来张婷婷道歉的话都被自己屏蔽掉了。

“莫小小，你把大家都屏蔽以后，觉得开心吗？”班主任问。

“一点儿都不开心。”莫小小使劲摇了摇头。

“知道为什么吗？”班主任又问。

莫小小想了想，说：“因为没人跟我玩，我感觉很孤独。”

“小小，你要记住，人无完人。”班主任语重心长地说，“每个人都有缺点，可能有时候有些人会让你觉得不快，但你应该试着去接纳、去包容，而不是生硬地把自己不喜欢的人通通屏蔽掉，这样只会让你远离人群，失去朋友，变得越来越孤独。”

“谢谢刘老师，我以后再也不戴屏蔽眼镜了。”

“那这副眼镜……”班主任指了指莫小小手上的屏蔽眼镜。

“我会把它退掉。”

放学后，莫小小来到“奇异玩具店”，把屏蔽眼镜交给了王叔叔，说要退货。王叔叔诧异地问：“有什么问题吗？是这副眼镜的屏蔽功能不好吗？”

“不是。它的屏蔽功能很强大，但是它把我变成了一个孤独的人。王叔叔，你别再卖屏蔽眼镜了，大家可不想生活在一个孤独的世界里。”

莫小小把使用这副眼镜的经过一五一十地告诉了王叔叔。

“原来是这样。”王叔叔说，“看来这眼镜的副作用很大啊！谢谢莫小小同学及时反馈的意见，我会告诉厂家，劝他们停止生产这种眼镜。毕竟王叔叔也不想被别人屏蔽了，否则我还怎么跟人交流、做生意呢？”

莫小小高高兴兴地从“奇异玩具店”里出来，正好看见孟兰兰走在前面。因为借童话书的事把孟兰兰屏蔽以后，莫小小已经很长一段时间没看到她了。如今打开了心结，莫小小觉得以前那点小矛盾简直微不足道，于是她开开心心地跑上前去打招呼：“嗨，孟兰兰，咱俩一起走吧！”

孟兰兰却自顾自地朝前走着，仿佛压根儿没听见似的。咦，孟兰兰什么时候戴了副眼镜？莫小小仔细一看，她戴的不正是屏蔽眼镜吗？

“难怪她不理我，看来孟兰兰也把我给屏蔽了！”莫小小眼睛一转，突然伸手把孟兰兰脸上的屏蔽眼镜摘了下来。

“莫小小，你干什么？快把眼镜还我！”孟兰兰终于看见莫小小了。

“不还！这眼镜可不是好东西，我帮你退货吧！”

莫小小大笑着往“奇异玩具店”跑去，孟兰兰在身后紧追不舍。两个女生一路嬉闹，笑声洒在了身后，好像又回到了从前，那些偶尔会闹矛盾，却依然很开心的日子……

阅读实践

有了绝妙的想象，怎样才能写出精彩的科幻故事呢？这就需要让人物在你想象的场景中经历一些奇特的事情。从组文中选择一篇，圈画出人物所经历的事情，尝试填写在下面的故事情节图里。

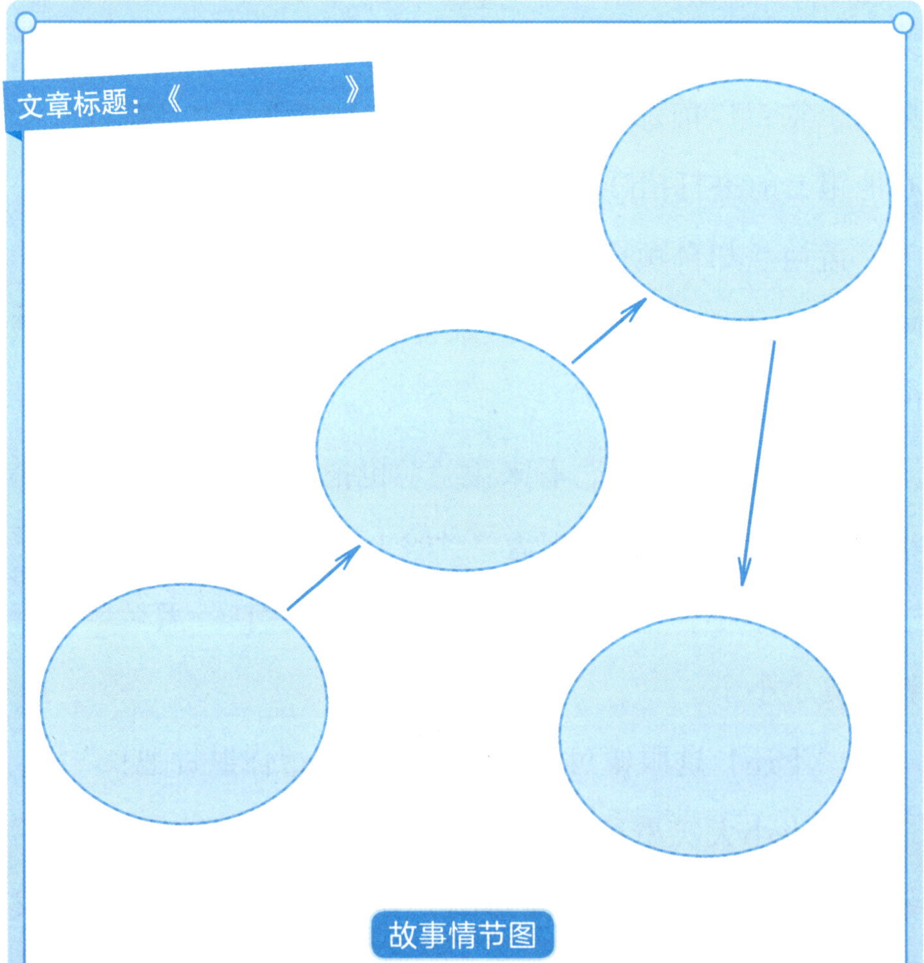

文章标题：《　　　　　　》

故事情节图

活动二

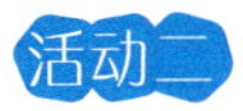

好的科幻故事一定有着天马行空的想象。怎样使想象大胆而又合理呢？读完本组的三篇文章，选择你最喜欢的一篇，然后完成下面的表格。

文章标题 《 》

现实中的问题

想象的办法

科学技术支撑

调查生活中遇到的问题，查阅相关科学知识，发挥想象，构思生动情节，尝试创作科幻作品。

现实中的问题：

相关科学知识：

故事情节：

我的作品：

阅读古代典籍中流传的经典名篇，我们看到了古人的智慧；品读科学家的故事，我们不禁对他们肃然起敬。自由阅读本组文章，感受古文中蕴含的道理，感悟科学探索者的勇气、信念和意志。

1 千金市[①]骨

《战国策》

古之人君[②]，有以千金求千里马者，三年不能得。涓（juān）人[③]言于君曰："请求之。"君遣[④]之。三月得千里马，马已死，买其首五百金，反以报君。君大怒曰："所求者生[⑤]马，安事[⑥]死马而捐[⑦]五百金？"涓人对曰："死马且买之五百金，况生马乎？天下必以王为能市马，马今至矣。"于是不能[⑧]期年[⑨]，千里之马至者三。

注释

① 市：购买。
② 人君：国君。
③ 涓人：国君身边的侍从。
④ 遣：派。
⑤ 生：活的。
⑥ 安事：犹言“何用”，有什么用。
⑦ 捐：舍弃。
⑧ 能：足。
⑨ 期年：一整年。

古代有一位国君，花千金求购千里马，三年都没能买到。他身边的侍从对他说：“请让我去找吧。”国君就派他去了。侍从找了三个月，果然找到一匹千里马，可那匹马已经死了。他就用五百金买下死马的头，回去向国君复命。国君非常生气地说：“我要的是活马，要这死马有什么用？而白费我的五百金呢？”侍从答道：“死马尚且用五百金来买它，何况活马呢？天下人都知道大王不惜重金购买好马，千里马很快就会来了。”于是不到一年，国君就买到了三匹千里马。

2 郢[①]人燕说

《韩非子》

郢人有遗[②]燕相国书者，夜书，火不明，因谓持烛者曰：“举烛。”云而过[③]书“举烛”。举烛，非书意也。

燕相受书而说[④]之，曰：“举烛者，尚明也；尚明也者，举贤而任之。”燕相白王，王大说，国以治。

治则治矣，非书意也。今世举学者，多似此类。

注 释

① 郢：春秋战国时楚国都城，在今湖北荆州。
② 遗：寄，送（信）。
③ 过：误。
④ 说：通“悦”。

译 文

楚国的都城郢有人给燕国的相国写信，信是在晚上写的，灯火不够明亮，他就对举着蜡烛的仆人说：“举烛。”说着便把“举烛”两个字误写到了信上。“举烛”这两个字并不是信里本来要写的内容。

燕相看到信中“举烛”二字，很高兴，说：“‘举烛’，就是崇尚光明；崇尚光明，则应举荐贤能的人才并重用他们。”燕相把这些告诉燕王，燕王很高兴，于是开明圣听，广招贤能之才，燕国被治理得很好。

燕国是治理好了，但“举烛”二字却不是信的本意。当今被提拔的学者，很多都像这一类。

3 濠梁[1]之辩

《庄子》

庄子与惠子游于濠梁之上。庄子曰："鲦(tiáo)鱼出游从容，是鱼之乐也。"惠子曰："子非鱼，安[2]知鱼之乐？"庄子曰："子非我，安知我不知鱼之乐？"惠子曰："我非子，固[3]不知子矣；子固非鱼也，子之不知鱼之乐，全[4]矣！"庄子曰："请循其本[5]。子曰'汝安知鱼乐'云者，既已知吾知之而问我。我知之濠上也。"

注 释

① 濠梁：濠水的一座桥上。濠水在今安徽凤阳。
② 安：怎么。常用于反问句。
③ 固：固然。
④ 全：完全。
⑤ 循其本：从最初的话题说起。

庄子和惠施一道在濠水的桥上游玩。庄子说："鲦鱼在水中游得多么悠闲自在，这就是鱼的快乐。"惠施说："你不是鱼，怎么知道鱼的快乐？"庄子说："你不是我，怎么知道我不知道鱼的快乐？"惠施说："我不是你，固然不知道你的心理；你也不是鱼，你完全不知道鱼的快乐。"庄子说："请从我们最初的话题说起。你刚才所说的'你怎么知道鱼的快乐'的话，说明你已经知道了我知道鱼的快乐而问我。我是在濠水的桥上知道的。"

④ 炸不死的人——诺贝尔

叶永烈

炸药，怎么会炸不死人？

瑞典化学家阿尔弗雷德·诺贝尔却被人们称赞为“炸不死的人”，也有人称誉他是“不怕炸死的人”。

研究炸药，真可说是“太岁头上动土”。这是因为炸药的脾气非常暴躁，稍不顺心就会大发脾气——爆炸。

诺贝尔却专爱在“太岁头上动土”！

诺贝尔为什么不怕被炸死，而要冒着生命危险研究炸药呢？这是因为他曾到过矿山，到过修筑道路、水坝的地方，看到工人们用铁镐吃力地一下一下挖着，坚硬的岩石一点也不肯示弱，累得工人们满头大汗，也只能刨下一点点……于是，诺贝尔决心从事炸药研究工作，用炸药来炸毁岩石，移山填海。

1846年，意大利教授舒波拉用硝酸与甘油作用，制成了一种液体化合物——硝化甘油。舒波拉最初制得的硝化甘油是很稀的溶液，用它来作为药物，治疗心脏病。

后来，人们想制得浓硝化甘油，结果在浓缩过程中发生了猛烈的爆炸，这才从爆炸声中认识了硝化甘油的真面目——原来，它是一种烈性炸药。

好哟，烈性炸药，人们正需要它！

可是，这烈性炸药是一匹难以驯服的烈马。多少人想制服它，都没有成功。有的人在爆炸声中丧生，有的人听见爆炸声后望而却步……诺贝尔却勇敢地知难而进。

诺贝尔跟烈性炸药打交道，不是一次，而是几十次差一点落进死神的魔掌。

1864 年的一天，在猛烈的爆炸声中，炸死了 5 个人，其中有一个就是诺贝尔的弟弟卢得卫，连诺贝尔的父亲老诺贝尔也受了重伤。可是，诺贝尔毫不畏惧，继续进行这项危险的研究工作。

由于实验室连连爆炸，周围的邻居都害怕了，不准他再在那里试验。诺贝尔就搬到马拉伦湖，在湖中心的一艘驳船上继续研究硝化甘油。他在 4 年多的时间里，进行了 400 多次试验，一直未能驯服硝化甘油。

说来也巧，有一次，一大坛硝化甘油在搬运时破裂了，这只坛子是放在木箱里的，木箱与坛子间塞满泥土，以防止坛子滑动。坛子一破裂，硝化甘油就渗到泥土中去了。

诺贝尔拿了一把吸饱硝化甘油的泥土进行试验，结果发现，这种泥土在引爆后能够猛烈爆炸；可是，不引爆，它却很安全，不像纯硝化甘油那样稍受震动就会爆炸。

诺贝尔感到非常高兴，就进行大规模的试验，堆积了大量渗有硝化甘油的泥土，用导火索引爆。没有料到，这一次的爆炸空前猛烈，浓烈的烟雾直冲半空，人们都失声喊道："诺贝尔完了！"

谁知正在这时，从浓烟中冲出一个满脸鲜血的人，发疯似的跳跃着、高喊着："我成功了！我成功了！"

读到这里，你一定感受到了诺贝尔对研究的痴迷和将生死置之度外的科学精神。

诺贝尔就是以这样不怕死的精神驯服了"烈马"——硝化甘油，使这种炸药在保存、运输时安全，在起爆时猛烈爆炸。后来，诺贝尔又制成了各种烈性炸药，被人们誉为"炸药工业之父"。他能用五国文字写作。他在英国获得的专利达 120 多项。

诺贝尔在 1893 年接受瑞典乌普萨拉大学的哲学博士荣誉学位时，曾写过这样一份简略的自传：

本文作者出生于1833年10月21日。他的学问从自学得来，从没进过高等学校。他特别致力于应用化学，生平所发现的炸药有猛炸药、无烟炸药等。1884年加入瑞典皇家科学会、伦敦皇家学会和巴黎土木工程师学会。1880年获得瑞典“北极星勋章”，又获得法国的大勋章。唯一的出版物，是一篇英文作品，获得银牌一枚。

诺贝尔自办及与别人合办了15家炸药大工厂，成为巨富。他死于1896年12月10日，留下遗嘱，把他的一部分财产作为基金，拿出利息每年分配一次，奖励过去一年中对科学有重大贡献的科学家。诺贝尔说，这样可以使那些“感到无从着手的困难的科学幻想家，借我的资助而得以贡献于人类”。这，就是著名的诺贝尔奖的由来。

诺贝尔生前，不惜将自己的生命献给科学；诺贝尔死后，不惜将自己的许多财产献给科学。

这正是诺贝尔值得我们学习的地方。

⑤ 将“命脉”牢牢把握在自己手里

邱晨辉

在前不久举行的第十届中国卫星导航年会上，中国卫星导航系统管理办公室主任冉承其“晒”出北斗过去10年的成绩单，其中最受瞩目的还是自主创新部分：国产北斗芯片、模块等关键技术已全面突破，性能指标与国际同类产品相当，10年前的年会现场很难见到北斗展品，如今北斗芯片和终端则随处可见。而这些，正是这一国之重器走向全球、“挺直腰杆”和其他国家的卫星导航系统携手合作的前提。

正如北京市市长陈吉宁在年会开幕式致辞中所提到的，“北斗”从研发之初，就秉承着要将“命脉”牢牢把握在自己手里的原则，自主创新、攻坚克难，走出了一条具有中国特色、独立自主的卫星导航系统发展之路。

“硬着头皮第一个‘吃螃蟹’”

说起被誉为北斗精神的“自主创新、团结协作、攻坚克难、追求卓越”，第一个关键词便是“自主创新”。回望最初那段岁月，所谓自主创新就是从无到有，一路走来披荆斩棘。

据中国工程院院士、北斗一号卫星总设计师范本尧回忆，在我国开始规划北斗蓝图时，欧美一些发达国家就已经完成了全球系统布局。但是，以我国当时的国情，不能再走欧美国家的老路，必须另辟蹊径。因此，“先区域、后全球”的技术途径就此确立，符合中国国情，具有中国特色。

国产化是从北斗一号的太阳帆板做起，当时很多卫星都不敢上，北斗是第一个“吃螃蟹”的，硬着头皮上。此后，北斗开始了艰苦卓绝的国产化攻关。

据中国航天科技集团公司第五研究院（以下简称“五院”）专家的回忆，当时五院聚集国内优势力量，短短几年时间便完成了目标。10 年前，中国只有北斗一号，在轨卫星仅 3 颗，如今的北斗则有在轨卫星 38 颗，包括 18 颗北斗二号卫星和 20 颗北斗三号卫星。这其中，北斗三号所有部件和核心器件，都已达到 100% 国产化。

“核心技术完全自主可控！”北斗三号卫星总设计师陈忠贵说。凭借自力更生的创业精神，老一辈北斗人逐一攻克，于2000年底建成了北斗一号系统，让我国成为继美国、俄罗斯之后第三个拥有自主卫星导航系统的国家。

“再难也从未动摇国产化决心”

高科技的发展，往往取决于核心技术的突破，这一点在航天领域、在北斗工程中体现得尤为明显。

作为导航卫星的频率基准，铷（rú）原子钟[①]被誉为整个导航卫星的心脏，其背后就蕴藏着有关时间基准的核心技术，这些技术直接决定着导航卫星定位、测距、授时的准确性。

然而，与世界先进导航系统相比，中国北斗起步晚、基础弱，高精度时间基准技术成为最大的“拦路虎”。科研团队研制的第一台原子钟在工作时经常出现“突跳”，精度很差，接二连三的失败，让研制团队经常一夜回到“起点”。

“有没有过困难甚至让人撑不下去的时候？肯定有！”

王平是“五院”另一位北斗三号卫星总设计师，他说，“即便是在最艰难的时候，北斗团队也从未动摇过国产化的信心和决心，要打造世界一流工程、实现航天强国梦，

① 原子钟：一种高精度的计时仪器。由原子能级跃迁吸收或发射频率异常稳定的电磁波，作为频率标准制成的计时仪器。精度可达每100万年误差不大于1秒。

就离不开国产化”。

中国北斗人最终啃下了这块“硬骨头”，国产星载铷钟从无到有，从粗到细，性能指标不断提高，填补了技术空白。

2012年，在北斗二号一期发射的最后3颗卫星中，中国航天改变以往的国产铷钟为主钟、进口铷钟为备份的搭配模式，国产铷钟完全取代进口铷钟，导航卫星全部装上国产铷钟，拥有了名副其实的“中国心”。

“这里没有个人英雄”

作为一个重大而复杂的系统工程，北斗直接牵引带动着数百家单位、上万名研制人员。

谢军告诉记者，这些人在过去20多年的研制过程中共同锻造了主动协作、顾全大局的精神，“这是一项团队工程，没有个人英雄，航天事业的成功是一个团队的成功”。即便是团队中的泰斗和“明星”人物，也不“藏着掖(yē)着”。他们相信“教会徒弟才能解放师傅，一代更比一代强”，从而醉心于推进知识转移和人才培养。创业阶段，“老北斗人”是用药盒和大头针制作简易的卫星模型，来给新员工做讲解；后来，他们用“共享笔记本”等形式你一句、我两行地记录研制经验和心得；再后来，他们倾囊传授宝典，编著总体设计指南以及各分系统的设计工作手册，详解设计中的“清规戒律”。

余速是“五院”一名90后航天人，他加入航天队伍才一年多的时间，便参与了多颗北斗卫星的研制工作，独立完成某测试设计和实施，保障了多颗卫星多阶段测试任务的完成。

与别的卫星系统不同，北斗对于系统的连续、稳定、完好、可用要求极高，一个产品的好坏直接影响着十几颗卫星的成败，牵一发而动全身。因此，“零缺憾”是北斗人执拗(niù)的追求目标，质量更是他们精心呵护的“眼珠子”。

在第九颗北斗三号卫星某关键单机测试中，总体主任设计师刘家兴发现一个关键指标“超标了”。

“超差了多少？”记者问刘家兴，得到的答案是“小于一纳秒”。换句话说，这个误差小于十亿分之一秒，短到用“刹那”都难以形容。

但刘家兴就是过不了心里的那道关，“如果不把这个问题搞清楚，那就是要带着隐患、带着遗憾、带着疑虑，让卫星去上天”。

在过去20多年的时间里，这样的“较真儿”是中国北斗人的常态。

古人常用“声名北斗高”和泰山北斗来形容敬仰之情。在当代中国，正是北斗人把这项工作看作神圣事业，用匠心打造精品，才让这一国之重器不断刷新纪录，创造了一个又一个奇迹。

20余年弹指一挥间，中国的北斗卫星早已布局寰宇，在接连不断的北斗卫星升空背后，是这些中国北斗人的坚守。展望未来，这些苦行僧一样的“斗士”“铁军”，已经在向着2020年实现全球组网的目标冲刺，一条属于中国自主的导航之路，正在他们脚下延伸。

2020年6月23日，我国在西昌卫星发射中心用长征三号乙运载火箭，成功发射北斗系统第55颗导航卫星，暨北斗三号最后一颗全球组网卫星。

2019年6月17日

6 人工智能时代的浪漫[1]

金 凡

“数码宝贝，开门，开门！开……门……”

李比特懒懒地打了一个哈欠，用脚踹门。

其实大门是声控的，根本不用钥匙，也不必用脚踹。包括这栋独立别墅在内的整个小区都智能化了，采用嵌入式网格设计，与整个智能城市无缝对接。

“中午好，李比特。”门打开了，“我是数码宝贝。我和你上次见面是在2038年7月2日16点23分，你已有20小时05分10秒不在家……”

人工智能时代，每个人都有一个智能助手，其实是一套以个人为中心的云数据系统。它是融虚拟管家、个性化秘书服务、即时信息以及人工智能为一体的“软件机器人”，也可以当私人助理、家庭服务员甚至倾诉对象。它比一般的硬件机器人好玩得多，因为交互性强、后台升级容易。

软件机器人通过图像和声音满足人们的幻想，只要付

① 选自《科学画报》。

钱订阅，就能找到对应你喜好的那一款。

软件机器人还有一个特色是具有自学习能力。从软件开启的那一刻起，它就在学习和模拟人类。

智能别墅用高科技武装了各个角落。结合软件机器人，用声音操控更方便。

“关闭窗帘，准备洗澡水，客厅散发玫瑰花香，卧室散发薰衣草香。”

中央处理系统一一照办。

一阵音乐之后，屏幕上出现了一个卡通形象：“李比特，你好！下面由数码宝贝向你播报信息。”

“2038 年 7 月 2 日 18 点 06 分最新的天气预报：晴，空气质量优……”

李比特不耐烦地说：“下一个。”

“上次你说要吃过桥米线，我已在美食网站搜索到了菜谱，下载于厨房的‘中华菜肴即时通’，是否要现在查看？”

画面转到厨房，砧(zhēn)板旁有一个即时信息传输装置，体积比一块面包大不了多少，却能在网络上搜寻、整理各类食谱，还能与人聊天。

“干得好，宝贝。下一个。”

“你送去干洗店的西装通过传感器发回反馈：干洗店

准备采用新型干洗技术，速度提高 11%，耗水降低 5%，耗电降低 7%。你是否想试用？”

“试用。下一个。”

“你有 3 条可视电话留言。”

李比特走进卧室，戴上耳机，躺倒在床上，天花板上的屏幕自动打开。

“你好，李比特，我是朱瑾。是你约我在星光餐厅碰头，是你说有很重要的事要对我说，可是你又没有来，我一直等到餐厅打烊。”

“工作、工作，3 年了！自从你做那个人工智能，我们的关系就一直没有好过。”

“今天晚上我就要出差，去上海报道世界杯，你有什么话等我回来以后再说……”

李比特一条都没有听到，他沉沉地睡去了。

20 分钟后，中央处理系统检查所有信息家电使用情况，关闭卫星电视和可视电话，同时自动控制卧室的光照、温度、湿度……

李比特一觉醒来，已是午夜。

他一边刷牙，一边又“看”了一遍朱瑾的电话。

“李比特，你的情感指数低。你是不是心情不好？”

镜子上方的屏幕里传来了数码宝贝的声音。

现在，至少在声纹识别领域，机器人已能成功地识别人类大部分的情感，如悲伤、沮丧、喜悦、吃惊、疲惫等。

“宝贝，预订到上海的飞机票。我要向朱瑾求婚。”

“太浪漫啦！不过数据中心说，由于世界杯召开，去往上海的飞机票均被订满。”

“扩大搜索范围，搜寻有没有包机剩下的散客票。”

“对不起，找到符合要求的散客票的概率为0.2%。试试新式的管道胶囊列车吧,到上海只要两小时,价格也适中。”

“好吧，订一张胶囊列车票。告诉公司我请两天假。”

下午4点，飞驰的管道胶囊列车载着李比特直奔上海。列车使用了超导体磁悬浮技术，最快速度达4000千米每小时，限速后也有1000千米每小时。

与此同时，李比特为求婚做着准备。在数码宝贝的指导下，他浏览了婚礼网站。他在鲜花网站订了鲜花，食品网站订了蛋糕。数码宝贝在各个可靠的购物网站输入李比特的身高、体重等参数，自动与商家数据中心对接、查询、比价和优化。下单后，西装自动定制，送到预订的酒店房间。

李比特下了管道胶囊列车，约好的飞行出租车载着他赶往目的地——上海世界杯主会场。下了出租车，李比特突然想到一件事情：他还没预订世界杯开幕式的入场券。

订票网络显示票已售罄，李比特暗暗叫苦。这时，公司来电。智能投影仪启动，电话会议开始："公司参与的世界杯人工智能中心的工程很紧，想抽调你加入团队。你……好像就在上海，后台帮你开通身份认证，你马上加入。"

网络传真机打出一张虚拟员工证，附有人工智能运营商、基础通信、世界杯组委会和政府主管部门的数字签章，李比特现在是世界杯人工智能中心的技术人员了。他径自走到专用通道前，指纹检测通过、虹膜验证通过、掌纹掌静脉认证通过。

几小时以后，李比特从繁忙的工作中脱身。

衣服、蛋糕都已准时送来，万事俱备，只差一个东西——钻戒。数码宝贝提示，网上有钻戒竞拍。李比特马上参加，成功进入最后一轮。

此次不同于以往的网络竞拍。最后的两个竞拍者要以爱情为题发表演讲，内容同步推送到广域网络，由网友投票，得票多者得到钻戒。

每个网友的注意力和碎片化时间都能计价，提供给广告商展示广告，竞拍者获得分成。随着关注人数增多，广告收益超过了钻戒价格，获胜者等于免费得到了钻戒。

人工智能时代,大部分科技型企业都习惯于通过技术,对流量资源进行锱铢必较的精细挖掘与转化。

李比特首先演讲:

“各位网友，大家好。我是一个人工智能网络的技术人员，大家使用的智能化程序，就是我们公司和千千万万科技工作者的成果。我的工作为人们拉近了沟通的距离，然而，因为忙于工作，我的爱情面临考验。今天，我赶到世界杯开幕式的主会场，要在这里向我的女友求婚。我需要这枚戒指，它象征我们的心永不分离！”

李比特得票高涨。

另一个竞拍者“会飞的猪”没有演讲,而是选择了留言,只有一行字:

“我就是那个技术员的女朋友。”

网络沉默了3秒，“会飞的猪”得票狂涨，数据过大，发生了溢出。无数人的文字、音像留言使得网络几乎瘫痪。

世界杯求婚成了开幕式中最热的花絮，数据流大增。人工智能中心监测到这一幕，审核内容后，通知新闻中心把李比特和钻戒的画面放上了会场的大屏幕。

在网友的祝福声中，李比特单膝跪地，向女友求婚，头顶是灿烂的焰火，耳畔传来潮水般的欢呼声。

⑦ 为什么塑化剂成了食品中的“毒药”[①]

叶永烈

别以为福尔摩斯在英国才有。在中国台湾，有一位“科学福尔摩斯”，她就是杨明玉。

2011 年 3 月中旬，52 岁的杨明玉正在实验室的色谱仪前忙碌着。她从事食品、药品化验已经有 26 个年头，是拥有高级技术职称的检验专家。这天的测试任务对她来说不过是小菜一碟：样品是粉状减肥益生菌，任务是检验里面有没有减肥西药——因为减肥益生菌属于保健品，按照规定是不能添加任何药物的。卫生部门怀疑生产厂家可能在其产品里添加了减肥西药，以增强减肥效果。杨明玉先是用有机化合物常用的薄层色谱分析，后来用灵敏度更高的气相色谱层析质谱仪检验，均未发现减肥西药，但是却看到了一条从未见过的谱峰。如果

① 选自《生活大爆炸》（少年儿童出版社），略有改动。

对工作不那么较真的话，杨明玉只需做出样品中未发现减肥西药的结论即可，对那条奇怪的谱峰可以置之不理。但杨明玉偏偏是个一丝不苟的人。她花费很多时间细细追查这个未知的“X”，对比种种图谱，结果令她惊讶不已——竟然是 DEHP 的谱峰！

DEHP 即邻苯二甲酸二（2- 乙基己基）酯，是一种透明的油状液体，大量用作聚氯乙烯（PVC）塑料的塑化剂（又叫增塑剂）。聚氯乙烯成本低，价格便宜，是产量最大的塑料之一。纯粹的聚氯乙烯是坚硬的固体，需要加入塑化剂才能变软。做成薄膜的聚氯乙烯，所掺入的塑化剂甚至高达 50%。DEHP 被确认为毒性化学物质，为非食用物质，明令不得用于食品生产。摄入过量 DEHP 会危害男性生殖能力，促使女性性早熟，导致儿童性别紊乱，而且还会诱发肝癌，是致癌物质。由于 DEHP 有毒，所以聚氯乙烯薄膜袋是不允许装食品的。

杨明玉又进一步对减肥益生菌中的 DEHP 进行定量分析，查出减肥益生菌中所含的 DEHP 浓度高达 600ppm（1ppm 即百万分之一，亦即 1 毫克每升）。这样高浓度的 DEHP，会使人受到严重毒害。领导在接到杨明玉报告的这一异常情况后，高度重视，要求她迅速查明 DEHP 的来龙去脉。

塑化剂 DEHP 毫无减肥功效，又对人体有害，怎么会跑到减肥益生菌里呢？杨明玉逐一查验减肥益生菌的 30 多种原材料，诸如木瓜酵素、低聚木糖等，结果发现 DEHP 躲藏在优格之中。

优格，英文 yogurt 的音译，即酸奶。酸奶里怎么会有 DEHP 呢？杨明玉这位“科学福尔摩斯”顺藤摸瓜，发现厂家为了使酸奶保持稳定凝胶状，往里加入了“起云剂”，那起云剂里有大量的 DEHP！

你读懂杨明玉查明 DEHP 的过程了吗？尝试用流程图梳理杨明玉查明 DEHP 的过程。

真相一出，引起惊涛巨浪。“塑化剂风波”迅速席卷食品业，食品专家指出，塑化剂 DEHP 比三聚氰胺的毒性大得多！

因含有塑化剂的食品而遭到曝光的公司及其产品的名单越来越长，被点名的企业多达 400 多家，下架商品种类达 1000 多种。一时间，出现“人人自危”的局面，每个人都在回忆着，自己吃过什么样的含有塑化剂的食品。就连杨明玉的儿子平常也喜欢喝饮料，不知喝进去多少塑化剂。得知妈妈查出饮料中有塑化剂，他赶紧改成喝纯净水。

自由阅读二

人类对未来世界充满了无限遐想，人工智能和航空航天技术的飞速发展，更引发了人类对未来生存方式的猜想，有一批科学研究人员正致力于对未来世界的探索，并且取得了一定的成果。自由阅读本组文章，感受科技的力量，畅游未来世界！

① 人类能制造出巨型机器人吗？①

黄雅君

用力过猛

你一定见过建筑工地上的巨型塔吊，那些长 50 米、重达 5 吨的黄色吊臂移动货物时，总是动作缓慢，从来不会快速转动，为的就是防止转动时产生巨大惯性而将塔身撕裂。

人类的一条手臂约占身体总重的 10%，假如机甲猎人按此计算，它的一条胳膊至少重达 190 吨，这可比一台塔吊重得多了。如果机甲猎人迅速地挥舞手臂，手臂关节就

① 选入本书时，略有改动。

得承受巨大的惯性力。而它还要做出行走、奔跑、跳跃等动作，全身上下的零件随时都有可能弯曲变形，甚至断裂。

一脚踩进路面里

巨型机器人往往被设计得和人类外形相似，用双足行走，这看起来很帅气，却有极大的弱点。巨型机器人仅靠两只脚来承重，与地面的接触面积很小，产生的压强非常大，再坚实的路面在这样的重压下都会变成一摊烂泥。如果它开始奔跑，只要用力蹬蹬地面，脚就会陷入地里，像踩进泥沼般难以抽身。

移动的靶子

如果巨型机器人真的被制造出来，为了不用力过猛把自己拉伤，它会像塔吊那样行动迟缓，这就使它无法及时做出回避动作；而它又直挺挺地立于大地之上，很容易被敌人瞄准，成为战场上的活靶子。

驾驶像坐过山车

那么，假如有一种又轻又坚固的新型材料呢？就算我们能制造出动画片《机动战士高达》中灵活轻便的高达机器人，机器人能承受巨大的惯性力，坐在机器人内部的驾驶员也受不了。

机甲猎人的机械联动操纵装置还能起到一些缓冲作用，而高达的驾驶员可就惨了。高达可以飞行，它们从上百米高的空中跳到地面，速度非常快，在太空中作战时更是会反复加速、急停、转向。在现实中，如果我们乘坐电梯从一座高楼中下来，电梯在快要抵达时会慢慢减速，以免我们感到不适；而巨型机器人却像断了缆绳的电梯、急速行驶的过山车，身处其中的驾驶员轻则头晕呕吐，重则摔伤身亡。

费力又烧钱

巨型机器人还非常浪费能量和零件。驱动汽车前进只需一个马达，就可以快速行驶；如果给汽车安上两条腿，每条腿的踝(huái)关节、膝关节和髋(kuān)关节至少要装一个马达，总共六个马达。这还只能让腿前后摆动，如果要做出左右摆动等更复杂的动作，则需要更多的马达和能量。

繁杂精密的部件也使巨型机器人造价极高，曾有人估算，制造一台只能行走的高达就要花费 50 亿元人民币，而这至少能购买 10 辆顶级坦克了。

看来，巨型机器人在目前的技术和材料下是无法实现的，更重要的是，这么费钱费力造出来的东西还不如坦克、飞机好用，为什么要造它呢？

② 末日避难所①

刘钰蕾

截至 2018 年，制造商已成功将两座导弹筒仓改造成生存公寓，每座可容纳 70 多人，但价格高昂。

为了躲避战争中炮弹的威胁，在民国时期，人们就已挖建防空洞等避难设施。当战争发生时，百姓会带着简易的包裹进入防空洞生存。随着气候变化带来更频繁的灾难，核武器越来越多，人类的末日情结也越来越浓厚，于是，有公司建造了各种高级的避难所，比如充气型防辐射避难所、地面拱形龙卷风避难所、安德森碉堡等。

而在美国的堪萨斯州，制造商在丘陵和平原上建造了一个豪华版的多功能避难所——生存公寓。它深 53 米，由曾经的导弹筒仓改造而来，拥有极高的防御能力和完备的设施，使人们不仅可以躲避常见的天灾人祸，甚至可以躲避末日级的灾难。

如果各类风暴在全球各地骤起，造成世界级破坏，生

① 选入本书时，略有改动。

存公寓能抵挡得住吗？生存公寓的顶部是一个整体连接的锥形圆顶。你可别小瞧了这个圆顶，它可以承受超过 804.6 千米 / 时的风速，能抵挡住世界上最强的龙卷风破坏，更不用说其他级别的风暴灾害。它还能产生风速高达 483 千米 / 时的巨大风能，可阻挡接近生存公寓的物体，比如巨大的滚石、树木、汽车和房屋等。

若是不幸发生第三次世界大战，世界各地的核弹爆炸，生存公寓也能在枪林弹雨中生存下来。因为生存公寓的墙壁不是普通的墙体，它由特殊的混凝土建造，外墙厚 2.75 米，而在加厚的墙体中还有 600 多吨高强度的钢筋，能抵挡住核弹爆炸引起的冲击波和辐射。

当我们遇上瘟疫大爆发，而赖以生存的空气和水又被污染了，生存公寓如何避免被污染呢？生存公寓内设有多种级别的过滤器和净化系统，当被污染的空气和水进入生存公寓时，会先经过多层过滤器，过滤器可以避免有害微生物、有毒化学物质和放射性物质进入。除此之外，人的进入也会经过严格的消毒，只有在污染控制区接受消毒并被检测合格之后，人才能进入生存公寓。

灾难往往不止片刻，而是会影响人类生存若干年。在生存公寓中，人们能不靠外部补给安全地度过 5 年。如果电网消失，生存公寓仍能依靠风力涡轮机和柴油发电机进行电力供应。如果外部食物供应中断，生存公寓内备有保质期超过 20 年的冻干脱水食品，其储量可供公寓内所有人生存 5 年。除此之外，生存公寓内还设有专门的水培场所，可提供新鲜的农产品和水产品。

即使在灾难中生存，生存公寓也会让你过上和灾难前不相上下的生活。生存公寓内共有 15 层，其中 5 ~ 11 层是居住区，居住起来与普通的楼房大同小异，一切生活用品都配备妥当，如洗衣机、冰箱、电视等；各种休闲娱乐设施也一应俱全，如泳池、小公园、电影院、健身房、图书馆、教室等。

虽然生存公寓这样豪华的末日避难所离我们很遥远，但每个城市都会安排特定的区域作为避难场所，如地铁通道、大型公园等。虽然它们的生存环境比不上豪华版的生存公寓，但也会为我们带来一线生机。

③ 坐上世代飞船，来一场星际旅行[①]

唐丽云

刚踏上世代飞船，你就听到飞船内不停广播着一段话：“乘客朋友们，大家好，欢迎登上世代飞船。此次航行的目的地是遥远的比邻星，请大家做好准备，因为你的余生都将在这次航行中度过。”

什么是世代飞船？

世代飞船是一艘假想中的、巨大的、自给自足的星际飞船，因其可能需要几百年到几千年才能抵达目的地，所以航行过程要历经好几代人才能完成。“世代飞船”的名字由此而来。

世代飞船的目的地是比邻星的一颗行星。比邻星是距离太阳系最近的恒星，距离地球约为 4.22 光年，对它的观察表明，在它的恒星系统中，可能存在一颗适合人类居住的行星。

世代飞船怎样运行？

① 选入本书时，略有改动。

飞船采用定期引爆核弹的方式来推进。核弹引爆时，释放巨大的能量，产生推力，使飞船向前行进。核弹爆炸威力巨大，引发剧烈震动，减震板可以减少核弹爆炸带来的震动。

要维持整个飞船内部的运行，电能必不可少。飞船上有一个核电站，可以将核裂变或核聚变释放的能量转换成电能，供飞船和人类使用。水循环处理厂，让有限的水资源足以维持到人类抵达新家园。人类从离开地球到抵达新的家园，要一直生活在这里。

太空中有大量高能宇宙射线和粒子，如果没有磁场，人类会受到它们的伤害，导致 DNA 被破坏，引发癌症。因此，在飞船的头部，有一个产生泡状磁场的装置，磁泡可以阻挡大量宇宙射线和粒子，保护人类免受其害。

④ 未来居住地：海洋还是天空？①

杨 璐

世界上四分之三的特大城市都在海边，由于气候变暖、冰山融化等因素，科学家预测在未来的80年，海平面将会上升6米，这将会淹没很多沿海大城市。如今，一些沿海城市已经开始建造防海墙和大型的排水系统，但就算是有这些设施，将来还是会有数千万人流离失所。

人们应该去哪里呢？科学家逐渐将眼光放在了陆地以外的区域——水面、深海、空中，准备在这些地方创造新的社区。

海上家园

2017年1月，美国蓝色边境公司和法属波利尼西亚达成协议：蓝色边境公司帮助波利尼西亚建造一个可以容纳300个家庭的人造岛屿，为波利尼西亚腾出25%的空间。波利尼西亚是位于南太平洋深处的群岛，随着海平面的上

① 选入本书时，略有改动。

升，在本世纪末波利尼西亚将失去三分之一的面积，因此波利尼西亚希望蓝色边境公司可以帮助他们建造一个环境恢复型社区。

这个社区会长什么样子呢？想象一套相互连接的海上浮动平台，每个浮动平台上都有一套或者多套带阳台的房子，屋顶是绿色的。该社区的设计考虑到了当地的生态系统，并希望能够尽量减少它对环境的影响，它使用可再生能源，收集雨水，监测海床，内置肥料堆。

该平台由荷兰工程师设计建造，采用鹿特丹浮动馆形式（鹿特丹为荷兰西南部港口城市），同时结合了海上钻井平台技术和美国海军研究办公室的浮动仪器平台。当浮动仪器平台的内件旋转，船只由水平变为垂直，这样保证了即使在10多米的海浪中，船只也可以保持稳定，这可以被应用于保持海洋中央社区的稳定性。

这个海上社区的能量来源于海洋热能。首先，社区建造一个利用海洋热能转换的动力系统，它利用海洋表面和深海之间4℃的温度差，当热流从一层流向另一层时，两层中间的热力引擎获取了一些热量，将其转化为可用的能源。海洋热能转换会给自给自足的城市带来足够的动力。但海洋热能转换项目的设备规模庞大，还涉及耐压、防腐、绝热材料等问题，需要大量的资金投入。根据估算，建造海洋能源转换系统的第一阶段就需要 15 亿美金。

“海上家园”作为一个概念还处于初级阶段，目前的技术允许我们将漂浮的城市建立在浅水区，但建造一个远离大陆的海洋中央社区呢？这就不只是技术问题了，还需要耗费巨额的资金。

深海世界

法国建筑师鲁格里有一个梦想，他想居住在深海。在他畅想的世界中，昆虫一样的水下房间形成了村庄，蝠鲼(fèn)形状的船可以探索海洋的深渊。他也想到了生活必需品，他想象海洋农场可以让深海居民生产除了藻类和鱼之外的其他食物。鲁格里还创建了一种和国际海洋空间站一样的“慢速漂浮舱”，它的一部分在水面上，另一部分在水面下，它既不需要被拴在海床上，也不需要动力，只是随着洋流漂动。低耗能设计可以利用太阳能或潮汐能保持生活系统的运作。

海下建筑预示着生活场所的巨大改变。每下沉 10 米，海水的压力就会增加约 1 个大气压，强大的水压会给人体造成伤害。但是，人们借助生活舱可以实现海底生存的愿望。

科学家目前不太清楚在海底生活舱内生存会使人体产生什么样的变化，但幸运的是，包括一些先行者，身体并没有出现问题。海底生存还会有许多其他的问题：海水会腐蚀建筑，海洋生物还会阻塞建筑的管道、通风口，在外墙上覆盖厚厚的黏液。海下世界变幻莫测，潮涌、湍流、洋流等都是需要面对的问题。

还有光线问题。海下居住的先驱者伊恩·科布里克曾在深海居住过数次，最长的一次为三个月。他说他很喜欢水下的生活，但是海底的光线非常暗，当他完成深海居住回到地面上，棕榈树随风摇曳的场景让他十分感谢阳光。如果真的要在深海居住，这也是需要考虑的重要因素之一。

飞屋环行

金·斯坦利·罗宾逊曾在小说《纽约 2140》中写到过空中村落的生活——能够自给自足的小型农业社会通过气球飘浮在空中。对罗宾逊来说，在 3000 米高的空中村落的好处是全天都会有非常棒的景色，问题是气候变化带来的强力风暴。

所以，空中村落应该是巡回的，就像鲁格里的“慢速漂浮舱”一样，村落通过飘浮在空中来应对环境变化和飓风，而不是耗费能量来对付它。大气一直处于变化中，很少有停滞不前的时候，气球的设计可以让它随着气流而走。在伊拉里和她的同事设计的“气流预测仪”的帮助下，空中旅行者可以输入任何想去的地方，程序就会预测最适合的日期和时间，这使慢速环行地球成为可能。

红外线热气球为空中居住提供了理论和技术支持，它利用太阳辐射和地球红外线辐射来提供动力。自 20 世纪 70 年代以来，这一技术就在帮助科学家进行平流层空气取样工作。在没有发动机和电力的情况下，气球可以在空中飘浮 72 天。气球越大，可以到达的高度越高。

太阳能可以为飘浮的村落带来许多能量，同时空中居民可以发展农业。有了农业和能量，就可以形成居住和旅行一体的小型空中村落。这打破了传统的边界和疆域的观念，不论是横向还是纵向。在对流层中，人们不得不生活在封闭加压的空间中，最适宜的高度是 2000 ~ 3000 米，在这个高度区间做一些小的调整，大多数人都能适应。

随着无限的畅想和技术的不断进步，也许有一天我们会找到一种新的生活方式。

⑤ 自由飞翔不是梦[①]

黄雅君

上学要迟到了！这下要挨老师的批评了。望着眼前拥堵的车辆，你心情郁闷，自己既没睡过头，也没磨磨蹭蹭，却因为堵车而痛失了本周的流动红旗。过了许久，车辆的长队还是纹丝不动。忽然，一阵强风从头顶吹来，一个人驾驶着一台飞行器呼啸而过，让你和其他人都目瞪口呆！

飞去上学、上班不仅仅是你的幻想，一直以来，发明家们都想把它变为现实，因此创造了各式各样的单人飞行器。如果给你一个挑选飞行器的机会，你会选择哪种呢？

黑蝇飞行器的速度是每小时 129 千米，续航时间为 20 ~ 30 分钟，操作难度系数为 1 级。它的底部没有支架或轮子，看起来像来自外星球的汽车。它由一种超轻型材料制成，质量仅 142 千克，利用前后平行翼上的 8 个小螺旋桨就能在空中轻盈地飞行。它的操作简便，你只需要坐在驾驶舱内，通过一根操纵杆就能控制飞行，还能切换成自

① 选入本书时，略有改动。

动驾驶模式。

马丁喷气背包的速度为每小时 97 千米，续航时间是 30 分钟，操作难度系数是 3 级。虽然叫作喷气背包，但它其实并不是靠喷气发动机来实现飞行的，而是靠一对大型管道风扇向下输送气流。它有一个支架，支架的两侧各装有一只手柄，你可以站在支架上，一只手控制俯仰与滚翻，另一只手控制方向和速度。

钢铁侠喷气背包的速度是每小时 193 千米，续航时间是 8 ~ 10 分钟，操作难度系数为 4 级。这款喷气背包也是依靠左右两只手柄来控制速度与方向，它还有一系列传感器，会向背包的控制系统发送反馈，以保持飞行稳定。当你背上这款喷气背包，就能像钢铁侠一样，以火箭般的速度一飞冲天。不过，它携带的燃料有限，飞行速度又很快，就像是在冰面上疾驰，很难刹住车。因此你必须小心谨慎，避免飞过了头而耗光燃料。

空中滑板的速度是每小时 140 千米，续航时间为 10 分钟，操作难度系数是 5 级。这款飞行滑板拥有 4 台涡轮发动机，驾驶员会背着一个油箱，通过软管将燃油送到滑板中。与其他单人飞行器相比，它的操作难度要大得多，驾驶员需要依靠手中的遥控器与自己的双腿在空中保持平衡。

不过，如果你掌握了驾驶技巧，便能感受到自由飞翔的无穷乐趣。

根据操作难度的不同，人们需要接受不同程度的培训才能驾驶单人飞行器。当普通人都能用上单人飞行器的那一天到来时，人们可不能像钢铁侠一样肆意在空中乱飞，就像车在马路上不能乱开一样，而必须遵守相应的空中交通法规，避免相撞、坠机。智能交通管理系统会根据交通实况，为你分配飞行轨道，从而避开其他飞行器。

跟随文章，想象一下单人飞行器时代吧！如果你对这个话题感兴趣，可以继续搜集资料，进行深入研究。

现在的单人飞行器还有许多问题需要解决，如飞行距离短、不稳定、成本高昂等。不过，相信随着科学技术的进步，发明家们一定能让单人飞行器像现在的汽车、电动车那样，走进千家万户。

6 哆啦A梦的道具正在实现[①]

莫显慧

令人期待又害怕的“任意门”

通过粉色的任意门，大雄在家就能去世界上任何一个地方。现实中，美国的科学家准备了两个舱室，各放置一个相同元素的原子。他们通过一个复杂的激光器，将左舱室原子A的内部结构信息传送到右舱室的原子B身上，获得了与之前A原子结构完全相同的B原子，实现了原子A的短距离“瞬间移动”。然而要是把人类瞬移到另一个地方，万一信息传送中出现错漏，另一个“你”可能会缺胳膊少腿。更难以预料的是，传送之前的“你”是否仍然存在。

让你一跳三米高的“竹蜻蜓”

哆啦A梦的竹蜻蜓能助人飞行，在现实中也有一款类似“竹蜻蜓”的装置能让人健步如飞。这款“登月者”喷气式背包，创新地将喷气的部分放在了头顶，远看就像一

① 选入本书时，略有改动。

个人在撑着一把怪异的伞。它的头部由很多小型旋翼组成，通过转子转动产生气流，形成升力。不过它不能实现高空飞行，只是让你在地面行走时拥有相当于常人3倍的弹跳力。但这也会让你拥有许多非凡的体验，比如可以当一次“灌篮高手”；或者在意外来临之时，立即跳起，摆脱危险。

量子电脑中的“时光机”

时光机让大雄回到了童年，俄罗斯科学家也发明了一台量子电脑中的“时光机”。在实验中，他们通过演算先使基本的信息单位从有序变成混乱，就像把桌上摆好的台球打散开来，然后用一个如“时光按钮”的程序，让这些“台球”根据原来的运动往回走，信息单位就恢复到最开始的状态。一般来说，宇宙一切物质都会发生不可逆的衰变，但这台“时光机”能使不规则运动的粒子按照它原来的轨迹往回走，让粒子回到了它的“从前”。

不需要“记忆面包”，我有“记忆口香糖”

在《哆啦A梦》中，把学习内容记在记忆面包上，再吃掉面包，就能马上记住所有的内容。日本推出了一款“维持记忆力的口香糖”，其中添加了一些特殊的植物提取物，据说有维持记忆力的功效，如记住语言和图形的能力等。不过，这款口香糖针对的群体主要是中老年人，而且仅为保健食品，并非药物，所以利用它来通过考试或治疗疾病的想法，还是不要有哟。

潜在情绪智能分析技术——进阶版“真心话贴纸”

在动画片中，大雄为了揭开小夫的谎言，通过“真心话贴纸”让小夫说了实话。现实中也有一项能让人“说真话”的技术——潜在情绪智能分析技术。当人产生情绪时，大脑会接收情绪信号，并通过相应的神经系统来指挥人的面部肌肉做出动作。但人有时会隐藏自己的情绪，面部表情看似平静，其实面部的肌肉还在运动，只是细微到肉眼看不见而已。通过高清晰、高帧率摄像机的捕捉以及计算分析，人们的真实情绪就会被探测到。

⑦ 到月球上去种地[①]

杨先碧

建设月球温室

人类要在月球上生存，首先必须解决食物问题。从地球直接运输食物到月球上的话，成本太高，最好的方法是在月球上种植农作物。

可是在月球那样一个寸草不生的环境中怎么种植农作物呢？美国亚利桑那州“普拉根”月球开发公司设计出一种微型温室，那是一个外形类似时钟的玻璃容器，被称为“月球绿洲”。它能安全地把实验室植物送上月球，并在其生长过程中予以保护。这个温室中可以种植高丽菜、甘蓝菜等耐寒蔬菜。这种温室很可能在最近被送上月球。

“月球绿洲”什么样

来看看神奇的“月球绿洲”是什么样子吧！这种微型

---

① 选入本书时，略有改动。

温室的直径大约是 9 厘米，高 46 厘米，内部空间足够 6 株植物生长。但是这种温室还需要进行一系列改进，以防止植物生长受到月球表面的各种太空射线和极端温度的干扰（月球表面的温度变化非常大，最低温度可达零下 180 摄氏度，最高温度超过 100 摄氏度）。

另外，“月球绿洲”这种微型温室对土壤的要求也很高，普通土壤很容易黏结在一起，该科研组正在考虑利用一种类似海藻琼脂的黏性人造土壤。

除了种植方法以外，播种时间也是成功的关键。如果把种子种植到发射台上的琼脂里，它们在前往月球的途中就会开花。因此，该科研组必须设计出可在月球登陆器到达月球表面后，再使种子开始生长的方法。

在不久的将来，“月球绿洲”将携带一种生命力极强的芥菜种子到月球上去。在地球上，芥菜从种植到开花只需要 14 天，而月球上的半天相当于地球上的 14 天，这就意味着这种植物在月球上经历一个夜晚就可以完成这个过程。

改造月球土壤

如果未来月球基地上的居民要享用到新鲜蔬菜和水果，

当然不能依靠“月球绿洲”这样的“小道具”，必须利用这个微型温室所取得的成果在月球上建设超大规模的温室。

可是，新的问题出现了，植物赖以生存的土壤和水从哪里来？月球上并没有适合植物生长的土壤和水。如果从地球上运输土壤和水，还不如直接运输食物合算。

欧洲空间局的科学家伯纳德·弗因等人正在紧张研究，希望能够改造月球土壤。研究人员发现，在月球土壤中加入不同的细菌，可以让月球土壤得以改良，使得地球上的植物在那里茂盛地生长。

月球土壤中存在多种矿物成分，包括铁、钙、镁、磷等，在那里生长的植物完全可以为月球移民的健康提供保障。而全封闭的月球基地如果能够种植植物，人类赖以生存的氧气也就随之出现了。至于人类和植物需要的水，研究人员认为也可以从月球土壤中提取。

目前，这项研究还在地面上进行。研究人员利用一种与月球土壤成分非常相似的土壤尝试种植郁金香。开始的时候，郁金香的长势不是很好，直到他们将不同种类的细菌加到土壤中后，郁金香才变得茂盛起来。这些细菌似乎可以产生植物所需要的养分。此外，这些细菌还能够忍耐一些极端环境。因此，这是改造月球土壤、实现在月球上种菜这个理想的最好方式。

月球种植计划并非幻想

看来，月球种植计划并非一种科学幻想，没错，因为它还有着南极种植的研究基础。南极位处高纬度，气压很低，气候寒冷，温度低的地方可达到零下 100 摄氏度。但是，居住在这个地球上最冷的地方的工作人员，却能依靠已建立 5 年的南极温室，享用到番茄、莴苣、草莓等新鲜蔬菜和水果。

美国亚利桑那大学植物学系教授吉恩·吉亚科麦利表示，南极的高纬度、低气压和超低温的环境和月球比较相似，南极温室的研究为月球温室的研究打下了不错的基础。亚利桑那大学在南极建立的温室每星期可以生产 27 千克的新鲜蔬菜和水果，可供在南极进行科考的 75 位科学家每人每天吃两次蔬果沙拉。

“这并非科幻小说中的描写。”吉亚科麦利说，“我们目前已经掌握了在其他星球上维持生命的技术。”不过，吉亚科麦利指出，在太空种植植物面临许多挑战，最大的挑战就是要找到一种可持续供应水的方法，以维持基地中人员和植物的需求。现在正在研究的是利用月球土壤合成水，这个方法成本依然有些高。

一些研究人员寄希望于月球上的冰盖，希望从月球的冰中提取饮用水和灌溉水。根据现在的计划，最有可能率先建立基地的地点是月球南极。这里虽然地势陡峭，但持续几天的太阳照射可以为月球基地提供所需电力。更为重要的是，在月球南极还发现了冰，虽然目前还不知道具体数量。

第一批“农民”是谁

欧洲空间局的科学家伯纳德·弗因表示，第一批进行月球种植的“农民”不会是人类，而是不需要呼吸氧气的机器人。等这些机器人把月球基地建设得差不多的时候，一些技术工人才会移居月球基地，进行进一步的基地建设。

跟随作者的脚步，我们逐步了解了怎样才能到月球上去种地。你想成为月球的第一批农民吗？如果真的能实现这个愿望，你将在月球上如何度过呢？

一些航天专家表示，在未来几十年内，航天机构将招募一些有航天知识和种植技能的专业人才，让他们到月球甚至火星上去当农民。

当然，到月球上种地也会有不少困难，因为月球的环境和地球环境大不相同，先行者需要学会克服这些困难，比如低重力，还有长达 14 天的漫长黑夜和白昼。在月球南极，太阳会连续照射 14 天，随后将出现连续 14 天的黑夜。在这 14 天的黑夜中如何获取能源是一个巨大的挑战。

这些困难不会吓倒那些渴望去太空工作的人，到外星旅游的机会和可观的收入将吸引大批的报名者。更为重要的是，这些“外星农民”将作为外星基地的先行者而永载史册。

阅读链接

2007年10月24日，中国成功发射“嫦娥一号”探测器，标志着我国探月工程迈出了关键的一步。2019年1月3日“嫦娥四号”探测器成功着陆月球背面，此次任务实现了人类探测器首次月背软着陆，开启了人类月球探测新篇章。

《菌儿自传》

高士其

推荐语

科学就像一个伟大而永恒的谜，人类在漫长的发展过程中，从未停下探索科学的脚步。

其实，科学就在我们身边。高士其的《菌儿自传》，以拟人化的手法、生动有趣的比喻和通俗易懂的语言，为我们塑造了一个鲜活的“菌儿”形象，展示了一段神奇的探险经历，展现了一个精妙的科学世界。让我们在沐浴文学清辉的同时，享受科学带来的乐趣吧。

作者简介

高士其（1905—1988），我国著名的科学家和科普作家，我国科普事业的先驱和奠基人，福建福州人。代表作品有《细菌的衣食住行》《菌儿自传》《我们的土壤妈妈》《谈眼镜》等。1925年清华大学毕业，后留学美国。23岁时，因实验意外感染病毒，留下难以治愈的后遗症，使他手脚行动不便。他从23岁开始到83岁离开人世，一直坐在轮椅上，为科学传播孜孜不倦地奋斗了60年，为青少年创作了大量的科学文艺作品，会见了数百万的少年儿童，并作为科学与智慧的象征而被青少年亲切称呼为“高士其爷爷”。

内容梗概

主人公菌儿是千千万万细菌中的一员。它时而在呼吸道里冒险，时而在腔肠里开会，时而在水国游历……大家都认为菌儿是人类的敌人，的确，菌群中有一些不听话的孩子。其实，菌儿和人类的关系非常密切，它们共同劳动，共同生产，造就了一个绚丽缤纷的世界，为人类做出了很大的贡献。菌儿说：“以后你们如果有机缘和我见面，请不必大惊小怪。从容地和我打一个招呼，叫声菌儿好吧。”

我的家庭生活①

我正在水中浮沉，空中飘零，
听着欢腾腾一片生命的呼声，
欢腾腾赞美自然的歌声；
忽然飞起了一阵尘埃，
携着枪箭的人类陡然而来，
生物都如惊弓之鸟四散了。
逃得稍慢的都一一遭难了。
有的做了刀下之鬼；有的受了重伤；
有的做了终身的奴隶；有的饱了饥肠。
大地上遍满了呻吟挣扎的喊声，
一阵阵叫我不忍卒听尖锐的哀鸣。

① 选入本书时，略有改动。

我看了不平是落荒而走。

我因为短小精悍，容易逃过人眼，就悄悄地度过了好几万载，虽然在17世纪的末叶，被发觉过一次，幸而当时欧洲的学者，都当我是科学的小玩意，只在显微镜上瞪瞪眼，不认真追究我的行踪，也就没有什么过不去的事了。

又挨过了两个世纪的辰光，法国出了一位怪学究，毫不客气地怀疑我是疾病的元凶，要彻底清查我的罪状。

无奈呀，我终于被囚了！

被囚入那无情的玻璃小塔了！

我看他那满面又粗又长的胡子，真是又惊又恨，自忖，这是我的末日到了。

也许因为我的种子繁多，不易杀尽，也许因为杀尽了我，断了线索，扫不清我的余党；于是他就暂养着我这可怜的薄命，在实验室的玻璃小塔里。

在玻璃小塔里，气候是和暖的，食物是源源供给的，有如许的便利，一向流浪惯的我，也顿时觉着安定了。从初进塔门到如今，足足混了60余年的光阴，因此这一段的生活，从好处着想，就说是我的家庭生活吧。

家庭生活是和流浪生活对立而言的。

然而，这玻璃小塔于我，仿佛也似笼之于鸟，瓶之于花，是牢狱的家庭，家庭的牢狱，有时竟是坟墓了，真是上了科学先生的当。

虽说上当，毕竟还有一线光明在前面，也许人类和我的误会，就由这里而进于谅解了。

把牢狱当作家庭，
把怨恨消成爱怜，
把误会化为同情，
对付人类只有这办法。

这玻璃小塔，是亮晶晶、透明的，一尘不染，强酸不化，烈火不攻，水泄不通，薄薄的玻璃造成的，只有塔顶那圆圆的天窗，可以通气，又塞满了一口的棉花。

说也奇怪，这塔口的棉花塞，虽有无数细孔，气体可以来往自如，却像《封神演义》里的天罗地网，《三国演义》里的八阵图，任凭我有何等通天的本领，一冲进里面，就绊倒了，迷了路，逃不出去，所以看守我的人，是很放心的。

过惯了户外生活的我，对于实验室中的气温，本来觉着很舒适。但有时刚从人畜的身内游历一番，回来就嫌太冷了。

于是实验室里的人，又特别为我盖了一间暖房，那房中的温度和人的体温一样，门口装有一只按时计温的电表，表针一离了37℃的常轨，看守的人，就来拨拨动动，调理调理，总怕我受冷。

记得有一回，胡子科学先生的一个徒弟，带我下乡去考察，还要将这玻璃小塔，密密地包了，存入内衣的小袋袋，用他的体温，温我的体，总怕我受冷。

科学先生给我预备的食粮，色样众多。大概他们试探我爱吃什么，就配了什么汤，什么膏，如牛心汤、羊脑汤、糖膏、血膏之类。还有一种海草做成的冻胶，叫作“琼脂”，是常用作底子的，那我是吃不动，摆着做样子，好看一些罢了。

他们又怕不合我的胃口，加了盐又加了酸，煮了又滤，滤了又煮，消毒了而又消毒，有时还掺入或红或蓝的色料，真是处处周到。

我是著名的吃血的小霸王，但我嫌那生血的气焰太旺，死血的质地太硬，我最爱那半生半熟的血。于是实验室里的大司务，又将那鲜红的血膏，放在不太热的热水里烫，烫成了美丽的巧克力色。这是我最精美的食品。

然而，不料，有一回，他们竟送来了一种又苦又辛的药汤给我吃了。这据说是为了要检查我身体的化学结构而预备的。那药汤是由各种单纯的、无机和有机的化合物，含有细胞所必需喝的十大元素配合而成。

那十大元素是一切生物细胞的共有物。

碳为主；

氢、氧、氮副之；

钾、钙、镁、铁又其次；

磷和硫居后。

我的无数种子里面，各有癖好，有的爱吃有机之碳，如蛋白质、淀粉之类；有的爱吃无机之碳，如二氧化碳、碳酸盐之类；有的爱吃阿摩尼亚之氮；有的爱吃亚硝酸盐之氮；有的爱吃硫；有的爱吃铁。于是科学先生各依所好，而酌量增加或减少各元素的成分，因此那药汤，也就不大难吃了。

我的呼吸也有些特别。在平时固然尽量地吸收空气中的氧，有时却嫌它的刺激性太大，氧化力太强了，常常躲在低气压的角落里，暂避它的锋芒。所以在黑暗潮湿的地方我最能繁殖，一件东西将要腐烂，都从底下烂起。又有时我竟完全拒绝氧的输入，原因是我自己的细胞会从食料中抽取氧的成分，而且来得简便，在外面氧的压力下，反而不能活，生物中不需空气而能自力生存的，恐怕只有我这一种吧。

不幸，这又给饲养我的人，添上一件麻烦了。

我的食量无限大，一见了可吃的东西，就吃个不停，吃完了才休。一头大象，或大鲸的尸身，若任我吃，不怕花去五年十载的工夫，也要吃得精光。大地上一切动植物的尸体，都是我这清道夫，给收拾得干干净净了。

何况这小小玻璃之塔里的食粮，是极有限的。于是又忙了亲爱的科学先生，用白金丝，挑了我，搬来搬去，费去了不少的亮晶晶的玻璃小塔，不少的棉花，不少的汤和膏，三日一换，五日一移，只怕我绝食。

最后，他们想了一条妙计，请我到冰箱里去住了。受冰点的寒气的包围，我的细胞缩成了一小丸，没有消耗，也无须饮食，可经数月的饿而不死。这秘密，几时被他们探出了？

在冰箱里，像是我的冬眠。但这不按四时季节的冬眠，随着他们看守者的高兴，又不是出于我的自愿，他们省了财力，累我受了冻饿，我觉得有些冤屈。

我对于气候寒冷的感觉，和我的年纪也有关系，年纪愈轻愈怕冷，愈老愈不怕，这和人类的体质恰恰相反。

从前胡子科学先生，和他的大徒弟们，都以为我有不老的精神，永生的力量：说我每 20 分钟，就变做 2 个，8 小时之后，就变成 16000000 多个，24 小时之后，也竟有 500 吨的重量了，岂不是不久就要占满了全地球吗？

现在胡子先生已不在人世，他的徒子徒孙对于我的观感，有些不同了。他们说：我的生活也可以分为少、壮、老三期，这是根据营养的盛衰、生殖的迟速、身材的大小、结构的繁简而定的。

科学先生的苦心如此，我在他们的娇养之下，无忧无虑，不愁衣食，也“乐不思蜀”了。

但是，他们一翻了脸，要提我去审问，这家庭就宣告破产，而变成牢狱了，唉！

菌儿把“玻璃小塔”比喻成了“牢狱”和“坟墓”，生动形象地写出了菌儿被困后的无奈和对自由的渴望，值得同学们细细品味。像这样妙趣横生的比喻，文中还有很多，你还能找出几处吗？

科普作品，是一种以向大众普及科学知识为主要目的的作品。文学中有科学，科学中有文学，这是科普作品的独特之处。阅读时，同学们不仅要了解有趣的科学知识，还要动笔圈画出文中精彩的细节描写，感受作者的行文技巧。

活动一　菌儿简历

《菌儿自传》里，“小菌儿”那生动丰满的形象一定很吸引你。你对它究竟了解多少呢？敢不敢接受挑战，完成下面的“菌儿简历”？

我的姓名		我的籍贯	
我的菌众	姓名	形态	本领
	大肠杆菌		
	乳酸菌		
	厌氧菌		
	屎肠球菌		
	变形杆菌		
	芽孢杆菌		
	螺旋菌		
	酵母菌		

活动二　“菌”在旅途

《菌儿自传》里，小菌儿生动有趣地讲述了它跌宕起伏的探险经历，介绍了它神通广大的各种本领。请你静下心来，认真阅读，把下面的鱼骨图填写完整吧。

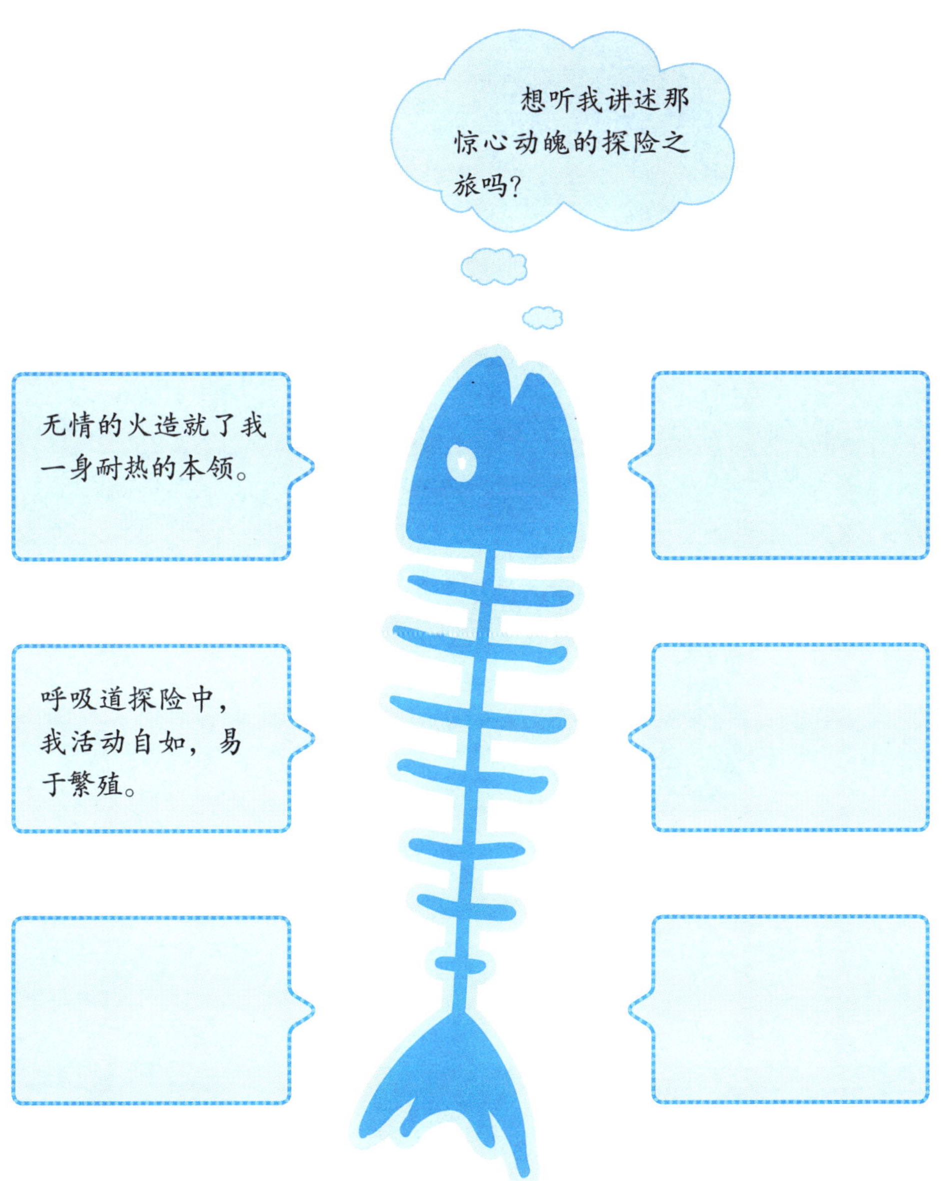

活动三　阅读与思考

在《菌儿自传》里，高士其爷爷为我们讲述了一个个趣味盎然的故事，将我们带进了全新的细菌世界里。请认真阅读菌儿的经历，把你学到的知识、遇到的问题、产生的想法、解决的方案等填写在下面的六面体里吧！

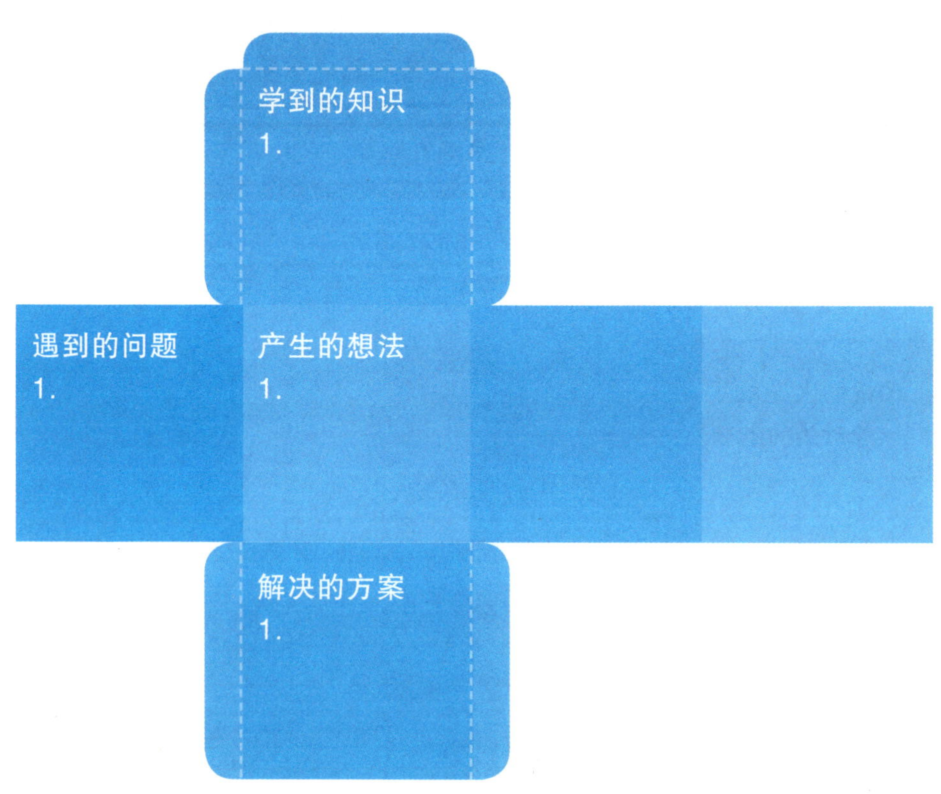

图书在版编目（CIP）数据

成长风向标 / 郜书萍主编. — 上海：上海教育出版社, 2021.12

ISBN 978-7-5720-0814-6

Ⅰ. ①成… Ⅱ. ①郜… Ⅲ. ①阅读课—小学—教学参考资料 Ⅳ. ①G624.233

中国版本图书馆CIP数据核字（2021）第260863号

责任编辑　余佳家
封面设计　陈丽娟　王艺霖
著作权人　北京华樾教育科技有限公司

成长风向标

郜书萍　主编

出版发行　上海教育出版社有限公司
官　　网　www.seph.com.cn
地　　址　上海市闵行区号景路159弄C座
邮　　编　201101
印　　刷　河北泓景印刷有限公司
开　　本　720×1010　1/16　印张 63
字　　数　700千字
版　　次　2021年12月第1版
印　　次　2021年12月第1次印刷
书　　号　ISBN 978-7-5720-0814-6/G·0630
定　　价　268.00元（全七册）

如发现质量问题，请向本社调换　　021-64373213

敬 启

为编好这本书，我们与收入本书的作品（含图片）作者进行了广泛联系，得到了各位作者的大力支持。在此，我们表示衷心的感谢。但是，由于个别作者地址不详，虽经多方努力，仍无法取得联系。敬请各位有著作权的作者尽快与我们联系，以便我们支付稿酬，并致谢忱！

我们还要感谢使用本书的师生们。希望你们在使用本书的过程中，能够及时把意见和建议反馈给我们，对此，我们深表谢意，并将给予一定奖励。让我们携起手来，共同完成本书的建设工作。

联 系 人：梁老师　刘老师

联系电话：010-58022100-6362

联系邮箱：ztxx2008@sina.com

网　　址：http://www.ywztxx.com

地　　址：北京市海淀区知春路7号致真大厦A座18层

★ 适合11-12岁 ★

自主阅读

小测试

成长风向标

成长风向标 1

一 经典诵读

1.《除夜雪（其二）》

（1）《除夜雪（其二）》写的是哪个节日的景象？（ ）

A. 中秋节

B. 元宵节

C. 除夕

D. 清明节

（2）在作者看来，除夜之雪预示着什么？（ ）

A. 来年的多灾多难

B. 凶多吉少

C. 来年的丰收

D. 要饮屠苏酒了

2.《田家元日》

（1）下面词语的解释，有误的是哪一项？（ ）

A. 元日：农历正月初十。

B. 强仕：四十岁的代称。

C. 无禄：没有俸禄，即没有官职。

D. 占气候：根据自然气象、节候推测收成的好坏。

（2）判断：这首诗的尾联反映了我国古代农民非常重视观测天象，注意气候、节令与农业生产的关系。（ ）

3.《元宵（唐寅）》

（1）古代描写元宵的诗歌，通常写都市，而这首诗写的却是____。（ ）

A. 农村

B. 皇宫

C. 府邸

D. 山野

（2）这首诗最后一句运用了什么修辞手法？（ ）

A. 比喻

B. 拟人

C. 反问

D. 排比

4.《元宵（李调元）》

（1）诗中的“糖圆”是指什么？（ ）

A. 糖葫芦

B. 汤圆

C. 月饼

D. 糖果

（2）判断：“风雨夜深人尽散，孤灯犹唤卖糖圆”这句很有画面感，让人仿佛看到风雨夜中冒着热气的汤圆锅。（ ）

5.《醉花阴》

（1）词人通过哪些事物来烘托心情？（ ）

A. 薄雾

B. 浓云

C. 黄花

D. 玉枕

（2）下列词语解释有误的是哪一项？（ ）

A. 金兽：兽形的铜香炉。

B. 暗香：幽香。

C. 黄花：油菜花。

D. 瑞脑：一种香料。

6.《一剪梅·中秋无月》

（1）词的上片运用什么修辞手法写中秋无月之遗憾？（ ）

A. 比喻

B. 对比

C. 夸张

D. 拟人

（2）全词表达了词人什么样的情怀？（ ）

A. 孤寂惆怅

B. 思念家乡

C. 淡然闲适

D. 忧国忧民

二 民俗风情

1.《北京的春节》

（1）作者略写了春节中的哪一项风俗？（ ）

A. 熬腊八粥

B. 祭灶神

C. 赶庙会

D. 做春饼

（2）下面哪一句话能够概括全文主旨？（ ）

A. 作者通过介绍北京春节的风俗，表达了对中国传统文化的喜爱之情。

B. 作者通过介绍北京春节的风俗，赞美了祖国人民蒸蒸日上的生活。

C. 作者通过描绘春节时的情景，表达了对家乡的怀念。

D. 作者通过描绘春节时的情景，批判了工业文明对传统生活的侵蚀。

2.《本命年的回想》

（1）文章围绕“过年”记述的几件事中，下面哪一项不包含在内？（ ）

A. 腊月初一吃炒食。

B. 腊月初八喝腊八粥。

C. 腊月二十三吃糖人。

D. 除夕之夜包饺子、守岁。

（2）判断：从这篇文章中，我们可以感受到，作者之所以对几十年前的过年习俗进行回想，是想表达对光阴易逝、物是人非的伤感。（ ）

3.《清香冻米糖》

（1）作者先后提到了哪几次吃冻米糖的经历？（ ）

A. 去表姐家拜年。

B. 腊月请表姐来家里帮忙做冻米糖。

C. 第二年初冬母亲教全村人做冻米糖。

D. 工作后到门店买冻米糖。

（2）最后一个自然段中，作者为什么说城里门店的冻米糖“总没有老家那种冻米糖的味道”？（　）

A. 因为城里的冻米糖工序不够到位。

B. 因为城里的冻米糖价格太贵。

C. 因为老家的冻米糖还包含着人与人之间美好的情感。

D. 因为老家的冻米糖现在很难吃到了。

4.《端午的鸭蛋》

（1）关于《端午的鸭蛋》一文，下面的说法中哪一项是错误的？（　）

A. 高邮人善于腌鸭蛋。

B. 咸鸭蛋是“十二红”之一。

C. 所用鸭蛋产自高邮小麻鸭。

D. 高邮咸蛋的特点是质细而油多。

（2）第2自然段中提到“他乡咸鸭蛋，我实在瞧不上”，作者为什么瞧不上他乡的咸鸭蛋呢？（　）

A. 他乡的咸鸭蛋没有红油。

B. 他乡的咸鸭蛋没有双黄。

C. 他乡的咸鸭蛋没有高邮的个儿大。

D. 作者对家乡咸鸭蛋的感情是他乡咸鸭蛋无法取代的。

5.《寒食书事》

（1）下列词语解释有误的是哪一项？（　）

A. 上冢：上坟祭扫。

B. 插柳：在门前栽柳树。

C. 暮笳：傍晚的笳声。

D. 麦饭：麦粒煮成的饭。

（2）判断：诗的尾联“一樽竟藉青苔卧，莫管城头奏暮笳”，流露出诗人看似淡然，实则苦闷、痛楚的心情。（　）

6.《望织女》

（1）这首诗隐藏着哪两个神话传说？（　）

A. 女娲造人

B. 牛郎织女

C. 精卫填海

D. 嫦娥奔月

（2）对下面诗句理解有误的是哪一项？（　）

A. 夜夜空自怜：每天夜里，她都独自思念牛郎。

B. 河流未可填：但银河终归是不能填平的。

C. 一心万处悬：一颗心在万丈高处悬挂。

D. 共舒明镜前：在明镜前比翼飞舞，永不分离。

7.《天竺寺八月十五日夜桂子》

（1）桂子指的是____。（　）

A. 桂花

B. 月亮

C. 枣子

D. 月饼

（2）下面哪句诗不是写桂花的？（　）

A. 桂子月中落，天香云外飘。

B. 遥想吾师行道处，天香桂子落纷纷。

C. 莫羡三春桃与李，桂花成实向秋荣。

D. 荷叶罗裙一色裁，芙蓉向脸两边开。

8.《社戏（节选）》

（1）请根据文章内容排列下列事件的先后顺序。（　）

A. 六一公公送豆给“我”。

B. 看社戏后归航偷豆。

C. 夜航赴赵庄看戏。

D. 钓虾放牛的乡间生活。

（2）“淡黑的起伏的连山，仿佛是踊跃的铁的兽脊似的，都远远地向船尾跑去了”这句话用了什么修辞手法？（　）

A. 比喻、夸张

B. 比喻、排比

C. 比喻、拟人

D. 夸张、拟人

9.《乡戏（节选）》

（1）第 1 自然段中，“我”有些吃惊的原因是什么？（　）

A. 演员不专业，观众很少。

B. 演员专业，观众也很多。

C. 演员没有严格按照剧情演出。

D. 戏好看，人也很多。

（2）文中从几个方面写出了这场乡戏的不好看，下面哪一项不包括在内？（　）

A. 戏台简陋

B. 道具破旧

C. 演员表演一般

D. 剧情令人看不懂

10.《年的味道和声音》

（1）在作者笔下，先后出现的年的声音包括____。（　）

A. 击鼓声

B. 鞭炮声

C. 风车和空竹声

D. 人们对神的祈祷声

（2）关于本文，下面哪一项说法是错误的？（　）

A. 作者罗列了一系列新年的吃食，是为了体现美食中所包含的中国文化。

B. 关于年的声音，作者详写了鞭炮声，因为在作者的心中，鞭炮声最能凸显年味的热闹与喜庆，体现中国人过年的特色。

C. 作者在文中表达了对以前过年时热闹场面的怀念，同样也表达了对新生活的期待与赞美。

D. 作者详细写了春节传统风俗文化，认为过年不必如此讲究。

11.《饺子》

（1）作者在文中介绍饺子时，哪一方面没有包含在内？（　）

A. 饺子的成色

B. 饺子的来历

C. 饺子皮

D. 饺子馅

（2）判断：“好吃不过饺子，舒服不过倒着。”开篇使用这句俗语，十分贴切地写出饺子的好吃，使语言富有生活气息。（ ）

12.《看高跷》

（1）文中第 5 自然段描写了____，第 6 自然段详细写了____。（ ）

A. 老渔夫的表演

B. 文武百官的表演

C. 浪子的表演

D. 牧童的表演

（2）为观众进行高跷表演的是一群什么人？（ ）

A. 一群农夫

B. 一群渔夫

C. 一群孩童

D. 一群北方大汉

13.《漫谈过年》

（1）全文是围绕着哪一句话写的？（ ）

A. 我这一辈子，经过几个时代，也已经过了八十几个“年”了！

B. 时代在前进，这过年的方式，也有很大的不同和进步。

C. 家庭里过年不热闹，而集体的节日庆祝，却一年一年地扩大了。

D. 我已经想象到了那欢腾热闹的盛况，精神上已经参加进去了。

（2）作者在文中依次记述了在哪些地方的过年习俗？（ ）

A. 山东

B. 福州

C. 北京

D. 厦门

14.《守岁》

（1）文中说童年时的“守岁”是一段“最快乐的时光”，对这一说法下面哪种解释不包括在内？（ ）

A. 自由自在地嬉戏

B. 可以吃到腊八粥

C. 可以通宵达旦

D. 大人对孩子多了一些宽容

（2）对于“守岁”的心境随着年龄的增长也在发生着变化，下列说法不正确的是哪一项？（ ）

A. 童年时代只感觉到单纯的欢乐。

B. 少年时代多了几分追忆往昔的思绪。

C. 渐渐年长，多了对自己年岁渐长的担忧。

D. 渐近老年，多了对父母的祝福。

15.《除夕情怀》

（1）站台上工作人员展现出来的形象，下列哪一项评价不正确？（ ）

A. 恪尽职守

B. 善解人意

C. 通情达理

D. 粗暴不讲理

（2）判断：从一个“扰”字，我们可

以看出这瓶果酒让全家人的大年夜过得很糟糕。（ ）

16.《闹元宵》

（1）第1自然段的第一句话在文中起什么作用？（ ）

A. 说明主旨所在，奠定情感基调。

B. 开门见山，引出下文。

C. 说明故事发生的时间、地点。

D. 首尾呼应，说明写作原因。

（2）在第3自然段中，作者为什么说“这两个夜里的月亮，就格外地美丽，格外地含情”？（ ）

A. 因为这两个夜晚的月亮遥遥相望。

B. 因为这两个夜晚的月亮最大最圆。

C. 因为这两个夜晚的月亮和亲人之间浓浓的情感有关。

D. 因为这两个夜晚的月亮在作者看来别具一格。

17.《花灯》

（1）作者写中国人过节，为什么开篇先写外国人过节？（ ）

A. 为了体现中国节比外国节隆重。

B. 主要为了下文对中国节日的描写做铺垫。

C. 为了丰富文章的内容。

D. 为了体现作者阅历广泛。

（2）文中的哪句话是全文的主旨句？（ ）

A. 节日往往最能集中地表现一个民族的习俗和欢乐。

B. 正月里欢乐的高峰，无疑是上元佳节。

C. 灯，是店铺最有吸引力的广告。

D. 像这样季节性的游乐恢复起来，岂不大可丰富一下市民的生活？

18.《扒龙舟》

（1）本文第3自然段中关于龙舟竞渡的场面描写，解释不正确的是哪一项？（ ）

A. 写出了龙舟竞渡的场景的热闹。

B. 写出了龙舟竞渡的场景的冷清。

C. 写出了“我”对童年时光的怀念。

D. 写出了龙舟赛的有趣。

（2）本文的语言具有什么特点？（ ）

A. 朴素自然

B. 激烈高昂

C. 细腻委婉

D. 大气磅礴

19.《朵乐荷，朵乐荷（节选）》

（1）文章先后写了火把节的哪些内容？（ ）

A. 看歌舞表演

B. 选美活动

C. 唱火把节祝歌

D. 讲火把节的传说

（2）判断：火是火，火又不是火。文中的“火”既指火把节中火把燃烧的火焰，也指火把节中所体现的狂欢精神。（ ）

20.《火把节之歌（节选）》

（1）“绕火把”寄寓着人们哪些美好的愿望？（　）

A. 消灾得福

B. 升官发财

C. 英勇无畏

D. 吉祥如意

（2）判断：“火把们都等待着，焦灼地等待着燃烧的时刻。”这句话用拟人的修辞手法写出了火把节即将到来时，人们期待的心情。（　）

21.《生查子》

（1）月上____头，人约____后。（　）

A. 柳梢

B. 柳条

C. 傍晚

D. 黄昏

（2）上片“花市灯如昼”一句写出了去年元夜什么样的景象？（　）

A. 寂静冷清，人影萧条

B. 欣欣向荣，万物复苏

C. 月影朦胧，虚无缥缈

D. 灯火通明，繁华热闹

22.《寒食寄京师诸弟》

（1）下列哪个选项没有体现出诗中所说的寒食节的冷？（　）

A. 天气之冷

B. 节令之冷

C. 旅居之冷

D. 酒水之冷

（2）判断：最后一句诗借景抒情，寄思念于故园的寒食景色，烘托出诗人对诸弟、对故园的怀念之情。（　）

23.《太常引·建康中秋夜为吕叔潜赋》

（1）在本词中，下列词语解释不准确的是哪一项？（　）

A. 金波：月光。

B. 姮娥：嫦娥。

C. 飞镜：铜镜。

D. 婆娑：树影摇曳的样子。

（2）词中许多句子都体现了作者的奇妙想象，下列哪一句不包括在内？（　）

A. 飞镜又重磨

B. 直下看山河

C. 人道是清光更多

24.《豆汁儿》

（1）“没有喝过豆汁儿，不算到过北京。”这句话在文中起什么作用？（　）

A. 开篇点题，点明豆汁儿是北京的代表性的食物。

B. 开篇点题，表达作者对豆汁儿的喜爱。

C. 引出下文，说明豆汁儿的做法。

D. 引出下文，说明北京人对它的喜爱。

（2）下列哪一句话可以用来形容人们对豆汁儿的复杂情感？（　）

A. 不识庐山真面目，只缘身在此山中。

B. 曾经沧海难为水，除却巫山不是云。

C. 问渠那得清如许？为有源头活水来。

D. 甲之蜜糖，乙之砒霜。

25.《烤羊肉》

（1）作者是从哪些方面来写烤羊肉的？（　）

A. 南北方人吃羊肉的不同习俗。

B. 正阳楼烤羊肉的独特之处。

C. “我”定制烤肉架子大宴宾客。

D. 张心一食葱。

（2）关于本文，下面哪项说法是错误的？（　）

A. 作者文笔诙谐幽默，朴实的语言中透露出豁达的人生态度。

B. 可以“食不厌精，脍不厌细”形容作者对待美食的态度。

C. 从作者对烤羊肉细致的描写中，可以体会出他对生活的热爱。

D. 张心一酷爱吃葱蒜一事说明了人的性格决定了饮食习惯。

26.《腊八粥》

（1）文中先后提到了哪些人煮腊八粥的往事？（　）

A. “我”的母亲

B. “我”

C. “我”的女儿

D. “我”的第三代孩子们

（2）从第 2 自然段可以看出，“我”的母亲是一个怎样的人？（　）

A. 学富五车

B. 待人友善

C. 孝敬父母

D. 能言善辩

27.《吆喝》

（1）文中小贩们吆喝声所表达的意思，下面哪一个选项不正确？（　）

A. 烤白薯的小贩：白薯真热乎，很好吃

B. 卖萝卜的小贩：萝卜像梨一样甜

C. 卖柿子的小贩：柿子像萝卜一样甜。

D. 卖山楂的小贩：还不来买就没有了

（2）本文围绕北京的____，展现了老北京的叫卖艺术，字里行间流露出对传统文化的____之情。（　）

A. 吆喝

B. 广告

C. 批判

D. 怀念

28.《灯笼》

（1）“家来睡，不是还将一挂小灯悬在床头吗？”这句话运用了什么修辞手法？（　）

A. 反问

B. 设问

C. 双重否定

D. 疑问

（2）判断：“灯笼的缘结得太多了，记忆的网里挤着的就都是”中的“挤”字形象地写出了“我”知道的有关灯笼的故事非常多。（　）

29.《老北京人家夏天的门和窗》

（1）判断：开头写皇宫里的人在夏天到来时要换首饰，一方面交代了老北京人讲究节气的民俗，另一方面也为下文写换门帘、窗帘做了铺垫。（ ）

（2）老北京人家夏天的门帘、窗帘蕴含了作者怎样的情感？（ ）

A. 蕴含了作者对传统习俗被时代所淘汰的无奈和伤感。

B. 蕴含了作者对门帘、窗帘的喜爱之情。

C. 蕴含了作者对家乡的思念之情。

D. 蕴含了作者对传统习俗的赞美。

30.《陕北，歌的高原（节选）》

（1）从“赶车人轻甩着殷红的鞭子，扯嗓子唱起了《脚夫调》”中的“甩”“扯”可以体会出民歌《脚夫调》的特点是什么？（ ）

A. 缠绵

B. 高亢

C. 沉郁

D. 委婉

（2）牧羊少年“抬眼望见秋空中的大雁驮着白云从头顶飞过”，顺口唱起《信天游》来。这表达了怎样的感情？（ ）

A. 内心不甘寂寞

B. 对现实生活的绝望

C. 内心躁动不安

D. 对美好生活的向往

31.《赛马三月街》

（1）本文讲述的是哪个民族的故事？（ ）

A. 汉族

B. 白族

C. 黎族

D. 纳西族

（2）赛马场上发生了什么意外的事？（ ）

A. 枣红马生病了。

B. “我”临时换了马匹。

C. 枣红马在赛马的过程中捣乱。

D. 别人借走了“我”的马。

三 整本书阅读

《正红旗下》

（1）福海二哥是个怎样的人？对此下列哪一个选项是不正确的？（ ）

A. 外表漂亮

B. 能文能武

C. 目光长远

D. 木讷愚笨

（2）父亲的饺子为什么不听话？（ ）

A. 因为父亲不仅技术不高，还不愿意学习。

B. 因为父亲不仅技术不高，还“心不在焉”。

C. 因为父亲心中有事，挂念二女儿。

D. 因为父亲把面和稀了。

参考答案

一、经典诵读

1.《除夜雪（其二）》

（1）C

（2）C

2.《田家元日》

（1）A

（2）对

3.《元宵（唐寅）》

（1）A

（2）C

4.《元宵（李调元）》

（1）B

（2）对

5.《醉花阴》

（1）ABCD

（2）C

6.《一剪梅·中秋无月》

（1）B

（2）A

二、民俗风情

1.《北京的春节》

（1）C

（2）A　解析：从“十足的文化”“讲究就多了”等可以看出，作者倾向于从文化层面赞美北京春节的美好，表达了对中国传统文化的喜爱之情。

2.《本命年的回想》

（1）C

（2）错　解析：作者之所以对几十年前的过年习俗进行回想，是想表达对传统节日文化的热爱和对童年美好生活的怀念。

3.《清香冻米糖》

（1）ABCD

（2）C

4.《端午的鸭蛋》

（1）C

（2）D

5.《寒食书事》

（1）B

（2）对

6.《望织女》

（1）BC

（2）C

7.《天竺寺八月十五日夜桂子》

（1）A

（2）D

8.《社戏（节选）》

（1）DCBA

（2）C

9.《乡戏（节选）》

（1）C

（2）B

10.《年的味道和声音》

（1）ABC

（2）D　解析：作者在本文中表达了对消失的传统习俗的遗憾和惋惜之情。

11.《饺子》

（1）B

（2）对

12.《看高跷》

（1）AC

（2）D

13.《漫谈过年》

（1）B

（2）ABC

14.《守岁》

（1）B

（2）C

15.《除夕情怀》

（1）D

（2）错　解析：从一个"扰"字可以看出，果酒让一家人大年夜的节日气氛达到了高潮。

16.《闹元宵》

（1）B

（2）C

17.《花灯》

（1）B

（2）A　解析：无论是对西方节日的描写还是对中国春节的描写，都是围绕着"节日往往最能集中地表现一个民族的习俗和欢乐"这句话来写的。

18.《扒龙舟》

（1）B

（2）C

19.《朵乐荷，朵乐荷（节选）》

（1）DABC

（2）对

20.《火把节之歌（节选）》

（1）AD

（2）对

21.《生查子》

（1）AD

（2）D

22.《寒食寄京师诸弟》

（1）D

（2）对

23.《太常引·建康中秋夜为吕叔潜赋》

（1）C

（2）C

24.《豆汁儿》

（1）A

（2）D　解析：从将豆汁儿和臭豆腐、"起司"作比较，可以看出对豆汁儿的评价是因人而异的。

25.《烤羊肉》

（1）ABC

（2）D　解析：张心一酷爱吃葱蒜一事说明了地域文化是饮食习惯的决定

因素。

26.《腊八粥》

（1）ABD

（2）B

27.《吆喝》

（1）C 解析：选项C使用的参照对象不恰当，原文是“喝了蜜的柿子”，指像蜜一样甜的柿子。

（2）AD 解析：文章的标题是“吆喝”，其主要内容也是描写北京的吆喝声，其字里行间所表现出来的是对北京叫卖文化的怀念。

28.《灯笼》

（1）A

（2）对

29.《老北京人家夏天的门和窗》

（1）对

（2）A 解析：门帘、窗帘寄托着作者对老北京生活的美好回忆，蕴含了作者对传统习俗被时代淘汰的无奈和伤感。

30.《陕北，歌的高原（节选）》

（1）B

（2）D

31.《赛马三月街》

（1）B

（2）C

三、整本书阅读

《正红旗下》

（1）D

（2）B

成长风向标 ❷

一 经典诵读

1.《劝学（孟郊）》

（1）“人学始知道”的下一句是什么？（　）

A. 不学不自然

B. 不学非自然

C. 不学是自然

D. 不学很自然

（2）你从诗句“青春须早为，岂能长少年”中明白了什么道理？（　）

A. 青春很长，以后再为也不晚。

B. 我们应该趁年少的时候好好读书。

C. 我们只需在青春时期好好读书。

D. 青春时期才能明白一些道理。

2.《劝学（汪洙）》

（1）“三冬今足用”中“三冬”是什么意思？（　）

A. 三天

B. 三月

C. 三个冬天

D. 三年

（2）判断：“萤窗”形容勤学苦读。（　）

3.《夜吟》

（1）“六十余年妄学诗”的下一句是什么？（　）

A. 功夫深处独心知

B. 工夫深处独新知

C. 工夫深处独心知

D. 功夫深处独新知

（2）判断：诗中“金丹换骨”是比喻诗人找到作诗的妙诀，作诗实现了飞跃。（　）

4.《读书有所见作（节选）》

（1）《读书有所见作》的作者是____朝的____。（　）

A. 唐

B. 清

C. 李白

D. 萧抡

（2）“人心如良苗”这句诗运用了什么修辞手法？（　）

A. 排比

B. 拟人

C. 夸张

D. 比喻

5.《小窗幽记（节选）》

（1）“萧然不知其在尘埃间也”中“尘埃间”指什么？（　）

A. 尘土中

B. 人世间

C. 灰尘中

D. 学问中

（2）判断：“闭门即是深山，读书随

处净土”的意思是：关起门就如同身处深山中一样，能读书就觉得处处是净土。（　）

6.《读书须思量》

（1）“又细心将古人比拟”中“比拟”是什么意思？（　）

A. 比如

B. 比较

C. 好像

D. 仿佛

（2）下列对《读书须思量》一文理解正确的是哪一项？（　）

A. 读书时不需要琢磨古人的做事方法。

B. 读书时不需要与古人作比较。

C. 读书时要带着自己的思考去读。

D. 读书时不需要带着自己的思考去读。

二 漫步世界文学名著花园

1.《海底两万里（节选）》

（1）潜艇所使用的电力和船员的氧气，都是从哪里提取的？（　）

A. 水母

B. 海洋生物

C. 海藻

D. 海水

（2）判断：“鹦鹉螺号”最后的结局是被冰山所困。（　）

2.《荒岛探宝记（节选）》

（1）西尔弗在荒岛上用什么测量方位？（　）

A. 望远镜

B. 指南针

C. 罗盘

D. 司南

（2）判断：西尔弗认为弗林特已经死了，他手下那些人恢复了勇气，没有以前恐惧了。（　）

3.《大风暴》

（1）“风暴持续了整整一天，对在这个季节飞回来的大批候鸟来说，它是一场飞来横祸和浩劫。”一句中“浩劫”一词的意思是哪一项？（　）

A. 抢劫

B. 很长的时间

C. 大灾难

D. 大台阶

（2）下列对雁群中领头雁阿卡的特点表述不正确的是哪一项？（　）

A.“阿卡急忙停止扇动翅膀，几乎在空中一动不动地僵滞着，然后她赶紧朝海面上降落下去。”从中可以看出阿卡生活经验丰富，已经判断出大风暴即将来临。

B.“阿卡一发现他们已经无法折返回去，便想到决不能让狂风把他们扬过波罗的海去。”这里说明阿卡很胆小。

C.“阿卡不停地呼喊道：‘大雁们，不许睡着！睡着了就会离群的，而离了群那就会完蛋！’”从这一处语言描写中可以体会到阿卡尽职尽责，关心雁群。

D.“‘海豹！海豹！海豹！’阿卡死命大叫起来，扇起翅膀就冲上了天空。”从这句话中可以看出阿卡警觉性很高。

4.《木偶奇遇记（节选）》

（1）“一个美好的早晨，我醒来的时候发现自己变成了一头驴——长耳朵、灰皮，还有一条尾巴！”句中破折号的作用是什么？（　）

A. 表示声音的延长

B. 表示意思的递进

C. 表示解释说明

D. 表示意思的转折

（2）从“但是我很明智，我认为如果生而为鱼，那么死在水里比死在油锅里体面些”这句话中，可以体会到金枪鱼什么样的性格特点？（　）

A. 坚强勇敢

B. 屈服于命运

C. 自信乐观

D. 乐于助人

5.《汤姆·索亚历险记（节选）》

（1）判断：“这下子刚才那只‘“大密苏里号”轮船’在太阳底下干着活，累得直出汗，同时那位退休了的艺术家却坐在附近的阴凉地方的一只大木桶上……”句中“‘大密苏里号’轮船”指的是汤姆，“退休了的艺术家”指的是贝恩。（　）

（2）对下列句子分析错误的是哪一项？（　）

A.“他似乎觉得生命空虚起来了，生活简直成了一种负担。”这句话写出了汤姆刷墙前沮丧的心情。

B.“汤姆心里想，这世界原来并不那么空虚啊。”这句话写出了汤姆度过舒服安闲的时光后心情的转变。

C.“他把围墙打量了一番，满心的欢乐都跑掉了，一阵深沉的忧郁笼罩了他的心灵。”这句话运用比喻的修辞手法，把汤姆的沮丧表现得淋漓尽致。

D.“汤姆把他的刷子怪细巧地来回刷着——往后退两步看看效果怎样——又在这儿补一刷，那儿补一刷——再打量一下效果。”这句话是对汤姆动作的描写，写出汤姆装得真像，一连串的动作表明汤姆仿佛“沉浸”在这项工作中，把工作当成了乐趣。

6.《托德的冒险》

（1）对狱卒的女儿评价有误的是哪一项？（　）

A. 骄傲

B. 心地善良

C. 乐于助人

D. 有爱心

（2）托德在谁的帮助下逃离了地牢？（　）

A. 狱卒

B. 狱卒的女儿

C. 看守

D. 兰特

7.《莫格里的兄弟们（节选）》

（1）狼妈妈怎样称呼莫格里？（　）

A. 小娃娃

B. 小宝宝

C. 小青蛙

D. 小东西

（2）"'多承谢尔汗赏脸光临！'狼爸爸说，可是他的眼睛里充满了怒气，'谢尔汗，想要什么吗？'"对这句话分析正确的是哪一项？（　）

A. 从对狼爸爸的语言描写中，可以体会到狼爸爸的友好。

B. 这句话是对狼爸爸的语言和神态描写，从中可以体会到狼爸爸的愤怒。

C. 这句话是对狼爸爸的动作和神态描写，从中可以体会到狼爸爸的愤怒。

D. 从对狼爸爸的神态描写中，可以体会到狼爸爸的友好。

8.《匪首的末日》

（1）文中的"我"是指谁？（　）

A. 派格雷

B. 吉姆

C. 莫利

D. 朗·约翰

（2）为了防止出乱子，西尔弗把什么交给了吉姆？（　）

A. 一支手电筒

B. 一袋金币

C. 一根铁棒

D. 一支双筒手枪

9.《柳林风声（节选）》

（1）水鼠断定鼹鼠去了野树林最关键的依据是什么？（　）

A. 鼹鼠的帽子和胶套鞋不见了。

B. 水鼠在泥泞的地面上发现了鼹鼠的脚印，脚印去向很明确，直直的一串，直奔野树林。

C. 水鼠发现鼹鼠不在家。

D. 鼹鼠去野树林之前告诉了水鼠。

（2）水鼠兰特去野树林寻找鼹鼠所带的物品是什么？（　）

A. 棍棒和面包

B. 手枪和水

C. 诗稿和面包

D. 手枪和棍棒

10.《库拉山的鹤之舞表演大会》

（1）狐狸斯密尔为什么受到了惩罚？（　）

A. 因为他在游艺大会上咬死了一只乌鸦。

B. 因为他在游艺大会上咬死了一只大雁。

C. 因为他在游艺大会上咬死了一只山兔。

D. 因为他在游艺大会上咬死了一只红

嘴松鸡。

（2）乌鸦飞行舞表演的特点是什么？（　）

A. 意气风发

B. 滑稽有趣

C. 沉闷无聊

D. 欢快优美

11.《灰姑娘》

（1）判断：人们叫她“灰姑娘”的原因是她的皮肤是灰色的。（　）

（2）王子是靠什么找到灰姑娘的？（　）

A. 特别的帽子

B. 漂亮的衣服

C. 小玻璃舞鞋

D. 南瓜马车

12.《渔夫和金鱼的故事》

（1）老太婆向金鱼提了几次要求？（　）

A. 三次

B. 四次

C. 五次

D. 六次

（2）《渔夫和金鱼的故事》想要告诉我们什么道理？（　）

A. 我们要不惜一切代价追求优越的生活。

B. 做人要与人为善。

C. 贪得无厌是没有好下场的。

D. 滴水之恩当涌泉相报。

三 整本书阅读

《小飞侠彼得·潘》

（1）达林和太太找来谁作为孩子们的保姆？（　）

A. 一位老奶奶

B. 一位阿姨

C. 一个小精灵

D. 一条流浪狗

（2）彼得·潘的小精灵叫什么名字？（　）

A. 香奈儿

B. 小叮当

C. 娜娜

D. 花仙子

参考答案

一、经典诵读

1.《劝学（孟郊）》

（1）B

（2）B

2.《劝学（汪洙）》

（1）D

（2）对

3.《夜吟》

（1）C

（2）对

4.《读书有所见作（节选）》

（1）BD

（2）D

5.《小窗幽记（节选）》

（1）B

（2）对

6.《读书须思量》

（1）B

（2）C　解析：《读书须思量》这篇古文告诉我们，读书的时候，必须仔细琢磨古人处理事情的方法，并把自己的方法与古人作比较，要带着自己的思考去读书。所以选 C。

二、漫步世界文学名著花园

1.《海底两万里（节选）》

（1）D

（2）错　解析：“鹦鹉螺号”在海底进行了两万里环球航行，在大西洋遇到了大风暴、大漩涡，被卷入其中。

2.《荒岛探宝记（节选）》

（1）C

（2）错　解析：西尔弗认为弗林特已经死了，他手下那些人却始终没有恢复勇气，反而更加恐惧了。

3.《大风暴》

（1）C

（2）B　解析：从这句话可以看出阿卡飞行经验丰富，具有领导才能。

4.《木偶奇遇记（节选）》

（1）C

（2）B　解析：结合上文“我想，我们只能等着鲨鱼把我们给消化了”这句话，可以看出金枪鱼屈服于命运的安排，不为自己活下去而努力，认为死在水里比死在油锅里体面些。所以选 B。

5.《汤姆·索亚历险记（节选）》

（1）错　解析：句中“‘大密苏里号’轮船”指的是贝恩，“退休了的艺术家”指的是汤姆。

（2）C　解析：选项C中的句子运用拟人、夸张的修辞手法，把汤姆的沮丧表现得淋漓尽致。

6.《托德的冒险》

（1）A　解析：狱卒的女儿是一个心地善良、乐于助人、有爱心的女孩，并非一个骄傲的人。

（2）B

7.《莫格里的兄弟们（节选）》

（1）C

（2）B　解析：“多承谢尔汗赏脸光临！”这是语言描写，是狼爸爸的客套话，并不能说明他友好；“可是他的眼睛里充满了怒气”这是神态描写，从中可以体会到狼爸爸对谢尔汗的到来感到非常愤怒。

8.《匪首的末日》

（1）B

（2）D

9.《柳林风声（节选）》

（1）B

（2）D

10.《库拉山的鹤之舞表演大会》

（1）B

（2）C

11.《灰姑娘》

（1）错　解析：人们叫她“灰姑娘”，是因为她每天在家中做一切苦活，做完活就待在烟囱旁边，坐在灰堆里，身上沾满了灰。

（2）C

12.《渔夫和金鱼的故事》

（1）C　解析：老太婆向金鱼共提了五次要求：第一次是要一只木盆，第二次是要座木房子，第三次是要做世袭的贵妇人，第四次是要做自由自在的女皇，第五次是要做海上的女霸王。

（2）C　解析：《渔夫和金鱼的故事》告诉我们，追求好的生活环境没有错，但关键是要适度，过度贪婪的结果必定是竹篮打水一场空，落得什么也得不到的下场。

三、整本书阅读

《小飞侠彼得·潘》

（1）D

（2）B

成长风向标 3

一 经典诵读

1.《三五七言》

（1）结合译文，“寒鸦栖复惊”中“复”的意思是什么？（　）

A. 复习

B. 回复

C. 又

D. 繁复

（2）本诗表达了诗人什么样的情感？（　）

A. 悲伤

B. 喜悦

C. 烦恼

D. 惧怕

2.《月下独酌（其一）》

（1）本诗作者李白的号是什么？（　）

A. 少陵野老

B. 香山居士

C. 青莲居士

D. 东坡居士

（2）题目中“酌”是什么意思？（　）

A. 饮酒

B. 思考

C. 酌情

D. 商量

3.《东栏梨花》

（1）判断：“一株雪”在本诗中是指一棵落满了雪花的树。（　）

（2）本诗前两句写出了什么时节的景物特点？（　）

A. 初春

B. 初夏

C. 初秋

D. 初冬

4.《己亥杂诗（其五）》

（1）“落红不是无情物，化作春泥更护花”中“落红”的意思是“落花”，诗句运用了什么修辞手法？（　）

A. 拟人

B. 比喻

C. 夸张

D. 联想

（2）判断：最后两句传达出诗人“不在其位，亦谋其政”的难能可贵的精神，表明了诗人无比坚定的决心。（　）

5.《定风波》

（1）“经年”的意思是什么？（　）

A. 过了一年

B. 今年

C. 年复一年

D. 年代

（2）判断：词中“云水”让诗人感受

到彻底的自由。（ ）

6.《诉衷情》

（1）“鬓先秋”中“秋”的意思是什么？（ ）

A. 秋天

B. 白

C. 一年

D. 丰收

（2）下列理解不恰当的是哪一项？（ ）

A.“当年”两句，抒写词人昔日投笔从戎，英勇抗敌的情景。

B.“胡未灭”三句寄托岁月不再，垂垂老矣，力不从心之感慨。

C.“此生”三句宽慰自己“天山”有将士守边，尽管安心养老。

二 真情流露

1.《时间怎样地行走》

（1）怎样理解“我在梳头时发现了一根白发，它在清晨的曙光中像一道明丽的雪线一样刺痛了我的眼睛”在文中的含意？（ ）

A. 梳下来的白发太白了，晃得“我”的眼睛发疼。

B. 梳下来的白发让“我”发现了生命的衰老，表达了对岁月流逝的无奈与心痛。

C. 梳下来的白发明亮而美丽。

D. 梳下来的白发使“我”感到悲哀、心痛。

（2）下列哪句诗是形容时光易逝的？（ ）

A. 盛年不重来，一日难再晨。

B. 读书破万卷，下笔如有神。

C. 纸上得来终觉浅，绝知此事要躬行。

D. 海内存知己，天涯若比邻。

2.《春》

（1）判断：“鸟儿将窠巢安在繁花嫩叶当中……呼朋引伴地卖弄清脆的喉咙……”中的“卖弄”意思是“有意显示、炫耀（自己的本领）”，写出了小鸟的叫声惹人烦。（ ）

（2）文章是按照什么顺序写的？（ ）

A. 盼春

B. 送春

C. 绘春

D. 赞春

3.《小鞋子》

（1）判断：“我在心里继续翻日历”写出了“我”对能穿新鞋子的期待。（ ）

（2）对文中“妈妈”的评价，错误的是哪一项？（ ）

A. 她生活节俭，珍惜财物。

B. 她对父亲给“我”买皮鞋的事很是心疼。

C. 她疼爱自己的孩子。

D. 她愿意把最好的东西留给孩子。

4.《第一支钢笔》

（1）判断：文章第1自然段中“我使用它，已经二十多年了。笔尖劈过，断过，被我磨齐了，也磨短了”写出了“我”对这支钢笔的珍惜之情。（ ）

（2）文章结尾以三个“永远”表述“我”对这一支钢笔的态度。你认为这一支钢笔有怎样的作用？选出理解不恰当的一项。（ ）

A. 它是母亲对儿子的关爱和期待的见证。

B. 它包含着母亲对“我”的激励和鞭策。

C. 它帮“我”写了很多文章。

D. 它让“我”拥有面对生活的勇气和坚强的性格。

5.《集体创作》

（1）文章的题目“集体创作”是什么意思？（ ）

A.“我”和同学搭伙写作文。

B.“我”摘抄了课本上的作文。

C.“我”抄了同桌的作文。

D. 同桌抄了“我”的作文。

（2）下列对文章内容的理解，不正确的是哪项？（ ）

A. 老师对于“他”字的教学，“我”理解得不错，然后应用到了作文之中。

B. 小伙伴在作文课上的做法，让“我”一直记恨在心，“我”永远都不可能原谅他。

C. 李老师是一个很严厉的老师，对待学生认真负责。

D.“我”和小伙伴“集体创作”了一篇运用“他”的作文。

6.《举起你的右手》

（1）将第1自然段中“谁愿意手中诞生一个繁华世界的同时，身后却落下一个荒芜的孩子呢？”改成陈述句。（ ）

A. 每个人都愿意手中诞生一个繁华世界的同时，身后落下荒芜的孩子。

B. 有的人愿意手中诞生繁华世界的同时，身后落下一个荒芜的孩子。

C. 没有人愿意手中诞生一个繁华世界的同时，身后却落下一个荒芜的孩子。

D. 一个人在愿意手中诞生繁华世界的同时，身后落下荒芜的孩子。

（2）判断：故事中的“右手”不仅代表了黄涛失去的右手，也代表了黄涛失去的自信。（ ）

7.《花边饺子》

（1）妈妈包“花边饺子”的原因是什么？（ ）

A. 花边饺子好看，说明妈妈生活很讲究。

B. 捏了花边的饺子好吃。

C.“花边”是记号，是包了肉馅的，为了让孩子吃到肉馅的饺子。

D. 妈妈心灵手巧。

（2）判断：成年后，“我”包花边饺子表现出的是对妈妈的爱。（ ）

8.《在那颗星子下——记我的中学生时代》

（1）文章题目中的“星子”是指什么？（　）

A. 天边最亮的星

B. 离“我”最近的星

C. 离月亮最近的星

D.“我”的老师

（2）本文记述了作者读书时的一件小事，情节设计很巧妙，一波三折。请按顺序排列下面的情节。（　）

A. 看电影时巧遇林老师。

B. 成绩单上仍然是一个叫人不敢直视的“优”。

C. 重考只有四十七分。

D. 考前临时抱佛脚（突击复习）意外得高分。

9.《明日歌》

（1）“暮看日西坠”中的“坠”是什么意思？（　）

A. 装饰品

B. 毁灭

C. 落下

D. 阻挡

（2）诗人最后一句诗的用意是什么？（　）

A. 鼓励我们好好学习

B. 勉励我们珍惜时间

C. 激励我们鼓起勇气

D. 奖励我们认真听歌

10.《时间是一把剪刀》

（1）第一小节中，诗人把“时间”比作“____”，把“生命”比作“____”，裁剪完的结果是“____”。（　）

A. 一把剪刀

B. 一树繁花

C. 一匹锦绮

D. 一堆破布付之一炬

（2）诗人在诗歌中运用了____的修辞手法，表明了时间的____。（　）

A. 拟人

B. 比喻

C. 残酷

D. 温柔

11.《时光老人的礼物（节选）》

（1）“你把东风带给树枝”中的“你”指的是谁？（　）

A. 小鸟

B. 阳光

C. 时光老人

D. 春天

（2）诗的开头写的是什么季节？（　）

A. 春天

B. 夏天

C. 秋天

D. 冬天

12.《生命的三分之一》

（1）题目“生命的三分之一”指的是

什么？（　　）

A. 夜晚的时间

B. 上夜班的时间

C. 思考的时间

D. 走路的时间

（2）本文的中心论点是什么？（　　）

A. 一个人的生命究竟有多大意义，是有标准可以衡量的。

B. 古来一切有成就的人，都很严肃地对待自己的生命。

C. 我们的古人老早就知道对于日班和夜班的计算方法。

D. 我国历代的劳动人民以及许多大政治家、大思想家都不浪费时间。

13.《岁月的目光》

（1）以下什么样的做法会得到岁月的目光的长久抚摸？（　　）

A. 脚踏实地向前走

B. 犹豫不决

C. 后悔

D. 指责别人

（2）下列对文章内容的叙述，不正确的是哪一项？（　　）

A. 人只要活着，就不可能是雕像，在原地一动不动。

B. 岁月会掠过人的心灵，使人感悟到时光的意义。

C. 如果你在颓废中后退，岁月会因此而停止它的脚步。

D. 只要向前走，就一定能看到，到处是目光和目光的交流。

14.《童年——愚骇而神圣》

（1）文章先后写了哪四件事，再现了“我”丰富多彩的童年生活？（　　）

A. 换电灯泡儿的叫喊

B. 唱话匣子的热闹

C. 城南游艺园的快乐

D. 卖晚香玉的摊子

（2）下列对文章内容的理解，分析不正确的是哪一项？（　　）

A. 在作者的印象里，童年是神圣的，经历了很多记忆犹新的事情。

B. 小时候，“我”是一个胆小谨慎的孩子，从不敢去人多的地方。

C. 小时候，家里老妈子经常带“我”去城南游艺园。

D. 小时候，唱话匣子的来“我”家，也能给街坊带来乐趣。

15.《挖荠菜》

（1）“我听见妈妈在村口焦急地呼唤着我的名字，只是不敢答应”，下列哪项说法不能作为“不敢答应”的原因？（　　）

A.“我”浑身湿漉漉的，怕妈妈见了伤心。

B.“我”丢了一只鞋。

C.“我”害怕看到妈妈哀怨的眼神。

D.“我”没有挖到荠菜。

（2）“一种比饥饿更可怕的东西平生

头一次潜入了我那童稚的心”，这里“比饥饿更可怕的东西”指的是什么？（ ）

A. 财主的残忍

B. 人与人之间的不平等

C. 挖荠菜的痛苦

D. 黑暗的夜晚

16.《我最喜欢的一门功课》

（1）下列哪项不是作者最喜欢语文的原因？（ ）

A. 带给作者奇妙的形象。

B. 带给作者丰富的奖励。

C. 带给作者许多知识。

D. 培养作者的写作兴趣。

（2）下列对文章内容的理解，不正确的是哪一项？（ ）

A.“八字宪法”带有口诀的意味，但是记牢却很困难，所以“我”在老师面前出丑了。

B.语文教会“我”造句、作文，还教会“我”分析词汇、识别词汇，等等。

C. 语文课是中小学生的福音，能让学生体会到很多的乐趣。

D. 写完作文之后，身心都很压抑。

17.《我的 12 岁生日》

（1）第 1 自然段中“反复地翻看日历”“掰着指头”“一遍又一遍”等写出了作者什么样的心情？（ ）

A. 无聊

B. 期待

C. 伤心

D. 烦躁

（2）判断：文章第 3 自然段中，“当电话铃声再一次响起，我却没有勇气拿起听筒”是因为害怕传来更严重的疫情消息。（ ）

18.《给家乡孩子的信》

（1）文中多次提到的“开花”，在本文中的意思是什么？（ ）

A. 植物开花

B. 爆炸

C. 破裂

D. 人生放出光彩

（2）判断：本文作者多次表达了他对人生的态度：生命的意义在于奉献而不在于享受。（ ）

19.《掮枪的生活》

（1）下列关于“我们”掮枪时候的装束描述不正确的是哪一项？（ ）

A. 皮带上系着两个长方形的皮匣子

B. 腰间别着牛皮的腰带

C. 身后系着刺刀的壳子

D. 掮着后膛枪

（2）下列对文章内容的表述，有误的是哪一项？（ ）

A. 旅行时候的住宿是一大难事，总是找不到合适的地方，经常因为住宿的事情耽搁行程。

B. 在秋季旅行的时候，“我们”也用

军法部勒，步伐、吃饭等事情都要听军号。

C. 旅行不但掮枪、束子弹带，还要向军营里借粮食袋和水瓶使用。

D. 听到别人把“我们”称作“军队”，“我们”受到了莫大的鼓舞，更加振奋。

20.《槐树花真香》

（1）洋槐树下的老奶奶和小女孩是什么关系？（　）

A. 邻居

B. 师生

C. 母女

D. 祖孙

（2）下列对这篇文章的分析，不恰当的是哪一项？（　）

A. 文中老太太反复赞叹“太阳真美，槐树花真香”，从行文上看，它与第2自然段末尾“冲着落日安详地坐着，一动也不动，似乎得到了一种永恒的满足”相呼应，使文章结构严谨，刻画人物集中。

B. 故事刻画人物主要采用了肖像描写和语言描写，赞颂了老奶奶的母爱和奉献精神。

C. 故事以“槐树花真香”为标题，一是因为槐树是本文的线索，二是因为新颖、醒目。

D. 本文描写细腻，叙事简约，情节简单，却内涵丰富；结尾含蓄，意味深长。

21.《搬掉心中的巨石》

（1）妈妈为什么要给孩子写这封信？（　）

A. 为出远门读书的孩子担忧。

B. 因孩子与同学打架的事情难过。

C. 被孩子顶撞老师所困扰。

D. 对孩子给自己的回答不满意。

（2）文章的题目“搬掉心中的巨石”中的“巨石”指的是什么？（　）

A. 对别人建议的反抗

B. 对于同伴的不理解

C. 想象中放大的困难

D. 对前进道路的自信

22.《母亲（节选）》

（1）请你根据文章内容将“我”对继母的感情变化排序。（　）

A. 嫌弃

B. 怀念

C. 接受

D. 感激

（2）判断：“我”很讨厌妈妈，“我”觉得她是“我”家里多余的人，“我”始终没有认可她。（　）

23.《水仙太太》

（1）水仙太太来到水镇之前，水镇是什么样的面貌？（　）

A. 杂草丛生，邋邋遢遢。

B. 整个镇上都种着水仙花。

C. 镇上充满香气。

D. 街道干干净净。

（2）为什么水仙太太来水镇的第二天，水镇的街道上就干干净净了？（　）

A. 晚上下雨把街道冲干净了。

B. 街道上的居民早起打扫了街道。

C. 大风把街道上的灰尘吹走了。

D. 水仙太太打扫了街道。

24.《读书再读书》

（1）“不要急于写作，不要讨厌修改，而是把同一篇东西改写十遍、二十遍”是谁的名言？（　）

A. 冈察洛夫

B. 列夫·托尔斯泰

C. 阿林汉

D. 高尔基

（2）判断：面对读书，作者是既高兴又懊悔。她高兴的是可以从书中学到知识，懊悔的是读书很辛苦。（　）

25.《写给 14 岁的女儿》

（1）从贺龙对待外甥向轩的态度来看，贺龙是一个怎样的人？（　）

A. 对待事情固守死规矩

B. 对老百姓敬而远之

C. 严格遵守纪律

D. 不疼爱外甥，心里只有战友

（2）判断：这封信是一位军人写给自己女儿的。在信中，给女儿讲了两个人的故事，目的是教会女儿做人做事的道理，为女儿未来的成长指引方向。（　）

26.《生活中的智慧》

（1）第 2 自然段中“弥新”在本文的意思是什么？（　）

A. 更加清晰

B. 更加新鲜

C. 更有新意

D. 缝补成新的

（2）文章通过生活中哪几件小事，表达了作者对母亲节俭过日子的智慧的敬佩？（　）

A. 缝补凉鞋

B. 储存洗衣服的水冲厕所

C. 蒜薹切丁腌制

D. 收藏小旧衣服

三 整本书阅读

《阿莲》

（1）判断：小说中的阿婆宽容、善良，真心疼爱阿莲，尊重阿莲的想法和决定。（　）

（2）小说中的梅伯伯对阿莲有什么影响？（　）

A. 给她做书包

B. 教她画国画

C. 教她“画”名字

D. 引导她读书

参考答案

一、经典诵读

1.《三五七言》

（1）C

（2）A　解析：秋风、秋月、落叶、寒鸦烘托出悲凉的氛围，“相思”说明渴望来日再相聚，表达了作者心中的孤独悲伤。

2.《月下独酌（其一）》

（1）C

（2）A

3.《东栏梨花》

（1）错　解析：在这里指盛开的一树梨花。

（2）A　解析：梨花盛开，柳絮飞舞，可见描绘的是春天的景象。

4.《己亥杂诗（其五）》

（1）A

（2）对　解析：作者借自然的循环法则来自比，表示自己虽然辞官，但仍会关心国家的前途命运。

5.《定风波》

（1）C

（2）对

6.《诉衷情》

（1）B

（2）C　解析：“此生谁料”感叹自己被迫退隐，流露了对南宋统治集团不满的情绪。“心在天山，身老沧州”句是年迈苍苍的陆游血与泪的凝聚，悲壮处见沉郁，愤懑却不消沉。

二、真情流露

1.《时间怎样地行走》

（1）B　解析：本句运用比喻的修辞手法表达了白发带给作者对时间流逝的真实感受，感叹时间过得匆匆，并没有悲哀的感觉，刺痛的是“我”的心，而不是真的刺痛了眼睛。

（2）A　解析：选项 B 是劝勉人们要多读书，选项 C 是告诉我们要注重实践，选项 D 是告诉我们真正的友情是能超越时空的。

2.《春》

（1）错

（2）ACD

3.《小鞋子》

（1）对

（2）B　解析：文中的“妈妈”虽然生活节俭，珍惜财物，但对孩子的付出是毫不吝惜的。

4.《第一支钢笔》

（1）对

（2）C

5.《集体创作》

（1）A

（2）B　解析：倒数第2自然段写道："后来我才想到，我不该这样对待他。他的回答一定跟我当时想的完全相同，只是才说了前一半，后一半让李老师给吓跑了。"由此可知"我"原谅了小伙伴。

6.《举起你的右手》

（1）C

（2）对

7.《花边饺子》

（1）C

（2）对

8.《在那颗星子下——记我的中学生时代》

（1）D

（2）ADCB

9.《明日歌》

（1）C

（2）B　解析：选项A、C与诗的主旨不符，选项D则曲解了诗意。

10.《时间是一把剪刀》

（1）ACD

（2）BC

11.《时光老人的礼物（节选）》

（1）C

（2）A　解析："东风"表明是春天。

12.《生命的三分之一》

（1）A

（2）B

13.《岁月的目光》

（1）A　解析：在文章中，作者认为只有那些无愧于人生、无愧于岁月的人，会成为美丽的雕像，岁月的目光将久久地抚摸他们。而犹豫不决、后悔、指责别人都是在浪费时间，只有用心学习新知，才无愧于岁月。

（2）C

14.《童年——愚骇而神圣》

（1）DABC

（2）B

15.《挖荠菜》

（1）D

（2）B

16.《我最喜欢的一门功课》

（1）B

（2）D　解析：第6自然段写道：写完作文后的感觉十分独特，很接近一种被马斯洛称为"自我实现"的境界。

17.《我的12岁生日》

（1）B

（2）错　解析：害怕再次接到小伙伴不能到来的消息。

18.《给家乡孩子的信》

（1）D

（2）对

19.《掮枪的生活》

（1）B

（2）A　解析：倒数第 2 自然段写道：“旅行时候的住宿又是一件有味的事。往往借一处地方，在屋子里平铺着稻草，就把带去的被褥摊在上面。”由此可见在“我”看来，住宿是一件有趣的事情。

20.《槐树花真香》

（1）D

（2）C　解析：“槐树花真香”揭示主题。“槐花”起到了贯穿全文的情感脉络的作用，而非“槐树”，所以选项 C 错。

21.《搬掉心中的巨石》

（1）D

（2）C

22.《母亲（节选）》

（1）ACDB

（2）错　解析：刚开始的时候，“我”确实嫌弃妈妈，伴随着生活中的一件件小事，“我”对妈妈渐渐有了好感，认可了她。

23.《水仙太太》

（1）A

（2）D

24.《读书再读书》

（1）B

（2）错

25.《写给 14 岁的女儿》

（1）C

（2）对

26.《生活中的智慧》

（1）A

（2）ACD

三、整本书阅读

《阿莲》

（1）对

（2）D

成长风向标 4

一 经典诵读

1.《松》

（1）诗中的“大夫”是指什么？（　）

A. 五大夫松

B. 医生

C. 古代一种官职

D. 高山

（2）判断：之所以五大夫松的名声传扬古今，是因为它枝干盘屈，品格高洁，卓尔不群。（　）

2.《尘劳迥脱》

（1）下列词语解释有误的是哪一项？（　）

A. 争：同“怎”。

B. 迥脱：摆脱。

C. 做一场：大干一场。

D. 紧把：紧张。

（2）判断：这首诗借梅花顶风冒雪开放，散发出芳香，表达了诗人希望世人为人做事应有梅花般品性的思想。（　）

3.《落梅（其二）》

（1）“斡”正确的读音是____，意思是____。（　）

A. wò

B. wó

C. 使劲

D. 扭转，挽回

（2）判断：“向来冰雪凝严地，力斡春回竟是谁？”该诗句表达了诗人对梅花不惧严寒、坚韧不拔的品格的赞美之情。（　）

4.《寒菊》

（1）本诗的作者是宋代诗人____，号____。（　）

A. 李清照

B. 苏轼

C. 易安居士

D. 东坡居士

（2）判断：“便有佳名配黄菊，应缘霜后苦无花”描绘了菊花傲骨凌霜的品格。（　）

5.《诉衷情》

（1）“南枝欲附春信，长恨陇人遥”中“陇人”的意思是____。（　）

A. 家人

B. 敌人

C. 亲人

D. 离人

（2）判断：这首诗表达了诗人思念离人，内心充满惆怅的思想感情。（　）

6.《蝶恋花》

（1）“谩道广平心似铁”一句中“谩道”的意思是____，“广平”是指____。（　）

A. 漫漫长路

B. 不要说

C. 宋代词人赵鼎

D. 唐代名相宋璟

（2）判断：这首词写的是梨花，是一首咏物词。（　）

二 成长风向标

1.《病牛》

（1）诗中哪一句写出了病牛“耕犁”数量之大、劳动收获之多？（　）

A. 力尽筋疲谁复伤

B. 但得众生皆得饱

C. 不辞羸病卧残阳

D. 耕犁千亩实千箱

（2）下列哪一项不属于作者诗中描写的牛的特点？（　）

A. 不思进取

B. 任劳任怨

C. 奉献精神

D. 心念苍生

2.《咏煤炭》

（1）下列词语解释，错误的是哪一项？（　）

A. 乌金：指太阳。

B. 苍生：百姓。

C. 爝火：火把。

D. 混沌：诗中借指没开采的煤矿。

（2）哪句诗将煤炭人格化并赋予了它“鞠躬尽瘁，死而后已”的精神？（　）

A. 凿开混沌得乌金，藏蓄阳和意最深。

B. 爝火燃回春浩浩，洪炉照破夜沉沉。

C. 鼎彝元赖生成力，铁石犹存死后心。

D. 但愿苍生俱饱暖，不辞辛苦出山林。

3.《题竹石画（其二）》

（1）下列词语解释有误的是哪一项？（　）

A. 宜：适宜。

B. 奇：奇怪。

C. 弃：舍弃。

D. 卉：草。

（2）诗人借竹子称赞了什么样的人？（　）

A. 随心所欲

B. 坚贞不屈

C. 微不足道

D. 随波逐流

4.《足迹》

（1）曾昭良为什么没能在起风之前翻过山去？（　）

A. 因为他护送生病的同志走，减缓了前行的速度。

B. 因为他生病了，走不快。

C. 因为起风了，路太难走了。

D. 因为他负责殿后，掩护前方队员的安全。

（2）判断：“同志们，革命，需要我们往前走哇！”这句话燃起了战士们心

中革命的信仰，周副主席的人格魅力让这句话有了强大的力量。（　）

5.《草》

（1）《草》这篇小说以什么为线索？（　）

A. 草

B. 杨光

C. 周副主席生病

D. 战士误食毒草

（2）下列句子中，使用的修辞手法和其他选项不同的是哪一项？（　）

A. 他觉得心头像刀在绞，眼睛一阵酸涩，竟然连敬礼也忘了。

B. 太阳冒红了，浓烟似的雾气正在消散。

C. 周副主席的话像沉雷一样隆隆地滚过草地，滚过红军战士的胸膛。

D. 班里同志们有的口吐白沫，有的肚子痛得满地打滚，有的舌头都僵了。

6.《最后一次讲演》

（1）《最后一次讲演》一文中的“我们”是指____，“你们”是指____。（　）

A. 作者及爱国民众

B. 作者

C. 国民党反动派及其帮凶

D. 国民党反动派

（2）判断：这篇文章被称为“最后一次讲演”的原因是，1946 年 7 月 15 日闻一多先生在李公朴的追悼会上发表了这次讲演，当天下午他被国民党反动派暗杀。（　）

7.《走向有无限可能的美好未来》

（1）判断：文章结尾作者用慷慨激昂的语言鼓励每一个人都要为中华民族的伟大复兴而努力奋斗。（　）

（2）“自信人生二百年，会当水击三千里”这句诗的作者是谁？（　）

A. 周恩来

B. 毛泽东

C. 老舍

D. 鲁迅

8.《白马（节选）》

（1）喜子生病醒来后第一件事是做什么？（　）

A. 找自己的马

B. 找同伴

C. 吃东西

D. 喝清水

（2）队伍中谁知道白马的真正死因？（　）

A. 司务长

B. 大安

C. 福生

D. 师长

9.《年节（节选）》

（1）这篇文章的主人公是谁？（　）

A. 冬梅

B. 金库

C. 留孩

D. 石头

（2）下列对文章有关内容的理解，不恰当的是哪一项？（　）

A. 留孩听到金库的枪声以后，没有惊慌失措，因为他想得到那把枪。

B. 留孩抓住金库想要鸟的心理，一步一步引诱他。

C. 文中的留孩是一个聪明机智、遇事不慌乱的孩子。

D. 金库被留孩制伏后，还依然蛮横无理。

10.《彭德怀速写》

（1）《彭德怀速写》这篇文章的作者是谁？（　）

A. 丁玲

B. 萧红

C. 张爱玲

D. 林徽因

（2）文章中的哪一句话可以表达出人们对彭德怀的态度？（　）

A. 他的印象却永远留在那些简单的纯洁的脑子中。

B. 我们是怕他的，但我们更爱他！

C. 因为有了他的存在而不懂得害怕。

D. 还有一张颇大的嘴，充分表示着顽强。

11.《老舍先生》

（1）下列哪一项不属于老舍的爱好特点？（　）

A. 养花

B. 好客

C. 藏画

D. 爱好音乐

（2）判断：文章结尾说，老舍首先是属于北京人的，这句话的意思是说老舍了解北京，只能作为北京人的代表。（　）

12.《母亲（节选）》

（1）《母亲》是著名作家____的作品，它是一部划时代的巨著，开辟了无产阶级文学的新纪元。（　）

A. 高尔基

B. 莎士比亚

C. 歌德

D. 托尔斯泰

（2）母亲冒着生命危险给儿子送演说稿，被暗探盯上，在____被捕。（　）

A. 大街上

B. 工友家里

C. 汽车站

D. 火车站

13.《宋庆龄和她的保姆》

（1）下列词语与文中“晋谒”意思相近的是哪一项？（　）

A. 探望

B. 朝见

C. 观望

D. 进见

（2）判断：文章记叙了宋庆龄与李姐

之间相互照顾、亲如姐妹的生活经历，赞扬了宋庆龄民主的思想和朴实平易的品格。（　）

14.《党费（节选）》

（1）黄新打算用什么当作党费来交？（　）

A. 钱

B. 咸菜

C. 萝卜

D. 盐

（2）“孩子，好好地听妈妈的话啊！”这句话一语双关，表面上是嘱咐自己的孩子听自己的话，暗指要“我”听党的话，不要感情用事。（　）

15.《夜半枪声（节选）》

（1）潘彪家大门上的纸条是谁写的？（　）

A. 陈虹

B. 周二柱和两个战士

C. 大愣

D. 石山根

（2）“前面那人朝四面望了一阵，朝后摆摆手，后面两人就伏在树丛里，不动了。前面那人猫着腰，几步来到了石屋面前。”从这一系列____描写中，体现了三位战士____。（　）

A. 动作

B. 语言

C. 对环境不熟悉

D. 对革命工作警觉性很高

16.《徐特立的故事》

（1）徐特立所在的休养连，一般只能____行军，因为他们有几十副担架，有二三十匹马，有几十个药箱子，集中起来，目标很大，行动缓慢，一遇上飞机，就没有办法了。（　）

A. 早上

B. 中午

C. 傍晚

D. 夜间

（2）下列哪一项不属于徐特立的特点？（　）

A. 吃苦耐劳

B. 关心他人

C. 逞强好胜

D. 风趣幽默

17.《我最后一刹那的呼吸，是念着你的名字》

（1）本文是哪一位烈士就义前写给妻子的一份遗书？（　）

A. 刘愿庵

B. 邱少云

C. 邹进贤

D. 程攸生

（2）下列对本文相关内容的理解，不正确的是哪一项？（　）

A. 刘愿庵同志希望自己死后，妻子能依然为了他们共同的工作而努力，不要懈怠、消极。

B. 作者曾经希望有一个小宝宝，使他成为一个模范的布尔什维克，现在也尽成虚愿了。

C. 作者坚信革命会取得成功。

D. 作者唯一值得欣慰的是，在工作中没有什么失误。

18.《我的梦想》

（1）在史铁生眼中，田径运动的魅力在什么地方？（　）

A. 人的力量、意志和优美能从那奔跑与跳跃中得以充分展现。

B. 健康的身体和矫健的步伐。

C. 一次又一次的挑战自己身体的极限。

D. 打破前人创造的纪录，获得成功。

（2）“他身高一米八八，肩宽腿长，像一头黑色的猎豹。”这句话运用了什么修辞手法？（　）

A. 拟人

B. 比喻

C. 排比

D. 对偶

19.《心愿》

（1）作者和小姑娘一家人共同的心愿是什么？（　）

A. 修一座中国和法国的友谊长桥。

B. 中国可以发展得更好。

C. 小姑娘可以去北京和作者的女儿做朋友。

D. 小姑娘跟作者学中文。

（2）下列哪句话和“小姑娘的天真的心灵，不正像一个含苞欲放的花蕾吗”意思一样？（　）

A. 小姑娘的天真的心灵，哪里像一个含苞欲放的花蕾？

B. 小姑娘的天真的心灵，难道和一个含苞欲放的花蕾不像吗？

C. 小姑娘的天真的心灵，不像一个含苞欲放的花蕾。

D. 小姑娘的天真的心灵，难道像一个含苞欲放的花蕾吗？

20.《黄纱巾》

（1）因为什么原因，女孩发誓永远不提自己喜欢黄纱巾的事？（　）

A. 知道家中不富裕。

B. 怕家长批评自己。

C. 是别人挑剩下的，不想要。

D. 知道父母不给买。

（2）中年人不再出售这条纱巾，表现了中年人什么样的品质？（　）

A. 商人的利己主义

B. 追求更高利益的自私

C. 善良

D. 借此吸引顾客的自私

21.《盼望》

（1）《盼望》一诗，极其巧妙地选了这样一个角度：以锚为中心，依次写了____和____。（　）

A. 起锚

B. 做锚

C. 抛锚

D. 固锚

（2）诗歌通过对比两个海员的对话，揭示了什么深层含义？（　　）

A. 人们不同的生活态度

B. 海员们的日常生活

C. 海员们渴望冒险的精神

D. 海员们渴望与家人团聚

三 整本书阅读

《少年方志敏》

（1）判断：学堂里的顾先生向正鹄讲述了人人平等、没有地主也没有长工的世界，第一次在正鹄的心中种下了革命的火种。（　　）

（2）判断：常老秀才与正鹄对诗后，打算接任吴寄为的工作，担任私塾先生。他对吴寄为说：“你说得对，这事我得来做……不是我帮你忙，是你帮了我大忙了哟。”常老先生说的这句话的意思是吴寄为推荐他收一个学生，他可以挣学俸。（　　）

参考答案

一、经典诵读

1.《松》

（1）A

（2）对

2.《尘劳迥脱》

（1）D

（2）对

3.《落梅（其二）》

（1）AD

（2）对

4.《寒菊》

（1）BD

（2）对　解析：这句诗的意思是黄菊有好的名声，大概是因为霜降过后，百花凋零，只有它在寒风中迎霜绽放。

5.《诉衷情》

（1）D

（2）对　解析：作者通过回忆曾经与离人在江边共同赏梅的情景，感叹如今相距甚远，抒发心中无限惆怅的思念之情。

6.《蝶恋花》

（1）BD

（2）错　解析："一朵江梅春带雪"，写的是梅花，不是梨花。

二、成长风向标

1.《病牛》

（1）D

（2）A

2.《咏煤炭》

（1）A

（2）D

3.《题竹石画（其二）》

（1）B

（2）B　解析：全诗表现了竹子坚忍顽强的本性，展现了竹子旺盛的生命力，借竹子赞美具有坚贞不屈品格的人。

4.《足迹》

（1）A

（2）对

5.《草》

（1）A

（2）D

6.《最后一次讲演》

（1）AC

（2）对

7.《走向有无限可能的美好未来》

（1）对

（2）B

8.《白马（节选）》

（1）A

（2）D

9.《年节（节选）》

（1）C

（2）D　解析：从金库被留孩制伏后的动作描写中，可以感受到金库当时的胆小和狼狈。

10.《彭德怀速写》

（1）A

（2）B

11.《老舍先生》

（1）D

（2）错　解析：老舍不仅仅了解北京，他的优秀作品具有广泛的意义，说他只能作为北京人的代表，这样理解太片面。

12.《母亲（节选）》

（1）A

（2）D

13.《宋庆龄和她的保姆》

（1）D

（2）对　解析：通过举例说明李姐和宋庆龄的关系及相处方式，赞扬了宋庆龄民主的思想和朴实平易的品格。

14.《党费（节选）》

（1）B

（2）对

15.《夜半枪声（节选）》

（1）B

（2）AD

16.《徐特立的故事》

（1）D

（2）C

17.《我最后一刹那的呼吸，是念着你的名字》

（1）A

（2）D

18.《我的梦想》

（1）A

（2）B

19.《心愿》

（1）A

（2）B

20.《黄纱巾》

（1）A

（2）C

21.《盼望》

（1）AC

（2）A

三、整本书阅读

《少年方志敏》

（1）对

（2）错　解析：这句话是指通过吴寄为的介绍，让他认识了方正鹄，并且还能做正鹄的老师。因为他一直希望有人能承接他身上所负，能带出一个成大器的，有大出息、大成就的学生，而方正鹄让他看到了希望，所以他说吴寄为帮了他的忙。

成长风向标 5

一 经典诵读

1.《中秋月（其一）》

（1）“盈缺青冥外”这句诗中“盈缺”的意思是什么？（　）

A. 月缺

B. 月圆

C. 月圆月缺

D. 月光变化

（2）判断：“何人种丹桂，不长出轮枝？”这句诗表达了诗人好奇的心理。（　）

2.《七夕（其一）》

（1）判断：“玉露金风报素秋”这句诗中“金风”的意思是秋风。（　）

（2）旧俗七夕时，妇女为什么要登上穿针楼望月穿针？（　）

A. 向织女祈求心灵手巧

B. 等待亲人

C. 期盼团圆

D. 祝福平安

3.《把酒问月》

（1）《把酒问月》这首诗中，诗人通过将人和月亮进行对照，说明一个人生哲理的诗句是哪一句？（　）

A. 青天有月来几时？我今停杯一问之。

B. 人攀明月不可得，月行却与人相随。

C. 今人不见古时月，今月曾经照古人。

D. 白兔捣药秋复春，嫦娥孤栖与谁邻？

（2）下列有关酒的几首诗，哪一首不是唐代诗人李白的作品？（　）

A.《月下独酌》

B.《把酒问月》

C.《将进酒》

D.《饮中八仙歌》

4.《西江月·黄陵庙》

（1）《西江月·黄陵庙》的作者张孝祥是哪个朝代的词人？（　）

A. 唐代

B. 明代

C. 宋代

D. 元代

（2）判断：“明日风回更好”这句中“风回”是指风向转为顺风的意思。（　）

5.《题龙阳县青草湖》

（1）“西风吹老洞庭波”这句诗运用了什么修辞手法？（　）

A. 夸张

B. 比喻

C. 拟人

D. 排比

（2）判断：“一夜湘君白发多”这句诗写出了诗人因秋风而生发的怀乡之情。（　）

6.《逍遥游（节选）》

（1）《逍遥游》的作者是谁？（　）

A. 孔子

B. 老子

C. 庄子

D. 韩非子

（2）“则芥为之舟”这句中的“芥”是什么意思？（　）

A. 蔬菜

B. 小草

C. 树木

D. 药材

二 美丽的探索

1.《纪昌学射》

（1）纪昌学习射箭，他的老师是谁？（　）

A. 飞卫

B. 甘蝇

C. 李广

D. 吕布

（2）判断：纪昌学射，他第一步学会了看东西不眨眼睛。（　）

2.《日近长安远》

（1）判断：“潸然流涕”中“潸然”的意思是流泪的样子。（　）

（2）“举目见日，不见长安”的根本原因是什么？（　）

A. 长安太遥远。

B. 离开长安太久。

C. 长安是曾经的家乡。

D. 长安已被占领。

3.《不问用不用，只说知不知》

（1）下列哪个科学事例不是《不问用不用，只说知不知》这篇文章里列举的？（　）

A. 哥白尼研究天体运动。

B. 爱因斯坦研究相对论。

C. 马克思研究《资本论》等理论。

D. 李四光对中国第四纪冰川的研究。

（2）本文要表达的观点是什么？（　）

A. 不问用不用，只说知不知。

B. 有志者事竟成。

C. 谦虚使人进步。

D. 我们要尊重知识，尊重人才。

4.《逝世前的科学记录》

（1）竺可桢是我国著名的____和____。（　）

A. 医学家

B. 气象学家

C. 数学家

D. 地理学家

（2）判断：文章先写竺可桢逝世前的场景，后写他生前的故事，采用了倒序的手法。（　）

5.《彩色的鸟》

（1）父亲告诉“我”是什么原因导致这里没有彩色的鸟？（　）

A. 彩色的鸟飞不到这儿。

B. 彩色的鸟在这里不适宜生存。

C. 这里的物种都没有彩色的羽毛。

D. 因为人们没有研究怎么培育彩色的鸟。

（2）“我”用什么办法获得了彩色的鸟？（　）

A. 花钱从鸟市上买。

B. 自己做笼子去捕捉。

C. 求父亲从南方带回彩色的鸟。

D. 用颜料把小鸟染成彩色。

6.《我想知道里边有什么》

（1）判断：“小霍金像炒豆子似的，一口气说出了十几种进入房间的方法。”从“一口气”这个词语中可以看出霍金的思维很灵活，他是个聪明的孩子。（　）

（2）从爸爸对小霍金的态度可以看出爸爸是个怎样的人？（　）

A. 暴躁，不允许孩子犯错。

B. 懂教育，对孩子循循善诱。

C. 不讲道理，对孩子没有耐心。

D. 待人友善、真诚。

7.《植物胶水》

（1）《植物胶水》这篇文章的体裁是什么？（　）

A. 说明文

B. 议论文

C. 科幻小说

D. 神话

（2）“‘美人菊’奇迹般地复原了，原先还有点憔悴的花瓣，仿佛吸收了神奇的养分一般恢复了精神。”这句话运用了什么修辞手法？（　）

A. 反复

B. 拟人

C. 对比

D. 夸张

8.《魔鞋》

（1）“小家伙，真棒，再来一个——”句中破折号是什么作用？（　）

A. 解释说明

B. 说话省略

C. 声音延长

D. 说话断断续续

（2）赛场上，四周的“欢声雷动”，“拥到终点线”的观众，“攥着秒表”的裁判和记分员，这些描写起到什么作用？（　）

A. 正面刻画马小哈的魔鞋神奇。

B. 侧面烘托魔鞋的神奇和马小哈的成绩惊人。

C. 更具体地写出比赛的过程。

D. 使人联想到魔鞋的神奇。

9.《沙丘之上》

（1）文章的主要人物是____，故事发生的地点是____。（　）

A. 小米一家

B. 小瓷一家

C. 腾格里沙漠

D. 梦幻之旅沙漠游乐园

（2）根据事情发展的顺序给下列句子排序。（　）

A. “老同学，20 年没有见面了！”秋爸爸激动地说。

B. 小米带着他们坐上了轻轨。

C. “爸爸妈妈，今天真是开心的一天！”小瓷说。

D. 他们面前出现了一个大大的指示牌：“梦幻之旅沙漠游乐园”。

10.《时空旅行——未来的世界大战》

（1）“千万不要抬头，会被他们发现的。”文中提到的“他们”是谁？（　）

A. 顾小天的同伴们

B. 前线侦查员

C. 几个大汉

D. 机器人

（2）“趴下，快趴下！”“什么好美，你差点儿没了，知道吗？”“要不是他们的激光枪加热了这附近的空气，估计我们早就被发现了。”文中那个屡次提醒并带走顾小天的男人，从他的这些话语中可以体会到什么？（　）

A. 这个男人很友善、热心肠。

B. 这个男人很讲义气、勇敢。

C. 这个男人久经战场，很机警、灵敏。

D. 这个男人脾气暴躁。

11.《屏蔽眼镜》

（1）莫小小到玩具店买最厉害的整人玩具，原因是什么？（　）

A. 她打算课上做恶作剧，气气老师。

B. 她想惩罚捣蛋鬼王东东，因为王东东总捉弄她。

C. 她想整整张婷婷，张婷婷因为还笔的事冤枉了她。

D. 她想买到与众不同的玩具，吸引大家的注意力。

（2）《屏蔽眼镜》这个科幻故事让我们深受启发。下面哪句话与文章表达的主题无关？（　）

A. 若无宽恕，生命将被永无止境的仇恨和报复所控制。

B. 爱人者，人恒爱之；敬人者，人恒敬之。

C. 人生不求完美，但求活得自在。

D. 宽恕和被宽恕是难以言喻的快乐。

12.《千金市骨》

（1）对于下列语句的翻译，哪一项是错误的？（　）

A. 涓人言于君曰：国君身边的侍从对他说。

B. 千里之马至者三：果然有三匹千里马到了国君面前。

C. 所求者生马：我要的是活马。

D. 况生马乎：不会是活的马吧？

（2）下面哪句话可以证明侍从的做法是正确的？（　）

A. 马已死，买其首五百金。

B. 所求者生马，安事死马而捐五百金？

C. 不能期年，千里之马至者三。

D. 天下必以王为能市马。

13.《郢人燕说》

（1）韩非是哪个时期的思想家？（　）

A. 汉代

B. 战国末期

C. 商代

D. 唐代

（2）下列词语翻译，哪一项是错误的？（　）

A. 郢：春秋战国时楚国都城。

B. 过：走过。

C. 大说：非常开心，“说”通“悦”。

D. 治：治理得好。

14.《濠梁之辩》

（1）“子非鱼，安知鱼之乐？”这句话的潜台词是什么？（　）

A. 你不是鱼，但你还是能推测出鱼的乐趣。

B. 你不是鱼，究竟能不能知道鱼的乐趣呢？

C. 你不是鱼，不能知道鱼是否有乐趣。

D. 你不是鱼，但是你可以去寻找鱼的乐趣。

（2）下列对文中人物的评价错误的是哪一项？（　）

A. 庄子能以愉快的心境对待周围的事物。

B. 庄子机智善辩。

C. 惠子机智好辩，明显比庄子技高一筹。

D. 惠子有一种对事物打破砂锅问到底的精神。

15.《炸不死的人——诺贝尔》

（1）诺贝尔为什么下定决心进行炸药研究工作？（　）

A. 为了发家致富

B. 为了获取名望

C. 为了帮助艰难工作的工人们

D. 为了促进科学研究

（2）“诺贝尔就是以这样不怕死的精神驯服了‘烈马’——硝化甘油。”这句话中破折号的作用是什么？（　）

A. 解释说明

B. 引出下文

C. 表示意思转折

D. 表示声音断断续续

16.《将“命脉”牢牢把握在自己手里》

（1）题目中的“命脉”指的是什么？（　）

A. 北斗团队

B. 创新成果

C. 核心技术

D. 合作意识

（2）文中先后提到的这一“国之重器”指什么？（　）

A. 北斗人

B. 北斗一号卫星

C. 北斗卫星导航系统

D. 北斗精神

17.《人工智能时代的浪漫》

（1）判断：人工智能时代，每个人都有一个智能助手，其实是一套以个人为中心的云数据系统。（ ）

（2）文中“开幕式中最热的花絮”指什么？（ ）

A. 数据流量

B. 世界杯求婚

C. 钻戒

D. 焰火

18.《为什么塑化剂成了食品中的“毒药”》

（1）“科学福尔摩斯”杨明玉是哪里人？（ ）

A. 英国伦敦

B. 中国上海

C. 中国北京

D. 中国台湾

（2）含有塑化剂的食品遭到曝光，一时间出现“人人自危”的局面。“人人自危”在文中的意思是什么？（ ）

A. 人人都觉得自己处境十分危险。

B. 人人都把自己逼到危险境地。

C. 每个人都担心自己曾吃过含有塑化剂的食品，会出现危险。

D. 每个人都吃过含有塑化剂的食品，有了危险。

19.《人类能制造出巨型机器人吗？》

（1）制造巨型机器人非常浪费____和____。（ ）

A. 能量

B. 水资源

C. 零件

D. 稀有金属

（2）科学研究人员猜想制造巨型机器人难以实现的理由，下列哪一项是错误的？（ ）

A. 巨型机器人奔跑时，只要用力蹬蹬地面，脚就会陷入地里，像踩进泥沼般难以抽身。

B. 为了不用力过猛，巨型机器人会像塔吊那样行动迟缓，很容易被敌人瞄准，成为战场上的活靶子。

C. 巨型机器人反复加速、急停、转向时，像断了缆绳的电梯、急速行驶的过山车，身处其中的驾驶员很难承受。

D. 如果制造出巨型机器人，机器人会有自觉意识，彻底灭绝人类。

20.《末日避难所》

（1）判断：本文的说明对象是末日避难所。（ ）

（2）文中具体介绍了“生存公寓”的功能优势，下面哪项不属于文中介绍的优点？（ ）

A. 抵挡住世界上最强的龙卷风破坏

B. 抵挡核弹爆炸引起的冲击波和辐射

C. 能避免空气和水被污染

D. 随时提供顶级饮食和医疗服务

21.《坐上世代飞船，来一场星际旅行》

（1）根据文意，下面对“世代飞船”的描述不正确的说法是哪一项？（ ）

A. 世代飞船是一艘假想中的、巨大的、自给自足的星际飞船。

B. 世代飞船采用定期引爆核弹的方式来推进。

C. 要维持整个世代飞船内部的运行，太阳能必不可少。

D. 世代飞船上有一个核电站，可以将核裂变或核聚变释放的能量转换成电能。

（2）“对它的观察表明，在它的恒星系统中，可能存在一颗适合人类居住的行星。”句中“可能”一词可以换成下列哪一个词语？（ ）

A. 至少

B. 也许

C. 可以

D. 有时

22.《未来居住地：海洋还是天空？》

（1）判断：随着海下建筑下沉，海水的压力增加，但水压无论多大，都不会给人体带来伤害。（ ）

（2）下面对“海上社区”的描述不正确的是哪一项？（ ）

A. 海上社区使用可再生能源，收集雨水，监测海床，内置肥料堆。

B. 海上社区的能量来源于海洋热能。

C. 就目前的技术来说，海上社区只允许建在浅水区。

D. 海上社区的建造成本很低，可以进行大规模建造。

23.《自由飞翔不是梦》

（1）本文主要说明了________及空中滑板这几种单人飞行器的特点和操作方法。（ ）

A. 黑蝇飞行器

B. 马丁喷气背包

C. 智能控制飞行器

D. 钢铁侠喷气背包

（2）“当你背上这款喷气背包，就能像钢铁侠一样，以火箭般的速度一飞冲天。”这句运用了什么说明方法？（ ）

A. 列数字

B. 作比较

C. 打比方

D. 举例子

24.《哆啦 A 梦的道具正在实现》

（1）“记忆口香糖”针对的主要是哪类人群？（ ）

A. 青年

B. 儿童

C. 婴儿

D. 中老年人

（2）文中“让你一跳三米高的‘竹蜻蜓’”是指什么？（ ）

A. 粉色的任意门

B. 喷气式背包

C. 灌篮高手

D. 小型飞机

25.《到月球上去种地》

（1）第一批进行月球种植的“农民”和未来的“外星农民”分别是谁？（　）

A. 机器人；有航天知识和种植技能的专业人才

B. 机器人；航天旅行者

C. 航天科学家；机器人

D. 科学家；航天旅行者

（2）文中列举的科学家对“南极温室”的研究以及“南极温室”为科考人员每周提供新鲜蔬菜和水果等事例，是为了说明什么？（　）

A. 南极温室适合种植，对科考作用大。

B. 科学家研究南极种植成果显著。

C. 月球种植计划并非幻想，因为有南极种植的研究基础。

D. 地球上最冷地方的工作人员能得到新鲜美食。

三 整本书阅读

《菌儿自传》

（1）下面关于“菌儿”的几项特点，哪一项是错误的？（　）

A. 喜欢躲在气压低的角落

B. 喜欢在黑暗潮湿的地方繁殖

C. 食量无限大

D. 特别喜欢寒冷

（2）文中把“玻璃小塔”比喻成“牢狱”和“坟墓”，这样写有什么作用？（　）

A. 生动形象地写出了“玻璃小塔”的牢固。

B. 生动形象地写出了“玻璃小塔”的安静。

C. 生动形象地写出了“菌儿”被困后的无奈和对自由的渴望。

D. 生动形象地写出了“玻璃小塔”的封闭性好。

参考答案

一、经典诵读

1.《中秋月（其一）》

（1）C

（2）对　解析：传说中，吴刚便是在月亮上砍丹桂树的人。也正因为如此，作者认为月亮之上或许有着很多很多的丹桂树，而后作者就好奇，提出疑问：既然如此，为何月桂的枝丫不会长出月亮圆圆的轮廓呢？

2.《七夕（其一）》

（1）对

（2）A　解析：七夕为农历七月初七之夜，民间传说牛郎织女此夜在天河相会。后加入七夕时妇女穿针乞巧、祈祷福寿等活动。这一天，妇女多登楼望月穿针，互比灵巧。

3.《把酒问月》

（1）C

（2）D　解析：《饮中八仙歌》是杜甫初到长安时所作的诗。史载李白与贺知章、李适之、李琎、崔宗之、苏晋、张旭、焦遂八人俱善饮，称为“酒中八仙人”。

4.《西江月·黄陵庙》

（1）C

（2）对

5.《题龙阳县青草湖》

（1）C

（2）错　解析：“一夜湘君白发多”这句诗写出了诗人因秋风而生发的悲秋之意、迟暮之感。

6.《逍遥游（节选）》

（1）C

（2）B

二、美丽的探索

1.《纪昌学射》

（1）A

（2）对

2.《日近长安远》

（1）对

（2）D

3.《不问用不用，只说知不知》

（1）D

（2）A

4.《逝世前的科学记录》

（1）BD

（2）对

5.《彩色的鸟》

（1）B

（2）D

6.《我想知道里边有什么》

（1）对

（2）B

7.《植物胶水》

（1）C

（2）B

8.《魔鞋》

（1）C

（2）B　解析：赛场上，四周的“欢声雷动”，“拥到终点线”的观众，“攥着秒表”的裁判和记分员，这些都是侧面描写，烘托魔鞋的神奇功能，凸显马小哈的成绩惊人。

9.《沙丘之上》

（1）BD

（2）DBAC

10.《时空旅行——未来的世界大战》

（1）D

（2）C　解析：文中那个屡次观察、提醒并保护顾小天的男人，通过这些语言描写，反映出这个人物久经战场，有极强的敏锐力、作战经验，反应机警、灵敏。

11.《屏蔽眼镜》

（1）C

（2）C　解析：文中的莫小小因被诬陷，戴上“屏蔽眼镜”，屏蔽了所有不想见的人，她感到孤独、不快乐。在老师的引导下，她学着接纳和包容，接受了别人的道歉，退掉眼镜，像以前一样开心。A、B、D 三项，提到了爱与宽容，所以与主题有关。

12.《千金市骨》

（1）D　解析：“况生马乎？”意思为何况是活马呢？因此D项是错误的。

（2）C　解析：侍者花重金买死马，目的是告诉天下人国君购买千里马的决心。文中最后一句点明国君顺利买到了马，最能说明侍者做法正确。

13.《郢人燕说》

（1）B

（2）B　解析：文中“云而过书‘举烛’”这句话的意思是：一边说一边错误地在信上写下“举烛”二字。“过”的意思是错误。因此选项 B 不正确。

14.《濠梁之辩》

（1）C

（2）C　解析：本文庄子机智善辩，他说完最后一句话后，惠子无言以对。所以选项 C 说惠子机智好辩，明显比庄子技高一筹是错误的。

15.《炸不死的人——诺贝尔》

（1）C

（2）A

16.《将“命脉”牢牢把握在自己手里》

（1）C

（2）C　解析：卫星导航系统属国之重器，只有拥有自主建设和独立运行的卫星导航系统，才能长期、稳定、可靠地保障社会经济发展、维护国家安全。

文章开头就写道："而这些，正是这一国之重器走向全球、'挺直腰杆'和其他国家的卫星导航系统携手合作的前提"。文章后面再次写道："正是北斗人把这项工作看作神圣事业，用匠心打造精品，才让这一国之重器不断刷新纪录，创造了一个又一个奇迹"。所以选项C是正确的。

17.《人工智能时代的浪漫》

（1）对

（2）B

18.《为什么塑化剂成了食品中的"毒药"》

（1）D

（2）C

19.《人类能制造出巨型机器人吗？》

（1）AC

（2）D

20.《末日避难所》

（1）对

（2）D　解析：《末日避难所》一文中，作者运用列数字、举例子等方法介绍了豪华版的"生存公寓"能抵挡住世界上最强的龙卷风破坏，能抵挡核弹爆炸引起的冲击波和辐射，能避免空气和水被污染等神奇功能，因此，A、B、C选项是正确的，选项D文中没有介绍，所以是错误的。

21.《坐上世代飞船，来一场星际旅行》

（1）C　解析：文中写道："要维持整个飞船内部的运行，电能必不可少。"而C选项是这样表述的："要维持整个世代飞船内部的运行，太阳能必不可少。"所以选项C是错的。

（2）B

22.《未来居住地：海洋还是天空？》

（1）错　解析：文中写道："每下沉10米，海水的压力就会增加约1个大气压，强大的水压会给人体造成伤害。"所以"不会给人体带来伤害"这种说法是错误的。

（2）D

23.《自由飞翔不是梦》

（1）ABD

（2）C

24.《哆啦A梦的道具正在实现》

（1）D

（2）B

25.《到月球上去种地》

（1）A

（2）C

三、整本书阅读

《菌儿自传》

（1）D　解析："菌儿"对寒冷的感觉与年龄有关，年纪越轻越怕冷。

（2）C

成长风向标 6

一 经典诵读

1.《送柴侍御》

（1）“青山一道同云雨”的下一句是什么？（　）

A. 明月不曾是两乡。

B. 明月何曾是两乡？

C. 明月未曾是两乡。

D. 明月曾经是两乡。

（2）下列关于“送君不觉有离伤”一句，理解不正确的一项是什么？（　）

A. 作者送别友人的时候完全没有感觉到伤感。

B. 作者认为两地虽远却有一水相连，没有必要伤感。

C. 作者为了宽慰友人，将自己的“离伤”强压心底，安慰友人。

D. 送友人远行，作者没有流露出离别的伤感情绪。

2.《赠别（其二）》

（1）作者借什么抒发了离别时的伤心难过？（　）

A. 蜡烛

B. 酒杯

C. 宴席

D. 笑容

（2）离别的时候觉得很伤心，但往往又装得好像没什么，这是因为什么？（　）

A. 不想让自己的伤感情绪感染对方。

B. 因为对方并不伤心。

C. 因为没有必要伤感。

D. 因为离别很正常，不需要伤感。

3.《谢亭送别》

（1）友人离去，作者面对____、____、____时感到怅然若失。（　）

A. 红叶

B. 青山

C. 流水

D. 风雨

（2）与本诗作者心情相同的诗句是哪句？（　）

A. 海内存知己，天涯若比邻。

B. 莫愁前路无知己，天下谁人不识君？

C. 孤帆远影碧空尽，唯见长江天际流。

D. 青山一道同云雨，明月何曾是两乡？

4.《绝句送巨山》

（1）友人两年来一直寄居在____，现在要到____去。（　）

A. 巨山

B. 闽山寺

C. 浙江

D. 杭州

（2）作者借什么抒发了自己对友人的

思念之情？（　）

A. 江水

B. 高山

C. 寺院

D. 明月

5.《菩萨蛮》

（1）本文中的“菩萨蛮”是什么？（　）

A. 古诗

B. 词

C. 题目

D. 词牌名

（2）作者送妻子离开是因为什么？（　）

A. 战火不熄，人民离乱，让妻子离开，免受战乱之苦。

B. 为家乡的亲人送信。

C. 不想让妻子客死他乡。

D. 不想让妻子看到自己客死他乡。

6.《别赋（节选）》

（1）自古以来，最令人心神沮丧、失魂落魄的是什么？（　）

A. 战争

B. 别离

C. 伤病

D. 残疾

（2）“风呼呼地吹着，发出与往常不同的声音，天上的流云呈现出别样的颜色。”是对下列哪一句的解释？（　）

A. 或春苔兮始生，乍秋风兮暂起。

B. 是以行子肠断，百感凄恻。

C. 风萧萧而异响，云漫漫而奇色。

D. 棹容与而讵前，马寒鸣而不息。

二 师友情深

1.《我的老师》

（1）判断：“我”离开蔡老师之后，再没有见过面，但蔡老师对“我”的关心和教导却一直珍藏在“我”的记忆中。（　）

（2）作者回忆了和老师在一起的许多小事，有____、____、____等。（　）

A. 假装打人

B. 教“我”跳舞

C. 教“我”读诗

D. 帮“我”干活

2.《我的老师——管叶羽先生》

（1）关于“我的失言，并没有受到斥责”理解不正确的一项是什么？（　）

A. 老师看“我”年纪最小，所以没有斥责。

B. 老师是一位宽严并济的人。

C. “我”的失言是做事成功一时兴奋脱口而出，不应该斥责。

D. “我”做事善于动脑，所以老师没有斥责“我”。

（2）三四十年后再见老师，作者落泪的原因是____和____。（　）

A. 老师办学的艰辛与委屈，都刻画在脸上，使“我”感到难过。

B. 老师都快不认识“我”了。

C. 非常感激老师能教“我”的孩子。

D. 三四十年不见老师，满怀对老师的思念与感激。

3.《萧山杨梅》

（1）对“别有风致”在文中的意思，理解不正确的是哪一项？（　）

A. 别有一番风味。

B. 与众不同的风景。

C. 不一般的趣味。

D. 与众不同的气质。

（2）文章主要回忆了“我”的老师，却以《萧山杨梅》为题，为什么？（　）

A. 萧山盛产杨梅。

B. 看到萧山杨梅，就想起了老师请“我们”吃杨梅的事，也想起了老师。

C. 萧山杨梅产量大。

D. 哪里的杨梅都比不上萧山杨梅的味道。

4.《老师窗内的灯光（节选）》

（1）对“坐卧难稳”一词理解不正确的一项是什么？（　）

A. 心中不得安宁。

B. 由于担心而不安。

C. 坐着、躺着都不平稳。

D. 坐卧不安。

（2）本文以什么作为贯穿全文的主线？（　）

A. 作文簿

B. 灯光

C. 地点

D.“我”

5.《老师，真想抱抱你》

（1）从聂老师经常表扬“我”可以看出，聂老师是一位怎样的老师？（　）

A. 要求严格

B. 谦虚谨慎

C. 教育有方

D. 不苟言笑

（2）“每次从学校回来路过村小时，我都是很张狂地和同伴说笑，大摇大摆地从向我们张望的聂老师身边走过。”从____这些词语中，可以看出“我”当时的骄傲及对聂老师的不屑。（　）

A. 路过

B. 张狂

C. 张望

D. 大摇大摆

6.《理想的风筝》

（1）联系上下文，对第8自然段中“伫立”一词的理解不正确的一项是什么？（　）

A. 高高耸立

B. 长时间地立着，没有动作

C. 直直地立着

D. 站立

（2）刘老师虽然身有____，但他对生活充满了____。（　）

A. 残疾

B. 健康

C. 爱与追求

D. 拼搏与努力

7.《我和乌丽娜》

（1）丽江古城的四方街是仿照什么的形状建成的？（　）

A. 四合院

B. 方块

C. 知府大印

D. 四羊方尊

（2）根据文意选择：友谊不在于相处________，而在于________。（　）

A. 时间的长短

B. 心灵产生共鸣

C. 共同的志向

D. 爱好一致

三 往事悠悠

1.《我和橘皮的往事》

（1）“这一种刻痕”指的是哪件事？（　）

A. 妈妈没有钱治病。

B. “我”给老师拿橘皮治病。

C. “我”背负了“小偷”“贼”的罪名。

D. 老师安慰“我”。

（2）从文中看出这是一位怎样的老师？（　）

A. 严格要求

B. 为学生的终身发展着想

C. 辛苦付出

D. 任劳任怨

2.《往事依依》

（1）编织“我”童年美丽的生活花环的是哪本书？（　）

A.《水浒传》

B.《千家诗》

C.《唐诗三百首》

D.《南归》

（2）文中的老师教导“我们”：多读书，读好书，能____，____，做一个____的人。（　）

A. 丰富知识

B. 增添智慧

C. 志趣高尚

D. 兴趣广泛

3.《冰糖葫芦》

（1）文中描写冰糖葫芦口感的两个四字词语是____。（　）

A. 酸甜爽口

B. 冰凉沁心

C. 酸酸甜甜

D. 冰冰凉凉

（2）“冰糖葫芦的酸甜混杂着淡淡的辛酸。”这“淡淡的辛酸”指什么？（　）

A. “我”的好友因为家境贫寒，不得不上街卖冰糖葫芦。

B. “我”的好友卖冰糖葫芦时很难过。

C. “我”买下同学的冰糖葫芦。

D. 最后三根冰糖葫芦是好友送“我”的。

4.《理发的故事》

（1）和“呱啦呱啦”一词不同类的是什么？（ ）

A. 滴答滴答

B. 咯噔咯噔

C. 黝黑黝黑

D. 呼哧呼哧

（2）作者对炳林师傅的剃头过程进行了详细的描写，从中看得出炳林师傅剃头具有____、____、____的特点。（ ）

A. 卫生差

B. 细心

C. 手艺差

D. 手特别重

5.《我的第一本书》

（1）“我”的书被拦腰砍断是因为什么？（ ）

A. 同学欺负“我”。

B. “我”不爱护书。

C. “我”把另一半送给了同学。

D. 书被奶奶做了鞋样。

（2）本文的中心句是哪一句？（ ）

A. 我们家有不少的书，那是父亲的，不属于我。

B. 人不能忘本。

C. 父亲是一个十分温厚的人。

D. 这就是我的第一本书。

6.《一碗“元宝”茶（节选）》

（1）一碗“元宝”茶中，“元宝”指的是什么？（ ）

A. 葡萄

B. 红枣

C. 桂圆

D. 橄榄

（2）关于作者对“我”的手和脚的描写，表述不正确的是哪一项？（ ）

A. 学徒生活艰辛

B. 家里人不疼爱“我”

C. 老板狠心

D. 旧社会的黑暗

7.《五小的校歌》

（1）判断：这首校歌朴朴实实、平平常常，却和这所学校很相称，就像老师的毕业嘱托，让人久久不能忘怀。（ ）

（2）作者通过回忆校歌，表达了怎样的思想感情？（ ）

A. 对母校的怀念

B. 对同学的怀念

C. 对童年的怀念

D. 对家乡的怀念

四 综合性学习：依依惜别

1.《献给老师的花束》

（1）这首诗歌让我们感受到作者怎样的思想感情？（ ）

A. 感恩母校

B. 思念老师

C. 对母校依依惜别

D. 对老师感恩，与老师依依惜别

（2）下列诗句中，赞美老师的是哪一句？（　）

A. 春蚕到死丝方尽，蜡炬成灰泪始干。

B. 解落三秋叶，能开二月花。

C. 荷尽已无擎雨盖，菊残犹有傲霜枝。

D. 众鸟高飞尽，孤云独去闲。

2.《我的小学老师》

（1）“我”从哪里发现老师老了？（　）

A. 老师的眼角有了皱纹。

B. 老师已经佝偻了背。

C. 老师曾经有一头黑发，如今已银霜满鬓。

D. 老师的眼睛花了。

（2）“我”为什么说老师还年轻？（　）

A. 老师还是那么美丽。

B. 老师腿脚灵活。

C. 老师还是那么细致耐心，和蔼可亲。

D. 老师爱笑。

3.《常常想起的朋友》

（1）友情是____，友情是____。（　）

A. 一本读不完的书

B. 一条流淌的小溪

C. 一轮温暖的红日

D. 一棵常青的树

（2）朋友带给“我”的关爱就像什么？（　）

A. 夏夜里悄悄吹来的微风

B. 一股暖流

C. 冬天的太阳

D. 疲劳时的一杯清茶

4.《啊，友谊》

（1）“当我头顶烈日，感到干渴难熬的时候，你常常为我，变成清冽的泉水。”句中的“你”指的是____。（　）

A. 陌生人

B. 亲人

C. 老师

D. 友谊

（2）友谊的重要性表现在____、____、____。（　）

A. 无私的帮助

B. 让人自信自强

C. 催人奋进

D. 帮你做所有的事情

5.《名人说信（节选）》

（1）文中说书信比什么更珍贵？（　）

A. 玫瑰

B. 金子

C. 钻石

D. 碧玉

（2）文中说和玫瑰相比，书信的好处在于____和____。（　）

A. 写一封信要调动你的智力、感情、期待，甚至不经意间的微笑和泪水。

B. 可以传递信息。

C. 寄出信和收到信之间，有一个美妙的等待过程，蕴藏着彼此的真挚情感。

D. 可以传递感情。

6.《写信小常识》

（1）书信的内容依次包括称呼、____、____、____和日期五部分。（ ）

A. 正文

B. 问候语

C. 署名

D. 结尾

（2）称呼要从信纸的第一行____写起，后加____，以提示下文。（ ）

A. 顶格

B. 冒号

C. 空两格

D. 感叹号

7.《再寄小读者·通讯二》

（1）文中说世界上最可怕的东西是什么？（ ）

A. 贫穷

B. 灾难

C. 疾病

D. 寂寞

（2）“各种不同的人格，如同琴瑟上不同的弦子，和谐合奏，就能发出天乐般悦耳的共鸣。”这句话把____比作____。（ ）

A. 不同的人格

B. 琴瑟上不同的弦子

C. 不同的音乐

D. 悦耳的共鸣

8.《致胡祖望》

（1）父母让孩子离开家庭的三个理由是____。（ ）

A. 操练独立的生活

B. 操练合群的生活

C. 感觉用功的必要

D. 操练成熟的性格

（2）下列说法错误的是哪一项？（ ）

A. 要做自己的事，但不可妨害别人的事。

B. 要爱护自己，但不可妨害别人。

C. 能帮助别人，就帮助别人做所有的事。

D. 能帮助别人，就尽力帮助，但不能帮助别人做坏事。

9.《中国公学十八年级毕业赠言》

（1）在毕业生离开母校前，作者送给他们的一句话是什么？（ ）

A. 不要抛弃学问。

B. 不要忘记母校。

C. 不要忘记老师。

D. 不要忘记同窗。

（2）作者借达尔文的事例告诫毕业生什么？（ ）

A. 要每天花一点时间读书做学问。

B. 要每天去图书馆。

C. 要每天看小报。

D. 要每天到实验室做实验。

10.《毕业赠言》

（1）在“给学校”的赠言中，作者不

说再见，因为____和____。（　　）

A. 我们的旅程刚刚启航。

B. 我们对母校有无尽的依恋。

C. 校园是我们共同的家园。

D. 我们愿永远依偎在母校的怀抱。

（2）在“给老师”的赠言中，没有引用到哪句诗？（　　）

A. 春蚕到死丝方尽，蜡炬成灰泪始干。

B. 采得百花成蜜后，为谁辛苦为谁甜？

C. 落红不是无情物，化作春泥更护花。

D. 随风潜入夜，润物细无声。

五 整本书阅读

《童年河》

（1）“树上有几只鸟在鸣叫，它们躲在树里，可满世界都能听见它们快活的歌唱。”这句话衬托出雪弟怎样的心情？（　　）

A. 愉快

B. 不满

C. 忧郁

D. 感动

（2）选文主要从哪三个方面描述了雪弟喜欢的乡村生活？（　　）

A. 天上的鸟

B. 河里的鱼

C. 田野的花

D. 岸边的树

参考答案

一、经典诵读

1.《送柴侍御》

（1）B

（2）C

2.《赠别（其二）》

（1）A

（2）A

3.《谢亭送别》

（1）ABC

（2）C　解析：友人离去后，作者感到伤心难过，与选项C的诗句表达了同样的心情。

4.《绝句送巨山》

（1）BC

（2）D

5.《菩萨蛮》

（1）D

（2）A

6.《别赋（节选）》

（1）B

（2）C

二、师友情深

1.《我的老师》

（1）对

（2）ABC

2.《我的老师——管叶羽先生》

（1）A

（2）AD　解析："我"三四十年后再见老师，看到老师办学的艰辛与委屈，想起老师的恩情，思念、感激、难过，百感交集。

3.《萧山杨梅》

（1）D

（2）B

4.《老师窗内的灯光（节选）》

（1）C

（2）B

5.《老师，真想抱抱你》

（1）C

（2）BD

6.《理想的风筝》

（1）A

（2）AC

7.《我和乌丽娜》

（1）C

（2）AB

三、往事悠悠

1.《我和橘皮的往事》

（1）C　解析："我"背负了"小偷""贼"的罪名，从此老师、同学都远离"我"。"我"觉得一生都没有希望了。

（2）B

2.《往事依依》

（1）B

（2）ABC

3.《冰糖葫芦》

（1）AB

（2）A

4.《理发的故事》

（1）C

（2）ACD

5.《我的第一本书》

（1）C

（2）B

6.《一碗“元宝”茶（节选）》

（1）D

（2）B

7.《五小的校歌》

（1）对

（2）A

四、综合性学习：依依惜别

1.《献给老师的花束》

（1）D

（2）A

2.《我的小学老师》

（1）C

（2）C

3.《常常想起的朋友》

（1）AD

（2）A

4.《啊，友谊》

（1）D

（2）ABC

5.《名人说信（节选）》

（1）C

（2）AC

6.《写信小常识》

（1）ADC

（2）AB

7.《再寄小读者·通讯二》

（1）D

（2）AB

8.《致胡祖望》

（1）ABC

（2）C

9.《中国公学十八年级毕业赠言》

（1）A

（2）A

10.《毕业赠言》

（1）AC

（2）B

五、整本书阅读

《童年河》

（1）A

（2）ABC　解析：选文用三个自然段描写了乡村风光，主要描写的分别是天上的鸟、河里的鱼、田野的花。

成长风向标 7

一 经典诵读

1.《龟虽寿》

（1）《龟虽寿》是下列哪位诗人的作品？（ ）

A. 李白

B. 曹操

C. 杜甫

D. 苏轼

（2）“老骥伏枥，志在千里；烈士暮年，壮心不已”运用了什么修辞手法？（ ）

A. 夸张

B. 拟人

C. 比喻

D. 对偶

2.《少年行二首（其一）》

（1）“气高轻赴难”下一句是什么？（ ）

A. 谁顾燕山铭

B. 白马如流星

C. 送客短长亭

D. 青槐夹两路

（2）下列对本作品风格评价正确的是哪一项？（ ）

A. 沉郁顿挫

B. 刚健豪迈

C. 平淡自然

D. 遒劲高古

3.《致酒行》

（1）李贺，字长吉，唐朝中期浪漫主义诗人，被后人称为什么？（ ）

A. 诗仙

B. 诗佛

C. 诗鬼

D. 诗圣

（2）对本诗理解不正确的是哪一项？（ ）

A. “我有迷魂招不得”下一句是“雄鸡一声天下白”。

B. 本诗构思别致，主客对答，情节性强。

C. “雄鸡一声天下白”写出了主人开导后产生的效果，这开导激起了客人的反驳。

D. 这首诗写诗人客居长安，求官而不得的困难处境和潦倒感伤的心情。

4.《望阙台》

（1）“繁霜尽是心头血”的下一句是什么？（ ）

A. 洒向千峰秋叶丹

B. 霜叶红于二月花

C. 绝胜烟柳满皇都

D. 客舍青青柳色新

（2）这首诗表达了诗人怎样的思想感情？（ ）

A. 对生命的赞美之情。

B. 抗击倭寇的坚定决心和矢志不渝的忠君爱国之情。

C. 劝勉人们珍惜生命。

D. 对秋天美丽景色的喜爱之情。

5.《行路难（其一）》

（1）下列哪首诗不是李白写的？（　）

A.《望庐山瀑布》

B.《早发白帝城》

C.《望天门山》

D.《泊船瓜洲》

（2）对这首诗理解不正确的是哪一项？（　）

A. 诗的开头两句以夸张的笔法，营造了欢乐的气氛，体现了诗人愉悦的心情。

B. 诗中以“欲渡黄河冰塞川，将登太行雪满山”来比喻人生道路中的艰难险阻。

C. 诗的最后两句写出了诗人坚信远大抱负必能实现的豪迈气概。

D. 诗中运用典故，含蓄地表达了诗人盼望得到朝廷重用的心理。

6.《江城子》

（1）“江城子”是这首词的什么？（　）

A. 题目

B. 词牌名

C. 曲牌名

D. 标题

（2）对这首词的理解，不正确的是哪一项？（　）

A. 上片起句突兀，写醉中闻鸡起舞，表示正值国家多事之秋，自己心系社稷，欲有所作为。

B.“古来豪侠数幽并”一句承上启下，既谓己尚存豪侠气概，又引出对自身处境的感慨。

C. 下片“他日封侯”一句，舍我其谁的自信豪壮溢于言表，体现了词人清雄豪放的风格。

D. 全词情感多处顿挫起伏，贯穿其中的基调是理想与境遇的矛盾所带来的深沉痛楚。

二 生活有情

1.《童年的馒头》

（1）“日子清贫得像一串串干枯的灯笼花。”这一句用了什么修辞手法？（　）

A. 比喻

B. 拟人

C. 夸张

D. 设问

（2）下列对文中母亲评价正确的是哪一项？（　）

A. 勤劳美丽

B. 宽容体谅

C. 精明强干

D. 能说会道

2.《每一棵草都会开花》

（1）“曾教过一个学生，很不出众的一个孩子，皮肤黑黑的，还有些耳聋”，这是什么描写？（　）

A. 语言

B. 神态

C. 外貌

D. 动作

（2）判断：“那笑容真是灿烂，盛开的野菊花般的，有大把阳光栖在里头。”这句话运用了比喻的修辞手法，表现了小男孩尽管貌不惊人，但他有着健康乐观的心态。（　）

3.《父爱的高度》

（1）下列哪部电影是小时候父亲带“我”看的？（　）

A.《哪吒闹海》

B.《白蛇传》

C.《八仙过海》

D.《少林寺》

（2）文章题目“父爱的高度”中“高度”所蕴含的意思是什么？（　）

A. 父亲个子高。

B. 父亲把“我”举得高。

C. 既指父亲托起“我”的实际高度，更指父亲爱“我”的程度深。

D. 父亲站得高。

4.《柳叶儿》

（1）文中奶奶用柳叶做了________和________。（　）

A. 菜糊糊粥

B. 黑豆包子

C. 菜包子

D. 炒柳叶

（2）对“那些天，全家最乐的是我”一句中的“乐”理解不正确的是哪一项？（　）

A. “乐”是实写，那时的“我”确实是全家最快乐的。

B. 那时的“我”并不懂得生活的艰难，不知道全家的处境。

C. 因为摘柳叶儿可以显示自己能够上树爬高的本领。

D. 这里的“乐”是反语，体现了作者以苦为乐的乐观主义精神。

5.《告别》

（1）判断：老师说德罗西升级并获得头等奖。（　）

（2）本文围绕“告别”写了____和____告别的情景。（　）

A. 老师和学生

B. 同学和同学

C. 家长和老师

D. 朋友和朋友

6.《寄小读者·通讯十》

（1）对文中“你的弥月到了”中的“弥月”的理解正确的是哪一项？（　）

A. 月亮

B. 圆月

C. 弯月

D. 满月

（2）对“不为什么，——只因你是我的女儿！”中破折号的作用理解正确的是哪一项？（　）

A. 表示意思的转折

B. 表示解释说明

C. 表示声音的延长

D. 表示意思的递接

三 奇妙世界

1.《大自然的文字（节选）》

（1）根据文中的介绍，结合你所掌握的知识判断，下列说法不恰当的是哪一项？（　）

A. 树林当中躺着的花岗石块往往是冰川从寒冷的北方搬来的。

B. 要学会大自然的文字，必须到大自然中去，读书没有用。

C. 长脖子的鸟呈人字形排成整齐的队形，朝着森林上方艳阳高照的方向飞去，说明冬天要来了。

D. 阅读天空和大地，可以了解许多新奇、有趣的知识。

（2）作者在介绍地上文字时，重点介绍了石灰岩和花岗岩两种石头，其用意是什么？（　）

A. 这些石头很常见。

B. 这些石头上有美丽的花纹，很漂亮。

C. 这些石头不是普通的石头，懂石头的人能够看出自然界沧桑巨变的历史。

D. 这些石头是由居住在大海里的小贝壳生成的。

2.《森林中的绅士》

（1）下列对文章内容的概括，比较恰当的是哪一项？（　）

A. 形象具体地写出了豪猪悠闲自在的生活方式，以及与其他动物的“和睦共处”。

B. 写了作者不喜欢豪猪无病呻吟。

C. 具体写了豪猪“待人接物”的绅士风度。

D. 说明豪猪的“绅士风度”体现在那一身钢针似的刺毛上。

（2）下列哪一项对本文写作意图的理解是恰当的？（　）

A. 赞扬豪猪有绅士风度。

B. 担心豪猪有绝种之忧。

C. 批评豪猪的生活方式。

D. 明写豪猪，实际是讽刺那些社会上自称为绅士的无所事事只懂得享乐的人。

3.《樱花赞》

（1）文章结尾“我”由日本朋友的话里明白了哪两个道理？（　）

A. 樱花永远给日本人民以春天的兴奋与鼓舞。

B. 日本文人从美而易落的樱花里，感悟到人生的短暂。

C. 樱花是日本的象征。

D. 看花人的心理活动，形成了对于某些花卉的特别喜爱。

（2）判断：冰心的《樱花赞》以其独特的视角，真切的艺术感受，热情赞美了樱花的奇丽，歌颂了日本工农群众的奋起斗争，特别是歌颂了日本劳动人民对中国人民的友谊。（　）

4.《牛的写意》

（1）联系上下文，下列对“牛，其实是很妩媚的”一句中“妩媚”理解正确的是哪一项？（　）

A. 文中形容牛的姿态美好可爱。

B. 柔媚、妖娆。

C. 文中指牛的眼睛大而黑亮，有灵气。

D. 形容女子神态美丽，具有吸引力。

（2）“天空中飘不完的云彩，没有一片能擦去牛的忧伤。”这句话用了怎样的修辞方法？（　）

A. 比喻

B. 排比

C. 对比

D. 拟人

5.《感伤的红蜻蜓》

（1）根据课文填空：“______ 蜻蜓，右手臂顺时针旋转着 ____ 大圈，对准那停歇在芭茅叶子尖尖上的一只蜻蜓，缓缓 _____，轻轻 _______。”（　）

A. 移步

B. 捉

C. 划

D. 逼近

（2）“没有你们点缀，童年岂不褪色？”这是一个什么句式？（　）

A. 设问句

B. 疑问句

C. 反问句

D. 否定句

6.《冬季的森林》

（1）联系上下文，对文中“铠甲”的意思理解正确的是哪一项？（　）

A. 指古代战士的甲衣和头盔

B. 树的木栓层

C. 人穿的衣服

D. 厚厚的树皮

（2）下列说法正确的是哪一项？（　）

A. 因为植物有防冻妙策，所以绝不会被冻死。

B. 冬天树木掉叶子只是为了保护树根不被冻坏。

C. 老树、粗树的抗寒能力比枝嫩干细的小树强，是因为它们的木栓层比较厚。

D. 树叶有很强的抗寒能力。

7.《一个树木之家》

（1）下列哪项不是“树木之家”的特点？

（　）

A. 相亲相爱

B. 居住在大路边

C. 安静，长久相守

D. 和睦

（2）文章结尾说：“我学会了应当懂得的事。”联系全文，下列哪句话的理解是错误的？（　）

A. 作者从树木的特征或某种细节上自然地进行联想和想象，以寄予社会哲理和人生意义。

B. 懂得了要利用自然，改造自然。

C. 文中“凝望浮云”“守在原地不动”“几乎学会了沉默”等语句，表明“我”认为应该懂得观察变化以躲避侵害，懂得在大自然面前静静思考。

D. 懂得学习自然、体味自然和真正地融入自然。

四 生活有梦

1.《孩童之道》

（1）诗人眼中的孩子不具备下列哪个特点？（　）

A. 自大

B. 快乐

C. 幸福

D. 善良

（2）对这首诗的赏析，不正确的是哪一项？（　）

A. 这首诗歌抒发了孩童对母亲真挚的爱恋，孩子沐浴着母爱，也喜欢与母亲交流，孩子偏爱母亲，也想着回报母亲。

B. 泰戈尔用“孩子知道各式各样的聪明话，虽然世间的人很少懂得这些话的意义”表现出了他对童真的赞美。

C. 泰戈尔用“孩子在纤小的新月的世界里，是一切束缚都没有的”表达了他对无拘无束的儿童的喜爱。

D. 泰戈尔用“孩子永不知道如何哭泣。他所住的是完全的乐土”表明孩童生活得很幸福，所以不需要哭泣。

2.《我们上路了》

（1）判断：诗歌题目为“我们上路了”，“我们”指即将告别童年的孩子们，“上路”寓指他们在自己的成长经历中从此进入了青少年时期。（　）

（2）“风来吧，雨来吧，雷鸣电闪都来吧”，诗句中“风、雨、雷鸣电闪”比喻____和____。（　）

A. 生活中的困难

B. 学习中的挫折等艰难考验

C. 骤然刮起的狂风

D. 下雨时的电闪雷鸣

3.《生命幻想曲》

（1）诗歌中没有提到哪个意象？（　）

A. 太阳

B. 银河

C. 蓝天

D. 流星

（2）下列哪句诗运用了拟人的修辞手法？（　）

A. 用金黄的麦秸，织成摇篮，把我的灵感和心放在里边。

B. 它拉着我，用强光的绳索，一步步，走完十二小时的路途。

C. 黄尾的太平鸟，在我的车中做窝。

D. 太阳烘着地球，像烤一块面包。

4.《向着明亮那方》

（1）“向着明亮那方”的坚决，体现在小草____，体现在飞虫____，体现在孩子们____。（　）

A. 拥有善良的内心

B. 向往着光明

C. 不怕烧焦翅膀

D. 努力生长

（2）根据诗歌内容分析：“明亮那方”指的是什么？（　）

A. 日光洒下的方向

B. 灯光闪烁的方向

C. 阳光照射的方向

D. 充满希望与光明的方向

5.《等我也长了胡子》

（1）下列哪一项不是“我”和“他”一起做过的事？（　）

A. 跟他一起去探险。

B. 带他去动物园。

C. 和他一起去爬山。

D. 给他讲最有趣的故事。

（2）诗歌第 4 小节中，“我”要带“他”去动物园做哪两件事？（　）

A. 教大狗熊敬个礼。

B. 给小猴子喂香蕉。

C. 教小八哥说句话。

D. 和长颈鹿照相。

6.《两个老鼠抬了一个梦》

（1）孩子在听了母亲说“两个老鼠抬了一个梦”之后是什么状态？（　）

A. 紧张

B. 迷糊

C. 害怕

D. 欣喜

（2）“那老鼠刚抬了梦跑，蓦地里来了一只猫”中“蓦地”是什么意思？（　）

A. 突然

B. 很缓慢

C. 戏剧性

D. 让人害怕

7.《星星和蒲公英》

（1）白天的星星和瓦缝中的蒲公英的种子有什么共同点？（　）

A. 都很顽强

B. 都有顽强的生命力

C. 都看不见

D. 都能让人感觉到美丽

（2）这首诗告诉我们一个什么道理？

(　)

A. 人们习惯用眼睛感知事物，但有些东西，是无法用眼睛感知的，但它却存在着。

B. 眼睛是我们观察大自然的唯一媒介。

C. 人们只能通过眼睛去认识世界。

D. 眼睛是我们看星星和蒲公英的工具。

8.《留住童年》

（1）诗中没有提到下列哪个意象？(　)

A. 海

B. 树叶

C. 花瓣

D. 蓝天

（2）“留住童年，留住一份勇气和果敢。如果前面是一片海，那就做一条乘风破浪的船。”这样的勇气和豪情与“诗仙”李白的哪两句诗相似？(　)

A. 长风破浪会有时，直挂云帆济沧海。

B. 飞流直下三千尺，疑是银河落九天。

C. 桃花潭水深千尺，不及汪伦送我情。

D. 天生我材必有用，千金散尽还复来。

9.《我召唤青青的小树林》

（1）“摇一簇早春的新叶，那是绿色的旗帜；拽一片细碎的繁花，桃色的、白色的云。”这一句用了什么修辞手法？(　)

A. 比喻

B. 拟人

C. 排比

D. 夸张

（2）下列哪个是全诗的核心意象？(　)

A. 新叶

B. 奔马

C. 春水

D. 青青的小树林

五 生活感悟

1.《生命的追问》

（1）文章围绕“生命的追问”这个话题，分别从哪两方面阐释道理？(　)

A. 生命是什么

B. 人类取得了辉煌的成就

C. 生命是完美无缺的吗

D. 拜伦的伟大成就

（2）判断：“活着就要创造，就要探索，即使肢体已经残疾，思想的火花也决不停止迸发。”这是作者对生命意义的理解，表现了作者不屈从命运的顽强品质。(　)

2.《为学与做人（节选）》

（1）作者认为成为一个人的标准是下列哪三者兼备？(　)

A. 智、仁、勇

B. 德、智、美

C. 仁、义、礼

D. 礼、智、信

（2）判断：本文主体部分引用孔子的

话作为中心论点，先总述，后展开论述，层次清楚；每一层又都以问句起头，不仅条理分明，而且促人思考。（　）

3.《豪气干云》

（1）下列对文章内容理解不正确的是哪一项？（　）

A. 有了豪气，襟怀、志向、胆识就有了立足之地。

B. 豪气与大话很容易区分。

C. 有了豪气，就不畏艰险，不怕牺牲，敢于担当。

D. 个人要有豪气，才能活得有声有色。

（2）下列哪一项是本文的主要观点？（　）

A. 明犯强汉者，虽远必诛。

B. 生当作人杰，死亦为鬼雄。

C. 做人贵有豪气。

D. 豪气要以实力为后盾，没有实力的豪气，如同纸上画饼，只是自欺欺人。

4.《读书莫忘做笔记》

（1）通读全文，做读书笔记的好处是____和____。（　）

A. 既能加深印象，积累知识，亦方便日后检索，为作文治学打下基础。

B. 做笔记是读书应有的步骤。

C. 是我们知识丰富、心灵成长的记录，是一种珍贵的纪念。

D. 做笔记可以节约时间。

（2）下列说法符合原文意思的是哪一项？（　）

A. 学者、作家必须时时做笔记；对于普通人，笔记可做可不做。

B. 自己做的笔记自己是最清楚的，不用温习也可以前后贯通，发现新问题。

C. 做笔记是读书不可缺少的一部分。

D. 现代人们生活节奏越来越快，书报杂志也越来越多，因此，读书做笔记也要越来越快。

六 中国精神

1.《少年歌》

（1）“谁做泾的涸？流成渭的清”用了下列哪种说法？（　）

A. 泾涸渭清

B. 楚河汉界

C. 表里如一

D. 泾渭不分

（2）下列对这首诗歌的分析，不正确的是哪一项？（　）

A. 第三小节运用直抒胸臆的方法，表现了青少年的勃勃生机。

B. “暮气”属于腐朽的东西，“新人”代表了新的人生。

C. 少年如同小羊一样，充满了活力和朝气。

D. “我们恨暮气，恨一切衰朽的东西”中的“恨”字，表现了作者对一切都不满。

2.《长江》

（1）对“黎明一般的舒畅，青春一般的欢愉”分析不正确的是哪一项？（　）

A. 这句话在文中出现三次，都安排在章节对称的位置上，形成一种对称感。

B. 运用复沓的方法，营造出一种咏叹的效果。

C. 体现了长江年轻的生命。

D. 强调了作者看到长江黎明的景象时兴奋、愉悦的心情。

（2）文章的最后一段，表达了作者怎样的感情？（　）

A. 对青年一代寄予无限期望。

B. 对祖国大好河山的热爱。

C. 对长江充满留恋。

D. 喜欢出去游玩。

3.《中国人自己的美》

（1）“当一只乌鸦向我们扇动翅膀的时候，正是因为它在叫嚣，奸笑，自鸣得意”中的“乌鸦”可能指的是什么？（　）

A. 外国的知识分子

B. 同行者

C. 霸凌的强盗国家

D. 前人

（2）判断：文章反复写“我在我们这片土地上已经行走了若干年，而且正在行走着。如果可能，还要继续走下去”，表现了作者对祖国的依恋，要与祖国永远在一起。（　）

4.《梅兰芳的“祖训”》

（1）梅兰芳家的八字祖训是什么？（　）

A. 德高为师，身正为范。

B. 先生之风，山高水长。

C. 勤求博采，厚德济世。

D. 国重于家，德先于艺。

（2）下列对文章内容的理解和分析，错误的是哪两项？（　）

A. 梅兰芳之所以成为名传千古的大艺术家，是因为他有精湛绝伦的表演艺术。

B. 在抗战时期，梅兰芳冒着生命危险与日寇周旋，假意参加日伪组织的各种活动。

C. 京剧表演大师梅兰芳在抗战期间蓄须，是为了不给日本人演戏。

D. 在困境中，梅兰芳将好友程砚秋的“勉诗”写成条幅，来激励一家老小谨守气节。

5.《壮哉：歪头崮八十五壮士（节选）》

（1）下列对文章内容的理解和分析，错误的是哪一项？（　）

A.“我们决不投降！决不当俘虏！”这是对战士们语言的描写，表现了战士们要与敌人血拼到底的决心。

B. 看着伤亡大半的连队，营长王子固决定组织突围，体现了营长果断勇敢的品质。

C. 为了攻下阵地，日军使用了毒气弹，写出了日军凶狠、残忍的丑恶嘴脸。

D. 战斗最后，弹尽粮绝的战士们选择了跳崖，日军向跳崖的战士开枪射击。

（2）抗日战争史上，与歪头崮八十五壮士一样英勇跳崖的还有谁？（　）

A. 杨靖宇

B. 王二小

C. 张自忠

D. 狼牙山五壮士

七 整本书阅读

1.《小王子》

（1）下列哪项不是狐狸说的话？（　）

A. 没有十全十美的。

B. 你们很美丽，可是你们是空虚的。

C. 只有用心灵去看才能看得清。

D. 要对你驯养过的东西负责到底。

（2）请你按照时间的前后顺序将下列小事件排序。（　）

A. 小王子认为应该对自己的玫瑰负责。

B. 小王子遇到五千朵长得很像的玫瑰花。

C. 小王子很乐意驯养狐狸。

D. 苹果树下有一只狐狸。

参考答案

一、经典诵读

1.《龟虽寿》

（1）B

（2）C

2.《少年行二首（其一）》

（1）A

（2）B　解析：全诗塑造了毅然奔赴边疆、不计功名的热血少年形象，体现了诗人刚健豪迈的文风。

3.《致酒行》

（1）C

（2）C　解析：激起的是客人积极乐观的豪情，不是开导后客人的反驳。

4.《望阙台》

（1）A

（2）B　解析：这首诗既表达了盼望抗倭斗争能得到朝廷的充分支持，又表达了诗人对国家的赤诚，蕴含了对朝廷的忠贞。

5.《行路难（其一）》

（1）D　解析：《泊船瓜洲》的作者是王安石。

（2）A　解析：诗歌开头两句描写诗人端起又放下酒杯，拿起又放下筷子，离席拔剑又四顾茫然，“停”“投”“拔”“顾”四个连续的动作，直接表现出遭受挫折后怅然若失、郁怒愤慨、心潮难平而又茫然失措的情态，形象地写出诗人内心的苦闷抑郁之情。

6.《江城子》

（1）B

（2）C　解析：并非自信豪壮，而是对壮志难酬、青史无名的愤懑与不甘。

二、生活有情

1.《童年的馒头》

（1）A

（2）B

2.《每一棵草都会开花》

（1）C

（2）对

3.《父爱的高度》

（1）B

（2）C　解析：字面意思是看电影时“我”骑在父亲的脖子上，深层含义是作者体会到了父亲对自己深深的爱。

4.《柳叶儿》

（1）AC

（2）D　解析：从下文来看，“乐”并没有反语的意思，小时候的作者只是单纯地觉得好玩有趣。

5.《告别》

（1）对

（2）AB

6.《寄小读者·通讯十》

（1）D

（2）B

三、奇妙世界

1.《大自然的文字（节选）》

（1）B　解析：文中写道："如果有什么不明白的地方，就得在书本里找，看那里有没有解释。"

（2）C

2.《森林中的绅士》

（1）C

（2）D

3.《樱花赞》

（1）AD

（2）对　解析：本文以樱花为线索，通篇赞美了樱花的奇丽，先实写樱花提示主题，后虚写樱花揭示主题，以赞樱花的美来烘托日本工农群众的斗争精神及他们对中国人民的友好情谊。

4.《牛的写意》

（1）C

（2）D

5.《感伤的红蜻蜓》

（1）BCAD

（2）C

6.《冬季的森林》

（1）B

（2）C

7.《一个树木之家》

（1）B

（2）B　解析："要利用自然，改造自然"与本文主题相违背。

四、生活有梦

1.《孩童之道》

（1）A

（2）D　解析：泰戈尔用"孩子永不知道如何哭泣。他所住的是完全的乐土"表达了孩童世界中的永恒主题——快乐。只有快乐才能让每一个孩子幸福成长，愿快乐永驻人间。但诗中也提到"他所以要流泪，并不是没有缘故"，所以不是不需要哭泣，因此D项是错误的。

2.《我们上路了》

（1）对

（2）AB　解析：这几个词语在诗句中有象征意义："风、雨、雷鸣电闪"比喻生活中的困难、学习中的挫折等艰难考验。

3.《生命幻想曲》

（1）D

（2）B

4.《向着明亮那方》

（1）DCB

（2）D　解析："充满希望与光明的方向"是诗歌的主旨。

5.《等我也长了胡子》

（1）C

（2）AC

6.《两个老鼠抬了一个梦》

（1）B

（2）A

7.《星星和蒲公英》

（1）C

（2）A

8.《留住童年》

（1）D

（2）A　解析：李白诗句“长风破浪会有时，直挂云帆济沧海”的意思是坚信乘风破浪的时机定会到来，到那时，将扬起征帆远渡碧海青天。这与诗中少年的勇气和豪情相似。

9.《我召唤青青的小树林》

（1）A

（2）D　解析：“青青的小树林”代表着青春活力、生活热情，意味着茁壮成长、充满希望，它是全诗的核心意象。

五、生活感悟

1.《生命的追问》

（1）AC

（2）对　解析：本文作者张海迪从残疾者的角度，以平等、自信的心态，借众多卓有建树的残疾者的事例，展现出作者面对人生厄运时顽强不屈的斗志。

2.《为学与做人（节选）》

（1）A

（2）对　解析：本文主体部分引用孔子的话“知者不惑，仁者不忧，勇者不惧”作为中心论点，先总述，后展开论述，每一层分别以“怎么样才能不惑呢？”“怎么样才能不忧呢？”“怎么样才能不惧呢？”问句起头，条理分明，促人思考。

3.《豪气干云》

（1）B　解析：豪气与大话有时很难分清。

（2）C

4.《读书莫忘做笔记》

（1）AC

（2）C

六、中国精神

1.《少年歌》

（1）A

（2）D　解析：“恨”字表达的是对包括“暮气”在内的一切腐朽的、不现实、不科学的东西的憎恨。

2.《长江》

（1）C　解析：诗中“哦，长江。哦，我们的古老的、古老的母亲，以自己的乳汁，千年万载地哺育了亿万子女的乳娘”，体现了长江悠久的历史。

（2）B　解析：最后一段升华了情感，

表达了作者对于祖国大好河山的热爱。

3.《中国人自己的美》

（1）C

（2）对

4.《梅兰芳的“祖训”》

（1）D

（2）AB　解析：“梅兰芳先生之所以成为名传千古的大艺术家，除了他精湛绝伦的表演艺术，他塑造的光彩照人的舞台形象，更在于他始终严守‘祖训’，坚持爱国至上的第一美德，他令人景仰的高风亮节。”由此可见，A 选项片面。梅兰芳拒绝参加日本人的活动。B 选项错误。

5.《壮哉：歪头崮八十五壮士（节选）》

（1）D　解析：“日军个个目瞪口呆，愣在原地，甚至不敢再往前迈进一步。”

（2）D　解析：狼牙山五壮士马宝玉、葛振林、宋学义、胡德林、胡福才，在1941 年河北省保定市易县狼牙山战斗中英勇抗击日伪军，他们用生命和鲜血谱写了一首气吞山河的壮丽诗篇。

七、整本书阅读

《小王子》

（1）B　解析：“你们很美丽，可是你们是空虚的。”这句话是小王子说的。

（2）BDCA

《成长风向标》阅读资源

使用说明

亲爱的同学，这是我们精心为你编写的素养提升丛书。当你打开这套书时，一段愉快而有意义的阅读时光便开始了！

《成长风向标》这套书是由小学语文统编教材主编崔峦老师领衔、多位特级教师共同编写，适合 11 至 12 岁儿童阅读，共有 7 册，每册分为“经典诵读”“专题阅读”“整本书阅读”三大板块。

经典诵读

“经典诵读”板块有 6 篇古诗文。你可以利用零散时间读一读，也可以利用晨读时间与同学共读，还可以扫码收听名家配乐朗诵。

专题阅读

“专题阅读”板块一般由“范文阅读”“组文阅读”“自由阅读”三部分组成。

范文阅读：

精选名家名篇，内容生动有趣，富含智慧，能激发情感，具有审美与文化熏陶价值。文章中的批注紧扣学习要点，希望能引发你的思考和感悟。

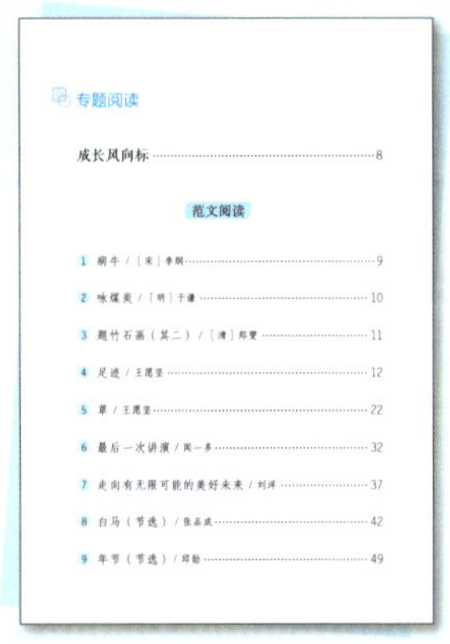

专题阅读

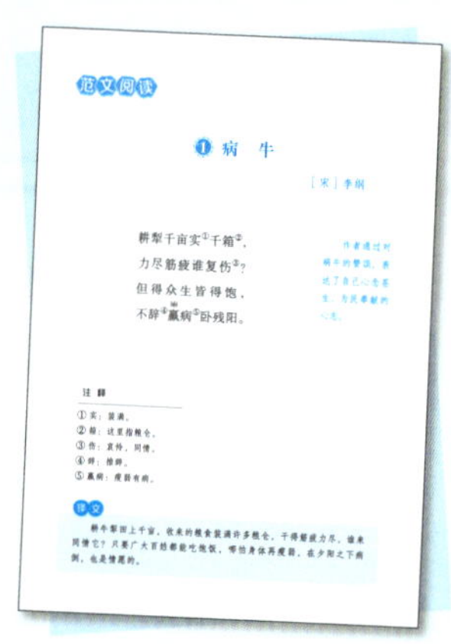

范文阅读

1 病 牛

[宋] 李纲

耕犁千亩实①千箱②，
力尽筋疲谁复伤③？
但得众生皆得饱，
不辞④羸病⑤卧残阳。

作者通过对病牛的赞颂，表达了自己心念苍生、为民奉献的心志。

注释

①实：装满。
②箱：这里指粮仓。
③伤：哀怜，同情。
④辞：推辞。
⑤羸病：瘦弱有病。

译文

耕牛犁田上千亩，收来的粮食装满许多粮仓。干得筋疲力尽，谁来同情它？只要广大百姓都能吃饱饭，哪怕身体再瘦弱，在夕阳之下病倒，也是情愿的。

《成长风向标》第 4 册

组文阅读：

围绕一个主题将多篇文章组合在一起。针对这几篇文章，我们还设计了阅读实践活动，启发你一边阅读一边思考。如：《成长风向标》第 4 册中的“组文阅读”部分，围绕“人物品质”这个主题精选了 4 篇文章，在阅读实践活动的引领下，相信你会对人物形象及其品质有更深刻的认识。

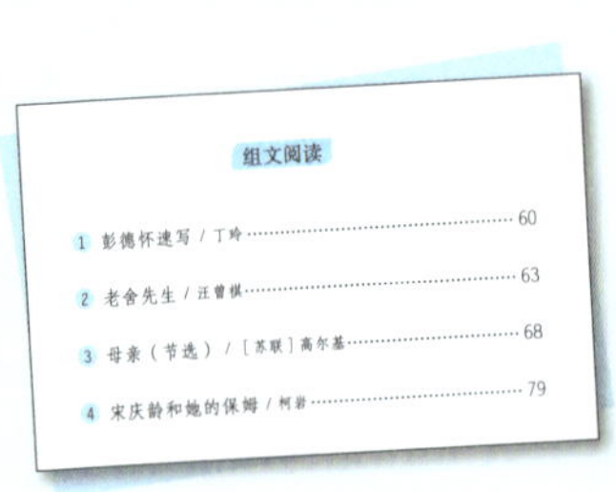

组文阅读

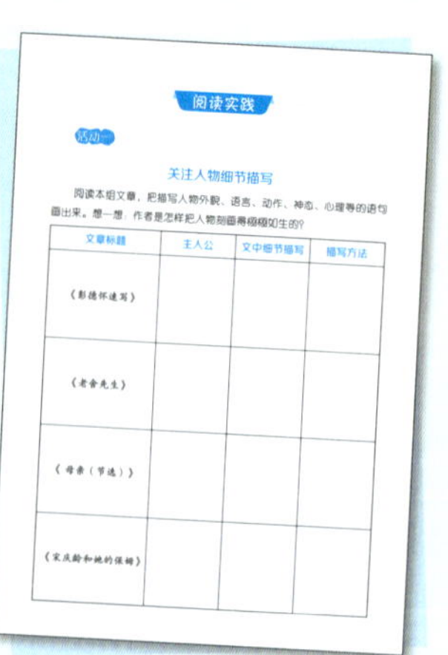

阅读实践

活动一

关注人物细节描写

阅读本组文章，把描写人物外貌、语言、动作、神态、心理等的语句画出来。想一想，作者是怎样把人物刻画得栩栩如生的？

文章标题	主人公	文中细节描写	描写方法
《彭德怀速写》			
《老舍先生》			
《母亲（节选）》			
《宋庆龄和她的保姆》			

★ 适合11至12岁 ★

成长风向标

CHENGZHANG FENGXIANGBIAO

主 编　部书萍

编 委 会

总主编 崔 峦

主　编 郜书萍

编　委

刘 珂 马学军 刘冰冰 宋道晔 肖志刚
孟 强 蔡淳之 许晓玲 周丽萍 张兰建
郜书萍 李永强 吴金焕 张 晖 袁 丽
孙玉亮

编写人员

袁 丽 刘 桢 张 莉 彭贵玲 蒋阳晔
刘 珂 宋道晔 赵雪蓉 陈光亮

名家寄语

广泛阅读，可以提高阅读理解力；

广泛阅读，可以丰富知识，开阔视野；

广泛阅读，可以提升思维力、鉴赏力；

广泛阅读，可以促进人的精神成长。

新编的读本，包括古诗文经典诵读、优秀作品专题阅读和整本书阅读，是落实课内外阅读一体化的优质资源。

捧起这套读本读起来，你会越来越享受阅读，你的一生一定会因为阅读而精彩！

崔峦

用阅读滋养你的心灵，
让你变得聪明善良，胸怀宽广，更富想象力和创造力。

张之路

发现美，学会爱，表达自己，
在阅读和写作中不断进步！

王一梅

阅读是开启美好人生的钥匙

赵丽宏

庚子九月

为自己读书
为美好读书

肖复兴

庚子中秋

读经典的书
做优秀的人

陈[illegible]

幻想，从现实起飞

刘兴诗

目录

经典诵读

专题阅读一

专题阅读二

专题阅读三

整本书阅读

经典诵读

在古代，没有便利的交通，也没有电话和网络，人们离别之后，不知何时能再相逢。离别之际，亲友不仅设酒食，还折柳相送，作诗写文话别。因此，留下了许多脍炙人口的送别诗文。

让我们诵读这组送别古诗文，感受那情真意切的别离场景，体会古人那浓浓的离情别意。

扫码收听朗诵音频

① 送柴侍御

[唐] 王昌龄

沅水[①]通波[②]接武冈[③]，
送君不觉有离伤。
青山一道同云雨，
明月何曾是两乡？

注释

① 沅水：在湖南西部，源出贵州都匀云雾山，流经湖南黔阳、沅陵、常德等地，至汉寿注入洞庭湖。一作“流水”。
② 通波：水路相通。
③ 武冈：今湖南武冈市，市北五里有武冈山。

译文

沅江的水波连接着武冈，所以送你远行并没有产生离别的感伤。你我面对同一座青山，同风共雨，欣赏同一轮明月，分明是在一起，哪里是身处两地呢？

② 赠别（其二）

［唐］杜牧

多情却似总无情，

唯觉樽[①]前笑不成。

蜡烛有心还惜别，

替人垂泪到天明。

注释

① 樽：酒杯。

离别的时候总会多情，但往往装得好像没什么，在宴席上想欢笑一番却又笑不出来。倒是蜡烛似乎有了灵性，理解惜别之心，替离别的人流“泪”到天明。

扫码收听朗诵音频

③ 谢亭送别

［唐］许浑

劳歌①一曲解行舟，

红叶青山水急流。

日暮酒醒人已远，

满天风雨下西楼②。

注释

① 劳歌：本指在劳劳亭送别时唱的歌，后来代指送别之歌。

② 西楼：指送别的谢亭。

译文

在一曲送别的歌声中，友人解开缆绳乘船而去。面对两岸青山、绚烂的红叶和急急的流水，我怅然若失。傍晚时分，我酒醒之后，发现友人早已远去，不见了踪影。在满天风雨中，我孤身一人走下西楼。

扫码收听朗诵音频

4 绝句送巨山

[宋] 刘子翚(huī)

二年寄迹①闽山寺，
一笑翻然②向浙江。
明月不知君已去，
夜深还照读书窗。

注释

① 寄迹：寄托踪迹，即暂时居住。
② 翻然：此指迁移、旅行。

你寄居在闽山寺已有两年的时光，忽然有一天，你微笑着离开了这儿前往浙江。天空中高悬的明月不知你已经离去，深夜里还在悄悄地照着你书房的小窗。

扫码收听朗诵音频

⑤ 菩萨蛮

[宋] 李弥逊

江城烽火连三月，不堪[①]对酒长亭别。**休作断肠[②]声，老来无泪倾。**　　风高帆影疾，目送舟痕碧。锦字几时来？薰风[③]无雁回。

注释

① 不堪：不能忍受之意，包含有妻离子散之苦、国破家残之痛。

② 断肠：形容极度悲痛。

③ 薰风：指南风。

江城的战火已经持续三个月了，我不能忍受在长亭对酒作别。不要哭哭啼啼，发出叫人肝肠寸断的悲痛之声。我已经是饱经风霜的人，再也没有眼泪可供倾洒了。

借着江上的大风，船行驶得很快。我伫立江岸，目送船行江面留下绿色波痕远去。妻子写的家书什么时候来呢？现在已刮起南风，不见有大雁飞回。

扫码收听朗诵音频

⑥ 别赋（节选）

［南朝梁］江淹

黯然销魂[①]**者，唯别而已矣！**况秦吴兮绝国[②]，复燕宋兮千里。或春苔兮始生，乍秋风兮暂起。是以行子肠断，百感凄恻。风萧萧而异响，云漫漫而奇色。舟凝滞于水滨，车逶迟[③]于山侧。棹（zhào）容与[④]而讵（jù）前[⑤]，马寒鸣而不息。

注释

① 黯然销魂：心神沮丧，形容惨戚的样子。销魂，即失魂落魄。
② 绝国：相隔极远的邦国。
③ 逶迟：一作“逶迤”，徘徊不前的样子。
④ 容与：缓慢不前的样子。
⑤ 讵前：滞留不前。讵，岂，难道。

译文

自古以来最令人心神沮丧、失魂落魄的，莫过于别离啊。何况秦国、吴国啊都是相去极远的国家，更有燕国和宋国相隔千里。有时春天的苔痕啊刚刚滋生，蓦然间秋风啊萧瑟初起。所以远方的游子离肠寸断，各种远离家乡的感触凄凉悱恻。风呼呼地吹着，发出与往常不同的声音，天上的流云呈现出别样的颜色。船滞留于水边，车在山道旁徘徊而不前，船桨迟缓怎能向前划动，马儿凄凉地嘶鸣不止。

师友情深

不久以后，我们就要告别美丽的校园，告别朝夕相处的老师、同学，带着依依不舍的深情，进入新的学校，开始新的学习生活。临近毕业之际，让我们围绕“师友情深”这个主题，认真阅读本组选文，用心体会那浓浓的师生、同学之情。

通过查阅资料，记下自己的感受和体会，并把资料进行分类、筛选、整理，为“制作成长纪念册”做好准备。

① 我的老师

魏巍

最使我难忘的，是我小学时候的女教师蔡芸芝先生。

现在回想起来，她那时有十八九岁。右嘴角边有榆钱大小一块黑痣。在我的记忆里，她是一个温柔和美丽的人。

她从来不打骂我们。仅仅有一次，她的教鞭好像要落下来，我用石板一迎，教鞭轻轻地敲在石板边上，大伙笑了，她也笑了。我用儿童的狡猾的眼光察觉，她爱我们，并没有存心要打的意思。孩子们是多么善于观察这一点啊。

假装打人、“她也笑了”、“教我们跳舞”，展现了一位平易近人、严中有爱、多才多艺的老师形象。

在课外的时候，她教我们跳舞，我现在还记得她把我扮成女孩子表演跳舞的情景。

在假日里，她把我们带到她的家里和女朋友的家里。在她的女朋友的园子里，她还让我们观察蜜蜂；也是在那时候，我认识了蜂王，并且平生第一次吃了蜂蜜。

她爱诗，并且爱用歌唱的音调教我们读诗。直到现在我还记得她读诗的音调，还能背诵她教我们的诗：

圆天盖着大海，
黑水托着孤舟，
远看不见山，
那天边只有云头，
也看不见树，
那水上只有海鸥……

今天想来，她对我的接近文学和爱好文学，是有着多么有益的影响！

像这样的教师，我们怎么会不喜欢她，怎么会不愿意和她亲近呢？我们见了她不由得就围上去。即使她写字的时候，我们也默默地看着她，连她握铅笔的姿势都急于模仿。

有一件小事，我不知道还值不值得提它，但回想起来，在那时却占据过我的心灵。我父亲那时候在军阀部队里，好几年没有回来，我跟母亲非常牵挂他，不知道他的死活。我的母亲常常站在一张褪了色的神像面前焚起香来，把两个有象征记号的字条卷着埋在香炉里，然后磕了头，抽出一个来卜(bǔ)问吉凶。我虽不像母亲那样，也略略懂了些事。可是在孩子群中，我的那些小“反对派”们，常常在我的耳边猛喊："哎哟哟，你爹回不来了哟，他吃了炮子儿啰！"那时的我，真好像死了父亲似的那么悲伤。这时候蔡老师援助了我，批评了我的"反对派"们，还写了一封信劝慰我，说我是"心清如水的学生"。一个老师排除孩子世界里的一件小小的纠纷，是多么平常；可是回想起来，那时候我却觉得是给了我莫大的支持！在一个孩子的眼睛里，他的老师是多么慈爱，多么公平，多么伟大的人啊。

老师小小的举动抚慰了"我"受伤的心灵，给予"我"生活的勇气。

每逢放假的时候，我们就更不愿离开她。我还记得，放假前我默默地站在她的身边，看她收拾这样那样东西的情景。蔡老师！我不知道你当时是不是察觉，一个孩子站在那里，对你是多么的依恋！至于暑假，对于一个喜欢他的老师的孩子来说，又是多么漫长！记得在一个夏季的夜里，席子铺在当屋，旁边燃着蚊香，我睡熟了。不知道睡了多久，也不知道是夜里的什么时辰，我忽然爬起来，迷迷糊糊地往外就走。母亲喊住我：

"你要去干什么？"

"找蔡老师……"我模模糊糊地回答。

"不是放暑假了吗？"

哦，我才醒了。看看那块席子，我已经走出六七尺远。母亲把我拉回来，劝说了一会儿，我才睡熟了。我是多么想念我的蔡老师啊！至今回想起来，我还觉得这是我记忆中的珍宝之一。一个孩子的纯真的心，就是那些在热恋中的人们也难比啊！什么时候，我能再见一见我的蔡老师呢？

可惜我没上完初小，就转到县立五小上学去了，从此，我就和蔡老师分别了。

阅读链接

魏巍（1920—2008），生于河南郑州，中国当代作家、诗人，毕业于延安抗日军政大学。1950年底奔赴朝鲜前线，和志愿军一起生活、战斗。回国后，他发表了一批文艺通讯，其中《谁是最可爱的人》在全国引起了广泛反响。后来，他创作完成了长篇小说《东方》，并荣获首届茅盾文学奖。

② 我的老师——管叶羽先生

冰　心

我这一辈子，从国内的私塾起，到国外的大学研究院，教过我的男、女、中、西教师，总有上百位！但是最使我尊敬爱戴的就是管叶羽老师。

管老师是协和女子大学理预科教数、理、化的老师。（一九二四年起，他又当了我的母校贝满女子中学的第一位中国人校长，可是那时我已经升入燕京大学了。）一九一八年，我从贝满女中毕业，升入协和女子大学的理预科，我的主要功课，都是管老师教的。

回顾我做学生的二十八年中，我所接触过的老师，不论是教过我或是没教过我的，若是以“全心全意为人民教育服务”以及“忠诚于教育事业”的严格标准来衡量我的老师的话，我看只有管叶羽老师是当之无愧的！

我记得我入大学预科，第一天上化学课，我们都坐定了（我总要坐在第一排），管老师从从容容地走进课室来，一件整洁的浅蓝布长褂，仪容是那样严肃而又慈祥，我立刻感到他既是一位严师，又像一位慈父！

在我上他的课的两年中，他的衣履（lǚ）一贯地是那样整洁而朴素，他的仪容是一贯地严肃而慈祥。他对学生的要求是极其严格的，对于自己的教课准备，也极其认真。因为我们一到课室，就看到今天该做的实验的材料和仪器，都早已整整齐齐地摆在实验桌上。我们有时特意在上课铃响以前，跑到教室去，就看见管老师自己在课室里忙碌着。

管老师给我们上课，永远是启发式的，他总让我们预先读一遍下一堂该学的课，每人记下自己不懂的问题来，一上课就提出大家讨论，再请老师讲解，然后再做实验。课后，管老师总要我们整理好仪器，洗好试管，擦好桌椅，关好门窗，把一切弄得整整齐齐的，才离开教室。

理预科同学中从贝满女子中学升上来的似乎只有我一个，其他的同学都是从华北各地的教会女子中学来的。她们大概从高中毕业后都教过几年书，我在她们中间，显得特别的小（那年我还不满十八岁），也似乎比她们“淘气”。但我总是用心听讲，一字不漏地写笔记，回答问题也很少有差错，做实验也从不拖泥带水，管老师对我的印象似乎不错。

我记得有一次做化学实验，有一位同学不知怎么把一个当中插着一根玻璃管的橡皮塞子，捅进了试管，捅得很深，玻璃管拔出来了，橡皮塞子却没有跟着拔出，于是大家都走过来帮着想办法。有人主张用钩子去钩，但是又不能把钩子伸进这橡皮塞子的小圆孔里去。管老师也走过来看了半天……我想了一想，忽然跑了出去，从扫院子的大竹扫帚上拗(ǎo)了一段比试管口略短一些的竹枝，中间拴了一段麻绳，然后把竹枝和麻绳都直着穿进橡皮塞子孔里，一拉麻绳，那根竹枝自然而然地就横在皮塞子下面。我同那位同学，一个人握住试管，一个人使劲拉那根麻绳，一下子就把橡皮塞子拉出来了。我十分高兴地叫："管老师——出来了！"这时同学们都愕然地望着管老师，又瞪着我，轻轻地说："你怎么能说管老师出来了！"我才醒悟过来，不好意思地回头看着站在我身后的管老师。他老人家依然是用慈祥的目光看着我，而且满脸是笑！我的失言，并没有受到斥责！

一九二四年，他当了贝满女中的校长，那时我已经出国留学了。一九二六年，我回燕大教书，从升入燕大的贝满同学口中，听到的管校长以校为家，关怀学生胜过自己的子女的嘉言懿(yì)行，真是洋洋盈耳，他是我们同学的榜样！

一九四六年，抗战胜利了，那时我想去看看战后的日本，却又不想多待。我就把儿子吴宗生（现名吴平）、大女儿吴宗远（现名吴冰）带回北京上学，寄居在我大弟媳家里。我把宗生送进灯市口育英中学（那是我弟弟们的母校），把十一岁的大女儿宗远送到我的母校贝满中学。当我带她去报名的时候，特别去看了管校长，他高兴得紧紧握住我的手——这是我们第一次握手！他老人家是显老了，三四十年的久别，敌后办学的辛苦和委屈，都刻画在他的面庞和双鬓上！还没容我开口，他就高兴地说："你回来了！这是你的女儿吧？她也想进贝满？"又没等我回答，他抚着宗远的肩膀说："你妈妈可是个好学生，成绩还都在图书馆里，你要认真向她学习。"哽塞在我喉头的对管老师感恩戴德的千言万语，我也忘记了到底说出了几句，至今还闪烁在我眼前的，却是我落在我女儿发上的几滴晶莹的眼泪。

③ 萧山杨梅[①]

袁 鹰

> 欲写杨梅，先言他物；欲写人，先写物。作者这样的写作手法对你有什么启发？

杭州的蔬果，总有些特别惹人忆念之处。西湖的新鲜莲藕，塘栖的白沙枇杷，满觉陇的桂花栗子，还有到冬天，小贩提一篮煮熟的菱角，边走边吆喝："风干老菱哎，火热！"都是别有风致的。但是，在众多的杭州蔬果中，我常常先想到萧山杨梅。它也许算不得特别名贵，却给我的心带来一丝温暖，因为它使我想起小学时代的一位老师。

我们杭州师范附属小学的校址在南山路，也就是现在浙江美术学院的旁边。上四年级的时候，我的语文老师姓金。至今我还记得金老师那瘦瘦的脸和深咖啡色的中山服，却总也想不起他的名字。

金老师怎样教语文课，记不清楚了，但有一点印象很

① 选入本书时，略有改动。

深：他很注重鼓励我们课外阅读。“课外阅读”这四个字，我就是从金老师口中第一次听到的。在他的鼓励和指导下，我开始养成了课外阅读的习惯，到中学、大学还保持着这种习惯。以后参加工作了，“课外”改成业余，也仍然坚持着，直到如今。

金老师还把课外阅读作为语文作业来布置。有时他指定一两本书作为全班的共同阅读书，有时则根据学生的不同情况分别指导。他最早要我课外阅读的书，是意大利亚米契斯的《爱的教育》和冰心的《寄小读者》。在这以前，我在课余也看过不少书，大抵是《精忠岳传》《济公传》《江湖奇侠传》之类，胡乱翻一气，哪算得上正经的课外阅读！金老师将我从牛头山、小商桥和昆仑派、崆峒派剑侠中引出来，来到一个完全新奇的天地，让我结识万里以外的外国老师和小学生（《爱的教育》是我读到的第一部外国著作），又跟着冰心女士遨游天涯海角，去领略人间的喜怒哀乐……

金老师当时兼管学校图书馆的工作。那年放暑假后，他指派我和一位同学帮他整理图书，我们自然非常乐意。校园十分宁静，只有窗外的蝉鸣陪伴我们在楼上图书馆里默默地忙着。不到四五天，书就整理完了。金老师很高兴，我们也很高兴。那时正是一天中最热的时刻，他叫那位同学下楼去打一盆凉水来，让大家擦擦汗；又掏出五角钱，叫我到外面去买杨梅。我问买多少，他说尽钱买。我从清波门捧了一大包杨梅回来，忘记了是几斤，反正我从来没有一次买过那么多。

我们围坐在图书馆一角的小桌子边。金老师望望那一大包深红色的杨梅，笑着说："吃吧，尽量吃吧，我们萧山杨梅最好吃！"金老师或许是诸暨(jì)人。由于我以后看到萧山杨梅就想起金老师，因而记混了，也未可知。

萧山杨梅，我们在杭州时年年都吃，唯有这一次吃得最开心，最惬意。颗颗杨梅，又甜又有点酸，一直甜到心里，把嘴唇和舌头都染红了。临走时，我们向金老师道谢，不仅谢他请我们吃杨梅，更谢他允许我们在整理的休息时间随意翻阅许多书。金老师却说："我要谢谢你们，帮我整理书，我可以早几天过江回家了。"

> 说杨梅好吃，其实是说金老师的爱使"我们"感到温暖。他请吃萧山杨梅的事已永远镌刻在"我们"心中。

暑假过后，换了语文老师。念完五年级，我跳级考上初中。直到现在，四十多年了，我再也没有见到过金老师。他一定又鼓励和指导一班又一班的学生通过课外阅读进入书籍的宝库，去探索世界，探索人生。几十年世事沧桑，我们的金老师，您在哪里呢？

离开杭州以后，萧山杨梅也就不常尝着了。在上海还偶尔吃到过，到北京就更难得。北京人称之为杨梅的，其实是草莓，草莓自然也还可口，但比起萧山杨梅来，那情味毕竟是差远了。

阅读链接

萧山杨梅，产自杭州市萧山地区。它具有颗粒大、核小、肉柱圆、味鲜甜的特点，拥有悠久的栽种历史。它的成熟期在夏至前后，所以在萧山至今流传着这么一句谚语：“夏至杨梅满山红，南山数过是湘湖”。

④ 老师窗内的灯光[①]（节选）

韩少华

我曾在深山间和陋巷里夜行。夜色中，有时候连星光也不见。无论是山林深处，还是小巷子的尽头，只要能瞥见一点灯光，哪怕它是昏黄的、微弱的，也都会立时给我以光明、温暖、振奋。

以“灯光”引发对老师的回忆，灯光暗喻老师对“我”的关怀。

如果说，人生也如远行，那么，在我蒙昧和困惑的时日里，让我最难忘的就是我的一位师长的窗内的灯光。

有一次，我写了一篇作文，里面抄袭了冰心先生《寄小读者》里面的几个句子。作文本发下来，得了个漂亮的好成绩。我虽很得意，却又有点儿不安。偷眼看看那几处抄袭的地方，竟无一处不加了一串串长长的红圈！得意从我心里跑光了，剩下的只有不安。直到回家吃罢晚饭，一直觉得坐卧难稳。我穿过后园，从角门溜到街上，衣袋里自然揣着那有点像赃物的作文簿。一路小跑，来到校门前，

① 选入本书时，略有改动。

一推，“咿呀”了一声，还好，门没有上闩（shuān）。我侧身进了校门，悄悄踏过满院由古槐树冠上洒落的浓重的阴影，曲曲折折地终于来到了一座小小的院落里。那就是住校老师们的宿舍了。

画线句子是环境描写，微弱的灯光透过窗棂，表明老师还在伏案工作。

透过浓黑的树影，我看到了那样一点亮光——昏黄、微弱，从一扇小小的窗棂内浸了出来。我知道，崔老师就在那窗内的一盏油灯前做着他的事情——当时，停电是常事，油灯自然不能少。我迎着那点灯光，半自疑又半自勉地登上那门前的青石台阶，终于举手敲了敲那扇雨淋日晒以至裂了缝的房门。

笃、笃、笃……

“进来。”老师的声音低而弱。

等我肃立在老师那张旧三屉桌旁，又忙不迭深深鞠了一躬之后，我觉出老师是在边打量我边放下手里的笔，随之缓缓地问道：“这么晚了，不在家里复习功课，跑到学校里做什么来了？”

我低着头，没敢吭声，只从衣袋里掏出那本作文簿，双手送到了老师的案头。

两束温和而又严肃的目光落到了我的脸上。我的头低得更深了，只好嗫(niè)嗫嚅(rú)嚅地说：“这……这篇作文……里头有我抄袭人家的话，您还给画了红圈，我骗……骗……”

老师没等我说完，一笑，轻轻撑着木椅的扶手慢慢起身，到靠后墙那架线装的和铅印的书丛中，随手一抽，取出一本封面微微泛黄的小书。等老师把书拿到灯下，我不禁侧目看了一眼——那竟是一本冰心的《寄小读者》！

还能说什么呢？老师都知道了，可为什么……

“怎么，你是不是想：抄名家的句子，是谓之‘剽窃’，为什么还给打红圈？”

我仿佛觉出老师憔悴的面容上流露出几分微妙的笑意，心里略松快了些，只得点了点头。

老师真的轻轻笑出了声，好像并不急于了却那桩作文簿上的“公案”，他看看我，又看看他那铺垫单薄的独卧板铺，粲(càn)然一笑，训教里不无怜爱地说：“总站着干什么？那边坐！”

我只得从命，两眼却不敢望到脚下那块方砖之外的地方去。

老师用他那低而弱的语声说：“我问你，你自幼开口学话是跟谁学的？”

“跟……跟我的奶妈妈。”我怯生生地答道。

“奶妈妈？哦，奶母也是母亲。”老师接着说，“孩子从母亲那里学说话，能算剽窃吗？”

“可……可我这是写作文呀！”

“可你也是孩子呀！”老师望着我，缓缓归了座，见我已略抬起头，就眯细了一双不免含着倦意的眼睛，看看我，又看看案头那本作文簿，接着说，“口头上学说话，要模仿；笔头上学作文，就不要模仿了吗？一边吃奶，一边学说话，只要你日后不忘记母亲的恩情，也就算是个好孩子了……”

这时候，不知我从哪里来了一股子勇气，竟抬眼直望着自己的老师，更斗胆抢过话头，问道：“那……那作文呢？”

“学童习文，得人一字之教，必当终身奉为‘一字之师’。你仿了谁的文章，自己心里老老实实地认人家做老师，不就很好了吗？模仿无罪！学生效仿老师，何谈‘剽窃’！”

我的心着着实实地定了下来，却又着着实实地激动了起来。也许是一股孩子气的执拗(niù)吧，我竟反诘(jié)起自己的老师：“那您也别给我打红圈呀！”

通过动作、神态、语言描写，文章突出了老师对“我”的关爱。

老师却默然微笑，向椅背微靠

了靠，眼光由严肃转为温和，只望着那本作文簿，缓声轻语道：“从你这篇文章看，你那几处抄引，也还上下可以贯串下来，不生硬，就足见你并不是图省力硬搬的了。要知道，模仿既然无过错可言，那么聪明些的模仿，难道不该略加奖励吗——我给你加的也只不过是单圈罢了……你看这里！”

老师说着，顺手翻开我的作文簿，指着结尾一段。那确实是我绞得脑筋生疼之后才落笔的，果然得到了老师给重重加上的双圈——当时，老师也有些激动了，苍白的脸颊微漾起红晕，竟然轻声朗读起我那几行稚拙的文章来……读罢，老师微侧过脸来，嘴角含着一丝狡黠(xiá)的笑意说：“这几句嘛，我看，就是你从自己心里掏出来的了。这样的文章，哪怕它还嫩气得很，也值得给它加上双圈！”

半年以后，我告别母校，升入了当时的北平二中。当我拿着入中学第一本作文簿，匆匆跑回母校的时候，我心中是揣着几分沾沾自喜的得意劲儿的，因为那簿子里画着许多单的乃至双的红圈。可我刚登上那小屋前的青石台阶的时候，门上一把微锈的铁锁，让我一下子愣住了……听一位住校老师说，崔老师因患肺结核，住进了红十字会办的一所慈善医院。

临离去之前，我从残破的窗纸漏孔中向老师的小屋里望了望——迎着我的视线，昂然站在案头的，是那盏油灯：灯罩上蒙着灰尘，灯盏里的油，已几乎熬干了……

“灯光”是贯穿全文的线索。结尾再现“灯光”，更突出了老师对“我”的影响之深。

时光过去了近四十年。在人生的长途中，我确曾经历过荒山的凶险和陋巷的幽曲，而无论是黄昏还是深夜，只要我发现了远处的一点灯光，就会猛地想起我的老师窗内的那盏灯，那熬了自己的生命，也更给人以启迪、给人以振奋、给人以光明和希望的，永不会在我心头熄灭的灯！

日积月累

仰之弥高，钻之弥坚。

——《论语》

春蚕到死丝方尽，蜡炬成灰泪始干。

——李商隐

学者必求师，从师不可不谨也。

——《二程粹言》

⑤ 老师，真想抱抱你

郭凯冰

老师姓聂，家在邻村，我入学时，他已经是半个老头了。

当时，为了照顾蹒跚(pánshān)学步的妹妹，直到九岁，我还未入学。每次遇到村小的聂老师，他总是唤我过去：“你该上学了，我和你爹说了，开学时你和你弟一起来学校。”怕我失望，他安慰似的加上一句：“也不晚的。”听后，我会用力地把背上的妹妹往肩上颠一颠，瞅一眼脚下露出脚趾的鞋子，低着头，笑笑。

但是，新生报名的那天上午，我仍旧和家人在菜园里摘瓜果。因为心里着急，我就不停地瞅母亲和父亲，父亲说：“让她上学去吧，再不让去，聂老师的唠叨都要把我耳根子磨起茧了。”父亲话音刚落，我便扔了篮子，弃了瓜果，飞奔着跑去学校。聂老师笑了，看着我，连声夸赞：“好，是个有志气的孩子！”

入学的第一天，聂老师就派我做了班长。我还算争气，常考第一，他就老夸我，哪怕我做了错事，他也依然喜欢我。

到了三年级，即使他已经不教我了，还总是对学弟学妹们说："你看冰，多争气，你们真该学一学人家！"我听后，便害羞地跑开，可耳朵却不愿跑远，非要把那些好话都听完。因为聂老师的话，我更加努力地学习，似乎是为了证明他的夸奖并不过分。

聂老师的夸奖使"我"努力向上。

聂老师总是教一二年级，听人说他只会加减法，甚至连零是不是自然数也不能回答。于是，我对他的好感也就渐渐淡了。记得那个周末，聂老师来我家跟父亲喝酒。我正做作业，遇到一道应用题不会做。他看到我抓耳挠腮的样子，就走了过来，问："不会做了？好好想一想，不要着急。越是着急，就越想不出来。"

我那时正烦着，尤其看到父亲喝得脸红脖子粗的模样，觉得很丢人，就把火气发到了聂老师身上。我慢悠悠地说："问你也不会，是，着急也没用啊。"聂老师的脸腾地红了。他很不自然地笑笑，回座位默默地喝着酒，直至大醉而归。一个孩子，总是用学识来衡量老师的好与坏，那是多么幼稚而浅薄啊！

五年级时，我到了外村读书，觉得自己长大了，对村上的尊长也就没那么尊敬了。每次从学校回来路过村小时，我都是很张狂地和同伴说笑，大摇大摆地从向我们张望的聂老师身边走过。

聂老师在我的年少轻狂里慢慢老去，虽然背还是很直，可头发却越来越白。每天傍晚，他都骑着那辆破旧的自行车，慢腾腾地往家赶。

上了高中后，我再听到那些小孩子说“哦，她就是聂老师说的那个冰，学习很好的那个”，我的心里已不再有波澜，只是不在意地笑一笑。

后来，我成了小村庄里的第一个大学生。村主任、书记，还有学校里的老师，都来家里喝酒，庆贺父亲培养出一个人才。聂老师也在其中，他送的礼最重。

不知当时是因为害羞，还是其他什么原因，我始终没有迈出卧室一步，当然也没有向聂老师敬酒。

我上大学没多久，聂老师就退休离开了村小。聂老师回家十年后的一天傍晚，我坐车离开家去县城。车子路过聂老师的村庄时，我无意间看到前面一个老人正步履蹒跚地缓缓前行。多少年过去了，我始终没有想起过这个人，可那一刻，我立刻认出了他，一定是他，最亲爱的聂老师。

我还来不及细想什么，眼里就突然涌满了泪水，一路上，泪流不止。

聂老师对我的好，给予我的恩惠，我怎么多年后才突然感受到呢？此刻，我只想走上前去，真诚地抱一抱我那七十多岁的老师，郑重地说一声：谢谢您！

日积月累

古之圣王未有不尊师者也。尊师则不论其贵贱贫富矣。

——《吕氏春秋》

古之学者必严其师，师严然后道尊。

——欧阳修

一日为师，终身为父。

——关汉卿

为学莫重于尊师。

——谭嗣同

⑥ 理想的风筝[1]

苏叔阳

春天又到了。

> 这里通过“风筝”引发对刘老师的回忆。想一想：风筝在作者表达感情上起了什么作用？

柳枝染上了嫩绿，在春风里尽情摇摆，舒展着自己的腰身。连翘(qiáo)花举起金黄的小喇叭，向着长天吹奏着生命之歌。而蓝天上，一架架风筝在同白云戏耍，引动无数的人仰望天穹，让自己的心也飞上云端。

逢到这时候，我常常不由自主地想起我的刘老师，想起他放入天空的风筝。

刘老师教我们历史课。

他个子不高，微微发胖的脸上有一双时常眯起来的慈祥的眼睛，一头花白的短发更衬出他的忠厚。他有一条强壮的右腿，而左腿，膝盖以下被全部截去，靠一根被用得油亮的圆木拐杖支撑。这条腿是什么时候、为什么截去，

---

① 选入本书时，略有改动。

我们不知道。只是有一次，他在讲课的时候讲到女娲造人的传说，笑着对我们说：“……女娲用手捏泥人捏得累了，便用树枝沾起泥巴向地上甩。甩到地上的泥巴也变成人，只是有的人，由于女娲甩的力量太大，被甩到地上甩丢了腿和胳膊。我就是那时候被她甩掉了一条腿的。”教室里自然腾起一片笑声，但笑过之后，每个学生的心里都泛起一股酸涩的感情，同时更增加了对刘老师的尊敬。

他只靠着健壮的右腿和一根圆木棍，一天站上好几个小时，为我们讲课。逢到要写板书的时候，他用圆木棍撑地，右腿离地，身体急速地一转，便转向黑板。写完了粗壮的粉笔字，又以拐杖为圆心，再转向讲台。一个年过半百的老师，一天不知道要这样跳跃、旋转多少次。而他每次的一转，都引起学生们一次激动的心跳。

他的课讲得极好。祖国的历史，使他自豪。讲到历代的民族英雄，他慷慨激昂，常常使我们激动得落泪；而讲到祖国近代史上受屈辱的岁月，他自己又常常哽咽，使我们沉重地低下头去。后来，我考入了历史系，和刘老师的影响有极大的关系。

他不喜欢笔试，却喜欢在课堂上当众提问同学，让学生们述说自己学习的心得。我记得清楚极了，倘若同学回答得正确、深刻，他便静静地伫立在教室一侧，微仰着头，眯起眼睛，细细地听，仿佛在品味一首美妙的乐曲。然后，又好像从沉醉中醒来，长舒一口气，满意地在记分册上写下分数，亲切、大声地说："好！五分！"倘若有的同学回答得不好，他就吃惊地瞪大眼睛，关切地瞧着同学，一边细声说："别紧张，想想，想想，再好好想想。"一边不住地点头，好像那每一次点头都给学生注入一次启发。这时候，他比被提问的学生还要紧张。这情景，已经过去了将近三十年，然而，今天一想起来，依旧那么清晰，那么亲切。

然而，留给我印象最深的，还是刘老师每年春天放风筝的情景。

为什么刘老师放风筝的情景留给"我"的印象最深？联系上下文，跟同学交流一下。

北方的冬季漫长而枯燥。当春风吹绿了大地的时候，人们的身心一齐苏醒，一种舒展的快意便浮上心头。当晴朗而且没有大风的日子，刘老师课余便在校园的操场上，放起他亲手制作的风筝。

他的风筝各式各样：有简单的"豆腐块儿"，有长可丈余的蜈蚣，而最妙的是三五只黑色的燕子组成的一架风筝。他的腿自然不便于奔跑，然而，他却决不肯失去亲手把风筝送上蓝天的欢乐。他总是自己手持线拐，让他的孩子或学生远远地擎着风筝。他喊声：“起！”便不断拉动手中的线，那纸糊的燕子便抖起翅膀，翩(piān)翩起舞，直蹿云霄。他仰望白云，看那青黑的小燕在风中翱翔盘旋，仿佛他的心也一齐跃上了蓝天。那时候，我常常站在他旁边，看着他的脸，那浮在他脸上甜蜜的笑，使我觉得他不是一位老人，而是一个同我一样的少年。

当一天的功课做完，暮色还没有袭上校园的上空，常常有成群的学生到操场上来参观他放风筝。这时候，他最幸福，笑声朗朗，指着天上的风筝，同我们说笑。甚而至于，有一次，他故意地撒手，让天上飞舞的纸燕带动长长的线绳和线拐在地上一蹦一跳地向前飞跑。他笑着，叫着，拄着拐杖，蹦跳着去追赶线拐，喊着：“你们不要管，我自己来。”他终于气喘吁吁地抓住线拐，脸上飘起得意和满足的稚气。那天，他一定过得最幸福、最充实，因为他感到了他生命的强壮和力量。

这情景使我深深感动。一个年过五十、身有残疾的老师，对生活有着那样纯朴、强烈的爱与追求，一个活泼的少年又该怎样呢？

不见到他已经近三十年了，倘使他还健在，一定退休了。也许，这时候又会糊风筝，教给自己的子孙，把那精致的手工艺品送上天去。我曾见过一位失去了一条腿的长者，年复一年被断腿钉到床上，失去了活动的自由。我希望他不至于如此，可以依旧地仰仗那功德无量的圆木棍，在地上奔走、跳跃、旋转，永远表现他生命的顽强和对生活的爱与追求。然而，倘使不幸他已经永远地离开了我……不，他不会的。他将永远在我的记忆里行走、微笑，用那双写了无数个粉笔字的手，放起一架又一架理想的风筝。那些给了我数不清的幻梦的风筝将陪伴着我的心，永远在祖国的蓝天上翱翔。

刘老师啊，您在哪里？我深深地、深深地思念您……

⑦ 我和乌丽娜

吴　然

乌丽娜是我的同学，还是我的同桌。她是个德国小姑娘。

乌丽娜是和爸爸妈妈一块儿来丽江的。她的爸爸妈妈都是研究“东巴文化”的学者。在乌丽娜很小的时候，她的爸爸妈妈就请人教她说中国话，认中国字，就是为了有一天带她到丽江来。

你说怪不怪，全世界的女孩都喜欢逛街，乌丽娜也是，而且在丽江只喜欢逛古城。

丽江古城有近千年的历史了。古城依山建房，高高低低、错错落落的。就连最热闹的四方街，也只有巴掌点大。方方的一个场院，据说是照着“知府大印”的形状建成的。“这不就是一个大大的‘象形字’吗？”乌丽娜一边叫，一边拉着我往四方街跑……

乌丽娜还想出一个怪招。“和小琴，”她对我说，“咱们去数一数古城的桥，是不是真的有三百五十四座？”

“哈，你不相信？”我叫起来。

“不，不是的，我们就数数玩玩嘛。”乌丽娜撒起娇来。

“好吧，”我说，“本姑娘就‘舍命陪君子’了！”

都说是水给丽江带来了美丽。水，清亮的水，从玉龙雪山流下来，从黑龙潭冒出来，到了古城呢，分成东、西、中三岔，哗哗哗，汩汩汩，穿行在街街巷巷，倒映着白墙灰瓦，倒映着绛红或者暗黄的雕花格子门窗和门框上的大红对联，倒映着在水边浣洗衣物的鲜艳的纳西族姑娘……乌丽娜穿一身纳西族姑娘的衣装，映照着流水，特别好看。

古城的桥有大有小：有木板桥、石板桥；有木拱桥、石拱桥；有单孔的、双孔的，也有多孔的。桥栏上的雕刻，有东巴象形文的吉祥语，有东巴神舞，还有各种鸟兽花木。乌丽娜看一座，赞美一座，在小本子上记下一座。有时候我们流连在水边，看着绒丝线似的青苔，柔柔地随着水波摇摆；有时候，我们静静地听流水说话，听从水边宅院里传来的纳西古乐。“呀！”乌丽娜叫了起来，碧清的沟水，从一家的墙洞里流进去了！“大母（大妈），”乌丽娜居然说起纳西话来了，“酷里阿肋（可以进来吗）？”一位大妈笑眯眯地迎着我们说：“他（可以）！”庭院里种满了花木，一只大公鸡高傲地啼叫起来，几只母鸡带着一窝小鸡，在花木下安详地觅食。水流在院子里流转，又沿着墙根，从另一个石砌的墙洞流了出去。乌丽娜没有忘记让我为她和大妈合影留念。她抱着大妈亲了一下，说："谢谢，怒冷丢色（给您添麻烦啦）！"

就这样，我们整整跑了一天，总算把古城的桥数了一遍。傍晚，乌丽娜"哎哟哟"地叫着说"实在走不动了"，拉我坐在一座小石桥上歇脚，吃"丽江粑粑"。我们掏出小本本，对照一看："呀，怎么只有三百五十三座？"乌丽娜和我大眼瞪小眼，惊诧得差点把粑粑掉在地上。

"哈哈哈……"乌丽娜突然大笑大跳起来，"还有一座就在你屁股下呀！"

我捶了一下小石桥，咬了一大嘴又酥脆又香甜的粑粑。

…………

不同国籍的人也能成为朋友。友谊不在于相处时间的长短，而在于心灵的共鸣。

一年以后，乌丽娜和爸爸妈妈回德国去了。

一天晚上，我一边看着《丽江古城》邮票，一边给乌丽娜写信。我要把邮票寄给乌丽娜。窗外是月光下的古城，月光在水波上跳跃，在浮游着淡紫淡蓝夜气的石桥上、瓦屋上跳跃。整座古城流溢着月光的香味。乌丽娜，你在做什么呢？你在想我吗？你嗅到丽江古城月光的香味了吗？

阅读实践

感受作家笔下的人物

本组文章塑造的人物形象都有着鲜明的特点。请从中选择几位你印象深刻的人物和同学交流：他是一个什么样的人？你是从他的哪些事例中看出来的？

文章标题	文中人物	典型事例

用心回忆一位老师

请你用心回忆一位老师，想想他的性格特点，再想想你们一起经历过的往事，唤醒一段美好的时光。

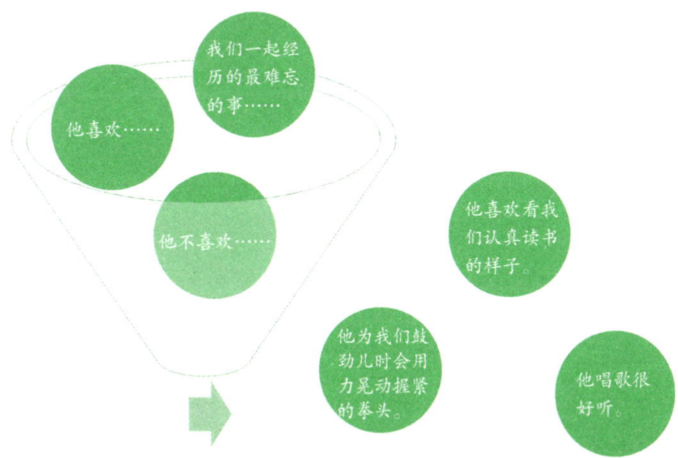

往事悠悠

悠悠往事，宛在昨日：“我”与橘皮、“我”与冰糖葫芦之间发生了哪些故事？为什么编织“我”童年美丽的生活花环的是一本《千家诗》？“我”是如何理发的？……

细细品读本组文章，学习作者叙写童年往事的方法。和长辈聊聊天、翻翻相册，搜集自己的童年往事，制作时间轴，把印象最深的事填写在相应的时间点上，还可以把照片贴在旁边，并选取有代表性的内容与同学分享。

① 我和橘皮的往事[①]

梁晓声

多少年过去了，那张清瘦而严厉的、戴600度黑边近视镜的女人的脸，仍时时浮现在我眼前，她是我小学四年级的班主任老师。想起她，也就使我想起了一些关于橘皮的往事……

外貌描写是刻画人物形象的重要方法，尝试把这种方法运用到你的习作中去吧。

其实，校办工厂并非是今天的新事物。当年我的小学母校就有校办工厂，不过规模很小罢了。母校的校办工厂专从民间收集橘皮，烘干了，碾成粉，送到药厂去。所得加工费，用以补充学校的教学经费。

有一天，轮到我和我们班的几名同学去那小厂房里义务劳动。一名同学问指派我们干活的师傅，橘皮究竟可以治哪几种病？师傅告诉我们，可以治什么病，尤其对平喘和减缓支气管炎颇有良效。我听了暗记在心里。我的母亲，

① 选入本书时，有删改。

每年冬季都被支气管炎所苦，经常喘作一团，憋红了脸，透不过气来。可是家里穷，母亲舍不得花钱买药，就那么一冬季又一冬季地忍受着，一冬季比一冬季喘得厉害了。看着母亲那种痛苦的样子，我和弟弟妹妹心里特别难受。我暗想，一麻袋又一麻袋，这么多这么多橘皮，我何不替母亲带回家一点儿呢？

当天，我往兜里偷偷揣了几片干橘皮。

以后，每次义务劳动，我都往兜里偷偷揣几片干橘皮。

母亲喝了一阵子干橘皮泡的水，剧烈喘息的时候分明地减少了，起码我觉着是那样。我内心里的高兴，真是没法儿形容。母亲自然问过我——从哪儿弄的干橘皮？我撒谎，骗母亲说是校办工厂的师傅送的。母亲就抚摩我的头，用微笑表达她对她的一个儿子的孝心所感受到的那一份欣慰。那乃是穷孩子们的母亲们普遍的最由衷的也是最大的欣慰啊！

不料想，由于一名同学的告发，我成了一个小偷，一个贼。先是在全班同学的眼里成了一个小偷，一个贼，后来在全校同学的眼里成了一个小偷，一个贼。

那是特殊的年代。哪怕小到一块橡皮、半截铅笔，只要一旦和“偷”字连起来，就足以构成一个孩子从此无法洗刷掉的耻辱，也足以使一个孩子从此永无尊严可言。每每的，在大人们互相攻讦的时候，你会听到这样的话——“你自小就是贼！”——那贼的罪名，却往往仅由于一块橡皮、半截铅笔。那贼的罪名，甚至足以使一个人背负终生。即使往后别人忘了，不再提起了，在他或她的内心里，也是铭刻下了。这一种刻痕，往往扭曲了一个人的一生，改变了一个人的一生，毁灭了一个人的一生……

在学校的操场上，我被迫当众承认自己偷了几次橘皮，当众承认自己是贼。当众，便是当着全校同学的面啊！……

于是我在班级里，不再是任何一个同学的同学，而是一个贼。于是我在学校里，仿佛已经不再是一名学生，而仅仅是，无可争议的是一个贼，一个小偷了。

我觉得，连我上课举手回答问题，老师似乎都佯装不见，目光故意从我身上一扫而过。

我不再有学友了。我处于可怕的孤立之中。我不敢对母亲说我在学校的遭遇和处境，怕母亲为我而悲伤……

当时我的班主任老师，也就是那一位清瘦而严厉的、戴 600 度近视镜的中年女教师，正休产假。

她重新给我们上第一堂课的时候，就觉察出了我的异常处境。

放学后她把我叫到僻静处，而不是教员室里，问我究竟做了什么不光彩的事。

我“哇”地哭了……

老师的做法巧妙地维护了一个学生的尊严。

第二天，她在上课之前说：“首先我要讲讲梁绍生（我当年的本名）和橘皮的事。他不是小偷，不是贼，是我嘱咐他在义务劳动时，别忘了为老师带一点儿橘皮。老师需要橘皮掺进别的中药治病。你们如果再认为他是小偷，是贼，那么也把老师看成是小偷，是贼吧……”

第三天，当全校同学做课间操时，大喇叭里传出了她的声音，说的是她在课堂上所说的那番话……

从此，我又是同学的同学、学校的学生，而不再是小偷，不再是贼了。

我的班主任老师，她以前对我从不曾偏爱过，以后也不曾。在她眼里，以前和以后，我都只不过是她的四十几名学生中的一个，最普通最寻常的一个……

但是，从此，在我的心目中，她不再是一位普通的老师了，尽管依然像以前那么严厉，依然戴600度的近视镜……

② 往事依依

于 漪

年华似流水。几十年过去，不少事情已经模糊，有的搜索枯肠而不可得，但有几件事仍历历在目，至今记忆犹新。

小时候，我住的小屋里挂着一幅山水画。这只是一幅极普通的画，清晨看到，晚上看到，一天少说看到三四次，竟百看不厌。有时凝视久了，自己也仿佛进入画中，“徜徉于山水之间”，甚得其乐。入了神，自然乐在其中。家里有一部《评注图像水浒传》，一打开，我就被一幅幅插图吸引住了。梁山雄伟险峻，水泊烟波浩渺，水面有无边无际的芦苇，山上有一排排大房子……这一切，在我幼小的心灵里好像就是家乡长江边焦山一带。那时读《水浒传》，会不知不觉把焦山一带风景当作梁山泊背景，我似乎目睹何涛、黄安率领的官军在茫茫荡荡的焦山下，在芦苇水港中走投无路、狼狈逃窜的情景，犹如身历其境，真是津津有味。以后年龄增长，也曾重读《水浒传》，虽然理解比小时候深入，但是形象却不如那时鲜明。后来才懂得，这就是形象思维的作用，生动的形象可以形成深刻的记忆。

学生时代的生活乐趣，很大程度来自读书。书，给我以广阔的天地，而其中编织我童年美丽的生活花环的，竟是一本让人看不上眼的石印本《千家诗》。

祖国的大地山川气象万千，家乡的山山水水也美丽非凡。一年之中，风光流转，阴晴雨雪，丽日蓝天，风云变幻，真是美不胜收。《千家诗》中很大部分诗歌歌咏祖国风物，按春夏秋冬时序编排，打开书往下念，四季风光就活生生地展现在眼前："万紫千红总是春""春城无处不飞花"；"绿树阴浓夏日长""五月榴花照眼明"；"青女素娥俱耐冷，月中霜里斗婵娟"；"梅雪争春未肯降，骚人搁笔费评章"……吟诵这些诗句，春花秋月，夏云冬雪，一年四季都沉醉在诗的意境之中。诗句中丰富的颜色给生活涂上了绚丽的色彩："红紫芳菲""橙黄橘绿""黄鹂鸣翠柳""白鹭上青天"，令人眼花缭乱，心旷神怡。脑海里常常浮现五彩纷呈的世界，沉浸在美的享受中，生活情趣浓浓郁郁。

老师入情入理的讲课也在我心上雕镂下深刻的印象，培养了我课外阅读的兴趣。国文老师教古文喜欢大声朗诵。记得一次教辛弃疾的词《南乡子·登京口北固亭有怀》，老师朗诵时头与肩膀左右摇摆着，真是悲歌慷慨，我们这些做学生的，爱国情怀油然而生。此后我每次登上满眼风光的北固楼，望着滚滚长江水，回顾千古兴亡事，总是感慨万端。不用说，这首词我至今还能背得滚瓜烂熟。我就是从那时开始爱读辛弃疾词的。也是在初中读书时，来了一位代课的国文老师，是年轻的新派人，他喜欢教白话文。有一次，教到田汉《南归》中的诗："模糊的村庄迎在面前/礼拜堂的塔尖高耸昂然/依稀还辨得出五年前的园柳/屋顶上寂寞地飘着炊烟。"老师朗诵着，进入了角色，那深深感动的神情凝注在眼睛里。这种感情传染了整个教室，一堂鸦雀无声，大家都被深深感动了。这几句诗镌刻在我心上，几十年过去，至今还能信口背出。此后，我对新文学更有兴趣，读了许多有名的中外小说，开阔了眼界，使自己的心与时代更加贴近了。如今只要稍一回忆，就仿佛看到国文老师那左右摇晃的身子和那注满情思的眼睛。

老师常对我们说："你们光念几篇课文是远远不够的，课外要有计划地认认真真读点好书；多读书，读好书，能丰富知识，增添智慧，做一个志趣高尚的人。"谆谆教导铭刻在心，使我一生受用不尽。

往事依依，金色的回忆唤起我的青春激情，催我不断奋进。

3 冰糖葫芦[1]

高洪波

中国的确太大了！不说别的，光这吃物，就分出了五彩缤纷的南北大菜，让你听声品味，看谱流涎，难怪国外时不时掀起一股中国菜的热潮。

冰糖葫芦不是菜，只是一种北方冬日里常见的小零食。每当寒风骤起，肆虐于街头时，它便鲜亮亮地出现了。寻常见到的，是插在金黄的麦秸上，像给冬姑娘头上插了一串艳红的珠花，那么惹人和显眼。然后，卖冰糖葫芦的人甩出一声脆而甜的高腔，让这声响悠悠地钻入你的耳内，撩拨着你的馋虫，于是，转眼间手上便擎住了一串亮晶晶的红珠。

吃着冰糖葫芦，不仅让你感到酸甜爽口、冰凉沁心，好像总多着一些“解馋”之外的东西。我想，很可能是因为冰糖葫芦是北方的小吃，是冬天里调剂生活、增添色彩的食物，故而吃起它来总让人感到快慰。至少，不同年龄的人都能分享到共同的快乐。孩子能吃出顽皮和天真，姑

---

① 选自高洪波的散文《小城的食品》。

娘能吃出妩媚和娇嗔，鲁莽的小伙子能吃出自己的豪放与爽快，迟暮的老年人通过品尝冰糖葫芦，让自己的行动证实着老当益壮、童心未减。尤其在冰场上，看到那些飞驰的人影、滑动的“精灵”举着冰糖葫芦在奔驰时，你怎能不跃跃欲试，想冲到冰上去一显身手——冰糖葫芦属于冰，属于冬天，属于北方，这是当然的。

北京的冰糖葫芦品种颇多，以原料区分，就有海棠果、黑枣、山药、荸荠和山楂诸种。其中最为普通、最受欢迎的，当属山楂蘸(zhàn)的冰糖葫芦，这好像是冰糖葫芦的正宗，真正的欣赏者和爱好者，都对其他品种不屑一顾。也许是色彩的艳丽，也许是味道的可口，也许什么也不是，就因为山楂和冰糖葫芦有缘分，人们才爱吃。总之，我观察过卖冰糖葫芦的，十有八九卖的是山楂冰糖葫芦。你说怪不怪？

我是冰糖葫芦的一名坚定的吃客。打小就爱吃，除在云南生活过的十年，没尝到这冬天的馈赠外，几乎在记忆里是年年不漏。因为，我每逢吃起这种小吃，就会引出一段童年生活中有趣的记忆。冰糖葫芦的酸甜混杂着淡淡的辛酸，每每让人思念遥远的故乡、美好的童年，

“酸甜混杂着淡淡的辛酸”，预示着作者的回忆既有趣，又含有淡淡的伤感。

以及弥足珍贵的友谊……

记得在一年冬天，我们放了寒假，照例是找同学们一起消磨时光。消磨时光的办法很多，可以坐在火炕上听老奶奶讲故事，不知不觉地沉浸到富有民族传统的历史演义中；也可以三五成群，围一张小桌打扑克、下军棋。天气好时，在雪地上滚雪球、打雪仗、堆雪人；或是扫出一块平坦的地面，聚在一起打弹子，这时哪怕手冻得发僵，肿得像个小馒头，也在所不辞——冬天自有冬天的乐趣！

我的一位好朋友却不在家。这位同学由于家境贫寒，兄弟姐妹一大群，许多担子便落在了他这位长子肩上。而他做什么去了呢？原来到街上卖冰糖葫芦去了。

这委实使我扫兴，而且更扫兴的是他的行为——卖冰糖葫芦。这哪像一个新中国的小学生从事的工作呀！我决心找到他，把他拉回到暖和的房子里，共同讨论孙悟空败于杨二郎的原因。

他果然在街头。一根绑扎着麦秸的木棍上，插着几十串冰糖葫芦，这木棍斜支在新华书店的橱窗前，被冬日的太阳一照，闪出红亮的色泽。我的好朋友漫不经心地站着，既不吆喝，也不走动，倒时不时欣赏着橱窗里的摆设。见到我时，他咧嘴笑了，这笑不知是欢迎还是自我解嘲。可我看到寒风中站立的这位同学，适才的想法不仅被吹跑了一半，竟自有些愧怍（zuò）起来。是的，卖冰糖葫芦有什么不好！自食其力，自谋学费，这倒往往是家境富裕的同学无法达到的境界。

于是，我这本来想干涉的人，倒变成了他的同伙。站在这位同学的旁边，我油然生出一种自豪感，扯开嗓子替他大声吆喝起来："冰糖葫芦！又脆又甜！咬一口甜掉牙咧……"

然而生意却很冷清，天冷，出门人少。摆了一上午的架势，满打满算才卖出去四根冰糖葫芦，显然离销售一空的目标还很遥远。突然，我看到弟弟和一伙小朋友来了，这倒是一群合适的顾客。我叫住他们请吃冰糖葫芦："哥哥请客。"这下子打开了销路，麦秸上的"货"猛然减少，而且弟弟他们的快乐感染了行人，许多本来不想吃的，也动了馋虫，不由得也凑过来买上一根。于是，转眼间只剩下了三根冰糖葫芦插在麦秸上，像三个快乐的惊叹号！

我把弟弟和小朋友们吃的冰糖葫芦钱交给这位同学时，他收下了。我把最后三根的钱交给他时，他却不收，并且有些嗔怒了。这倒使我惶惑起来。是啊，生活中的事就是这样，在一根冰糖葫芦上，不也可以体现出友谊和情感吗？

三根冰糖葫芦，虽不值多少钱，但其中包含的友情却是无价的。

他是把三根冰糖葫芦作为对友谊的酬答，尽管这酬答极其轻微，但对于一个孩子来说，却是弥足珍贵的。

从此，我和冰糖葫芦结下了不解之缘。

阅读链接

冰糖壶卢（葫芦）乃用竹签，贯以葡萄、山药豆、海棠果、山里红等物，蘸以冰糖，甜脆而凉。冬夜食之，颇能去煤炭之气。

——《燕京岁时记》

④ 理发的故事

任大霖

走过理发店，每每看到有不少小朋友坐在那里理发，静静的，一点儿声息也没有，只听到锋利的电剪在“嗞嗞”地响。理发店不论大小，大都是那么洁净、光亮、安适。小朋友们愉快地理着发，一边还看小人书。

每逢我看到这些情景时，总要联想到自己小时候理发的情形。啊，我小时候的理发，跟今天比起来，简直是受罪！为了理发，我曾经吃过不少苦头，说起来，小读者们也许会不相信呢！

我小时候的理发，不叫“理发”，叫“剃头”。我们家乡“剃头店”很少，一共只有一家，开在镇上最热闹的一条街上，门窗漆得花花绿绿，里面还吊着纸糊的大风扇。但我们从来没有进去光顾过，头发长了，妈妈总是领我到炳林师傅的剃头担上去剃头，他的剃头担成年歇在我们村口土地庙的旁边。

炳林师傅是个又矮又胖的老头儿，红鼻子、阔嘴巴，寥寥几笔就把炳林师傅的外貌和爱说话的特点描写出来了。

剃头的时候，嘴里喜欢呱啦呱啦，一刻不停。那时候，剃头师傅根本不兴戴口罩，所以炳林师傅的唾沫总是一刻不停地喷到我的头上、脖子上。这还不说，他的工具更是脏得使人恶心。轧剪一贴到头皮就有一种黏糊糊的感觉，马上使我想起他刚刚给瘌（là）痢阿三剃过头，这轧剪上肯定还沾着不少脏东西（幸亏那时还不知道“细菌”那玩意儿）。洗头的小木盆原先是红的，漆掉了，加上一层油腻，已变成了黑色；至于那块毛巾，也认不清它到底是黑、是黄，还是白了，反正一擦上脸，就有一股咸鱼味。洗脸水是不换的，轮到我剃时，早已变成了滑腻腻的一盆黑汤。炳林师傅还不住地拿毛巾擦擦自己的脸和胖脖子——炳林师傅的剃头担，卫生状况就是如此。

至于他的手艺，说起来到现在还使我害怕！别的不说，单是那把轧剪，我就吃了不少苦头。一轧，两轧，第三轧上，就不是轧而是“拔”了，总要痛得我叫起来，并且本能地把脖子缩一缩：“疼死了！疼死了！”于是他像煞有介事地把轧剪平放在掌上，“托托”敲几下，吹几口气。经过这番“检修”，效果并不好，还是连轧带拔的，疼得我直冒汗，但这时你只好拼命熬着，再叫疼也不来理你了。如果你多缩几下脖子，他就要不高兴了：“小官官，这样怕疼，叫我怎么剃？又不是杀你的头，缩着项颈做啥？你这种小人头，照理我是不剃的，为什么不剃？因为头发软，轧剪吃不消，一剃就要出毛病！我是看你大人的面子才给你剃，只好让自己的轧剪倒霉！”被他这么一说，倒不是他的轧剪害了我，而是我害了他的轧剪了。当然我就更加不敢动了，暗暗咬紧牙关，硬挺着。

炳林师傅的手特别重，他时常按住我的脑袋，重重地按向这一边，又按向那一边。好的理发师手脚总是很轻的，譬如说，要你的头稍微向左，只在右边轻轻按一下；要你向右，就在左边轻轻按一下。现在的理发师就是这样。但炳林师傅却总是重手重脚的，一会儿把你的头按到左边，一会儿又按到右边。当他给我剃后脑勺上的头发时，竟把我的头直按到胸前去，好像折断你的脖子也不管似的。他自己的腰是直的，从不肯稍稍弯一下，总是把别人的脑袋按来按去。特别是给我修汗毛时，一把按住我的鼻子连嘴巴，闷得我几乎没有气，只觉得他那湿漉漉的手指发出一阵阵焦辣的黄烟味。

文章通过对炳林师傅理发过程的描写，写出了“我”害怕理发的原因。

好容易挨到剃完，给我解开了遮身布，在项颈上扑些白粉，这时的我，赛过一个奴隶得到解放，浑身说不出的轻松。

每逢头发长了，我就千方百计地逃避。妈妈要我去剃头，我就装肚子疼，再不然装牙疼。等到头发长得实在不能再长了，妈妈就死活拉着我去剃头。拉到土地庙旁边，我一看炳林师傅正在给别人剃头，我反身就逃。妈妈抓住我的手臂，在屁股上拼命敲我，我又哭又喊，引得很多人围拢来看热闹。到后来，我还是只好坐在高高的板凳上，让炳林师傅把我折磨一番。

有一次，妈妈又要捉我去剃头了，我干脆躺在地上不起来了，弄得她也没法可想。我说："我要到剃头店里去剃！"

妈妈想了好久，似乎也有些可怜我，就答应领我到剃头店去。我们走到镇上剃头店里，打听价钱，说要四角钱，比炳林师傅那里贵三角。妈妈数数手里的钱，犹豫了好一会儿，还是领着我走出来了。只听见店里的老板娘在后面怪声怪气地说："还是到炳林老头儿的担上去剃吧，那里便宜！"妈妈听了，一声也不响，领着我回家了。

我想来想去没有办法，就跟隔壁一个小朋友商量好，自己动手来剃，决计不再去受罪了。我们没有工具，只好用剪刀来剪。我给他剪，他给我剪，费了好大劲儿，头发弄了一身，总算剪光了。我们高兴得要命，原来剃头这么容易，那又何必去吃苦头呢？

谁知道，当我一走到学校里，同学们就都指着我的头，笑个不停，好像看木偶戏那么有趣。我用镜子一照，连自己也不觉笑了起来。原来，用剪刀是剪不平的，头发留着深一条、浅一条的剪印，恰像一匹斑马。在后脑勺和耳朵边上，还留着一丛丛长发，赛过一堆乱七八糟的茅草。没有办法，只好又跑到炳林师傅的剃头担上去，请他再“加工”一次。

经过这一次的波折，我只好服服帖帖地让炳林师傅剃头了。慢慢地，我也就改掉了“赖头”的习惯。

不过，直到今天，当我坐在又干净又凉爽的理发店里，舒舒服服地理发时，还常常想起小时候炳林师傅给我剃头的事。

5 我的第一本书[①]

牛　汉

前几天诗人蔡其矫来访，看见我在稿纸上写的这个题目，以为是写我出版的第一本诗集，我说：“不是，是六十年前小学一年级的国语课本。”他笑着说：“课本有什么好写的？”我向他解释说：“可是这一本却让我一生难以忘怀，它酷似德国卜劳恩的《父与子》中的一组画，不过看了很难笑起来。”我的童年没有幽默，只有从荒寒的大自然间感应到的一点生命最初的快乐和幻梦。

我们家有不少的书，那是父亲的，不属于我。父亲在北京大学旁听过，大革命失败后返回家乡，带回一箱子书和一大麻袋红薯。书和红薯在我们村里都是稀奇东西。父亲的藏书里有鲁迅、周作人、朱自清的，还有《新青年》《语丝》《北新》《新月》等杂志。我常常好奇地翻看，不认字，认画。祖母嘲笑我，说：“你这叫作瞎狗看星星。”那些本头大的杂志里面，夹着我们全家人的“鞋样子”和花花绿

---

① 选入本书时，略有改动。

绿的窗花。书里有很多奇妙的东西。我父亲在离我家十几里地的崔家庄教小学，不常回家。

我是开春上的小学，放暑假的第二天，父亲回来了。我正在院子里看着晾晒的小麦，不停地轰赶麻雀，祖母最讨厌麦子里掺和上麻雀粪。新打的小麦经阳光晒透发出甜蜜蜜的味道，非常容易催眠和催梦。父亲把我喊醒，我见他用手翻着金黄的麦粒，回过头问我："你考的第几名？"我说："第二名。"父亲摸摸我额头上的"马鬃"，欣慰地夸奖了我一句："不错。"祖母在房子里听着我们说话，大声说："他们班一共才三个学生。"父亲问："第三名是谁？"我低头不语，祖母替我回答："第三名是二黄毛。"二黄毛一只手几个指头都说不上来，村里人谁都知道。父亲板起了面孔，对我说："把书本拿来，我考考你。"他就地坐下，我磨磨蹭蹭，不想去拿，背书认字难不住我，我怕他看见那本凄惨的课本生气。父亲是一个十分温厚的人，我以为可以赖过去。他觉出其中有什么奥秘，逼我立即拿来，我只好进家屋把书拿了出来。父亲看着我拿来的所谓小学一年级国语第一册，他愣了半

祖母不是文中的主要人物，在文中却起着重要作用。说说祖母在文中起了什么作用。

天，翻来覆去地看。我垂头立在他的面前。

我的课本哪里还像本书！简直是一团纸。书是拦腰断的，只有下半部分，没有封面，没有头尾。我以为父亲要揍我了，没有。他愁苦地望着我泪水盈眶的眼睛，问：“那一半呢？”我说：“那一半送给乔元贞了。”父亲问：“为什么送给他？”我回答说：“他们家买不起书，教师规定，每人要有一本，而且得摆在课桌上，我只好把书用刀砍成两半，他一半我一半。”父亲问我：“你两人怎样读书？”我说：“我早已把书从头到尾背熟了。乔元贞之所以考第一，是因为我把自己的名字写错了。‘史承汉’的‘承’字中间少写了一横。”父亲深深叹着气。他很了解乔元贞家的苦楚，说：“元贞比你有出息。”为了好写，后来父亲把我的名字中的“承”改作“成”。

这深深的叹息内涵丰富，既有对儿子做法的默许，也有对儿子同学家生活贫困的同情。

父亲让我背书，我一口气背完了。“狗，大狗，小狗，大狗跳，小狗也跳，大狗叫，小狗也叫……”背得一字不差。

父亲跟乔元贞他爹乔海自小是好朋友，乔家极贫穷，乔海隔两三年从静乐县回家住一阵子，他在静乐县的山沟里当塾师，脸又黑又皱，脊背弓得像个“驮灯狮子”（陶瓷灯具）。

父亲对我说：“你从元贞那里把那半本书拿来。”我不懂父亲为什么要这样，送给人家的书怎么好意思要回来？元贞把半本书交给我时，哭着说：“我妈不让我上学了。”

晚上，我看见父亲在昏黄的麻油灯下裁了好多白纸。第二天早晨，父亲把我叫到他的房子里，把两本装订成册的课本递给我。父亲的手真巧，他居然把两半本书修修补补，装订成了两本完完整整的书，补写的字跟印上去的一样好看。父亲把两本课本用牛皮纸包了皮，在封皮上写上名字。元贞不再上学了，但我还是把父亲补全的、装订好的课本送给他。

这就是我的第一本书。对于元贞来说，是他一生唯一的一本书。

父亲这次回家给我带回一个书包，还买了石板石笔。临到开学时，父亲跟我妈妈商量，觉得我们村里的书房不是个念书的地方。父亲让我随他到崔家庄小学念书。我把这本完整的不同寻常的课本带了去。到崔家庄之后，才知道除了《国语》之外，本来还应该有《算术》和《常识》，因为老师弄不到这两本书，我们就只念一本《国语》。

还应当回过头来说说我的第一本书，我真应当为它写一本比它还厚的书，它值得我用崇敬的心灵去赞美。

我们那里管“上学”叫“上书房”。每天上书房，我家的两条狗（一大一小）跟着我。课本上的第一个字是“狗”，我有意把狗带上。两条狗小学生一般规规矩矩地在教室的窗户外面等我。我早已经把狗调教好了，当我说“大狗叫”，大狗就汪汪叫几声，当我说“小狗叫”，小狗也立即叫几声。老师在教室里朗读课文时，我的狗却不叫，它们听不惯老师的声调，拖得很长，而且沙哑。我提醒我的狗，轻轻喊一声“大狗”，它就在窗外叫了起来。我们是四个年级十几个学生在同一教室上课，引得哄堂大笑。课没法上了。下课后，老师把我叫去，狠狠地训斥了一顿，说：“看在你那知书识礼的父亲的面子上，我今天不打你手板了。”他罚我立在院当中背书，我大声地从头到尾地背了出来。两只狗蹲在我的身边，陪我背书，汪汪地叫着。后来老师还夸我的狗聪明。

抗日战争期间，二黄毛打仗不怕死，负了几回伤。他其实并不真傻，只是心眼儿有点死，前几年去世了。他受到乡里几代人的尊敬。听说乔元贞现在还活着，他一辈子挎着篮子在附近几个村子里叫卖纸烟、花生、火柴等小东西。

诗人蔡其矫再来我这里时，一定请他看看这篇小文，我将对他说："现在你该理解我的心情了吧！"我的第一本书实在应当写写，如果不写，我就枉读了这几十年的书，更枉写了这几十年的诗。人不能忘本。

阅读链接

牛汉（1923—2013），原名史承汉，后改名史成汉，曾用笔名牛汀、谷风等，山西定襄人。"七月派"代表诗人之一。著有诗集《彩色的生活》《温泉》《蚯蚓和羽毛》等，其中，《温泉》获全国优秀新诗集奖。

⑥ 一碗“元宝”茶（节选）

金　近

我第二次当学徒，就是想找个安身的地方，干了活，只要能吃饱，有个地方住，就够满意了。本来我留在姑母家里治病的，病好了，姑母要到家乡去，我在上海没处落脚，姑母就托人把我介绍到一家小百货店里当学徒。

作者通过对手和脚的描写，形象地刻画出学徒生活的艰辛。

当学徒的那一年冬天，我忙得连洗衣袜的时间都没有，袜子的后跟磨破了，露出皮肉，两个脚后跟都冻得烂成窟窿。手背上的皮肤开了裂，灰土嵌在里面，没有肥皂洗擦，晚上睡觉静下来，痛得睡都睡不着。

我给老板干活，从早上睁开眼睛忙起，一直忙到晚上睡觉闭上眼睛，中间就没有歇过一歇。早上帮着娘姨（保姆）生煤球炉子，她只照管老板的一个小女儿，再就是做饭，其余的活都要我做。我要买早点，洗碗，倒痰盂，打扫店堂，下排门，扛铺盖，还要送老板的大女儿去上学，……

等我吃早饭，也快要做中午饭了。

开饭的时候，我先得忙一阵，摆碗筷，端菜，盛(chéng)饭，等老板一家人和店里的伙计坐下，我就站在桌旁，给他们一个一个添饭，等大家都吃好了，才轮到我吃。我吃的就是冷饭、剩菜，有时候只剩些泔(gān)水一般的菜汤了。我吃饭过了时，肚子自然很饿，吃起来是大口大口的。老板站在一旁，一边举着牙签剔(tī)牙齿，一边斜着眼睛看我，嘿嘿地轻笑着说：“你们看，他干活没有劲，吃起饭来倒是狼吞虎咽的，真是个饭桶！”

老板说这样的话，已经不止一次了。这些话钻进我的耳朵里，饭咽不下去了，可是我只好当作没听到，还得吃下肚去。老板就这样管我吃的。

老板管我住，其实没有我住的地方，也没有一个床铺。每天晚上店铺关上门，只有柜台里面有一条狭长的空地，我把地扫干净，就摊开铺盖睡在这块空地上。因为地方实在狭小，我和师兄就合一个铺，他出褥子，我出棉被，两人各占一头睡，这样想翻个身都困难。

我忙完一件事，想休息一下的时候，老板又想出花样来，叫我擦外面的橱窗玻璃。那玻璃从地面高到屋顶，擦玻璃的上面一层，我得爬到梯子上去。冬天西北风大，天气冷，手背和手指冻得刺骨地痛，脚也像泡在冰水里，痛得不好受。我只好伸手呵一回热气，再擦。擦这样的大玻璃，顾到这一头顾不到那一头，要是有一处没擦干净，老板就要我再重擦过。

旧历新年到了，我可以休息三天。天还没有亮，就听到店铺附近一阵阵“砰！啪！”的爆竹声。这三天里，对我来说也没有什么可高兴的，没有什么新衣服可换，也没有地方可去，除了早上可以不扛排门板，别的像生煤球炉子、倒痰盂、买早点这些活，还是要我来干的。客人来向老板拜年，我还得端茶。我从农村到上海，还不到一年，上海的一些风俗习惯，也根本不了解，因此难免闹出一些笑话。大年初一的早上，第一个客人来拜年了。他走进店门见到穿着缎子马褂、皮袍子的老板，互相拱手作揖，都喊着“恭喜发财”这句吉利话。老板对我说：“快去端碗‘元宝’茶来！”

我跑进里屋去，娘姨已经把茶泡好了。那茶碗上有个盖子，很像个小碟子覆盖着，碗盖底上叠起一个小圈圈，里面正好能放两颗鲜橄榄。娘姨告诉我，这橄榄就是“元宝”。我想，橄榄放在碗盖上多别扭，还不如扔进茶碗里，那才是泡了橄榄的“元宝”茶哩。没想到我把这碗茶端给客人，老板的眼睛老盯着我，他很生气地问：

“元宝呢？快去拿元宝来！”

我一下领会不到，什么元宝？忽然记起娘姨说过的话，才知道橄榄就是“元宝”。我支支吾吾地说，元宝泡在茶水里了。这可把老板气疯了，幸好是大年初一，他不便打人，但还是狠狠地拍了一下桌子，当着客人的面，咬牙切齿地骂我。这样骂，也使我够难受的了。你想想吧，把橄榄泡在水里，那等于把元宝扔到大海里了，这是个不吉利的事，上海话叫作“触霉头”。老板很尴尬地笑着，向客人赔礼道歉。就是为了这“元宝”，那客人留下的四只银角子的赏钱，老板说不许给我，他转送给娘姨了。

一碗“元宝”茶让“我”回忆起了苦难的童年。比起文中的“我”，我们多幸福啊！

过了旧历新年，我姑母带着我二姐，到上海来做裁缝。二姐到小百货店来看我，看到我穿着薄薄的棉衣，又脏又破，手脚都冻坏了，她流出眼泪来。我自己倒不觉得什么，像个麻木了的人，觉得不这么生活，也没有别的办法呀。

7 五小的校歌[①]

汪曾祺

很多歌消失了。

很多歌的词、曲的作者没有人知道。

有些歌只有极少数的人唱，别人都不知道，比如一些学校的校歌。

这句话最初是：“世界上曾经有过很多歌,都已经消失了。”后来作者改成了现在的样子。请体会作者这样修改的好处。

县立第五小学历年毕业了不少学生，他们多数已经是年过六十的人了。他们之中不少人还记得母校的校歌，有人能够一字不差地唱出来。

西挹(yì)神山爽气，

东来邻寺疏钟，

看吾校巍巍峻宇，

连云栉(zhì)比列其中。

① 节选自汪曾祺的小说《徙》，题目为编者所加。

半城半郭尘嚣(xiāo)远，

无女无男教育同。

桃红李白，

芬芳馥(fù)郁，

一堂济济坐春风。

愿少年，

乘风破浪，

他日毋忘化雨功！

每逢“纪念周”，每天上课前的“朝会”，放学前的“晚会”，开头照例是唱“党歌”，最后是唱校歌。一个担任司仪的高年级同学高声喊道：“唱——校——歌！”全校学生，三百来个孩子，就用玻璃一样脆亮的童音，拼足了力气，高唱起来，好像屋上的瓦片、树上的树叶都在唱。他们接连唱了六年，直到毕业离校，真是深深地印在脑子里了。

你的学校也有校歌吗？当你唱起校歌时，你脑海中会浮现出什么画面？

歌词的意思是没有人解释过的。低年级的学生几乎完全不懂它说的是什么。他们只是使劲地唱，并且倾注了全部感情。到了四五年级，就逐渐明白了。因为唱的次数太多，天天就生活在这首歌里，慢慢地自己就琢磨出来了。最先懂得的是第二句。学校的东边紧挨一个寺，叫作承天寺。承天寺有一口钟，钟撞起来“嗡嗡”地响。“神山爽气”是这个县的“八景”之一。“神山”在哪里，“爽气”是什么样的“气”，小学生不知道，只是无端地觉得很美，而且有一种神秘感。下面的歌词也朦朦胧胧地理解了：是说学校有很多房屋，在城外，是个男女合校，有很多同学。总的说来是说这个学校很好。十来岁的孩子很为自己的学校骄傲，觉得它很了不起，并且相信别的学校一定没有这样一首歌。到了六年级，他们才真正理解了这首歌。毕业典礼上（这是他们第一次“毕业”），几位老师讲过了话，司仪高声喊道：“唱——校——歌！”这是他们最后一次聚在一起唱这首歌了。他们唱得异常庄重，异常激动，玻璃一样的童声高唱起来：

西挹神山爽气，

东来邻寺疏钟，

……

唱到“愿少年，乘风破浪，他日毋忘化雨功”，大家的心里都是酸酸的，眼泪在乌黑的眼睛里发光。这是这首歌的立意所在，点睛之笔，其余的不过是敷（fū）陈其事。从语气看，像是少年对自己的勖(xù)勉，同时又像是学校老师对教了六年的学生的嘱咐，一种遗憾、悲哀而酸苦的嘱咐。他们知道，毕业出去的学生，日后多半是会把他们忘记的。

毕业生中有一些是乘风破浪，做了一番事业的；有的离校后就泯然众人，为衣食奔走了一生；有的，死掉了。

这不是一首了不起的歌，但很贴切，朴朴实实，平平常常，和学校很相称。一个在寺庙的废基上改建成的普通的六年制小学，又能写出多少诗情画意呢？人们有时想起，只是为了从干枯的记忆中找回一点淡淡的童年，在歌声中想起那些校园里的蔷薇花、冬青树，擦了无数次的教室的玻璃，上课下课的钟声，和球场上像烟火一样升到空中的一阵一阵的明亮的欢笑……

从歌词内容看，这不是一首了不起的歌，对该校学生却是一首最美的歌。歌声仿佛有魔力，唤醒他们对校园生活的美好回忆。

阅读实践

活动一

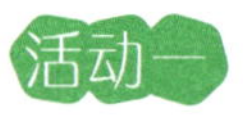

难忘的事

读完本组文章，哪些事给你留下了深刻的印象？把它们写在相应的思维导图内，并与同学分享。

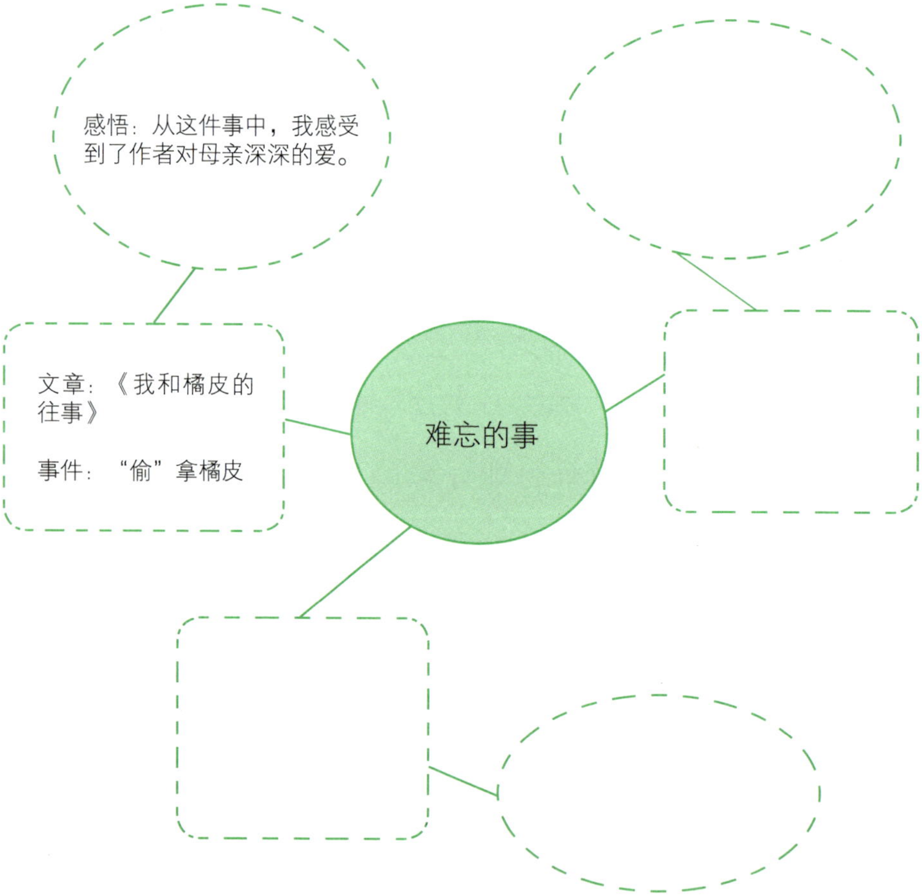
感悟：从这件事中，我感受到了作者对母亲深深的爱。
文章：《我和橘皮的往事》
事件：“偷”拿橘皮
难忘的事

活动二

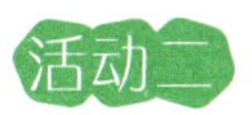

难忘的小学生活

回忆自己六年的小学生活，记录值得细细回味的点点滴滴。可以借助下面的时间轴，把印象深刻的事填写在相应的时间点，如果愿意，还可以把照片贴在旁边。同时，选取最难忘的事与同学分享。

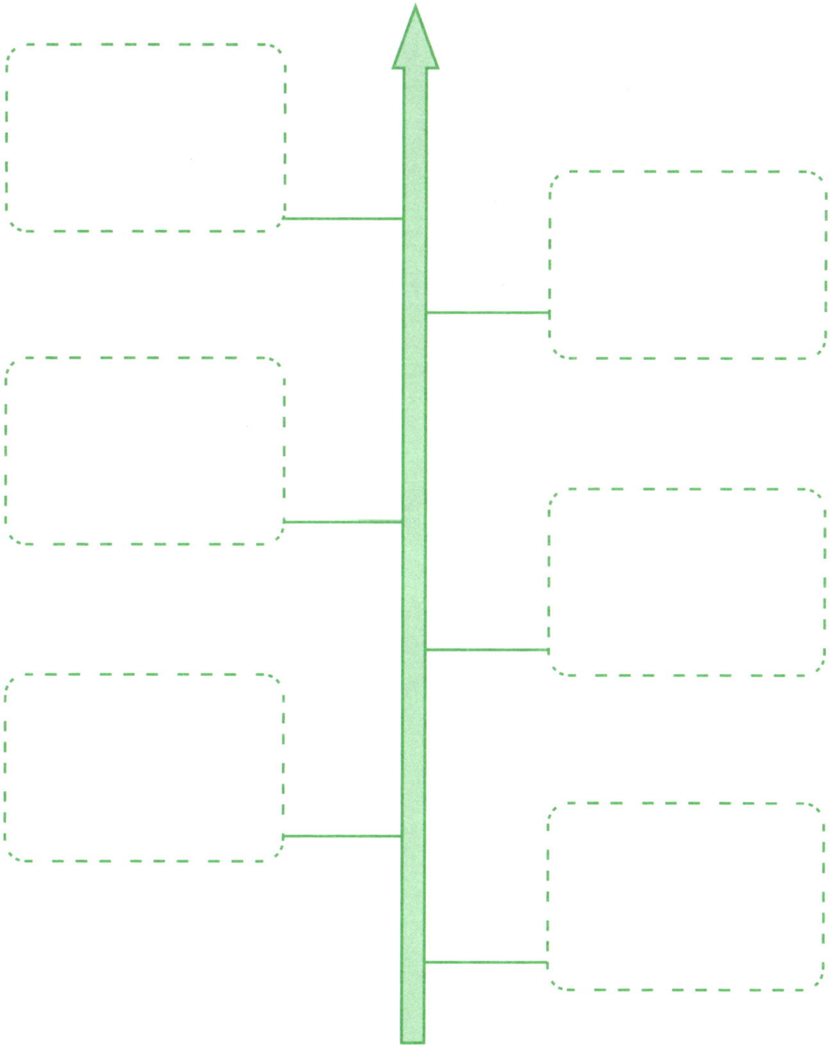

综合性学习：依依惜别

小学六年的学习生活已经接近尾声，我们即将离开我们的母校，心里纵然有万般不舍，但离开母校的时刻仍将如期而至。不用伤感，我们可以通过一些活动来表达对母校的不舍。

在本专题中，我们学习制作成长纪念册，学习活动策划的流程和方法，尝试写策划书等。

◉ 活动一：制作成长纪念册

不久以后，我们就要告别美丽的校园，告别朝夕相处的老师、同学，带着依依不舍的深情，跨入新的学校，开始新的学习生活。临近毕业，选出最能反映你小学生活的有代表性的材料，用心制作一本成长纪念册，珍藏这段难忘的成长经历吧。

一般来说，成长纪念册分为封面、扉页、正文等几部分。怎样编排成长纪念册呢？

1. 给成长纪念册取一个贴切的名字，设计个性化的封面。

2. 扉页为“卷首语”或“成长感言”，可以自己写，也可以请老师或家长写。

3. 正文内容按照一定的顺序编排，呈现方式要多样，如，每张照片配简短、有趣的文字介绍；每个部分可以加一个合适的小标题。

有的材料不能直接拿来就用，还需要进行修改。如，有的文章太长，可以从中节选最有价值的内容。

制作成长纪念册，最好能表现出你的独特个性和创意。

成长纪念册示例

1. 班级纪念册名字示例

《我们的班级》《快乐童年》《彩色童年》《成长足迹》……

2. 纪念册各板块名字示例

“师恩难忘”“同学情深”“集体荣誉”“运动场上”“艺术天地”“美好祝愿（离别赠言）”“依依惜别”……

3. 封面示例

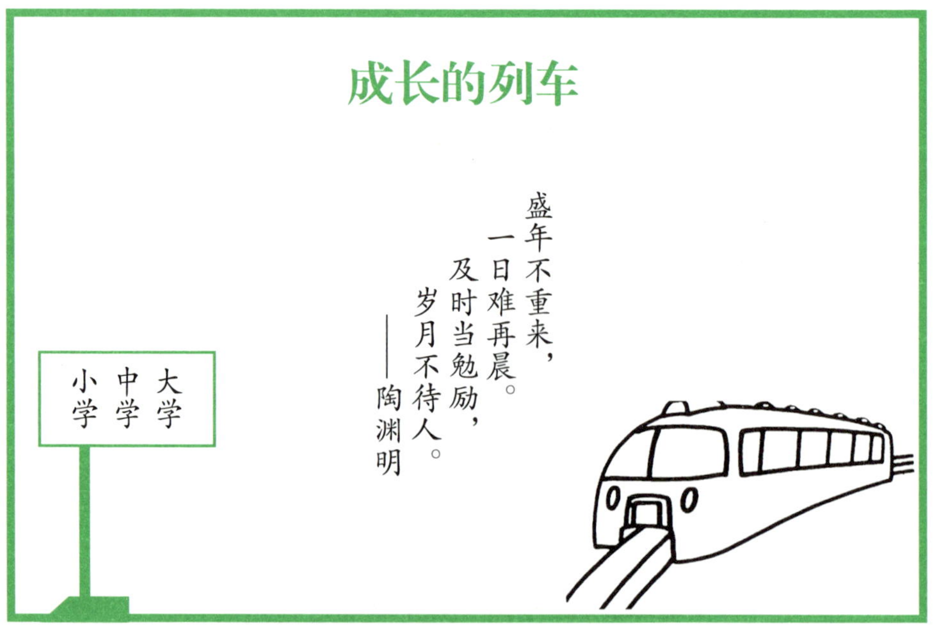

4. 扉页示例

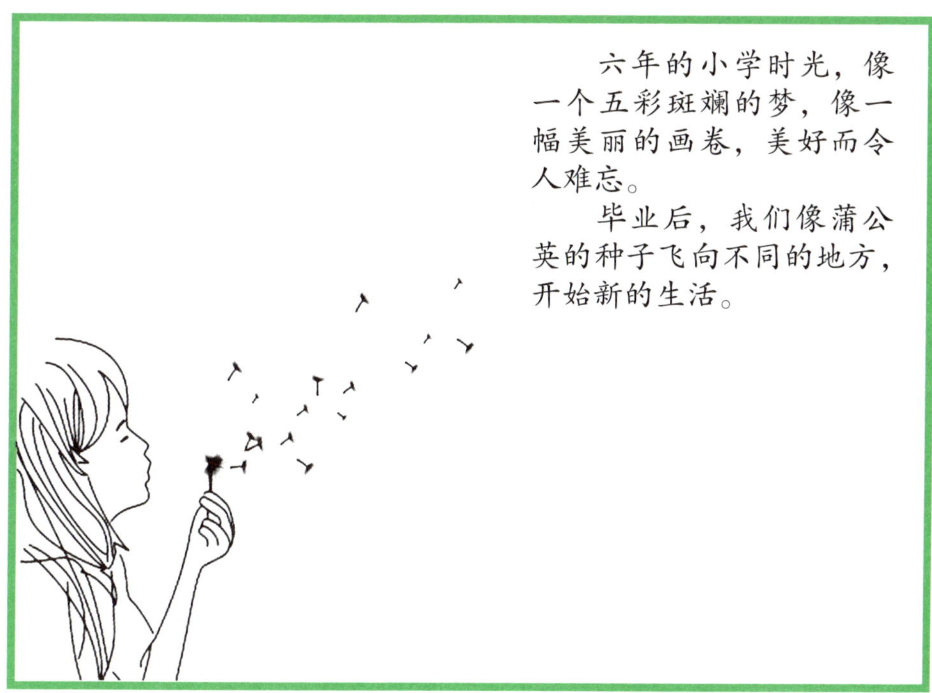

5. 目录示例

目录	
我的档案	
校园印象	
成长记录	小小的我（一、二年级）
	渐渐长大（三、四年级）
	意气风发（五、六年级）
我的朋友	
毕业赠言	

6. 正文编排中对图片资料的几种处理方式

（1）给图片配上文字说明。

（2）用拍照的方式，把尺寸较大的作品放入纪念册中。

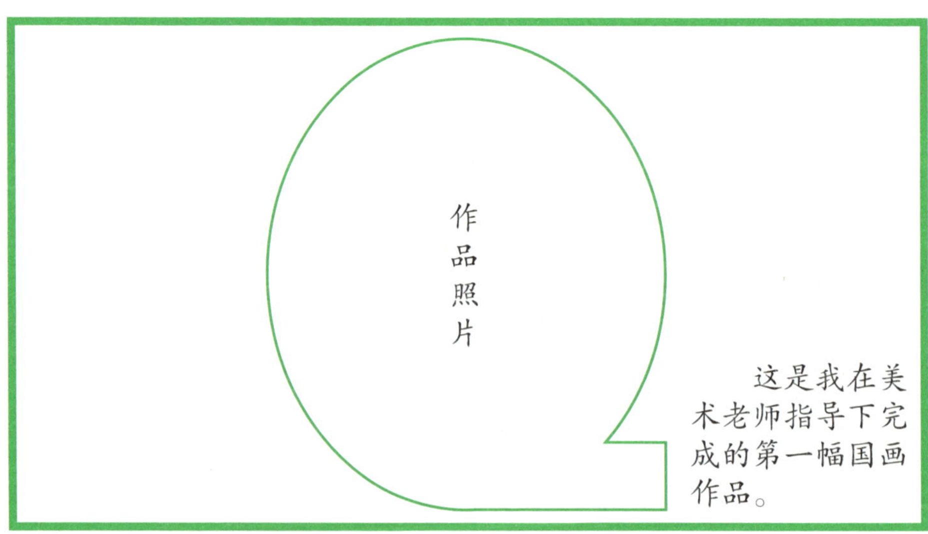

（3）在没有图片资料的情况下，使用插画活跃版面。

（4）在没有图片资料的情况下，可创编“纯文字”版面。

入 学

◉ 活动二：策划一次活动

一、活动策划

任何活动要想取得预期的效果，前期都需要做好策划工作。没有缜密的策划，活动执行起来就会变得杂乱无序。

活动策划不是一项简单的工作，有许多细节问题需要活动策划者注意。只有从细节到整体都考虑到，才能让参与者满意。

策划书是整个策划工作的灵魂，是活动得以有序开展的保证。下面就来学习撰写活动策划书。

（一）活动名称

一般来说，在策划书上，活动名称通常包含两方面的内容，如下图所示。

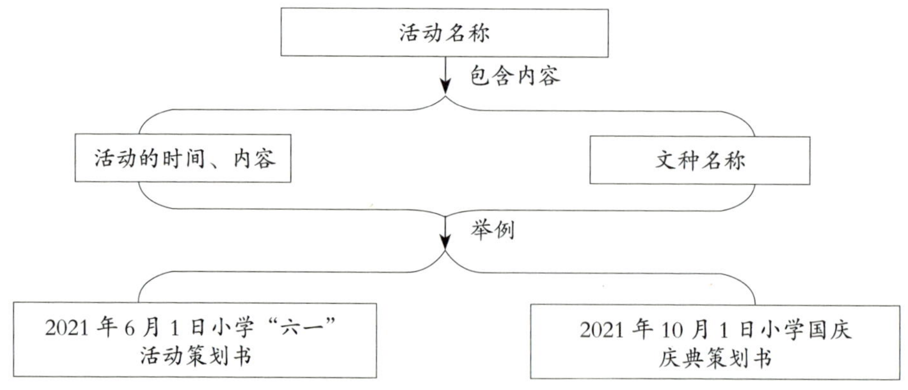

（二）活动主题

在活动策划书上一定要明确活动主题，不然活动实施者就不能快速抓住重点，既浪费时间，又让活动策划者白费心思。

一般来说，活动主题包括活动的目的和意义，要运用精练的语言，让活动的实施者快速了解整个活动的核心内容。

（三）活动开展

在活动策划书中，活动的开展包括以下四个部分。

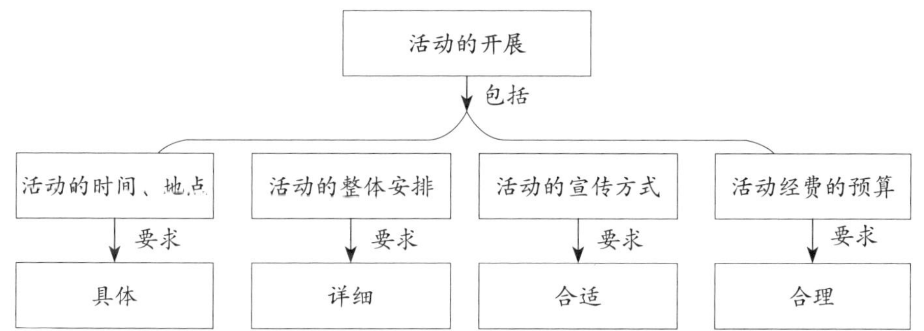

二、毕业活动策划书

活动名称：致童年——携一路缤纷友情

主办单位：荔园小学六（5）班

协办单位：六（5）班家委会

（一）活动背景

这是一个让老师引以为豪的集体。这里是幸福的摇篮，一群胸怀理想的少年相互勉励，他们敬老师，爱同学，兴趣广泛，个个身怀绝技。毕业也要留下灿烂的笑脸，也要留下欢乐的瞬间。让我们用系列毕业活动重拾记忆的碎片，把它们化为永恒。

（二）活动主旨

“致童年——携一路缤纷友情”是我们毕业生在小学阶段的最后一次活动，如果你想为自己策划一次完美的离别，请加入我们。本次活动将以抒发情感为主，提升能力为辅，以“情”为主线——母校情、师生情、同窗情，旨在促使每个人毫无顾虑地去表达心中那份情感，留下美好的回忆。

（三）活动内容

1. 宣传：制作宣传海报和条幅。

2. 照片墙：收集同学的生活照（参加活动的、搞笑的精彩瞬间，几年前和现在的对比照片等），然后贴在一块展览板上。

3. 寄语墙：给每位同学发放统一的便笺，让他们写下想对学弟学妹们说的话和小学里印象最深的事（内容积极向上），收回后择优贴在展览板上。

4. 视频留念

（1）拍摄一段校长、辅导员、各位科任老师对同学们想说的话。

（2）拍摄同学对父母、对老师、对同伴、对自己想说的话。

（3）拍摄纪念册照片的花絮。

最后把拍摄的照片整合剪辑在大屏幕上循环播放。

5. 愿望瓶：写下自己的愿望，收回统一放在一个大的玻璃瓶里保存。

6. 送别：在校门前的幕墙前跟好朋友合影留念。

（四）活动安排

1. 由宣传小组制作海报。

2. 由生活小组购买材料。

3. 学习小组所有成员分为五组：一组收集照片，二组收集寄语，三组收集愿望，四、五两组负责拍视频和照片。

4. 由于工作量巨大，时间紧迫，需要其他小组协助一同完成。

（五）经费预算

物料名	单价（元）	数量	合计（元）
海报	10	1	10
条幅	50	1	50
信纸	10	3	30

（续表）

物料名	单价（元）	数量	合计（元）
便笺	5	6	30
许愿瓶	30	1	30
总计	150 元		

（六）活动预期效果

让即将毕业的同学在学校留下印迹，日后返校有美好的回忆。激励同学们发愤图强，让他们在这样的氛围中体会到时间的宝贵。

三、“品读经典，书香满园”活动策划书

“品读经典，书香满园”活动策划书	
活动目的	品读经典，传承文化，提高文学素养和写作水平。
活动要求	全校师生共同参与，坚持每天诵读经典，坚持写读书笔记，坚持完成每周的读书目标。
活动内容	1. 每天要用 5 分钟诵读或背诵经典。如利用晨读时间诵读古诗文，诵读经典文学著作中的精彩片段等。 2. 各班级根据自己班的情况制订读书计划，列出每周要读的书目，可以是童话、寓言、故事等。 3. 学生利用课外时间自由阅读书籍，写读书笔记，摘抄佳句佳段。 4. 每周由老师组织举办一次读书交流会，学生交流自己的读书心得，展示自己的读书成果，共同赏析精彩片段等。

（续表）

“品读经典，书香满园”活动策划书	
活动内容	5. 开展习作评比活动，选出优秀作品进行展示，参加报纸、杂志等投稿。
活动时间	周一、周三、周五晨读时间，周二至周五下午课外活动时间。
活动地点	教室、学校图书馆。
展示形式	举办读书交流会；开展作文评比活动，展示优秀习作。

日积月累

友情这东西在我的过去的生涯里，就像一盏明灯，照彻了我的灵魂的黑暗，使我的生存有了一点光彩。

——巴金

世上友谊本罕见，平等友情更难求。

——培根

像橡树般一寸寸成长起来的友情，要比像瓜蔓般突然蹿起来的友情更为可靠。

——夏洛蒂·勃朗特

不论是多情的诗句、漂亮的文章，还是闲暇的欢乐，什么都不能代替无比亲密的友情。

——普希金

◉ 活动三：诵诗歌话别

① 献给老师的花束

徐　鲁

一

多少欢聚，
　　又多少离别，
汇集在你生命的长河……
多少忧愁，
　　又多少喜悦，
交织在你无怨的岁月……
日日夜夜，
你总做着希望的梦；
风里雨里，
你总唱着痴情的歌。
直到满头的青丝变成了白发，
直到每一片心田都开出花朵。

“希望的梦”“痴情的歌”是老师对我们的期盼和教诲。

记得蒲公英和七里香
开满夏日山谷的时节，
你背着我们，
　　一一涉过涨水的小河；
记得鲜艳的红领巾
第一次飘荡在我的前胸，
你无声的目光，
　　传递给我多少温热；
记得母校那一片美丽的绿荫，
在绿荫下，你喃喃地说——
　　我爱这春天，
　　更爱这每一片绿叶。

你脑海中可曾浮现老师帮助你的情景？

二

啊，有多少欣慰，
　　有多少疼爱，
在我们即将毕业的时刻；
带着多少期待，
　　多少嘱托，
你把我们一一送上人生的站台，

目送着我们各自踏上远去的列车……

两行离别泪，万缕慈母情。

你用颤抖的声音鼓励着我们——

　　去吧，勇敢的孩子们！

　　向着你们明天的生活……

三

有一种开在山野上的小花，

她的名字叫“勿忘我”。

　　风雨里盛开，

　　风雨里凋谢。

一簇簇美丽而朴素的生命，

装点着被人们遗忘的角落……

亲爱的老师，

当又一个金色的秋天来临的时候，

我愿采一束蓝色的小花，

轻轻地放在你的窗边，

　　默默地放在你的课桌。

临近毕业，你想怎样表达对老师的感情呢？

想起你那身已经褪色的蓝色衣装，

想起你为我们修改过的
一册一册人生的作业，
想起你的白发，
想起你的教鞭，
还有你那已经苍老的身影，
仿佛仍然站在我们的背后，
注视着我们，
鼓励着我们——
　　生命的历程，
　　该怎样书写……

② 我的小学老师

巩孺萍

那天
在路上遇见您，
若不是我喊了声
“老师！”
您可能就匆匆而去。
我说，
您还记得我吗，老师？
那个曾把青蛙
带到教室的小调皮，
那个曾用皮球
打碎了玻璃的小淘气，
那个跌破了头
被您背进医院的“男子汉”，
那个毕业时
搂着您号啕大哭的“没出息”。

在成长过程中，老师用爱呵护我们，用智慧之光照亮我们前行的道路。

老师您仔细端详了我，
眼里立刻噙(qín)满了泪滴。
真快啊，真快，
那时你还是一个“小萝卜头”，
今天已高过老师的头顶。
我说，
老师，您老了，
当初的一头黑发，
如今已银霜满鬓。

谈话间，
一群小学生把您围住，
问这问那说个不停。
您微笑着为他们解答，
耐心细致、和蔼可亲。
一旁的我仿佛又回到了
过去的时光，
在孩子们中间，
我发现老师您
还是那么美丽年轻！

> 老师陪我们走过一段段快乐的时光，留下一处处难以磨灭的印记。

没有说声再见，

我就悄悄离去，

因为我实在不忍心

打扰眼前动人的情景。

深深祝福您，

敬爱的老师，

健康幸福，

满园桃李。

③ 常常想起的朋友

金　波

我常常想起的朋友，
像润物无声的春雨，
像林中清亮的溪流，
像冬天有阳光的日子。

默默地带给我许多关爱，
像夏夜里悄悄吹来的微风，
从不用多余的表白，
就让我心头雨过天晴。

常常不期然地来到我身边，
我像看见了雨后初绽的花，
望着你灿烂的笑脸，
这世界忽然变得如此广大。

朋友是冬日的暖阳，夏夜的微风……和朋友在一起的时光是多么快活啊！

友情是一本读不完的书，

友情是一棵常青的树。

日积月累

怨别自惊千里外，论交却忆十年时。

——高适

河西幕中多故人，故人别来三五春。

——岑参

浮云一别后，流水十年间。

——韦应物

芳草已云暮，故人殊未来。

——韦庄

故人不可见，新知万里外。

——文天祥

4 啊，友谊

樊发稼

我是一株小树，
当我头顶烈日，
感到干渴难熬的时候，
你常常为我
变成清冽的泉水。

我是海上的船帆，
当我一心向往前方，
却又无能为力的时候，
你常常为我
化作阵阵劲风。

友情是干渴难熬时的甘泉，是推动帆船前行的劲风，给我们无私的帮助。

当我在
懊丧气馁（něi）的狭路上
踯躅（zhí zhú）徘徊，

你恰如缕缕
温暖的阳光，
照亮我的心坎，
促我自信自强，
重新昂首挺胸。

当我陷入
孤寂的尴尬境地，
你又像一支
热烈欢快的乐曲，
让亮丽的节律，
频频催动我
青春奋发的脉搏。

当我为一点
小小的成绩，
显得有些
志得意满，
你像一帖
及时的清凉剂，

友情像温暖的阳光，像热烈欢快的乐曲，让我们自信，催我们奋发向上。

委婉而又严肃地
提醒我，启迪我——
要头脑冷静，
务必戒骄戒躁。

啊，友谊!
我须臾不能离开的
最亲密的伙伴，
我实在无法想象——
倘若没有你，
我该怎样行路，
怎样生活。

◉ 活动四：用书信传情

① 名人说信（节选）

仇润喜

世界上，书信浩如烟海。生活中，离不开见字如面。千百年来，名人名信层出不穷。国内国外，名人说信精彩纷呈。谨录数则，与诸位共飨（xiǎng）。

法国伏尔泰说：“书信是生命的安慰。”

鲁迅说：“一个人的言行，总有一部分愿意别人知道，或者不妨给别人知道，但有一部分却不然。然而一个人的脾气，又偏爱知道别人不肯给人知道的一部分，于是尺牍（dú）就有了出路。这并非等于窥探门缝，意在发人的阴私，实在是因为要知道这人的全般，就是从不经意处，看出这人——社会的一分子的真实。”“从作家的日记或尺牍上，往往能得到比看他的作品更其明晰的意见，也就是他自己的简洁的注释。”

梁实秋说：“需要一通情愫（sù）的时候，假纸笔代喉舌，写个三行五行的短笺，岂不甚妙？我最向往六朝人的短札，寥寥数语，意味无穷。”

叶圣陶说：“（书信）程式不是客套。程式之中实在包含着情分和礼貌，不注意程式，在情分上礼貌上若有欠缺，就将使对方不快。”

艾青说：“在书信里，可以看到纯真的友谊和炽热的爱情，有真知灼见的心灵对话，有畅所欲言的坦荡胸襟。千里的思念，羞于直言的情话，书信是最好的传达和交流的方式。”

费孝通、季羡林等人在《抢救民间家书倡议书》中写道：“传统家书作为中华民族民间优秀文化的组成部分，是文学、史学、美学、书法、礼仪、邮政、包装、纸张等文化的综合载体。千百年来，她承载着中华民族生生不息的血缘文化，维系着人间的亲情，展示了人性的光芒，也真实地记录了时代的变迁。家书映照出和谐的人际关系、高尚的生活准则、优良的行为操守与道德传统。家书是中华民族凝聚力与亲和力的体现。”“游子像风筝，家书是一根长长的线，把游子的心与家人紧密相连。”

洁尘说：“有什么比爬满亲友熟悉的笔迹、情意绵绵的书信更能打动人心呢？玫瑰形式感太强，在街上，你可以用金钱轻易换回，但信就不同了。亲笔书信是真正稀有宝贵的东西，写一封信要调动你的智力、感情、期待，甚至不经意间的微笑和泪水。寄出信和收到信之间，有一个美妙的等待过程，蕴藏着你我的真挚情感。电子通信时代，信息传递过于快捷，交际的美感也在超速度中损失，到最后大家只能得到一个索然无味的‘群发’，手机和短信剥夺了我们的绵绵情谊。所以，书信比钻石更珍贵。”

书信作为沟通工具，从传递方式、书写载体，到文字格式、规范礼仪等，随着时代的变迁，在不断地变化着，但它传递信息、表达感情的作用却是永恒的。

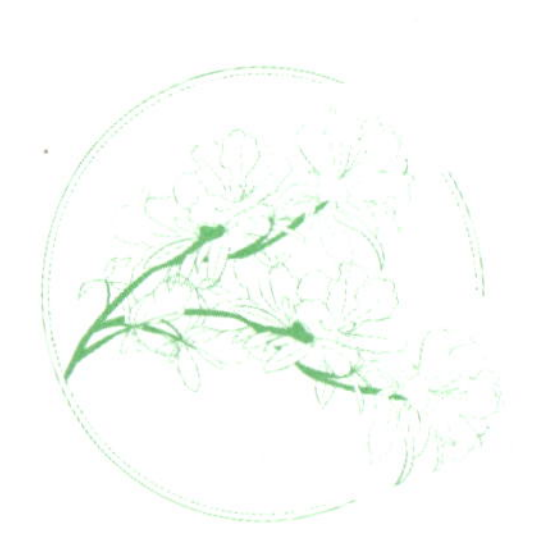

② 写信小常识

仇润喜

书信是传递感情的载体，写信是学生必修的功课。

写信有规矩，掌握大有益。

1. 书信的格式

书信主要包括称呼、正文、结尾、署名和日期五个部分。

（1）称呼，俗称抬头，即收信人。要从信纸的第一行顶格写起，后加冒号，以提示下文。称呼要和署名相对应，明确自己与收信人的关系。称呼要恰当、准确。

称呼包括姓名、称谓和修饰语。根据写信人与收信人之间的关系，称呼大体分为以下几类。

给长辈的信：如是自己的近亲，只写称谓，不写名字，如“爸爸”“妈妈”“伯父”“婶母”等；对非近亲的长辈，称谓前可加上名或姓，或连名带姓，如“平贵叔”“瑞忠伯母”等。

给平辈的信：如是给兄弟姐妹的信，可照平时称谓，如“大哥”“二姐”“三弟”等；给同学、同事、朋友的信，一般在姓名或名字后面加“同学”“同事”“友”等。

给晚辈的信：一般可直接写名字，如“祥杰”“李倩”等；也可在名字后面加写辈分称谓，如“辉儿”“德华侄”等；还可只写称谓，如“女儿”“侄儿”“甥儿”等。

给多人的信：不须指名道姓的可写“同志们”“全体同志”等；需要指名道姓的，则写“××、××等同志”。

修饰语，即在称谓前加的“亲爱的”“尊敬的”等字样，要恰如其分，不可乱用。

（2）正文，是书信的主体部分。一信谈一事的，把事情写清楚即可；一信谈多事的，则应分清主次，写完一件再写一件，每件自成段落。重要的内容，要写得具体详细；附带谈的事情，可以略写，以收信人能够领会为准。如果是写回信，应在正文开头，先写明收到来信，然后再回答信中提到的问题。如需对方回信，则写“请及时复信”或“盼您回音”，或使用婉转的“便中见告”等。

（3）结尾。正文写完后，写上表示敬意、祝愿或勉励的话，即致敬语或祝颂问安语，作为书信的结尾。

致敬语要根据写信人与收信人的关系以及收信人的具体情况而定，一般用“‘此致’‘敬礼’”“祝工作顺利”“祝安好”等。逢年过节可写“祝新年好”“祝节日愉快”等；

给长辈可写“敬祝金安”“恭祝福安”等；给晚辈可写“祝你进步”等；对在病中和身体欠佳者，可写“祝早日康复”“盼早日痊愈”等。

（4）署名。署名也叫具名、落款，即信末写信人的名字或自称。有时可加修饰语，如“您的 ××”，表示亲切。署名的写法，应根据写信人与收信人的关系确定。

晚辈给长辈写，一般要在署名前加上自称，如“儿：学明”“侄女：荣荣”等。

长辈给晚辈写，一般不写名和姓，而写“父字”“父示”“母手书”“双亲字”等。写给晚辈亲戚的，在自称后面要加名字，如“姑丈振华”“舅父海明”等。

写给平辈的信。兄弟姐妹之间，可直写“兄 ××”“弟 ××”“大姐”“二妹”等。给一般的同志、朋友、熟人，则直署姓名。给不熟悉的人写信，署名前可写上自己的单位名称、职务。

署名后面，按习惯要写“上”“敬上”“叩”“拜”“草”“字”等字眼。“上”“敬上”“叩”“拜”等用于对长辈、上级或平辈，“草”“字”等一般适用于对晚辈。

（5）日期。日期应写在署名后或下方位置。日期对写信人和收信人都很重要，不能不写。日期通用公历，如用农历须注明。日期可不写年份。时间性较强的信件，还要注明具体时间，如“晨”“午”“× 日深夜”“× 日清晨 × 时”等。

2. 信封的写法

信封是信的门面。信封上收信人的地址、邮政编码、姓名，寄信人的地址、邮政编码及姓名等项，应正确书写。否则，影响书信投递，费事还误事。

收信人的邮政编码是保证信件准确、迅速传递的措施，地址是邮递员送信的依据，必须写得详细清楚，不可草率含糊，如省（自治区）、市、县（区）、街道、门牌号等。

请归纳信封的写法。

请人代送的信件，可以不写收信人的详细地址，只在信封上写“烦交”“面交”“敬祈面交”等，然后写姓名。如果代送者是自己的兄弟子侄等，则写“携交”“面交”；若是托亲友代送，则写“敬求饬送”或“即烦饬送”，“饬送”两字要另起一行；如果收信人是上级或长者，则写“面呈”。

收信人姓名，写在信封的正中。要写正名，不要写小名或别名，也不要只写名不写姓。姓名后可加称呼，一般用“同志”“先生”“女士”等。还可根据收信人的身份采取比较通用的称呼，如“教授”“老师”“医生”等。与书信抬头不同，信封上的收信人姓名是供邮递员读的，所以，一般情况下，称谓语不写“爸爸”“妈妈”“儿子”等，而写“先生”“女士”“同志”等。写给平辈及晚辈的，只写其姓名即可。姓名、称谓语之后，写“收”“启”“收阅”等字词。“启”是拆开之意。一般用“台启”，对父母用“安启”，对别的尊辈可用“钧启”，对平辈可用“大启”，对小辈用“手启”等。“亲启”是希望对方亲自拆阅。“赐启”即请予开启。

寄信人的地址、邮政编码不可不写。一是方便对方回信，二是万一收信人的地址、姓名写得有误，信件能够及时退回寄信人。寄信人姓名，一般可只写一个姓；如果是挂号信，则必须写全名。姓名之后，可以加一“寄”或“缄”字。“缄”是封闭、封口的意思。写给父母的信应写“谨缄”。

③ 再寄小读者·通讯二

冰　心

小朋友：

今天让我们来谈“友谊”。

友谊是人我关系中最可宝贵的一段因缘——朋友虽列于五伦之末，而朋友的范围却包括得最广，你的君（现在可以说是领袖、上司）、臣、父、子、兄、弟、夫、妇，同时都可以是你的朋友。

朋友是不分国籍、不限年龄、不拘性别的；只要理想相同、兴趣相近、情感相洽、意气相投的人，都可以很坚固地联结在一起。世界上有多少崇高理想的实现，艰巨事业的创立，伟大艺术的产生，都是一班志同道合的朋友，共同努力，相互切磋的结果。这种例子，在中外古今的历史上，是到处可以找到的。

同时，不但相似相同的人格，容易成为朋友，而朋友往往还是你空虚的填满，缺憾的补足，心灵的加深——你自己率直豪爽，你更佩服你朋友的谦退深沉；你自己热情好动，你更欣赏你朋友的冲淡静默；你自己多愁善病，你更羡慕你朋友的健硕欢欣。各种不同的人格，如同琴瑟上不同的弦子，和谐合奏，就能发出天乐般悦耳的共鸣。

交友是一种艺术。

热情、活泼，而富于同情心的人，常常能吸引许多朋友，而磁石只吸引着钢铁，月亮只吸引着海潮。

你能择友，则你的朋友将加倍地宝贵你的友情。

不要只想你能从朋友那里得到什么，也要想你的朋友能从你这里得到什么。

肯耕种的才有收获，能贡献的才配接受。

友谊是宁神药，是兴奋剂。

使你堕落、消沉的，不是你的好朋友。同时也要警惕，你是否在使你的朋友奋兴、向上？

友谊是大海中的灯塔，沙漠里的绿洲。

当你的心帆漂流于“理”“欲”的三岔江口，波涛汹涌，礁石嶙峋，你要寻望你朋友的一点隐射的灵光，来照临，来指引。当你颠顿在人生枯燥炎热的旅途上，你的辛劳，你的担负，得不到一些酬报和支持的时候，你要奔憩在你朋友的亭亭绿荫之下，就饮于荡涤(dí)烦秽(huì)的甘泉。

古人有句话说：“最难风雨故人来。”——不但气候上有风雨，心灵上也有风雨！

你的心灵曾否走失于空山荒野之中，风吹雨打，四顾茫茫，忽然有你的朋友，开启了“同情”的柴扉(fēi)，延请你进入他“爱”的茅庐，卸去你劳苦的蓑衣，拭去你脸上的泪雨，而把你推坐在“友情”的温暖炉火之前。

同时你也常常开着同情的心门，生起友爱的炉火，在屋前瞭望。

友谊中只有快乐，只有慰安，只有奋兴，只有联结。

友谊中虽然也有痛苦，古人的诗文中，不少伤逝惜别之句，然而友谊是不死的，友谊是不因离别而断隔的。“海内存知己，天涯若比邻”“得一知己，可以无恨”，这痛苦里是没有“寂寞”的，因为我们已经享有了那些朋友的友情！“寂寞”——心灵上的孤独，才是世界上最可怕的东西！

小朋友，在人生路上，我们虽然是孤身启程，而沿途却逐渐加入了许多同行的好伴，形成了一个整齐的队伍，并肩携手，载欣载奔，使我们克服了世路的险峻崎岖，忘却了长行的疲乏劳顿，我们要如何感谢人世间有这一种关系，这一段因缘？

愿你们永远是我的好朋友，假如我配，就请你们也让我做你们的好朋友。

冰心

1942 年 12 月 22 日，重庆

④ 致胡祖望[①]

胡 适

祖望：

你这么小小年纪，就离开家庭，你妈和我都很难过。但我们为你想，离开家庭是最好办法。第一使你操练独立的生活；第二使你操练合群的生活；第三使你自己感觉用功的必要。

自己能照应自己，服侍自己，这是独立的生活。饮食要自己照管，冷暖要自己知道。最要紧的是做事要自己负责任。你功课做得好，是你自己的光荣；你做错了事，学堂记你的过，惩罚你，是你自己的羞耻。做得好，是你自己负责任。做得不好，也是你自己负责任。这是你自己独立做人的第一天，你要凡事小心。

你现在要和几百人同学了，不能不想想怎么样才可以同别人合得来。人同人相处，这是合群的生活。你要做自己的事，但不可妨害别人的事。你要爱护自己，但不可

① 胡祖望：胡适的长子，当时要去苏州读书。

妨害别人。能帮助别人，须要尽力帮助人，但不可帮助别人做坏事。如帮人作弊，帮人犯规则，都是帮人做坏事，千万不可做。

合群有一条基本规则，就是时时要替别人想想，时时要想想："假使我做了他，我应该怎样？""我受不了的，他受得了吗？我不愿意的，他愿意吗？"你能这样想，便是好孩子。

你不是笨人，功课应该做得好。但你要知道世上比你聪明的人多得很。你若不用功，成绩一定落后。功课及格，那算什么？在一班要赶在一班的最高一排。在一校要赶在一校的最高一排。功课要考最优等，品行要列最优等，做人要做最上等的人，这才是有志气的孩子。但志气要放在心里，要放在功夫里，千万不可放在嘴上，千万不可摆在脸上。无论你的志气怎样高，对人切不可骄傲。无论你成绩怎么好，待人总要谦虚和气。你越谦虚和气，人家越敬你爱你。你越骄傲，人家越恨你，越瞧不起你。

"功课要考最优等，品行要列最优等，做人要做最上等的人，这才是有志气的孩子。"这句话包含着一位父亲对孩子殷切的期望。

儿子，你不在家中，我们时时想念你，你自己要保重身体。你是徽州人，要记得“徽州朝奉，自己保重”。

你要记得下面的几件事：

1. 不要买摊头上的食物，微生物可怕！

2. 不要喝生水冷水，微生物可怕！

3. 不要贪凉。身体受了寒冷，如同水冰了不流，如同汽车上汽油冻住了汽车便开不动。许多病是这样来的。

4. 有病赶快寻医生。头痛是发热的表示，赶快试验温度表（寒暑表），看看有无热度。

5. 两脚走路觉得吃力时，赶快请医生验看，怕是脚气病。脚气病是学堂里常有的，最可怕，最危险。

6. 学校饮食里的滋养料不够，故每日早起须吃麦精一匙。可试用麦精代替糖浆，涂在面包上吃吃看。

这几条都是很要紧的，千万不要忘记。

你寄信给我们，也须编号数，用一本簿子记上，如下式：

家信　苏州第一号　〇月〇〇日寄

　　　苏州第二号　〇月〇〇日寄

你收到的家信，也记在簿上：

爸爸　苏州第一号　八月廿七日收

爸爸　苏州第二号　〇月〇〇日收

妈妈　　　第三号　〇月〇〇日收

儿子，不要忘记我们，我们不会忘记你。努力做一个好孩子。

爸爸

十八年八月廿六夜

日积月累

◇赐子千金，不如赐子一艺。

◇一尺三寸婴，十又八载功。

◇打铁不惜炭，养儿不惜饭。

◇父母之爱子，则为之计深远。

◉ 活动五：撰写毕业赠言

① 中国公学十八年级毕业赠言

胡　适

诸位毕业同学：

你们现在要离开母校了，我没有什么礼物送给你们，只好送你们一句话吧。

演讲稿的观点可以开门见山，也可以分段论述最后总结，前提是要有非常明晰的观点。

这一句话是："不要抛弃学问。"以前的功课也许有一大部分是为了这张毕业文凭，不得已而做的。从今以后，你们可以依自己的心愿去自由研究了。趁现在年富力强的时候，努力做一种专门学问。少年是一去不复返的，等到精力衰时，要做学问也来不及了。即为吃饭计，学问决不会辜负人的。吃饭而不求学问，三年五年之后，你们都要被后进少年淘汰掉的。到那时再想做点学问来补救，恐怕已太晚了。

有人说："出去做事之后，生活问题急需解决，哪有工夫去读书？即使要做学问，既没有图书馆，又没有实验室，哪能做学问？”

我要对你们说：凡是要等到有了图书馆方才读书的，有了图书馆也不肯读书。凡是要等到有了实验室方才做研究的，有了实验室也不肯做研究。你有了决心要研究一个问题，自然会撙(zǔn)衣节食去买书，自然会想出法子来设置仪器。

至于时间，更不成问题。达尔文一生多病，不能多做工，每天只能做一点钟的工作。你们看他的成绩！每天花一点钟看十页有用的书，每年可看三千六百多页书，三十年读近十一万页书！

我们可以通过事例证明自己的观点，使其更有说服力。

诸位，十一万页书可以使你成一个学者了。可是，每天看三种小报也得费你一点钟的工夫，四圈麻将也得费你一点半钟的光阴。看小报呢？还是打麻将呢？还是努力做一个学者呢？全靠你们自己的选择！

易卜生说：“你的最大责任是把你这块材料铸造成器。”

学问便是铸器的工具，抛弃了学问便是毁了你自己。

再会了，你们的母校眼睁睁地要看你们十年之后成什么器！

② 毕业赠言

一、给老师

老师，您是蜡烛，燃烧自己，照亮别人；您是春雨，润泽桃李，芬芳大地；您是灯塔，指引方向，给人希望；您是石阶，忍辱负重，承载未来。我们永远记得您——敬爱的老师。

“春蚕到死丝方尽，蜡炬成灰泪始干。”是谁在默默培养我们？又是谁在无微不至地照顾我们？是您啊，老师！六个春秋里，您把我们培养成朝气蓬勃的少年。课堂上，您将知识毫无保留地传授给我们；课间，您与我们畅谈欢笑……无论哪个同学遇到了困难，您都会无微不至地关心！您的恩情说不尽、道不完，在此离别之际，让我深情地道一声：老师，您辛苦了！

“落红不是无情物，化作春泥更护花。”有人说，师恩如山，因为高山巍巍，使人崇敬；我要说，师恩似海，因为大海浩瀚，无法估量。加减乘除，算不尽您做出的贡献；诗词歌赋，颂不完对您的崇敬。您用知识的甘露，浇开我们理想的花朵；您用情感的清泉，润泽我们的心灵。我们感受到的是“教诲如春风，师恩似海深”！

“随风潜入夜，润物细无声。”您不是演员，却吸引着我们的目光；您不是歌唱家，却让知识的清泉叮咚作响，唱出迷人的歌曲；您不是雕塑家，却塑造着我们的灵魂……

人生的旅途中有一串歪歪扭扭的小脚印，伴着一串扎扎实实的大脚印。那是您在用辛勤的汗水，把满园桃李浇灌；那是您在用纯净的爱心，编织五彩的花环。老师，我是舟，您是海，没有您的载托，我怎能远航？老师，我是泉，您是山，没有您的孕育，我怎能涓涓流淌？老师，谢谢您！

二、给同学

聚散终有时，再见亦有期。同窗数载凝聚的无数美好瞬间，将永远铭刻在我的记忆之中。

我们如校园里并肩生长的小树朝夕相伴，我们拥有在一起度过的六个春秋——每一次游戏，每一次探讨，甚至每一次吵闹……都将成为我记忆中珍贵的一页。

临近毕业，思绪万千。六年的学习增强了我的知识储备，丰富了我的人生阅历，加深了同学间的友爱和情谊。衷心祝福我的老师和同学们身体健康、万事如意！愿你们在各自的人生旅途中走出精彩，走向成功。小船在港口刚刚起航，我们暂时分手，满载着理想和追求。重新相聚在何时？将在那硕果累累的时候！

往事冲不淡少年的趣事，时光带不走童年的欢笑，思想的火花让你我相知。明天，我将带着同学的深情厚谊，带着老师的嘱托，带着美好的梦想，去迎接未来的挑战，创造更美好的明天！

三、给学校

感谢学校，给我们每个人的明天创造了更多可能；感谢敬爱的老师们，使我们茁壮成长；感谢亲爱的同学们，使我的人生拥有了一段弥足珍贵的回忆，一份终生难忘的友情。

来不及整理离别的思绪，来不及梳理学习期间的点点滴滴，我们已经背起明天的行囊。船儿鼓起风帆，即将远航。草木知报三春晖。借此机会，我想对所有的老师和同学说声谢谢，你们的付出让我终身受益。我也将时刻不忘自己的母校，愿用毕生的精力去实践“今日我以母校为荣，明日母校以我为荣”的誓言。

不说再见，因为我们的旅程刚刚启航；不说再见，因为校园是我们共同的家园。青青校园，留下我们多少故事，故事里有笔砚相亲、晨昏相伴的真诚友谊，有比赛场上飞扬的欢呼与呐喊，更有落日红叶、雨打芭蕉的完美意境。这里有默默伏案的少年、勤勉的园丁，有三点一线的紧张，更有青春放歌的朝气。写下它，写下这充满活力的岁月，写下我们难以忘怀的校园故事。

阅读实践

活动一

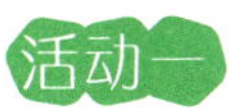

我的毕业赠言

临近毕业，你一定有许多话要对同学、老师、母校说，“毕业赠言”为你提供了一次表达情感、交流思想的机会，为你提供了一个展示个性、展示才情的平台。请写下来，送给他们吧。

我的毕业赠言

毕业典礼活动策划

六年的光阴，给我们留下了太多难忘的回忆；六年的相处，让我们难舍难分。在此离别之际，让我们通过文艺表演的形式，表达对师友、对母校的惜别之情。如把小学生活中令人难忘的事情改编成课本剧、小品等来演一演，朗诵临别赠言或与毕业有关的诗歌，以歌舞的形式表达对校园的留恋等。

为了办好此次毕业典礼联欢会，让我们先来做好策划，写一份毕业典礼活动策划书。根据分工认真准备，以便在毕业典礼上有精彩的展示。

《童年河》

赵丽宏

《童年河》是中宣部“五个一工程奖”得主、著名作家赵丽宏的小说代表作之一。童年就像一条小河，从你生命的河床里流过，它流得那么缓慢，又流得那么湍急，你无法把它留住，它的涟漪和浪花会轻轻地拍击你的心，让你感觉自己似乎总是没有长大。

如果童年的岁月真有一条河陪伴，哪怕只是一条小小的河，那必定是一件有意思的事，河畔会发生多少故事呢？

【书评撷英】

评论一：赵丽宏的《童年河》为什么打动人？成年人读了会想起自己的过去从而被感动，儿童读了同样能因感受到童年的纯真而感动，这是一本小孩和大人都值得看的小说。

——儿童文学作家　梅子涵

评论二：《童年河》这本书字数不多，然而细节密密麻麻，就像绣花一样，既美丽又妥帖。25个章节故事并不曲折，有些篇章甚至就是诗化的散文，很有意境。作者写细节时，展现出他散文叙事时情真意挚的特点。

——评论家　孔明珠

作者简介

赵丽宏，著名作家、诗人，曾获首届冰心散文奖、中宣部“五个一工程”奖、2013年塞尔维亚“斯梅德雷沃金钥匙”国际诗歌奖等多项国内外奖项。他的第一部儿童成长小说《童年河》

因自然流畅的风格，被称作“海派《城南旧事》”。

内容梗概

《童年河》是赵丽宏送给孩子们的礼物，是一本小孩和大人都值得看的小说，是一本适合慢读、慢品、慢慢感动的书。它用诗一般的语言，散文一样的节奏，讲述了一个生活在20世纪五六十年代的普通男孩的成长故事。主人公雪弟依依不舍地告别了淳朴的乡下，像一滴透明的小雨点，被投进了大都市的喧嚣里。大上海的复杂与纷扰如同洪水一般汹涌袭来，雪弟用一双怯生生的眼睛看见了拥堵的码头、狭长的弄堂、窄小的房间、人力车夫挥汗如雨的石板道、霓虹灯修理工以身殉国的房顶……小说以雪弟的视角来观察这个世界，因为从小对河的依恋，到城市后他为找河而迷路，因为河而认识一群伙伴，在河边遇见一对流浪兄弟，等等。故事总是无意中将河拉入我们的视野当中，正是一条河将雪弟从农村慢慢“渡”到城市，让他通过“河”这个媒介适应新环境，完成了一次不平凡的成长。

别了，老家[①]

雪弟七岁那年，父亲到乡下来接他去上海。

雪弟的阿爹和姆妈在很远的地方工作，而且两个人不在同一个城市，姆妈在上海，阿爹在东北。雪弟生下来后，很多时候都被寄养在亲戚家。五岁的时候，阿爹把他送到崇明岛上的乡下老家，由亲婆带他长大。亲婆，就是阿爹的母亲，也就是祖母。所以，在七岁前，雪弟是个乡下孩子。现在，用亲婆的话说，雪弟家福星高照，阿爹终于从东北调到了上海，被分开的牛郎织女，从此可以天天住在一起，儿子也能回到爹妈身边了。姆妈本来住在工厂宿舍里，一个亲戚把市区里的一处房子租给了他们，一家三口，就要在上海安一个家了。

可雪弟并不高兴，他不想离开亲婆，他喜欢乡下。阿爹和小镇上很多来送别的人说话，亲婆也在忙着招呼客人。雪弟一个人悄悄地从后门走了出去。

后门外面是一条河，一条小木船泊在河边。雪弟的行李已经搬到了船舱里，一只小木板箱，一个蓝花布包裹。

① 选入本书时，略有改动。

等一会儿雪弟就要跟阿爹坐船去上海。

雪弟天天在河边走来走去，他喜欢在河岸玩，喜欢河边的风吹在脸上的感觉。迎面吹来的风中，有很多好闻的气味，那是芦苇、树叶和青草的气息，是油菜花的香味。这里只要有水的地方，水边就会长芦苇，芦苇就是河流的绿色花边。河岸上种着很多杨树和槐树，浓密的枝叶在空中交织成一团团绿色的云。树上有几只鸟在鸣叫，它们躲在树里，可满世界都能听见它们快活的歌唱。雪弟每天看见很多鸟，大大小小，各种各样不同的形状和颜色，有黑色的大鸟，也有彩色的小鸟。乌鸦、喜鹊、鹁鸪、鹭鸶、麻雀、燕子、绣眼、乌鸫、白头翁、百灵鸟……还有很多雪弟叫不出名字的鸟，雪弟觉得用一个“鸟”字就能概括它们，那么多好看的羽毛，那么多好听的鸣唱，都在一个“鸟”字里藏着呢。

鸟在树上唱歌的时候，河里的鱼也在忙着，它们虽然无声无息，却是水里活泼的精灵。雪弟喜欢看它们在清澈的水里穿梭追逐的身影，他觉得鱼和鸟其实是差不多的，鸟在天上飞，鱼在水里飞，鸟会唱歌，鱼也一定会唱歌，只是人听不见而已。雪弟脑子里总有这样的念头，如果自己能像鱼一样潜水，一定能听到鱼说话。

河对岸就是广阔无边的田野。田里油菜花正盛开，那一大片金黄，就像天上的太阳光都洒落在地上，亮得刺眼睛。金黄色的阳光里，飘漾着一缕缕粉红色的云，这是紫云英在开花。雪弟喜欢这种贴地而长的绿草，喜欢它们开的花，一大片小花集合在一起，就成了地上的红云。雪弟不明白，农民为什么不多种一点紫云英，他觉得紫云英开花比油菜花好看。不过油菜花和紫云英一起开花，两种颜色交织在一起，特别美。雪弟看过画报里的花，比他天天看到的这些花，差得远了。雪弟听见耳畔嗡嗡响，这是蜜蜂在飞，它们正在花丛里忙着采蜜呢。这一切，到了上海就再也看不见了。雪弟跟着姆妈去过几次上海，那里多的是房子和马路，还有数不清的人，没有河，没有紫云英和油菜花，没有鸟和鱼。如果能变成一只蜜蜂，他现在就飞到油菜地里躲起来……

雪弟正站在河边胡思乱想，肩膀突然被一只大手轻轻拍了一下。回头一看，阿爹不知什么时候站在他身后了。阿爹总是和颜悦色，脸上笑眯眯的。

“雪弟，马上就要走了，你在这里发什么呆啊？”

雪弟看着河对岸，板着脸不说话。

阿爹仍然微笑着问：“是不是舍不得离开亲婆呢？”

雪弟点点头。

“等我们安好家，以后把亲婆也接到上海和我们一起住，好吗？”

雪弟又点点头，脸上还是愁云笼罩。这时，亲婆也走出来了，那只叫芦花的花猫，跟在她身后。亲婆这两天脸上也没有笑容，雪弟要走，她舍不得。跟着亲婆一起出来的是住在隔壁宅上的一个老阿婆，她大声喊着：“雪弟啊，恭喜恭喜，你要做上海人啦！”

雪弟看着一群白鸭子扑腾着翅膀从河里游过去，嘴里突然嘟哝了一句：“上海好什么好？上海没有河！”

阿爹听到了雪弟的嘟哝，笑着说：“上海也有河啊，黄浦江，是一条大江，全世界都知道。我们住的弄堂后面，就有一条河，叫苏州河，比这里的小河宽得多，河里有很多船，小舢板、大帆船、机器船，来来往往热闹得很呢。”雪弟没有心思听阿爹说话，他觉得阿爹是在哄自己。

一直闷着的亲婆这时开口了：“雪弟，亲婆也舍不得你离开，不过你还是去上海好，和爹妈住在一起，比和亲婆住在一起好。你妈妈在上海盼你去呢。我的孙子最听话了，对吧？开开心心跟你爸爸去吧。”

听着亲婆的这些话，看着她没有几颗牙齿的嘴巴一张一合，雪弟突然觉得鼻子发酸，眼泪就像小虫子在面孔上爬，怎么也赶不走……

在雪弟的记忆里，离开乡下老家的情景，就像一幅画。

一支竹篙在河岸上轻轻一点，木船就摇晃着在河面上滑动了。船夫大声招呼雪弟坐着别动，雪弟仿佛没有听见，他站在船舱里，半个身子露在外面。老家的房子和宅子边的树浮在河面上，一点点往后退。亲婆站在老宅后门口，一头稀疏的白头发在风中飘动，她是这幅画的中心。那只花猫默默地站在她的脚边。阿爹拉着雪弟上船时，雪弟对着亲婆大声喊："亲婆，我们以后会来接你的！"亲婆什么话也没说，只是站在岸上挥手。

亲婆的身影在河面上浮动着越来越小，终于被芦苇的绿荫遮住了。这时，雪弟突然听见岸上有很多人在喊他的名字，虽然只听见声音看不到人影，雪弟知道，这是镇上的孩子们在喊他。一簇簇黑头发在起伏的芦苇梢梢上一冒一冒地闪现，孩子们在岸上追他呢。岸边的芦苇丛太茂密，孩子们看不见河里的船，但他们跑得比船快，声音很快往前面飞过去。等到那座高高的石拱桥在河面上出现时，雪弟发现，桥上已经站满了人。孩子们挤在桥头上，一边喊雪弟的名字，一边对着河里挥手。这些孩子，以前天天和雪弟玩，雪弟叫得出每个人的名字，现在也要和他们分别了。船开到石桥前面，雪弟仰头向伙伴们挥手，那些孩子趴在石桥栏杆上俯瞰雪弟，嘴里大声喊着，摇动的手臂就像风中的芦叶。雪弟还没看清楚他们的脸，木船已经到了拱桥下面。船穿过桥洞，桥上的孩子们早就等在桥的另一边。雪弟回头看着桥上的孩子们，他听不清他们在喊什么，只看到石桥在往后退，孩子们的身影渐渐缩小，最后化成眼睛里的模糊一片……

阿爹坐在船舱里，默默地凝视雪弟，脸上一直含着微笑。老宅、亲婆、镇上的小朋友，都消失在河岸的绿荫中，雪弟闷闷不乐坐到船舱里。阿爹揉了揉雪弟的肩膀，俯下身子，从口袋里掏出一块手绢，轻轻擦去雪弟脸上的泪痕。雪弟不愿意让阿爹看到自己流泪的样子，扭头往船舱角落里缩。阿爹用手臂挽住雪弟的肩膀，收敛了脸上的笑，表情变得有点严肃。一直笑着的阿爹，很少有这样的表情，他说话的口气也像对大人一样：

“雪弟，以前阿爹在外地，不能照顾你，阿爹心里不好过。你跟阿爹到上海去，是好事情，儿女总是应该在爹妈身边长大，你说对不对？”

雪弟点了点头。他知道阿爹是认真和自己说话，而且他说得有道理。以前镇上的孩子和雪弟开玩笑，说他没爹没娘，是个孤儿，把雪弟说急了，差点和人打架。阿爹还在继续说，每句话都说动雪弟的心：

“到上海后，你很快就要上学，要做小学生了。等学校放暑假，你可以回乡下来看亲婆，来和你的小朋友玩。老家不会逃走的，你说对不对？”

阿爹问“你说对不对”时，雪弟感到新鲜，感觉自己被阿爹当成大人对待了。他喜欢这种感觉。他一边点头，一边也向阿爹发问：

“为什么不让亲婆一起去上海呢？”

“亲婆年纪大了，她在乡下住了一辈子，不愿意搬家，她担心去上海过不惯。上海的新家现在什么也没有，等家里都安顿好了，一定想办法把亲婆接来。我们祖孙三代人，会住在一起的。”

阿爹的语气很诚恳，他一边说一边抚摩着雪弟的肩膀。雪弟看着在河岸上浮动的芦苇和树梢，还有那些在绿荫里出没的黑色屋顶，不再说话。他在想，上海的新家到底是什么样子。阿爹说的那条苏州河，和身边这条河，是不是一样呢？

《童年河》中的一个个故事，大都与河相关：从崇明岛亲婆家附近的小河，到大上海的苏州河，再到天上的银河……河是一种隐喻，童年是河，人生也是河，流动的河水就如那逝去的时间，一去不复返。但河水流动所产生的层层涟漪、撞击物体所激荡起的朵朵浪花，就如童年的一个个故事，会被珍藏在心灵的深处。一旦记忆的闸门打开，温暖的情感就会持续不断地流淌……阅读时，可以用笔圈画出文中的细节描写，并细细品味，感受作者语言的魅力。

活动一　我爱阅读

请按阅读计划表完成阅读任务。可以在你印象深刻的地方做批注，用简练的语言概括故事情节。

我的阅读计划					
月　日	月　日	月　日	月　日	月　日	月　日
阅读篇目	阅读篇目	阅读篇目	阅读篇目	阅读篇目	阅读篇目

活动二　独一无二的童年

快速默读《童年河》，与同学交流发生在主人公身上的尴尬事、趣事、伤心事，完成下面的思维导图。最后说一说从这些事中你感悟到了什么。

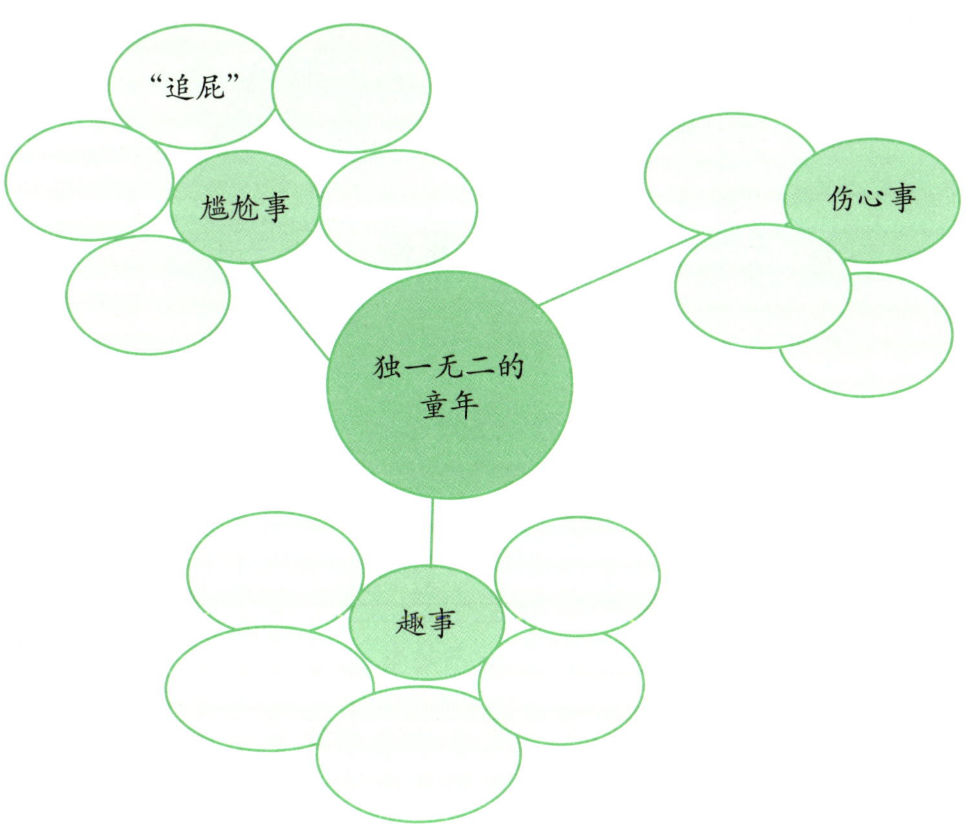

活动三　童年趣事

重读《童年河》中你最喜欢的故事，和同桌交流分享，并模仿其中的故事，写一写自己的童年趣事吧。

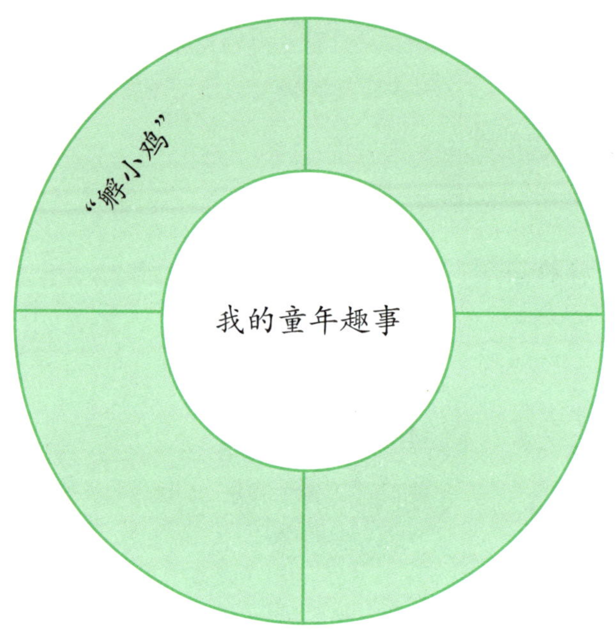

我的童年趣事

敬启

为编好这本书，我们与收入本书的作品（含图片）作者进行了广泛联系，得到了各位作者的大力支持。在此，我们表示衷心的感谢。但是，由于个别作者地址不详，虽经多方努力，仍无法取得联系。敬请各位有著作权的作者尽快与我们联系，以便我们支付稿酬，并致谢忱！

我们还要感谢使用本书的师生们。希望你们在使用本书的过程中，能够及时把意见和建议反馈给我们，对此，我们深表谢意，并将给予一定奖励。让我们携起手来，共同完成本书的建设工作。

联 系 人：梁老师　刘老师

联系电话：010-58022100-6362

联系邮箱：ztxx2008@sina.com

网　　址：http://www.ywztxx.com

地　　址：北京市海淀区知春路7号致真大厦A座18层

图书在版编目（CIP）数据

成长风向标 / 郜书萍主编. — 上海 : 上海教育出版社, 2021.12

ISBN 978-7-5720-0814-6

Ⅰ. ①成… Ⅱ. ①郜… Ⅲ. ①阅读课—小学—教学参考资料 Ⅳ. ①G624.233

中国版本图书馆CIP数据核字（2021）第260863号

责任编辑　余佳家
封面设计　陈丽娟　王艺霖
著作权人　北京华樾教育科技有限公司

成长风向标

郜书萍　主编

出版发行　上海教育出版社有限公司
官　　网　www.seph.com.cn
地　　址　上海市闵行区号景路159弄C座
邮　　编　201101
印　　刷　河北泓景印刷有限公司
开　　本　720×1010　1/16　印张 63
字　　数　700千字
版　　次　2021年12月第1版
印　　次　2021年12月第1次印刷
书　　号　ISBN 978-7-5720-0814-6/G·0630
定　　价　268.00元（全七册）

如发现质量问题，请向本社调换　　021-64373213

★ 适合11至12岁 ★

成长风向标

CHENGZHANG FENGXIANGBIAO

主 编 郜书萍

编 委 会

广泛阅读，可以提高阅读理解力；

广泛阅读，可以丰富知识，开阔视野；

广泛阅读，可以提升思维力、鉴赏力；

广泛阅读，可以促进人的精神成长。

新编的读本，包括古诗文经典诵读、优秀作品专题阅读和整本书阅读，是落实课内外阅读一体化的优质资源。

捧起这套读本读起来，你会越来越享受阅读，你的一生一定会因为阅读而精彩！

崔峦

用阅读滋养你的心灵，
让你变得聪明善良，独特，
宽广，更富想象力和创造力。

[illegible]

发现美，学会爱，表达自己，
在阅读和写作中不断进步！

王一梅

阅读是开启美好人生的钥匙

赵丽宏

庚子九月

为自己读书
为美好读书

肖复兴
庚子岁末

读经典的书
做优秀的人

[illegible]

梦想，从现实起飞

刘兴诗

目录

经典诵读

专题阅读一

专题阅读二

专题阅读三

专题阅读四

专题阅读五

整本书阅读

经典诵读

好男儿志在四方，真英雄心怀天下。理想指明方向，拼搏催人奋进，进取实现成长。新时代好学子，定当树报国远大理想；欣逢盛世，当不负美好韶光。

边读诗词边想象那一个个昂扬进取的画面，抓住关键句，体会诗人表达的情感。

1 龟虽寿[①]

[汉]曹操

神龟虽寿，犹有竟时；
腾蛇[②]乘雾，终为土灰。
老骥(jì)[③]伏枥(lì)[④]，志在千里；
烈士[⑤]暮年，壮心不已。
盈缩[⑥]之期，不但在天；
养怡[⑦]之福，可得永年[⑧]。
幸甚至哉，歌以咏志。

注释

① 选自曹操写的组诗《步出夏门行》，题目为后人所加。
② 腾蛇：传说中一种能腾云驾雾的神蛇。
③ 骥：骏马，好马。
④ 枥：马槽。
⑤ 烈士：有气节、有壮志的人。
⑥ 盈缩：这里指人寿命的长短。
⑦ 养怡：指调养身心，保持心情愉快。怡，愉快。
⑧ 永年：长寿。

译文

神龟虽然长寿，但还是有死的时候。腾蛇尽管能乘雾飞行，终究也会化为土灰。年老的骏马虽然低头在马槽吃食，但它的志向仍然是驰骋千里。有远大抱负的人士到了晚年，奋发上进的雄心也不会止息。人寿命的长短，不仅仅是由上天决定的。只要自己调养好身心，也可以益寿延年。我非常高兴，要用这首诗歌来表达自己内心的感受。

② 少年行二首（其一）

［唐］王昌龄

西陵①侠少年，送客短②长亭③。
青槐夹两路，白马如流星。
闻有④羽书⑤急，单于寇井陉(xíng)⑥。
气高轻赴难，谁顾燕山铭？

注释

① 西陵：汉代帝王陵墓大多在京城长安西北，故称西陵。
② 短：一作“过”。
③ 长亭：古代设在路旁的亭舍，供送行或休息之用。
④ 有：一作“道”。
⑤ 羽书：古代军事文书，插鸟羽以示紧急，必须迅速传递。
⑥ 井陉：关隘名，在今河北井陉县，古代为军事要地。

译文

西陵的一位少年游侠，平时仗义疏财，结交的朋友多，每当有客人要离去的时候，他总要亲自为之饯行。有一天，在那青槐夹道的驿路上，看到信使骑着白马如同流星一样飞驰而过，原来有来自边关的紧急军事公文。这道紧急公文传递的是胡人袭扰井陉的消息。少年得知边境告急的消息，义无反顾地从军入伍，奔赴边疆奋勇杀敌，哪管燕山有无刻石记功？

扫码收听朗诵音频

3 致酒行[①]

［唐］李贺

零落栖迟[②]一杯酒，主人奉觞(shāng)[③]客长寿[④]。

主父西游困不归，家人折断门前柳。

吾闻马周昔作新丰客，天荒地老无人识。

空将笺(jiān)[⑤]上两行书，直犯龙颜[⑥]请恩泽[⑦]。

我有迷魂[⑧]招不得，雄鸡一声天下白。

少年心事当拏云[⑨]，谁念幽寒坐呜呃[⑩]？

注释

①致酒行：劝酒致辞的歌。

②零落栖迟：困窘、失意，漂泊落魄。

③奉觞：捧觞，举杯敬酒。

④客长寿：敬酒时的祝词，祝身体健康之意。

⑤笺：笺纸，这里指奏章。

⑥龙颜：指皇帝的容颜。

⑦恩泽：指被赏识、被重用之类的恩惠。

⑧迷魂：比喻心烦意乱，无所归依。

⑨拏云：拂云，凌云。

⑩呜呃：悲叹声。

我穷困潦倒漂泊落魄，唯有借酒消愁，主人举杯敬酒，祝福身体健康。当年主父偃向西入关，资用匮乏滞留异乡，家人思念他，折尽了门前的柳枝。我听说马周客居新丰的时候，很长的时间没有人赏识他，一直被冷落。后来他凭借几行奏章，直接向皇帝进言，最终博得了皇帝垂青。我现在心烦意乱，无所归依，但我相信只要雄鸡一叫，天下必然会大亮。作为年轻人胸中应当有凌云壮志，谁又会怜惜你在那困顿独处时的唉声叹气呢？

4 望阙(què)台[1]

［明］戚继光

十载[2]驱驰海色寒，

孤臣于此望宸(chén)銮(luán)[3]。

繁霜尽是心头血，

洒向千峰秋叶丹。

注释

① 望阙台：在今福建省福清市，是戚继光命名的一个高台。

② 十载：指作者调往浙江，再到福建、广东一带抗倭这一段时间，前后约十年。载，一作“年”。

③ 宸銮：指皇帝的住处。

译文

在大海的寒波中，我同倭寇周旋已经有十年之久了。我站在这里，远远望着京城所在的方向。我的心血如同洒在千山万岭上的浓霜，把满山的秋叶都染红了。

扫码收听朗诵音频

⑤ 行路难（其一）

［唐］李白

金樽(zūn)①清酒②斗十千③，玉盘④珍羞⑤直万钱。

停杯投箸(zhù)⑥不能食，拔剑四顾心茫然。

欲渡黄河冰塞川，将登太行雪满山⑦。

闲来垂钓碧溪上，忽复乘舟梦日边。

行路难！行路难！多歧路，今安⑧在？

长风破浪会有时，直挂云帆济⑨沧海。

注释

① 金樽：古代盛酒的器具，以金为饰。

② 清酒：指美酒。

③ 斗十千：一斗酒值十千钱（即万钱），形容酒美价高。

④ 玉盘：这里指精美的食具。

⑤ 珍羞：珍贵的菜肴。羞，同“馐”，美味的食物。

⑥ 投箸：丢下筷子。

⑦ 满山：一作“暗天”。

⑧ 安：哪里。

⑨ 济：渡。

译文

金杯中的美酒一斗值万钱，玉盘里的美味佳肴珍贵值万钱。心中郁闷的我，放下杯筷不想进餐；拔出宝剑环顾四周，心里一片茫然。想渡黄河，黄河却被冰冻住了；想去登太行山，太行山却满是茫茫白雪。想像姜尚一样垂钓溪边，等着有机会施展自己的抱负；又想像伊尹一样，梦见自己乘着船经过太阳旁边。人生道路多么艰难，多么艰难；岔道这么多，如今又该奔向哪里？但是我相信乘风破浪的时机总会到来，到时一定要扬起高帆，横渡沧海！

6 江城子

[金] 元好问

醉来长袖舞鸡鸣①，短歌行②，壮心惊。西北神州，依旧一新亭③。三十六峰④长剑在，星斗气，郁峥嵘⑤。　　古来豪侠数幽并。鬓星星，竟何成！**他日封侯，编简⑥为谁青？**一掬钓鱼坛⑦上泪，风浩浩，雨冥冥。

注释

① 舞鸡鸣：祖逖闻鸡起舞的故事，为英雄豪杰报国励志的典范事迹。

② 短歌行：乐府歌辞，曹操宴会酒酣时所作，表达了他感叹人生短促、壮志未酬，希望招贤纳士、建立功业的雄心壮志。

③ 新亭：在江苏南京，东晋时期有许多名士在新亭宴饮，因国土沦丧，叹息流泪。因此后人多用此典故比喻伤时忧世者。

④ 三十六峰：指河南登封嵩山三十六峰，当时元好问正游此山。

⑤ 峥嵘：山势挺拔峻削，又指宝剑锋利无比。

⑥ 编简：书籍，此指史书。

⑦ 钓鱼坛：浙江桐庐富春江严光（子陵）钓台，此台极为宏伟壮观，孤峰特起，上立千仞，许多名人到此凭吊。

即使我喝醉了酒，仍能像祖逖他们那样闻鸡起舞，长袖飘飘，心情激荡。曹操的《短歌行》令多少壮士激情澎湃。我举头向西北望去，神州衰败，国势艰难，让人不由为国土沦丧而叹息流泪。再看那如长剑般插入云端的三十六峰，看那葱郁峥嵘的星斗之气，怎不令人心潮澎湃，热血涌动？

古来豪侠，要数幽州和并州最多，可是我这个幽并人再也不能像先辈那样杀敌立功了，因为我已双鬓斑白，还能干什么呢？等到将来封侯的时候，青史上会留下谁的名字呢？即使我像严子陵那样在钓鱼坛上垂钓，也不会忘记事业未成的痛苦。面对浩浩的风，冥冥的雨，我不由得泪流满面。

生活有情

生活有情处，人间滋味多。

阅读本组文章，感受生活中那多样的情。同时，要通过典型化的语言，学习人物语言、动作及心理等细节描写的方法。试着简单描述自己印象最深的场景、人物、细节，表达自己的感受。

① 童年的馒头

聂作平

如今的幸福时光使我欣慰，不过有时心底也会泛起一缕儿时的苦涩。那时候，娘拉扯着我和妹妹，家里穷得叮当响。我在五里外的村小上学，六岁的妹妹在家烧火做饭，背着那个比她还高半截的竹篓打猪草，娘起早摸黑挣工分，日子清贫得像一串串干枯的灯笼花。

有一年“六一”，学校说是庆祝儿童节，给每个学生发三个馒头。我兴冲冲地对娘和妹妹说：“明天发馒头，妹妹一个，娘一个，我一个。”妹妹笑了，娘也笑了。

那天，学校真的蒸了馒头。开完典礼，手里多了片荷叶，荷叶里是三个热腾腾的大馒头。

回家路上，看着手中的馒头，口水一咽再咽，肚皮也发出咕咕的叫声。吃一个吧，我对自己说。于是先吃了自己的那个。三两口下去，嘴里还没品出味儿，馒头已经不见了。又走了一段，口水和肚子故技重演，而且比刚才更厉害。咋办？干脆，把娘的那个也吃了，给妹妹留一个就是。娘平时不是把麦粑让给我和妹妹，她只喝羹羹吗？娘说过，她不喜欢麦粑呀！

……等回到家时，我呆呆地看着手中空空的荷叶，里边连馒头渣也没一星儿了。我不知道自己怎样进了门，怎样躲开妹妹的目光。娘笑笑，没吭声。

呆立间，同院的二丫娘过来串门儿，老远就嚷嚷："平娃娘，平娃娘！你家平娃带馒头回来了吗？你看我家二丫，发三个馒头，一个都舍不得吃，饿着肚皮给我带回家来了！"

娘从灶间抬起头说："可不，我家平娃也把馒头全带回来了！你看嘛！"娘说着打开锅盖，锅里竟奇迹般地蒸着五个白中带黄的大馒头！"你看，人家老师说我家平娃学习好，还多奖励了两个呢！"

二丫娘看着我，我慌乱地点点头……

那天晌午，娘把馒头拾给我和妹妹，淡淡地说："吃吧，平娃，不就是几个馒头嘛！"妹妹大口大口咬着馒头，我却哇的一声哭了。

后来，我发现，就是在那一天，我的童年结束了。

② 每一棵草都会开花①

丁立梅

去乡下，跟母亲一起到地里去，惊奇地发现，一种叫牛耳朵的草，开了细小的黄花。那些小小的花，羞涩地藏在叶间，不细看，还真看不出。我说：“怎么草也开花？”母亲笑着扫过一眼来，淡淡地说：“每一棵草，都会开花的。”愣住，细想，还真是这样。蒲公英开花是众所周知的，黄灿灿的，像小菊花。即便结果了，也还像花，白白的绒球球，轻轻一吹，满天飞花。狗尾巴草开的花，连缀在一起，就像一条狗尾巴，若成片，是再美不过的风景。蒿子开花，是大团大团的……就没见过不开花的草。

曾教过一个学生，很不出众的一个孩子，皮肤黑黑的，还有些耳聋。因不怎么听见声音，他总是竭力侧着耳朵，微向前伸了头，做出努力倾听的样子。这样的孩子，成绩自然好不了，所有的学科竞赛，譬如物理竞赛、化学竞赛，他都是被忽略的一个。甚至，学期大考时，他的分数也不

---

① 选入本书时，略有改动。

被计入班级总分。所有人都把他当成可有可无的人。

他的父亲，一个皮肤同样黝黑的中年人，常到学校来看他，站在教室外。他回头看看窗外的父亲，也不出去，只送出一个笑容。那笑容真是灿烂，盛开的野菊花般的，有大把阳光栖在里头。我很好奇他绽放出那样的笑，问他：“为什么不出去跟父亲说话？”他回我：“爸爸知道我很努力的。”我轻轻叹一口气，在心里，有些感动，又有些感伤，并不认为他，可以改变自己什么。

学期要结束的时候，学校组织学生手工竞赛，是要到省里夺奖的，这关系到学校的声誉。学生的手工水平实在有限，收上去的作品，很令人失望。这时，却爆出冷门，有孩子送去手工泥娃娃一组，十个。每个泥娃娃，都各具情态，或嬉笑，或遐想，或跳着，或打着滚，活泼、纯真、美好，让人惊叹。作品报上省里去，顺利夺得特等奖。全省的特等奖，只设了一名，其轰动效应，可想而知。

学校开大会表彰这个做出泥娃娃的孩子。热烈的掌声中，走上台的，竟是黑黑的他——那个耳聋的孩子。或许是第一次站到这样的台上，他神情很是局促不安，只是低了头，羞涩地笑。让他谈获奖体会，他嗫嚅半天，说：“我想，只要我努力，我总会做成一件事的。”刹那间，台下一片静，静得阳光掉落的声音，都能听得见。

从此面对学生，我再不敢轻易看轻他们中任何一个。他们就如同乡间的那些草们，每棵草都有每棵草的花期，哪怕是最不起眼的牛耳朵，也会把黄的花，藏在叶间，开得细小而执着。

日积月累

壮志凌云　坚定不移　奋发图强　坚持不懈
斗志昂扬　朝气蓬勃　持之以恒　勇往直前
坚忍不拔　力争上游　锲而不舍　知难而进
铁杵磨成针　发愤图强　发扬蹈厉　自强不息

③ 父爱的高度

吴宏博

好多年都没有看过露天电影了。

记得小时候，家在农村，那时电视、碟机这类玩意在乡下压根就没见过，更别说是享用了。所以要是逢有哪个村子放电影，周围十里八村的人就都赶着去。在那露天地里，黑压压的一片，煞是壮观。

画线句子中有两个“永久”，它们各表示什么意思？

那时父亲还年轻，也是个电影迷。每遇此等好事，就蹬着他那辆已不可能再永久下去的老“永久”自行车，带着我摸黑去赶热闹。

到了电影场，父亲把车子在身边一撑，就远远地站在人群后边。我那时还没有别人坐的板凳腿高，父亲就每每把我架在他的脖子上，直至电影结束才放下。记得有一次，看《白蛇传》，我骑在父亲的脖子上睡着了，竟尿了父亲一身。父亲拍拍我的屁股蛋子，笑着说：“嗨！嗨！醒醒，都‘水漫金山’了！”

一晃好多年就过去了，我已长得比父亲还高，在人多的地方，再也不用靠父亲的肩头撑高了。

春节回家，一天听说邻村有人结婚，晚上放电影，儿时的几个玩伴就邀我一同去凑热闹。我对父亲说：“爸，我去看电影了！”

父亲说：“去就去嘛，还说什么，又不是小孩子了！”

“你不去？”

“你自个儿去吧，我都六十几的人了，凑什么热闹！”

来到电影场，人不算多，找个位置站定。过了不大一会儿，身边来了一对父子，小孩直嚷嚷看不见。如多年前父亲一样，那位父亲一边说着“这里谁也没你的位置好”，一边托孩子骑在了自己脖子上，孩子在高处咯咯地笑着。

我不知怎么搞的，眼睛一下子就湿润了。这么多年了，我一直在寻找一个能准确代表父爱的动作，眼前这一幕不就是我要找寻的吗？

这湿润的眼里饱含着感情，我要仔细品味品味。

想起了许多往事，我再也无心看电影，独自回家。

敲门。父母已睡了，父亲披着上衣来开门：“怎么这么早就回来了，电影不好？”

看着昏黄灯光里父亲花白的头发和那已明显驼下去的

把情感融入文字，文字就有了打动人心的力量。仔细品味文字，感受作者内心对父亲的感情。

脊背，我的眼泪一下子涌了出来，什么也没回答，只是把自己身上那件刚才出门时父亲给披上的大衣又披到了他单薄的身上。

是啊，父亲一生都在为儿子做着基石，把儿子使劲向最理想的高度托，托着托着，不知不觉间自己就累弯了腰，老了。

我知道，这一生，无论我人生的坐标有多高，都高不出那份父爱的高度，虽然它是无形的，可我心中有把尺啊！

④ 柳叶儿[1]

宋学孟

又是柳叶儿抽芽的季节了。

每当看到那一片片打着细卷儿，在暖和的阳光里慢慢舒展的柳叶儿时，我总忍不住要伸手去摘一片来，放在嘴里嚼着，慢慢品尝一番那苦中略带些涩的滋味儿。

柳叶儿是普通的事物，作者因一段特殊的经历而对它有了深深的感情。联系文章内容思考，你能够体会得更深刻。

柳叶儿救过我的命。

那一年春天，地里的野菜吃光了，前一年的干地瓜秧吃光了，榆树皮吃光了，大家又抢柳叶儿……那一年，我八岁。

柳叶，自然在嫩的时候最好吃，老了，便又苦又硬，难以下咽。柳叶儿一长出来，便长得风快，能够吃的日子，

---

①选入本书时，略有改动。

只有那么七八天，至多十几天。

那些天，全家最乐的是我。

柳叶儿，是要抢的。低处的，几天就被大人们抢光了。他们在长杆上绑一把镰刀，咔嚓咔嚓把树枝全割下来，一抱一抱运回家去，柳叶儿捋(luō)下来吃，树枝儿烧火。高处的，大人没办法，这正好有了我的用武之地。

我的淘气，本来就是出了名的。从小就喜欢上树爬高来逞能。谁说这树太高，没人能爬上去，我就两脚一甩，鞋飞出去，猴一样“噌噌”地一直爬到最高点，爬到底下人越是不让上、越是嚷着危险的那根枝上去，抱住树枝，哗哗地摇，摇得我自己的身子随着树枝弹过来，摆过去，摇得底下人一个劲地喊叫，一片惊慌，才得意扬扬地溜下树来。便是家里人知道，挨一顿骂，或是挨一巴掌，嘴里哇哇地哭，心里却是美滋滋的。

我和三叔每天都是在太阳出来之前，露珠儿还在树叶儿上的时候，就去抢树叶儿的。近处的抢完了，就往远处去。

天蒙蒙亮，眼睛还没有睁开，早春的空气里是一片湿润润的清凉。我和三叔一高一矮、一前一后，踩着村边的小道，一直走到村南那飘着一团淡淡晨雾的小河边。河水缓缓地流着，平静得连一个泡沫都没有，只有远处的小石桥下，偶尔传来一两声“哗啦哗啦”的水响。三叔先找到一棵树，大概认为值得上吧，就叫我过去。我走过去仰头看看，一下甩脱了鞋。脚丫子猛地踩到冰凉的硬地上，牙齿都咯嘣嘣响。我赶紧把裤带勒紧，手上吐口唾沫，抱住树干，缓一缓劲，便嗖嗖地爬上去。衣服扣子开了，肚皮蹭着了树干，凉飕飕的。树上的露珠滴进脖子，滚下去，通身又是一阵阴凉。

我从上面折了树枝往下扔，三叔仰着头在下边捡，一会儿便折下来一大抱。这时候，太阳出来了，老远老远淡青色的天边上，兀(wù)地跳出半轮鲜红，那红光便立刻远远地罩过来，像要把人化了进去。我看痴了，三叔便仰头问我：“你看什么？”我说：“一个大樱桃，鲜红鲜红的。”

作者详细地描写了奶奶处理柳叶的过程，可见当时生活条件的艰苦。

柳枝儿抱回家来，奶奶便把柳叶儿捋进盒里、筐里，然后烧一锅开水煮，煮好之后，又捞进凉水里泡。往往要泡一两天，换三五次水，再攥干了剁碎，放上葱花、盐，做菜糊糊粥吃，有时候还会抓上一小把黑豆，喝几口粥，吃到一个豆儿，满心里香得不行。

最好吃的当然是用它来包菜包子，里面还要再放一勺油。做这样的饭，全家便只允许我一个放开了吃。于是我拼了命直吃到肚子圆鼓溜溜的，薄薄的一层肚皮几乎撑得透明。每当这时，奶奶便不放我出去乱跑，她担心我一个跟头摔倒，那纸一般的肚皮会被弄破。

多亏了那些树叶，吃光了一茬，长出来一茬，再吃光了一茬，再长出来一茬……那年月，有多少老百姓都是靠着这些树叶活下来的！

最后一段文字在全文中的作用是什么？

对于柳，人们又是吟诗，又是作画，又是感叹它的多情，又是赞赏它的多姿。我却总忍不住要摘一片下来嚼一嚼。而且，我想告诉人们，它味苦，微涩，但能救人。如果你没东西吃，它能够让你活下去。

5 告　别

［意大利］亚米契斯

下午一点钟，我们最后一次来到学校，听候宣布考试结果和领取升学证书。学校附近的街头巷尾早已挤满了人，大厅和教室拥挤不堪，连老师的讲台跟前也围得水泄不通。我们班的教室简直没有立锥之地了。卡罗纳的父亲、德罗西的母亲、铁匠波列科西、科列帝的父亲、纳利的母亲、科罗西的母亲——也就是那个卖菜的女人、小泥瓦匠的父亲、斯达尔迪的父亲以及其他我从来没见过的家长都来了。四周人流如潮，来来往往，人声嘈杂，如同置身于喧哗热闹的广场。

老师进入教室，全班一下子变得寂静无声。

老师拿起花名册，并马上开始念起来：

“阿巴图奇，70 分之 60①，升级。阿尔金提，70 分之 55，升级。”

① 19 世纪意大利学校考试的记分法，以 70 分为最高分数。现在的记分法是：大学以 30 分为满分，其他学校分为最好、优秀、良好等七个等级。

小泥瓦匠和科罗西也都升级。

“埃尔纳斯托·德罗西，70 分之 70，升级，并获得头等奖。”老师提高嗓门大声说。

在场的所有家长都认识德罗西，大家连声称赞说：“德罗西，真是好样的孩子！好样的孩子！”

德罗西晃动着满头金色鬈发的脑袋，从容而甜蜜地微笑着，深情地望着举手跟他打招呼的母亲。只有三四个学生要补考，其中一个吓得哭起来，因为他看到站在门口的父亲脸色阴沉，准备打他的样子。老师对他父亲说：“先生，恕我直言，这不是孩子的过错。谁都有倒霉的时候，你的孩子也不例外。”接着又念下去，“纳利，70 分之 62，升级。”听到这里，纳利的母亲用扇子给了他一个飞吻。

“斯达尔迪，70 分之 67，升级。”得了这样的好分数，斯达尔迪却没有笑，拳头也没有从太阳穴上拿下来。沃提尼是被念到的最后一个同学，他今天衣着漂亮，头发梳得整整齐齐，他也升级了。宣读完毕，老师站起来说：“孩子们，这是我们最后一次相聚。我们在一起相处的一年中成了好朋友，现在就要各奔东西了。我说得对吗？可爱的孩子们，我打心眼里是不想跟你们分手的……”

他说着说着，就说不下去了。停了一会儿，他继续说：

“有时候，我情绪急躁，没有耐心，对你们发火，有时候对你们太严厉太苛刻，不够公平……这一切都是我一时的冲动造成的，请你们多多原谅！”

多么亲切的老师呀！真挚的话语，让学生们懂得老师对他们深深的爱。

“别这么说！”家长和学生们异口同声地说，“老师对我们太好了！”

“做得不好，大家多多包涵。”老师一再重复说，“你们别忘记我啊！明年，你们就不会跟我在一起了，但我会重新见到你们的。你们将永远留在我的心中。再见吧，孩子们！”

老师说完，走到我们中间，同学们个个站在课桌前，跟他热情握手，有的拉着他的手臂，难舍难分，有的抚摸他的衣角，很多人跟他拥抱亲吻。五十多个人的话汇成一个声音齐声喊道：“老师，再见！谢谢老师！祝您健康！请永远记住我们！”

当老师离开班级时，他可能因为过分激动而心情格外沉重。同学们一窝蜂似的走出去，其他班级的同学也相继走出教室。学生和家长汇合成喧闹沸腾的人群，你推我拥，有的跟老师互道再见，有的相互祝愿，频频招手示意。帽虽然表现不一，但是大家的心情却是一样的，是难舍，是惜别，更是深深的爱。

子上插着红羽毛的女老师身边靠着四五个孩子，周围还有二十来个，把她围得水泄不通，简直使她喘不过气来。女老师的帽子几乎被孩子们扯破了，他们把十几束鲜花插进她的黑衣纽扣孔里，塞进衣袋里。罗伯弟今天第一次扔掉拐杖走路，许多同学走上前去向他热烈祝贺。欢快的告别声响成一片：

“新学年再见！”“10月20日[①]再见！”

我们都互相道别。此时此刻，过去的一切不愉快被我们忘得一干二净。总是爱嫉妒德罗西的沃提尼也走上前去，张开双臂拥抱德罗西。我跟小泥瓦匠告别，同他热烈亲吻，他给我扮了最后一个兔脸。可爱的伙伴！我跟波列科西告别，跟卡罗菲告别。卡罗菲告诉我他中了最近一次的彩票，并送给我一个损坏了一角的“马约利卡[②]”陶制小镇纸器。我跟所有的同学打招呼，告别。我看到可爱的纳利跟卡罗纳亲切话别，难舍难分的情景感动了在场的每一个人。大家把卡罗纳围得水泄不通，有的抚摸着他，有的

① 新学年开始的日子。

② 马约利卡：意大利产的锡釉陶器，西班牙的马约利卡岛为该陶器的原产地。

跟他紧紧握手，有的向他——这个了不起的孩子——热烈祝贺，跟他话别：“卡罗纳，再见！再见！”

目睹眼前的情景，卡罗纳的父亲感慨万端，面带笑容地望着孩子们。

卡罗纳是我在街上拥抱的最后一个同学。我的头贴在他的胸前抽泣着，他吻着我的额头。

接着，我跑到父亲和母亲跟前，父亲问我：“你跟所有的同学都打过招呼了吗？”

我回答：“都打过了。”

“如果你以前做错了事，得罪了别人，快去向人家道歉，说‘忘记过去吧’。有这样的人和事吗？”父亲问。

“没有。”我回答。

父亲向学校瞥了最后一眼，饱含深情地说：“那么，再见了！”

“再见！”母亲接着说。

我一句话也说不出来了。

（王干卿　译）

⑥ 寄小读者·通讯十

冰　心

亲爱的小朋友：

我常喜欢挨坐在母亲的旁边，挽住她的衣袖，央求她述说我幼年的事。

母亲凝想地，含笑地，低低地说：

“不过有三个月罢了，偏已是这般多病。听见端药杯的人的脚步声，已知道惊怕啼哭。许多人围在床前，乞怜的眼光，不望着别人，只向着我，似乎已经从人群里认识了你的母亲！”

这时眼泪已湿了我们两个人的眼角！

“你的弥月[①]到了，穿着舅母送的水红绸子的衣服，戴着青缎沿边的大红帽子，抱出到厅堂前。因看你丰满红润的面庞，使我在姊妹妯(zhóu)娌(lǐ)群中，起了骄傲。

“只有七个月，我们都在海舟上，我抱你站在栏旁。

---

① 弥月：满月。

海波声中，你已会呼唤‘妈妈’和‘姊姊’。”

对于这件事，父亲和母亲还不时地起争论。父亲说世上没有七个月会说话的孩子，母亲坚执说是的。在我们家庭历史中，这事至今是件疑案。

“浓睡之中猛然听得丐妇求乞的声音，以为母亲已被她们带去了。冷汗被面地惊坐起来，脸和唇都青了，呜咽不能成声。我从后屋连忙进来，珍重地揽住，经过了无数的解释和安慰。自此后，便是睡着，我也不敢轻易地离开你的床前。”

这一节，我仿佛记得，我听时写时都重新起了呜咽！

“有一次你病得重极了。地上铺着席子，我抱着你在上面膝行。正是暑月，你父亲又不在家。你断断续续说的几句话，都不是三岁的孩子所能够说的。因着你奇异的智慧，增加了我无名的恐怖。我打电报给你父亲，说我身体和灵魂上都已不能再支持。忽然一阵大风雨，深忧的我，重病的你，和你疲乏的乳母，都沉沉地睡了一大觉。这一番风雨，把你又从死神的怀抱里，接了过来。”

我不信我智慧，我又信我智慧！母亲以智慧的眼光，看万物都是智慧的，何况她的唯一挚爱的女儿？

“头发又短，又没有一刻肯安静，早晨这左右两个小辫子，总是梳不起来。没有法子，父亲就来帮忙：'站好了，站好了，要照相了！'父亲拿着照相匣子，假作照着，又短又粗的两个小辫子，好容易天天这样地将就地编好了。"

我奇怪我竟不懂得向父亲索要我每天照的相片！

"陈妈的女儿宝姐，是你的好朋友。她来了，我就关你们两个人在屋里，我自己睡午觉。等我醒来，一切的玩具，小人小马，都当作船，漂浮在脸盆的水里，地上已是水汪汪的。"

宝姐是我一个神秘的朋友，我自始至终不记得，不认识她，然而从母亲口里，我深深地爱了她。

"已经三岁了，或者快四岁了。父亲带你到他的兵舰上去，大家匆匆地替你换上衣服。你自己不知什么时候，把一只小木鹿，放在小靴子里。到船上只要父亲抱着，自己一步也不肯走，放到地上走时，只有一跛一跛的。大家奇怪了，脱下靴子，发现了小木鹿，父亲和他的许多朋友都笑了。——傻孩子！你怎么不会说？"

母亲笑了，我也伏在她的膝上羞愧地笑了。——回想起来，她的质问，和我的羞愧，都是一点理由没有的。十几年前事，提起当面前事说，真是无谓。然而那时我们中间弥漫了痴和爱！

“你最怕我凝神，我至今不知是什么缘故。每逢我凝望窗外，或是稍微地呆了一呆，你就过来呼唤我，摇撼我，说：‘妈妈，你的眼睛怎么不动了？’我有时喜欢你来抱住我，便故意地凝神不动。”

我自己也不知道是什么缘故。也许母亲凝神，多是忧愁的时候，我要搅乱她的思路，也未可知。——无论如何，这是个隐谜！

“然而你自己却也喜凝神。天天吃着饭，呆呆地望着壁上的字画，桌上的钟和花瓶，一碗饭数米粒似的，吃了好几点钟。我急了，便把一切都挪移开。”

这件事我记得，而且很清楚，因为独坐沉思的脾气至今不改。

当她说这些事的时候，我总是脸上堆着笑，眼里满了泪，听完了用她的衣袖来印我的眼角，静静地伏在她的膝上。这时宇宙已经没有了，只母亲和我，最后我也没有了，只有母亲；因为我本是她的一部分！

这是如何可惊喜的事，从母亲口中，逐渐地发现了，完成了我自己！她从最初已知道我，认识我，喜爱我，在我不知道不承认世界上有个我的时候，她已爱了我了。我从三岁上，才慢慢地在宇宙中寻到了自己，爱了自己，认识了自己；然而我所知道的自己，不过是母亲意念中的百分之一，千万分之一。

小朋友！当你寻见了世界上有一个人，认识你，知道你，爱你，都千百倍地胜过你自己的时候，你怎能不感激，不流泪，不死心塌地地爱她，而且死心塌地地容她爱你？

有一次，幼小的我，忽然走到母亲面前，仰着脸问说：“妈妈，你到底为什么爱我？”母亲放下针线，用她的面颊，抵住我的前额，温柔地、不迟疑地说：“不为什么，——只因你是我的女儿！”

小朋友！我不信世界上还有人能说这句话！“不为什么”这四个字，从她口里说出来，何等刚决，何等无回旋！她爱我，不是因为我是“冰心”，或是其他人世间的一切虚伪的称呼和名字！她的爱是不附带任何条件的，唯一的理由，就是我是她的女儿。总之，她的爱，是屏除一切，拂拭一切，层层地麾开我前后左右所蒙罩的，使我成为“今我”的原素，而直接地来爱我的自身。

假使我走至幕后，将我二十年的历史和一切都更变了，再走出到她面前，世界上纵没有一个人认识我，只要我仍是她的女儿，她就仍用她坚强无尽的爱来包围我。她爱我的肉体，她爱我的灵魂，她爱我前后左右，过去，将来，现在的一切！

天上的星辰，骤雨般落在大海上，嗤嗤繁响。海波如山一般的汹涌，一切楼屋都在地上旋转，天如同一张蓝纸卷了起来。树叶子满空飞舞，鸟儿归巢，走兽躲到它的洞穴。万象纷乱中，只要我能寻到她，投到她的怀里……天地一切都信她！她对于我的爱，不因着万物毁灭而更变！

她的爱不但包围我，而且普遍地包围着一切爱我的人；而且因着爱我，她也爱了天下的儿女，她更爱了天下的母亲。小朋友！告诉你一句小孩子以为是极浅显，而大人们以为是极高深的话，“世界便是这样地建造起来的！”

世界上没有两件事物，是完全相同的，同在你头上的两根丝发，也不能一般长短。然而——请小朋友们和我同声赞美！只有普天下的母亲的爱，或隐或显，或出或没，不论你用斗量，用尺量，或是用心灵的度量衡来推测；我的母亲对于我，你的母亲对于你，她的和他的母亲对于她和他；她们的爱是一般的长阔高深，分毫都不差减。小朋友！我敢说，也敢信古往今来，没有一个敢来驳我这句话。当我发觉了这神圣的秘密的时候，我竟欢喜感动得伏案痛哭！

我的心潮，沸涌到最高度，我知道于我的病体是不相宜的，而且我更知道我所写的都不出乎你们的智慧范围之外。——窗外正是下着紧一阵慢一阵的秋雨，玫瑰花的香气，也正无声地赞美她们的“自然母亲”的爱！

我现在不在母亲的身畔，——但我知道她的爱没有一刻离开我，她自己也如此说！——暂时无从再打听关于我的幼年的消息；然而我会写信给我的母亲。我说：“亲爱的母亲，请你将我所不知道的关于我的事，随时记下寄来给我。我现在正是考古家一般的，要从深知我的你口中，研究我神秘的自己。”

被祝福的小朋友！你们正在母亲的怀里。——小朋友！我教给你，你看完了这一封信，放下报纸，就快快跑去找你的母亲——若是她出去了，就去坐在门槛上，静静地等她回来——不论在屋里或是院中，把她寻见了，你便上去攀住她，左右亲她的脸，你说：“母亲！若是你有工夫，请你将我小时候的事情，说给我听！”等她坐下了，你便坐在她的膝上，倚在她的胸前，你听得见她心脉和缓地跳动，你仰着脸，会有无数关于你的，你所不知道的美妙的故事，从她口里天乐一般地唱将出来！

然后，——小朋友！我愿你告诉我，她对你所说的都是什么事。

我现在正病着，没有母亲坐在旁边，小朋友一定怜念我，然而我有说不尽的感谢！造物者将我交付给我母亲的时候，竟赋予了我以记忆的心才；现在又从忙碌的课程中替我匀出七日夜来，回想母亲的爱。我病中光阴，因着这回想，寸寸都是甜蜜的。

小朋友，再谈吧，致我的爱与你们的母亲！

你的朋友　冰心

一九二三年十二月五日晨，圣卜生疗养院，威尔斯利

日积月累

◇妈妈在哪里，哪里就是最快乐的地方。

◇母爱是人类情绪中最美丽的，因为这种情绪没有利禄之心掺杂其间。

◇没有无私的、自我牺牲的母爱的帮助，孩子的心灵将是一片荒漠。

阅读实践

通过阅读本组文章，找出印象最深的场景、人物、细节，并记录自己的感受。

印象最深的场景、人物、细节	阅读感受

活动二

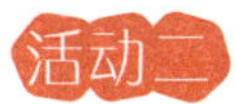

本组文章侧重语言描写，让我们试着在不同的场景中运用语言描写塑造人物形象。（可自由选择）

温馨提示：

1. 通过描写人物对话、独白及语气等来塑造人物形象。

2. 突出人物性格特征，透视人物的心灵，表现主题。

场景 1

场景 2

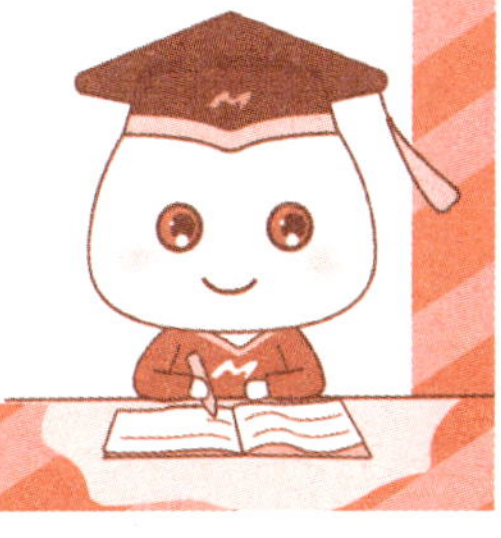

奇妙世界

大自然这本厚重的书里藏着许多神奇有趣的文字，有星星组成的文字，有云层组成的文字，还有鸟儿组成的文字……让我们一起打开大自然这本书，探索其中的奥秘。

用心阅读这一组文章，想一想作者是从哪些方面把事物介绍清楚的，总结梳理文章运用的表达方法，相信你会有更多的收获。

① 大自然的文字（节选）

［苏联］伊林　谢加尔

字母你早就认识了，所以能轻松地念出街上的每一块路牌。你不会到理发店去买药，也不会到药铺去理发。不管把你派往何处，你会毫不费力地找到路，只要告诉你地址：路名、门牌号和住宅号。

字母表真是好东西。它一共只有三十三个字母。但是只要认识这三十三个字母，就能读完最厚的书，可以了解世上的一切。

字母A——每个有学问的人踏上自己通往科学之国的道路，就是从它开始的。

作者从哪些方面介绍了大自然的文字？

然而还有一种文字，它是每一个希望自己真正有学问的人应当认识的。

这张字母表就是认识大自然的指南。它里面有成千上万的字母。天上的每一颗星星就是一个字母。你脚下的每一颗石子就是一个字母。

对于没有学问的人来说，所有的星星彼此都很相似。可是有学问的人却知道每颗星星的名字，而且能说出它和别的星星有什么区别。

就如字母组成了书本里的单词那样，天上的星星组成了星座。

从古代起海员在需要找寻海上航道的时候就观察星星这本书，因为水面上没有船舶留下的痕迹。那里没有画着箭头和写着指路文字的标杆："此路向北。"

但是海员们不需要这样的标杆。他们有仪器——罗盘，上面有永远指北的指针。即使没有罗盘，他们照样不会迷航。他们抬头望天，会在众多星座中间寻找小熊星座，再在小熊星座的星星中间寻找北极星。北极星在什么方位，那里就是北方。

云层也是天空这本书的字母。它们不仅告诉现有的情况，还会告诉将要出现的情况。在最好的天气云层会预示雷雨或连绵的阴雨。

你看蔚蓝的天空伸展着一条条白色的丝状云彩，仿佛有人在高空甩出了长长的白发。

认识大自然文字的人马上会说这是卷层云。你别指望它会带来好天气，大部分情况下它预示着阴雨连绵、淅淅沥沥的下雨天。有时在夏季炎热的白昼远处开始堆积像山峰一样的云团。只见这样的一个云团向左右两边伸出了两个尖角，山状的云团变成像铁匠铺里常见的铁砧的模样。

飞行员知道砧状云是雷雨的前兆，得离它远点儿。如果飞进它里面，它就可能折断飞机——这么大的打击力来自风。

长空的跋涉者——鸟类——也能教会仔细观察它们的人许多东西。

假如燕子在高高的天空飞翔，看上去显得很小，这是好天气的征兆。

白嘴鸦飞来了，表示春天已经来到门口。

太阳还是照得人暖洋洋的。日子过得安安静静，空气清澈明净。这时不知从哪里传来奇异而惊恐的叫声：仿佛高空中有人在彼此呼唤。随着时间一分分地过去，那声音听上去越来越清晰，越来越接近。终于，凝视的眼睛开始发现天空中依稀可辨的一根深色蛛丝，仿佛是风儿在带着它飘飞。蛛丝正在渐渐近来，抬头已能看出这不是蛛丝，而是许多长着长长脖子的鸟儿。它们在飞行中保持自己的队形，宛如一只尖角，朝着森林上方艳阳高照的方向飞去。

又分辨不出一只只的鸟儿了，能看见的又只是一根蛛丝。转瞬之间就不见了：仿佛已经融化在天空之中。唯有那声音还从远处传来，似乎在说：

“再见啦，再见啦，明年春天见！”

在阅读天空这本书的时候，可以认识许多令人惊异的东西。

还有我们脚下的大地，对于会阅读的人来说，也是一本有趣的书。

有一次在建筑工地一个挖土工的铁锹刨到了一块灰色的石头。对你来说这就是块石头，然而对于认识大自然文字的人来说，这是石灰岩。它是由居住在大海里的小贝壳生成的。这就是说，很久以前，如今耸立着一座城市的地方，曾经是大海。

有时经常会遇到这样的情况——你在森林里走，突然发现树木中间有一块巨大的花岗岩，上面长满了像毛毛一样的苔藓。它怎么会来到这里？谁有足够的力气将这样一块巨石搬到森林里来？再说它怎么能穿过这难以通行的密密丛林？

会读大自然文字的人立马会说，这是漂砾，它不是人带到这里的，而是积冰。

这些积冰从寒冷的北方移动过来，一路上使山崖断裂，挟带了这样的断岩。那是很久很久以前的事了，当时连森林的影儿都还没有呢。后来漂砾的周围长出了树木。

要读懂大自然的文字，从孩提时期开始就应该在莽莽林海里徜徉，还得对一切事物留心观察，仔细分辨。如果有什么不明白的地方，就得在书本里找，看那里有没有解释。

遇到任何事物都要向了解的人请教：这是什么石头？这是什么树？这叫什么鸟？雪地上是什么动物留下的脚印？

要读懂大自然的文字应该怎么做？

谁整天在四壁围住的家里坐着，他就什么大自然的文字也看不懂。

（沈念驹　译）

② 森林中的绅士

茅　盾

豪猪的“绅士风度”体现在哪些地方呢?

据说北美洲的森林中有一种“得天独厚”的野兽，这就是豪猪，这是“森林中的绅士”！

这是在头部、背部、尾巴上，都长着钢针似的刺毛的四足兽，所谓“绅士相处，应如豪猪与豪猪，中间保持相当的距离”，就因为太靠近了彼此都没有好处。不过豪猪的刺还是有形的，绅士之刺则无形，有形则长短有定，要保持相当的距离总比无形者好办些，而这也是摹仿豪猪的绅士们“青出于蓝”的地方。

但豪猪的“绅士风度”之可贵，尚不在那一身的钢针似的刺毛。它是矮胖胖的，一张方正而持重的面孔，老是踱着方步，不慌不忙。它的潇洒悠闲，实在也到了殊堪钦佩的地步：可以在一些滋味不坏的灌木丛中玩上一个整天，很有教养似的边走边哼，逍遥自得，无所用心，宛然是一位乐天派。它不喜群的生活，但也并非完全孤独，由此可见它在“待人接物”上多么有分寸。

若非万不得已，它决不旅行，整年整季，它的活动范围不出三四里地。一连几星期，它只在三四棵树上爬来爬去；它躺在树枝间，从容自在地啃着树皮，啃得倦了，就打个瞌睡；要是睡中一个不小心倒栽下来，那也不要紧，它那件特别的长毛大衣会保护它的尊躯。

它也不怕跌落水里去，它全身的二万刺毛都是中空的，它好比穿了件救生衣，一到水里，自会浮起来的。

而这些空心针似的刺毛又是绝妙的自卫武器，别的野兽身上要是刺进了几十枚这样的空心针，当然会有性命之忧，因为这些空心针是角质的，刺进了温湿的肌肉，立刻就会发胀，而且针上又遍布了倒钩，倒钩也跟着胀大，倒钩的斜度会使得那针愈陷愈深。因此，遇到外来的攻击时，豪猪的战术是等在那里“挨打”，让敌人自己碰伤，知难而退。因为它那些刺毛只要轻轻一碰就会掉落，而又因其尖利非凡，故一碰之下未有不刺进皮肉的。

然而具有这样头等的自卫武器的它，却有老大的弱点：肚皮底下没刺毛，这是不设防地带，小小的老鼠只要能够设法钻到豪猪的肚皮底下，就是胜利者了。但尤其脆弱者，是豪猪的鼻子。一根棍子在这鼻尖上轻轻敲一下，就是致命的。这些弱点，豪猪自己知道得很清楚；所以遇到敌人的时候，它就把脑袋塞在一根木头下面，这样先保护好它那脆弱的鼻子，然后四脚收拢，平伏地面，掩蔽它那不设防的腹部，末了，就耸起浑身的刺毛，摆好了“挨打”的姿势。当然，它还有一根不太长然而也还强壮有力的尾巴（和它身长比较，约为五与一之比），真是一根狼牙棒，它可以左右挥动，敌人要是挨着一下，大概受不住；可是这根尾巴的挥动因为缺乏一双眼睛来指示目标，也只是守势防御而已。

敌人也许很狡猾，并不进攻，却悄悄地守在旁边静候机会，那时候，豪猪不能不改变战术了。它从掩蔽部抽出了鼻子，拼命低着头（还是为的保护鼻子），倒退着走，同时猛烈挥动尾巴，这样“背进”到了最近一棵树，它就笨拙地往上爬，爬到了相当高度，自觉已无危险，便又安安逸逸躺在那里啃起嫩枝来，好像根本没有发生过什么事情似的。

这真是典型的绅士式的“镇静”。的的确确，它的一切生活方式——连它的战术在内，都是典型的绅士式的。但正像我们的可敬的绅士们尽管“得天独厚”，优游自在，却也常常要无病呻吟一样，豪猪也喜欢这调门。好好的它会忽然发出了声音摇曳而凄凉的哀号，单听那声音，你以为这位“森林中的绅士”一定是碰到绝大的危险，性命就在顷刻间了；然而不然。它这时安安逸逸坐在树梢上，方正而持重的脸部照常一点表情也没有，可是它独自在哀啼，往往持续至一小时之久，它这样无病而呻吟是玩玩的。

据说向来盛产豪猪的安地郎达克山脉，现在也很少看见豪猪了，以至美国地方政府不得不用法令来保护它了。为什么这样“得天独厚”，具有这样巧妙自卫武器的豪猪会渐有绝种之忧呢？是不是它那种太懒散而悠闲的生活方式使之然呢？还是因为它那“得天独厚”之处存在着绝大的矛盾，——几乎无敌的刺毛以及毫无抵抗力的暴露着的鼻子，——所以结果仍然于它不利呢？

适者生存是自然法则，对于豪猪的绝种之忧，我也有自己的想法。我想到的是……

我不打算在这里来下结论，可是我因此更觉得豪猪的“生活方式”叫人看了寒心。

1945 年 5 月 21 日

③ 樱花赞

冰 心

樱花是日本的骄傲。到日本去的人，未到之前，首先要想起樱花；到了之后，首先要谈到樱花。你若是在夏秋之间到达的，日本朋友们会很惋惜地说：“你错过了樱花季节了！”你若是冬天到达的，他们会挽留你说：“多待些日子，等看过樱花再走吧！”总而言之，樱花和“瑞雪灵峰”的富士山一样，成了日本的象征。

我看樱花，往少里说，也有几十次了。在东京的青山墓地看，上野公园看，千鸟渊看……；在京都看，奈良看……；雨里看，雾中看，月下看……日本到处都有樱花，有的是几百棵花树拥在一起，有的是一两棵花树在路旁水边悄然独立。春天在日本就是沉浸在弥漫的樱花气息里！

我的日本朋友告诉我，樱花一共有三百多种，最多的是山樱、吉野樱和八重樱。山樱和吉野樱不像桃花那样的白中透红，也不像梨花那样的白中透绿，它是莲灰色的。八重樱就丰满红润一些，近乎北京城里春天的海棠。此外还有浅黄色的郁金樱，花枝低垂的枝垂樱，“春分”时节最早开花的彼岸樱，花瓣多到三百余片的菊樱……掩映重叠，争妍斗艳。清代诗人黄遵宪的樱花歌中有：

……

墨江泼绿水微波
万花掩映江之沱
倾城看花奈花何
人人同唱樱花歌

……

花光照海影如潮
游侠聚作萃渊薮

……

十日之游举国狂
岁岁欢虞朝复暮

……

这首歌写尽了日本人春天看樱花的举国若狂的盛况。“十日之游”是短促的，连阴之后，春阳暴暖，樱花就漫山遍地地开了起来，一阵风雨，就又迅速地凋谢了，漫山遍地又是一片落英！日本的文人因此写出许多“人生短促”的凄凉感喟的诗歌，据说樱花的特点也在“早开早落”上面。

也许因为我是个中国人，对于樱花的联想，不是那么灰黯。虽然我在一九四七年的春天，在东京的青山墓地第一次看樱花的时候，墓地里尽是些阴郁的低头扫墓的人，间以喝多了酒引吭悲歌的醉客，当我穿过圆穹似的莲灰色的繁花覆盖的甬道的时候，也曾使我起了一阵低沉的感觉。

今年春天我到日本，正是樱花盛开的季节，我到处都看了樱花，在东京、大阪、京都、箱根、镰仓……但是四月十三日我在金泽萝香山上所看到的樱花，却是我所看过的最璀璨、最庄严的华光四射的樱花！

四月十二日，下着大雨，我们到离金泽市不远的内滩渔村去访问。路上偶然听说明天是金泽市出租汽车公司工人罢工的日子。金泽市有十二家出租汽车公司，有汽车二百五十辆，雇用着几百名的司机和工人。他们为了生活的压迫，要求增加工资，已经进行过五次罢工了，还没有达到目的，明天的罢工将是第六次。

那个下午，我们在大雨的海滩上和内滩农民的家里，听到了许多工农群众为反对美军侵占农田作打靶场，奋起斗争终于胜利的种种可泣可歌的事迹。晚上又参加了一个情况热烈的群众欢迎大会，大家都兴奋得睡不好觉，第二天早起，匆匆地整装出发，我根本就把今天汽车司机罢工的事情，忘在九霄云外了。

早晨八点四十分，我们从旅馆出来，十一辆汽车整整齐齐地摆在门口。我们分别上了车，徐徐地沿着山路，曲折而下。天气晴明，和煦的东风吹着，灿烂的阳光晃着我们的眼睛……

这时我才忽然想起，今天不是汽车司机们罢工的日子么？他们罢工的时间不是从早晨八时开始么？为着送我们上车，不是耽误了他们的罢工时刻么？我连忙向前面和司机同坐的日本朋友询问究竟。日本朋友回过头来微微地笑说："为着要送中国作家代表团上车站，他们昨夜开个紧急会议，决定把罢工时间改为从早晨九点开始了！"我正激动着要说一两句道谢的话的时候，那位端详稳静、目光注视着前面的司机，稍稍地侧着头，谦和地说："促进日中人民的友谊，也是斗争的一部分呵！"

我的心猛然地跳了一下，像点着的焰火一样，从心灵深处喷出了感激的漫天灿烂的火花……

清晨的山路上，没有别的车辆，只有我们这十一辆汽车，沙沙地飞驰。这时我忽然看到，山路的两旁，簇拥着雨后盛开的几百树几千树的樱花！这樱花，一堆堆，一层层，好像云海似的，在朝阳下绯红万顷，溢彩流光。当曲折的山路被这无边的花云遮盖了的时候，我们就像坐在十一只首尾相接的轻舟之中，凌驾着骀荡的东风，两舷溅起哗哗的花浪，迅捷地向着初升的太阳前进！

下了山，到了市中心，街上仍没有看到其他的行驶的车辆，只看到街旁许多的汽车行里，大门敞开着，门内排列着大小的汽车，门口插着大面的红旗，汽车工人们整齐地站在门边，微笑着目送我们这一行车辆走过。

到了车站，我们下了车，以满腔沸腾的热情紧紧地握着司机们的手，感谢他们对我们的帮忙，并祝他们斗争的胜利。

热烈的惜别场面过去了，火车开了好久，窗前拂过的是连绵的雪山和奔流的春水，但是我的眼前仍旧辉映着这一片我所从未见过的奇丽的樱花！

我回过头来，问着同行的日本朋友："樱花不消说是美丽的，但是从日本人看来，到底樱花美在哪里？"他搔了搔头，笑着说："世界上没有不美的花朵……至于对某一种花的喜爱，却是由于各人心中的感触。日本文人从美而易落的樱花里，感到人生的短暂。至于一般人民，他们喜欢樱花，就是因为它在凄厉的冬天之后，首先给人民带来了兴奋喜乐的春天的消息。在日本，樱花就是多！山上、水边、街旁、院里，到处都是。积雪还没有消融，冬服还没有去身，幽暗的房间里还是春寒料峭，只要远远地一丝东风吹来，天上露出了阳光，这樱花就漫山遍地地开起！不管是山樱也好，吉野樱也好，八重樱也好……向它旁边的日本三岛上的人民，报告了春天的振奋蓬勃的消息。”

这番话，给我讲明了两个道理。一个是：樱花开遍了蓬莱三岛，是日本人民自己的花，它永远给日本人民以春天的兴奋与鼓舞；一个是：看花人的心理活动，形成了对于某些花卉的特别喜爱。金泽的樱花，并不比别处的更加美丽。汽车司机的一句深切动人的、表达日本劳动人民对于中国人民的深厚友谊的话，使得我眼中的金泽的漫山遍地的樱花，幻成一片中日人民友谊的花的云海，让友谊的轻舟，激箭似的，向着灿烂的朝阳前进！

深夜回忆，暖意盈怀，欣然提笔作樱花赞。

④ 牛的写意

李汉荣

牛曾经是农家生活中不可或缺的一员，它们踏实肯干，任劳任怨。在本文作者的笔下，它们又散发着独特的艺术气息……

牛的眼睛总是湿润的。牛终生都在流泪。

天空中飘不完的云彩，没有一片能擦去牛的忧伤。

牛的眼睛是诚实的眼睛，在生命界，牛的眼睛是最没有恶意的。

牛的眼睛也是美丽的眼睛。我见过的牛，无论雌雄老少，都有着好看的双眼皮，长而善眨动的睫毛，以及天真黑亮的眸子。我常常想，世上有丑男丑女，但没有丑牛，牛的灵气都集中在它大而黑的眼睛。牛，其实是很妩媚的。

牛有角，但那已不大像是厮杀的武器，更像是一件对称的艺术品。有时候，公牛为了争夺母牛，也会进行一场爱的争斗。如果正值黄昏，草场上牛角铿锵，发出金属的声响，母牛羞涩地站在远处，目睹这因它而发起的战争，神情有些惶恐和歉疚。当夕阳“咣当”一声从牛角上坠落，爱终于有了着落，遍野的夕光摇曳起婚礼的烛光。那失意的公牛舔着爱情的创伤，消失在夜的深处。这时候，我们恍若置身于远古的一个美丽残酷的传说。

牛在任何地方都会留下蹄印，这是它用全身的重量烙下的印章。牛的蹄印大气、浑厚而深刻，相比之下，帝王的印章就显得小气、炫耀而造作，充满了人的狂妄和机诈。牛不在意自己身后留下了什么，绝不回头看自己蹄印的深浅，走过去就走过去了，它相信它的每一步都是实实在在走过去的。雨过天晴，牛的蹄窝里的积水，像一片小小的湖，会摄下天空和白云的倒影，有时还会摄下人的倒影。那些留在密林里和旷野上的蹄印，将会被落叶和野花掩护起来，成为蛐蛐们的乐池和蚂蚁们的住宅。而有些蹄印，比如牛因为迷路踩在幽谷苔藓上的蹄印，就永远留在那里了，成为大自然永不披露的秘密。

牛的食谱很简单：除了草，牛没有别的口粮。牛一直吃着草，从远古吃到今天早晨，从海边攀缘到群山之巅。天下何处无草？天下何处无牛？一想到这里我就禁不住激动：地上的所有草都被牛咀嚼过，我随意摘取一片草叶，都能嗅到千万年前牛的气息，听见那认真咀嚼的声音，从远方传来。

牛是少数不制造秽（huì）物的动物之一。牛粪是干净的，不仅不臭，似乎还有着淡淡的草的清香，难怪一位外国诗人曾写道："在被遗忘的山路上，去年的牛粪已变成黄金。"记得小时候，在寒冷的冬天的早晨，我曾将双脚踩进牛粪里取暖。我想，如果圣人的手接近牛粪，圣人的手会变得更圣洁；如果国王的手捧起牛粪，国王的手会变得更干净。

在城市，除了人世间浑浊的气息和用以遮掩浑浊而制造的各种化学气息之外，我们已很少嗅到真正的大自然的气息，包括牛粪的气息。有时候我想，城市的诗人如果经常嗅一嗅牛粪的气息，他会写出更接近自然、生命和土地的诗。如果一首诗里散发出脂粉气，这首诗已接近非诗；如果一篇散文里散发出牛粪的气息，这篇散文已包含了诗。

这句话表达的意思很深刻，我要仔细想一想。

5 感伤的红蜻蜓[①]

流沙河

听唱一曲《红蜻蜓》,好感伤！缓调回环,悲童年之不再。首段歌词："晚霞中的红蜻蜓，请你告诉我。童年时候看见你，是在哪一天？"有问无答，暗伤昔年小孩今已成人，记忆模糊不清，早就想不起初见红蜻蜓是在哪一天了。但是，还想得起那时候三五结伴捉蜻蜓，何等好玩。捉蜻蜓，右手臂顺时针旋转着划大圈，对准那停歇在芭茅叶子尖尖上的一只蜻蜓，缓缓移步，轻轻逼近。为啥手臂要这样划大圈，我研究过。蜻蜓生着复眼，能全方位观察动静。无论你从哪个方位伸手去捉,它都要飞。你若是划着圈逼近它,它便朦胧看不清你。愈逼愈近，圈也愈收愈小。小到离它七八寸了，一把抓去，包你活捉。此法验之不爽。奈何童年之乐一去不返，我不能再到河边去旋臂划圈了。

昆虫纲蜻蜓目可分为两大类。第一类通称为蜻蜓，第二类通称为豆娘。蜻蜓在四川俗名丁丁猫，有红的、黄的、

---

① 选入本书时，略有改动。

麻的三种，皆益虫。停歇枝头，平展两翅，像篆文的“丁”字。篆文“丁”我认为是象形字，也就是“蜓”的本字。丁丁者，蜓蜓也。以其捕蚊蚋如猫捉老鼠，故名丁丁猫。豆娘俗名七姑娘，色暗蓝，状娇弱，停歇林间，叠合两翅。一个平展两翅，一个叠合两翅，是蜻蜓与豆娘最显著的区别。英文称蜻蜓为 dragonfly，龙飞虫，妙。顺便说说，还称萤虫为 firefly，火飞虫，还称蝴蝶为 butterfly，奶油飞虫，也妙。此三虫者皆旧时儿童醉心之宠物，现今城里很少能看见了。岂止庭院里很少能看见，花园里也不多见呀。蜻蜓啊萤虫啊蝴蝶啊，你们飞到哪里去了？没有你们点缀，童年岂不褪色？你们还能飞回来吗？

再听一遍《红蜻蜓》，又添一层感伤。原来失去了童年的不只是你我他，全人类都正在失去童年。这个世界上普遍地推行工业化以来，人类就在以牺牲兽类、鸟类、鱼类、爬虫类、昆虫类为代价，换取自身物质享受，制造生态灾难了。工业化使人类失去童年（说好听些，叫告别童年），走向成熟。这是莫可奈何的事，所谓时代进步，社会发展。我在这里枉自“反动”一阵，也是白费气力。气力虽白费，我也想点醒这一个真相：经济高增长率，那美妙的数字，掩饰着人类对鸟兽虫鱼的谋杀。很难说这是仁，这是义。而且，排除仁义不说，光说可能给未来造成的恶果吧，也很难说这是智。小孩们得到了游戏机，失掉了蜻蜓、萤虫、蝴蝶；得到了幻影，失掉了活虫；得到了电竞之乐，失掉了“穿花蛱蝶”“点水蜻蜓”以及“萤焰高低照暮空”；得到了科技，失掉了诗。他们永远不可能再享有我曾享有过的童年之乐了，悲哉！

阅读链接

《红蜻蜓》是一首日本童谣，是日本著名诗人三木露风所作。这首童谣通过写“我”在晚霞中看到红蜻蜓而引起的回忆，将美好童年的生动情景展现在人们的眼前，亲切而又深情地抒发了对童年时光的怀念之情，令人难以忘怀。

⑥ 冬季的森林

［苏联］比安基

严寒会冻死树木吗？当然会。

假如整棵树直至中心部位都结冰了，它就会死亡。在酷寒少雪的冬季我们这儿不少树木会冻死，其中大部分是小树。要不是每一棵树都自有御寒妙招，为自己保存热量，防止寒气渗入体内，那它们早被冻死了。

吸收养料，生长，繁育后代，这一切都要消耗大量的能量，也就是支付自己的热量。所以树木在夏季就尽力积蓄能量，快到冬季时就停止吸收养料，停止生长，不再消耗能量去繁殖后代。它们停止一切活动，进入了深沉的睡眠状态。

叶子会呼出许多热量——那么到冬天就把叶子清理掉！树木就从自己身上甩掉叶子，和它们断绝关系，以便在体内保存维持生命所必需的热量。再说从树头坠落、在地上腐烂的树叶本身就提供了热量，预先保护了柔弱的树根，使其免遭冰冻。

不仅如此，每一棵树都有保护植物躯体、抵御严寒的铠甲。每年，在整个夏季，树木都在树干和树枝储备多孔的木栓组织——没有生命的填充层。木栓层不透水也不透气。空气滞留在它的细孔内，以免树木躯体散发热量。树龄越老，它的木栓层就越厚，这就是老而粗的树比年轻、枝干较细的树更耐寒的原因。

光有木栓层这副铠甲还不够。如果严寒连这道防线也能攻破，那么它还会遭遇植物体内化学物质的有效抵御。在冬季到来之前，树的汁液里积蓄了各种盐分和能转化为糖的淀粉，而盐和糖的溶液是十分耐寒的。不过最好的御寒装备是蓬松的白雪罩子。众所周知，细心的园丁有意将怕冷的年轻小果树压向地面，把它们埋在雪里，因为这样它们会暖和些。在多雪的冬季，白雪犹如给森林盖上了一条羽绒被，这时任何严寒都不再可怕了。

不，不管严寒如何肆虐，它都冻不死我们北方的森林！

我们的“森林王子”在任何严寒和暴风雪面前都岿(kuī)然不动。

（沈念驹　译）

你知道的树木的御寒妙招还有哪些？

⑦ 一个树木之家

［法国］列那尔

穿越过烈日照晒下的一片平原之后，我遇到了他们。

他们因为不爱喧闹，所以不住在大路边沿。他们居住在荒芜不毛的旷野，俯临一泓唯有飞鸟才知道的清泉。

远远望过去，他们仿佛密不透风，无法进入。但等我一走近，他们的树干就豁然分开。他们谨慎地欢迎我。我可以休息，纳凉，可是我仿佛觉得他们在注视我，对我并不放心。

他们聚族而居，最年长的在中间，幼小的，其中有些柔嫩的叶片才刚刚生起，到处都是，从不分离。

他们活得很长，不易死去；即使老死的还挺立着，直至化为灰烬倒地。

他们充满默契、互相扶持，想象一下：如果你是树木家庭的一员，你会和伙伴低语些什么？

他们那些修长的枝柯互相抚摸，像盲人一样，以确信大家都在。每当狂风劲吹，想把他们连根拔起，他们就张拳怒目，挥动手臂。平时他们只是和睦地轻轻细语。

我感到这里才是我真正的家。兴许我将忘记我的另一个家吧。这些树木将会逐渐接纳我，而为了不负这份雅意，我学会了应当懂得的事：

我已经懂得凝望浮云。

我也懂得了守在原地不动。

我几乎学会了沉默。

（徐知免　译）

掩卷沉思，树木之家教会了我很多很多，我会把这些收获静静地放在心底……

阅读链接

森林生态系统是陆地生态系统中面积最大、最重要的自然生态系统。森林是以木本植物为主体，与其他植物、动物、微生物和土壤之间相互依存、相互制约而形成的生物群落。森林生态系统由森林群落和其外界环境共同构成，它是生物圈主要的生态系统，是地球上的基因库、碳贮库、蓄水库和能源库，对维系整个地球的生态平衡起着至关重要的作用，拥有人类赖以生存和发展的资源和环境。

阅读实践

阅读本专题中说明事物的文章，想想作者是如何抓住事物特点进行具体说明的，把它们整理在表格中。

事物	特点	说明方法	这样写的好处

请你从本组文章中选取一个最感兴趣的事物，制作阅读记录卡。

名称	特点	喜欢的原因

生活有梦

读诗，是一场心灵的旅行。让我们一起走进本组诗歌，探索星星闪亮的奥秘，领略直抵人心的温暖，体验成长历程中的天真与坚定……

阅读诗歌时，先理解诗歌大意，再边读边想象诗歌描述的情景，并把让你感觉新奇的诗句找出来，感受它们给人带来的愉悦，最后张开想象的翅膀，仿写诗句。

❶ 孩童之道

［印度］泰戈尔

只要孩子愿意，他此刻便可飞上天去。

他所以不离开我们，并不是没有缘故。

他爱把他的头倚在妈妈的胸间，他即使是一刻不见她，也是不行的。

孩子知道各式各样的聪明话，虽然世间的人很少懂得这些话的意义。

他所以永不想说，并不是没有缘故。

他所要做的一件事，就是要学习从妈妈的嘴唇里说出来的话。那就是他所以看来这样天真的缘故。

孩子有成堆的黄金与珠子，但他到这个世界上来，却像一个乞丐。

他所以这样假装了来，并不是没有缘故。

这个可爱的小小的裸着身体的乞丐，所以假装着完全无助的样子，便是想要乞求妈妈的爱的财富。

孩子在纤小的新月的世界里，是一切束缚都没有的。

他所以放弃了他的自由，并不是没有缘故。

在诗人眼中，孩子拥有各种神奇的能力，但是孩子愿意放弃这一切，只为得到妈妈的爱与拥抱。

他知道有无穷的快乐藏在妈妈的心的小小一隅里，被妈妈亲爱的手臂所拥抱，其甜美远胜过自由。

孩子永不知道如何哭泣。他所住的是完全的乐土。

他所以要流泪，并不是没有缘故。

画线部分在文中反复出现，是为了强调诗人理解的“孩童之道”，这种“复沓”的结构在其他诗中也经常见到。

虽然他用了可爱的脸儿上的微笑，引逗得他妈妈的热切的心向着他，然而他的因为细故而发的小小的哭声，却编成了怜与爱的双重约束的带子。

（郑振铎　译）

2 我们上路了

王慧骐

刚刚露出那嫩嫩的芽尖儿，
刚刚染上一抹淡淡的粉红，
刚刚才捡到一张很小的邮票，
贴上那只很大很大的信封。
风刚从那林子里走出来，
扛一面很艳的旗子抖着威风。
哦，不管大人们怎么说，
反正我们是上路了，一步一步地上路了。

想一想：“那只很大很大的信封”，象征着什么呢？

我们的脚印也许歪歪扭扭，
我们的膝盖也许被石块磕肿。
也许会有骤起的风暴把我们抛入崖底，
也许会有虚幻的风景迷惑我们的眼睛。
所有美丽和残酷的故事，
都可能上演，都可能发生，

也许就在今天夜里，
也许就在明天早晨。
假如因为这些我们就退回去，
退到爸爸妈妈们温热的怀中，
那我们还能算什么呢？
还不如趴下来做一只狗熊，
一只供人观赏的狗熊。

表明了“既然选择上路，就永不退缩”的坚定态度。

哦，既然注定了我们得迈出双脚，
既然注定了我们只能往前挪动，
哪怕只是短短的几寸，甚至更少，
只要是在行进，那我们就不会脸红。
没有退路，人生的车站不售返程车票，
没有退路，出了山的溪水不会往回流动。
走下去，前面有相思鸟，有金孔雀，
走下去，前面有橄榄树，有曼陀林。
风来吧，雨来吧，雷鸣电闪都来吧，
那一条条被我们用脚踏出来的路，
才是我们每个人留在这世上的真正姓名。

说一说你对这句话的理解。

3 生命幻想曲

顾　城

把我的幻影和梦，
放在狭长的贝壳里。
柳枝编成的船篷，
还旋绕着夏蝉的长鸣。
拉紧桅绳
风吹起晨雾的帆，
我开航了。

一边读一边想象诗歌描绘的画面，感受诗人表达的情感。

没有目的，
在蓝天中荡漾。
让阳光的瀑布，
洗黑我的皮肤。

太阳是我的纤（qiàn）夫。
它拉着我，

用强光的绳索，

一步步，

走完十二小时的路途。

我被风推着，

向东向西，

太阳消失在暮色里。

在时光面前，我们总是身不由己：被“强光的绳索”拉着“走完十二小时的路途”。

黑夜来了，

我驶进银河的港湾。

几千个星星对我看着，

我抛下了

新月——黄金的锚。

天微明，

海洋挤满阴云的冰山，

碰击着，

“轰隆隆”——雷鸣电闪！

我到哪里去呵？

宇宙是这样的无边。

宇宙是这样广阔，而“我”却这样渺小，以“我”有限的生命，怎样去探索无限的自然之秘呢？

用金黄的麦秸，
织成摇篮，
把我的灵感和心
放在里边。
装好纽扣的车轮，
让时间拖着，
去问候世界。

车轮滚过
百里香和野菊的草间。
蟋蟀欢迎我，
抖动着琴弦。
我把希望融进花香，
黑夜像山谷，
白昼像峰巅。
睡吧！合上双眼，
世界就与我无关。

在大自然芬芳的气息中，跳动着诗人纯真、炽热的心，表现了诗人对美好世界的追求。

时间的马，
累倒了。

黄尾的太平鸟，
在我的车中做窝。
我仍然要徒步走遍世界——
沙漠、森林和偏僻的角落。

太阳烘着地球，
像烤一块面包。
我行走着，
赤着双脚。
我把我的足迹，
像图章印遍大地。
世界也就融进了
我的生命。

在诗人的眼中，世界充满了梦幻和神秘。诗人带着对世界的憧憬，在行走的过程中诠释生命的意义。

我要唱
一支人类的歌曲，
千百年后
在宇宙中共鸣。

④ 向着明亮那方

［日本］金子美铃

向着明亮那方
向着明亮那方。

哪怕一片叶子
也要向着日光洒下的方向。

灌木丛中的小草啊。

向着明亮那方
向着明亮那方。

哪怕烧焦了翅膀
也要飞向灯火闪烁的方向。

夜里的飞虫啊。

你能想象诗歌所描绘的情景吗？

向着明亮那方
向着明亮那方。

哪怕只有分寸的宽敞
也要向着阳光照射的方向。

住在都会的孩子们啊。

（吴菲　译）

阅读链接

金子美铃，本名金子照，出生于日本山口县，是活跃于20世纪20年代的日本童谣诗人。金子美铃很善于用纯真的眼睛去观察这个世界上令人感动的事情。她可以从一朵花、一片云中看到大千世界。她以细腻、纯真的语言向世界传递着生命的乐章，她的诗中总是充满着对美好生活的向往。她写的童谣在安抚无数孩子的同时，也让成年人找到属于自己的天真与美好。

5 等我也长了胡子

汤　锐

等我也长了胡子，
我就是一个爸爸，
我会有一个小小的儿子，
他就像我现在这么大。

读到题目，你想到了什么？带着你的想法，继续往下读。

我要跟他一起去探险，
看小蜘蛛怎样织网，
看小蚂蚁怎样搬家。
我一定不打着他的屁股喊：
“喂，别往地上爬！”

我要给他讲最有趣的故事，
告诉他大公鸡为什么不会下蛋，
告诉他小蝌蚪为什么不像妈妈。
我一定不对他吹胡子瞪眼：

“去去！我忙着呢！”

我要带他去动物园，
先教大狗熊敬个礼，
再教小八哥说句话。
我一定不老是骗他说：
“等等，下次再去吧！”

哎呀，我真想真想
快点长出胡子，
到时候，不骗你，
一定做个这样的爸爸。

假如你是大人，你想做什么呢？发挥想象，仿照本诗的写法来说一说。

6 两个老鼠抬了一个梦

刘大白

孩子说：
“母亲，我昨儿晚上做了一个梦；
现在却有点儿记不起来，迷迷蒙蒙了。”
母亲笑着说：
“两个老鼠抬了一个梦？”

读诗贵在想象。读这首诗，你脑海里浮现出怎样的画面？

老鼠怎么能抬梦？
梦怎么抬法？
老鼠抬了梦去做什么？
这不是梦中说梦的梦话？

不是梦话哪——
她怎的记不起梦来？
那梦上哪儿去，
要不是老鼠把梦抬？

那老鼠刚抬了梦跑，
蓦地里来了一只猫；
那老鼠吓了一跳，
这梦就跌得粉碎得没处找。

奇妙的想象，让诗富有生活的气息。跌碎的梦，变得如此真实可感。

哦，我知道了！
我们做过的梦，都上哪儿去了！
原来都被猫儿吓跑了抬夫，
跌碎得没处找了！

阅读链接

是谁把……

刘大白

是谁把心里相思，
种成红豆？
待我来碾豆成尘，
看还有相思没有？

是谁把空中明月，
捻得如钩？
待我来抟钩作镜，
看永久团圆能否？

7 星星和蒲公英

［日本］金子美铃

蓝蓝的天空深不见底
就像小石头沉在大海里，
一直等到夜幕降临，
白天的星星 眼睛看不见。
　　看不见却在那里，
　　有些东西看不见。

干枯散落的蒲公英，
默默躲在瓦缝里，
一直等到春天来临，
它强健的根 眼睛看不见。
　　看不见却在那里，
　　有些东西看不见。

　　富有哲理的诗句，往往能让人产生很多联想。想一想：还有什么东西我们看不见，它却在那里？

（吴菲 译）

8 留住童年

钱万成

摘下这片树叶，
珍藏起一个不老的春天，
诗会从此常绿，
直到永远永远。

童年没有遗憾，
失落的往事是缤纷的花瓣，
风中飘来风中飘去，
芳香在生命中弥漫。

童年有太多难以忘怀的往事。慢慢回想，是否有你印象深刻的往事浮现眼前？

挡在前面的是山，
踏在脚下的也是山。
迷路的只是眼睛，
清醒的总是脚板。

留住童年，

留住一份勇气和果敢。

如果前面是一片海，

那就做一条乘风破浪的船。

留住童年，这是诗人自己的愿望，更是诗人给少年朋友的赠言，表达了对童年的留恋。

日积月累

儿童的情形，便是将来的命运。

——鲁迅

永远是独一无二不可替代的事物：这是童年的回忆。

——杜伽尔

呵，幸福的年代，谁会拒绝再体验一次童年生活。

——拜伦

要是童年的日子能重新回来，那我一定不再浪费光阴，我要把每分每秒都用来读书！

——泰戈尔

9 我召唤青青的小树林

邵燕祥

我召唤青青的小树林，
同我一起到原野上飞奔。

“飞奔”充分表现了诗人对青春的赞美和对生活无比的热爱。开篇即为全诗奠定了感情基调。

摇一簇早春的新叶，
那是绿色的旗帜；
拽一片细碎的繁花，
桃色的、白色的云。

送一枝新条作教鞭，
给年轻的女教师；
送一枝新条当马骑，
给还没上学的孩子。

跟我一起越过山脊，
化为奔马脖颈上的马鬃；

跟我一起踱到河边，
一串串身影落入春水中。

春风轻浅地掠过林梢，
我们一路吹着柳哨；
春风猛扬起我们的头发，
我们狂喜地向前快跑。

跑累了，就搀扶着站定，
在月光下悄悄闭上眼睛；
如果地面被春雨打湿，
那是我们的热汗淋淋。

来吧，青青的小树林，
同我一起到原野上飞奔。

“我”同小树林一起飞奔到了哪些地方？你从哪些语句感受到“我”对生命、对青春的追求？

阅读实践

读诗不仅要读懂诗歌的意思，还要体会作者表达的感情。读完本组诗歌，哪些诗句给你留下的印象最深刻？从中你能感受到作者怎样的感情？请把你的收获填写在下面的表格里。

诗歌标题	印象深刻的诗句	作者表达的感情

活动二

等你长大了，你要带“小小的儿子”去做什么？仿照《等我也长了胡子》尝试写一写。

读完这些诗歌，你是不是想进入诗歌的海洋畅游？搜集更多的诗歌来朗读，和小伙伴开一个小小的诗歌交流会，分享读诗的乐趣。

第一步：确定交流主题

我喜欢这首诗歌——诗歌推介会
我是这样读诗的——读诗方法交流会
我会朗诵这首诗——诗歌朗诵会
我读诗歌有收获——读诗心得交流会

第二步：确定交流内容

第三步：召开诗歌交流会

生活感悟

生活就像奔腾的河，浪花的起起伏伏间，一个个故事悄然上演，留下精彩无限，给人启迪无限。

阅读本组文章，想想作者表达的主要观点是什么，揣摩作者是如何通过具体事例来表达自己的观点的。

① 生命的追问[①]

张海迪

生命是什么?

对于这个问题，不同的人会做出不同的回答。

有人说，生命就是有机体具有自我繁殖和复制的能力，能从自然界摄取维持这种能力所必需的养料。也有人说，生命除了具有维持在自然界新陈代谢的能力之外，还具有适应自然界的变化，对自然界进行适应性改造，促进自身进化的能力。在自然界里，生命以它丰富多彩的存在形态，精细微妙的组织结构，宏大完整的生存体系，构成了自然界精美壮观、无与伦比的景象。无数微生物潜藏在自然界的一切角落，形形色色的植物给大地、海洋，以至冰峰雪岭披上了色彩斑斓、绚丽多姿的外衣；数不清的千奇百态的动物，又为壮丽辉煌的自然景色增添了奔腾跃动的雄健和飞翔遨游的旖旎；还有人类，这自然造化中最神奇、最伟大、最美丽的创造，不仅使自然界生命的完美达到了巅峰，

---

① 选入本书时，略有改动。

而且，还给生命赋予了崇高、尊严、博大和无限的创造力，那就是人的智慧。

自从人类有了朦胧的意识以来，人类就开始了对生命意义的探索。许许多多绚丽奇妙的远古神话，寄托着人类祖先对于生命伟力的想象和希冀，以及敬若神明般的崇拜。古往今来的诗人，用尽一切最优美的词句，赞颂生命的美丽。从生命的孕育，婴儿的降生，孩子的成长，青春的勃发，爱情的萌动，到人的衰老死亡……这一壮丽的过程凝聚着诗人对生命的敬畏和对生命意义的崇高感。而艺术家则用手中的画笔和刻刀，无所顾忌地展现人的形体的美丽，深入刻画人的情感——这内心深处所表现出来的最细腻、最精致、最微妙的美的流露……

人类用自己的力量和智慧，创建了无数辉煌的业绩：运动场上一个又一个世界纪录的刷新，科技领域一项又一项发明创造的诞生，展现了人类生命力与美的无穷魅力。人类飞出地球的壮举和探索外星生命的尝试，表明人类生命具有藐视一切极限的气魄，生命力量和智慧的扩展是无限的。

每当我感慨人类这些辉煌成就的时候，我常常被一个问题困扰，人类的生命是完美无缺的吗？当人们尽情展现人类壮丽的生命的时候，又不得不面对这样一个现实：人类生命并非完美无缺，事实上，健全与残缺一起，才构成了人类生命的全部。

生命体从开始孕育、诞生以来，就潜藏着不完整与不完美的种种危险，残缺是自有生命以来就伴随着自然界的，也是自人类诞生以来就一直伴随着人类的。当生命还孕育在母体之内时，就已经受到遗传、疾病和外界环境的影响，潜藏着残缺的危险性。当人出生之后，这些因素因为他失去了母体的保护而变得更加直接和明显，残疾的危险性就更大了。因此，生命的美从来就是残缺的。

人们对真理的认识总是不断深化的，同样，人们对生命意义的认识也经历了艰难和曲折。当人们在赞美人类伟大的创造力的时候，或许不能忽略这样一个事实：人类创造的物质和精神文明，是人类整体共同努力的结果，其中包括生命的残缺者。中国古代最早的神话里描写了一位残疾勇士——刑天，他与天帝争权，战败后被人砍掉了头，但他却以两乳为目，以脐当口，继续搏斗。在中国历史上还真实地记载着一些卓有成就的残疾人，春秋时的史学家左丘明，战国时的军事家孙膑，西汉的文学

作者列举了古今中外许许多多颇有建树的残疾人的事例，来说明自己对生命意义的理解。

家司马迁，魏晋时的医学家皇甫谧，唐朝的鉴真和尚，宋代的大将杨信……在世界历史上也有很多杰出的残疾人，比如荷马、塞万提斯、拜伦、欧拉、凡·高、爱迪生、罗斯福、惠特曼……

前些时，我读了一本斯蒂芬·霍金的书。霍金这个名字几年前对于大多数中国人来说还是很陌生的，自从他的物理学著作《时间简史》在我国出版之后，他对于我们已经不再陌生。或许人们会认为，一个思想深邃、知识渊博的理论物理学家，一个企图向我们描述时间和宇宙的起源和它们末日的大预言家，一个向我们预言了宇宙深处某个看不见的天体——黑洞的睿智学者，一定是个目光炯炯、精神饱满、体力充沛的人。但是，这位英国剑桥大学的著名学者，却是个患有肌肉萎缩性侧索硬化症，已经完全失去了行动自由和生活自理能力的人，甚至连说话也只有他的秘书才能听懂。而正是这样一个有严重残疾的人，用他的意志、毅力和智慧，顽强地在深奥的天体物理学领域里探索着，他那无懈可击的计算，精确的推论，常常与实验观察数据惊人地吻合，这使他的理论建立在科学的基础之上，也使他本人成为国际上有影响力的学者。

探索未知的领域，始终是人类永不疲倦的目标之一，也是人类认识自然、认识自己的有力手段，在这方面，一个残疾人却走在了许许多多身心健康者的前列。霍金以不屈的意志坚持理论研究，举行借助于计算机的演讲会，还出版了多部科普著作。霍金的成功，在于他懂得如何发挥自己生命的潜力，身体残疾了，头脑还能工作，他充分利用思维能力，让它发挥出能量，在未知的领域里深入地钻研下去。

人类的进步，就在于生命这种可贵的探索精神、不屈不挠的勇气和超乎想象的智慧。

我还想提到一个鲜为人知的人，最近我在《德国》杂志上见到了他。他就是德国探险家约亨·哈森迈尔。哈森迈尔七岁时在父亲的书柜里发现了一本《与珊瑚和鲨鱼做伴》的书，他入了迷。十年以后，他开始了洞穴探险的生涯。后来，他发现了二百多个洞穴和洞穴的延伸，并受法国政府的委托在地中海进行了水下探险。不幸的是，有一次他受美国电视公司委托在奥地利的沃尔夫冈湖底拍摄时遇险，身体高位截瘫。但是，哈森迈尔没有放弃生命，没有放弃探索生命意义的理想。他在朋友的帮助下，制造了一艘只能坐一个人的“洞穴号”潜水艇，开始孤身一人在地下千米深处、罕有生命踪迹的洞穴、暗河和湖泊里漫游。为探寻人们未曾到过的领域，他充满热情地工作着。

这是怎样的一种生命力啊！一个对事业执着热爱的人，即使是残缺的生命，也能爆发出令人难以置信的勇气和力量。没有霍金，人们对黑洞的认识也许还要推迟很多年；没有哈森迈尔，地层深处的很多奥秘也许还是未知的。夜晚，我们仰望满天繁星，当流星在天空划过一道美丽的弧线，我们不会想到，有一个只能用头脑工作的人，正在为揭开宇宙的奥秘而沉思；阳光明媚的日子，当我们泛舟湖上，在碧波清风中流连的时候，我们也不会想到，在幽深的湖底探寻的是一个身体截瘫的人。但是，他们的残疾之躯同样展现着生命的活力，他们的思想同样闪现着智慧的光芒。人的生命的潜力是多么巨大，残疾带给人的痛苦也许远远超过其他困境带给人的痛苦，我想，残疾人甘愿忍受痛苦，展示自己生命力量的欲望，或许是健全人所难以想象的。

> 作者点出她对生命意义的理解：活着就要创造，就要探索。

活着就要创造，就要探索，即使肢体已经残疾，思想的火花也决不停止迸发。这就是生命，这也是许多诗人和艺术家在他们的作品里还没有表现出来的生命的美丽。

② 为学与做人[①]（节选）

梁启超

问诸君："为什么进学校？"我想人人都会众口一词地答道："为的是求学问。"再问："你为什么要求学问？""你想学些什么？"恐怕各人的答案就很不相同，或者竟自答不出来了。诸君啊！我替你们回答一句吧："为的是学做人。"你在学校里头学的什么数学、国文、英语，等等，不过是做人所需的一种手段，不能说专靠这些便达到做人的目的，任凭你把这些件件学得精通，你能够成个人不成个人还是个问题。

人类心理，有知、情、意三部分。这三部分圆满发达的状态，我们先哲名之为三达德——智、仁、勇。为什么叫作"达德"呢？因为这三件事是人类普通道德的标准，总要三个具备才能成一个人。三件的完成状态怎么样呢？孔子说："知者不惑，仁者不忧，勇者不惧。"

怎么样才能不惑呢？

---

① 选入本书时，略有删改。

最要紧的是养成我们的判断力。想要养成判断力：第一步，最少须有相当的常识；进一步，对于自己要做的事须有专门知识；再进一步，还要有遇事能断的智慧。假如一个人连常识都没有，听见打雷，说是雷公发威，看见月蚀，说是蛤蟆贪嘴。那么，一定闹到什么事都没有主意，碰到一点疑难问题，就靠求神问卜看相算命去解决，真所谓“大惑不解”，成了最可怜的人了。

怎么样才能不忧呢？为什么仁者便会不忧呢？

大凡忧之所从来，不外两端，一曰忧成败，二曰忧得失。我们得着“仁”的人生观，就不会忧成败。为什么呢？因为我们知道宇宙和人生是永远不会圆满的。“仁者”看透这种道理，信得过只有不做事才算失败，肯做事便不会失败。所以《易经》说：“君子以自强不息。”你想，有这种人生观的人，还有什么成败可忧呢？再者，我们得着“仁”的人生观，便不会忧得失。为什么呢？因为认定这件东西是我的，才有得失之可言。我只是为学问而学问，为劳动而劳动，并不是拿学问、劳动等做手段来达某种目的——可以为我们“所得”的。你想，有这种人生观的人，还有什么得失可忧呢？

怎么样才能不惧呢？

有了不惑不忧的功夫，惧当然会减少许多了。但这是属于意志方面的事。一个人若是意志力薄弱，即便有丰富的知识，临时也会用不着，即便有优美的情操，临时也会变了卦。然则意志怎么会坚强呢？头一件须要心地光明。俗话说得好：“生平不做亏心事，夜半敲门心不惊。”一个人要保持勇气，须要从一切行为可以公开做起，这是第一件。第二件要不为劣等欲望之所牵制。一被物质上无聊的嗜欲东拉西扯，那么百炼钢也会变成绕指柔了。总之，一个人的意志，由刚强变为薄弱极易，由薄弱返到刚强极难。

一个人有了意志薄弱的毛病，这个人可就完了。自己做不起自己的主，还有什么事可做？受别人压制，做别人奴隶，自己只要肯奋斗，终须能恢复自由。但做到如此真是不容易，非时时刻刻做磨炼意志的功夫不可，意志磨炼得到家，自然是看着自己应做的事，一点不迟疑，扛起来便做，“虽千万人，吾往矣”。这样才算顶天立地做一世人，绝不会有藏头躲尾、左支右绌的丑态。

我们拿这三件事作做人的标准，请诸君想想，我自己现时做到哪一件——哪一件稍微有一点把握。倘若连一件都不能做到，连一点把握都没有，哎哟！那可真危险了，你将来做人恐怕就做不成。

③ 豪气干云

陈鲁民

有个词语叫“豪气干云”，形容豪气高到触碰到云的地步。倘举例说明，那就是荆轲吧，他的“风萧萧兮易水寒，壮士一去兮不复还！”大家都知道，其实后边两句“探虎穴兮入蛟宫，仰天嘘气兮成白虹”更有气势，简言之就是“气贯长虹”。

善于阅读的你，发现作者要表达的观点是什么了吗？请在文中标记出来吧。

做人贵有豪气。

有了豪气，襟怀、志向、胆识就有了立足之地。西汉人陈汤，素有大志，他给皇帝的战报中，汇报了消灭进犯匈奴人数后，加了一句千古名言：“明犯强汉者，虽远必诛。”这句话，啥时候想起来都叫人热血沸腾。有了这样豪迈、雄壮、凛然的气势，国家就不可战胜，民族就不会受辱，秦时明月的皎洁、汉时雄关的巍峨，就会代代相传，中华子民就会永享安康。

有了豪气，就不畏艰险，不怕牺牲，敢于担当。宋人张孝祥，绍兴二十四年举进士第一，上疏请昭雪岳飞。那时，秦桧正一手遮天，权倾朝野，好友劝其不该锋芒太露，担心秦桧报复。张孝祥回答得十分痛快：“无锋无芒，我举进士干什么？有锋有芒却要藏起来，我举进士干什么？秦桧当政我怕他，我举进士干什么？”这三问酣畅淋漓，荡气回肠，足以告慰古今一切豪放之士。

有了豪气，就有了霍去病“匈奴未灭，何以家为”的襟怀与壮志，就有了李太白“天生我材必有用，千金散尽还复来”的潇洒与自信，就有了李清照“生当作人杰，死亦为鬼雄”的悲壮与不朽，就有了谭嗣同“我自横刀向天笑，去留肝胆两昆仑”的从容与决绝……

豪气与大话有时很难分清，区别的关键在于是否言行一致。说到做到，即是豪气，说了做不到，则为大话。钱锺书在清华放出豪言：“要横扫清华图书馆。”他基本做到了，那些他认为有价值的、值得看的书，“扫荡”了不止一遍，后来熟悉到哪本书放在哪一架、哪一格都清清楚楚。这，就是豪气。

个人要有豪气，才能活得有声有色；国家民族有豪气，才不被人欺负，领土才不被人蚕食。豪气要以实力为后盾，没有实力的豪气，如同纸上画饼，只是自欺欺人。读南宋时期那些主战派诗人的豪言壮语，常觉心酸和无奈，国家积弱，朝廷昏聩，根本没有实力与女真人的虎狼之师抗衡，曾经“气吞万里如虎”的辛弃疾，也只能“却将万字平戎策，换得东家种树书”。以史为鉴，我们唯有卧薪尝胆，励精图治，发奋拼搏，富国强兵，才能不怒自威，不言自雄，堂堂正正，顶天立地。

日积月累

大风起兮云飞扬，威加海内兮归故乡，安得猛士兮守四方。

——刘邦

老当益壮，宁移白首之心？穷且益坚，不坠青云之志。

——王勃

有志者，事竟成，破釜沉舟，百二秦关终属楚；
苦心人，天不负，卧薪尝胆，三千越甲可吞吴。

——蒲松龄

④ 读书莫忘做笔记

汤　欢

做笔记是读书的重要方法，是读书不可缺少的一部分。读书时，左边是书，右边是笔记本。遇到好词佳句则随手摘抄，心有所感顺便写下，既能加深印象，积累知识，亦方便日后检索，为作文治学打下基础。

前人读书治学，多有做笔记的习惯，学问也常常从笔记本中得来。顾颉刚先生一生治学，勤于做读书笔记。从1914年至1980年逝世，他做笔记的习惯从未间断，60余年积累笔记近百册，共四五百万言。他所从事的古史研究需大量考据，做笔记是他治学研究、著书立说的基础，“为笔记既多，以之汇入论文，则论文充实矣；作文既多，以之灌于著作，则著作不朽矣。”此外，在他看来，相对于长篇大论的学术文章而言，笔记可长可短，有简洁之美，做笔记“可以自抒心得，亦可以记录人言；其态度可以严肃，亦可以诙谐，随意挥洒，有如行云流水，一任天机”，笔记实乃学术界的小品文。

钱锺书读书也爱做笔记，从20世纪30年代到90年代一直坚持，单是外文笔记就达200多本、3.5万多页。据杨绛所言，他的笔记本“从国外到国内，从上海到北京，从一个宿舍到另一个宿舍，从铁箱、木箱、纸箱，以至麻袋、枕套里出出进进”。其笔记不仅数量惊人，内容也广袤博杂，从精深博雅的经史子集，到通俗的小说院本、村谣俚语和笔记野史，古今中外，无所不容。把这些笔记前后参照、相互引证、融会贯通后，才有了如《管锥编》里那样汪洋恣肆、行走于东西之间游刃有余的文章。

蔡元培晚年总结自己读书多年却“没什么成就”，原因之一是“不能勤笔”。“不能勤笔”即不能勤于做笔记。他说自己读书虽然只注意于他所认为“有用的或可爱的材料”，“但往往为速读起见，无暇把这几点摘抄出来，或在书上做一点特别的记号”，这样的后果是不易检索，需要用的时候“几乎不容易寻到”。

可见，对于治学之人，做笔记是读书应有的步骤；而对于普通读者来说，做笔记亦是一种值得吸取的方法。不管读书是为长见识，为陶冶性灵，还是只为娱

作者用顾颉刚、钱锺书、蔡元培的故事告诉我们做笔记的重要性，让自己的观点更有说服力。

乐消遣，遇到有趣、有启发、有感于心的文字则随手记之，这文字便会在我们内心加深一层印象；日久天长，这笔记本便成了我们平日读书精华之积累，是我们知识丰富、心灵成长的记录，是一种珍贵的纪念。若干年后，当我们重温当年的笔记，看到自己熟悉的字迹时，或许还会回想起某时某地写下这笔记时的情形，内心一定无比自得与安宁。

做笔记固然重要，但经常温故笔记更重要。虽说“好记性不如烂笔头”，但只记笔记却不温习，一样容易遗忘，时常巩固方能加深记忆，需要用时才能信手拈来；此外，温故而知新，在翻阅读书笔记时，往往能够前后贯通，发现新的问题。钱锺书当年就常常爱翻阅一两册中文或外文笔记，把精彩的片段读给杨绛听。

做笔记需要时间，如钱锺书做一遍笔记的时间大约是读这本书的两倍。但当你将做笔记看成是读书的一部分，认识到做笔记的益处，便不会认为这时间白白浪费了。现在人们的生活节奏越来越快，唯独读书不能快，做笔记不能急躁。

时代在进步，电子笔记的出现让笔记的记录、保存和使用更为便捷：键盘输入、复制粘贴可以代替手写，电脑和手机客户端皆能同步保存；此外，这种云笔记还带有关键词检索功能，极大地方便了我们对材料的收集和整理。

读书思考，随手记之，同时不忘时常温故，无论对于治学之人还是普通读者，这习惯都值得我们承袭并坚持。无论这笔记是手抄笔记还是电子笔记，它都会成为我们好读书之人一笔宝贵的财富。

读书莫忘做笔记，让我们承袭并坚持这种好习惯，储存一笔宝贵的财富吧！

日积月累

不动笔墨不读书。

——徐特立

发愤识遍天下字，立志读尽人间书。

——苏轼

读书之于精神，犹如运动之于身体。

——爱迪生

读书对于我来说是驱散生活中的不愉快的最好手段。没有一种苦恼是读书所不能驱散的。

——孟德斯鸠

大师们的作品在我们心灵扎根，诗人们的佳句在我们血管中运行。我们年轻时读了书，年老了又把它们记起。

——赫兹里特

阅读实践

活动一

阅读本组文章，了解作者表达的主要观点，体会其中蕴含的人生哲理。请把你印象最深、最有感触的几个观点摘记在下面的表格里，让它们成为我们成长的指路明灯。

文章标题	观点（道理）

活动二

“事实胜于雄辩”，在具体的事例面前，作者的观点更加具有说服力。请选择一篇文章，完成下面的导图。

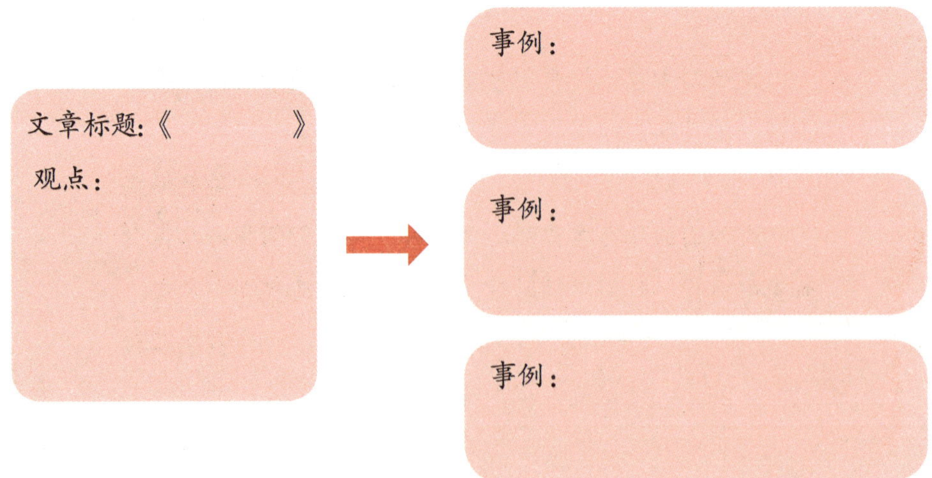

我们也试着用几个具体事例说明一个观点吧，如“有志者事竟成”“玩也能玩出名堂”“失败乃成功之母”……

温馨小提示：

1. 围绕观点选取事例。
2. 可以采用多种方式搜集事例。

中国精神

中国精神是中华民族的灵魂，它植根于中华民族的发展历程中，彰显出强烈的民族凝聚力与时代感召力，鼓舞着一代又一代的中华儿女奋发向上，积极进取。

阅读本组文章，感受中国精神，从我做起，从现在做起，做奋发向上、积极进取的新时代的建设者和接班人！

1 少年歌

朱湘

我们是小羊，
跳跃过山坡同草场，
提起嗓子笑，
撒开腿来跑：
活泼是我们的主张。

我们是山泉，
白云中流下了高岸；
谁做泾的溷(hùn)[①]？
流成渭的清[②]，
才不愧我们的真面。

少年有着泾渭分明的精神与勇气，像那行云流水般从容。

① 泾的溷：指泾河的混浊。
② 渭的清：指渭河的清澈。泾浊渭清是古人的说法，现在已是泾清渭浊，这里沿用了古人说法。

我们恨暮气，
恨一切衰朽的东西。
我们要永远，
热烈同勇敢，
直到死封闭起眼皮。

我们是新人，
我们要翻一阕(què)[①]新声。
来啊，挽起手，
少年歌在口，
同行入灿烂的前程！

点明主题，少年带着张扬的个性，唱着少年歌，奔向灿烂的前程。

① 翻一阕：翻，这里指唱。阕，歌或者词一首叫一阕。

② 长　江

郭　风

长江很早便醒过来。它醒过来的时候，浦口车站上的路灯还没有熄灭。

长江很早便醒过来。它以鱼肚色抹着缕缕玫瑰红的曙天，它以宽阔的江面上的黎明，它以四月的风吹拂着的麦浪似的水波，它以脸上展开的微笑，迎接过江的渡船上的火车和旅客。

哦，长江。哦，我们的古老的、古老的母亲，以自己的乳汁，千年万载地哺育了亿万子女的乳娘。

我们从车窗里看见你，你这样的容光焕发。你的笑容多么甜美。我想，不止是这江面上众多的升帆的货船和鸣笛的汽轮，那来往穿梭的舢板和驳船，不止是停泊在江心的钻探船，不止是下关码头两旁长长的仓库、堆栈和高楼，使你的心好像黎明一般的舒畅，青春一般的欢愉。

哦，长江。从你流动和奔腾过来的、纵横广阔的土地上，山和一串串的明珠一般的湖泊，江岸上的码头，建筑物，无边无际的田野，风车，工厂和一座一座的城市；不止是这些，使你的脸上堆满笑容，使你的心好像黎明一般的舒畅，青春一般的欢愉。

哦，长江。哦，我们的古老的、古老的母亲，以自己的乳汁，千年万载地哺育了亿万子女的乳娘。我想，那是祖国人民无比的幸福生活，那是祖国人民对于未来的灿烂的理想，祖国人民奔赴未来的壮志，那是我们这个时代的全部光辉，照耀得你的心像黎明一般的舒畅，青春一般的欢愉。

啊，你以宽阔的江面上的黎明和粼粼的水波，你以脸上展开的微笑，迎接着过江的渡船上的火车和旅客。我们看见你，你这样的容光焕发，你的笑容多么甜美。

为我们这个时代的光辉所照耀，你这样早便醒过来了。水啊，风啊，玫瑰色的曙天啊，我们一起来歌唱我们这个时代和我们的祖国的赞歌。

③ 中国人自己的美

严文井

我能听见同伴呼唤我的声音，我活在活着的中国人当中。

我还能听见那些遥远处模糊的独白和对话，那些是死去的中国人的声音。他们停止了呼吸，留下了永远也不会消逝的反复的回声。我也活在死去的中国人当中。

我只能是一个中国人，这个逻辑非常通情达理。

我在我们这片土地上已经行走了若干年，而且正在行走着。如果可能，还要继续走下去。

我的眼睛，我的耳朵，我的心，一致重复地告诉我：中国人有自己的美。

虽然她有些害羞，有些躲躲闪闪。她就在那儿，不用怀疑。

我在我们这片土地上已经行走了若干年，而且正在行走着。如果可能，还要继续走下去。

我看见了前人和同行者的许多足迹，常常是印在坎坷不平的路上和泥泞中。那就是一幅幅画，并不难懂。

凌乱的足迹，夹杂着整齐的足迹，在前面，又在面前。

我听见前人和同行者的呼吸声音，常常是显现在狂暴的西北风中。那实际是喘气。然而这些喘气就是一个最美的歌曲引子，在前面，又在面前。

我们这许多年，说不上是两百年，两千年，还是多少年，并不都顺利。可能今后还会有许多不顺利。可是不能抱怨这片土地和她生育的子女。

当一只乌鸦向我们扇动翅膀的时候，正是因为它在叫嚣，奸笑，自鸣得意，我就更加相信中国美的生命力。

她的存在又一次得到了证实，她将继续存在又一次得到了预示。她就在那儿，不用怀疑。

我们活着的中国人

还要在我们

这片土地上

继续走下去

走下去！

用我们各自的足迹，整齐地，或凌乱地，加深：

中国人

自己的美！

④ 梅兰芳的“祖训”

陈鲁民

电影《梅兰芳》上映后，好评如潮，大家都知道了京剧表演大师梅兰芳在抗战时期为了不给日本人演戏而蓄须明志一事。可是由于受电影长度限制，梅兰芳因为不与日伪合作而遭受的种种危险和非人磨难，还有许多没有反映出来。

首先是冒着生命危险与日寇周旋。因为他拒不演戏、不参加日伪组织的各种活动，日伪特务三天两头打电话、寄恐吓信，进行威胁利诱。有一次，汪伪政府的大头目、“外交部长”褚民谊突然来访，邀请梅兰芳在12月作为团长率领剧团赴南京、长春和日本东京等地巡回演出，庆祝所谓“大东亚战争”胜利一周年。梅兰芳用手指着自己的胡须，沉着地说：“我已经上了年纪，没有嗓子，早已退出舞台了。”褚民谊却阴险地笑道：“小胡子可以剃掉嘛，嗓子吊吊也会恢复的。”对此，梅兰芳不紧不慢地回敬道：“我听说您一向喜欢玩票，唱大花脸唱得很不错。我看您作为团长率领剧团去慰问，不是比我更强得多吗？何必非我不可！”褚民谊顿时敛住笑容，脸上红一阵白一阵，狼狈而出……梅兰芳在当寓公的几年间，巧妙地与日伪周旋，顶住了来自各方面的威逼利诱，坚决不与日伪合作，表现出了一个爱国艺术家的崇高气节。

梅先生以唱戏为生，不唱戏就没有收入，一年半载尚可以靠积蓄为生，时间一长就难以为继。特别是他要养几十口人，除了直系血统关系家属，还有梅兰芳常年供养的“承华社”班底，以及离乡背井的师兄弟。这些人，不是年老体衰，便是疾病缠身，甚至还有几个是卧床不起、生活都难以料理的“老一辈”。为维持一家人的日常生活，他只得不断变卖首饰、衣物、字画、古董，包括祖传的唐伯虎仕女图，仇十洲的山水画，以及郑板桥的字轴。能卖的家产都变卖了，没什么好卖的了，只好靠借款生活，日伪特务又从中捣乱，借也很难借到了。后来，梅兰芳受程砚秋种菜养家的启发，以作画谋生，再穷再困也不变节，宁肯饿死也不卖国。

理解了这句话，就能理解梅兰芳的伟大人格，就能理解中国精神在个体身上的具体含义。

士穷见节义，世乱识忠臣。面对乌云压顶，梅兰芳凛然不屈，矢志不渝，在堂屋正厅的中央墙壁上，挂了一幅《窦娥向天图》。醒目的题款是：“一沙一世界，一花一天堂。聚沙靠毅力，集花须乐观。”他以此砥砺自己及家人要有毅力，要乐观，相信黑暗终将过去，曙光就在前头。他还将好友、京剧大师程砚秋从北京寄来的“勉诗”写成了条幅：“罢舞息歌，务农励志。秋水长天，指心为誓。”以此来激励一家老少谨守气节，共渡难关。

梅兰芳家有一条八字祖训：“国重于家，德先于艺。”凡拜他为师的，跟他学艺的，不论子侄亲友，徒子徒孙，都要先接受这“八字祖训”的教诲，然后再说演戏的事。梅先生自己就是实践这“八字祖训”的光辉典范，一生爱国忠贞不渝，一世修德坚持不懈。梅兰芳先生之所以成为名传千古的大艺术家，除了他精湛绝伦的表演艺术，他塑造的光彩照人的舞台形象，更在于他始终严守“祖训”，坚持爱国至上的第一美德，他令人景仰的高风亮节。孔子曰“岁寒，然后知松柏之后凋也”，这就是梅兰芳大师的最好写照，正所谓“先生之风，山高水长”。

家训家风，影响一个人的一生。梅兰芳的品格就是在中华优秀传统文化的熏染下形成的。

⑤ 壮哉：歪头崮八十五壮士（节选）

王贞勤

歪头崮上的八路军忙得不可开交，山下的日军也没有闲着，他们频繁地调兵遣将，依靠 3000 人的绝对优势，在北边布置了对歪头崮的两道包围圈。在张耿村南边的场院上，十几门山炮一字排开，炮口对准不远处的歪头崮。

当太阳从东边冉冉升起的时候，敌人的第一次进攻开始了。副班长亓(qí)荣友站在前沿阵地的高处，可以清楚地看到敌人组成前后三层散兵队形，向歪头崮山顶慢慢爬行。当他们爬到半山腰时，随着山下的一声口令，突然都就近躲向附近的山包等掩体，一动不动了。

“不好，敌人要开炮了，注意隐蔽！”王子固的话音刚落，日军的炮弹就接连在二连阵地上爆炸，火光冲天，弹片及碎石乱飞。因为没有掩体，二连出现了很大的伤亡。

炮火一停，躲藏在半山腰的日军步兵就开始了进攻，二连只剩下 60 多人仍坚持战斗。在营、连长的指挥下，机枪班长将手持指挥刀的日军指挥官射死，二连的机关枪、步枪一起开火，日伪军死伤几十人，打退了敌人的第一次进攻。

不一会儿，日军的大炮又轰鸣起来，炸弹落在山头北面较平坦的山脊上。沉闷的爆炸声过后，北山脊上飘荡起一片黑色的烟尘，随着北风覆盖了二连的阵地，许多战士剧烈地咳嗽起来。

“毒气弹！快把嘴捂上！”经验丰富的王子固大声地喊起来。亓荣友因为过于专注山下日军的动向，一时没有反应过来。李兴诗用军上衣的一角捂着嘴，用另一只手拍了一下亓荣友的肩膀，然后指了指自己的口，亓荣友马上反应了过来，迅速捂上了嘴巴。

战士们尽管立即采取了简单的防护措施，仍有一些人中了毒，痛苦地蜷身在地，大口地喘息，有的甚至已经昏迷不醒。战士们在齐之顺连长的指挥下开始反击，尽管武器弹药不充足，但二连指战员大都是三四年兵龄以上的老兵，枪法自然是没得说。一阵机枪、手榴弹还击过后，敌人“呀呀”的叫喊声顿时变成了惨叫声，再一次丢下几十具尸体，狼狈地逃回半山腰的山包后。

日军报复性的炮击又开始了。山炮、步兵炮、迫击炮、掷弹筒一起向山上二连阵地轰击，同时，日军从沂水县派出了两架飞机参战，轮番俯冲轰炸，炸弹、燃烧弹接连不断地投向歪头崮山顶。敌机往返了5次，把歪头崮炸得浓烟滚滚、烈火熊熊。日军的炮击、轰炸持续两个多小时后停了下来，小小的山顶落弹近千发。由于没有堑壕、猫耳洞等野战工事，二连战士伤亡惨重，一个接一个地倒下，不仅副营长徐福和连长齐之顺都在轰炸中牺牲，全连也只剩下不到30名战士，而且大都负了伤，火力只剩下50枚手榴弹和一挺只有30发子弹的轻机枪。看着伤亡大半的连队，营长王子固认为不能再守了，决定组织突围，能冲出一个是一个。连里组织了突击队，调整集中了有限的武器和弹药。在这样的情况下，要想全部撤退是不可能的，三排排长孙现明主动要求带领全排仅存的10名战士留下掩护，王子固同意了。

敌人开始了第三次冲锋。一个中队的日军和部分伪军分前后3个波次的队形蜂拥而上。当敌人冲到几十米内时，三排战士扔出手榴弹，炸倒了十几个敌人，两挺捷克式轻机枪弹无虚发，北坡上又多了几十具敌人的尸体。日军遭到重创，再一次开始后撤。王子固抓住敌人往下溃败这一时机，组织突击队发起反冲锋，往山下冲。敌人的几挺机枪疯狂地实施拦截射击，阻断了突围队伍，只有王子固带着几个人冲下了山，其他人员撤回了山头阵地，并在途中捡拾日军的枪支弹药补充火力。

不一会儿，山下响起一阵激烈的枪声，王子固他们遇上了日军的第二道封锁线。一番激战，只剩下右腿被打断的王子固和通讯员了，通讯员为掩护王子固顽强抵抗，身中数弹后英勇牺牲。面对蜂拥而来的日军，王子固把最后一颗子弹射向了自己。

“我们决不投降！决不当俘虏！”“我们要与敌人血拼到底！”……山上所剩不多的战士们都非常清楚眼前的处境，他们相互鼓励着，已经不能战斗的伤员把为数不多的弹药交给了能战斗的战友，没有武器的战士就收集石块、棍棒，等待着最后拼杀时刻的到来。

中午时分，日军发起最后的进攻。战士们用刺刀、枪托、大刀、木棍、石头一一还击，能用的都用上了……一阵殊死拼杀后，只剩下双腿被炸断的孙现明、李兴诗、亓荣友等 4 个人，武器也只剩下孙现明手中的一颗手榴弹。日军狞笑着朝他们一步步逼来，却不开枪，明显是要“抓活的”。孙现明命令李兴诗等 3 人跳崖突围，李兴诗他们迅速朝悬崖处扑去，身后突然传来一声“同志们，永别了！”接着响起一颗手榴弹的爆炸声，孙现明同几个敌人同归于尽了。

“宁死不当俘虏！跳崖！”李兴诗站在悬崖边上，平静地对两名战友说，回身瞟了一眼正步步逼近的敌人，率先跳了下去。日军个个目瞪口呆，愣在原地，甚至不敢再往前迈进一步。接着，亓荣友同另一名战友也毫不犹豫地跳了下去……

阅读链接

1943年2月26日拂晓，沂水城及周围各据点日伪军3000余人突然出动，向我沂中根据地的北部地区“扫荡”。获悉敌人出动的消息后，王子固当机立断，命令部队紧急集合，决定涉过沂河，经桃树坊向西南方向转移。当王子固和全营指战员来到尹家峪之南山寨子崖时，与来势凶猛的敌人迎面相遇。面对10倍于我的日军，全营指战员们毫不畏惧，奋力杀敌，硬是杀出了一条血路。三连突围成功，二连却被敌人紧紧咬住。王子固率二连且战且退，最后退至里庄东面的歪头崮。这时东西两路之敌会合，同时朝歪头崮集结。我二连指战员面对50倍于我的敌人，迅速登上崮顶，并加紧抢修工事，决心坚守崮顶，同敌人决一死战。

因敌我力量悬殊太大，战至下午5时，崮顶阵地上只剩王子固和10余名战士了。他们想趁硝烟和暮色的掩护，从东北方向冲下山来，过沂河到东南方向黑山子掩藏，不料又被埋伏在山脚下的敌人包围。王子固和10余名勇士，又同敌人展开了最后的血战。除两名炊事员幸存外，二连指战员全部壮烈殉国。

《小王子》

[法国]圣埃克絮佩里

推荐语

“我愿意把这本书献给曾经是小朋友的这个大人，所有的大人都曾经是小朋友”，这句话是《小王子》的作者圣埃克絮佩里写给自己的好朋友莱昂·维尔特的。这本书提醒所有已经长大的人，永葆一颗童心是多么重要、多么快乐的一件事，也提醒我们只有用赤子之心才能读懂《小王子》。

孩子们，童真是世界上最宝贵的东西之一。让我们走进这本儿童文学名著，你一定会喜欢这个妙趣横生的故事！

作者简介

圣埃克絮佩里（1900—1944），法国小说家。他曾是职业飞行员，参加过第二次世界大战。其代表作《小王子》问世后获得一致好评，全球销量超过2亿册，被誉为“人类有史以来最佳读物”。他逝世后，与伏尔泰、卢梭、雨果等同入先贤祠。

1975年，在小行星带发现的一颗小行星以圣埃克絮佩里命名；1993年，另一颗小行星被命名为B612星球，这正是小王子所居住的星球；20世纪90年代，法国政府将他和小王子的形象印到了面额为五十法郎的钞票上。

内容梗概

《小王子》的主人公是来自外星球的小王子。书中以一位飞行员作为故事叙述者，讲述了小王子从自己的星球出发前往地球的过程中所经历的各种事情。

二十

小王子长时间穿过沙漠、悬岩和雪地之后，终于发现了一条大路。大路是通往人的住处的。

“你好。”他说。

这是一个玫瑰盛开的花园。

“你好。”玫瑰说。

小王子望着玫瑰。玫瑰全都像他的花儿。

“你们是谁？”他吃惊地问玫瑰。

“我们是玫瑰。”玫瑰回答。

“啊！”小王子说。

他感到很不是滋味。他的花儿曾经告诉他，她在宇宙中是独一无二的。而在这里仅仅一个花园就有五千朵玫瑰，而且彼此相像！

“如果她看到这个景象，她会十分恼火……”他想道，“她会咳得厉害，佯装死去，免得让人耻笑。而我不得不假装护理她，因为，否则，为了让我出丑，她当真让自己死去……”

接着他又想道：“我还以为自己拥有一朵独一无二的花

呢，而我只有一朵普通的玫瑰。这个，还有我的三座只到膝盖处的火山，其中一座也许永远熄灭了，这些使我成不了一个非常伟大的王子……”他躺在草地上哭泣起来。

二十一

这当儿狐狸出现了。

“你好。”狐狸说。

“你好。”小王子彬彬有礼地回答，他转过身来，但是什么也没有看见。

“我在这儿，”有个声音说，“在苹果树下……”

“你是谁？”小王子说，“你很漂亮……”

“我是一只狐狸。”狐狸说。

“来和我一起玩吧，”小王子向狐狸提议，“我郁郁寡欢……”

“我不能和你玩，”狐狸说，“我没有被驯养。”

“啊！对不起。”小王子说。

沉吟一下，他又说：“‘驯养’是什么意思？”

“你不是此地人，”狐狸说，“你在寻找什么？”

“我在寻找人。”小王子说，“‘驯养’是什么意思？”

“人哪，”狐狸说，“他们有枪，他们打猎。真是麻烦极了！他们也养鸡。这是他们唯一的兴趣。你是寻找鸡的吧？”

“不，”小王子说，“我寻找朋友。‘驯养’是什么意思？”

“这是已经置诸脑后的事了，”狐狸说，“意思是‘产生联系’。”

“产生联系？”

“当然啰，”狐狸说，“对我来说，你还只是一个小男孩，像其他千万个小男孩一样。我不需要你。你也不需要我。对你来说，我只是一只狐狸，像千万只狐狸一样。不过，如果你驯养我，我们就彼此需要了。对我来说，你将是世上独一无二的。对你来说，我也将是世上独一无二的……”

“我开始明白了，”小王子说，“有一朵花……我想她驯养了我……”

“这是可能的，”狐狸说，“地球上可以看到各种各样的事……”

“噢！这不是在地球上。”小王子说。

狐狸显得十分惊异：

“在另一个星球上？”

“是的。”

“在那个星球上有猎人吗？”

“没有。”

“这个，很有意思！有鸡吗？”

“没有。”

“没有十全十美的。”狐狸叹了口气。

但是，狐狸又回到自己的想法上来：“我的生活很单调。我捕捉鸡，人捕捉我。所有的鸡一模一样，所有的人一模一样。因此我有点儿烦恼。但是，如果你驯养我，我的生活就会像阳光一样明媚。我熟悉一种与众不同的脚步声。其他脚步声使我钻进地下。你的脚步声仿佛音乐一样会召唤我从洞穴里出来。你看！你看到那边的麦田了吗？我不吃面包。对我来说，小麦一无用处。麦田根本吊不起我的胃口。这令人沮丧！你有金黄色的头发。如果你驯养了我，那可是美妙的事！金黄色的小麦会使我想起你。我会喜欢风吹麦浪的声音……”

狐狸沉默下来，长久地望着小王子：

“如果你喜欢……就驯养我吧！”他说。

“我很乐意，”小王子回答，“可是我的时间不多。我要寻找朋友，要了解许多事。”

“人们只了解驯养的东西，”狐狸说，“人们再没有时间去了解任何别的东西。他们在商店里购买现成的东西。由于根本不存在出售朋友的商人，人再也没有朋友。如果你想要一个朋友，那就驯养我吧！”

“需要做什么呢？”小王子问。

“需要非常耐心，”狐狸回答，“你先要坐在草丛中，像这样离我远一些。我从眼角瞅着你，你什么也别说。语言是误会的根源。但每一天，你可以坐得靠近一些……”

第二天，小王子又来了。

“最好在同一时间来，”狐狸说，“比如，你在下午四点钟来，从三点钟起，我就开始感到高兴。时间越临近，我越感到高兴。四点钟，我会激动异常，焦虑不安：我会发现幸福的价值！但是，如果你随便什么时候来，我就不知道什么时候我的心情要准备好……应该有仪式。”

“仪式是什么？”小王子问。

“这也是被人置诸脑后的事，”狐狸说，“这是使某一天与其他日子不同，使某一时刻与其他时刻不同。譬如，猎人中有一种仪式，每星期四他们和村子里的姑娘们跳舞。于是星期四成了一个欢乐的日子！我一直漫步到葡萄园。如果猎人不管什么时候都跳舞，日子就会天天一样，我也根本不会有假日了。”

这样，小王子驯养了狐狸。启程的时刻临近了。

“啊！”狐狸说，“我会哭鼻子的。”

“这是你的错了，”小王子说，“我本来根本不想让你痛苦，是你要让我驯养你的……”

“不错。”狐狸说。

“可是，你要哭泣了！”小王子说。

“不错。”狐狸说。

“那么，你一无所得！”

“由于麦子的颜色，我有所得。”狐狸说。

然后又说：“再去看看玫瑰吧。你会明白，你的玫瑰是世界上独一无二的。你再回来向我道别，我会送给你一个秘密。”

小王子再去看看玫瑰。

“你们完全不像我的玫瑰，你们什么都还不是呢，”他对玫瑰说，“没有人驯养你们，你们没有驯养过任何人。你们就像我的狐狸过去那样。那时这只是和千万只狐狸相似的一只狐狸。但我把他变成了我的一个朋友，眼下他在世界上是独一无二的。”

那些玫瑰显得十分尴尬。

“你们很美丽，可是你们是空虚的，”他又对玫瑰说，

“没有人肯为你们去死。当然，我那朵玫瑰，一个普通的过路人会以为和你们相像。可是虽然她只有一朵，却比你们全体都重要，因为我给她浇水。因为我把她放在罩子中。因为我用屏风把她庇护起来。因为我为她杀死毛虫（除了两三只要变成蝴蝶的毛虫）。因为我倾听她抱怨，或者自吹自擂，甚至有时沉默无言。因为这是我的玫瑰。”

他又回到狐狸那里。

“再见。”他说。

“再见，”狐狸说，“这就是我的秘密。它很简单：只有用心灵去看才能看得清。肉眼看不见本质的东西。”

“肉眼看不见本质的东西。”小王子重复说，以便记住。

“正因为你为你的玫瑰花费了时间，才使你的玫瑰变得这么重要。”

“正因为我为我的玫瑰花费了时间……”小王子重复说，以便记住。

“人们忘记了这个真理，”狐狸说，“但你不应当忘记你要对你驯养过的东西负责到底。你要对你的玫瑰负责……”

“我要对我的玫瑰负责……”小王子重复说，以便记住。

（郑克鲁　译）

作者为什么要创作这样一部作品，你一定想知道吧？利用网络或其他资源搜一搜吧！

《小王子》是一部充满智慧的经典文学作品，与生活建立联系能帮助我们更好地理解这部作品。阅读时，联系自己的生活经验会让读书成为“独一无二”的事情。

活动一　问题清单

学贵有疑。在读《小王子》这本书时，你有哪些疑问？请将它们梳理出来。

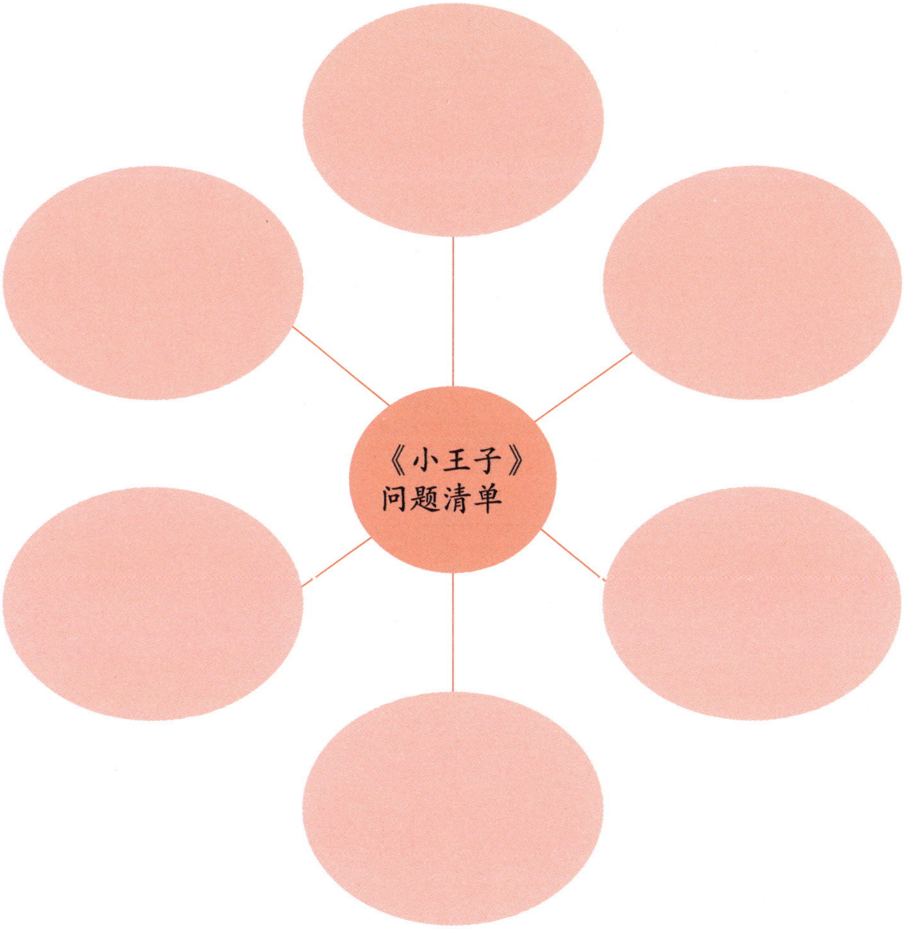

《小王子》问题清单

活动二　小王子的朋友们

小王子从 B612 号星球出发后，都游历了哪些星球？旅途中都遇到哪些新奇的人或事物？借助提示梳理一下吧！

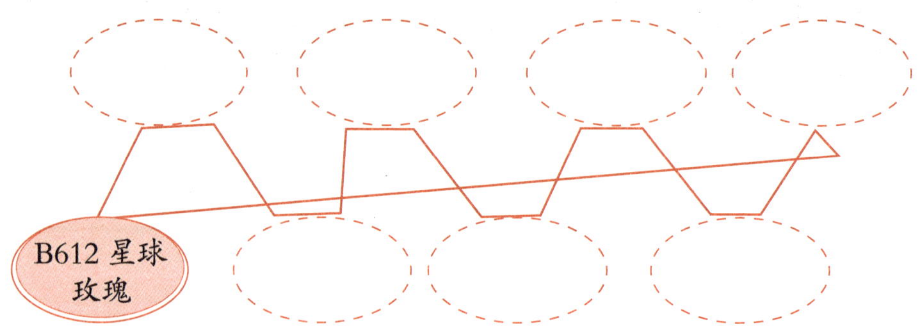

活动三　与生活建立联系

阅读达人会将作品和自己的生活联系起来，你的生活中是否遇到过与“小王子”“猴面包树”“玫瑰”“狐狸”有相似之处的人或事物呢？

由《小王子》想开去	
书中的描写	联想到的人 / 物……
小王子	
猴面包树	
玫瑰	
狐狸	

敬 启

为编好这本书，我们与收入本书的作品（含图片）作者进行了广泛联系，得到了各位作者的大力支持。在此，我们表示衷心的感谢。但是，由于个别作者地址不详，虽经多方努力，仍无法取得联系。敬请各位有著作权的作者尽快与我们联系，以便我们支付稿酬，并致谢忱！

我们还要感谢使用本书的师生们。希望你们在使用本书的过程中，能够及时把意见和建议反馈给我们，对此，我们深表谢意，并将给予一定奖励。让我们携起手来，共同完成本书的建设工作。

联 系 人：梁老师　刘老师

联系电话：010-58022100-6362

联系邮箱：ztxx2008@sina.com

网　　址：http://www.ywztxx.com

地　　址：北京市海淀区知春路7号致真大厦A座18层

图书在版编目（CIP）数据

成长风向标 / 郜书萍主编. — 上海 : 上海教育出版社, 2021.12

ISBN 978-7-5720-0814-6

Ⅰ. ①成… Ⅱ. ①郜… Ⅲ. ①阅读课—小学—教学参考资料 Ⅳ. ①G624.233

中国版本图书馆CIP数据核字（2021）第260863号

责任编辑　余佳家
封面设计　陈丽娟　王艺霖
著作权人　北京华樾教育科技有限公司

成长风向标

郜书萍　主编

出版发行　上海教育出版社有限公司
官　　网　www.seph.com.cn
地　　址　上海市闵行区号景路159弄C座
邮　　编　201101
印　　刷　河北泓景印刷有限公司
开　　本　720×1010　1/16　印张 63
字　　数　700千字
版　　次　2021年12月第1版
印　　次　2021年12月第1次印刷
书　　号　ISBN 978-7-5720-0814-6/G·0630
定　　价　268.00元（全七册）

如发现质量问题，请向本社调换　021-64373213